U0557126

绝世佳作
继往开来
贺教育部
重大攻关项目
成果出版

教育部哲学社会科学研究重大课题攻关项目

新能源与可再生能源
法律与政策研究

RESEARCH ON THE LAW AND POLICY
OF NEW AND RENEWABLE ENERGY IN CHINA

李艳芳 等著

经济科学出版社
Economic Science Press

图书在版编目（CIP）数据

新能源与可再生能源法律与政策研究/李艳芳等著. —北京：
经济科学出版社，2015.6
教育部哲学社会科学研究重大课题攻关项目
ISBN 978 – 7 – 5141 – 5629 – 4

Ⅰ.①新… Ⅱ.①李… Ⅲ.①新能源–能源法–研究–中国
②新能源–能源政策–研究–中国③再生能源–能源法–研究–
中国④再生能源–能源政策–研究–中国 Ⅳ.①D922.674②F426.2

中国版本图书馆 CIP 数据核字（2015）第 068418 号

责任编辑：袁　溦
责任校对：靳玉环
责任印制：邱　天

新能源与可再生能源法律与政策研究

李艳芳　等著

经济科学出版社出版、发行　新华书店经销
社址：北京市海淀区阜成路甲 28 号　邮编：100142
总编部电话：010 – 88191217　发行部电话：010 – 88191522
网址：www.esp.com.cn
电子邮件：esp@esp.com.cn
天猫网店：经济科学出版社旗舰店
网址：http://jjkxcbs.tmall.com
北京万友印刷有限公司印装
787 × 1092　16 开　35.25 印张　680000 字
2015 年 6 月第 1 版　2015 年 6 月第 1 次印刷
ISBN 978 – 7 – 5141 – 5629 – 4　定价：88.00 元
(图书出现印装问题，本社负责调换。电话：010 – 88191502)
(版权所有　侵权必究　举报电话：010 – 88191586
电子邮箱：dbts@esp.com.cn)

课题组主要成员

（按姓氏笔画排序）

王仲颖	王明远	史际春	刘向宁	李昌庚
李俊峰	李艳芳	时璟丽	宋 彪	林树杰
岳小花	孟雁北	胡林林	侯佳儒	姚 佳
秦建芝	徐孟洲	曹 炜	温慧卿	潘 庆

编审委员会成员

主　任　孔和平　罗志荣
委　员　郭兆旭　吕　萍　唐俊南　安　远
　　　　　文远怀　张　虹　谢　锐　解　丹
　　　　　刘　茜

总　序

哲学社会科学是人们认识世界、改造世界的重要工具，是推动历史发展和社会进步的重要力量。哲学社会科学的研究能力和成果，是综合国力的重要组成部分，哲学社会科学的发展水平，体现着一个国家和民族的思维能力、精神状态和文明素质。一个民族要屹立于世界民族之林，不能没有哲学社会科学的熏陶和滋养；一个国家要在国际综合国力竞争中赢得优势，不能没有包括哲学社会科学在内的"软实力"的强大和支撑。

近年来，党和国家高度重视哲学社会科学的繁荣发展。江泽民同志多次强调哲学社会科学在建设中国特色社会主义事业中的重要作用，并提出哲学社会科学与自然科学"四个同样重要"、"五个高度重视"、"两个不可替代"等重要思想论断。党的十六大以来，以胡锦涛同志为总书记的党中央始终坚持把哲学社会科学放在十分重要的战略位置，就繁荣发展哲学社会科学作出了一系列重大部署，采取了一系列重大举措。2004年，中共中央下发的《关于进一步繁荣发展哲学社会科学的意见》，明确了21世纪繁荣发展哲学社会科学的指导方针、总体目标和主要任务。党的十七大报告明确指出："繁荣发展哲学社会科学，推进学科体系、学术观点、科研方法创新，鼓励哲学社会科学界为党和人民事业发挥思想库作用，推动我国哲学社会科学优秀成果和优秀人才走向世界。"这是党中央在新的历史时期、新的历史阶段为全面建设小康社会，加快推进社会主义现代化建设，实现中华民族伟大复兴提出的重大战略目标和任务，为进一步繁荣发展哲学社会科学指明了方向，提供了根本保证和强大动力。

高校是我国哲学社会科学事业的主力军。改革开放以来，在党中央的坚强领导下，高校哲学社会科学抓住前所未有的发展机遇，紧紧围绕党和国家工作大局，坚持正确的政治方向，贯彻"双百"方针，以发展为主题，以改革为动力，以理论创新为主导，以方法创新为突破口，发扬理论联系实际学风，弘扬求真务实精神，立足创新、提高质量，高校哲学社会科学事业实现了跨越式发展，呈现出空前繁荣的发展局面。广大高校哲学社会科学工作者以饱满的热情积极参与马克思主义理论研究和建设工程，大力推进具有中国特色、中国风格、中国气派的哲学社会科学学科体系和教材体系建设，为推进马克思主义中国化，推动理论创新，服务党和国家的政策决策，为弘扬优秀传统文化，培育民族精神，为培养社会主义合格建设者和可靠接班人，作出了不可磨灭的重要贡献。

自 2003 年始，教育部正式启动了哲学社会科学研究重大课题攻关项目计划。这是教育部促进高校哲学社会科学繁荣发展的一项重大举措，也是教育部实施"高校哲学社会科学繁荣计划"的一项重要内容。重大攻关项目采取招投标的组织方式，按照"公平竞争，择优立项，严格管理，铸造精品"的要求进行，每年评审立项约 40 个项目，每个项目资助 30 万~80 万元。项目研究实行首席专家负责制，鼓励跨学科、跨学校、跨地区的联合研究，鼓励吸收国内外专家共同参加课题组研究工作。几年来，重大攻关项目以解决国家经济建设和社会发展过程中具有前瞻性、战略性、全局性的重大理论和实际问题为主攻方向，以提升为党和政府咨询决策服务能力和推动哲学社会科学发展为战略目标，集合高校优秀研究团队和顶尖人才，团结协作，联合攻关，产出了一批标志性研究成果，壮大了科研人才队伍，有效提升了高校哲学社会科学的整体实力。国务委员刘延东同志为此作出重要批示，指出重大攻关项目有效调动了各方面的积极性，产生了一批重要成果，影响广泛，成效显著；要总结经验，再接再厉，紧密服务国家需求，更好地优化资源，突出重点，多出精品，多出人才，为经济社会发展作出新的贡献。这个重要批示，既充分肯定了重大攻关项目取得的优异成绩，又对重大攻关项目提出了明确的指导意见并给予殷切希望。

作为教育部社科研究项目的重中之重，我们始终秉持以管理创新服务学术创新的理念，坚持科学管理、民主管理、依法管理，切实增强服务意识，不断创新管理模式，健全管理制度，加强对重大攻关项目的选题遴选、评审立项、组织开题、中期检查到最终成果鉴定的全过程管理，逐渐探索并形成一套成熟的、符合学术研究规律的管理办法，努力将重大攻关项目打造成学术精品工程。我们将项目最终成果汇编成"教育部哲学社会科学研究重大课题攻关项目成果文库"统一组织出版。经济科学出版社倾全社之力，精心组织编辑力量，努力铸造出版精品。国学大师季羡林先生欣然题词："经时济世　继往开来——贺教育部重大攻关项目成果出版"；欧阳中石先生题写了"教育部哲学社会科学研究重大课题攻关项目"的书名，充分体现了他们对繁荣发展高校哲学社会科学的深切勉励和由衷期望。

创新既是哲学社会科学研究的灵魂，也是推动高校哲学社会科学研究不断深化的不竭动力。我们正处在一个伟大的时代，建设有中国特色的哲学社会科学是历史的呼唤，时代的强音，是推进中国特色社会主义事业的迫切要求。我们要不断增强使命感和责任感，立足新实践，适应新要求，始终坚持以马克思主义为指导，深入贯彻落实科学发展观，以构建具有中国特色社会主义哲学社会科学为己任，振奋精神，开拓进取，以改革创新精神，大力推进高校哲学社会科学的繁荣发展，为全面建设小康社会，构建社会主义和谐社会，促进社会主义文化大发展大繁荣贡献更大的力量。

教育部社会科学司

前言

　　充足的能源供应是保障社会经济发展的重要前提和必要条件。但是，以化石能源为主的能源结构正在使人类经受前所未有的重大挑战：发展中国家严重的城市空气污染、全球气候变化、不可再生能源资源的枯竭等。这些挑战不仅造成国家之间、民族之间、地区之间的矛盾和紧张，更重要的是严重威胁世界经济安全，特别是地球公民的生命健康和财产安全。

　　以风能、太阳能为代表的新能源和可再生能源作为一种取之不尽、用之不竭的能源，对于改善以不可再生、正在日益短缺的化石能源为主的能源结构具有极为重要的作用；作为本地能源，可再生能源对于保障能源安全的意义也不容忽视；作为清洁、少污染或者无污染的能源，它对于改善以煤炭、石油污染为主因的城市空气污染具有非同寻常的意义；新能源和可再生能源作为低碳的能源，对于减少温室气体的排放、增加应对气候变化能力、走低碳发展之路更加重要。因此，可再生能源成为与节能同等重要的应对人类当前面临的诸多挑战的主要方法。

　　基于新能源和可再生能源的重要性，各国都对发展新能源与可再生能源给予高度重视。无论是发达国家还是发展中国家都出台专门的立法和政策对新能源和可再生能源的发展加以支持和鼓励。美国早在 20 世纪 70 年代就出台了一系列立法，鼓励太阳能、风能和地热能的发展，以应对当时面临的石油危机。进入 21 世纪，美国通过 2005 年《国家能源政策法》、2007 年《能源独立与安全法》以及《复苏与再投资法案》等立法对可再生能源进行大力支持和补贴，美国依然是世界上可再生能源产业最强的国家之一。德国的《可再生能源法》则是世界上可再生能源立法最成功的国家。德国《可再生能源法》建立的以固定电价、强制上网为核心的可再生能源法律制度不仅成为一种制度模型,为许多国家所仿效,而且使德国成为最环保、最绿色的国家之一。

中国是发展中国家,正处在工业化和城镇化的进程当中,制造业的发达虽然带来了经济的繁荣和人民生活水平的极大提高,但是也带动了巨额的能源消费,同时还带来大量的污染物和温室气体的排放。2009年,中国超过美国成为全球第一大能源消费国;2011年,中国超越日本,成为世界上最大的煤炭进口国;2013年,中国石油和天然气的对外依存度分别达到58.1%和31.6%,中国已成为全球第三大天然气消费国。在大量消费化石燃料的同时,中国已经成为全球空气污染最严重的国家之一,以PM2.5为首的空气污染物造成全国大面积的、持久的雾霾天气,严重危害人民的健康,同时也损害了国家的形象,甚至国家的竞争力。不仅如此,2007年后,中国还超越美国成为全球温室气体排放量最大的国家,正面临着各国和国际社会要求强制碳减排的巨大压力。

基于能源供应压力、环境保护、气候变化应对等多重因素,我国于2003年启动了可再生能源的立法工作。经过两年多的研究、论证、起草工作,《可再生能源法》于2005年2月28日颁布,并于2006年1月1日起实施。《可再生能源法》通过后,我国以可再生能源为主的新能源的发展正式启航。截至2013年11月,中国水电装机、太阳能集热面积、风电装机容量均居世界第一位。[①]

虽然《可再生能源法》在保障可再生能源的发展过程中起了巨大的促进作用。但是也要看到,在近10年的时间里,可再生能源产业的发展既经历过辉煌也遇到很多的问题,甚至瓶颈。无锡尚德太阳能有限公司繁荣与破产的发展历程、风电产业的产能过剩、弃风、上网难、补贴难到位等问题都从不同的侧面反映了可再生能源产业发展的起伏与不稳定。为了解决这些问题,我国于2009年修改了《可再生能源

[①] 参见国家发展和改革委员会于2013年11月发布的《中国应对气候变化的政策与行动2013年度报告》。

法》，以从法律上进一步保障可再生能源的发展。

实践呼唤理论。2007年，教育部将"新能源与可再生能源政策与立法"列为当年哲学社会科学研究重大攻关项目，这显然是注意到我国可再生能源产业发展过程中遇到的重大问题急需理论的支持和响应，需要理论工作者加以研究并提出解决方案。应当说，这一选题是具有战略眼光的。时间证明，随着气候变化主要成因确定性的增加、空气污染的进一步加剧、能源供应更加紧缺，特别是日本福岛核电站泄漏事件后核能产业发展的受限，可再生能源产业的重要性愈发彰显。美国未来学家杰里米·里夫金（Jeremy Rifkin）在他的力作《第三次工业革命——新经济模式如何改变世界》中，将"可再生能源的转变、分散式生产、储存、通过能源互联网实现分配和零排放的交通方式"视为新经济模式的五个支柱和第三次工业革命的基础，我国也将可再生能源产业列为国家战略性新兴产业加以扶持。因此，加强对新能源和可再生能源政策与立法的研究，对可再生能源产业发展过程中出现与碰到的理论与实践问题加以系统的研究、检讨、反思，并提出相应的制度设计和改进建议，将有利于给新能源和可再生能源产业的发展创造良好的政策与法律环境，以吸引更多的中外投资者，促进新能源和可再生能源产业的健康持续发展。

本课题"新能源与可再生能源政策与方法研究"（项目批准号：07JZD0014）在投标申请时共设计了七个子课题，分别是：政策与立法通论；产业政策与市场竞争制度；制度选择与创新；经济激励机制；专项政策与立法；比较研究；评估与完善。在课题的启动会议上，专家们提出了许多宝贵意见。主要意见是专项研究与比较研究两个子课题可能与其他子课题重复；太过全面而重点、难点不突出。基于专家意见和课题研究需要攻克的难点和重点，最后将研究的重点加以集中，形成目前的主要内容。

成果框架采用总、分相结合的结构，共分为六篇二十二章。总论部分对可再生能源政策与立法的基本理论问题进行研究，主要研究概念、范畴、体制、资源的权属、法律之间的冲突与协调等。分论部分紧抓可再生能源产业发展中的几个关键性的问题，即产业政策与规划、市场规制、电价形成机制、补贴以及可预期的未来政策选择配额制等。

该项研究是集体智慧的结晶。从课题申请、立项到课题的调研、讨论、研究写作、结项等不同阶段有不同的参与者。其中撰写最终书稿的成员有（按照章节先后顺序）：

李艳芳（第一章，第二章第一节、第二节、第四节，第四章第一节，第五章，第十五章第一节）；侯佳儒（第二章第三节）；宋彪（第二章第五节，第六章，第七章）；刘向宁（第三章）；曹炜（第四章第二节）；王明远（第四章第三节）；林树杰（第八章，第十一章）；孟雁北（第九章，第十章）；时曝丽（第十二章，第十三章，第十四章第一节、第二节、第三节）；潘庆（第十四章第四节）；岳小花（第十五章第二节，第十六章，第十七章，第十八章）；温慧卿（第十九章，第二十章，第二十一章，第二十二章）。

李艳芳
2015年3月于明德法学楼

摘　要

在环境污染、气候变化和化石能源日益枯竭的多重挑战下，以可再生能源为主的新能源在各国能源战略中居于越来越重要的地位。为了促进可再生能源产业的发展，我国于2005年颁布了《可再生能源法》，并建立了可再生能源的目标与规划制度、固定电价与强制上网制度、费用分摊与补贴制度等。其后，围绕《可再生能源法》的实施，我国出台了一系列的政策，逐渐形成以《可再生能源法》为主导的新能源和可再生能源法律与政策体系。

《可再生能源法》自2006年1月1日实施以来，在推动风能、太阳能、生物质能等可再生能源产业的发展方面发挥了巨大的作用。以《可再生能源法》为主的新能源政策也日益完善。可再生能源目标与规划制度、分类固定电价制度、可再生能源电力强制上网制度、可再生能源补贴制度、可再生能源费用分摊制度等促进可再生能源发展的各项法律制度也越来越趋于完善。但是，还要充分认识到，我国可再生能源仍然面临许多挑战和困难，如可再生能源等新能源在能源结构中所占比例较低，弃风、弃光、弃水现象依然存在，可再生能源电力上网难问题尚未根本解决，居民使用可再生能源如太阳能热水器受限，各类可再生能源上网电价尚未全部出台，可再生能源电价附加收入与满足可再生能源补贴的需要存在较大缺口，欧美对我国可再生能源产业的反补贴诉讼不断，美国甚至对中国风电企业在美国投资风力发电场提起国家安全审查等。这些问题暴露出我国以《可再生能源法》为主导的可再生能源立法和政策体系在内容上还存在诸多问题，也反映出我国可再生能源政策与立法在处理与其他相关法律与政策如物权法、竞争法、产业政策、贸易政策的统筹协调上还不够到位。这就需要我们反思和全面检讨我国现行以可再生能源为主的新能源政策与立法。

《可再生能源法》明确规定水能是可再生能源，但是我国并没有成熟的水电政策和立法。在水能发展过程中，我国面临移民和生态环境保护的困扰。未来国家需要将水电作为中国发展清洁低碳能源的重要组成部分，加快制定有关水能开发利用的政策措施。2014年1月11日，国家发展和改革委发布了《关于完善水电上网电价形成机制的通知》，这是在引导水电投资和利用方面迈出的积极的一步。

《可再生能源法》虽然规定了可再生能源资源的调查，但是没有规定各种可再生能源资源的权属，特别是对风能和太阳能资源的权属没有明确规定，以致黑龙江省以地方法规形式规定风能和太阳能的国家所有权，引发社会广泛关注和议论。对此，我国需要在未来再次修改《可再生能源法》时明确规定风能和太阳能资源本身的公共属性以及开发利用时对土地的附随性。

2009年修改《可再生能源法》时，理顺了国家可再生能源规划与可再生能源发展目标以及与地方可再生能源规划的关系，但是对可再生能源规划与电网规划的关系、可再生能源规划与城乡发展规划等其他规划的关系没有规定，此规划与彼规划的不衔接势必影响可再生能源的发展，也需要在今后加以完善。

2009年后，我国风电分类上网标杆电价、太阳能光伏标杆电价、生物质能分类标杆电价、海上风电标杆电价等相继出台，使我国可再生能源分类固定电价制度逐步趋于健全。但是所有这些分类标杆电价只是固定电价，没有反映分类可再生能源发电随着规模和技术成熟而逐步降低的成本变化，这样的固定电价制度不利于鼓励技术的进步和促进成本的进一步降低。因此，我国尚需要进一步对固定电价制度进行不断修正，以充分体现成本和促进竞争。另外，随着可再生能源产业的不断壮大、可再生能源企业竞争性的成长、可再生能源补贴资金的规模限制，特别是政府补贴如何逐步退出可再生能源领域、而以市场为基础的可再生能源配额制如何取代固定电价制度也值得深入研究。

补贴和反补贴是国际贸易领域一个永久的话题。在可再生能源产业发展的初期，对这种新的、弱势的、高成本的，并具有明显环境保护效应的产业给予补贴是各国共同的做法，也是国际贸易规则所允许的。但是如果违反国际贸易法所要求的平等性和不可定向性，就会遭到其他国家的反对甚至起诉。我国曾经出台过一些不符合国家贸易规则的补贴政策，虽然这些政策已经被取消，但也说明我们并不十分熟悉国际贸易规则。今后我国在制定有关的促进新能源和可再生能源产业政策时，需要对其是否遵守WTO贸易规则进行审查。

Abstract

Under the background of multiple challenges such as environmental pollution, climate change, and the depletion of fossil fuel energy, the new energy resources with the renewable energy (RE) as the leading part have been playing an increasingly more important role in recent years. To promote the development of RE industry, China enacted the Renewable Energy Law (thereafter as "RE law") in 2005, which creates many systems involving the RE development target and plan system, the price-fixing of power and feed-in tariff system, as well as cost-sharing and subsidy system. Following the RE law, a series of policies have also been passed and enforced. By doing so, China has gradually developed a legislation and policy framework in terms of new energy resources.

RE law entered into force on January 1, 2006. By far it has played a significant role in promoting the development of RE industries such as wind power industry, solar energy industry and biomass energy industry. Meanwhile, the policies about new energy resources, led by the RE Law, have been improved, and the systems mentioned above have tended to reach perfection as well. But as we realize that the development of RE industry in China still confronts many problems and obstcles, which include (a) the ratio of the RE and other new energy resources among the total energy production is still lower than anticipated; (b) some facilities for producing the wind power, solar power or hydropower are underused; (c) the problem of connecting the RE power plants with the grids is unresolved completely; (d) restrictions on the using of solar water heater and other RE appliances exist in daily life of citizens; (e) on-grid prices for some kinds of RE are still in discussion; (f) the gap between the revenues from fees attached to the RE electricity price and the subsidies paid might be filled. In recent years, EU and U. S. continuously took legal actions against the products of RE industry from

China for the reason of subsidies, and the U. S. government even took national security scrutiny on wind power investment by chinese corporate within U. S. territory. These problems not only indicate that there are still many insufficiencies in the RE Law, but also make it explicit that the relationship between the RE policy and legislation and other related policies and legislations, such as the property law, the competition law, and the international trade policy should be further coordinated. So we should make a thorough and deep reflection on the current RE policy and legislation of China.

While the RE provides literally that the hydropower is of renewable energy, but up to now China has not mature hydropower policy and legislation. We are puzzled with the serous problems with respect to the migration and ecosystem conservation in the process of developing hydropower. In our view, China government should enhance the position of hydropower in the clean and low carbon energy development strategy by creating specific measures towards the hydropower industry development. At the first day in 2014, the National Development and Reform Commission issued *The Notice On Improving The ON – GRID Pricing Mechanism Of The Hydropower*, which walks an active step in directing the hydropower investment and utilization.

Despite that The RE Law has provisions about the survey of RE resources, but it does not define the ownership of each kind of renewable energy resources, in particular of wind power resource and solar energy resource. Heilongjiang Province then made decision in its local legislation that the wind power and the solar energy are owned by the State, which gave rise to the nationwide attentions and debates. To solve this problem, the future amendment of RE Law should make it clear that the wind power and solar energy have the public feature and the franchise rights attached to the land of exploit.

The 2009 Amendment of RE Law has clarified the relationships among the national renewable energy plan and its development targets and the local renewable energy plan, but made no explicit provisions on the relationships among the renewable energy plan and the grid infrastructure plan and the urban and rural development plan as well as other specific plans. The disconnection between various plans blocks necessarily the RE development, so the RE law should improve the plan system in the future.

From 2009, the policies on benchmark price for wind power by classfication, for solar energy, for biomass energy by classfication, and for offshore wind power have been promulgated, which perfect the price-fixing system for renewable energy resources greatly. The problem here is that, however, all these benchmark prices are fixed price, not reflecting variable elements such as the production costs that would be reduced following the scale grows and the technology matures, which would result in the price reduction. That is to say that current price-fixing system would discourage the technology promotion and cost reduction. Therefore, this price system should be modified in order to consist with the real cost and to impulse the competition in renewable energy area. In addition, with the grown-up of renewable energy industry, the increasing competition of renewable energy businesses, and the limitations on quantity of the renewable energy subsidies, deep research should be carried out into the core subject that how the government gives away from the market of renewable energy and how the market-based renewable portfolio standard substitute for current price-fixing system.

Subsidy and anti-subsidy are ever-lasting issues in the world trade. At the outset of the development of renewable energy industry, it is often the common practice in most countries to aid the renewable industry by subsidies which be acceptable under the world trade rules, because of its special features of renewable energy in terms of novelty, sick position, high production cost and apparently environmentally protection effects. To some extent, if the practice violates the principles of fairness and non-specificity of the subsidy policy, the countries being trade porters will likely fight against it, and even bring a claim to court or WTO authorities. The fact that our country once established some subsidy policies inconsistent with the world trade rules, later be repealed, shows that we were not informed about the world trade rules. From now on, we should consider that if RE law and related policies create conflicts with the WTO rules when they are amended and implemented.

目 录
Contents

第一篇 新能源与可再生能源政策与立法总论　1

第一章 ▶ 新能源与可再生能源政策与立法概述　3

第一节　新能源与可再生能源的概念与特征　3

第二节　开发利用新能源与可再生能源的背景与意义　12

第三节　新能源与可再生能源政策与立法的概念与意义　17

第二章 ▶ 新能源与可再生能源政策与立法的历史沿革　22

第一节　我国新能源与可再生能源政策与立法历史发展　22

第二节　我国新能源与可再生能源政策与立法的现状　28

第三节　美国新能源与可再生能源立法与政策及其启示　42

第四节　我国新能源与可再生能源法律与政策的检讨及完善　55

第五节　新能源与可再生能源法发展趋势：建立强制性规则　60

第三章 ▶ 《可再生能源法》与相关立法的关系　70

第一节　《可再生能源法》与相关能源立法的协调　70

第二节　《可再生能源法》与环境资源立法的协调　73

第三节　《可再生能源法》与相关经济立法的协调　78

第四节　《可再生能源法》与行政立法的协调　80

第五节　《可再生能源法》与相关民事立法的协调　81

第四章 ▶ 新能源与可再生能源资源的所有权与利用权　84

第一节　可再生能源资源的所有权与利用权概述　84
第二节　美国太阳能获取权制度及其启示　90
第三节　水能资源开发利用权　105

第五章 ▶ 我国新能源与可再生能源管理体制　115

第一节　我国可再生能源管理体制的变迁　115
第二节　我国可再生能源管理体制特点、问题及完善　121

第二篇

可再生能源产业政策　127

第六章 ▶ 可再生能源产业政策概述　129

第一节　我国可再生能源产业政策现状　129
第二节　我国可再生能源产业政策的主要制度　138

第七章 ▶ 新能源与可再生能源产业规划　147

第一节　我国新能源与可再生能源规划政策与立法　147
第二节　国外新能源与可再生能源规划政策与立法　168
第三节　我国可再生能源规划政策与立法的完善　179

第八章 ▶ 可再生能源市场准入　185

第一节　投资主体市场准入制度　185
第二节　并网发电项目、地热企业进入的许可　194
第三节　风电特许权　199

第三篇

新能源与可再生能源的市场规制　211

第九章 ▶ 新能源与可再生能源竞争与贸易政策　213

第一节　可再生能源竞争政策　213

第二节　可再生能源贸易政策　220

第十章 ▶ 可再生能源竞争、贸易与产业政策之间的协调互动　223

第一节　可再生能源竞争政策与产业政策的关系　223
第二节　可再生能源贸易政策与产业政策的关系　230
第三节　可再生能源竞争政策与贸易政策的冲突与协调　236

第十一章 ▶ 可再生能源市场监管　242

第一节　可再生能源标准制度　243
第二节　可再生能源产品认证制度　251

第四篇

可再生能源电力价格形成机制　255

第十二章 ▶ 新能源与可再生能源电力价格形成概述　257

第一节　可再生能源电力价格形成概述　257
第二节　可再生能源电力价格形成的经济学理论和方法　267

第十三章 ▶ 新能源与可再生能源电力价格形成机制的国外经验　269

第一节　可再生能源电力价格形成机制国外经验概要　269
第二节　主要发达国家可再生能源电价机制及其启示　276

第十四章 ▶ 我国新能源与可再生能源电力价格形成机制　290

第一节　我国可再生能源电力价格机制的回顾　291
第二节　我国可再生能源电力价格政策选择　303
第三节　我国可再生能源电力价格测算与方案　305
第四节　完善我国可再生能源固定电价制度的对策建议　360

第五篇

可再生能源配额法律制度　365

第十五章 ▶ 可再生能源配额制度概述　367

第一节　可再生能源配额制度的概念特征　367

第二节 可再生能源配额制度在国外与国内发展现状　373

第十六章 ▶ 国外可再生能源配额制度的比较研究　377

第一节 各国可再生能源发展总量目标　377
第二节 各国可再生能源配额制度的义务主体和客体　382
第三节 各国可再生能源配额的分配及其监管　386

第十七章 ▶ 我国可再生能源配额制的构建　390

第一节 可再生能源发展的总量目标　390
第二节 我国可再生能源配额制度的义务主体与客体选择　393
第三节 我国可再生能源配额的分配及其实现监管　395

第十八章 ▶ 可再生能源绿色证书制度　398

第一节 绿色证书制度概述　398
第二节 各国可再生能源绿色证书制度的主要内容　401
第三节 我国实行可再生能源绿色证书制度的意义和建议　410

第六篇　可再生能源补贴制度　415

第十九章 ▶ 可再生能源补贴制度概述　417

第一节 可再生能源补贴的内涵　417
第二节 可再生能源补贴制度的必要性及其面临的挑战　428

第二十章 ▶ 可再生能源补贴立法现状　436

第一节 我国可再生能源补贴立法现状考察　436
第二节 国外可再生能源补贴立法现状考察　456

第二十一章 ▶ 可再生能源补贴与反补贴　467

第一节 WTO 可再生能源补贴规则　468
第二节 可再生能源"补贴"合规性认定　476
第三节 可再生能源反补贴调查的应对　487

第二十二章 ▶ 我国可再生能源补贴制度的完善　493

　　第一节　可再生能源补贴立法完善的必要性与思路　493
　　第二节　可再生能源补贴制度完善的具体内容　501

参考文献　515

后记　523

Contents

Part 1
General Introduction to Policy and Legislation of New Energy and Renewable Energy 1

Chapter 1 Outline of Policy and Legislation of New Energy and Renewable Energy 3

   I. Concepts and Features of New Energy and Renewable Energy 3
   II. Backgrounds and Significances of Exploitation of New Energy and Renewable Energy 12
   III. Concepts and Significances of Policy and Legislation of New Energy and Renewable Energy 17

Chapter 2 History of Policy and Legislation of New Energy and Renewable Energy 22

   I. Development Process of Policy and Legislation of New Energy and Renewable Energy in China 22
   II. Current Circumstance of Policy and Legislation of New Energy and Renewable Energy in China 28
   III. History and its implication of Policy and Legislation of New Energy and Renewable Energy in U. S. 42
   IV. Review and Improvement on Policy and Legislation of New Energy and Renewable Energy in China 55

Ⅴ. Trends of Legislation of New Energy and Renewable Energy: Creating Compulsory Rules　60

Chapter 3　RE Law and Related Legislation　70

　Ⅰ. RE Law and other Energy Resources Legislation　70
　Ⅱ. RE Law and Environmental Legislation　73
　Ⅲ. RE Law and Economic Regulation legislation　78
　Ⅳ. RE Law and Administrative Legislation　80
　Ⅴ. RE Law and related Civil Legislation　81

Chapter 4　Ownership and Right of Exploitation of New Energy and Renewable Energy　84

　Ⅰ. General Introduction to Ownership and Right of Exploitation of New Energy and Renewable Energy　84
　Ⅱ. Rights of Acquisition of Solar Energy in U.S. and its Implication　90
　Ⅲ. Rights of Exploitation of Hydropower Resources　105

Chapter 5　Regulatory Regime of New Energy and Renewable Energy in China　115

　Ⅰ. Transition of Regulatory Regime of New Energy and Renewable Energy in China　115
　Ⅱ. Status, Problems and Improvements of Regulatory Regime of New Energy and Renewable Energy in China　121

Part 2
The Industry Policy for New Energy and Renewable Energy　127

Chapter 6　General Instruction to the Industry Policy for New Energy and Renewable Energy　129

　Ⅰ. Current Status of the Industry Policy for New Energy and Renewable Energy in China　129
　Ⅱ. Main Systems embedded in Industry Policies for New Energy and Renewable Energy in China　138

Chapter 7　The Industry Planning of New Energy and Renewable Energy　147

　Ⅰ. Policy and Legislation on Planning of New Energy and Renewable Energy in China　147

　Ⅱ. Policy and Legislation on Planning of New Energy and Renewable Energy abroad　168

　Ⅲ. Improvement of Policy and Legislation on Planning of New Energy and Renewable Energy in China　179

Chapter 8　Market Access to New Energy and Renewable Energy Industry　185

　Ⅰ. Market Investors Access to New Energy and Renewable Energy　185

　Ⅱ. Access Permission for Grid – Connected Program and Geothermal Plants　194

　Ⅲ. Franchise Right of Wind Power　199

Part 3

Market Regulation on New Energy and Renewable Energy　211

Chapter 9　Competition and Trade Policy of New Energy and Renewable Energy　213

　Ⅰ. Competition Policy of New Energy and Renewable Energy　213

　Ⅱ. Trade Policy of New Energy and Renewable Energy　220

Chapter 10　Harmonization Among Competition, Trade and Industry Policies of Renewable Energy　223

　Ⅰ. Competition Policy and Industry Policy of Renewable Energy　223

　Ⅱ. Trade Policy and Industry Policy of Renewable Energy　230

　Ⅲ. Conflict and Coordination between Competition and Trade Policies of Renewable Energy　236

Chapter 11　Market Regulation on New Energy and Renewable Energy　242

　Ⅰ. Quality Standards of Renewable Energy　243

　Ⅱ. Product Certification of Renewable Energy　251

Part 4
The Electricity Pricing Mechanism of New Energy and Renewable Energy　255

Chapter 12　General Introduction to Electricity Pricing of New Energy and Renewable Energy　257

Ⅰ. General Introduction to Electricity Pricing of Renewable Energy　257
Ⅱ. Economic Theory and Approach to Electricity Pricing of Renewable Energy　267

Chapter 13　Experiences Abroad about the Electricity Pricing Mechanism of New Energy and Renewable Energy　269

Ⅰ. General Introduction to Experiences Abroad about Electricity Pricing Mechanism of Renewable Energy　269
Ⅱ. Electricity Pricing Mechanisms of Renewable Energy and Its Instruction in Main Developed Countries　276

Chapter 14　The Electricity Pricing Mechanism of New Energy and Renewable Energy in China　290

Ⅰ. Recall of the Electricity Pricing Mechanism of Renewable Energy in China　291
Ⅱ. Policy Option of Electricity Price Policies of Renewable Energy in China　303
Ⅲ. Measurement and Scenarios of Electricity Price of Renewable Energy in China　305
Ⅳ. Improvements on the Electricity Pricing Mechanism of Renewable Energy and Its Policies in China　360

Part 5
Renewable Portfolio Standards (RPS) System　365

Chapter 15　General Introduction to RPS System　367

Ⅰ. Definition and Features of RPS System　367

Ⅱ. Current Status of RPS System in China and Abroad   373

Chapter 16   Comparative Study on RPS System in Foreign Countries   377

Ⅰ. Object of Aggregated Sum of Renewable Energy Development in Foreign Countries   377
Ⅱ. Subjects of Duties and Objects in RPS System   382
Ⅲ. Distribution and Regulation of RPS   386

Chapter 17   Constructing RPS System in China   390

Ⅰ. Objective of Aggregated Sum of Renewable Energy Development   390
Ⅱ. Options of Subjects of Duties and Objects in RPS System of China   393
Ⅲ. Distribution and Regulation of RPS in China   395

Chapter 18   Green Certificate System in Renewable Energy Industry   398

Ⅰ. General Introduction to Green Certificate   398
Ⅱ. Main Contents of Green Certificate in Renewable Energy Industry Abroad   401
Ⅲ. Significance and Suggestions of Adopting Green Certificate in Renewable Energy Industry of China   410

Part 6
Subsidy System in Renewable Energy Industry   415

Chapter 19   General Introduction to Subsidy System in Renewable Energy Industry   417

Ⅰ. Definition of Subsidy for Renewable Energy Industry   417
Ⅱ. Significance of Subsidy for Renewable Energy Industry   428

Chapter 20   Legislation on Subsidy for Renewable Energy   436

Ⅰ. Review on Legislation of Subsidy for Renewable Energy in China   436
Ⅱ. Review on Legislation of Subsidy for Renewable Energy Abroad   456

Chapter 21   Subsidy for Renewable Energy and Anti‐Subsidy   467

Ⅰ. Rules of Subsidy for Renewable Energy under WTO   468

Ⅱ. Identifying the Legitimate Subsidy for Renewable Energy　　476

Ⅲ. Counter Measurements Against Investigation of Anti‒Subsidy in Renewable Energy Industry　　487

Chapter 22　Improvement of Subsidy System in Renewable Energy Industry of China　　493

Ⅰ. The Necessity of Improvement of Subsidy System in Renewable Energy Industry and Its Path　　493

Ⅱ. Detailed Contents of Improvement of Subsidy System in Renewable Energy Industry　　501

References　　515

Postscript　　523

第一篇

新能源与可再生能源政策与立法总论

第一章

新能源与可再生能源政策与立法概述

第一节 新能源与可再生能源的概念与特征

一、新能源的内涵和外延

理论界对新能源的内涵和外延还没有形成统一的认识。通常在广义、狭义和中义上使用。广义的新能源是指常规能源以外的所有能源[①]，或者只要能够区别于传统的"旧"能源利用方式及能源系统的能源，不仅包括区别于工业化时代的以化石燃料为主的能源利用形态，而且区别于旧式的只强调转换端效率，不注重能源需求侧的综合利用效率，以及只强调企业自身经济效益，不注重资源、环境代价的旧的传统能源利用思维模式。包括高效利用能源；资源综合利用；可再生能源；代替能源；核能以及节能。[②] 狭义的新能源是指在新技术基础上开发利用、尚未形成生产力的新型能源，氢能、天然气水合物、核聚变能等。[③] 中义

[①] 王革华等编著：《能源与可持续发展》，化学工业出版社2005年版，第2页。

[②] 韩晓平：《关于"新能源"的定义》，中国能源网，http://www.china5e.com/blog/? uid-982-action-viewspace-itemid-2200（最后访问日期：2012年11月12日）。

[③] 江泽民：《对中国能源问题的思考》，载于《上海交通大学学报》2008年第3期。

上的新能源是指在新技术基础上开发利用的非常规能源,包括风能、太阳能、海洋能、地热能、生物质能、氢能、核聚变能、天然气水合物等。[①] 我国理论和实务界通常使用中义上的新能源概念。

笔者认为,中义上的新能源概念相对科学。新能源意在能源利用方式与技术的"创新",主要强调三个方面:

第一,"新"。新能源的重点在于"新",包括能源利用方式和技术的创新。例如,生物质发电相对于传统薪柴利用方式是新能源,风能、太阳能发电等相对于煤炭、石油等化石燃料是新能源,氢能、页岩气、核聚变等则是更新的能源。

第二,正在着手开发的新型能源。例如,热核聚变技术,其技术及应用尚处于实验阶段,但技术一旦取得成功,将开辟人类能源应用的新篇章。这种新能源我们可以称之为"超新能源"或者狭义上的新能源。

第三,新能源是非常规能源。常规能源是指使用较普遍、技术较成熟的能源,如煤炭、石油、水力等。与之相反,新能源是尚未普遍利用,或者处于研发阶段的能源,如风能、氢能、可燃冰、页岩气等。

因为新能源与常规能源是相对的,有学者对新能源的概念加以批评,认为新能源的提法本身是不科学的,现在的常规能源过去也曾经是新能源,今天的新能源明天就有可能成为传统能源或者常规能源,例如,核能曾属于新能源,但是随着其广泛的开发利用,已转为常规能源。另外,科学技术发达国家的常规能源在科学技术落后的国家就可能是新能源,因而建议应当摒弃新能源的提法。笔者认为,由于我国能源技术整体上来看处于相对落后的地位,国家通过立法鼓励新能源的发展,有利于鼓励能源技术的创新,使国家在全球能源技术的竞争中处于领先地位,因此,弃用新能源概念并非明智之举。

根据中义上的新能源概念,目前来看,新能源的范围主要包括:

(1) 可再生能源(Renewable Energy)。人类利用可再生能源的历史非常漫长,但直到20世纪70年代以后,人类利用可再生能源的方式才有了质的飞跃。当前对可再生能源的利用不同于人类早期利用太阳取暖照明、用柴草燃烧做饭或者用风帆行舟等,而是采取利用太阳能、风力发电这样的新型能源利用方式。这种新型的利用方式不同于传统上对可再生能源的利用,是对可再生能源的更高层次的、更大范围的利用。如果说传统的可再生能源利用方式只能基本保证人类的生存,新型的可再生能源利用方式则是为了人类社会的更高层次的发展。因此,在许多情况下,我们将可再生能源作为重要的新能源品种。

---

① 参见《中华人民共和国能源法(讨论稿)》,2009年11月10~11日由国务院法制办公室举办的"中欧能源法国际研讨会会议资料"。

（2）氢能（Hydrogen Energy）。因为氢具有资源丰富、来源多样、无毒无害，可储存、可再生等特点，被称为人类未来的能源或者永恒的能源。① 氢能可以发电，"是继火电、水电、核电之后的第四代发电方式"②，又可提供动力燃料——氢燃料，"以多种方式制备的氢气，通过燃料电池直接转变为电力，可以用于汽车、火车等交通工具，实现终端污染物零排放；也可以用于工业、商用和民用建筑等固定式发电供热设施。"③ 但目前，氢能在氢气的制备技术和安全储运技术、燃料电池发电技术以及电能变换与控制技术方面还不成熟，国家需要通过一定的政策为氢能的发展提供条件。

（3）热核聚变能（Thermonuclear Energy）。受控热核聚变能是要在地球上实现"人造太阳"，为人类提供一种干净、安全和无穷无尽的能源。核聚变技术成功了，能源问题就将不再困扰人类。④ 目前，支持核聚变的各种技术以及核聚变的原料等存在较大的障碍，预计人类要应用核聚变能还需要50年左右的时间。⑤

（4）天然气水合物（Natural Gas Hydrate，Gas Hydrate）。天然气水合物是一种白色或浅灰色结晶，主要成分是甲烷，主要分布在北半球的东西、太平洋和大西洋西部边缘海底处，以及大洋水深100～250米以下的极地海陆架和高纬度陆地永久冻土区。因其外观像冰一样而且遇火即可燃烧，所以又被称作"可燃冰"或者"固体甲烷"和"气冰"，被誉为21世纪最具有商业开发前景的战略资源。天然气水合物是一种新型高效能源，其成分与人们平时所使用的天然气成分相近，但更为纯净，开采时只需将固体的"天然气水合物"升温减压就可释放出大量的甲烷气体。但人类要开采埋藏于深海的可燃冰，还面临着许多新问题。有学者认为⑥，在导致全球气候变暖方面，甲烷所起的作用是二氧化碳的26倍，海底可燃冰中甲烷含量是大气中的3 000倍。可燃冰对温度和压力很敏感，矿藏哪怕受到最小的破坏，都足以导致甲烷气体的大量泄漏。另外，在陆缘海边开采可燃冰时，一旦出了井喷事故，就会造成海啸、海底滑坡、海水毒化等灾害。由此可见⑦，可燃冰在作为未来新能源的同时，也是一种危险的能源。有资料显示，我国目前还不具备独立钻探获取可燃冰的技术，需要加强与国外钻探公司的创作。

（5）页岩气（Shale Gas）。世界上正在发生所谓的"页岩气革命"，即页岩气开采利用可能对全球的石油供给形势带来巨大变化。页岩气本身是一种天然气，但是由于页岩气的开采技术如水力压裂开采技术是一种新技术，只有掌握和

---

①② 毛宗强：《氢能——21世纪的绿色能源》，化学工业出版社2005年版，前言。
③ 江泽民：《对中国能源问题的思考》，载于《上海交通大学学报》2008年第3期。
④ 毛宗强：《氢能——21世纪的绿色能源》，化学工业出版社2005年版，第215页。
⑤ 同上注，第4页。
⑥ 参见王智明、曲海乐、菅志军：《中国可燃冰开发现状及应用前景》，载于《节能》2010年第5期。
⑦ 参见廖志敏、熊珊：《绿色新能源——可燃冰》，载于《天然气技术》2008年第2期。

利用这种技术，页岩气的大规模开发利用也能够成为可能。我国正在成为继美国之后的全球页岩气生产第二大国。

中义上的新能源与狭义上的新能源相比，狭义上的新能源属于"超新能源"，基本上还处于实验阶段，没有进入应用阶段，尤其是离商业化、规模化应用阶段还有一定距离，但各国普遍已经比较重视这些超新能源，并通过政策措施对这些超新能源的研发加以鼓励。

二、可再生能源的内涵与外延

（一）可再生能源的内涵

虽然许多国家如德国、英国、西班牙等都颁布了可再生能源的专门立法，但对什么是可再生能源并没有给予明确的内涵式定义，只对可再生能源的外延进行了规定。如德国 2000 年 3 月 29 日通过、并经多次修改的《可再生能源的优先地位法》（可再生能源法——EEG）第二条规定："可再生能源指的是水能、风能、太阳能、地热能、垃圾和阴沟中沼气以及矿山和生物瓦斯气以外的能源。"我国 2005 年颁布的《可再生能源法》第二条规定："本法所称可再生能源，是指风能、太阳能、水能、生物质能、地热能、海洋能等非化石能源。水力发电对本法的适用，由国务院能源主管部门规定，报国务院批准。通过低效率炉灶直接燃烧方式利用秸秆、薪柴、粪便等，不适用本法。"可见，《可再生能源法》只对可再生能源范围进行了规定，没有进行内涵式定义。在立法上采取列举式确定可再生能源的范围虽然可以避免揭示可再生能源内涵的麻烦，但是无法从本质上把握可再生能源，因而还需要对可再生能源进行内涵式界定。

我们认为，可再生能源是指通过利用现代技术获取的自然界中可以不断再生、用之不竭的能源。

可再生能源的这一概念包括以下内涵：

第一，可再生能源强调能源的"可再生性"。各国开发利用可再生能源的原因之一是，传统化石能源的不可再生性、有限性及由此导致的能源供应短缺的危机。世界能源理事会预测未来石油、天然气、煤的可开采年限分别为 39 年、60 年、211 年。[1] 可再生能源与不可再生能源最大的区别就是可再生能源是可以不断再生，取之不尽，用之不竭的，因而被称为可持续的能源。

第二，可再生能源的获取是以可再生能源资源为基础。太阳能、风能、生物

---

[1] 参见黄天香：《我国规划新能源未来 15 年三步走》，《中国改革报》2006 年 4 月 27 日第 2 版。

质能、海洋能、地热能、水能等可再生能源是以阳光照射、风、垃圾、粪便、海洋、水等资源为基础的。因而有无丰富的可再生能源资源在一定程度上决定一个国家或者一个地区开发利用可再生能源的程度和广度。不过，因为可再生能源种类繁多，各国都可能找到适合利用的可再生能源资源，例如一个国家有可能没有丰富的太阳能资源，但可能拥有丰富的生物质资源，有的国家既没有海洋资源，也没有丰富的水资源，但可能拥有丰富的太阳能资源和风能资源。

第三，可再生能源是利用现代技术对可再生能源资源加以转换而获取的。自从人类产生就开始使用太阳和木材取得热能，人类长期用风力驱动船舶，利用风能和水能于不同的机械过程。但现代意义上的可再生能源不是指这些传统的利用方式，它是指通过利用现代技术对可再生能源资源加以利用的能源形式。如太阳光伏发电、生物质发电、太阳能热利用、潮汐与波浪发电、风力发电、水力发电、生物柴油、地热发电等。

（二）可再生能源的外延

通观各国立法，大多数国家将风能、水能、太阳能、生物质能、地热能、海洋能等列为可再生能源。我国《可再生能源法》所指的可再生能源包括风能、太阳能、水能、生物质能、地热能、海洋能六类。

1. 风能（Wind Energy）

风能是地球表面大量空气流动所产生的动能。由于地面各处受太阳辐照后气温变化不同和空气中水蒸气的含量不同，因而引起各地气压的差异，在水平方向，高压空气向低压地区流动即形成风。风能否形成风能资源决定于风的密度、风速、年累积小时数。我国陆地可利用风能资源是 3 亿千瓦，加上近岸海域可利用风能资源，共计约 10 亿千瓦。主要分布在两大风带：一是"三北地区"（东北、华北北部和西北地区）；二是东部沿海陆地、岛屿及近岸海域。内陆地区还有一些局部风能资源丰富区。[①] 近年来，我国风能资源开发利用或者说风力发电有较大的发展。风电机组包括离网运行的小型风力发电机组和大型并网风力发电机组两种类型，技术已基本成熟。

2. 太阳能（Solar Energy）

人类所需能量的绝大部分都直接或间接地来自太阳。太阳能一般是指太阳光的辐射能量。我国 2/3 的国土面积年日照小时数在 2 200 小时以上，年太阳辐射总量大于每平方米 5 000 兆焦[②]，属于太阳能利用条件较好的国家。西北（西藏、

[①] 参见 2007 年 9 月国家发改委发布的《可再生能源中长期发展规划》。
[②] 罗运俊、何梓年、王长贵编著：《太阳能利用技术》，化学工业出版社 2008 年版，第 27 页。

青海、新疆、甘肃、陕西、内蒙古)、西南 (云南)、华北 (山西、河北、山东)、东北 (辽宁、吉林)、东南 (广东、福建、海南) 等地区的太阳辐射能量较大,尤其是青藏高原地区太阳能资源最为丰富。太阳能利用包括太阳能光伏发电、太阳能热发电,以及太阳能热水器和太阳房等热利用方式。我国太阳能热利用技术成熟,经济性好,可大规模应用;太阳能热发电基本上可达到商业运行要求;光伏发电技术也有较大进展。

3. 水能 (Hydropower)

水能或称为水力发电,是利用江河水流具有的势能和动能下泄做功,推动水轮发电机转动发电而产生的电能。[①] 水能或者水力发电是以水电能资源为基础的。当代水能资源开发的主要内容是水电能资源的开发利用,以致人们通常把水能资源、水力资源、水电资源作为同义词,不加区别。而实际上,水能资源包括水热能资源、水力能资源、水电能资源、海水资源等。[②] 我国具有巨大的江河径流和落差,形成了水电能资源的丰富蕴藏量。根据 2003 年全国水力资源复查成果,全国水能资源技术可开发装机容量为 5.4 亿千瓦,年发电量 2.47 万亿千瓦时;经济可开发装机容量为 4 亿千瓦,年发电量 1.75 万亿千瓦时。水能资源主要分布在西部地区,约 70% 在西南地区。长江、金沙江、雅砻江、大渡河、乌江、红水河、澜沧江、黄河和怒江等大江大河的干流水能资源丰富,总装机容量约占全国经济可开发量的 60%。[③] 由于建设大中型水电站往往会涉及拦河筑坝、淹没土地、移民、生态环境等问题,近年来国际社会倾向于支持开发利用小型水电。对于小水电的标准,各国规定不同。如美国规定的小水电为装机容量 15 000 千瓦及以下,日本、挪威为 10 000 千瓦及以下,土耳其为 5 000 千瓦及以下,其他国家一般把装机容量 5 000 千瓦以下的水电站定义为小水电。[④] 我国将装机容量小于或等于 50 000 千瓦的水电站看做小水电。与大水电相比,小水电对生态环境的影响较小。小水电发电量占我国可再生能源发电量的 95% 以上。[⑤] 目前,发达国家水能开发程度较高,如美国水能资源已经开发利用了 80%,巴西和挪威电力 90% 以上由水电提供,而我国水能资源开发利用还不到 25%。[⑥] 因而,今后我国还应当积极开发利用水能资源。

4. 生物质能 (Biomass Energy)

生物质是指通过光合作用而形成的各种有机体,包括所有的动植物和微生

---

① 张超:《水电能资源开发利用》,化学工业出版社 2005 年版,第 10 页。
② 同上注,前言。
③ 参见 2007 年 9 月国家发改委发布的《可再生能源中长期发展规划》。
④ 张超:《水电能资源开发利用》,化学工业出版社 2005 年版,第 181 页。
⑤ 毛如柏、安柏主编:《中华人民共和国可再生能源法释义》,法律出版社 2005 年版,第 11 页。
⑥ 同上注,第 14 页。

物。生物质能则是指太阳能以化学能形式贮存在生物质中的能量形式，即以生物质为载体的能量。我国生物质能资源主要有农作物秸秆、树木枝丫、畜禽粪便、能源作物（植物）、工业有机废水、城市生活污水和垃圾等。生物质能是人类利用时间最久的能源，现代生物质能的发展方向是高效清洁利用，将生物质转换为优质能源，包括电力、燃气、液体燃料和固体成型燃料等，不包括传统燃烧方式利用秸秆、薪柴、粪便等。我国是农业大国，有大量农林废弃物，生物质能资源丰富，据测算，我国理论生物质能资源为 50 亿吨左右标准煤，目前可转换为能源的潜力约 5 亿吨标准煤。①

5. 地热能（Geothermal Energy）

地热能即地球内部蕴藏的自然能量。地热通过地热流体的循环对流或地幔物质对流，或者通过岩石的热传导，在特定的地质构造部位或者水文地质条件下，富集在地壳浅部，形成有价值的地热资源。地热利用有数千年历史，但是用地热来规模性的发电、供暖等，始于 20 世纪。目前地热开发有两种方法：一是浅层地热直接开发，把地下温泉水直接抽上来用；二是地热水源热泵技术，通过水源热泵把深层的地下水抽上来利用。我国地热资源丰富，资源潜力占全球总量的 7.9%，根据国土资源部提供资料，全国每年可开发利用的地下热水资源总量约 68.45 亿立方米，折合 3 284.8 吨标准煤的发热量。② 高温地热资源主要分布在西藏南部、云南西部、四川西部和台湾地区，中低温地热资源则遍布全国。因此我国是以中低温地热资源为主的国家。高温地热主要用于发电，西藏羊八井是我国唯一具有一定规模的地热发电基地。③ 中低温地热资源主要用于非电利用，如工业加热、建筑采暖、保健疗养和种植养殖等。

6. 海洋能（Ocean Energy）

海洋通过各种物理过程接收、储存和散发能量，这些能量以潮汐、波浪、温差、盐度梯度差等形式存在于海洋中，被称为海洋能。④ 因月球引力的变化引起潮汐现象，潮汐导致海水平面周期性地升降，因此，把因海水涨落及潮水流动所产生的能量称为潮汐能。波浪能是指海洋表面波浪所具有的动能和势能，是一种在风的作用下产生的，并以位能和动能的形式由短周期波储存的机械能。含氧表层海水和深层海水之间水温差的热能称为温差能。盐差能是指海水和淡水之间或两种含盐浓度不同的海水之间的化学电位差能，是以化学能形态出现的海洋能，主要存在与河海交接处。盐差能是海洋能中能量密度最大的一种可再生能源。海

---

① 参见 2007 年 9 月国家发改委发布的《可再生能源中长期发展规划》。
② 林伯强：《中国能源发展报告 2008》，中国财政经济出版社 2008 年版，第 340 页。
③ 刘时彬编著：《地热资源及其开发利用和保护》，化学工业出版社 2005 年版，前言。
④ 褚同金：《海洋能资源开发利用》，化学工业出版社 2005 年版，第 74 页。

洋能利用的最主要形式是发电。我国有 18 000 多公里的海岸线，有丰富的海洋能资源，但是基于技术和成本，我国当前海上风力发电的规模还十分有限，因而亦需要国家在政策和资金上予以鼓励和扶持。

三、可再生能源与新能源的关系

严格来说，可再生能源与新能源是从两个不同标准对能源进行划分。可再生能源是针对不可再生的能源而言的，新能源是相对于传统能源而言的。将两者捆挷的原因在于它们彼此之间具有密切的联系：（1）它们都是针对不可再生的、传统的化石能源，即煤、气、油；（2）新能源中可以在较短时期内进行商业化利用的主要是可再生能源，可再生能源中除水电之外，大部分是技术与市场发展都不很成熟的新能源。而当代社会由于关注能源利用的环境影响和能源资源的可持续利用，因而在开发能源利用的新技术时，特别注重新技术与资源再生性的结合。

但是两者又不完全等同：新能源重点强调能源的"新"，特别是利用新技术而出现的新能源，如页岩气；而可再生能源重点在于强调能源资源的"可再生性"。因此，即使是可再生能源，只要它的技术与市场成熟，就不再是新能源，如水、电。通常为了既强调"新"的出现，又强调"可再生"这两个重要的特质，就将可再生能源与新能源并列使用。

国际社会和各国政府一般将新能源与可再生能源共同作为鼓励与扶持的对象。例如，1981 年于肯尼亚首都内罗毕召开的"联合国新能源与可再生能源会议"（The United Nations Conference on New and Renewable Sources of Energy）就将新能源与可再生能源并列，并在最后通过的《促进新能源和可再生能源发展与利用的内罗毕行动纲领》中对新能源和可再生能源下了定义，"以新技术和新材料为基础，使传统的可再生能源得以开发利用，用取之不尽、周而复始的可再生能源来不断取代资源有限、对环境有害的化石能源"，"它不同于常规化石能源，可以持续发展，几乎是用之不竭，对环境无多大损害，有利于生态良性循环；重点是开发利用太阳能、风能、生物质能、海洋能、地热能和氢能等"。[①]

1992 年里约环境与发展大会通过的《21 世纪议程》第 4 章"鼓励改变非持续消费模式的国家政策与战略"中，提出"鼓励以环境无害化方式使用新能源与可再生能源"，也将"新能源与可再生能源"并列使用。

在我国，原国家计委、国家科委、国家经贸委于 1995 年的发布的《1996～2010 年新能源与可再生能源发展纲要》也将"新能源"与"可再生能源"并列。

[①] 王革华等编著：《能源与可持续发展》，化学工业出版社 2005 年版，第 25 页。

从各国国内法立法来看，大多使用可再生能源概念。例如，德国2000年通过了《可再生能源优先法》，英国2002年颁布了《英格兰和威尔士可再生能源义务条例》以及《苏格兰可再生能源义务条例》，澳大利亚2000年颁布了《可再生能源电力法》、多米尼加的《可再生能源法》、波多黎各的《可再生能源发展法》、哥伦比亚的《促进能源高效合理利用和推动可再生能源开发利用法》以及我国的《可再生能源法》。

也有的国家在立法中用"新能源"的概念。如日本国会于2002年6月7日制定的《日本电力事业者新能源利用特别措施法》（法律第062号）的第二条"本法所称'新能源'，是指下列能源：（1）风力能；（2）太阳光能；（3）地热能；（4）水能（限于政令规定的范围）；（5）生物质能，即以动植物的有机物且可以作为能源而加以利用者（原油、煤气、可燃性天然气及煤炭和由这些物质制造出来的产品除外）为热源的热能；（6）除前述各项外，以石油（指原油及汽油、重油及其他石油产品）为热能源以外的能源且符合政令所规定者。"

还有的国家既不用新能源的概念，也不用可再生能源的概念，而是使用替代能源的概念，如韩国的《替代能源开发利用及普及促进法》。

综上所述，新能源与可再生能源虽然在内涵与外延上有一定差异，但在当下，鉴于新能源中除可再生能源之外的其他能源有的处于实验阶段，有的利用规模尚小，有的属于可耗竭的化石能源。因此，从清洁、可持续、低碳的角度出发，各国政策和立法都指将新能源指向其中最主要的可再生能源，即太阳能、风能、生物质能、海洋能、地热能等，它们既是新能源中的主力军，也是可再生能源中的主力军。因此，本项目研究的新能源与可再生能源主要指太阳能、风能、生物质能、海洋能、地热能。

四、新能源与可再生能源的优缺点

总体来看，可再生能源具有下列特点和优点：

第一，可持续利用。可再生能源资源如太阳光资源、风力资源、水力资源、海洋资源都极为丰富，取之不尽、用之不竭，可开发利用的潜力巨大，可以不断满足人类发展对能源的刚性需求，是能够永续利用的能源，也被称为"可持续能源"。

第二，清洁。可再生能源受到当今世界各国的偏好的一个重要原因是可再生能源是清洁的能源，即环境污染物零排放或者低排放的能源，也被称为"环境友好型能源"。因此，各国开发利用可再生能源的目的之一是通过扩大可再生能源在能源结构中的比例，实现能源结构的优化，减轻煤炭、石油等化石燃料造成的大气污染，以保护环境。

第三,低碳。传统化石能源不仅是不可再生、高污染,还是高碳排放的能源,被认为是导致全球气候变暖的主要因素。与之相反,可再生能源开发利用过程较少或者不排放二氧化碳等温室气体,因而是"气候友好型能源"。国际社会和各国政府为了应对气候变化,将开发利用可再生能源作为政策与法律制度的主要选择。

第四,分散性。分布式能源相对于传统的集中供电方式而言,是指将冷热电系统以小规模、小容量(数千瓦至50兆瓦)、模块化、分散式的方式布置在用户附近,可独立地输出冷、热、电能的系统。分布式能源的先进技术包括太阳能利用、风能利用、燃料电池和燃气冷热电三联供等多种形式。[1] 可再生能源具有分散、独立利用的天然特质,适宜就地开发利用,可以满足单个用户对能源的需求。在我国,可再生能源还特别适合于边远牧区、山区和农村地区居民的用能。

尽管可再生能源有诸多优势,但是,也应当看到它的一些弱点:

第一,能量密度较低。与传统化石能源相比,可再生能源大多能量密度较低,而且分散。太阳能、风能、生物质能源就十分典型。由于密度低,且分散,使得设备占地面积大、用料多、结构复杂,影响推广使用。

第二,间歇性和随机性强、不稳定。绝大多数可再生能源如风能、太阳能、海洋能、水能等受季节、温度、气候、昼夜等的影响,间歇性和随机性强,在发力出能上不够稳定。这也是可再生能源与传统能源相比最大的弱点。因此从技术上适应可再生能源发力的不稳定性,是可再生能源产业规模化发展需要解决的一个重要问题。

第三,开发利用的技术难度大、成本高。可再生能源开发利用的关键是技术。目前,可再生能源技术部分进入商业化经营,大部分还没有进入规模化生产。就核心技术而言,由少数发达国家所垄断。绝大多数发展中国家在技术和设备上仍然依靠进口。这就决定了可再生能源的高成本。高成本导致可再生能源在市场上难与传统能源进行竞争,成为可再生能源大规模发展的市场障碍。

第二节 开发利用新能源与可再生能源的背景与意义

一、大力开发利用新能源与可再生能源的历史与背景

总体来说,人类利用可再生能源的历史是一段盛衰交错的历史。

---

[1] 十方:《什么是分布式能源》,载于《中外能源》2009年第14卷。

18世纪以前的漫长时期，人类都依靠可再生能源来取暖、照明，或者为各种机械过程提供动力。然而，从18世纪工业革命后，煤炭成为主要的能源，除了水力发电以外，其他可再生能源逐渐被煤炭所取代，特别是在工业化国家。在发展中国家，虽然薪柴一直是农村地区的主要燃料，但是非水电可再生能源在能源结构中所占比重非常低。

可再生能源再次勃兴于20世纪70年代，契机是两次石油危机的爆发。1973年和1978年的石油短缺导致的石油危机，使石油价格暴涨，许多国家担忧自身的石油供应安全。为了保障能源供应安全，各国政府特别是美国政府启动了规模浩大的可再生能源研究与示范项目，并通过立法促进可再生能源技术的开发。例如，美国为应对第一次石油危机，于1974年颁布了《地热能研究、开发和示范法》、《太阳能研究、开发法》等；为应对第二次石油危机，于1978年颁布了《太阳光伏能源研究、开发和示范法》，1980年颁布了《太阳能和能源节约法》、《生物能源和酒精燃料法》、《风能促进法》、《地热能促进法》，而且卡特政府于1979年提出，到2000年美国的可再生能源应在美国能源消费量的20%。① 日本与美国类似。石油危机后，日本于1980年设立了新的政府机构"新能源开发组织"，明确提出"要通过整合政府和企业在相关领域的合作来减少日本经济对进口石油的依赖"，并由"新能源开发组织"负责光伏、风能、地热能和其他可再生能源的开发工作。② 同时，国际组织也给予可再生能源足够关注，如联合国于1981年在肯尼亚首都内罗毕召开了"可再生能源会议"。然而，1981年以后，随着石油价格的下跌，各国对可再生能源的兴趣和投资额逐渐下降。有些关于可再生能源的商业化运用的设想也胎死腹中，许多大型能源公司也在1981年后放弃了在20世纪70年代启动的对可再生能源的投资与开发项目。③

进入20世纪90年代以后，国际社会和各国政府又一次给予可再生能源重大关注。可再生能源第三次勃兴主要是基于以下几方面的原因：

第一，能源危机越来越成为一个全球性问题。能源作为经济发展的基础和动力，是经济发展与增长的必备要件。随着世界经济的快速发展，特别是新兴经济体的迅速壮大，世界对能源的需求不断增长。近年来，全球主要化石燃料如煤炭、石油、天然气的价格不断攀升，屡创新高，世界上主要经济体之间的能源资源的争夺战也越演越烈，有的国家甚至不惜为争夺能源资源发动战争。这些都表明，能源危机已经成为一个全球性问题。为了减轻对煤炭、石油、天然气等不

---

① Michael Grubb, *Renewable Energy Strategies For Europe* (Volume 1), Earthscan Publications Ltd, 1995, p1.153.
② *Ibid*, p.1, 155.
③ *Ibid*, p.1, 3.

可再生能源的依赖，也减轻对能源资源进口的依赖，建立本国安全、独立和可靠的能源供应体系，发展可再生能源成为未来替代有限的化石燃料的一种战略选择。

第二，环境危机不断加深。20世纪中期、特别是1972年联合国人类环境会议召开之后，环境问题成为全球关注的重大问题。经过近40年的努力，发达国家的环境质量有了很大的改善和提高，但是发展中国家环境问题却在不断恶化。以空气污染为代表的环境问题成为困扰发展中国家的顽疾。世界银行发布的《2006年世界发展指标》公布，全球空气污染最严重的城市前20名全部集中于发展中国家，新德里、开罗、加尔各答、天津、重庆位列前五名，其中有13个城市属于中国。2011年以来，以PM2.5为首的雾霾天气袭击中国大江南北。空气污染是煤炭、石油等化石能源的使用所排放的二氧化硫、氮氧化物等污染物造成的。化石燃料的燃烧导致的酸雨污染还对森林资源、水资源、土地资源等也造成了严重的损害。不仅如此，化石燃料的开采过程还会导致当地生态环境的破坏，如土地塌陷、水污染、植被破坏等。因此，扩大清洁的可再生能源在能源结构中的比重成为各国解决大气污染的重要组成部分。

第三，气候变化危机不断加剧。根据联合国气候变化组织IPCC发布的气候变化评估报告显示，人类燃烧化石燃料排放的二氧化碳等温室气体是导致气候变化的主要原因。而气候变化不论对于自然生态系统、还是对于人类健康都具有重大威胁。为了应对气候变化，防止气候变化给人类带来不可逆转的影响，国际社会于1992年在里约热内卢召开了联合国环境与发展大会，并通过了《联合国气候变化框架公约》。从此，国际社会拉开了与气候变化斗争的序幕。而发展低碳的可再生能源是公认的、能够有效减缓气候变化的最重要的方式之一。为此，各国均将发展可再生能源作为本国应对气候变化的主要战略，并通过立法和政策加以促进和推动。例如，德国于2000年颁布了《可再生能源优先法》，英国于2002年颁布了《英格兰和威尔士可再生能源义务条例》、《苏格兰可再生能源义务条例》，澳大利亚于2000年颁布了《可再生能源电力法》、日本于2002年颁布了《日本电力事业者新能源利用特别措施法》等。目前，应对气候变化成为推动可再生能源发展最强劲的动力。

第四，人类对核能的不信任。20世纪50~60年代，核能因其清洁、安全、廉价和丰富，被认为最有希望成为21世纪最主要的能源。[①] 然而，1979年发生于美国宾夕法尼亚州的三里岛核事故使核电失宠。人们不再恭维核能的安全性，

---

① Michael Grubb, *Renewable Energy Strategies For Europe* (Volume 1), Earthscan Publications Ltd, 1995, p.1, 6.

也不再信服核电行业和政府声称的核能环境表现。① 此后,美国核电站的建设一直处于停滞状态。然而,由于两次石油危机,也因为对环境有利,核电占据了美国能源计划的显要位置。② 核电再次被全球冷落是在 1986 年切尔诺贝利核事故发生之后。此次事故造成的巨大损害使人们完全丧失了对核能安全性的信任,许多国家停止了核电站的建设,美国 124 座核电站停止建设,28 座被关闭。③ 在德国,格哈德·施罗德在任总理时通过立法决定于 2021 年前停止运营并强制关闭德国境内的核电站。对核能安全的不信任,使得各国转向同样清洁并且更加安全的可再生能源。值得关注的是,在气候变化背景下,考虑到可再生能源的成本和规模,在 21 世纪初,各国又再次转向发展核电。例如,德国安格拉·默克尔上台后,德国政府坚称核能是清洁能源,几乎不产生温室气体,德国有严格的减排目标,延长核电站寿命符合德国利益。因此,默克尔政府于 2010 年 10 月 28 日通过能源法,规定德国现有 17 座核电站的服役时间将平均延长 12 年,其中,修建于 1980 年前的核电站延长运营 8 年,近期建造的核电站延长 14 年,不过,德国决定不再修建新核电站。④ 美国电力巨头杜克电力公司(Duke Power Co.)和亚特兰大的南方公司(Southern Co.)宣布将在南卡罗来纳州建设一个核电站,这是美国 30 多年来首次新建核电站。⑤ 然而,历史悲剧再一次重演,2011 年 3 月发生在日本福岛的核电站泄漏事件,又再次引起人们对核能安全的不信任和担忧,德国政府计划到 2022 年全面废除核能发电,到 2050 年,可再生能源发电比例达到 80%。⑥ 不断发生的核危机,使得各国更加增强了对可再生能源的信心和依赖。

二、开发利用可再生能源对于我国的意义

我国既是一个人口大国,也是一个发展中国家,正处于工业化、城镇化过程中,经济结构仍然以重化工为主。我国的发展阶段与发展现状决定了我国对于能源的刚性需求和碳排放总量不断增加、大气污染日益严峻。可再生能源作为可持续、低碳、清洁能源,对于我国意义更加重大:

---

① [美] 约瑟夫·P. 托梅因、理查德·D. 卡达希,万少廷译:《美国能源法》,法律出版社 2008 年版,第 254 页。
② 同上注,第 254 页。
③ 同上注,第 251 页。
④ "延寿核电站德国存争议",《广州日报》(国际版),2010 年 10 月 30 日 A11 版。
⑤ 钱伯章:《新能源——后石油时代的必然选择》,化学工业出版社 2007 年版,第 179 页。
⑥ 郭洋:《德国调整可再生能源政策》,http://www.ccchina.gov.cn/Detail.aspx?newsId=42849&TId=58(最后访问日期:2014 年 2 月 21 日)。

第一，有效减少碳排放量。2007年，我国超越美国成为全球第一大温室气体排放国后，来自国际社会要求减排温室气体的压力不断加大，这在自哥本哈根气候变化会议以来的各次气候会议上得到了突出反映。而我国以煤为主的能源结构，非常不利于控制二氧化碳等温室气体的过快排放。要降低中国的碳排放量，必须对中国的能源结构作出优化调整，降低煤炭等高碳能源的比重，增加清洁的、低碳的可再生能源。因此，大力开发利用可再生能源，可以有效增强中国应对气候变化的能力，也是我国对外谈判的筹码。《可再生能源法》颁布后，我国可再生能源开发利用水平有较快发展，中国已成为全球第一大可再生能源投资国，太阳能电池产量和风电增机容量均居全球首位。

第二，减轻我国大气环境污染，保护和改善大气环境质量。目前，我国环境污染问题突出，以城市为中心的大气污染问题，尤其是严重的雾霾污染是我国最严重的环境问题之一。而大气污染的主要原因是以煤炭、石油为主的能源结构造成二氧化硫、氮氧化物等的排放。目前，全国90%的二氧化硫排放和70%的烟尘都是燃煤造成的。大气污染不仅造成土壤酸化、粮食减产和植被破坏，还引发大量呼吸系统疾病，严重威胁人民身体健康。① 我国每年GDP因空气污染折损1.2%。② 减轻大气污染的主要途径就是改善能源结构，提高可再生能源等清洁能源的比重。

第三，实现能源多样化，保障能源安全。我国人口众多，人均能源消费水平低，能源需求增长压力大，能源供应与经济发展的矛盾十分突出。而国内生产的煤炭、石油、天然气等化石能源不能满足日益增长的需求，需要大量进口。石油对外依存度从21世纪初的26%上升至2011年的57%，进口石油依存度高达56%，③ 同时，我国也是全球最大的煤炭进口国。而且，近年来，国际油价节节攀升，这将使中国能源供应越来越受世界石油、煤炭市场的不确定性和石油产区的政局动荡的影响，严重影响国家能源供应安全。通过增加可再生能源、新能源在能源结构中的比重，可以在一定程度上减轻我国对国际市场上化石能源的依赖，增强国家抵御能源安全风险的能力，对于我国经济、社会的可持续、健康与安全发展具有重大的战略意义。

第四，扩大就业，实现社会和谐稳定。可再生能源资源分布广泛，各地区都具有一定的可再生能源开发利用条件。可再生能源的开发利用主要是利用当地自

---

① 毛如柏：关于《中华人民共和国可再生能源法（草案）》的说明，2004年12月25日在第十届全国人民代表大会常务委员会第十三次会议上发言。

② 章轲："报告称我国每年GDP因空气污染折损1.2%"，《第一财经日报》2013年1月15日，http://finance.sina.com.cn/china/20130115/044114284520.shtml（最后访问日期：2014年7月11日）。

③ 见2013年1月1日国务院印发《能源发展"十二五"规划》。

然资源和人力资源，对促进地区经济发展具有重要意义。同时，可再生能源也是高新技术和新兴产业，快速发展的可再生能源已成为一个新的经济增长点，可以有效拉动装备制造等相关产业的发展，对调整产业结构，促进经济增长方式转变，扩大就业，推进经济和社会的可持续发展意义重大。

第五，解决农村用能。农村是目前我国经济和社会发展最薄弱的地区，能源基础设施落后，许多农村生活能源仍主要依靠秸秆、薪柴等生物质低效、直接燃烧的传统利用方式。农村地区可再生能源资源丰富，加快可再生能源开发利用，一方面可以利用当地资源，因地制宜解决偏远地区电力供应和农村居民生活用能问题，另一方面可以将农村地区的生物质资源转换为商品能源，使可再生能源成为农村特色产业，有效延长农业产业链，提高农业效益，增加农民收入，改善农村环境，促进农村地区经济和社会的可持续发展。

第六，提高中国的国际竞争力。在气候变化背景下，节能环保产业和低碳技术已成为国际经济与科技竞争的新领域，发达国家纷纷通过立法或者政策，投入巨额资金，加大对节能环保、可再生能源和低碳技术的支持力度，努力抢占未来经济科技竞争制高点。发达国家还借气候保护之名，提出对进口产品征收碳关税。这些趋势都要求我国加快发展节能环保和新能源产业，这不仅可以避免经济社会发展模式对碳排放的"锁定效应"，而且可以通过大力开发可再生能源等，加快对传统产业的升级改造，建设以低碳排放为特征的产业体系和消费模式，提高我国产品的国际竞争力。2010年10月10日国务院通过《关于加快培育和发展战略性新兴产业的决定》将新能源、新材料、新能源汽车产业成为国民经济的先导产业，以进一步促进可再生能源的发展。

第三节 新能源与可再生能源政策与立法的概念与意义

一、新能源与可再生能源政策与立法的概念及相互关系

新能源与可再生能源政策有广狭义之分。广义上的新能源与可再生能源政策是指国家制定的有关开发利用新能源与可再生能源的各种规范性与非规范性文件，包括法律、行政法规、部门规章、地方性法规与地方政府规章等，甚至还包括执政党的政策。狭义上的可再生能源政策则仅指由国务院及其各部门制定的有关可再生能源开发利用的各种政府性文件，不包括法律、地方性法规和党的政策。

新能源与可再生能源立法则主要是指由全国人大及其常委会、国务院和省级地方人民代表大会及其常委会就可再生能源开发利用所制定与颁布的法律、行政法规和地方性法规。全国人大常委会于 2005 年颁布的《中华人民共和国可再生能源法》（简称《可再生能源法》）是国家层面的可再生能源立法。国务院并没有出台有关可再生能源开发利用的行政法规。不少地方出台了促进本地可再生能源利用的条例。以后，随着可再生能源产业规模的扩大和可再生能源的广泛利用，在可再生能源领域也可能会出现新的立法。

从我国目前的情况来看，我国可再生能源领域的发展主要依靠大量的政策，即国务院及其各部委出台的各种办法、通知、决定、指令和决定等。据笔者统计，我国有关可再生能源与新能源的各类政策性文件有上百件之多。

可再生能源产业的发展主要由政策主导与调整，这种局面即使在 2005 年《可再生能源法》颁布之后也没有根本改变，甚至还在不断加强。这主要是由于以下原因导致的：

第一，政策的灵活性更适合可再生能源产业的成长性特质。2005 年 11 月 29 日，国家发展和改革委员会发布的《可再生能源产业发展指导目录》（以下简称《目录》），将《目录》所涵盖的风能、太阳能、生物质能、地热能、海洋能和水能等六个领域的 88 项可再生能源开发利用和系统设备、装备制造项目，根据产业、技术、设备与产品的成熟度分为商业化、基本商业化、商业化初期、技术改进、技术研发或者项目示范五个级别。在这 88 个项目中，已经商业化的共 8 项，占 9%；基本商业化的共 4 项，占 4.5%；商业化初期 2 项，占 2.3%；技术改进共 4 项，占 4.5%。其余均为技术研发或者项目示范阶段。也就是说，在 88 个项目中，只有 20% 的项目不同程度地逐渐进入商业化阶段，80% 的项目仍然处于研发阶段。由于产业与技术的不成熟，决定了国家只能用政策来灵活、快速解决和应对在这个产业发展过程中出现的各种问题。

第二，政策的政府主导特征有利于国家培育新的产业以适应国家战略的调整。可再生能源在全球能源结构中所占比重一直很低，但是随着应对气候变化任务的加重，发展低碳清洁的可再生能源成为全球的战略选择，各国也随之将可再生能源产业作为未来发展的重要选择。而可再生能源开发利用又由于技术、设备、资金等问题，往往成为高投入、高成本、高风险的投资领域，投资者望而却步。为此，就需要政府利用各种政策对进入产业的各类投资者通过财政、税收以及利率等政策加以引导、鼓励和扶持，以促进可再生能源的开发利用与国家的产业发展战略相符合。

第三，政策与法律相比，无论是在制定还是在执行上，成本相对较低、效率较高。无论立法、执法还是司法程序，在程序的启动、运用上相对比较严格也比较漫长，而且在经济成本、人力成本上均比较昂贵，而政策则只需要政府部门之间的沟通配合，无论决策还是执行相对快捷高效。可再生能源产业正处于成长与发展期，与此相对的立法部门、政策制定部门和学术研究部门对可再生能源产业的关注还要晚于产业的发展，因此，不可能有成熟的政策、更难出台完善的立法。因此，对这些新生事物用政策调整相对会降低风险和成本。即便政策有误，也可以较快的加以纠正。如果是法律则不然，一是启动立法的修改程序需要达到法律规定的条件；二是法律修改必须经过法定审议程度；三是频繁对法律进行纠错也影响法律的权威；四是法律在全国具有普适性，一个"恶法"可能会造成诸多难以消除的不良后果。

尽管政策在可再生能源领域具有重要作用，但正如"法律不是万能的"，政策更不是也不应当是万能的，特别是在法治社会。无论政策多么神通广大、方便好用，最终还是要通过法律建立基本的规则和秩序，解决最终的利益平衡问题，因此还需要进行立法。

政策与立法的关系不仅体现在政策与法律的不同上，还体现在政策与法律的衔接上。通常来看，政策与法律的衔接有两种模式：第一种模式是先有政策后制定法律。即制度创新先通过政策试验，然后将成熟的政策上升为法律。这被称为"政策的法律化"。第二种模式是先有法律后制定政策落实。即先通过立法规定，再通过政策对立法加以细化、具体化。这种模式被称为"法律政策化"。不过，政策的法律化与法律的政策化过程不是截然分离的，它们有可能同时或者交替进行。

在我国颁行《可再生能源法》之前，也出台过一些可再生能源的政策，但是这些政策无论从内容还是从形式上看，都相当粗糙和简单，基本谈不上是成熟的政策。事实上，我国《可再生能源法》也不是将成熟的可再生能源政策法律化的结果。因此，可再生能源产业领域的政策与法律之间不是政策的法律化。

可再生能源政策与法律之间是第二种关系模式即法律的政策化。即在《可再生能源法》出台后，通过大量的可再生能源政策加以落实。《可再生能源法》做出的授权性立法规定有12项之多。据不完全统计，《可再生能源法》颁布后，我国出台的可再生能源政策有30多项，形成了庞大的政策体系。其原因在于《可再生能源法》本身太过简单，有待政策将其细化和具体化。

在制定《可再生能源法》时，由于没有成熟的可再生能源政策可供法律化，因此，立法者只能就发展可再生能源产业所要解决的主要矛盾和调整的主要社会关系进行规范，难以就具体事项加以规定。例如，有关可再生能源电价的问题，在制定法律时，风力发电、太阳能光伏发电、生物质发电等都没有形成规模化生产，价格形成机制不明确，高低规律难以掌握，立法者虽然明知这是最为核心的问题之一，但是难以就各类可再生能源上网电价作出明确具体规定，仅就可再生能源实行政府定价和上网电价的确定的原则进行规定。

不过，政策与法律之间的边界有时是很难区分的。正如广义上的政策就涵盖和包括法律一样，法律中也同样会包括政策性内容，有的甚至主要是一种政策性的宣示，这种法律被称为政策法。美国能源与环境立法大多采用政策法形式（Policy Act），如美国《2005年能源政策法》等。

正因为政策与法律的关系十分密切，因此，通常在研究可再生能源法时实际上也包括大量可再生能源政策，研究可再生能源政策也包括对可再生能源法律的研究。

二、建立健全可再生能源政策与立法的意义

虽然我国开发利用可再生能源有较长历史，但是一直以来，并没有形成一定的规模，也缺乏相对的政策和法律指导与保障，一定程度上制约了可再生能源产业的发展。

在新的时代背景下，建立健全可可再生能源的政策与法律制度，对于可再生能源产业的法治化，具有特殊的重要意义：

第一，为可再生能源的大规模发展提供法律与政策支撑与保障。《可再生能源法》颁布前，我国可再生能源的开发利用虽然取得一定的进展，但仍存在一些问题。其中主要是：研究开发能力不强，制造技术水平较低，尚未形成规模化的产业体系；开发利用成本相对较高缺乏市场竞争力，企业难以较快发展；国家缺乏支持可再生能源发展的长期而稳定的政策和制度。[①] 因此，为使我国可再生能源和新能源获得较大的商业化发展，需要国家制定具有权威性的可再生能源发展规划，依法明确各类主体在可再生能源开发利用中的权利与义务，稳定有利于可再生能源发展的经济政策，以增强开发利用者的市场信心，有效扩大可再生能源的市场份额。这既是可再生能源法律与政策出台的背景，也是目标。

第二，履行中国承担的应对气候变化的国际义务。中国是《联合国气候变化框架公约》和《京都议定书》的成员国，按照"条约必须遵守"的国际法基本原则，我国有义务将自己承担的国际义务通过国内法加以实施。节约能源提高能效、发展新的可再生能源作为人类应对气候变化的基本措施，成为国际社会的共识，并在《联合国气候变化框架公约》和《京都议定书》得到体现。我国已于1997年颁布了《节约能源法》，并对节约能源的原则、基本制度、主要节能

[①] 毛如柏：关于《中华人民共和国可再生能源法（草案）》的说明，2004年12月25日在第十届全国人民代表大会常务委员会第十三次会议上发言。

主体和节能义务作了全面规定。《可再生能源法》等法律与政策的颁布为发展可再生能源提供政策与法律支撑，同时，也是中国履行国际义务的积极表现。

第三，有利于我国相关领域的政策与法律体系的完善。可再生能源政策与法律既是我国的能源政策与法律体系的组成部分，也是气候变化应对政策与法律体系、低碳经济政策与法律体系、环境保护法律体系的重要组成部分。因此，建立健全可再生能源政策与法律制度，无论对于完善能源政策与法律体系，还是对于完善气候变化应对政策与法律体系、低碳经济政策与法律体系、环境保护法律体系都具有重要的意义。

第二章

新能源与可再生能源政策与立法的历史沿革

第一节 我国新能源与可再生能源政策与立法历史发展

我国新能源与可再生能源政策与立法的历史与我国开发利用可再生能源的历史与规模有密切联系。中国利用可再生能源的历史源远流长，例如，在远古时代，就利用柴草做饭、取暖和照明，这种传统的对生物质能的利用一直延续至今。但是这并不是现代意义上的可再生能源利用。现代意义上的可再生能源开发利用是20世纪以后的事情。

从现代意义上来看，中国开发利用可再生能源及其政策与立法的历史可以分为四个发展阶段。

一、孕育阶段（1992年以前）

1992年以前，新能源与可再生能源政策与立法几近空白。中国在20世纪50年代就开始对风能、太阳能热水器、沼气、太阳灶、光伏技术等可再生能源的研发与利用。但是从50年代到80年代末的40年间，最广泛应用的可再生能源就是小水电，户用沼气也有一定的进展，其他可再生能源尚处于研发阶段。因此，有关可再生能源的政策除了国家领导人对利用沼气的口号式宣传之外①，主要体现在农村能源建设的政策之中，如1986年原国家经济委员会下发了《关于加强农村能源建设的意见》，明确提出各省、自治区、直辖市在编制发展农村能源的长远规划时，应包括"节柴灶、沼气、森林能源、小水电、小火电、小窑煤、秸秆利用、太阳能、风能、地热能、海洋能等能源的研究开发和推广规划，农村用能规划（包括乡镇企业商品煤、电、油供应）和节能规划"。同时还提出，"特别注意小煤窑、薪炭林、小水电的开发，同时，积极进行风能、太阳能、地热能、海洋能和能源作物方面的开发试点"。在法律层面，只有1988年颁布的《水法》第十六条明确规定，"国家鼓励开发利用水能资源"。总体来说，由于发展可再生能源的目标在于补充农村燃料的不足，因而有关可再生能源的政策与立法真可谓凤毛麟角。

二、产生阶段（1992～1997年）

1992～1997年，有关新能源与可再生能源开发利用的规范开始出现在环境与能源的政策和法律中。20世纪90年代之后，三个最主要的因素为中国制定鼓励开发利用可再生能源的宏观政策奠定了基础：第一个因素是随着我国经济的快速发展，传统化石能源不能满足我国城乡生产和消费的需求，此外，可再生能源在满足农村能源需求上具有天然优势；第二个因素是由传统化石能源消耗带来的大气污染问题越来越明显，要求开发利用清洁的可再生能源，以改善能源结构，减轻环境污染；第三个因素就是《联合国气候变化框架公约》的缔结，要求各成员国尽可能减少温室气体的排放。在这三个因素的综合作用下，中国从1990年之后，出现了一系列有关开发利用可再生能源的政策规范。

在政策层面，1992年国务院提出我国环境与发展的十大对策和措施，明确要求"因地制宜地开发和推广太阳能、风能、地热能、潮汐能、生物质能等清洁能源"。1994年3月25日国务院通过的《中国21世纪议程——中国21世纪人口、环境与发展白皮书》明确提出，"能源工业的发展以煤炭为基础，以电力为中心，大力发展水电，积极开发石油、天然气，适当发展核电，因地制宜地开发可再生能源"，明确提出将"开发利用可再生能源"作为中国建设可持续的能源生产和消费体系的重要领域。"把开发可再生能源放到国家能源发展战略的优先地位，采取适当的财政鼓励措施和市场经济手段，增加国家在开发可再生能源

---

① 毛泽东在湖北、安徽等地视察沼气利用技术时指出："沼气又能点灯，又能做饭，又能作肥料，要大力发展"，"要好好推广"，见国家经贸委可再生能源发展经济激励政策研究组：《中国可再生能源发展经济激励政策研究》，中国环境科学出版社1998年版，第1页。

方面的投入，吸引地方政府和用户共同参与。"① 1994 年 10 月，原电力工业部颁发了《风力发电场运行管理规定（试行）》，1995 年原国家科委、计委和经贸委共同制定了《中国可再生能源发展纲要（1996～2010）》以及"新能源可再生能源优先发展项目"等，这些文件成为指导中国可再生能源产业发展的纲领性文件。

在法律层面，1995 年的《电力法》在总则第五条规定："电力建设、生产、供应和使用应当依法保护环境，采取新技术，减少有害物质的排放，防止污染和其他公害，国家鼓励和支持利用可再生能源和清洁能源发电。"在"农村电力建设和农业用电"一章中规定："国家提倡农村开发水能资源，建设中小电站，促进农村电气化。国家鼓励和支持农村利用太阳能、风能、地热能、生物质能和其他能源进行农村电源建设，增加农村电力供应。"

1997 年 11 月 1 日通过的《节约能源法》第四条也明确规定"国家鼓励开发、利用可再生能源"，第三十八条规定："各级人民政府应当按照因地制宜、多能互补、综合利用、讲求效益的方针，加强农村能源建设，开发、利用沼气、太阳能、风能、水能、地热等可再生能源和新能源。"这两部立法虽然明确要求发展可再生能源，但是有专家批评这两部立法只是"笼统地提出支持和鼓励，缺乏具体的和可量化的措施，对可再生能源发展促进作用甚微"②。而被专家赞誉为"让可再生能源企业和项目受益匪浅"的立法是 1993 年 7 月通过的《科学技术进步法》，该法第二十五条规定"对在高新技术产业开发区和高新技术产业开发区外从事高新技术产品开发、生产的企业和研究开发机构，实行国家规定的优惠政策"，第四十六条规定"国家鼓励企业增强研究开发和技术创新的投入，企业的技术开发费按实际发生额计入成本费用"，这两条对大多数太阳能、沼气企业的发展起了保护作用。

尽管这一阶段，我国制定了一些有关可再生能源政策与立法，但是应当看到，我国可再生能源政策与立法还十分零散，目标显然主要在于应对大气污染和解决农村能源供应问题。

三、发展阶段（1997～2005 年）

1997～2005 年，《可再生能源法》颁布，可再生能源开发利用步入法制轨道。1997 年 12 月，《联合国气候变化框架公约》第三次缔约方大会在日本京都通过了旨在限制发达国家温室气体排放量以抑制全球变暖的《京都议定书》。

---

① 《中国 21 世纪议程——中国 21 世纪人口、环境与发展白皮书》，中国环境科学出版社 1994 年版，第 106 页。

② 叶荣泗、吴钟瑚主编：《中国能源法律体系研究》，中国电力出版社 2006 年版，第 234 页。

《京都议定书》的主要内容在于为发达国家设定了温室气体减排的目标与时间表。减排目标与时间表的设定，对承担减排义务的国家国内政策与立法产生明显影响。英国、德国、西班牙等欧盟国家以及欧盟率先颁布立法促进可再生能源的发展。例如，德国于2000年3月发布了《德国可再生能源优先法》，英国颁布了《2002年英格兰和威尔士可再生能源义务条例》、《2002年苏格兰可再生能源义务条例》，西班牙于1998年12月颁布了《关于可再生能源、垃圾或生物质能发电的皇家法令》，欧盟部长理事会于1997年制定了《关于可再生能源的决议》、欧洲共同体于2001年制定了《关于使用可再生能源发电指令的共同立场》，日本于1997年通过了《关于促进新能源利用的特别措施法》等。

尽管在《京都议定书》框架下，中国作为发展中国家不承担具体的强制性减排义务，但是按照《京都议定书》规定的清洁发展机制（CDM），中国能够参与发达国家与发展中国家之间的减排贸易，在此背景下，中国具有发展可再生能源的内在动力，可再生能源发展及其政策与立法在《京都议定书》通过后步入快车道。

在政策领域，1999年原国家计委、科技部发布了《关于进一步支持可再生能源发展有关问题的通知》，明确可再生能源主要包括风力发电、太阳能光伏发电、生物质能发电、地热发电、海洋能发电等；对可再生能源发电项目可由银行优先安排基本建设贷款；对可再生能源并网发电项目在还款期内实行"还本付息＋合理利润"的定价原则，高出电网平均电价的部分由电网分摊。此项政策的出台为我国可再生能源的发展提供了良好的政策激励机制。2000年8月23日，原国家经贸委《2000～2015年可再生能源产业发展规划要点》，明确了可再生能源产业发展目标、产业化体系建设、预期效益分析、制约因素与存在的问题；2001年10月10日，原国家经贸委发布了《可再生能源产业发展"十五"规划》明确了2001～2005年中国可再生能源发展目标、重点和采取的政策措施。

在立法领域，2002年修正的《大气污染防治法》第一次在大气污染防治的专门立法中提出国家鼓励使用可再生能源，该法第九条明确规定："国家鼓励和支持大气污染防治的科学技术研究，推广先进适用的大气污染防治技术；鼓励和支持开发、利用太阳能、风能、水能等清洁能源。"2002年颁布的《清洁生产促进法》第二条也规定"使用清洁的能源"。

除了这些立法对可再生能源的开发利用予以鼓励外，2005年2月28日全国人大常委会高票通过了《可再生能源法》。① 《可再生能源法》的颁布，标志着

---

① 《可再生能源法》从列入立法规划到最终通过，全程只用了18个月的时间，许多人认为也"表明国家立法机关、有关部门在对这部法律认识上的高度一致，这种一致性也充分反映了全国人民对发展清洁可再生能源和走可持续发展道路的强烈愿望"。见李俊峰、王仲颖主编：《中华人民共和国可再生能源法解读》，化学工业出版社2005年版，序言二。

我国可再生能源开发利用步入法制轨道。巧合的是，在《可再生能源法》颁布不到半个月前，《京都议定书》因俄罗斯议会的批准而于 2005 年 2 月 26 日生效。当然这种巧合绝非偶然，它与"国际社会对气候变化问题的密切关注"[①] 等因素有着紧密联系。但是《可再生能源法》并没有将"应对气候变化"作为立法的主要目标，在第一条只宣示"增加能源供应、改善能源结构、保障能源安全、保护环境、实现经济社会的可持续发展"，由此可见，《可再生能源法》颁布时，立法者对可再生能源作用的认识仍然有相当的局限性。

四、形成阶段（2005～2009 年）

2005 年后，我国新能源与可再生能源政策与立法逐步形成体系。虽然《京都议定书》对中国等发展中国家没有硬性的减排约束，但毫无疑问，《京都议定书》的生效对中国产生了巨大的压力。《京都议定书》的逻辑可以这样理解：第一步，是部分发达国家（附件一）短期（2008～2012 年）微减排量（平均约 5%）。签署后续的系列协议是第二步，第三步则是每个新协议都要进一步限定附件一国家的排放。可以预见，适时地，非附件一国家也必将纳入减排。最后，可期望每一个国家都要遵从于一个排放限额。[②] 实际上，从《京都议定书》生效开始，国际社会就开始对后京都时代各国的减排义务展开激烈讨论。中国作为全球二氧化碳的排放大国，应对气候变化的态度受到国际社会的普遍关注。此外，中国国内一方面面临十分严重的大气污染，另一方面又遭遇高油价时代，这些因素都决定了中国有开发利用可再生能源的强烈意愿。《可再生能源法》的颁布为开发利用可再生能源提供了基本的法律保障，但总的来看，《可再生能源法》比较原则，只有三十三条，仅规定了开发利用可再生能源的一些基本原则和制度，尚不能满足可再生能源开发利用的现实需求。因此，《可再生能源法》颁布后，全国人大常委会办公厅发文国务院办公厅，函请国务院办公厅督促协调国务院各有关部门研究起草与《可再生能源法》配套的 12 项规章和技术规范，包括（1）水电适用《可再生能源法》的规定；（2）可再生能源资源调查和技术规范；（3）可再生能源发展的总量目标；（4）可再生能源开发利用规划；（5）可

---

① 《可再生能源法》从列入立法规划到最终通过，全程只用了 18 个月的时间，许多人认为也"表明国家立法机关、有关部门在对这部法律认识上的高度一致，这种一致性也充分反映了全国人民对发展清洁可再生能源和走可持续发展道路的强烈愿望"。见李俊峰、王仲颖主编：《中华人民共和国可再生能源法解读》，化学工业出版社 2005 年版，序言二。

② Scott Barrett, *Climate Treaties and the Imperative of Enforcement*, Oxford Review of Economic Policy, Volume 24, Number 2, 2008, pp. 239–258.

再生能源产业发展指导目录；（6）可再生能源发电上网电价政策；（7）可再生能源发电费用分摊办法；（8）可再生能源发展专项资金；（9）农村地区可再生能源财政支持政策；（10）财政贴息和税收优惠政策；（11）太阳能利用系统与建筑结合规范；（12）可再生能源电力并网及有关技术标准等。这些规章除少数几个外，其余均已颁布并实施。[①]

此外，国家发展和改革委员会、财政部、建设部还针对可再生能源一些领域的情况，发布了一些专门的部门规章和政策性文件，例如，国家发展与改革委员会与财政部联合下发了《促进风电产业发展实施意见》、《关于加强生物燃料乙醇项目建设管理，促进产业健康发展的通知》，财政部等五个部委联合下发了《关于发展生物能源和生物化工财税扶持政策的实施意见》，财政部印发了《可再生能源建筑应用专项资金管理暂行办法》和《可再生能源建筑应用示范项目评审办法》等。这些部门规章和政策性文件对推动可再生能源一些专项技术和产业的发展发挥了重要的作用。

除了上述有关可再生能源的专门立法和政策之外，中国在有关环境保护、其他类型的能源的立法和政策中也强调了对可再生能源的开发利用。譬如，2005年12月国务院《关于落实科学发展观加强环境保护的决定》中明确指出"大力发展风能、太阳能、地热、生物质能等新能源，积极发展核电，有序开发水能，提高清洁能源比重，减少大气污染物排放"。2007年10月28日修订通过的《节约能源法》[②]、2008年8月29日通过的《循环经济促进法》[③]、2007年5月23日通过的《节能减排综合性工作方案》、2007年6月4日国家发改委发布的《中国应对气候变化国家方案》等都对可再生能源开发利用作了规定。可再生能源政策与立法逐步形成一个规模庞大的政策与法律体系。

五、完善阶段（2009年以后）

2009年后，我国新能源与可再生能源与政策日臻完善。2009年，各国都期

[①] 尚未颁布的规章主要指：水电适用《可再生能源法》的规定、农村地区可再生能源财政支持政策以及财政贴息和税收优惠政策。

[②] 《节约能源法》第七条第三款规定："国家鼓励、支持开发和利用新能源、可再生能源。"

[③] 《循环经济促进法》第二十三条规定："建筑设计、建设、施工等单位应当按照国家有关规定和标准，对其设计、建设、施工的建筑物及构筑物采用节能、节水、节地、节材的技术工艺和小型、轻型、再生产品。有条件的地区，应当充分利用太阳能、地热能、风能等可再生能源。"第三十二条规定："企业应当采用先进或者适用的回收技术、工艺和设备，对生产过程中产生的余热、余压等进行综合利用。建设利用余热、余压、煤层气以及煤矸石、煤泥、垃圾等低热值燃料的并网发电项目，应当依照法律和国务院的规定取得行政许可或者报送备案。电网企业应当按照国家规定，与综合利用资源发电的企业签订并网协议，提供上网服务，并全额收购并网发电项目的上网电量。"

望在气候变化哥本哈根会议上达成新的全球性协议。为了彰显我国应对气候变化的决心和信心，2009年8月27日全国人大常委会《关于积极应对气候变化的决议》①，重申中国将"积极科学地发展水电、风电、太阳能、生物质能等可再生能源"。为了进一步加快可再生能源的发展，解决《可再生能源法》实施以来出现的一些突出问题，如弃风、入网难等，2009年12月26日，全国人大常委会通过了《关于修改〈可再生能源法〉的决定》，对《可再生能源法》规定的可再生能源上网制度等做出了一定的修改。此后，国家就风力发电、太阳能发电、生物质发电等可再生能源电力上网、消纳、电价等出台了一系列规定。可以看出，这一阶段，开发利用可再生能源已经渗透进中国有关环境保护、能源、特别是应对气候变化等多领域，气候变化正在越来越成为中国加强可再生能源政策与立法的又一明确和主要驱动力与源泉。② 可再生能源政策与立法正走向日益成熟与完善。

第二节　我国新能源与可再生能源政策与立法的现状

一、我国现有新能源与可再生能源政策与立法体系

经过几十年的发展，我国新能源与可再生能源政策与立法初步形成了以《可再生能源法》为基础、大量可再生能源政策为主干以及其他相关法律法规和政策为补充的有机体系。

（一）《可再生能源法》

2005年制定的《可再生能源法》，经过2009年修改后，总共八章三十三条。《可再生能源法》的主要内容包括总则、资源调查与发展规划、产业指导与技术

---

① 《中国应对气候变化国家方案》提出"通过大力发展可再生能源，积极推进核电建设，加快煤层气开发利用等措施，优化能源消费结构。到2010年，力争使可再生能源开发利用总量（包括大水电）在一次能源供应结构中的比重提高到10%左右"。全国人大常委会《关于积极应对气候变化的决议》又明确提出"改善能源生产和消费结构，鼓励和支持使用洁净煤技术，积极科学地发展水电、风电、太阳能、生物质能等可再生能源"。

② 中国国家主席胡锦涛于2009年9月22日在美国纽约的"联合国气候变化峰会开幕式上"发表题为《携手应对气候变化挑战》的重要讲话，承诺将"大力发展可再生能源和核能，争取到2020年非化石能源占一次能源消费比重达到15%左右"。作为中国应对气候变化的强有力的措施之一。

支持、推广与应用、价格管理与费用补偿、经济激励与监督措施、法律责任与附则。《可再生能源法》最主要的贡献在于它为我国可再生能源的开发利用确立了基本目标和制度框架基础，并为国家进行可再生能源资源调查与发展规划的制度构建，对可再生能源产业发展进行产业指导和技术研发的支持以及可再生能源技术的推广与应用等提供了最基本的法律依据。但总体而言，《可再生能源法》的规定比较原则、抽象。有关具体操作性规定则分别在第二条第二款、第七条第一款、第八条第一款、第十条、第十一条、第十七条、第十八条第三款、第十九条、第二十条、第二十四条、第二十五条、第二十六条等授权国务院有关部门负责组织制定。

（二）综合性可再生能源政策

根据《可再生能源法》的授权和围绕《可再生能源法》的实施，国务院有关部门颁布了一系列有关可再生能源发展的综合性政策。

（1）《可再生能源产业指导目录》（国家发改委，2005.11）。根据《可再生能源法》第十条"国务院能源主管部门根据全国可再生能源开发利用规划，制定、公布可再生能源产业发展指导目录"，国家发改委于2005年11月发布《可再生能源产业指导目录》。该《目录》涵盖风能、太阳能、生物质能、地热能、海洋能和水能等六个领域的88项可再生能源开发利用和系统设备/装备制造项目，对国家鼓励的可再生能源产业、技术和装备及其技术指标进行了简要说明，如部分产业已经成熟并基本实现商业化；有些产业、技术、产品、设备、装备虽然还处于项目示范或技术研发阶段，但符合可持续发展要求和能源产业发展方向，具有广阔的发展前景或在特殊领域具有重要应用价值。《目录》为国家进一步制定和实施可再生能源相关产业政策和财税鼓励政策奠定了基础。

（2）《可再生能源发电价格和费用分摊管理试行办法》（国家发改委，2006.1）。该办法对《可再生能源法》规定的上网电价和费用分摊制度，从电价确定的原则、标准、依据，电价的组成以及费用支付和分摊方法等作了相对比较具体的规定。

（3）《可再生能源发电有关管理规定》（国家发改委，2006.2）。该办法从可再生能源发电项目的行政管理体制、项目管理、电网企业的责任以及发电企业的责任等几个方面对发电上网作了进一步明确规范。

（4）《可再生能源发展专项资金管理暂行办法》（财政部，2006.5）。该办法对专项资金重点扶持的对象如潜力大、前景好的石油替代，建筑物供热，采暖和制冷，以及发电等可再生能源作了明确规定。

（5）《可再生能源中长期发展规划》（国家发改委，2007.8）。明确提出国家发展可再生能源的指导思想、基本原则、2010年和2020年发展目标以及水能、生物质能、风能、太阳能和其他可再生能源的重点发展领域，提出为实现规划目标计划采取的保障措施。

(6)《电网企业全额收购可再生能源电量监管办法》(国家电监会，2007.9)。该办法主要从电力监管的角度，进一步明确电网企业建设和改进电网设施，有效提供并网服务，全额收购可再生能源电力并按时支付费用等方面责任。

(7)《可再生能源发展基金征收使用管理暂行办法》(财政部、国家发改委、国家能源局，2011.11)。该办法对可再生能源发展基金的筹集、使用、监督等作了详细规定。

(8)《中国可再生能源发展"十二五"规划》(国家能源局，2012.8)。该办法对"十二五"期间可再生能源发展指导思想、发展目标和实施措施等进行了规定。

(9)《分布式发电管理暂行办法》(国家发改委，2013.7)。该办法对推进分布式发电（即指在用户所在场地或附近建设安装、运行方式以用户端自发自用为主、多余电量上网，且在配电网系统平衡调节为特征的发电设施或有电力输出的能量综合梯级利用多联供设施）进行了规定。

(三) 风能、太阳能、生物质能等发展专项政策

1. 有关风能发展的专项政策

在促进风能发展方面，国家发改委与财政部发布了《促进风电产业发展实施意见》(2006.3)；国家发改委、国土资源部和国家环保总局发布了《风电场建设用地和环境保护管理办法》(2006.11)；财政部发布了《风力发电设备产业化专项资金管理暂行办法》(2008年，现已作废)；财政部发布了《关于调整大功率风力发电机组及其关键零部件、原材料进口税收政策的通知》(2008.4)；国家发改委《关于完善风力发电上网电价政策的通知》(2009.7)；国家能源局和国家海洋局联合发布的《海上风电开发建设管理暂行办法》(2010.1)；国家能源局和国家海洋局联合印发的《海上风电开发建设管理暂行办法实施细则》(2011.7)；国家能源局发布了《风电开发建设管理暂行办法》(2011.8)；国家能源局印发了《关于加强风电并网和消纳工作有关要求的通知》(2012.4)；《关于做好2013年风电并网和消纳相关工作的通知》(2013.2)；国家能源局《关于加强风电项目核准计划管理有关工作的通知》(2014.1)；国家能源局、中国气象局《关于做好风能资源详查和评价资料共享使用的通知》(2013.3)；国家能源局《关于做好2014年风电并网消纳工作的通知》(2014.4)；国家发改委《关于海上风电上网电价政策的通知》(2014.6)；国家能源局、国家工商

行政管理总局《关于印发风力发电场、光伏电站购售电合同示范文本的通知》（2014.7）等。

2. 关于太阳能发展的专项政策

财政部、住房和城乡建设部发布了《关于加快推进太阳能光电建筑应用的实施意见》（2009.3）；财政部、科技部、国家能源局发布了《关于实施金太阳示范工程的通知》（2009.7.16）；国家发改委发布了《关于完善太阳能光伏发电上网电价政策的通知》（2011.7.24）；财政部、科技部、国家能源局发布了《关于做好2012年金太阳示范工作的通知》（2012.1）；工信部发布了《太阳能光伏产业"十二五"发展规划》（2012.2）；科技部发布了《太阳能发电科技发展"十二五"专项规划》（2012.3）；国家能源局发布了《关于申报新能源示范城市和产业园区的通知》（2012.5）；国家能源局发布了《关于鼓励和引导民间资本进一步扩大能源领域投资的实施意见》（2012.6）；国家发改委发布了《可再生能源发展"十二五"规划》（2012.7），《太阳能发电发展"十二五"规划》（2012.7）；财政部、住建部发布了《关于完善可再生能源建筑应用政策及调整资金分配管理方式的通知》（2012.8）；国家能源局发布了《关于申报分布式光伏发电规模化应用示范区通知》（2012.9）；国家电网发布了《关于做好分布式光伏发电并网服务工作的意见（暂行）》（2012.10），《关于促进分布式光伏发电并网管理工作的意见（暂行）》（2012.10）；《分布式光伏发电接入配电网技术规定（暂行）》（2012.10）；国家能源局综合司发布了《关于编制无电地区建设应用政策及调整资金分配管理方式的通知》（2012.10）；财政部办公厅、科技部办公厅、住房与城乡建设部办公厅、国家能源局综合司联合发布了《关于组织申报金太阳和光电建筑应用示范项目的通知》（2012.11）；国家电网公司发布了《关于做好分布式电源并网服务工作的意见》（2013.3）；国家能源局发布了《分布式光伏发电示范区工作方案》（2013.6）；国务院发布了《关于促进光伏产业健康发展的若干意见》（2013.7）；国家发改委发布了《分布式发电管理暂行办法》（2013.7）；国家财政部发布了《关于分布式光伏发电实行按照电量补贴政策等有关问题的通知》（2013.7）；能源局综合司发布了《关于开展风电太阳能光伏发电消纳情况监管调研的通知》（2013.7）；国家能源局发布了《关于开展分布式光伏发电应用示范区建设的通知》（2013.8）；国家发改委发布了《关于发挥价格杠杆作用促进光伏产业健康发展的通知》（2013.8）；国家发改委发布了《关于调整可再生能源电价附加标准与环保电价的有关事项的通知》（2013.8）；国家能源局、国家开发银行发布了《关于支持分布式光伏发电金融服务的意见》（2013.8）；国家能源局发布了《光伏电站项目管理暂行办法》（2013.9）；国家财政部发布了《关于光伏发电增值税政策的通知》（2013.9）；

工信部发布了《光伏制造行业规范条件》（2013.9），《光伏制造行业规范公告管理暂行办法》（2013.10）；国家能源局发布了《关于征求 2013、2014 年光伏发电建设规模意见函》（2013.10），《关于印发分布式光伏发电项目管理暂行办法的通知》（2013.11）；财政部发布了《关于对分布式发电自发自用电量免征政府性基金有关问题的通知》（2013.11）；国家能源局发布了《关于印发〈光伏发电运营监管暂行办法〉的通知》（2013.11），《分布式光伏发电项目管理暂行办法》（2013.11），《关于下达 2014 年光伏发电年度新增建设规模的通知》（2014.1）；国家认监委、国家能源局发布了《关于加强光伏产品检测认证工作的实施意见》（2014.2）；国家能源局发布了《关于印发加强光伏产业信息监测工作方案的通知》（2014.3）等。可以看出，从 2012 年以来，我国在光伏产业的政策建设上步伐最快，成绩也最为明显。

3. 关于生物质能发展的专项政策

国家发改委与财政部发布了《关于加强生物燃料乙醇项目建设管理，促进产业健康发展的通知》（2006.12）；国家发改委发布了《关于完善农林生物质发电价格政策的通知》（2010.7），《关于完善垃圾焚烧发电价格政策的通知》（2012.3）；国家能源局发布了《生物质能发展"十二五"规划》（2012.7）；国家林业局发布了《关于印发〈全国林业生物质能源发展规划（2011~2020 年）〉的通知》（2013.5）；国家能源局、环境保护部发布了《关于开展生物质成型燃料锅炉供热示范项目建设的通知》（2014.6）等。

4. 关于水电发展的专项政策

财政部、国家发展改革委、国家能源局发布了《关于规范水能（水电）资源有偿开发使用管理有关问题的通知》（2010.11）；国家能源局发布了《水电工程质量监督管理规定》（2013.3），《水电工程安全鉴定管理办法》（2013.3），《关于加强水电工程建设质量管理的通知》（2014.4）；环境保护部、国家能源局发布了《关于深化落实水电开发生态环境保护措施的通知》（2014.5）等。

5. 有关新能源与可再生能源发展资金政策

财政部、建设部发布了《可再生能源建筑应用专项资金管理暂行办法》（2006.9），财政部发布了《太阳能光电建筑应用财政补助资金管理暂行办法》（2009.3），《金太阳示范工程财政补助资金管理暂行办法》（2009.7）；财政部、国家发展改革委、国家能源局发布了《关于印发〈可再生能源电价附加补助资金管理暂行办法〉的通知》（2012.3）；国家发改委、国家电监会发布了《关于可再生能源电价补贴和配额交易方案的通知》（2012.11）等。

（四）其他相关法律与政策中关于可再生能源的规定

除了《可再生能源法》和专门政策规定以外，国家在低碳经济、气候变化应对、环境保护、能源等领域的立法与政策中，也有大量有关发展可再生能源的规定。如《固体废物污染环境防治法》、《大气污染防治法》、《清洁生产促进法》、《循环经济促进法》、《电力法》以及《节约能源法》等环境保护与能源法律中把洁净的可再生能源技术和清洁能源的开发利用作为环境污染控制战略和改善能源结构、节约能源的重要举措和发展方向。

（五）可再生能源地方立法

除了上述全国性立法和政策之外，一些地方人大和政府依据《可再生能源法》的规定，根据地方具体实际情况制定了相应的地方性法规、规章或者指导性文件，如《甘肃省农村能源建设管理条例》（1998 年制定，2005 年修订）、《湖南省农村可再生能源条例》（2005 年颁布、2006 年开始实施）、《山东省农村可再生能源条例》（2007 年颁布、2008 年开始施行）、《黑龙江省农村可再生能源开发利用条例》（2008 年颁布并施行）、《湖北省农村可再生能源条例》（2010 年颁布并施行）、《浙江省可再生能源开发利用促进条例》（2012 年颁布并施行）。另外，上海、云南等正在起草可再生能源发展条例等地方性法规，海南、山东、广东等地已经出台了强制推广太阳能建筑的政策文件，深圳也颁布了强制推广太阳能建筑的地方性法规。[①]

二、我国促进新能源与可再生能源开发利用的制度体系

我国《可再生能源法》及其配套的一系列政策规定，确立了发展可再生能源的制度体系。包括总量目标制度、强制上网制度、分类固定电价制度、费用分摊制度和可再生能源专项资金与基金制度。[②]

（一）总量目标制度

许多发达国家为应对气候变化和履行自己的减排义务均在各国的国内立法或者政策中确定了本国可再生能源的发展的目标与时间表。例如 1998 年 6 月 8 日欧洲联盟部长理事会《关于可再生能源的决议》第四条提出，"到 2010 年共同体整体上的可再生能源使用数量增长 12%"。2001 年 3 月 23 日欧盟部长理事会

---

① 参见《深圳市建筑节能与绿色建筑"十二五"规划》和《深圳市可再生能源建筑应用"十二五"规划》。

② 李俊峰、王仲颖主编：《中华人民共和国可再生能源法解读》，化学工业出版社 2005 年版，第 16～38 页。

《关于使用可再生能源发电指令的共同立场》要求欧盟国家到2010年，可再生能源在其全部能源消耗中占12%，在其电量消耗中可再生能源的比例达到22.1%。丹麦制定了"21世纪的能源"的能源行动计划，该计划的目标是在2005年，全国的二氧化碳的排放量要比1988年减少20%，而到2030年要减少50%。西班牙政府提出到2010年可再生能源占其能源消费总量12%和在电力消耗中占29%的国家总量目标。澳大利亚提出到2010年，可再生能源发电量应增加到255亿千瓦时，相当于全国总发电量的12%，可再生能源的供应量增加2%。[①]

中国在起草和制定《可再生能源法》时，借鉴和参考了欧盟、西班牙、澳大利亚等发达国家的做法和经验，结合中国的实际情况，在《可再生能源法》的制度设计时，明确规定了"总量目标"制度，在第一章总则第四条规定，"国家将可再生能源的开发利用列为能源发展的优先领域，通过制定可再生能源开发利用总量目标和采取相应措施，推动可再生能源市场的建立和发展。"为了保障总量目标制度的实施，在第二章第七条、第八条对总量目标制度进行了具体规定。[②] 这些规定的目的是通过制定国家中长期目标和地方中长期目标来实现总量目标，而国家中长期目标和地方中长期目标则通过全国可再生能源开发利用规划和地方可再生能源开发利用规划来实现。依照《可再生能源法》的规定，国家发改委于2006年2月7日发布了《可再生能源发电有关管理规定》，要求"发电企业应当积极投资建设可再生能源发电项目，并承担国家规定的可再生能源发电配额义务。""大型发电企业应当优先投资可再生能源发电项目"（第十四条）。此后，国家发改委于2007年8月31日印发了由国务院审议通过的《可再生能源中长期发展规划》，提出了可再生能源中长期发展目标"力争到2010年使可再生能源消费量达到能源消费总量的10%，到2020年达到15%。"为了进一步落实可再生能源总量目标和中长期目标，根据《可再生能源法》和《可再生能源中长期发展规划》的规定，国家发改委制定了《可再生能源"十一五"规划》，"到2010年，可再生能源在能源消费中的比重达到10%，全国可再生能源年利用量达到3亿吨标准煤。"2009年9月22日时任国家主席胡锦涛在纽约召开的

---

① 李俊峰、王仲颖主编：《中华人民共和国可再生能源法解读》，化学工业出版社2005年版，第20页。
② 第七条规定："国务院能源主管部门根据全国能源需求与可再生能源资源实际状况，制定全国可再生能源开发利用中长期总量目标，报国务院批准后执行，并予公布。国务院能源主管部门根据前款规定的总量目标和省、自治区、直辖市经济发展与可再生能源资源实际状况，会同省、自治区、直辖市人民政府确定各行政区域可再生能源开发利用中长期目标，并予公布。"第八条规定："国务院能源主管部门根据全国可再生能源开发利用中长期总量目标，会同国务院有关部门，编制全国可再生能源开发利用规划，报国务院批准后实施。省、自治区、直辖市人民政府管理能源工作的部门根据本行政区域可再生能源开发利用中长期目标，合同本级人民政府有关部门编制本行政区域可再生能源开发利用规划，报本级人民政府批准后实施。"

联合国气候变化峰会开幕式上发表题为《携手应对气候变化挑战》的重要讲话，庄严承诺中国"大力发展可再生能源和核能，争取到2020年非化石能源占一次能源消费比重达到15%左右。"2011年3月全国人大通过的《国民经济和社会发展"十二五"规划纲要》中明确确立了这一目标。2012年8月国家能源局发布的《可再生能源"十二五"规划》确立了"十二五"期间我国可再生能源的发展目标。

（二）可再生能源规划制度

可再生能源的规划制度是指国家通过制定可再生能源规划实现可再生能源发展总量目标的制度。2005年制定的《可再生能源法》将国务院和地方政府制定可再生能源开发利用规划作为实现可再生能源总量目标的保障性措施。《可再生能源法》第八条规定，"国务院能源主管部门根据全国可再生能源开发利用中长期总量目标，会同国务院有关部门，编制全国可再生能源开发利用规划，报国务院批准后实施。省、自治区、直辖市人民政府管理能源工作的部门根据本行政区域可再生能源开发利用中长期目标，会同本级人民政府有关部门编制本行政区域可再生能源开发利用规划，报本级人民政府批准后实施。"但是可再生能源开发利用规划在实施中逐步暴露出来一些问题，如"规划缺乏足够的资源评价基础，规划目标缺乏科学预见性，国家和地方规划间缺乏相互衔接，使可再生能源的发电规划同电网规划不同步、不协调的问题日益突出。"[1] 导致可再生能源电力因为电网负荷、距离长远等难以并网等。对此，都需要通过修改立法或者制定政策对现行制度加以完善。如增强规划的科学性，防止规划目标过高或者过低[2]；促进国家规划和地方规划的衔接，防止地方规划脱离国家规划，使国家规划虚置；加强电网建设，使电网规模与可再生能源发展规模相适应，防止可再生能源因电网负荷而出力受限、电量损失。为此，2009年修改的《可再生能源法》将第八条第一款修改为"国务院能源主管部门会同国务院有关部门，根据全国可再生能源开发利用中长期总量目标和可再生能源技术发展状况，编制全国可再生能源开发利用规划，报国务院批准后实施。"将第二款改为第三款，修改为"省、自治区、直辖市人民政府管理能源工作的部门会同本级人民政府有关部门，依据

---

[1] "关于《中华人民共和国可再生能源法修正案（草案）》的说明"，全国人大网：http://www.npc.gov.cn/npc/xinwen/lfgz/flca/2009-08/28/content_1516272.htm（最后访问日期：2012年11月12日）。

[2] 如我国风力发电的规划目标就明显不符合风电发展的实际情况。很多专家估计，到2020年，不考虑电网制约因素，风电有可能达到8 000万千瓦到1亿千瓦装机，甚至1.5亿千瓦，将远远超过原定3 000万千瓦的目标。另外，太阳能光伏发电预计也将远超规划发展目标。目前国务院有关部门正在制定新能源产业振兴规划，估计年内可以出台。对风电、太阳能发电等2020年的目标会有大幅度调整。

全国可再生能源开发利用规划和本行政区域可再生能源开发利用中长期目标,编制本行政区域可再生能源开发利用规划,经本级人民政府批准后,报国务院能源主管部门和国家电力监管机构备案,并组织实施。"今后,国家还应当继续加强可再生能源规划与国家能源规划、电力发展规划、电网规划的配合与协调。

(三) 全额保障性收购制度

可再生能源与常规能源的一个重大差异在于无论是太阳能发电、风力发电等均存在不稳定的问题,因而电网企业天然地排斥可再生能源电力入网。发达国家为了实现其可再生能源总量目标以应对气候变化,通过政策与立法为可再生能源的发展扫清技术与制度上的制约与障碍。美国部分州、英国、澳大利亚等推行可再生能源配额制,德国、西班牙等则推行"强制入网"制。[①] 中国根据自己的实际情况和发展可再生能源的强烈愿望,采用了发展可再生能源绩效突出的德国的"强制入网"制度,即可再生能源电力的全额收购制度。2005 年《可再生能源法》第十四条规定,"电网企业应当与依法取得行政许可或者报送备案的可再生能源发电企业签订并网协议,全额收购其电网覆盖范围内可再生能源并网发电项目的上网电量,并为可再生能源发电提供上网服务。"为具体落实《可再生能源法》的规定,促进可再生能源并网发电,规范电网企业全额收购可再生能源电量行为,国家电监会于 2007 年 7 月 25 日出台了《电网企业全额收购可再生能源电量监管办法》。根据该办法,电力监管机构对电网企业建设可再生能源发电项目接入工程的情况、对可再生能源发电机组与电网并网的情况、电网企业为可再生能源发电及时提供上网服务的情况、电力调度机构优先调度可再生能源发电的情况、可再生能源并网发电安全运行的情况、电网企业全额收购可再生能源发电上网电量的情况以及可再生能源发电电费结算的情况等实施监管,以保证可再生能源电力全额上网。

《可再生能源法》和《电网企业全额收购可再生能源电量监管办法》实施后,多数电网企业能够按照合同示范文本与可再生能源发电企业签订《购售电合同》和《并购调度协议》,配合电力监管机构对可再生能源发电机组并网安全性进行评价,也基本能够执行全额收购可再生能源电量的相关规定,但是,由于

---

① 德国《可再生能源优先法》明确规定:"电网运营商有义务将可再生能源电力纳入其营运网,优先购买其提供的全部电量。"1998 年的《德国电力输送法》也明确规定:"电网运营商有义务接纳在其供电网范围内生产出来的可再生能源电力,并对所输送的电力给予偿付。地理位置不在电网运营商供电区域的可再生能源电厂,距离该电厂最近的电网运营商有接纳的义务。"1998 年西班牙《关于可再生能源、垃圾或生物质能发电的皇家法令》也规定也可再生能源"发电站的发电机组和配电企业的电网进行并联。通过配电企业把产出的额外的电能输入电网,只要电网从技术上可以吸收"。

可再生能源配套电网的规划和建设同可再生能源发电的规划和建设不相适应，部分地区缺乏统一、合理的可再生能源发电的接入系统项目建设规划，部分电网企业未能按照规定建设可再生能源并网发电项目的接入工程，未能及时改造可再生能源发电送出电网设施，再加上对电网企业未能有效落实可再生能源发电优先调度的规定，以及部分电网企业基于自身利益违规操作等，造成可再生能源发电出力受限、电量损失等①，为此，2009 年修改《可再生能源法》时，将"全额收购"制度修改为"全额保障性收购制度"，并要求"国务院能源主管部门会同国家电力监管机构和国务院财政部门，按照全国可再生能源开发利用规划，确定在规划期内应当达到的可再生能源发电量占全部发电量的比重，制定电网企业优先调度和全额收购可再生能源发电的具体办法，并由国务院能源主管部门会同国家电力监管机构在年度中督促落实"（第十四条第二款）。之后，国务院能源主管开始研究制定电网企业全额保障性收购可再生能源电力的有关规定，并召开国际研讨会，但到目前为止，尚未见到有关规定的发布。② 而电网企业利用优势地位以各种理由拒绝收购可再生能源电力的事例却依然不断发生。

（四）分类固定电价制度

"强制入网"解决了可再生能源发电商所发电力的入网问题，也就是可再生能源电力的销售问题，但是由于可再生能源开发利用受技术、原料、资源等制约，在开发利用的成本上通常高于常规能源，如果让可再生能源电力与电网企业按照常规能源所发电力的价格进行交易，可再生能源发电商整体上必然会因为高成本、高价格处于不利境地，甚至退出可再生能源领域，基于这个原因，各国都对可再生能源在价格上进行扶持。具体来说，由于可再生能源种类复杂，可再生能源之间也存在资源、成本、技术等发展不平衡问题，因而对发展程度不同的可再生能源不可能采取程度相同的扶持。例如德国对可再生能源根据技术发展水平，分门别类地制定上网电价。我国基本上采用德国的做法，实行"分类固定电价"制度。《可再生能源法》第十九条规定："可再生能源发电项目的上网电价，由国务院价格主管部门根据不同类型可再生能源发电的特点和不同地区的情况，按照有利于促进可再生能源开发利用和经济合理的原则确定，并根据可再生能源开发利用技术的发展适时调整。"

《可再生能源法》出台后，国家发改委 2006 年 1 月出台了《可再生能源发

---

① 全国人大环境与资源保护委员会法案室编：《中华人民共和国可再生能源法修正案立法资料汇编》，第 72 页。

② 不过，网络上有 2012 年 2 月国家能源局起草的《可再生能源电力配额管理办法》（讨论稿）。

电价格和费用分摊管理试行办法》。该办法规定，国家对可再生能源发电实行政府定价和政府指导价两种形式。政府指导价即通过招标确定的中标价格。风力发电项目的上网电价实行政府指导价，电价标准由国务院价格主管部门按照招标形成的价格确定；生物质发电项目上网电价实行政府定价，电价标准由各省（自治区、直辖市）2005年脱硫燃煤机组标杆上网电价加补贴电价组成；太阳能发电、海洋能发电和地热能发电项目上网电价实行政府定价，其电价标准由国务院价格主管部门按照合理成本加合理利润的原则制定。之后，我国风力发电上网电价通过招标加政府审批确定，生物质发电项目上网补贴电价为每千瓦时0.25元；太阳能发电上网电价先后经历过审批定价、招标定价、地方固定电价等。

虽然《可再生能源法》和《可再生能源发电价格和费用分摊管理试行办法》对可再生能源发电价格的定价原则"有利于促进可再生能源开发利用"和"经济合理"有力地保障了可再生能源发电商的利益预期，但是由于"价格中央统管，项目中央和地方按照项目规模分管，招标电价和审批电价并存"，导致价格政策不统一、价格核准和项目审批权限不统一等问题，甚至"同一地区风资源相近的不同项目，上网电价存在较大差异的不合理情况"[①]，在一定程度上，挫伤了可再生能源发电商的积极性，因此，国家于2009年《可再生能源法》修改前后，对可再生能源发电上网电价加以进一步规范。2009年7月国家发改委发布了《关于完善风力发电上网电价政策的通知》，根据风力资源的不同，将风力发电的上网标杆电价确定为0.51~0.61元/千瓦时。2011年7月24日，国家发展改革委出台《关于完善太阳能光伏发电上网电价政策的通知》，统一了全国的太阳能光伏发电标杆上网电价；2010年7月18日，国家发展改革委发布了《关于完善农林生物质发电价格政策的通知》，对未采用招标确定投资人的新建农林生物质发电项目，统一执行标杆上网电价每千瓦时0.75元；2012年3月28日，国家发展改革委发布了《关于完善垃圾焚烧发电价格政策的通知》，对以生活垃圾为原料的垃圾焚烧发电项目，均先按其入厂垃圾处理量折算成上网电量进行结算，每吨生活垃圾折算上网电量暂定为280千瓦时，并执行全国统一垃圾发电标杆电价每千瓦时0.65元（含税）；其余上网电量执行当地同类燃煤发电机组上网电价。至此，可再生能源发电上网电价形成比较统一的分类固定电价。

（五）费用分摊制度

"强制入网"和"分类固定电价"制度解决了可再生能源发电商的电力销售

[①] 全国人大环境与资源保护委员会法案室编：《中华人民共和国可再生能源法修正案立法资料汇编》，第71页。

和投资回报问题,但是并没有解决电力供应商或者电网企业收购高成本的可再生能源电力所支出的高于常规能源所发电力的费用来源问题。如果这个问题不能解决,那么作为独立市场主体的电网企业必然不可能长期承担此项"额外"义务。因此,在发达国家,对于电网企业收购可再生能源电力所支付的高出常规能源的费用,采用费用分摊的办法来消化,英国将发展可再生能源的费用均衡地分摊给各个供电商,澳大利亚和德国分摊给最终的消费者。[①] 中国借鉴国外经验,将这部分额外的费用分摊给最终的电力用户。《可再生能源法》第二十条规定:电网企业"收购可再生能源电量所发生的费用,高于按照常规能源发电平均上网电价计算所发生费用之间的差额,附加在销售电价中分摊"。第二十一条规定:"电网企业为收购可再生能源电量而支付的合理的接网费用以及其他合理的相关费用,可以计入电网企业输电成本,并从销售电价中回收。"

针对《可再生能源法》第二十条的规定,《可再生能源发电价格和费用分摊管理试行办法》具体规定为:"可再生能源发电价格高于当地脱硫燃煤机组标杆上网电价的差额部分,在全国省级及以上电网销售电量中分摊"(第五条第二款)。并同时规定:"可再生能源发电项目上网电价高于当地脱硫燃煤机组标杆上网电价的部分、国家投资或补贴建设的公共可再生能源独立电力系统运行维护费用高于当地省级电网平均销售电价的部分,以及可再生能源发电项目接网费用等,通过向电力用户征收电价附加的方式解决"(第十二条)。"可再生能源电价附加向省级及以上电网企业服务范围内的电力用户(包括省网公司的趸售对象、自备电厂用户、向发电厂直接购电的大用户)收取。地县自供电网、西藏地区以及从事农业生产的电力用户暂时免收"(第十三条)。可见,我国通过向电力用户征收可再生电价附加的办法分摊了开发利用可再生能源电力的高成本问题,从而解决了电网企业收购可再生能源电量所支出的高于收购当地脱硫燃煤机组标杆上网电价的差额部分,即可再生能源发电额外成本问题。

按照《可再生能源法》的规定,我国从 2006 年开始征收可再生能源电价附加,标准为 1 厘/千瓦时,2007 年调整至 2 厘/千瓦时,2009 年调整至 4 厘/千瓦时,2011 年调整至 8 厘/千瓦时(但居民生活用电维持 1 厘/千瓦时水平),2013 年调整为 1.5 分/千瓦时。

(六) 专项资金与基金制度

可再生能源"费用分摊"制度只解决了可再生能源发电高于常规能源(燃

[①] 李俊峰、王仲颖主编:《中华人民共和国可再生能源法解读》,化学工业出版社 2005 年版,第 16 ~ 38 页。

煤）发电的额外成本分摊问题，但没有解决其他制约可再生能源发展的资金障碍，如标准制定、资源勘查、示范与推广工程所需要的费用等。而制约中国可再生能源开发利用另一大障碍恰恰是可再生能源的基础性研究以及技术的创新推广和示范。在有关气候变化的国际谈判中，技术和资金成为发展中国家关注的焦点，原因大概也在于此。

因此，2005年制定的《可再生能源法》第六章要求国家设立可再生能源专项资金对可再生能源开发利用的科学技术研究、标准制定、示范工程，偏远地区和海岛可再生能源独立电力系统建设、可再生能源的资源勘查、评价和相关信息系统的建设以及促进可再生能源开发利用设备的本地化生产等予以支持。同时，《可再生能源法》还要求国家对列入可再生能源产业发展指导目录、符合信贷条件的可再生能源开发利用项目等提供有财政贴息的优惠贷款和税收优惠。

为具体落实可再生能源发展专项资金问题，2006年财政部发布了《可再生能源发展专项资金管理暂行办法》，明确规定可再生能源发展专项资金是"由国务院财政部门依法设立的，用于支持可再生能源开发利用的专项资金。发展专项资金通过中央财政预算安排"（第二条）。同时，对可再生能源发展专项资金的扶持重点（潜力大、前景好的石油替代，建筑物供热、采暖和制冷，以及发电等可再生能源的开发利用）、申报及审批、财务管理等进行了规定。

另外，财政部、建设部于2006年9月4日出台的《可再生能源建筑应用专项资金管理暂行办法》、财政部于2007年7月12日出台的《生物能源和生物化工非粮引导奖励资金管理暂行办法》、财政部、农业部于2007年9月8日出台的《农村沼气项目建设资金管理办法》、财政部于2007年9月20日出台的《生物能源和生物化工原料基地补助资金管理暂行办法》、财政部于2008年8月11日印发的《风力发电设备产业化专项资金管理暂行办法》（已取消）、财政部于2009年3月23日印发的《太阳能光电建筑应用财政补助资金管理暂行办法》等，对具体专项技术资金支持进行了规定。

2009年《可再生能源法》修改时，将可再生能源专项资金和可再生能源电价附加合并管理，组成统一的可再生能源发展基金。按照财政部、国家发展改革委、国家能源局于2011年11月29日公布的《可再生能源发展基金征收使用管理暂行办法》的规定，可再生能源发展基金包括国家财政公共预算安排的专项资金和依法向电力用户征收的可再生能源电价附加收入等（第三条）。可再生能源发展专项资金由中央财政从年度公共预算中予以安排（不含国务院投资主管部门安排的中央预算内基本建设专项资金）（第四条）。可再生能源电价附加在除西藏自治区以外的全国范围内，对各省、自治区、直辖市扣除农业生产用电

（含农业排灌用电）后的销售电量征收（第五条）。并对可再生能源专项资金和电价附加的具体用途进行了明确规定（第十四条）。

2009年修改《可再生能源法》设立可再生能源发展基金，是为了解决可再生能源电价附加收取和使用过程中存在的问题。《可再生能源法》颁布以后，国家发改委出台了《可再生能源发电价格和费用分摊管理试行办法》，规定在2006年后由政府能源主管部门批准或者核准建设的可再生能源发电项目，电价高出当地脱硫燃煤机组标杆上网电价的部分，由可再生能源电价附加支付。可再生能源电价附加采取的是随电网企业销售电价一同收取的形式，由省、市、区级电网企业收取，单独记账、专款专用。2007年1月，国家发改委又颁布了《可再生能源电价附加收入调配暂行办法》，主要是规定通过省级电网之间的转移支付实现资金的调配和平衡。但是，在可再生能源电价附加的实际征收和使用过程中，出现一些问题，例如财税部门将电网企业征收的可再生能源电价附加、发电企业得到的可再生能源补贴作为企业收入，对电网企业和发电企业收取的附加资金和补贴收入重复征收增值税和所得税，使电价附加资金大量缩水。据有关部门估计，近1/3的附加资金要上缴财政；附加资金调配层次多、时效差，调配和补贴的周期达半年以上，加大了企业资金压力，[①] 难以达到征收可再生能源电价附加的目的。

《可再生能源发展基金征收使用管理暂行办法》将可再生能源附加收入作为可再生能源发展基金的组成进行征收和使用管理。根据该办法，电力用户应缴纳的可再生能源电价附加，由电网企业代征，然后由财政部驻各省、自治区、直辖市财政监察专员办事处按月向电网企业征收，实行直接缴库，收入全额上缴中央国库。可再生能源电价附加收入填列政府收支分类科目第103类01款68项"可再生能源电价附加收入"。大大增强了可再生能源电价附加的作用。

通过以上制度和措施，中国《可再生能源法》及其配套政策取得了令人瞩目的成就。截至2012年年底，全国全口径发电装机容量11.47亿千瓦，同比增长7.9%。其中，水电2.49亿千瓦，同比增长7.1%，位居世界第一；并网风电容量6 142万千瓦，同比增长32.9%，居世界第一；并网太阳能发电341万千瓦，同比增长60.6%。全国水电、核电、风电和太阳能发电等非化石能源发电装机占全部发电装机的28.5%，比2005年提高4.2个百分点，发电量占全部上网电量的21.4%。[②]

[①] 全国人大环境与资源保护委员会法案室编：《中华人民共和国可再生能源法修正案立法资料汇编》，第109页。

[②] 参见国家发展和改革委员会于2013年11月公布的《中国应对气候变化的政策与行动2013年度报告》。

第三节 美国新能源与可再生能源立法与政策及其启示

一、美国新能源与可再生能源立法体系演变及其基本特点

(一) 美国新能源与可再生能源政策立法体系演变

在 19 世纪中叶之前,除了偶尔利用水力、风力驱动磨坊,木头、人力和畜力曾经是美国的主要能源来源[①]。但从 19 世纪末开始,美国能源利用逐渐开始依赖化石和电力能源,经过一百多年发展,最终确立了目前以石油、天然气和煤炭这些化石能源为主导的能源利用模式。这种传统能源工业模式与当时的技术变革、传统经济政策理论相契合,并得到政府政策和立法的支持和引导[②],美国传统能源政策、立法目标即在于通过对石化能源工业和核能工业的扶持来确保能源供给"安全、可靠、充分且价格合理"[③]。具体而言,传统能源政策有如下特征:"(1) 即使借助进口也要确保能源充分供给;(2) 确保能源价格合理;(3) 限制大企业的市场支配力量;(4) 增进能源行业之间、行业内部的竞争;(5) 支持常规燃料开发利用;(6) 在联邦与州能源管制体系下,允许能源决策和能源政策发展。"[④] 在这种能源工业模式下,可再生能源应用极为有限。

正如约瑟夫指出的,这种传统能源政策不仅"根深蒂固",事实证明它也很成功,它确保了美国在过去的一个多世纪能够获得充分、廉价和可靠的能源供给,为其经济发展提供源源不断的动力。[⑤] 但自进入 20 世纪 70 年代以来,这种传统的能源政策开始受到挑战,而有关可再生能源、替代性能源的议题在政策立法层面开始得到重视。这种变化,实际上是国际和美国国内各种政治、经济和社

[①] Joseph P. Tomain & Richard D. Cudahy, *Energy law in a Nutshell*, Thomson/West, 2004, p. 48.

[②] Joseph P. Tomain, *Smart Energy Path: How will Nelson Save the Planet*, 36 Columbia Law Review, p. 417.

[③] Dianne Rahm, *Sustainable Energy and the States: Essays on Politics, Markets and Leadership*, McFarland & Company, Inc., Publishers, 2006, p. 7.

[④] Sanya Carleyolsen, *Tangle in the Wires: an Assessment of the Existing U. S. Renewable Energy Strategy Legal Work*, 46 Nat. Resources J., 2006, p. 74.

[⑤] Joseph P. Tomain, *Smart Energy Path: How will Nelson Save the Planet*, 36 Columbia Law Review, p. 420.

会矛盾综合作用的结果，国际社会和美国国内的一系列重大事件清楚地反映了这种能源政策立法转变的动向，并因而成为美国可再生能源政策立法发展的重要里程碑。以这些事件为标志，美国可再生能源立法大体可以分为一个起步阶段和三个立法高峰时期：

（1）起步阶段。美国可再生能源政策政策与立法最早可上溯到 20 世纪 60 年代末和 70 年代初。当时美国环境保护运动蓬勃发展，空气和水的质量问题得到社会普遍关注，正是在这个议题下，促进煤的清洁燃烧和加强可再生能源利用作为确保水质和空气质量的制度措施，在 1970 年《清洁空气法》和 1972 年《清洁水法》中得到规定。

（2）第一个立法高峰。1974~1975 年发生能源危机、阿拉伯石油出口国禁运事件，1979~1981 年再次发生能源危机，这些事件直接导致美国能源政策发生重大转变，催生出以《1978 国家能源法》（National Energy Act）为核心的一系列能源立法，意在提高能效，并通过推广可再生能源来降低对化石能源的需求。

美国现有的大部分可再生能源立法都是在 20 世纪 70 年代末 80 年代初制定的。[1] 美国在 70 年代出台的专门针对促进可再生能源技术发展的法律有《1974 年太阳能研究、开发和示范法》（Solar Energy Research, Development and Demonstration Act of 1974）[2]、《1974 年地热能研究、开发和示范法》（Geothermal Energy Research, Development, and Demonstration Act of 1974）[3]、《1978 年太阳光伏能研究、开发和示范法》（Solar Photovoltaic Energy Research, Development, and Demonstration Act of 1978）[4] 等。在加强可再生能源立法以应对石油危机的同时，美国也加强了能源综合性立法，如颁布了《1978 年国家能源法》（National Energy Act of 1978），该法虽然名称与可再生能源无关，但其核心在于提高能效、推广使用可再生能源以降低对化石能源的需求；同时，《1978 年公用事业管制政策法》（Public Utility Regulatory Policies Act of 1978）中规定应当允许小型电厂利用可再生能源发电并网，为可再生能源发电技术与化石燃料发电技术的公平竞争创造了条件。在 70 年代专门的可再生能源立法以及《1978 年国家能源法》和《1978 年公用事业管制政策法》的基础上，美国在 80 年代又进行了大量的可再生能源专门立法，如《1980 年太阳能和能源节约法》（Solar Energy and Energy Conservation Act of 1980）[5]、《1980 年风能促进法》（Wind Energy Improvements

---

[1] Sanya Carleyolsen, "Tangled in the Wires: An Assessment of the Existing U. S. Renewable Energy Legal Framework", 46 Nat. Resources J., 2006, p. 759.

[2] 42 U. S. C § 5551 – 5566.

[3] 30 U. S. C § 1101 – 1164.

[4] 42 U. S. C § 5581 – 5594.

[5] 12 U. S. C § 3601.

Act of 1980）①、《1980 年生物能源和酒精燃料法》（Biomass Energy and Alcohol Fuel Act of 1980）②、《1980 年地热能法》（Geothermal Energy Act of 1980）③、《1980 年合成燃料公司法》（Synthetic Fuels Corporation Act of 1980）④。这些立法的基本思路是通过立法促进可再生能源技术的研究和开发应对能源危机。可以看出，1970～1980 年是美国可再生能源的黄金时期。

（3）第二个立法高峰。进入 20 世纪 80 年代，因为油价回落，除了 1986 年颁布了能源使用标准之外，可再生能源立法鲜有实质性发展。但是 1978 年三里岛和 1986 年切尔诺贝利核电站核泄漏事件，给核能利用打上问号。1991 年海湾战争爆发，美国通过了《1992 国家能源政策法》（1992 National Energy Policy Act）。

（4）第三个立法高峰。进入 21 世纪以后，因 2000～2001 年加州供电危机，2003 年美国东岸灯火管制，2003 年伊拉克战争爆发、"9·11"事件、气候变化问题等，特别是《京都议定书》和联合国《能源宪章》对美国施加的国际义务，美国重新开始重视对可再生能源的开发利用。⑤《2005 年国家能源政策法》（National Energy Policy Act of 2005）、2007 年《国家能源独立与安全法》之中对促进可再生能源开发利用的优惠措施进行了明确规定，主要包括：①扩展了可再生能源生产税收减免政策（PTC）的适用范围，除了风能和生物能源，地热能、小规模发电机组、废物堆沼气和垃圾燃烧设施也纳入适用范围。②授权政府机构、合作制电力企业等组织可以发行"清洁可再生能源债券"（Clean Renewable Energy Bonds）用来融资购置可再生能源设施。③为了推动新兴可再生能源的市场化，规定到 2013 年美国政府电力消费至少要有 7.5% 的份额源自可再生能源。④在建筑行业方面，规定在 2015 年前要降低联邦建筑能耗的 20%，为包括学校和医院在内的公共建筑提供资金，实施能源效率计划。2005～2008 年节能住宅的建设企业和商业住宅购买者享受一定税收减免，安装太阳能设施的私人住宅所有人对其购买的太阳能设施也享有税收减免。⑤制订了可再生燃料标准（Renewable Fuels Standard，RFS）制度。⑥ 2007 年美国又制定了《国家能源独立与安全法》（Energy Independence and Security Act of 2007），该法规定的四个关键性内容是：企业平均油耗（Corporate Average Fuel Economy）、可再生燃料标准（Renewable

---

① 42 U. S. C § 9201 - 9213.
② 42 U. S. C § 8801 - 8855.
③ 30 U. S. C § 1501 - 1542.
④ 42 U. S. C § 8718（c）.
⑤ Sanya Carleyolsen, *Tangled in the Wires: An Assessment Of The Existing U. S. Renewable Energy Legal Framework*, 46 Nat. Resources J., 2006, p.759.
⑥ 侯佳儒：《美国可再生能源立法及其经验启示》，载于《郑州大学学报》（哲学社会科学版）2009 年第 5 期。

Fuels Standard)、能效设备标准（Energy Efficiency Equipment Standards）、撤销对石油和天然气的税收激励政策（Repeal of Oil and Gas Tax Incentives）。有关可再生能源的规定主要在第二章"通过增加生物燃料的生产来增进能源安全"，包括可再生燃料标准、研发、基础设施和环境保护措施；第五章"加快研究和开发"，对可再生能源如太阳能、地热能、流体动力学可再生能源技术等研究和开发作了规定。

除联邦和州政府之外，地方政府在推动可再生能源发展中发挥着突出重要的作用，因为他们对于当地规划和土地使用、建筑规范以及空气质量管理方面有直接的控制权。地方政府通过修改规划法令、规范和地方规章，用来指导分散的可再生能源系统的建设，并使得开发利用的许可和选址程序更加合理化。①

美国还十分重视其他相关立法对可再生能源开发利用的推动与促进作用。例如，美国有关契约制度、土地区划制度、建筑法、侵权行为法、环境保护法等均重视与可再生能源利用制度的配合与协调，为可再生能源的利用清除制度障碍。②

（二）美国可再生能源立法体系的基本特点

按约瑟夫的说法，美国能源政策历来缺乏一致，从这个角度看美国并没有全面、系统的国家能源政策；但从实际历史考察，美国又确实存在一套影响美国各行各业政策、立法达一个世纪之久的能源政策。③ 这种说法同样适用于美国可再生能源政策立法。在严格意义上讲，迄今为止美国还没有系统的可再生能源立法体系，有学者甚至认为可再生能源立法体系问题至今仍是一个"尚未明确、有待探索"的领域。④ 不过，回顾过去几十年的立法历史，对美国可再生能源立法仍然可以梳理出一个基本法律框架并归纳出一些基本特点：

（1）美国可再生能源立法分为联邦和州两个层次，体系庞杂。在联邦层次，经过20世纪的三个立法高峰期，目前形成了以《1978国家能源法》、《1992国家能源政策法》和《2005能源政策法》为基本框架的联邦能源政策立法体系。在州层次，各州都有相应的可再生能源项目，一些州还有次一级的地方政府（社区）的可再生能源发展项目。除了这些联邦和各州政府的可再生能源法律制

---

① Sanya Carleyolsen, *Tangled in the Wires: An Assessment of The Existing U. S. Renewable Energy Legal Framework*, 46 Nat. Resources J., 2006, p. 759.
② Ibid.
③ Joseph P. Tomain & Richard D. Cudahy, *Energy law in a Nutshell*, Thomson/West, 2004, pp. 37–38.
④ Sanya Carleyolsen, *Tangled in the Wires: An Assessment of The Existing U. S. Renewable Energy Legal Framework*, 46 Nat. Resources J., 2006, p. 765.

度,在联邦和各州的环境保护立法中也存在大量涉及可再生能源开发利用的规定,如《清洁空气法》、《清洁水法》等。

(2)美国可再生能源立法涉及多行业、多技术领域并具有因地制宜的特点。首先,发展可再生能源涉及交通、运输、机械制造、工商以及建筑等诸多行业,而其中每一行业涉及的可再生能源开发利用法律问题都具有自身的特殊性。其次,可再生能源种类繁多,包括太阳能、水力、风力、生物质能、潮汐能等,这些不同种类的可再生能源具有不同的技术特征,因此法律政策在具体调整方式上也存在差别,这也增加了可再生能源立法体系的复杂性。此外,还有以某一大型电站为中心的集中型(Centralized)和小规模的分散型(Non-centralized)两种能源利用形式,这两种不同利用形式涉及的法律问题也不相同。

(3)就可再生能源立法内容来讲,目前要解决的核心问题是如何将发展可再生能源整合到当前的能源政策体系。为此,无论是联邦政府还是各州政府,都借助丰富多样的政策工具来推动可再生能源开发利用,而其中以财政刺激手段和直接管制手段最为常见。关于可再生能源研发的信息、技术和资金支持问题,关于可再生能源研发的贷款、风险担保制度和可再生能源普及教育问题也是联邦和各州立法的重要组成内容。[1]

(4)美国可再生能源立法具有多元动机和驱动力。20世纪60年代末和70年代初,是出于保护环境、清洁能源的考虑;及至70年代中、后期,可再生能源立法被当作摆脱能源依赖、增强能源安全的措施;1992年及其以后的可再生能源立法明显受到气候变化、能源安全、经济可持续发展等因素的影响;而进入21世纪的可再生能源立法,除了气候变化、能源安全和经济可持续发展等问题外,农业政策、贸易领域的国际竞争等也是政策制定考虑的重要因素。

二、美国联邦可再生能源立法主要内容

在联邦层次,美国的可再生能源立法主要以《1978国家能源法》、《1992国家能源政策法》和《2005国家能源政策法》为基本框架。

(一)《1978国家能源法》

在1974~1975年石油危机之后,美国通过一系列能源立法意在通过提高能效、促进节能和发展可再生能源来减少美国对进口石油的依赖。具体有五项措施:分阶段取消对天然气价格的控制;鼓励以煤代替石油和天然气;对提高能源

---

[1] Joseph P. Tomain & Richard D. Cudahy, *Energy law in a Nutshell*, Thomson/West, 2004, p. 689.

利用效率者减税；改革用电收费标准；鼓励其他节能措施。这些措施集中体现在《1978 国家能源法》当中，它包括《国家节能政策法》、《1978 天然气政策法》、《1978 发电厂和工业燃料使用法》、《1978 公用事业监管政策法》和《1978 能源税收法》五部分。这些立法主要是针对传统能源的，但在后两部立法中涉及可再生能源。

《1978 公用事业监管政策法》意在提高公用事业部门的节能和能效，但对发展可再生能源具有重要意义。从 19 世纪初开始，美国的发电和输电都由同时拥有发电设施和输送线路的垄断企业所控制，但《1978 公用事业监管政策法》解除了对非公用发电业的限制，该法支持独立发电商开发热电联产和单机不超过 8 万千瓦的小机组发电；该法规定各地电力公用事业企业须为小规模发电商提供上网服务。原来各州为鼓励电力消费，采取累计递减的电力定价方法，但该法提出可回避成本（Avoided Cost）电价计量方法，规定各地电力公用事业企业有义务以该企业的可回避成本收购独立发电商的冗余电力，同时有义务以合理价格为这些发电商提供备用电力。[①] 这一规定为可再生能源发电开辟了市场。由于对可避免成本的估算由各州自主决定，因此许多州，如加州和纽约州，通过高估可避免成本来进一步推动可再生能源在电力生产方面的开发和利用。《1978 年能源税收法》建立了一系列财政刺激措施来推动可再生能源开发利用。根据该法，对于应用太阳能和风能设备的住户，施行 30% 的投资税收抵免；对于安装太阳能、风能和地热设备的商户，实施 10% 的相应投资税收抵免。这些税率根据情况有所变化，并在 1985 年过期失效。[②]

1979～1981 年爆发第二次能源危机，1979 年 3 月 28 日三里岛发生核事故，这两起事件再次引起美国对以化石能源、核能利用为主导的传统能源政策模式的疑虑，国会通过的《1980 能源安全法》提出了一种新的能源政策思路。该法包括《1980 防务生产法修正案》、《1980 年美国合成燃料公司法》、《1980 生物能源和酒精燃料法》、《1980 可再生能源资源法》、《1980 太阳能和节能法》和《1980 地热能法》。这些能源立法目的是要通过有效利用各种再生和不可再生能源来减少美国对进口石油的依赖，主要措施是推动可再生能源研发试验并为其提供资金支持，同时对可再生能源的实际开发和利用提供财政刺激。例如，在太阳能方面，联邦立法有《1974 年光伏能源研究、开发和示范法》和《1980 年太阳能和节能法》，前者鼓励对太阳能利用开发的研究并提供资金支持，后者通过税

---

① Dianne Rahm, *Sustainable Energy and the States: Essays on Politics, Markets and Leadership*, McFarland & Company, Inc., Publishers, 2006, pp. 7-8.
② *Ibid*, p. 8.

收政策、发电设备购买折扣等方式来推广太阳能的利用。① 再如地热能源方面,《1974 年地热能源研究、开发和示范法》为地热项目提供贷款以支持地热能源储量的勘探,而《1980 年地热能法》则通过排除经济和法律障碍来促进地热能源的开发和利用。②

在这一时期,可再生能源政策与传统能源政策缺少协调,而且联邦政府权力分散,不同能源监管部门之间和同一部门内部竞争妨碍了可再生能源的全面规划,因此可再生能源立法实效并不明显。进入 20 世纪 80 年代中后期,全球油价降低,除了《1989 年可再生能源和能源效率技术竞争办法》,美国可再生能源立法没有实质性发展,直到 1991 年和 2003 年两次爆发伊拉克战争,油价随之攀升,可再生能源问题才再次在立法上得到重视。

(二)《1992 能源政策法》

《1992 能源政策法》再次重申美国要制定一套全面的国家能源政策,以期"渐进和持续地以低成本、高效益和对有益环境保护的方式提高美国的能源安全"。③ 该法是 20 世纪 90 年代美国最重要的推动可再生能源的立法。该法对非公用事业发电商开放输电网,鼓励新投资者进入电力市场,鼓励监管机构进行跨州资源整合和规划。此外,该法对在 1994～1999 年投入发电的风能涡轮机和生物能源发电厂给予为期 10 年的税收减免。这一税收减免政策被事实证明极大地促进了可再生能源产业的发展,但在实施过程中存在如下问题:第一,该法规定的税收减免期限最初仅限于 1994～1999 年,到期后国会不得不几次延展其适用期限,最近一次的延展是由《2005 能源政策法》规定的。第二,这种税收减免期限的不确定导致可再生能源行业发展产生了同样不稳定的涨落期,税收减免期限被延展,行业发展势头高涨,但当期限届满,行业发展劲头大落。第三,由于这种税收减免政策最初仅仅限于风能和生物能源,结果对发展其他可再生能源形成障碍,直到立法将这一政策适用范围扩展,这一局面才得以改善。④

除了资金支持,政府也为风能项目提供技术支持,该法要求能源部部长要通过竞标方式来选择可再生能源技术和提高能效技术的示范、商业化项目;该法鼓励向发展中国家出口可再生能源技术并提供相应技术信息;该法还为采用太阳

---

① Joseph P. Tomain & Richard D. Cudahy, *Energy law in a Nutshell*, Thomson/West, 2004, pp. 359 - 360.
② Ibid, p. 366.
③ Dianne Rahm, *Sustainable Energy and the States: Essays on Politics, Markets and Leadership*, McFarland & Company, Inc., Publishers, 2006, p. 8.
④ Ibid.

能、风能、生物能和地热能等可再生能源设备提供补贴。[①] 1994 年成立的"国家风能机构协调委员会"的目的就是要通过解决风能项目的关键事宜，并综合行业部门的意见和环境保护的要求来促进风能开发的市场化。[②]

（三）《2005 能源政策法》

经过四年搁浅，《2005 能源政策法》终于在 2005 年 8 月得以通过。尽管这一能源法大部分内容都是用来支持传统的化石能源和核能工业，但同时也包含了一系列用来促进可再生能源发展的经济刺激措施，主要包括：（1）该法扩展了可再生能源生产税收减免政策（PTC）的适用范围，除了风能和生物能源，地热能、小规模发电机组、垃圾填埋气和垃圾燃烧设施也被纳入适用范围。（2）该法授权政府机构、合作制电力企业等组织发行"清洁可再生能源债券"（Clean Renewable Energy Bonds）来融资购置可再生能源设施。（3）为了推动新兴可再生能源的市场化，该法还规定到 2013 年美国政府电力消费至少要有 7.5% 的份额源自可再生能源。（4）在建筑行业方面，该法规定在 2015 年前要降低联邦建筑能耗的 20%，因此为包括学校和医院在内的公共建筑提供资金，实施能源效率计划。2005～2008 年节能住宅的建设企业可享受一定税收减免，商业住宅购买者也同样获得税收减免待遇，对于安装太阳能设施的私人住宅所有人，同样可以对其购买的太阳能设施享有税收减免。（5）该法制定了可再生燃料标准（Renewable Fuels Standard，RFS）制度。根据该标准，汽油中必须加入特定数目可再生燃料且每年将递增，美国可再生燃料消费量将从 2006 年的 40 亿加仑/年（占汽油总量约 2.8%）增加到 2012 年的 75 亿加仑/年（2300 万吨），此后将保持 2012 年可再生燃料与全部汽油的比例。按照要求，美国近 50% 的汽油将需要调和乙醇，典型调入量为 10%。[③]

从立法到通过，《2005 能源政策法》一直遭到批评，一方面是因为该法对节能、提高能效和推动可再生能源发展的规定存在缺陷；另一方面，尽管全文超过 2000 多页，但是该法对美国能源政策最为核心的问题即如何应对气候变化问题、如何解决美国能源安全问题却未能提供有效方案。[④] 此外，该法再一次把化石能源和核能发展放在优先位置，表明美国能源政策目前依然是"以化石能源为主"的模式。2007 年 12 月又通过了《2007 国家能源独立与安全法》。该法主要包括

---

① Joseph P. Tomain & Richard D. Cudahy, *Energy law in a Nutshell*, Thomson/West, 2004, p. 358.
② *Ibid*, p. 360.
③ John Randolph & Gilbert M. Masters, *Energy for Sustainability*, Island Press, 2008, p. 358.
④ Joseph P. Tomain, *Smart Energy Path*: *How will Nelson Save the Planet*, 36 Columbia Law Review, p. 437.

三个内容,进一步提高生物能源可再生能源燃料标准,提高能源使用效率标准,同时规定到 2020 年汽车和小卡车产品线油耗必须达到 35 英里/加仑。这些措施的出台,也不能改变美国能源政策继续走老路。总体看来,美国的能源政策目标一直在于"确保美国能够获得可靠、价格合理和环境友好的能源供给",但截至目前的能源立法都"注重宣传而缺少实质",都是"新瓶装老酒",继续沿用以化石燃料为基础的模式。①

三、美国各州政府和地方政府的可再生能源立法内容

除了联邦立法,各州政府和次一级的地方(社区)政府也采取各种政策手段来发展可再生能源、提高能效和节能。这些立法因地制宜,灵活运用各种经济激励措施和管制措施,与联邦立法相比,更富有实效和活力。

(1)州综合能源规划(State Comprehensive Energy Plan)。美国各州通过专门立法和行政命令来确立能源开发、利用规划。早期的能源规划主要关注特定行业,特别是电力行业。随着能源问题日益严峻,许多州开始制定综合性的能源规划以应对复杂形势,如弗吉尼亚州议会通过的《2006 弗吉尼亚能源规划》、密歇根州以行政命令形式颁布的《21 世纪能源规划(2006)》。鉴于能源市场、联邦能源政策和州内其他相关政策都经常变动,这些能源规划也经常更新,如纽约州自 2002 年以来每年公布一次纽约州的能源规划。② 在这些能源规划中,可再生能源是重要的组成部分。如《得克萨斯州能源规划 2005:四大类十大政策建议》,该规划第三类两条政策建议通过推动可再生能源技术发展来拓展可再生能源资源的范围。③

(2)州气候变化行动规划(State Climate Change Plan)。尽管联邦政府立法对气候变化和温室气体排放问题并未充分重视,但新英格兰区诸州、纽约州、加州等已经着手应对这些问题,这些气候变化规划同样推动了可再生能源的开发利用。如在建筑行业,许多州通过建筑规章、绿色建筑项目、能源法规等形式推动可再生能源的应用。一些地方政府也推出气候变化行动规划。如威斯康星州的麦迪逊,通过《气候保护规划》设立了绿色建筑设计和能源效率标准制度,意图通过减少化石能源消耗来减少温室气体排放,实际效果是极大地促进了可再生能源的利用。④

---

① *Ibid*, pp. 425 – 426.
② *Ibid*, p. 704.
③ Texas Energy Council, "Energy Plan for 2005: Energy Security for a Bright Tomorrow", *available at* www. rrc. state. tx. us/about/tepc/finalenergyplan. pdf. (Last visit Nov 10, 2012).
④ See "Local Action Plan Recommendations: Madison, Wisconsin", *available at* http://yosemite. epa. gov/gw/statepolicyactions. nsf/LookupLocalExhibits/Wisconsin +:+ Madison (Last visit Nov 10, 2012).

（3）财政刺激手段。纵观美国能源立法，无论是联邦层次还是各州立法，财政刺激手段是应用最多的，往往也是最有效的。在推动可再生能源研发利用方面，前文已经详述联邦立法采取的各种经济激励措施，这方面各州立法同样毫不逊色。各种各样的税收减免、财政补贴、低息贷款被用来推动可再生能源开发和利用，效果也极为显著。所有的州可再生能源立法都把财政刺激政策作为重中之重来把握，其中以加州、纽约州、伊利诺伊州、俄勒冈等州较为出色。

（4）鼓励绿色消费与可再生能源消费者权益保护。在内华达、密歇根等州为确保可再生能源使用设备安全可靠，建立了可再生能源承包商许可制度（Licensing for Renewable Energy Contractors）。亚利桑那、阿肯色、明尼苏达、缅因和路易斯安那等州通过立法设立"可再生能源设备合格证"（Renewable Energy Equipment Certification）制度来保护消费者。一些州通过立法强制公用事业企业为消费者提供"绿色能源消费选择"制度（Green Power Purchase Option），如爱荷华州立法规定，所有在爱荷华州运营的公共电力企业必须为愿意购买绿色电力能源的消费者提供相应服务。①

（5）社区团体购电制度（Community Choice Aggregation）。许多州鼓励消费者订立社区购电合同、团体购电合同以此鼓励绿色能源消费。在这种情况下，地方政府同时扮演团体购电组织者和购电合同谈判者的角色，既保障消费者获得低廉电价，同时有利于绿色电力供应商签约。许多城市也有绿色能源购买计划，如2000年地球日前夕，俄勒冈州的波特兰市能源部门不仅鼓励该城所有商户和政府部门购买绿色电力，还免费向该城所有居民赠送电力。②

（6）许多州都在立法中规定了"净计量电价结算制度"（Net Metering）。根据该制度，电力公司有义务以合理价格从安装了可再生能源发电技术的用户买回多余电力，或者从消费者总账单上扣除用可再生能源发电数量。截至目前，有35个州通过立法设立了这一制度。③

（7）可再生能源配额制度（Renewable Portfolio Standard，RPS）。RPS制度要求电力企业在其生产的总电力中必须有一定比例的电力来自可再生能源，并且这一比例逐年增加，从而确保可再生能源发电能保有稳定并且持续增长的市场份额。RPS借助强制性法律手段要求可再生能源在一定时期内达到一定配额（数量/比例），把过去主要依靠政府财政支持的政策转向政府管制下的市场机制，

---

① Dianne Rahm, *Sustainable Energy and the States: Essays on Politics, Markets and Leadership*, McFarland & Company, Inc., Publishers, 2006, pp. 14 – 15.

② Ibid, p. 15.

③ See US DOE Energy Efficiency and Renewable Energy, "Net Metering Policies", *available at* http://apps3.eere.energy.gov/greenpower/markets/netmetering.shtml (Last visit Nov 10, 2012).

为大规模发展可再生能源创造了条件。截至 2007 年 6 月,美国一共有 23 个州和哥伦比亚特区实施了 RPS①,其中加州、纽约州、得克萨斯州和密歇根州的配额最高,而所以这些地区的电力企业拥有美国过半的电力市场份额。②

(8) 公用事业企业绿色能源信息披露制度。许多州通过立法强制电力企业每月在向消费者发送的账单中公布其用于发电的燃料构成,而消费者可以据此自由选择电力供应商实行绿色消费。这方面,俄亥俄州是典范。该州立法要求电力供应商在消费者账单中提供其燃料的具体构成和燃料燃用的环境后果分析,燃料的构成要求详细表明各种用于发电的能源来源比例,如生物能源、化石能源、核能、风能、太阳能等。③

(9) 公共效益基金制度(Public Benefit Fund,PBF)。许多州都设立公共效益基金制度作为融资手段来支持发展可再生能源资源、可再生能源研究和开发、提高能效和低收入群体扶持项目。公共效益基金通常按照零售电力价格的 1% 到 3% 标准直接提取,也有部分基金来自公用事业企业的专门捐款。加州、马萨诸塞、伊利诺伊等 12 个州成立了"清洁能源州联盟"专门协调用于发展可再生能源的 PBF 投资问题。④ 目前有 26 个州建立了 PBF 制度,PBF 用于可再生能源方面的方式,主要是鼓励可再生能源技术研发、奖励可再生能源设备安置以及为可再生能源开发企业提供贷款等。从设立目的来看,PBF 动机就是要帮助那些无法完全通过市场竞争达到融资目的的公共政策提供启动资金,从实际效果来看,作用比较显著,但是由于 PBF 自身往往面临短期财政压力问题,因此无法达成长期的公益目标。⑤

四、美国可再生能源立法经验与启示

第一,从立法结构上看,联邦、州、地方立法并重。美国可再生能源立法以联邦为主,这体现在美国从 20 世纪 70 年代开始进行的一系列综合能源立法和有关可再生能源的专门立法之中,如《1978 年国家能源政策法》、《1995 年国家能

---

① Barry G. Rabe, *Race to the Top: the Expanding Role of U. S. State Renewable Standards*, 7 Sustaiable Development Law&Law&Policy, 2006.
② US DOE Energy Efficiency and Renewable Energy, "States with Renewable Portofolio Standards", available at http://apps1. eere. energy. gov/states/maps/renewable_portfolio_states. cfm (Last visit Nov 10, 2012).
③ Public Utilities Commission of Ohio, *available at* http://www. puco. ohio. gov/ (Last visit Nov 10, 2012).
④ Pew Centre, "Public Benefit Funds", *available at* http://www. pewclimate. org/what_s_being_done/in_the_states/public_benefit_funds. cfmv (Last visit Nov 10, 2012).
⑤ John Randolph & Gilbert M. Masters, *Energy for Sustainability*, Island Press, 2008, p. 713.

源政策法》、《2005年国家能源政策法》,以及《2007年国家能源独立与安全法》中有关可再生能源的规定。此外,美国各州以及地方政府也十分重视对可再生能源立法和制度建设。例如,美国联邦层面一直没有进行可再生能源配额标准制度的联邦立法,但是30多个州通过立法实行配额制,而各州的配额制对美国可再生能源的大力发展起了至关重要的作用,并成为全球发展可再生能源制度建设中具有代表性的典范。

第二,从立法技术上看,综合立法与分类立法并重、专门立法与其他立法并重。美国不仅重视综合性能源立法中对可再生能源的规定,如《1978年国家能源政策法》、《1995年国家能源政策法》、《2005年国家能源政策法》,以及《2007年国家能源独立与安全法》对可再生能源的规定,还制定了针对各种可再生能源技术的专门立法,例如《太阳能研究、开发和示范法》、《地热能研究、开发和示范法》、《太阳光伏能研究、开发和示范法》、《地热能法》、《太阳能和能源节约法》、《风能促进法》、《生物能源和酒精燃料法》等立法以推动各类可再生能源的均衡发展。

第三,从立法内容看,自愿行动、政府推动、强制措施并重。美国可再生能源立法也十分重视政府在可再生能源研究、开发与示范、利用中的推动作用,如利用财政、税收等刺激手段鼓励企业、个人从事可再生能源的开发与利用,但同时也十分重视社会各主体的自愿参与和强制手段,如美国各州的实行的配额标准制度以及净用电量制度。

第四,注意其他立法的配合协调。美国不仅通过综合性能源立法和专门的可再生能源立法来推动可再生能源的发展,同时注意通过其他的立法如建筑法、土地法、市政规划法、侵权法等法律的完善以及判例来配合推动可再生能源的发展。

五、结论

美国的能源政策改革已经几十年了,但效果并不理想,对此很多学者认为是政策失误所致。如斯蒂芬妮认为,尽管政府试图使能源市场有更多竞争并更富效率,但不幸的是这些措施很少奏效,更为不幸的是,整个国家能源政策看起来似乎已经深陷这个转型进程之中并且再次返回传统能源政策。[①] 约瑟夫在批评《2005能源政策法》时提到,"联邦立法不仅未能有效推动新能源市场和新能源

---

① Stephanie I. Cohen, "Election to a Boon to Oil, Gas, and Coal Sectors" (Nov. 3, 2004), *available at* http://www.marketwatch.com/story/bush-re-election-to-boost-traditional-energy-sectors (Last visit Nov 10, 2012).

技术发展,恰恰相反,各种政府财政措施仍然意在支持传统能源和传统能源企业。"① 事实也如此,传统能源政策模式根深蒂固,可再生能源立法面临重重阻碍。从美国经验来看,发展可再生能源,政府一贯的、全面的、强力而高效的政策支持至关重要。

首先,可再生能源立法需要政府前后一贯的政策引导。"大规模开发利用可再生能源将需要政府持续不断地致力于制定可行且一贯的经济激励政策、全面的联邦与各州能源规划和更有力的法制环境。"② 政策和立法的一贯性有助于增进人们对制度的理性预期,从而形成长远的个人决策安排;但一旦政策朝令夕改,人们就会因缺乏稳定的理性预期而增加长期决策的惰性。对于发展可再生能源,投资者、研发者和使用者的长期决策都很关键,因此更需要长期、持续和一致的制度扶植。但是从美国能源政策演变来看,可再生能源很容易受到特定时期国内外政治和经济气候的影响,美国可再生能源立法几经起落,其高峰期出现都是因为美国的主要石油进口国卷入战争,油价因而上升;而油价一旦回落,就标志着可再生能源立法再次陷入低谷,油价似乎成了可再生能源立法的风向标。这种政策的摇摆也导致可再生能源发展的波动。以《1992 能源政策法》为例,为推动风能和生物能源发电,该法规定在 1994~1999 年使用风能涡轮机和生物能源的发电厂享有为期 10 年的税收减免。由于最初税收减免期限限于 1994~1999 年,后来又通过立法几次展期,结果是相应的风能和生物能源产业发展出现了的涨落期,一旦税收减免期限被延展,行业发展势头高涨,但当期限届满,行业发展劲头锐减。

其次,可再生能源立法需要政府在战略高度做出全面、系统的政策设计。从根本上讲,这是由可再生能源立法体系的特点决定的。以美国为例,可再生能源立法体系庞杂,涉及联邦立法和各州立法,各州政府与联邦政府又往往存在多层次、多领域的各种合作项目;可再生能源利用不仅涉及交通运输、建筑、商业、市政、金融等诸多行业,还涉及风能、太阳能、生物能、地热能等诸多技术领域;可再生能源立法与其他法律领域又有很多交叉,涉及传统能源法、环境法、金融法、税法、商业法、消费者权益保护以及市场规制法等;尤为关键的是,可再生能源立法必须在政策层面协调好发展传统能源与可再生能源发展的关系。总之,可再生能源立法集中体现了当代环境问题、经济发展问题和能源安全问题的错综复杂的关系,对可再生能源发展首先需要在战略高度给予全面、系统的政策

---

① Joseph P. Tomain, *Smart Energy Path: How will Nelson Save the Planet*, 36 Columbia Law Review, 2006, p. 426.
② Sanya Carleyolsen, *Tangled in the Wires: An Assessment of The Existing U. S. Renewable Energy Legal Framework*, 46 Nat. Resources J., 2006, p. 791.

安排，进而全面整合、统筹各种既有的政策资源和法律资源，以期使可再生能源立法发挥最大效用、取得最佳效果。

最后，可再生能源立法需要政府强力而高效的政策实施手段。要看到，尽管美国可再生能源立法仍然存在不足，但与其他国家立法比较起来，仍然比较先进，尤其是各州立法，设立了各种各样的政策工具用来推动可再生能源发展，从立法技术角度来看，值得借鉴。不过，高效的政策手段需要市场激励和政府管制工具的有机结合。有学者认为，当前美国可再生能源立法过分看重财政激励手段鼓励公民自愿行动，因而使可再生能源法成为"软法"，无法实行立法预期的目标："依赖经济激励手段来鼓励自愿的执法行为不能为可再生能源的大规模应用提供强劲驱动力"，"也不能指望自愿行动项目和松散式政策管制模式能够充分促进可再生能源发展和应用"，"联邦政府和各州政府如果不在电力市场上充当具有管制性、强制性的角色，它们就不能期望它们采取的政策和措施有大规模的参与者"。[①]

总之，在当前阶段发展可再生能源绝非易事。不仅美国如此，世界各国皆然。从经济角度看，与廉价的化石能源比较，目前可再生能源价格仍然较高，缺乏市场竞争力；从技术角度看，可再生能源技术发展尚不成熟，公众对其知之甚少，而且研发可再生能源投资多、风险大；从政策角度看，传统能源政策模式根深蒂固，对传统能源的巨额补贴政策、扶持政策实际上构成发展可再生能源的最大障碍。但发展可再生能源，政府责无旁贷，政府必须采取一贯的、全面的、强力而高效的政策支持和制度设计来推动可再生能源发展，按欧洲能源理事会说法，"从长远来看，可再生能源将不可避免地主导世界能源供给结构。我们别无选择"。[②]

第四节　我国新能源与可再生能源法律与政策的检讨及完善

一、我国可再生能源法律与政策的检讨

我国虽然颁布了大量有关可再生能源的法律与政策，但是有关可再生能源的立法目前还很不完善。主要体现在：

[①] Sanya Carleyolsen, *Tangled in the Wires: An Assessment Of The Existing U. S. Renewable Energy Legal Framework*, 46 Nat. Resources J., 2006, p.792.

[②] See European Renewable Energy Council (EREC), *Renewable Energy in Europe: Building Markets and Capacity*, Earthscan Publications Ltd., 2004.

(一) 立法结构

从立法结构上来看,我国可再生能源立法存在以下问题:

第一,立法零散,效力低。目前,除了《可再生能源法》外,调整可再生能源开发利用的主要依靠政府政策。这些政策来自国务院不同部门,各个部门针对不同问题进行规定,而这些规定从法律效力来看,都处于较低层级,最多属于政府规章性政策,由国务院发布的很少,权威性明显不足。

第二,对不同技术品种属性强调不足。《可再生能源法》是针对可再生能源的所有技术类型的统一立法,这种立法模式虽然有好处,即它只注意到了所有可再生能源的共性,这种统一立法模式也有它明显的问题,即不能兼顾到不同的可再生能源技术所处的不同发展阶段、不同技术特点、所依赖的不同资源及地域禀赋和对政策与立法的不同需求。虽然国务院有关部门已经对风电、太阳能、水能、物质能等出台了大量政策,但这些政策仍然比较随意,内容不全面,效力也不高。

第三,地方立法的不足。可再生能源开发利用的一个重要前提是依赖可再生能源资源条件,我国地域辽阔,各地自然资源条件差异很大,有的地区风资源丰富,有的地区生物质能资源丰富,有的地区太阳能资源丰富,有的地区潮汐能资源丰富,有的地区水能资源丰富,还有的地区地热能资源丰富。应当承认每一个地区由于资源条件不同,必然对立法会有不同需求,但是我国出台专门的可再生能源地方立法的省、自治区、直辖市仍然凤毛麟角。

第四,《可再生能源法》配套政策尚不健全。我国目前已经制定了近百件与《可再生能源法》相关的配套细则或政策,从数量上看已经颇为壮观。但是一些十分重要的配套政策至今尚未出台,如电网企业优先调度和全额收购可再生能源发电的具体办法等。在《可再生能源法》本身比较原则、概括的情况下,重要配套政策的缺失使开发可再生能源在一些领域缺乏明确的法律与政策支持,往往会造成无序、盲目地开发或者使市场主体开发可再生能源缺乏动力与方向。

第五,《可再生能源法》有待其他立法的配合。除了《可再生能源法》及其配套规章对可再生能源的开发利用进行调整外,还有许多其他立法涉及可再生能源的规定,如《节约能源法》、《电力法》、《环境保护法》、《土地管理法》、《物权法》、《大气污染防治法》以及正在研究论证的《气候变化应对法》、《能源法》等。目前这些立法如何与《可再生能源法》协调与配合也是影响可再生能源发展的重要因素。[①]

[①] 李艳芳、刘向宁:《我国〈可再生能源法〉与其他相关立法的协调》,载于《社会科学研究》2008年第6期。

（二）立法内容

从现有的立法内容上来看，我国可再生能源立法存在以下问题：

第一，立法目的不能满足现实需要。不论是欧盟、还是美国等国家，均在有关可再生能源的立法中，明确规定开发利用可再生能源除了保障能源安全、保护环境的目标外，还包括积极应对气候变化。中国实际上已经通过可再生能源立法和政策制定来鼓励大力发展可再生能源，并且也在2007年6月4日国家发展和改革委员会发布的《中国应对气候变化国家方案》和2009年8月27日全国人大常委会《关于积极应对气候变化的决议》中明确了中国应对气候变化的主要措施之一就是大力发展水电、风电、太阳能、生物质能等可再生能源。如果说我们在2005年出台《可再生能源法》时，应对气候变化的目标还不紧迫的话，现在应当已经非常迫切了。在《可再生能源法》中开宗明义地将应对气候变化作为开发利用可再生能源的目标，有两个好处：一是向国际社会表明中国应对气候变化的明确态度以及中国应对气候变化的实际行动；二是提高中国发展可再生能源的战略层次，也就是说，发展可再生能源不仅关系中国的能源安全、大气环境保护，而且关系到全人类的未来，提高全社会对发展可再生能源意义的认识。我国现行《可再生能源法》没有将"应对气候变化"作为可再生能源的立法目的进行原则宣示，不能不说是一种缺憾。

第二，《可再生能源法》内容有些仍然缺乏具体可操作性。修改后的《可再生能源法》第十四条明确规定了电网企业对可再生能源的全额保障性收购义务，即"国家实行可再生能源发电全额保障性收购制度。国务院能源主管部门会同国家电力监管机构和国务院财政部门，按照全国可再生能源开发利用规划，确定在规划期内应当达到的可再生能源发电量占全部发电量的比重，制定电网企业优先调度和全额收购可再生能源发电的具体办法，并由国务院能源主管部门会同国家电力监管机构在年度中督促落实。"但是如何通过"保障性"措施使全额收购制度得到很好的实施，《可再生能源法》并未加以明确规定，而是要求能源主管部门制定具体的办法。《可再生能源法》修改了五年了，但能源主管部门至今未能出台具体的办法，全额保障性收购制度一直不能得到落实，可再生能源电力上网难的问题也一直未能得到彻底解决。国家能源局统计数据显示，2014年上半年，虽然全国平均弃风率有所下降，但是作为主要新能源与可再生能源基地弃风率仍然保持两位数，如河北弃风率达14.59%、内蒙古西部地区为12.88%、吉林为19.75%、黑龙江15.52%、新疆为17.25%。[1]

---

[1] 参见国家能源局2014年7月28日公布的《2014年上半年风电并网运行情况》，http://www.nea.gov.cn/2014-07/28/c_133514368.htm（2014年7月30日访问）。

第三，对一些重要的问题缺乏明确规定。例如，我国在制定《可再生能源法》时，回避了有关可再生能源资源权属的规定。就目前的情况来看，在《可再生能源法》规定的风能、太阳能、水能、生物质能、地热能、海洋能六种可再生能源中，资源权属明确的有水能、地热能和海洋能。我国宪法第九条规定："矿藏、水流、森林、山岭、草原、荒地、滩涂等自然资源，都属于国家所有，即全民所有；由法律规定属于集体所有的森林和山岭、草原、荒地、滩涂除外。"《物权法》第四十六条规定："矿藏、水流、海域属于国家所有。"《矿产资源法》及其《实施细则》对地热资源的所有权加以进一步规定。《矿产资源法》第三条规定："矿产资源属于国家所有，由国务院行使国家对矿产资源的所有权。地表或者地下的矿产资源的国家所有权，不因其所依附的土地的所有权或者使用权的不同而改变。"《矿产资源法实施细则》有关《矿产资源分类细目》将地热作为能源矿产。① 而对于太阳能资源、风能资源以及生物质能源等能源资源的权属问题，现行法律并无规定。《可再生能源法》作为调整可再生能源开发利用的专门法律，对可再生能源资源的权属问题也没有涉及，为当前有关可再生能源资源权属争夺和理论争议埋下隐患。例如，黑龙江省人大常委会出台立法规定太阳能、风能资源属于国家所有，就引起了较大争议。②

二、完善我国可再生能源法律与政策的建议

根据我国目前的可再生能源立法现状和存在的问题，借鉴美国的相关立法经验，我们认为，我国应当建立以《可再生能源法》为基础、以可再生能源各种技术的分类立法和地方立法为主干、以其他相关立法和政策为补充的可再生能源政策法律体系，并对有关立法内容加以进一步充实。以此为目标，我国应该在以下几个方面对我国的可再生能源法律体系予以完善：

第一，加强地方可再生能源立法。目前我国有关可再生能源的立法主要集中在国家层面，地方立法还没有受到应有的重视。而从我国可再生能源资源赋存和利用规划来看，各地差异很大。例如我国在西北部地区着意打造"风电三峡"，在东南沿海地区发展潮汐发电，在西南地区大力发展水力发电等。因此，各地因地制宜制定符合本地情况的可再生能源开发利用规划，并通过地方立法予以落实，应当是我国未来可再生能源政策法律体系十分重要的组成部分。

---

① 《矿产资源分类细目》将矿产资源分为能源矿产、金属矿产、非金属矿产、水气矿产四类。能源矿产包括煤、煤成气、石煤、油页岩、石油、天然气、油砂、天然沥青、铀、钍、地热。
② 见《黑龙江省气候资源探测和保护条例》第二条、第七条。

目前我国有部分省市制定了有关地方立法，如湖南省、黑龙江省、山东省、湖北省、四川省、浙江省等少数几个省制定了本省的《农村可再生能源条例》，或者《可再生能源条例》，但大部分可再生能源资源大省并没有制定地方性立法；已经制定了地方性的可再生能源立法的省，也将开发利用可再生能源主要局限在解决农村用能问题，没有将可再生能源的开发利用置于与其承载的任务相匹配的位置，特别是没有将可再生能源的发展与解决大气污染、发展低碳经济相联系。为此，各地应当根据《可再生能源法》的精神和原则规定，制定适合本地区的可再生能源发展的地方政策和立法，以弥补《可再生能源法》及其全国性配套政策的不足。

第二，加强分类立法。美国早期之所以重视可再生能源分类立法，其中一个重要原因是推动各类可再生能源技术、设备的发展，并以此为基础促进可再生能源的开发利用。与美国相比较而言，我国可再生能源立法起步较晚，而且走的道路不同，但是我们必须清楚认识到，我国可再生能源开发利用的水平最终取决于我国是否有自行开发利用的先进的技术和设备。虽然近年我国可再生能源发展形势喜人，但是具有自主知识产权的先进技术和设备仍然凤毛麟角。加之各类技术的差异比较大，技术发展状况又不平衡，有的技术已经成熟，有的技术处于起步阶段；有的技术市场成熟度比较高，能够进行充分竞争，有的尚未形成市场，无法展开竞争；有的技术需要国家进行大力扶持，有的需要进行部分扶持，有的不需要扶持等，因此在重视综合立法的同时，加强分类立法不可忽视。建议国家针对太阳能、风能、水能、生物质能、潮汐能、地热能等主要可再生能源技术，分别制定《太阳能法》、《风能法》、《水能法》、《生物质能法》、《潮汐能法》、《地热能法》等法律或者行政法规。

第三，提高现有政策的立法层次，增强立法权威。政策相对于法律的优势在于其灵活性，但是政策的优势也是其劣势所在，正因为其灵活的特性，政策的权威性、稳定性不足。我国现行《可再生能源法》的实施主要靠大量的政府政策即有关的"办法"、"通知"、"规定"等。这些"办法"、"通知"、"规定"等在我国立法体系中处于最底层，法律效力及权威性明显不足。因此，完善我国可再生能源法律体系必须对我国现行政策中一些稳定性较强、具有较强适用面的政策上升为行政法规或者法律。

第四，再次修改完善《可再生能源法》。如将"促进低碳发展、应对气候变化"作为《可再生能源法》的主要立法目的之一，增加关于太阳能、风能、生物质能等资源的权属规定，对电网企业优先全额收购可再生能源电力的义务作出更加明确的规定，加大对违法企业的行政处罚等。

第五，修改我国现行有关民事、经济和行政立法，加强有关立法与《可再生能源法》的配合与协调。尽管太阳能、风能、水能等可再生能源开发在我国不是新事物，但是可再生能源大规模开发利用以及步入法制轨道却是2005年以后的事情，因此，我国现行大部分法律都没有考虑可再生能源的开发利用可能引发的大量的法律问题。有的立法不仅不能成为推动可再生能源开发利用的推进器，甚至可能是可再生能源开发利用的障碍。在当今气候变化、能源危机等成为各类型立法优先考虑的价值目标时，现行立法必须考虑从制度上作出恰当的修改，以方便人类社会应对新型的社会危机。我国需要检讨和修改《物权法》、《合同法》、《民法通则》等民法立法，《物业管理法》、《城市规划法》、《建筑法》、《土地管理法》等行政立法，以及税收立法、财政立法、金融立法、竞争立法等经济立法，使这些立法中有关内容与《可再生能源法》的内容相协调，为可再生能源的开发利用铺平道路或者至少不成为可再生能源开发利用的法律障碍。

我国可再生能源开发利用尚处于起步阶段，随着可再生能源开发利用技术的逐步成熟以及可再生能源产品与设备的大规模应用，与可再生能源开发利用相关的法律问题会逐渐暴露出来，特别是相关的民事纠纷、行政纠纷和经济纠纷会日益增多。因此我们一方面应当就促进可再生能源技术与设备的研发、试验、推广进行必要的立法；另一方面也应当就可再生能源进入规模化应用阶段时可能会出现的法律问题提前立法，进行制度储备。这就表明与可再生能源有关的问题不是一部法律能够解决了的，更不能主要依靠政策，它需要一个政策与法律体系。当然因为有关可再生能源立法也刚刚起步，要想建立一个健全的可再生能源法律体系不是一朝一夕的事情，而是一个长期的系统工程。

第五节 新能源与可再生能源法发展趋势：建立强制性规则

一、建立可再生能源强制性规则的必要性

可再生能源是当今国际社会为缓解传统能源供应紧张、降低环境污染、确保生态安全而开发利用的非化石能源，它以清洁、环保、可再生等优点逐步成为现代生产生活的动力源泉。目前，包括广大发展中国家在内的大多数国家普遍制定了以可再生能源立法为基础的政策体系，诸如美国、欧盟、日本等发达国家与地区的立法推广已经取得明显成效。我国于2006年1月正式实施《可再生能源

法》，在此前后也出台了一系列相关法律、法规、规章、规划以及标准等文件。不过，基于政府观念、配套措施以及执行机制等障碍，立法实施效果受到影响。① 我们认为，在我国现处的社会发展阶段，这些障碍主要表现在：一是以经济建设为主导的国家发展战略倚重经济绩效指标，相对忽视环境与生态问题，可再生能源尚未成为政府工作的主题；二是公众消费普遍追求高耗能的奢华享乐，可再生能源蕴含的减量消费（节能意识及产品）无法博取普遍的社会响应；三是可再生能源技术具有高投入慢产出的特点，风险与收益的不确定性降低了企业的投资热情；四是我国绝大多数产业法属于"软法"，立法执行力缺乏刚性；五是运行机制存在管理部门及其职能设置分散、立法统一性权威受到制约的现象。

这些来自战略、意识、技术、规范及运行机制等多方面的障碍决定了可再生能源立法推广的复杂性和长期性。笔者认为，在旨在消除这些障碍的诸多对策中，加强立法的强制性规则无疑是一个突破口，理由有四：一是强制性规则能够将可再生能源法的"权利（力）—义务—责任"分解至各社会主体，提高"软法"的可操作性；二是强制性规则有助于强化义务主体的守法意识，提高全社会对可再生能源法的关注与重视程度；三是强制性规则是国外可再生能源法的基本构成要素，其促进立法目标实现的成效非常明显②；四是强制性规则适合我国社会转型中"政府主导、市场推动"的政策变迁路径，有利于促进地方性的制度创新。当然，强制性规则不是行政命令，也不是指令性计划。在现代法治语境下，国家应当秉承科学与民主精神构建强制性规则。

二、强制性规则的特点与构建原则

强制性规则是要求行为主体必须作为或者不作为的规则，必须作为的规则是义务性规则，必须不作为的规则是禁止性规则。强制性规则与授权性规则、指导性规则相对应，不仅存在于公法、私法中，更主要地存在于融合公法与私法为一体的社会本位的立法中③，如劳动法、能源法以及环境法等，反映出国家在调整重要社会经济利益时与公民社会之间的互动。

---

① 王明远：《"看得见的手"为中国可再生能源产业撑起一片亮丽的天空？——基于〈中华人民共和国可再生能源法〉的分析》，载于《现代法学》2007年第6期。

② 任东明、张正敏：《我国可再生能源发展面临的问题及新机制的建立》，载于《中国能源》2003年第10期。

③ 金彭年、吴德昌：《以强制性和禁止性规范为视角透视法律规避制度》，载于《法学家》2006年第3期。

(一) 强制性规则的特点

作为约束行为自由的正式制度，强制性规则具有必要性、确定性、约束性、不利性和强制性等特点。这些特点是判断规则能否具体执行且满足其设定目标的重要依据。

（1）必要性是指规则指向的行为是特定时期必须予以禁止或者限制的。自20世纪90年代以来，我国工业部门能源消费一直占全国能源消费总量的70%左右，污染大、能耗利用率低，2001年的单位产值耗能比美国、日本高出2倍以上。[①] 为此，原国家经贸委于1999年、2000年、2002年分三批发布《淘汰落后生产能力、工艺和产品的目录》，要求相关项目限期退出市场。可见，强制性规则的必要性来自政府对社会发展需求的认知。

（2）确定性是指规则指向行为的下列要素是明确、清晰的：①主体确定，即主体不论是政府、企业还是公民，其资格均应独立、明确且可以具体指认；②时间确定，即规则效力不管是临时性、阶段性还是长期性，均应采用确定的时间概念表示；③地域确定，即规则在明确的地理界限内实施；④情境确定，即规则指向特定的社会经济领域；⑤行为确定，即规则指向的行为方案均是主体有能力实施的方案；⑥效果确定，即主体能够感知并预期履行规则与否的后果，包括问责机制。确定性是我国产业政策的普遍弱项，这是因为产业政策规定的强制性规则需要对产业运行规则进行创新，而创新经常受制于宪政结构与制度想象能力。

（3）约束性是指规则阻碍主体依照自身意愿从事立法禁止或者限制的行为。规则的约束性是文本意义上的静态约束力，它不同于行为人的内心约束。不过，强制性规则的落实需要依托主体的道德自律。可再生能源法以新技术推广为基础，社会对新技术的接受更多取决于其心理准备。[②] 为此，一些国家要求政府部门首先履行强制性规则，凸显政府的示范效应和象征意义。[③] 例如，美国2005年《能源政策法》要求所有政府建筑能耗在2006~2015年期间以2003年为基础每年降低2%[④]；韩国政府要求公共机关车辆全部实行每天限制一个牌照号码尾数的汽车上路的"十部制"。[⑤]

---

① 刘满平、朱霖：《我国产业结构调整与能源供给、消费的协调发展研究》，载于《中国能源》2006年第1期。

② Aleksandr Kalinin 和 Aleksand Sheindlin：《新能源技术：发展与安全》，载于《科学对社会的影响》1990年第3期。

③ 张梓太：《我国〈节约能源法〉修订的新思维——在理念与制度层面的生成与展开》，载于《法学》2007年第2期。

④ 马宏权、龙惟定、马素贞：《美国〈2005能源政策法案〉简介》，载于《暖通空调》2006年第9期。

⑤ 张友国：《韩日经济—能源—环境政策协调机制及启示》，载于《当代亚太》2007年第11期。

（4）不利性是指规则指向的行为客观上会造成主体成本增加或者利益减损。根据可再生能源法的要求，政府承担财政支持义务需要增加补贴，企业承担技术改造义务需要增加投入，公众购买节能产品需要增加开支。为引导行为人主动寻找立法允许的利益空间，政府通常制定大量激励性规则并设置费用分摊机制，将不利性向趋利性转化。这种约束性向指导性的转变，折射出法律制度演变的内在逻辑。①

（5）强制性是指行为主体不执行规则时的外在约束，包括否定行为的合法性、作出处罚或者责令作出补偿等。② 规则的强制性并不完全来自国家，企业、行业协会、社区、媒体以及公众等均能够辅助甚至取代国家的强制力。一项关于我国行政强制措施的立法分析表明③，在 1949~1999 年的法律、法规与规章中，国务院各部委与直属机构设定的行政强制措施的文件数量（145 件）远远超过设定强制措施的行政法规（71 件）与法律数量（33 件）。这是规则设定权下移的表现。业界呼吁制定《可再生能源法》配套规章、标准与专项规划的思路也受此现象影响。不过，强制权力应当在立法、行政以及非政府组织间进行合理分配，防止过度集中在行政部门。④

（二）强制性规则的构建原则

重视强制性规则在可再生能源法的适用反映出可再生能源利益关系的特殊性和复杂性。笔者认为，构建可再生能源强制性规则应当遵循下列五方面原则：

（1）维护多元利益原则。毋庸置疑，可再生能源法具有显著的公益取向，而公共利益是多元利益的结合，并且以私人利益为基础。在内容上，多元利益包括立法维护的经济发展、环境保护、生态安全等利益，因此，立法时应当整合利益结构，确保强制性规则之间的衔接，避免利益的倚重与偏狭。在主体上，多元利益包括中央政府、地方政府、特殊利益集团（如农民、少数民族）以及公众等方面的利益。在可再生能源立法中，利益冲突尤其是公私融合的利益冲突是必需协调的矛盾。例如，强制安装太阳能热水系统至少涉及消费者、住宅区业主、建筑商以及政府等主体间利益冲突。构建强制性规则时，这些利益均需要予以考虑。

（2）均衡利益原则。从政府规制角度看，受资源短缺影响，政府通常对多元利益按照权重关系实行序列化支持。其中，长期与短期利益、中央与地方利益、公共与私人利益、生态与经济利益构成基本的利益组合。基于可再生能源的

---

① 倪正茂：《法的强制性新探》，载于《法学》1995 年第 12 期。
② 张文显：《法理学》，高等教育出版社、北京大学出版社 1999 年版，第 72 页。
③ 胡建淼、金伟峰等：《中国现行法律法规规章所设行政强制措施之现状及实证分析》，载于《法学论坛》2000 年第 6 期。
④ 肖金明：《论强制规则》，载于《法学》2000 年第 11 期。

战略意义，这些利益组合应当强调长期、中央、公共以及生态维度利益的主导作用，但不能忽视另一维度的利益。行政法理论以"比例原则"（即最小损失原则）来衡量行政强制对公众权利的限制程度，这是一个抽象的平衡公私利益的标准，实践中则贯穿着各种利益集团的博弈。2007年12月，美国政府颁布新能源法案，提高了30年不变的汽车能耗标准；同期，联邦环境保护署拒绝加州自行制定本地汽车尾气排放标准的请求。这一事件背后是国会、总统、地方政府、汽车制造商与民众多方的利益冲突与妥协过程。①

（3）定量指标控制原则。定量指标控制是一种数量的刚性约束，它便于界定个人或者组织的责任，将强制性义务落实在可控数量上。传统立法中，诉讼时效、责任年龄、表决比例是量化控制的惯例。随着专业分工与高科技的发展，量化指标开始广泛运用在社会经济领域并纳入合法性评价范畴，其中，规划指标与技术标准是最为重要的量化工具。可再生能源法涉及大量目标性与调控性指标，前者如《能源发展"十一五"规划》确定的可再生能源生产与消费的总量与结构指标，后者如《可再生能源发电价格和费用分摊管理实行办法》确定的生物质发电项目上网电价补贴标准。两类指标应当明确、可分解，并且统一于可再生能源法律体系中。②

（4）系统管理原则。开发利用可再生能源是技术转化为商品、生产推动消费、政府诱导公众的复杂过程，可以具体化为前生产、生产、市场化与消费四个阶段③，每个阶段都有强制性要求，譬如前生产阶段对技术研发的财政支出、生产阶段对技术标准的推广落实、市场化阶段的强制上网以及消费阶段的费用分摊，其内容涉及环保、科技、知识产权、物权、自然资源、企业、投资、金融、行政许可、税收、价格、建筑等方面立法。④ 可再生能源法确立的定价、补偿、交易、管理、服务等机制，必须与相关立法有机结合，发挥立法之间的联动与聚合功能。

（5）国家责任和公众义务相结合原则。这是可再生能源法的基本原则。可再生能源的公益性要求国家与社会共同承担相应的义务和责任，任何一方缺位都会影响立法效应。日本《能源政策基本法》（2002）年第九条规定："国家、地方公共团体及事业者、国民及事业者、国民组织的民间团体，应当对能源的供需相互理解，相互协助，努力发挥各自的职能。"⑤ 这一规定同样适用于可再生能

---

① 李北陵：《新能源法案：美国能源战略的"历史转折点"》，载于《中国石化》2008年第3期。
② 任东明：《关于建立我国可再生能源发展总量目标制度若干问题探讨》，载于《中国能源》2005年第4期。
③ 赵媛、郝丽莎：《世界新能源政策框架及形成机制》，载于《资源科学》2005年第9期。
④ 杨解君：《我国新能源与可再生能源立法之新思维》，载于《法商研究》2008年第1期。
⑤ 何建坤：《国外可再生能源法律译编》，人民法院出版社2004年版，第191页。

源义务的承担。

三、国外可再生能源法的强制性规则

世界上很多国家都制定了可再生能源法，起步较早的欧美等国通过强制性规则的制定与实践，揭示了立法发挥作用的重要条件，主要表现有：

（1）突出可再生能源法在能源法中的战略地位，提高全社会对可再生能源的认知水平，为推行强制性规则塑造社会舆论与心理准备。欧盟于1997年发布《未来的能源：可再生能源白皮书》，将可再生能源作为能源政策的中心目标且提出战略措施，随后出台生物柴油、能源税收、电力市场自由化等指令，为成员国立法提出依据和方向。从2005年起，欧盟重新开始评估可再生能源的重要性，提出加速能源替代步伐的新思路、新目标与新行动。[①] 伴随政府计划、资金、项目的落实，启发公众意识的能源教育也在迅速展开。美国于2007年专门修订发布《美国绿色能源教育法案》，以促进高等教育课程、高年级研究生培养以及绿色建筑科技的发展。德国2005年由 Forsa-Institute 开展的调查表明，大多数公众认为推广可再生能源是实现可持续能源政策最佳途径，公众的普遍支持促使德国十万屋顶（即2003年年底完成10万套光伏屋顶系统）计划提前完成。[②]

（2）将可再生能源义务作为可再生能源法的主体内容，突出立法的义务本位。英国2002年制定的《可再生能源义务条例》是专门规定电力供应商如何履行义务的立法，《日本能源政策基本法》除立法宗旨与附则外，其余13项规则都是针对社会各界的义务性要求。此外，很多国家在可再生能源立法中冠以强制、促进或者普及等概念，强化政府诱导和社会回应之间的互动。这种双向约束不仅赋予伦理警示，更有实体与程序方面的行动指南。在此意义上，可再生能源法是典型的"义务型"立法。

（3）在市场化原则下创新强制性制度，体现政府在能源管理中的主导地位。创新制度在内容上包括两方面：一是经营者履行义务方式的创新；二是政府配套措施的创新。前者包括总量规划、技术标准、配额、强制购电、绿色证书等制度；后者包括能源基金、价格补贴、能源教育、政府采购等制度。目前，美国、澳大利亚、丹麦采用配额制，德国、芬兰采用强制购电制，英国采用发电招标

---

① 李俊峰、时璟丽、王仲颖：《欧盟可再生能源发展的新政策及对我国的启示》，载于《可再生能源》2007年第3期。

② Mischa Bechberger 和 Danyel Reiche：《德国推进可再生能源良治研究》，载于《环境科学研究》2006年第19卷增刊。

制,美国多个州采用公共效益基金制度。① 在两类创新制度中,政府都是积极倡导者和制度供给者,对制度运行承担主要责任。

(4) 坚持定量控制,将可再生能源义务限定在便于执行并适时调整的范围。定量控制指标主要有:可再生能源开发利用总量与结构指标,目标执行时限,能耗标准,价格补贴数额,税收减免额度,基金额度,费用分摊比例,设备技术参数,电力收费,投资规模,拨款限额以及处罚金额等。欧盟部长理事会2001年发布《关于使用可再生能源发电指令共同立场》,规定其25个成员方至2010年的可再生能源占全部能源消耗的12%,电量消费中利用可再生能源发电份额占22.1%,德国这一目标则为12.5%。之后,德国制定发布《可再生能源法》确立能源收购制度,对水利、垃圾堆气体、矿井瓦斯、污水、生物质、地热、风力以及太阳能等资源发电分别确定具体收购价格和20年的收购期限。2004年,根据能源技术与市场发展需求,德国开始执行《可再生能源法》修正案,增加太阳能发电收购价格以补偿十万屋顶项目的损失,调低陆地风力发电价格,限制高耗电企业的总补偿额。②

(5) 建立有效的运行机制和问责制度。运行机制是可再生能源法的执行机构、职责及工作程序,它由一国宪政法治、行政效率与公共伦理所决定,在联邦制与单一制国家表现不尽相同。例如,美国在联邦政府一级设立政监分离的能源部与能源监管委员会,联邦与州政府各自依照法律授权行使可再生能源产业管理权;日本则由经济产业部负责能源监管,并辅之以能源咨询委员会、新能源和工业发展组织等协调机构。③ 问责制度是违反强制性规则应当承担的责任及追究程序,各国规定千差万别。例如,印度《太阳能(建筑物强制使用)法》要求每一幢新建筑物的所有人、承包人、承建人和发展商都有义务在需要热水的建筑物中安装太阳能辅助热水系统,违反者处以两年以下有期徒刑和1万卢比以下罚金。④ 与此相反,德国在推广十万屋顶计划时采用市场诱导方式,不安装太阳能设施的则无法获得政府补偿,不涉及法律责任。

四、我国可再生能源法的强制性规则

与发达国家相比,我国可再生能源制度化的时间不长,现行立法缺乏充分的

---

① 任东明、张正敏:《论中国可再生能源发展机制》,载于《中国人口.资源与环境》2003年第5期。
② Mischa Bechberger 和 Danyel Reiche:《德国推进可再生能源良治研究》,载于《环境科学研究》2006年第19卷增刊。
③ 潘小娟:《外国能源管理机构设置及运行机制研究》,载于《中国行政管理》2008年第3期。
④ 何建坤:《国外可再生能源法律译编》,人民法院出版社2004年版,第244~245页。

强制性规则及其运行机制,使得立法效能难以发挥,表现在三个方面:

(1) 缺乏可再生能源优先发展与义务本位的理念支持,内容上主要表现为以促进、倡导为名的宣示性规范。以《可再生能源法》为例,立法确立的政府义务(如资源调查、规划、产业指导、基金支持)均是原则性内容,需要相关部门(如国家发改委、财政部、国土资源部、建设部)出台具体配套文件;而后者受其认知能力、权责配置、利益预期等因素影响,回应或快或慢、内容或精或陋。显然,立法实施效果首先取决于政府效率和行政协调成本。此外,《可再生能源法》有过分迁就市场与私益之嫌,即过多强化政府的鼓励责任而降低社会成员的责任,譬如将住户安装太阳能利用系统的自由选择权优先于其社会责任的承担,这种安排与我国当前民众能源意识低下的现实不相符合,也有悖于立法初衷。[①]

(2) 缺乏在逻辑、目标与效力上相互统一的法律体系。我国是一个地域辽阔、人口众多的发展中国家,社会治理具有相当的复杂性。改革开放以来,规则体系构建呈现"政策指方向、法律定框架、规章出细项"以及"中央讲原则、地方讲创新"的特点,中央政府各部门与地方政府实际上控制着大量规则拟定权。这样,规则位阶越低,执行力越强,但合法性程度越弱。如此往复,形成行政机关牵制立法机关、地方牵制中央的局面。可再生能源法律体系也是如此。

目前,除《可再生能源法》外,还有下列复杂繁多的可再生能源立法:一是专门规范可再生能源的国家规划、部门规章、技术标准、地方性法规与规章、司法判例以及国际协定等,这些规则构成可再生能源法律体系的主体,它们彼此间的统合程度直接影响《可再生能源法》的实施效果;二是交叉规范可再生能源的立法,包括能源立法(如电力法、节能法)、能源资源立法(如水法、农业法、土地管理法)、环保立法以及循环经济类立法,可再生能源义务要纳入这些立法,必须处理好政策组合问题,譬如生物质燃料生产政策与农业增收、土地利用政策的组合,水电站建设政策与水资源分配、移民、动植物资源保护政策的组合;三是政府提供财税、物价、贸易、教育等支持性配套立法,直接涉及政府增加预算的义务,这是当前可再生能源市场推广中企业呼声最多的要求;四是强化私权意识的立法,包括物权法、合同法、企业法以及限制公权力的部分行政法,这些立法都存在公私混合的调整区域,通常需要依托政策与司法审判来均衡其利益关系。基于这些错综复杂的立法,我国目前尚不能将《可再生能源法》设定的各项义务与相关立法有机对接。

---

① 李艳芳、刘向宁:《我国〈可再生能源法〉与其他相关立法的协调》,载于《社会科学研究》2008年第6期。

（3）分头监管体制削弱了强制性规则的效力。可再生能源是新技术对可再生资源资源开发利用的产物，是一种改变社会动力来源的新产业、产品和服务。它本身尚未触动政府管理的基本构架，但是对政府系统内部的权力配置产生影响，导致权力的细化、让渡与整合。在权力变迁过程中，如果缺乏有效对接机制，管理混乱、效率低下等现象难以避免。目前，我国可再生能源监管体制呈现能源管理与资源管理相分离、重经济性管理轻社会性管理、城乡二元分管等问题。① 这些问题直接反映在前述规则体系的不协调、不统一与不配合。因此，在规则制定（决策）环节加强政府权力配合是改进立法实施效果低下的出发点。

五、结论与建议

综上所述，可再生能源是人类在面临资源、环境、生态可持续发展困境时，利用技术创新改进动力供应与消费模式的探索。在法治社会中，这种探索必须依托彰显社会责任与公众义务的立法，并且需要与之匹配的社会心理与运行机制。这些条件都需要通过具体化的强制性规则清晰、准确、完整地表现出来，成为指导政府与社会具体行动的标准。我国是可再生能源立法起步较晚的发展中国家，普遍落后的能源意识与变化中的政府职能正在影响着规则的落实，可再生能源的立法目标注定需要一个曲折过程才能逐步实现。从当前发展趋势看，我们可以尝试在下列方面改进强制性规则的实施环境，逐步接近立法预设的目标：

（1）通过执政党的政策、法律或者国务院行政法规明确可再生能源在能源产业中的优先地位，从政治、法律和社会舆论上引导全社会予以充分的关注，其现实意义超越现行由部门规章细化规则的效果。国务院办公厅2007年12月下发全国范围的"限塑令"就是一个可以仿效的事例。② 这种高层次的立法与政策可以迅速调动全社会资源，统一认识，快速落实。

（2）中央政府应组织相关部门及地方政府编写可再生能源发展的路线图及其规划体系，③ 统一可再生能源立法的政策依据，防止政出多门。编制路线图可以与可再生能源发展规划、立法及其实施等工作有机协调。相关机构、部门可以建立工作协调会，通过沟通协作来消除分歧赢得共识，这是我国政府间关系发展

---

① 李艳芳：《我国可再生能源管理体制研究》，载于《法商研究》2008年第6期。

② 2007年12月，国务院办公厅下发《国务院办公厅关于限制生产销售使用塑料购物袋的通知》，要求从2008年6月1日起在全国范围内禁止生产、销售、使用厚度小于0.025毫米的塑料购物袋。为落实该项强制性措施，《通知》对国家发改委、国家质检总局以及工商、环卫、环保、科技、税收等政府部门提出监管责任，对超市、商场、集贸市场以及企业、公众提出配合义务。

③ 李俊峰、时璟丽、王仲颖：《欧盟可再生能源发展的新政策及对我国的启示》，载于《可再生能源》2007年第3期。

的一个重要方向。另外，政府决策需要吸收公众与非政府组织参与，以提高决策的民主性，同时也是提高公众能源意识的一种教育方式。

（3）加强可再生能源规范性文件的清理、汇总与体系化工作，逐步提高规划、部门规章与技术标准的法律效力。按照行政法学流行的观点，规划与技术标准等属于典型的"软法"，不具有显著的强制力。[①] 这种看法直接影响立法与执法者的工作思路。如前所言，《可再生能源法》规定的义务与责任是概括抽象的，更加具体的内容需要呈现在规划、技术标准以及部门规章里。为加强"软法"的约束力，《可再生能源法》可以采用附录或者规范援引方式，将"软法"纳入立法体系，使量化控制的技术性规范直接成为执法依据。这种做法在欧美立法中非常普遍。我国在税收立法中采取附录方式确定税目与税率的做法以及《外商投资产业指导目录》的推行也是一种创新，其本质是法律规范的技术延展，效力隶属于立法本身。

（4）强化规则创新与典型案例的示范意义。地方试点是规则创新的重要形式。我国各地可再生能源资源储备和拥有量不同，各地政府按照国家统一规划实行制度创新是发挥地方积极性的客观要求。2006年，深圳市人大常委会通过《建筑节能条例》，要求具备太阳能集热条件的新建12层以下住宅建筑，建设单位应当为全体住户配备太阳能热水系统，否则不能通过建筑节能专项验收。该项强制性规则明显悖于《可再生能源法》关于安装太阳能利用系统时私权优先保护的规定，但是却符合立法精神和地区民众利益。这种创新的示范意义在可再生能源立法构建中必须得到认可和推崇。

[①] 宋功德：《公域软法规范的主要渊源》，选自罗豪才等著：《软法与公共治理》，北京大学出版社2006年版，第194~201页。

第三章

《可再生能源法》与相关立法的关系

《可再生能源法》的出台使可再生能源的开发利用纳入法制轨道，该法也成为国家主导和推动可再生能源发展的重要手段。《可再生能源法》施行后，我国可再生能源的开发利用发展迅速，但仍与目标存在较大差距。譬如，太阳能热水器的使用仍然遇到极大阻力；由于银行对企业严格的贷款条件，使得80%的资金依赖于银行贷款的风力发电制造商遭受严重的打击；由于人们对水电开发生态后果的担忧，水电开发如怒江水电站开发遭到一些无政府组织（NGO）组织的强烈反对，等等。这些问题很大程度上是由于我国有关可再生能源的立法不够完备和到位，可再生能源立法与其他立法不够协调。因此，可再生能源开发利用的进一步发展，不仅需要《可再生能源法》及其配套的相关政策规章的完善，也需要进一步理顺《可再生能源法》与其他相关立法的关系，促进相关立法与《可再生能源法》的协调与配合。

第一节 《可再生能源法》与相关能源立法的协调

我国已经颁布了直接规范能源利用关系的四部立法，包括《煤炭法》、《电力法》、《节约能源法》和《可再生能源法》。除《煤炭法》外，《可再生能源法》与《电力法》和《节约能源法》相互之间具有密切的关系。

一、《可再生能源法》与《电力法》

可再生能源资源大都可以转化为二次能源,即电力。而可再生能源发电达到一定规模和一定电量时,就需要进入公共电网进行输送。因此《可再生能源法》在第四章和第五章确立了并网发电审批和全额收购制度以及可再生能源上网电价与费用分摊制度,这些制度与《电力法》联系密切。

《电力法》是调整在电力建设、生产、供应、使用和管理过程中发生的社会经济关系的法律规范。现行《电力法》制定于 1995 年,实行接近 20 年,已经暴露出了多方面的问题。就与可再生能源发电的关系来说,至少存在以下问题:

第一,《电力法》对利用可再生能源发电只进行了极为原则的规定,而且将可再生能源发电只作为解决农村电力供应的手段。这与我国目前将可再生能源作为重要替代能源和在 2020 年可再生能源在我国能源消费结构中占有 15% 的比例的目标严重不符。如《电力法》第五条规定"国家鼓励和支持利用可再生能源和清洁能源发电",第六章"农村电力建设和农业用电"一章的第四十八条中规定"国家提倡农村开发水能资源,建设中、小型水电站,促进农村电气化。国家鼓励和支持农村利用太阳能、风能、地热能、生物质能和其他能源进行农村电源建设,增加农村电力供应。"

第二,《电力法》关于并网发电等规定与《可再生能源法》的规定明显不同。《电力法》第二十二条规定"国家提倡电力生产企业与电网、电网与电网并网运行。具有独立法人资格的电力生产企业的并网运行要求,电网经营企业应当接受。并网运行必须符合国家标准或者电力行业标准。"这一规定与《可再生能源法》的规定有三点不同:(1) 依《电力法》规定,国家对可再生能源发电上网的态度只是"提倡",而《可再生能源法》第十三条则明确规定"国家鼓励和支持可再生能源并网发电",并不仅仅是提倡,而要求国家出台相应政策和措施加以支持;(2)《电力法》规定只有具有"独立法人资格"的电力生产企业才可以要求提供上网服务,而《可再生能源法》第十四条规定了可再生能源发电强制上网和全额收购制度,只要求建设可再生能源并网发电项目,应当取得行政许可,对是否具有独立法人资格不加要求;(3)《可再生能源法》要求电网企业为可再生能源发电提供上网服务,而《电力法》对此没有涉及。另外,《电力法》第三十六条规定:"制定电价,应当合理补偿成本,合理确定收益,依法计入税金,坚持公平负担,促进电力建设。"这里的成本不包含环境损失,没有体现真实的成本,不合理地扩大了非可再生能源电价对于可再生能源电价的优势。

凡此种种规定,都暴露了《电力法》的过时与规则不明确的弊端。因此,正在修改的《电力法》应充分体现可再生能源的发展需要，对利用可再生能源发电以及相关问题作出更加详细、明确规定，特别是以增强可再生能源发电的竞争优势为中心，在保障可再生能源电力上网、全额收购、电网企业在适应可再生能源发展需要上应当承担的义务作出硬性规定，以促进可再生能源的广泛使用。

二、《可再生能源法》与《节约能源法》

《节约能源法》是调整人们在能源开发利用过程中因节约能源、提高能效而发生的社会关系的能源单行法。与其他能源单行法调整某种具体能源开发利用的法律关系不同，《节约能源法》被认为是"第二能源法"。在没有能源基本法的国家，《节约能源法》被当作能源基本法。

《节约能源法》与《可再生能源法》共同之处在于它们都有利于遏制对传统化石能源的过度使用以及由此造成的污染、保障能源安全和保护环境，减缓气候变化。不同之处在于《可再生能源法》是"开源"的手段，而《节约能源法》是"节流"的手段。

我国的《节约能源法》制定于1995年，并于2007年10月进行了修订。《节约能源法》第二条规定"本法所称能源，是指煤炭、石油、天然气、生物质能和电力、热力以及其他直接或者通过加工、转换而取得有用能的各种资源。"《节约能源法》的这个规定意指既要节约煤炭、石油、天然气、生物质能等一次能源，也要节约电力、热力等二次能源。在应当节约的一次能源中，只有生物质能是可再生能源。但是生物质资源与太阳能资源和风力资源、海洋能资源不同，生物质资源虽然是可再生的，但相对于其他可再生能源来说，还是有限的，因此也需要节约。但是对于电力、热力无论取自不可再生还是可再生资源，都属于节约能源法规范的对象。《节约能源法》又在第七条规定："国家鼓励、支持开发和利用新能源、可再生能源"，我们认为，这个规定可能会产生歧义，因为从字面上看起来，似乎节约能源不包括对可再生能源的节约。在同一部立法中，一方面规定要节约能源，另一方面又鼓励、支持开发利用能源，至少在文字上是存在问题的。

造成这一问题的原因在于：

首先，立法与习惯上对可再生能源资源与可再生能源的混同使用。譬如我国《可再生能源法》第二条对可再生能源的立法定义是："本法所称可再生能源，是指风能、太阳能、水能、生物质能、地热能、海洋能等非化石能源。"这个定义实际上没有揭示可再生能源的内涵，只是规定了可再生能源的表现形式和外延。国家鼓励开发利用可再生能源主要是鼓励用风资源、水资源、太阳资源、生物质、地热、海洋等资源并把它们转换成能源。可再生能源资源具有"可再生性",因此,国家鼓励开发利用。但是一旦这些资源转换为能源,则应当节约使用。因此,目前的《节约能源法》虽然在定义上注意到节约能源的范围,但是在鼓励和开发利用新和可再生能源的表述上没有注意区分可再生能源与可再生能源资源之间的关系。

其次,《节约能源法》没有厘清节约能源与开发利用可再生能源的关系。《节约能源法》第四条规定:"节约资源与能源是我国的基本国策。国家实施节约与开发并举、把节约放在首位的能源发展战略。"可见,能源节约和能源开发是两个彼此区别和独立的问题,节流和开源虽有关联,但开源并非节流的手段。《节约能源法》第七条的规定显然将开发利用可再生能源作为节能的手段。而实际上,开发利用可再生能源是典型的开源手段,而不是节流的手段;如果说使用可再生能源具有节约的功能的话,只是节约了对化石能源的使用,如果在此意义上来理解和使用节能,既与节能的目的相违背,也使得《节约能源法》的规定自相矛盾。因此,我们认为,《节约能源法》的此条规定也需要认真推敲,准确地说,节约"不可再生能源资源与能源"是我国的基本国策,同样鼓励使用可再生能源资源与能源也是国家未来的国策,在节能与发展可再生能源的问题上不存在谁优先的问题。

第二节 《可再生能源法》与环境资源立法的协调

可再生能源属于清洁能源,推广可再生能源的使用,优化能源结构,可以大大减轻非可再生能源开发利用带来的环境压力。但是,可再生能源开发利用本身也会产生环境污染和生态破坏,例如,水电开发带来的环境生态环境问题;风能开发带来的噪声污染、对景观和鸟类生存环境的破坏;能源植物种植可能引起的生物多样性的丧失;生产多晶硅的太阳能企业造成的废料污染[1];垃圾发电对环境的污染[2];地热开采造成的地面干扰、地面沉降、噪声、热污染和化学物质的排放等。因此,在可再生能源开发利用中同样需要遵守环境保护的规定。但总体而

---

[1] 美国《华盛顿邮报》报道我国河南省洛阳中硅高科公司生产多晶硅太阳能板,但是却没有能力处理多晶硅生产的副产品四氯化硅对环境产生危害。见《太阳能企业须防废料污染环境》,载于《参考消息》2008 年 3 月 12 日。

[2] 北京市已经出现了由于垃圾发电产生污染导致环境纠纷案例,国家环保总局(现"环境保护部")作出关于北京六里屯垃圾发电项目应缓建的行政复议决定。见郭晓军:《环保总局:北京六里屯垃圾发电项目应缓建》,载于《新京报》2007 年 6 月 8 日。

言，可再生能源的环境有益性大大超过其不利影响。虽然注意可再生能源开发利用过程中可能产生的环境问题是必要的，但是，切不可过分夸大其不利影响。环境立法特别是《环境保护法》、《大气污染防治法》等立法，应对《可再生能源法》对环境保护特别是大气污染防治的意义给予高度关注。

一、《可再生能源法》与《环境保护法》的关系

我国《环境保护法》于 1989 年制定，并于 2014 年 4 月进行了第一次修改。此次《环境保护法》的修改就注意了清洁的能源的利用对于环境保护的意义，并在相关条文中增加了对清洁能源的使用。如《环境保护法》第四十条第三款规定："企业应当优先使用清洁能源，采用资源利用率高、污染物排放量少的工艺、设备以及废弃物综合利用技术和污染物无害化处理技术，减少污染物的产生。"但是《环境保护法》仅此条提到"清洁能源"，这对于强调清洁的可再生能源对于环境保护的意义远远不够。一是清洁的能源包括核电和可再生能源，虽然核电和可再生能源相对于传统化石燃料来说，都是清洁的能源，但是核电与可再生能源相比，众所周知，其环境风险则比可再生能源高太多，或者换句话说，相对于核电，可再生能源的环境风险可以忽略不计。也可以说，相对于化石能源、核能，可再生能源的环境风险最低。因此，欧美等国家，纷纷弃核转向发展可再生能源。因此，《环境保护法》把可再生能源作为清洁能源的组成部分，笼统强调其对污染物减排的意义尚嫌不足。二是作为国家环境基本法的《环境保护法》仅在"污染防治"部分，轻描淡写地强调要求"企业应当优先使用清洁能源"没有充分突出可再生能源在环境保护中的重要地位。因此，还建议国家以后再次修改《环境保护法》时，能够对利用可再生能源对环境保护的意义在总则中作出强调，并作为各级政府、企业单位、公民个人的法定义务加以规定，以从生产、消费等多环节促进可再生能源利用，形成全社会崇尚资源节约、清洁环保的理念。

另外，《可再生能源法》也应当对防止可再生能源开发利用可能带来的环境问题加以特别规定。对于可再生能源开发利用对环境可能带来的影响，特别是水电开发对所在流域的生态环境问题如淹没部分土地、改变生物生存环境、泥沙淤积、施工过程对地貌和植被的影响等，人类社会早有认识，在《可再生能源法》于 2005 年 2 月 28 日全国人大通过之前，国家环境保护总局、国家发展和改革委员会就于 2005 年 1 月 20 日发布了《关于加强水电建设环境保护工作的通知》。《可再生能源法》颁布后，国家环境保护总局又于 2006 年 6 月 18 日发布了《关于有序开发小水电切实保护生态环境的通知》，专门对水电开发中的环境保护作

出了要求。针对风电开发利用占用农地以及造成的自然景观、生物资源的影响，国家发展和改革委员会、国土资源部、国家环保总局于 2005 年 8 月 9 日发布了《风电场工程建设用地和环境保护管理暂行办法》专门对风电开发的建设用地的取得、环境保护等作出了规定。但是不可否认的是，《可再生能源法》起草过程中，没有全面考虑可再生能源对环境产生的影响，因此《可再生能源法》中没有任何关于防止因可再生能源开发利用对环境影响的规定，这也不能不说是《可再生能源法》的遗憾。因此，在未来修改《可再生能源法》时，也需要增加"开发利用可再生能源，应当遵守国家环境保护法律规定，避免和减轻对环境的不利影响"。

二、《可再生能源法》与《固体废物环境污染防治法》的协调

固体废物是指在生产、生活和其他活动中产生的丧失原有利用价值或者虽未丧失利用价值但被抛弃或者放弃的固态、半固态和置于容器中的气态的物品、物质以及法律、行政法规规定纳入固体废物管理的物品、物质。固体废物中含有大量的可再生资源，回收处理后重新利用，不仅可以减少污染、保护环境，还能变废为宝，提高资源利用效率。其中，农业废弃物及农林产品加工业废弃物、薪柴、人畜粪便和城镇生活垃圾等是我国生物质能源的重要来源。

我国《固体废物环境污染防治法》（以下简称《固废法》）于 1995 年颁布、并于 2004 年进行了修订。《固废法》在将"防治固体废物污染环境，保障人体健康"作为立法目的的基础上，增加了"维护生态安全，促进经济社会可持续发展"这一内容。《固废法》第三条确立了充分合理利用固体废物的原则，促进清洁生产和循环经济发展，并且规定"国家采取有利于固体废物综合利用活动的经济、技术政策和措施，对固体废物实行充分回收和合理利用。"此外，《固废法》第四条、第八条、第三十三条、第三十八条、第四十二条和第四十三条等对工业固体废物和生活垃圾的回收利用以及奖励制度作出了相关规定。

但是《固废法》主要着眼于防治各种固体废物造成的环境污染，对于固体废物的回收利用和资源化只有前述几个条文。在《固废法》的配套法律文件中，如商务部 2007 年制定的《再生资源回收管理办法》和建设部 2007 年制定的《城市生活垃圾管理办法》，也只是分别对再生资源回收的经营规则、监督管理和城市生活垃圾的治理规划与设施建设、清扫、收集、运输、处置等进行了规定，对农业与农村固体废物没有进行规定，对城市生活垃圾的资源化利用也没有更进一步的规定。

随着经济和社会发展，固体废物的品种和数量不断增多，如不重视回收利用，不仅将带来环境难以承受的污染，也是一种资源浪费。因此需要修改《固废法》，通过立法手段促进固体废物的资源化利用，其中应当对固体废物中可用作生物质能源利用进行专门和全面的规定。另外，《可再生能源法》虽然把生物质列入调整范围，但是对生物质的利用可能产生的环境污染问题等没有相应规定。因此，也应修改《可再生能源法》，对太阳能等可再生能源企业产生的危害环境的固体废物加以规范。

三、《可再生能源法》与《大气污染防治法》的协调

我国当前面临十分严重的空气污染。按照新修改的《环境空气质量标准》（GB3095－2012）对326个地级以上城市的环境空气污染物基本项目进行评价，我国70%以上的城市不达标，环境空气中细颗粒物、可吸入颗粒物超标问题十分突出，在京津冀、长三角、珠三角地区，大气污染不再局限于单个城市内，城市间大气污染变化过程呈现明显的同步性，区域性特征十分显著。① 而造成我国大气污染严重的根本原因在于我国能源结构的不合理。我国煤炭消费量从2005年的21.4亿吨增长到2013年的36.5亿吨，煤炭消费量占我国一次能源的70%左右，约占世界煤炭消费总量的50%。② 煤炭的大量消费造成大气污染物排放量大增。2013年，我国二氧化硫和氮氧化物排放量分别达到2043.9万吨和2227.3万吨。③

鉴于严重的空气污染以及现行《大气污染防治法》中的各种问题，全国人大常委会将《大气污染防治法》的修订工作列入"十二五"立法规划，并启动对《大气污染防治法》的修订工作，环境保护部已经完成《大气污染防治法（修订草案送审稿）》并上报国务院，国务院业已开始征求社会各界意见。就我国现行《大气污染防治法》来说，虽然在第九条规定"国家鼓励和支持大气污染防治的科学技术研究，推广先进适用的大气污染防治技术；鼓励和支持开发、利用太阳能、风能、水能等清洁能源。"但是整体上而言，现行《大气污染防治法》并没有将可再生能源等清洁能源的利用作为防治大气污染的根本性措施。而事实上，如果不从根本上改变中国以煤为主的能源结构，空气质量要想整体改观几乎是天方夜谭。

正是认识到以煤为主的能源结构对中国的大气环境的影响，因此，国家着力

---

① 见环境保护部：《大气污染防治法（修订草案送审稿）修订情况说明》（2014年6月5日）。
② 同上注。
③ 同上注。

从能源结构的改善特别是发展可再生能源上作为解决大气污染的突破口。这也是《可再生能源法》出台的主要背景之一。我国《可再生能源法》第一条在其立法目的中也特别规定为"保护环境"。但是现行《大气污染防治法》对可再生能源在大气环境质量改善中的地位强调远远不够。令人憾的是，环境保护部所提交的《大气污染防治法（修订草案送审稿）》中，虽然在第三条"基本政策"中提到"鼓励和支持清洁能源的开发利用"，但是与现行《大气污染防治法》相比，没有实质上的进步，甚至有所退步。因为现行《大气污染防治法》还特别提到了"太阳能、风能、水能"，但是《大气污染防治法（修订草案送审稿）》只提到了"清洁能源"。笔者认为，可再生能源的发展对于环境保护的意义，根本上在于保护大气环境，因此，《大气污染防治法》应当专条规定"为保护大气环境，企业、单位、公民有使用绿色、清洁的可再生能源的义务和权利"。

四、《可再生能源法》与《土地管理法》的协调

可再生能源的开发利用尤其是水电、风电的开发利用以及能源作物的种植需要占用大量土地，例如每个风机至少需要 400 平方米的土地面积，且风机之间的大量空地不能用于其他工业建设，只能种植农作物或从事养殖业，否则会影响风机正常运作。由于风场占地面积大，在人口密集的城市不可能建设风场，风场通常都建在风力资源与土地资源相对丰富的农村地区。这必然会涉及使用农村集体土地的问题。对于中国这样一个人多地少的国家，征地变得越来越难，这对于风场的建设也是一个严重的问题。另一方面，也可能存在一些对土地利用不够节约和浪费土地、甚至圈地抢占风资源的问题。

针对大中型水电建设工程征地，国务院 2006 年 3 月 29 日出台的新的《大中型水利水电工程建设征地补偿及移民安置条例》具体规定了征地的原则、补偿、移民安置和法律责任等；为规范风电场用地，国家发改委等也于 2005 年联合颁布了《风电场工程建设用地和环境保护管理暂行办法》（以下简称《暂行办法》），确立了节约和集约利用土地的原则，并对用地的面积限制、预审工作等进行规定。但是总体而言，现有立法对可再生能源开发利用所涉及土地使用问题的规定过于简单。

因此，建议修改《可再生能源法》，明确规定风电场工程建设应尽量使用未利用土地，少占或不占耕地，确需要占用农用地或者耕地的，应严格遵守国家农用地转建设用地的审批制度或者将《大中型水利水电工程建设征地补偿及移民安置条例》修改为《大中型水利水电、风电工程建设征地及移民安置条例》，将条例的适用范围扩展到风电工程。此外，鉴于土地征用容易引起纠纷，同时为减

少风电开发成本,可以借鉴丹麦和德国的做法,允许农民个体或合作集资购买风电机组进行发电并网。另外为了预防因种植能源作物可能侵占农地等,国家应当修改《土地管理法》,明确规定,"种植能源作物不能占用耕地"。

第三节 《可再生能源法》与相关经济立法的协调

经济法作为我国对国民经济进行宏观、整体、综合调整的法律部门,在国家经济生活的方方面面发挥作用,包括可再生能源领域。财政、税收、金融等宏观调整手段更是发挥着巨大作用。《可再生能源法》作为国家在可再生能源领域的产业政策法,明确规定了国家通过财政、税收、金融等优惠措施鼓励可再生能源的发展。

一、《可再生能源法》与财政立法

《可再生能源法》实施以来,财政部等部门已经制定了《可再生能源发展专项资金管理暂行办法》和《可再生能源建筑应用专项资金管理暂行办法》等细则,初步建立了支持可再生能源发展的资金政策体系。但是,作为《可再生能源法》12个配套实施细则之一的可再生能源发展有关税收优惠政策仍未出台,已有政策也存在很多缺陷,如实践中风电的现行赋税比煤电还高,许多财政贴息和税收的法规存在"实施细则不够细"、"优惠政策不实惠"等问题。因此,促进可再生能源开发利用的财政税收法律政策仍有待完善。首先需修改《政府采购法》。政府采购使用财政资金,应当具有实施国家产业政策的功能。我国现行《政府采购法》虽然在立法宗旨上明确了政府采购具有维护国家利益和社会公共利益的目标,但是从内容上看完全是一部如何规范采购行为的程序法。实际上政府采购应当发挥其实现政府产业意图的功能。因此建议修改《政府采购法》,明确规定政府采购应当扶持的公共领域,如环境友好型产品和绿色可再生能源与建筑等。其次,尽快制定可再生能源税收政策,对可再生能源设备、发电、产品实行增值税和消费税的减免优惠,譬如免征变性燃料乙醇的消费税,规定从事可再生能源开发利用的所得税抵免制度,并合理组合各种税收优惠政策以发挥最大的引导和促进作用。最后,尽快开征化石燃料消费税。由于可再生能源的开发利用成本高、风险大,比传统化石能源价格高,通过进一步提高化石能源税,缩小可再生能源与化石燃料之间的价格差距,可以获得促进可再生能源开发利用的叠加效应。

二、《可再生能源法》与金融立法

《可再生能源法》明确规定，"对列入国家可再生能源产业发展指导目录、符合信贷条件的可再生能源能源开发利用项目，金融机构可以提供有财政贴息的优惠贷款"，但是《可再生能源法》实施多年来，国家并未出台有关对可再生能源开发利用项目予以财政贴息优惠贷款的具体办法，使可再生能源企业在资金问题遇到重大困难。因此，国家应加快制定有关办法，明确规定对大型国产风机研发、生产、使用予以贴息优惠贷款，对可再生能源企业延长贷款期限。另外，也需要在相关政策性和商业银行法中对可再生能源融资租赁制度、抵押贷款制度等加以规定。

三、《可再生能源法》与农业立法的协调

由于对急剧上涨的油价和气候变化的担心，生物燃料变成了绿色技术革命的先锋。各国都通过立法鼓励开发利用生物燃料。但是由于生物燃料需要以粮食或者其他农作用为原料进行生产，因而可能与农业政策产生冲突。2008 年以来，全球"闹粮荒"，有人将生物燃料与粮荒联系起来，认为生物燃料是造成全球粮荒的原因之一。[①] 在中国，虽然《可再生能源法》第十六条规定："国家鼓励清洁、高效地开发利用生物质燃料，鼓励发展能源作物。"但是我国对生产生物燃料的能源作物进行了限定，"是指经专门种植，用以提供能源原料的草本和木本植物。"意即排除了用玉米、大豆等粮食作物生产生物燃料的可能性。但即便是草本和木本植物的种植，也需要利用土地种植，也可能因与粮食争地而威胁农业的生产。而对于中国这样一个人口和农业大国，农业与粮食安全的重要性是不言而喻的。我国《农业法》第三条规定："国家把农业放在发展国民经济的首位。"《农业法》用专章规定了"粮食安全"，并明确规定："国家采取措施保护和提高粮食综合生产能力，稳步提高粮食生产水平，保障粮食安全。"（第三十二条）。因而《可再生能源法》仅作以上规定尚不够完备，还需要作进一步规定，如"种植能源作物应利用盐碱地、冬闲地、荒山和荒地等未利用边际土地，避免影响粮食生产"，以限制因种植能源作用对粮食生产构成威胁。同时《农业法》中也应当就可能影响粮食安全的因素包括种植能源作物等进行限制性规定，以防止

[①] 参见《生物燃料热将引发粮食危机》，载于《参考消息》2008 年 3 月 11 日；迈克尔·格伦沃尔德：《清洁能源的欺骗性》，载于美国《时代》周刊 2008 年 4 月 7 日。

因生物燃料的生产造成粮食供应紧张。

第四节 《可再生能源法》与行政立法的协调

《可再生能源法》确立了国家责任与社会支持相结合、政府调控与市场运作相结合等立法原则，要求政府在促进可再生能源的开发利用中实施大量行政行为，包括组织、协调、调查、规划、指导、支持、推广、管理、激励和监督等，还规定了政府部门的法律责任。因此，《可再生能源法》的实施与行政法关系紧密。

一、《可再生能源法》与《建筑法》的冲突和协调

可再生能源尤其是太阳能在建筑中的应用是可再生能源开发利用的重要领域。《可再生能源法》第十七条规定："国家鼓励单位和个人安装和使用太阳能热水系统、太阳能供热采暖和制冷系统、太阳能光伏发电系统等太阳能利用系统。国务院建设行政主管部门会同国务院有关部门制定太阳能利用系统与建筑结合的技术经济政策和技术规范。房地产开发企业应当根据前款规定的技术规范，在建筑物的设计和施工中，为太阳能利用提供必备条件。"此外，为了推进可再生能源在建筑中的应用，建设部等于2006年和2007年先后下发了《关于推进可再生能源在建筑中应用的实施意见》、《关于可再生能源建筑应用示范项目资金管理办法》、《关于加强可再生能源建筑应用示范管理的通知》以及《建设部"十一五"可再生能源建筑应用推广技术目录》，各省市也纷纷出台了有关建筑物安装太阳能热水器的规定，促进了可再生能源的建筑应用。但是，现有规定仍然存在较多缺陷，主要表现在指导性、政策性、鼓励性和技术性的规定居多，重点仍停留在示范探索和宣传阶段，更多的只是要求应当研究建筑应用的可能性或对应用优先考虑，可操作性和强制性较弱，缺乏责任规定。特别是作为规范建筑行业的综合性立法的《建筑法》对可再生能源在建筑中的应用并未涉及，因此，建议修改《建筑法》，明确规定建筑的设计、施工和使用应当有利于可再生能源的应用，鼓励用太阳能、浅层地能、污水余热、风能、生物质能等对建筑进行采暖制冷、热水供应、供电照明和炊事用能等，以提高建筑能效、保护生态环境、节约传统化石能源消耗。另外，国家也有必要制定专门的《民用建筑可再生能源应用条例》，用行政法规来推动民用建筑中可再生能源的应用。

二、《可再生能源法》与教育立法的配合协调

由于我国经济社会的发展水平较低,人们的生态环境保护意识总体上比较落后,普通民众甚至许多政府官员都对发展可再生能源的重要性、迫切性认识不够。例如,上海市自 2005 年 11 月开始向全市居民宣传认购"绿电",但却遭到冷遇。主要原因在于上海核定每千瓦时(度)"绿电"比常规电价高出 0.53 元,如按上海公布的居民用户年认购"绿电"的最低额度 120 千瓦时来计算,每户居民每年将因此增加 63.6 元的支出。由此可见社会公众自觉自愿地为可再生能源"付费"的意愿很低,而绿色电价制度在一些发达国家如荷兰则得到了社会广泛接受并颇有成效,这反映了当地民众较高的环保意识。

《可再生能源法》第十二条第二款规定:国务院教育行政部门应当将可再生能源知识和技术纳入普通教育、职业教育课程。它应该包括两个要求:一是发展与可再生能源开发利用相关学科的教育,培养人才,促进可再生能源的科研开发和技术进步,如 2007 年 7 月 15 日华北电力大学成立了中国首个可再生能源学院;二是向社会公众宣传普及可再生能源的常识,提高人们对能源短缺、珍惜资源和保护环境的认识,形成有利于可再生能源发展的公众意识和社会文化。前者属于产业政策的范围,而且较容易受到政府、社会与企业的重视。而后者由于不能直接带来或转化为看得见的经济效益,在我国没有得到应有的关注和投入,中央和地方都没有出台相关的制度与政策。

可再生能源常识的普及教育属于环境教育的一部分,因此建议国家制定有关环境教育的法律或行政法规,实现环境教育的法制化,规定政府对环境教育的预算投入,结合各地环境与资源的特点,从学校、家庭和社区三个途径对全民开展宣传教育,增强人们的环境与生态保护的意识,改变价值观念和行为习惯,提高全社会利用可再生能源的自觉性。

第五节 《可再生能源法》与相关民事立法的协调

2007 年颁布的《物权法》是我国最为重要的民事立法。《物权法》在"业主的建筑物区分所有权"一章中明确规定:"业主对建筑物内的住宅、经营性用房等专有部门享有所有权,对专有部分以外的共有部分享有共有和共同管理的权利。"而对屋顶平台的所有权,《物权法》没有进行规定。学者们认为,对于屋顶平台,"一类是开发商在售房时附赠给业主的,且根据设计只能由某个业主使用的屋顶平

台，其他人不能进入，此种情况，应当可以看做业主专用部分所有权的客体。另一类是由业主共同使用的公共场所。例如根据规划，对屋顶平台全体业主都可以利用。对此种情况，可以认为属于《物权法》第七十三条所规定的公共场所，应当认为是属于全体业主共有。"① 2003 年 5 月 28 日国务院《物业管理条例》的规定，经业主选举设立的业主大会有权"制定、修改物业管理区域内物业共用部位和共用设施设备的使用、公共秩序和环境卫生的维护等方面的规章制度"。依据上述法律法规的规定，因为屋顶平台归全体业主所有，所以应当由全体业主决定楼顶平台是否可以安装使用太阳能热水器。相信在一个小区建成入住时没有人与全体业主商量是否可以利用屋顶平台安装太阳能热水器，但是通常会有事先准备好的《物业服务管理协议》规定不得在小区内安装太阳能热水器。而我国现在尚有许多小区的《物业服务管理协议》规定不得在小区内安装太阳能热水器。② 这显然与《可再生能源法》第十七条第一款规定的"国家鼓励单位和个人安装和使用太阳能热水系统、太阳能供热采暖和制冷系统、太阳能光伏发电系统等太阳能利用系统"不一致。从目前有关业主与物业因安装太阳能而产生纠纷的案例来看，物业不允许安装太阳能热水器基于两个原因：一是担心影响房屋质量，导致屋顶漏水等；二是认为太阳能影响小区景观。从法院对这类纠纷的判决来看，虽然当事人的争执相差无几，但作出的判决却大相径庭。有的法院不支持安装热水器③，有的法院却支持安装④。

---

① 王利明：《物权法研究》，中国人民大学出版社 2007 年版，第 600 页。

② 据各地媒体报道，全国有近百个大中城市、约有 60% 以上的小区物业公司都有禁止安装太阳能热水器的规定或相关条款。如果用户强行安装，必定遭到小区物业公司的起诉，并且多数用户会败诉，太阳能热水器被强制拆除。见陈昆泉：《从小区物业公司禁装太阳能热水器现象谈〈可再生能源法〉的瑕疵及修补措施的建议》，载于《中国建设动态（阳光能源）》2007 年第 2 期。

③ 例如，在原告白文荣诉被告北京北方红旗物业管理有限公司一案中，原告要求安装太阳能，但被告锁住楼顶的通道门，禁止原告在该楼楼顶安装太阳能热水器。北京市通州区人民法院判决原告败诉。理由是：原告、被告签订的物业管理协议及装修规定中"未经物业公司同意，禁止在楼宇外墙上及楼顶露天平台上安装花架、防盗护栏、窗框、天线或遮篷等物件"，虽没有明确约定禁止原告安装太阳能热水器，但该"等"表明禁止安装的项目尚未列举完全，应包括所有影响楼宇外观及安全的附属设施，双方签订装修规定的时间是 2003 年前后，不能苛求被告对太阳能发展的预期，故对该条款应做扩张解释，"等"字应包括所有影响楼宇外观及安全的附属设施。

④ 在"北京利用太阳能第一案"的北京第一例物业公司起诉业主拆除外挂式太阳能热水器案件中，世纪家园小区物业公司世博元物业公司表示，李先生未经批准擅自在其居住的楼房阳台外安装外挂式太阳能热水器，不仅改变楼体和阳台外观，有碍观瞻，而且改变了阳台用途，增加了阳台负荷，威胁到楼下业主的公共安全，认为其行为违反了双方签订的物业委托合同等相关协议，所以坚持要求李先生将其拆除。李先生则表示，他未与世博元物业公司签订任何有关安装太阳能热水器的协议，也未委托他人代签，他认为在自己楼房阳台安装外挂式太阳能热水器，既节约能源，又不存在安全隐患，所以不同意原告的诉讼请求。密云法院经审理认为，李先生与物业公司签订的物业委托合同、房屋装饰装修协议、入住手册等三份协议对李先生具有法律约束力，但这三份文件对是否允许被告业主在楼房阳台外安装太阳能热水器等悬挂物并无明确约定。此外，物业公司未能提供李先生安装太阳能热水器存在安全隐患方面的证据，故密云法院依法判决驳回原告世博元物业公司的诉讼请求。

但法院的判决有一个共同点,即完全按照当事人的约定或者是当事人之间签订的"物业管理协议"进行判决,尽管法院对协议的内容作出不同解释。而对当事人之间协议的尊重也得到我国《可再生能源法》的肯定。《可再生能源法》第十七条第四款规定:"对已建成的建筑物,住户可以在不影响其质量与安全的前提下安装符合技术规范和产品标准的太阳能利用系统;但是,当事人另有约定的除外。"这也暴露出我国《可再生能源法》在这条规定上存在的缺陷,这个缺陷在一定程度上限制了太阳能热水器的使用,这不符合我国《可再生能源法》的立法初衷。要改变这种状况,必须修改《物权法》和《可再生能源法》。《物权法》建筑区分所有权中应当明确规定,"建筑物区分所有权的共有人有权利用建筑物的共有部分合理使用可再生能源,其他共有人不得通过物业管理协议等加以限制";并同时在《物权法》"相邻关系"中明确规定,"不动产权利人因使用可再生能源取暖、供热、照明等需要铺设管线的而必须使用相邻建筑物的,该建筑物的权利人应当提供便利。"并将《可再生能源法》第十七条修改为:"对已建成的建筑物,在不影响建筑物质量与安全的前提下,住户有权安装符合技术规范和产品标准的太阳能利用系统。物业管理部门不得以影响景观加以阻挠。物业管理部门以影响建筑质量阻止用户安装的,应当就太阳能利用系统影响建筑物质量与安全负举证责任。"

第四章

新能源与可再生能源资源的所有权与利用权

第一节 可再生能源资源的所有权与利用权概述

一、可再生能源资源所有权问题的提出

太阳能、风能开发利用尚未形成规模时，太阳能、风能资源的商业价值不大，而且不会影响到其他利益方的利用，对可再生能源资源所有权问题的探讨和规定似乎意义不大。但是当太阳能、风能进入规模化商业开发利用阶段后，可再生能源资源的商业价值就凸显。因为，尽管太阳能、风能是不可耗竭资源，但是太阳能资源丰富区、风能资源丰富区还是稀缺的。资源是否丰富、如风力和日照的强弱、时长等直接影响企业发电小时数和发电量，也就直接影响企业的经济利益。因此，在《可再生能源法》出台后，不少地方出现企业"跑马圈地"以抢占风资源以获得更大利润的现象。

笔者曾在网上看道：西班牙女子杜兰向当地一位公证人注册，将太阳登记为她的财产，所有使用太阳的人都必须付费给她。杜兰称，她收入的一半交给西班牙政府，20%作为西班牙的老人退休年金，10%作为研究之用，10%用来终结全球饥荒，最后10%留给她自己。更为离奇的是，对全球变暖问题异常关注的美

国前副总统阿尔·戈尔听说杜兰"抢先"对太阳拥有了所有权,到法院对她提出控告,要求她对"自家"太阳给地球带来的全球变暖问题负责。① 这只是新闻报道,多数人认为杜兰似乎精神不太正常,戈尔也太过认真,因而觉得此事相当滑稽可笑,娱乐价值可观,实际意义不大。因此,没有太多的人认真思考和对待这一问题,其后也没有看到有关此事的进一步报道和讨论。

2012年6月14日,黑龙江省人大常委会通过了《黑龙江省气候资源探测与保护条例》,规定企业探测开发风能及太阳能资源必须经过气象部门批准,而且探测出来的资源属国家所有。这是我国首个规范气候资源利用的地方法规,也是国内唯一的一个对气候资源利用进行规范的法律文件。此法规一出,引起媒体广泛关注,也引起法律学者对太阳能资源与风能资源所有权的关注。有的人为黑龙江的规定叫好,但大多数学者反对黑龙江的规定,认为黑龙江的规定涉嫌违宪,对基本权属制度进行规定超越立法权,在立法、学理等方面存在诸多问题。② 那么,太阳能、风能等资源是否能够成为所有权的客体?是否应当为太阳能、风能资源确定所有权的归属?确定所有权有何意义?对从事太阳能、风能开发利用的商业企业将会产生怎样的影响?这首先需要理论研究,也需要在立法中特别是在《可再生能源法》中予以回答。

不过,《黑龙江省气候资源探测与保护条例》对太阳能、风能等所谓的气候资源所有权进行规定也并非一无是处,它至少提出了一个问题,即这些资源应当属于谁所有?我国《宪法》、《物权法》、《可再生能源法》、《气象法》是否有必要就这些资源的权属进行规定?这就需要进行深入探讨。

二、太阳能资源公共性与利用权的制约

阳光普照大地,地球上任何一个角落,不论时间长短,均会有太阳照射。但是有太阳照射,并不等于某个区域的太阳光能够成为可供开发利用的太阳能资源。太阳光照射要成为开发利用的资源,必须具有足够的日照时间和辐射强度。例如,我国的青藏高原地区就有比较好的太阳辐射强度,太阳能资源就比较充裕,而四川盆地则太阳辐射弱,太阳能资源利用程度低。我国根据各地接受太阳总辐射量的多少,将各地区划分为五类资源地区:一类地区为全年日照时数为3 200～3 300小时。在每平方米面积上一年内接受的太阳辐射总量为6 680～8 400

---

① "西班牙女子'抢'到太阳 所有人都必须付费",http://www.chinanews.com/gj/2010/11-29/2685924.shtml(最后访问日期:2013年2月18日)。

② 参见李艳芳:《〈黑龙江省气候资源探测与保护条例〉评析》,载于《风能》2012年第9期。

兆焦，相当于 225~285 千克标准煤燃烧所发出的热量。我国西北大部分地区属于一类区。西藏西部是太阳能资源最为丰富的地区，仅次于撒哈拉大沙漠，居世界第 2 位。二类地区为全年日照时数为 3 000~3 200 小时，在每平方米面积上一年内接受的太阳能辐射总量为 5 852~6 680 兆焦，相当于 200~225 千克标准煤燃烧所发出的热量。三类地区为全年日照时数为 2 200~3 000 小时，在每平方米面积上一年接受的太阳辐射总量为 5 016~5 852 兆焦，相当于 170~200 千克标准煤燃烧所发出的热量。四类地区为全年日照时数为 1 400~2 200 小时，在每平方米面积上一年内接受的太阳辐射总量为 4 190~5 016 兆焦，相当于 140~170 千克标准煤燃烧所发出的热量。五类地区全年日照时数为 1 000~1 400 小时，在每平方米面积上一年内接受的太阳辐射总量为 3 344~4 190 兆焦，相当于 115~140 千克标准煤燃烧所发出的热量。[①] 一、二类地区年日照时间在 3 000 小时以上，主要集中在西藏、青海、宁夏、甘肃、新疆等西部省区，因此这些省区也具有良好的太阳能资源，具有规模化开发利用的潜力，也是近年来投资开发商抢占太阳能资源的主要地区。

太阳散射出来的热能和光能既不具有边界，也无法进行人为的控制与产权的划分。因此，各国通常都将太阳能作为典型的公共资源，属于全人类共有，既不属于任何国家所有，也不属于任何自然人所有。因此任何人都可以自由利用太阳能，而不需要履行任何许可程序，更不需要付费，因此，太阳能发电的燃料成本是零。

但是利用太阳能（热利用、太阳能光伏发电等）通常需要占有土地和空间，与土地使用权和不动产空间利用权有关，并涉及相邻关系，因此太阳能利用权与物权有密切关系。如果在国有的荒山、荒地、荒漠等土地上兴建太阳能光伏电站，则需要经过国有土地管理部门审批获得土地使用权。目前，投资商多数以无偿划拨或者"零地价"取得荒漠土地使用权建设光伏发电厂。如果在集体所有的土地上建设光伏发电厂，应通过合同约定取得集体土地利用权。

我国目前在太阳能热利用特别是安装太阳能热水器问题上存在较多纠纷。在太阳能资源丰富的地区，太阳能热水器使用较为普遍，但是因为城市多为多层或者高层建筑，因此实践中如何取得楼顶的利用权纠纷比较多。依据最高人民法院《关于审理建筑物区分所有权纠纷案件具体应用法律若干问题的解释》，楼顶为建筑物区分所有之共有部分。从理论上来说，一座楼宇的任何业主对建筑物区分所有之共有部分都有平等的使用权，即使是顶楼业主利用楼顶（包括安装太阳能热水器）也需要征得其他业主的同意。在实践中，通常由物业管理公司与安装用户签订协议，要求太阳能用户保证安装太阳能热水器不对楼顶的防水、保温

---

① 罗运俊、何梓年、王长贵编著：《太阳能利用技术》，化学工业出版社 2008 年版，第 26~27 页。

以及安全构成隐患为条件。但是实践中，情况比较复杂，顶层用户对楼顶或者楼顶平台虽然并没有专有权，但是因为楼顶平台即为房顶，楼顶的利用与楼宇顶层业主的利益有比其他业主更为密切的关系，因此，楼宇顶层业主天然排斥其他业主对楼顶平台的使用，在这种情况下，非顶楼用户在楼顶安装太阳能热水器除了征求物业管理部门或者业主委员会的同意外，是否应当征求顶楼业主的同意，并与之协商，也应当加以考量。另外，相互毗邻的楼宇之间，因建筑物遮挡阳光而影响太阳能热水器利用的纠纷也很常见，但这些通常通过相邻关系解决，并不需要通过界定太阳照射的所有权解决。

三、风力资源的公共性与风场建设

我国是风能资源比较丰富的国家。根据最新风能资源评价，全国陆地可利用风能资源3亿千瓦，加上近岸海域可利用风能资源，共计约10亿千瓦。主要分布在两大风带：一是"三北地区"（东北、华北北部和西北地区）；二是东部沿海陆地、岛屿及近岸海域。另外，内陆地区还有一些局部风能资源丰富区。[①] 风能与太阳能一样，是典型的公共产品，既不属于任何国家所有，也不属于任何个人所有。风能资源的使用是免费与无偿的，因此，风电厂的燃料成本也是零。

但是，能够进行规模化开发利用、建设风力发电场的风能资源还是相当有限的，因此国内能源企业纷纷"跑马圈风"，抢占风资源。而所谓抢占风资源，主要是抢占风能资源比较丰富地区可供建设风电场的土地。由于大量的风能资源处于戈壁滩、大草原和沿海滩涂地区，而这些土地多数属于国有，如果要利用国有土地建设风力发电场，企业则只需要遵守相应的审批手续。具体来说，如果利用国有土地建设风电场，则需要经过国有土地管理部门的审批，获得国有土地使用权。如果在集体所有的土地上建设风电场则需要办理农用地转为建设用地的土地征用手续，或者通过与承包土地的农民签订土地租用合同来取得土地使用权。因此，风电场建设的审批表面上看来是似乎是风资源利用的审批，实际上是土地利用的审批。

四、生物质资源的所有权

与太阳能资源和风能资源不同，包括秸秆、垃圾、沼气、农林废弃物在内的生物质能资源的资源权属比较复杂。一直以来，这些生物质能资源没有太大的价值，农民甚至将秸秆等作为废弃物在田地间、公路旁进行直接燃烧，这种烧烤还

[①] 《可再生能源中长期发展规划》。

甚至成为严重的空气污染源。只是在近年来，技术发展到可以将这些废弃物进行规模化利用并作为能源资源的时候，这些废弃物才具有了一定的经济价值。以秸秆为例，农民为了从生物质发电厂赚更多的钱，甚至对秸秆进行注水；秸秆在农作物收获的季节可能因为供应丰富而价格较低，而在耕种季节却成为稀缺品价格上涨。一般来说，秸秆属于农民所有，生物质发电厂通常需要通过购买生物质资源来满足燃料需求的。因此，生物质发电的燃料成本占到其成本的 0 ~ 50% 。[①]

五、海洋能资源的所有权

《物权法》和《海域使用管理法》均规定，海域属于国家所有，国务院代表国家行使海域所有权。任何单位或者个人不得侵占、买卖或者以其他形式非法转让海域。单位和个人使用海域，必须依法取得海域使用权。海洋能包括潮汐能、波浪能、海流及潮流能、海洋温差能等，我国利用海洋能的形式主要是发电，包括潮汐发电、波浪能发电、海流能发电和海洋温差能发电，这几种形式的海洋能发电都需要利用海域资源。按照《海域使用管理法》的规定，海洋能资源即海域属于国家，"单位和个人使用海域，必须依法取得海域使用权。"

六、地热能资源的所有权

我国宪法规定，矿产资源属于国家所有，《矿产资源法》及《矿产资源法实施细则》对地热资源的所有权加以进一步规定。《矿产资源法》第三条规定："矿产资源属于国家所有，由国务院行使国家对矿产资源的所有权。地表或者地下的矿产资源的国家所有权，不因其所依附的土地的所有权或者使用权的不同而改变。"《矿产资源法实施细则》有关《矿产资源分类细目》将地热作为能源矿产。因此地热能资源属于国家所有，任何人勘探与开发地热能资源均应按照《矿产资源法》的规定，获得探矿权与采矿权。目前我国地热能利用主要包括地热发电、地热供暖、地源热泵供暖和空调、地下热能储存系统等。

七、水能资源所有权与使用权

水能资源是重要的可再生能源，在我国清洁能源中所占比重最大，也是商业化开发利用程度最高的可再生能源。

---

① 时曏丽：《可再生能源电力价格形成机制研究》，化学工业出版社 2008 年版，第 6 页。

我国《宪法》、《物权法》、《水法》均对水流资源的国家所有权进行了明确规定。水流资源与水能资源虽然承载体都是水体，但是两者强调的重点还是有区别的。水流资源也称为水资源，强调水体的量和质，即水资源的数量和水体的清洁度。而水能资源也称为水电资源或者水力资源，是指可以用来发电的水体，其强调重点是水体的能量功能。水体用于发电，所改变的是水流向，利用的是水的势能和动能下泄做功，推动水轮发电机转动发电产生的电能。所以，水力发电，并不消耗水量资源。但即便是利用水的势能和动能，也需要水体的承载。如果改变水的流向，会与水的其他功能相矛盾与冲突；如果拦河筑坝的话，会产生土地的淹没、涉及移民、影响下游用水等，因此，水电的开发饱受争议的原因不仅在于其导致的生态问题，更因为其与其他水功能之间的利益冲突。

基于上述原因，虽然我国对水资源的所有权有明确法律规定，但是关于水资源使用权的获得与行使存在许多争议。例如，根据《水法》和《取水许可和水资源费征收管理条例》的规定，取水应当申请领取取水许可证，并缴纳水资源费。[①] 除此之外，包括建立水力发电站在内的取水工程与设施无须再缴纳其他水资源使用费。

但是近年来，各地纷纷出台地方立法，建立水能资源开发利用有偿利用制度。浙江、江西、湖南、湖北、贵州、新疆等10多个省、自治区、直辖市建立了地方性的水能资源开发利用权制度，通过招标、拍卖等方式有偿出让水能资源开发利用权。[②] 有学者认为，这是"地方倒逼中央出台全国性的水能资源开发权有偿出让方面的法律法规"。[③] 但事与愿违，国家并没有就此制定统一的水能资源有偿开发利用制度。财政部、国家发展改革委、国家能源局于2010年联合发布《关于规范水能（水电）资源有偿开发使用管理有关问题的通知》（财综[2010]105号），指出"以水能（水电）资源开发使用权有偿出让名义向水电企业收取出让金、补偿费等名目的费用，不仅违反了行政事业性收费和政府性基金审批管理规定，而且加重了水电企业负担，影响了水电企业正常的生产经营活动"，进一步提出"各地不得对已建、在建和新建水电项目有偿出让水能（水电）资源开发权，不得以水能（水电）资源有偿开发使用名义向水电企业或项目开发单位和个人收取水能资源使用权出让金、水能资源开发利用权有偿出让

---

① 《取水许可和水资源费征收管理条例》第二条规定："本条例所称取水，是指利用取水工程或者设施直接从江河、湖泊或者地下取用水资源。取用水资源的单位和个人，除本条例第四条规定的情形外，都应当申请领取取水许可证，并缴纳水资源费。本条例所称取水工程或者设施，是指闸、坝、渠道、人工河道、虹吸管、水泵、水井以及水电站等。"

② 王明远：《我国水能资源开发利用权制度研究》，载于《中州学刊》2010年第3期。

③ 登奎、沈满洪：《水能资源产权租金的必然分解形式：开发权出让金和水资源费》，载于《云南社会科学》2010年第1期。

金、水电资源开发补偿费等名目的费用。"该通知出台后,贵州黔源电力股份有限公司发布《关于不缴纳水能资源出让金的公告》,公告称"2009年公司根据《贵州省水能资源使用权有偿出让办法》(贵州省人民政府令第100号)及《关于贵州黔源电力股份有限公司分期缴纳水能资源使用权出让金的复函》(黔水电[2009]56号)的规定,确认公司所属电站的水能资源使用权出让金原值1.67亿元。""依照《通知》要求,公司将不再缴纳水能资源使用权出让金。"[①] 可见,中央政府对水能资源开发有偿利用制度是持反对态度的。在水能开发领域,未来如何在企业利益、地方利益与国家利益,环境利益与生态利益、当前利益与长远利益之间进行权衡依然是一个值得探讨的问题。

第二节 美国太阳能获取权制度及其启示

为了应对气候变化、保证能源的供应,各国对太阳能的关注程度越来越高,鼓励太阳能利用已经成为许多国家和地区能源发展战略的重要组成部分。随着太阳能技术的发展,大规模应用太阳能的技术障碍也在逐渐被克服。太阳能规模化、普遍化利用的政治、经济和技术条件已经成熟。国际能源署(IEA)2010年5月发布的太阳能光伏(PV)技术路线图和聚光型太阳能热发电(CSP)技术路线图预测,到2050年,光伏发电将能满足全球电力需求的11%,聚光型太阳能热发电则可以满足全球电力需求的11.3%。[②] 可以预见,太阳能利用的快速发展会带来社会关系的深刻变革,这种变革必然需要法律进行相应的回应。法律需要小心翼翼地、妥善地解决其中所涉及的各种复杂的利益关系。目前,我国立法和理论研究还没有充分注意到其中的理论问题,而美国则早已开始对其中的诸多法律问题进行解释、分析和论证,并且已经有了较为完善的立法。通过多年的制度演化,美国普通法和成文法形成了最具特色的太阳能资源分配制度——太阳能获取权制度。

一、美国太阳能获取权的历史发展及其立法现状

太阳能利用主要包括产业化利用太阳能和建筑利用太阳能两种类型,前者是

[①] 摘自《证券时报》2011年3月25日报道。

[②] "Solar Photovoltaic Roadmap", http://www.iea.org/papers/2010/pv_roadmap_foldout.pdf (last visit December 8, 2011); "Concentrating Solar Power Roadmap", http://www.iea.org/papers/2010/csp_roadmap_foldout.pdf (last visit December 8, 2011).

指企业通过建设集中式的、大规模的太阳能光伏系统进行发电并获取利润，典型的例子是在太阳能资源丰富地区建造的光伏电站。后者则是指组织和个人通过分散的、小规模的在商业和私人建筑上安装太阳能系统来利用太阳能。由于涉及建筑以及相邻空间的利用，建筑利用太阳能涉及的利益关系更为复杂，美国法上的太阳能获取权主要是为了调整后一种利用方式所产生的社会关系，它是指个人通过在其建筑上建造或者安装太阳能系统来获取和利用太阳能资源的权利。

西方社会通过法律保护土地以及土地上的建筑获取阳光的历史可以追溯到两千多年前的古罗马时期，当时的立法已经开始保护土地所有者采光的权利。在17世纪的英国，普通法发展出了保护采光权利的"老窗户"（Ancient Lights）规则，按照该规则，如果一个所有者的不动产在20年里持续不断地接受从邻居所有的土地上方的空间穿过的阳光，该所有者就有权禁止邻居遮挡阳光，保护其合理的接受阳光的权利。[1] 美国法院在19世纪前期和中期完全接受和支持通过老窗户规则来保护土地所有者采光的权利，并且在多个判例中肯定这一规则。然而，随着美国经济开始高速发展，城市化的进程逐渐加快，老窗户规则开始影响到城市土地的集约化开发和利用，到了19世纪末，除了路易斯安那州法院以外，其他州的法院都摒弃了老窗户规则，不允许通过取得时效地役权来保护采光权。[2] 一些州也通过立法禁止通过取得时效地役权来获取阳光。[3] 此后，直到20世纪70年代末，美国法院都将相邻土地的发展放在更为重要的位置，不承认土地所有者拥有保护采光的时效地役权。[4] 这虽然避免了土地所有者在利用土地中可能遇到的诉讼的障碍，极大地促进了城市的快速发展，但同时，土地和建筑所有者获取、接受和利用太阳能的权利却受到了很大的限制。

20世纪70年代，美国遭遇了两次石油危机，能源供应的突然中断对美国经济造成了严重的打击，美国开始认识到替代能源的重要性并开始大力开发利用太

---

[1] Janice Yeary, *Enregy: Encouraging the Use of Solar Energy—A Needs Assessment For Oklahoma*, 36 Oklahoma Law Review, 1983, p. 140.

[2] Sara C. Bronin, *Solar Rights*, 89 Boston University Law Review, 2009, p. 1258.

[3] 不允许通过取得时效地役权取得太阳能地役权的州有科罗拉多州、康涅狄格州、佐治亚州、肯塔基州、马萨诸塞州、罗得岛州、华盛顿州以及西弗吉尼亚州。参见 Sara C. Bronin, *Solar Rights*, 89 Boston University Law Review, 2009, p. 1259.

[4] 在这段时期最为著名的案件是"枫丹白露酒店公司诉四十五二十五公司"案（Fontainebleau Hotel Corp. v. Forty-Five Twenty-Five, Inc.）。该案中，枫丹白露酒店公司的建筑遮挡了四十五二十五公司下辖的一家旅馆的游泳池，四十五二十五公司遂向法院提出诉讼，认为枫丹白露酒店公司侵犯了其对阳光和空气享有的取得时效地役权，地区法院颁发了禁令，理由是按照普通法的规则，任何人行使自己的财产权都不得损害他人的利益。然而上诉法院否定了这一判决，理由是这一规则适用的前提是他人必须有法定的权利存在，而在美国法律并没有保护采光的取得时效地役权，因此四十五二十五公司不能获得禁令。这一案件彻底表明了美国法院拒绝接受取得时效地役权的立场。参见 Comment, *The Allocation of Sunlight: Solar Rights and the Prior Appropriation Doctrine*, 47 University of Colorado Law Review, 1976, p. 431.

阳能资源，尤其是鼓励建筑通过分散的、小规模的太阳能系统就地利用太阳能资源，太阳光线不再仅仅用于房屋采光，而是开始成为一种重要的能量来源。在发展过程中，联邦和各州发现，与建筑的采光权相比，通过在建筑安装太阳能系统来利用太阳能资源涉及的法律问题更为复杂，牵涉的利益关系更为广泛：首先，太阳能系统的使用涉及建筑和人身安全，立法必须解决统一的技术标准问题；其次，太阳能系统依附于土地和建筑，会受到土地与建筑相关法律的限制，立法需要消除政府对土地利用的限制以及私人协议的阻碍；最后，由于太阳光线有一定的倾斜度，必须斜穿过相邻土地上方的空间，太阳能系统所有者必须利用相邻土地上方的空间，这就涉及相邻土地所有者的权利保护问题，法律需要对此进行利益平衡。

为了解决上述问题，联邦和州在20世纪70年代末80年代初制定了大量的立法，在这些立法之中肯定了私人获取和利用太阳能资源的权利。在联邦层面，美国国会先后制定了《1974年太阳能住宅供暖降温示范法》（The Solar Heating and Cooling Demonstration Act of 1974）、《1974年太阳能技术研究、开发和示范法》（Solar Energy Research, Development and Demonstration Act of 1974），《1978年太阳光伏能研究、开发和示范法》（Solar Photovoltaic Energy Research, Development and Demonstration Act of 1978）以及《1980年太阳能和能源节约法》（Solar Energy and Energy Conservation Act of 1980），这些立法从不同层面促进和保障了建筑利用太阳能的发展。在州层面，各州则根据本州的实际情况制定相关的法律对建筑利用太阳能中所涉及的利益关系进行调整，保护私人获取和利用太阳能资源的权利。州的立法一般被称为太阳能获取法（Solar Access Law），是保障太阳能获取权最为基础和重要的法律。目前，有三十四个州通过专门或者分散立法的模式制定了保护太阳能获取权的法律，如加利福尼亚州先后制定了《1978年太阳能权法》（Solar Rights Act of 1978）和《1979年太阳阴影控制法》（Solar Shade Control Act of 1979），并在该州民法典中对太阳能地役权（Solar Easement）进行了配套规定，新墨西哥州在1978年和1983年分别制定了《新墨西哥州太阳能权法》（New Mexico Solar Rights Act）和《太阳能登记法》（Solar Recordation Act）。除了州的立法以外，一些地方政府（市郡县）也制定了相应的地方立法或者指南。如加利福尼亚州洛杉矶市有《区划法》（Zoning Code）对专门利用太阳能的地区进行划分，萨克拉门托市则有专门的《太阳能获取条例》（Solar Access Regulations）。[①]

美国联邦、州以及地方立法机关及政府在这一领域互相配合，合理分工，各自履行相应的职责。联邦政府主要负责提供经济激励措施（包括税收折抵、补

---

① Kurt Newick, Andy Black, "California's Solar Access Laws", http：//www.solardepot.com/pdf/CASolarAccessLaws.pdf（last visit October 26, 2011）.

贴以及提供贷款等)、资助研究可再生能源研究项目以及设立一些公私合作模式的发展项目(例如太阳能屋顶计划),并不直接对建筑利用太阳能领域的行政及民事法律关系进行管理。[①] 州立法机关主要负责通过太阳能获取法调整建筑利用太阳能领域的法律问题,包括禁止或者限制地方政府和业主协会(Homeowners' Association,HOA)阻碍建筑利用太阳能以及通过财产法来调整太阳能系统所有者和相邻财产所有人之间的利益关系。此外,州政府还采取多种类型的经济激励措施鼓励建造或安装太阳能系统。地方立法机关和政府则负责执行法律,制定促进建筑利用太阳能的分区规划,地方法院则通过裁判来处理有关的诉讼。在三个层面的公权力机构中,州立法机关和政府的角色最为重要,太阳能获取权所涉及的利益关系主要由州立法及政策来调整。

二、美国太阳能获取权的主要内容

美国各州对太阳能获取权的取得、行使以及保护上并没有统一的规定,对于这种权利的称呼也各不相同,有的州称为有太阳能权(Solar Rights),有的州称为太阳能地役权(Solar Easement),有的州则称为太阳能获取地役权(Solar Access Easement)。[②] 由此可以看出,太阳能获取权并不是一个统一的概念,不过各州所规定的权利在本质上都是保障太阳能系统的使用者获取和利用太阳能资源的权利,因此,本文统一将其称为太阳能获取权。太阳能获取权包括两个部分的权利,一是太阳能系统建造和安装权,二是太阳能地役权(Solar Easement)。前者主要解决太阳能系统建造和安装中的利益关系,后者则解决太阳能系统建造完成后如何有效获取太阳能资源。

(一) 太阳能系统建造和安装权

制定太阳能获取法的州基本上都对太阳能系统自身需要遵循的标准以及保障太阳能系统顺利建造和安装进行了规定。这部分规定消除了太阳能系统建造和安装

[①] Sanya Carleyolsen, *Tangled In the Wires: An Assessment of the Existing U. S. Renewable Energy Legal Framework*, 46 Nat Resources Journal, 2006, pp. 770 – 773.

[②] 事实上,太阳能权(Solar Rights)在不同的州也有不同的含义,如新墨西哥州将太阳能权定义为使用者对太阳和太阳能收集装置之间的空间的权利以及利用太阳能资源的权利,事实上是指太阳能地役权。而加利福尼亚州的太阳能权法(Solar Rights Act)中的规定的太阳能权则是指太阳能系统建造和安装权。为了避免不同州的法律概念不同所带来的理解上的混乱,本书统一将保障太阳能系统建造和安装的权利称为太阳能系统建造和安装权,将利用相邻空间获取光线的权利称为太阳能地役权,由于二者都保障太阳能系统的使用者获取和利用太阳能资源的权利,将其统称为太阳能获取权。这三个概念仅是笔者出于研究和介绍的需要,在学理上创设的概念,并不是立法上的概念,读者在阅读需要注意其中的区别。

的法律障碍，保障了太阳能系统所有者在建筑上建造和安装太阳能系统的权利。

1. 太阳能系统的技术达标：建造和安装权的前提

太阳能系统的建造、安装以及使用会影响到建筑和人身的安全。此外，如果任何太阳能系统都可以取得权利，将会对相邻土地所有者造成较大的负担，违反利益平衡的原则。因此，法律需要明确哪些太阳能系统应该受到保护，并且明确规定太阳能系统及其安装过程需要遵循的技术标准。

各州立法一般规定，受到法律保护的太阳能系统需要遵循特定的标准，包括能够收集的最小热量和用途的限制。如怀俄明州将太阳能系统定义为"必须作为建筑的一部分或者附属于建筑之上的特定设施，该设施必须能够在一个晴朗的冬至日收集、储存或者传输至少 25 000 英热单位（BTUs）。"[①] 此外，该设施还要符合特定的用途，"这类设施必须能够加热水、加热其附属的建筑或者将太阳能转化为电力。"[②] 通过最小热量以及用途的限制，立法就能够将比较小的太阳能系统或者玻璃温室这种仅将热量传入室内的太阳能系统排除在外，避免保护范围过广给相邻土地所有者造成较大的负担。

此外，太阳能系统及其安装过程需要遵循相应的安全标准，如加利福尼亚州规定太阳能系统需要满足三个标准，一是需要遵循州与地方拥有许可权的行政机关制定的健康和安全标准以及要求；二是用于加热水的太阳能系统必须获得非营利的第三方组织太阳能评估认证公司（Solar Rating Certification Corporation，SRCC）或者其他国家承认的认证机构的认证，认证不仅包括对整个太阳能系统的评估认证，还包括对安装过程的认证；三是用于发电的太阳能系统必须符合国家电力法典（National Electrical Code）、研究机构以及实验室制定的所有安全和性能标准。[③]

2. 太阳能系统建造和安装权的保障：消除公共和私人土地利用限制的阻碍

（1）消除分区条例（Zoning Ordinance）的阻碍。

19 世纪末 20 世纪初，为了加快经济发展，促进土地的开发，联邦和州政府赋予个人对土地绝对的所有权，个人有权利根据其意愿开发和利用其所有的土地。这种所有权制度带来了强大的激励作用，美国经济开始快速发展。但是，随着城市化进程的深入，这种绝对的所有权带来了无序开发导致了很多社会问题，尤其是工业生产布局混乱严重地侵扰了相邻财产。[④] 为了解决这些问题，地方政

---

① See Wyo. Stat. Ann. § 34 – 22 – 102（a）（i）（1981）.
② See Wyo. Stat. Ann. § 34 – 22 – 102（a）（i）（A）~（F）（1981）.
③ See Cal. Civ. Code § 714（C）（1）~（3）（1978）.
④ 有文章对美国 20 世纪自然资源法从授予绝对的自然资源所有权到国家对其施加多种控制的转变做了系统的分析，参见 Alexandra B. Klass, *Property Rights on the New Frontier: Climate Change, Natural Resource Development, and Renewable Energy*, 38 Ecology Law Quarterly, 2011, pp. 65 – 67.

府开始通过制定分区条例来解决城市发展中的土地利用问题。典型的分区规划将土地划分为商业、工业和住宅区,避免工业和商业项目对相邻土地造成侵扰,此外,分区还可以对某一区域建筑的高度、容积率、间距及其附属物进行限制。分区一般被用于促进公共利益,例如促进公共健康、安全、道德以及公共福利,在某些情况下,分区还被一些社区用来将某些不受欢迎的项目(Undesirables)排除在社区之外,例如禁止在社区建设色情场所,以维护社区的良好秩序。总之,地方政府分区的权利和分区所要实现的目标非常广泛。①

由于地方政府可以通过分区条例禁止某一区域所有建筑建造或安装太阳能系统,州要实现促进建筑利用太阳能发展的目的,就必须禁止地方政府不合理的通过分区条例限制建造和安装太阳能系统。目前,拥有太阳能获取法的州基本都禁止地方政府颁布禁止或限制安装太阳能系统的分区条例。例如,加利福尼亚州规定,"地方机构不得通过条例对太阳能系统的安装造成不合理的阻碍,包括但不限于为了美学目的的限制,并且不得不合理的限制住户、农业以及商业建造太阳能系统的能力,这是立法的目的所在。促进和鼓励太阳能系统的使用并且消除太阳能系统使用中的阻碍是州的政策所在。"② 印第安纳州规定,"除为保存或保护公共健康和安全,任何组织都不能制定任何禁止或不合理限制太阳能系统使用的条例。"③ 除此之外,马萨诸塞州、明尼苏达州、内布拉斯加州以及犹他州等州还通过立法鼓励地方政府制定支持太阳能系统安装的分区条例。

需要注意的是,地方政府在一些情况下也可以限制建造或安装太阳能系统,例如为了保护公共健康和安全、保护历史遗迹保护以及保护公共区域,只是这些例外必须满足特定的条件。例如加利福尼亚州规定,如果市或者郡发现安装太阳能系统会对公共健康和安全产生有害影响,市或者郡可以要求其必须获得使用许可,但是,市或者郡只有在有明确证据证明这种危害存在,并且没有可行的,符合成本收益原则的方法来消除这种影响的情况下,才能驳回使用许可申请。④

总体来看,分区条例具有双刃剑的作用,既能阻碍建筑利用太阳能的发展,也能促进建筑利用太阳能的发展。亚利桑那州、康涅狄格州以及爱荷华州等州都通过立法要求地方政府在制定分区条例时考虑建筑利用太阳能的需要,例如康涅狄格州要求,土地利用规划和分区必须制定一个考虑到太阳能以及其他可再生能源的保护和发展计划。⑤ 一些城市也制定了专门的太阳能分区条例。在理论研究

---

① John Gergacz, Douglas Houston, *Legal Aspects of Solar Energy*, *Limitations on the Zoning Alternative from a Legal Economic Perspective*, 3 Temple Environment Law and Technology Journal, 1984, pp. 6 – 7.
② See Cal. Gov't Code § 65850. 5 (2004).
③ See Ind. Code § 36 – 7 – 2 – 8 (2002).
④ See Cal. Gov't Code § 65850. 5 (b), § 65850. 5 (g) (1) (2004).
⑤ See Conn. Gen. Stat. Ann § 8 – 23 (c) (2001&Supp. 2009).

中，很多研究者都认为通过分区来解决建筑利用太阳能对太阳能的获取问题更加有效，甚至有研究认为太阳能获取问题并不是财产法问题，而是一个规划法上的问题。[1]

(2) 消除业主协会和私人协议的阻碍。

由于美国奉行社区自治的理念，社区的管理职责主要由业主协会来承担。业主协会具有非常大的自治权，可以实施共有利益社区限制规定，制定和实施对全部业主具有约束力的规则或者规章，通常还可以采取其他必要措施管理共有利益社区。[2] 业主协会对业主的管理主要通过制定业主需要共同遵守的章程（Covenants, Conditions and Restrictions, CC&Rs）来实现。[3] 业主协会经常在章程中规定禁止建造或安装太阳能系统来给业主设置障碍，由于业主协会的力量比较强大，业主往往难以和其抗衡。因此，州立法需要通过规定来排除 CC&Rs 对业主安装太阳能系统的限制。目前，制定太阳能获取法的州基本上都通过立法对业主协会阻碍建造和安装太阳能系统进行限制，如亚利桑那州规定，不管社区章程如何规定，业主协会都不得禁止安装或者使用太阳能设施；业主协会可以制定合理的规定限制太阳能系统的安装，如果这些规定没有禁止安装，影响设备的功能功能、限制其使用或者对设备的成本或者收益产生不利影响。[4] 北卡罗来纳州规定，除了特定的情况以外，禁止安装太阳能收集装置或者会产生禁止效果的契约、公约以及类似的有约束力的协议都归于无效，不具有执行力。[5] 有限制就有例外，在特定情况下，业主协会也可以处于公共健康和安全等因素对安装和建造进行限制，不过必须满足符合成本受益的要求，如新泽西州规定，业主协会的限制性规定不得使业主安装和维护的成本超过原定的安装成本的 10%，也不得制定限制规定限制系统的最大功能的发挥。[6] 当然，在不限制建造、安装和使用太阳能系统的前提下，业主协会仍拥有对太阳能系统进行管理的职权，如加利福尼亚州规定业主协会可以限制在建筑共有区域安装太阳能系统、要求业主给付养护和

---

[1] Adrian J. Bradbrook, *Future Directions in Solar Access Protection*, 19 *Environmental Law*, 1988, p185.

[2] ［美］约翰.G. 斯普兰克林，钟书峰译：《美国财产法精解》（第二版），北京大学出版社 2009 年版，第 584 页。

[3] CC&Rs 主要包括公约（Covenants）、条件（Conditions）和限制（Restrictions）三个部分：契约是指加入社区的业主必须同意对其财产施加的负担或者利益的条款，通常附在财产契约之中；条件是指那些情况会导致所有权利益消灭（如优先购买权、业主协会解散）；条件是指法律上对财产所有权或者使用权的限制，如地役权、留置权。参见 Scott Anders et al. (eds.), "California's Solar Rights Act – A Review of the Statutes and Relevant Cases", *available at* http://www.sandiego.edu/epic/research_reports/documents/100426_SolarRightsAct_FINAL.pdf (last visit October 26, 2011)

[4] See Ariz. Rev. Stat. §33‑1816 (2007).

[5] See N. C Gen. Stat. §22B‑20 (b) (2007).

[6] See N. J. Stat. Ann. §45:22A‑48.2 (c) (1) ~ (2) (2007).

维修受影响的屋顶或建筑其他部分的费用以及要求业主在出现损害时进行赔偿。①

（二）太阳能地役权

解决相邻建筑或者树木遮挡太阳能系统所带来的纠纷是太阳能获取法所要解决的最主要、最复杂的问题。要保证太阳能系统能够有效率的使用，必须保证其能够接受充足的阳光照射，由于太阳与地表有倾斜角，光线会穿过相邻土地上方的空间，这就牵涉到相邻土地上方的空间利用问题。为了保证太阳能系统能够获得充分的太阳照射，制定太阳能获取法的州基本上都通过设定太阳能地役权来保证太阳能系统所有者对相邻空间的非占有性使用，并将太阳能地役权视为普通法上的地役权。②

1. 太阳能地役权的取得

总体上看，对于太阳能地役权的设立基本上形成了三种类型的立法。第一种是将太阳能地役权授予太阳能系统所有者，太阳能系统所有者通过许可制度取得太阳能地役权，并且不需要给予相邻土地所有者补偿。第二种则是按照普通法的规则将相邻空间的权利保留给相邻土地所有者，太阳能系统所有者需要通过私人协议来向相邻土地所有者"购买"空间的使用权。第三种则比较特殊，要求太阳能系统所有者首先进行私人谈判，失败之后才提出申请，由特定机构授予太阳能地役权，并且需要对相邻土地所有者进行补偿。目前只有爱荷华州采用这种模式。

（1）通过许可取得太阳能地役权。

这种类型的取得方式要求太阳能系统所有者提出符合法定条件的申请，在许可机关批准之后取得太阳能地役权。目前允许通过许可取得太阳能地役权的州有新墨西哥州、怀俄明州、加利福尼亚州、马萨诸塞州以及威斯康星州。

州立法一般都将建立许可制度的权力授权地方政府，如新墨西哥立法规定，除非发生显著影响州的公民的健康和福利的重大情况，县和市规划当局有制定有关太阳能资源利用和申请的许可制度的权力。③ 马萨诸塞州立法也规定，市的立法机构可以通过分区条例或者规章建立许可制度，在相邻财产上创设获取太阳能地役权。④

申请获得许可需要遵循严格的程序，具体来说：第一，需要在适当的时间提

---

① See Cal. Civ. Code § 714.1 (a)~(d) (1978).
② 新墨西哥州将使用者对太阳和太阳能收集装置之间的空间的权利以及利用太阳能资源的权利视为财产权，不过同时该州在立法中规定太阳权应当被看做是从属性的太阳能地役权，因此该州的规定并不是一个例外，也是太阳能地役权。参见 N. M. Stat. § § 47-3-3 (B), 47-3-4 (A), 47-3-8 (1978).
③ N. M. Stat. § 47-3-4 (C) (1978).
④ M. G. L. ch. 40A § 9B.

出申请，提出申请的时间在各州有所不同。新墨西哥州规定，不动产所有者必须在太阳能系统建造或者安装之后提出申请。① 威斯康星州规定，准备安装或者已经安装了太阳能系统的申请者都可以向有关部门提出申请。② 爱荷华州则规定，申请只能在安装或者建造前提出。③ 第二，申请文件必须包括申请人和被申请人的基本情况，太阳能系统的情况，需役地和供役地的基本情况，太阳能获取权的权利范围等法定内容。第三，申请人必须向受限制的土地的所有者履行必要的告知义务，受限制的土地所有者可以在规定时间内提出抗辩，如果没有履行告知义务，申请人将承担特定的后果。例如新墨西哥州规定，登记以及通知受影响的财产所有者是行使太阳能权的前提条件。没有履行通知义务将会导致法院管辖权缺陷或者导致法院失去管辖权。在接到通知之后六十天内，相邻土地所有者可以提交一个声明对抗太阳能权，如果相邻土地所有者提交了声明，除非太阳能系统所有者与其达成协议或者法院作出了命令，太阳能权对发表声明的土地所有者的财产没有强制执行力。④ 第四，必要时可以进行听证。听证既可以由被申请人通过申请启动，也可以由许可部门依职权启动。最后，必须履行必要的登记手续，一般在县的不动产契约登记簿上（Register of Deeds）进行登记。

（2）通过私人协议取得太阳能地役权。

绝大多数州并不通过许可制度来授予私人太阳能地役权，而是通过允许私人通过协商设定太阳能地役权的方式来保护建筑利用太阳能。阿拉斯加州、加利福尼亚州、佐治亚州、堪萨斯州、肯塔基州、密苏里州以及蒙大拿州等州都有允许创设太阳能地役权的立法。

允许通过私人协商方式创设地役权的州基本上都要求太阳能地役权的创设必须明确约定太阳能地役权的角度和范围、存续和终止的情形以及费用等问题，并且需要采用书面的形式。如阿拉斯加州规定，太阳能地役权的约定必须采用书面的形式，包括但不限于：太阳能地役权延伸到相邻不动产上的纵向和横向的角度；太阳能地役权取得或丧失的条件；太阳能地役权被侵害时地役权人应获得的赔偿或者财产受到太阳能地役权的限制的权利人应获得的赔偿。⑤

这种取得方式的总体特征在于太阳能系统所有者需要通过协商并订立协议来获得太阳能地役权，并且需要向相邻土地所有者给付一定的补偿费用。如果没有太阳能地役权协议的存在，太阳能系统所有者对于相邻空间不能提出权利要求。

---

① N. M. Stat. §47-3-8（1978）.
② Wis. Stat. §66.0403（3）(a)（1982）.
③ Iowa Code §564A.4.
④ N. M. Stat §§47-3-9（B）~（C）（1978）.
⑤ See Alaska Stat. §34.15.145（1980）.

(3) 混合型的权利取得模式——爱荷华州模式。

爱荷华州创立了独特的自愿加强制型的太阳能地役权制度，这种制度将私人协议和许可制度糅合在一起，是一种混合型的制度。

该州立法规定，太阳能系统所有者必须首先与相邻土地所有者进行谈判，如果谈判失败，太阳能系统所有者可以再向地方政府授权的"太阳能获取管理委员会"（Solar Access Regulatory Board）申请用市场价格购买太阳能地役权的许可，从而获得太阳能地役权。申请必须遵守一系列的条件和程序性规定，申请的空间必须没有被建筑所占据，申请者必须提交表示其太阳能系统的位置和设计合理，对相邻土地的影响已经最小的书面陈述以及表示其已经试图进行谈判并且失败的书面陈述，申请还需要进行听证程序。① 最重要的是，太阳能系统所有者必须按照市场价进行对相邻土地所有者进行补偿，这是和许可获取太阳能地役权的最大区别。

2. 太阳能地役权的行使

总体来说，美国法中的地役权是一种非占有的权利，是权利人对他人所有的不动产享有的使用性权利，是一种固定的、长期的财产权。② 美国法中的地役权与大陆法系的地役权有很多不同，其中重要的一个区别是美国法上既有约定的地役权，也有法定的地役权，约定的地役权是指当事人通过订立契据的方式而设立的地役权，法定的地役权是指虽然没有当事人之间的约定，但由于某种客观事实的出现而根据法律规定产生的地役权。③ 与此相比，大陆法系中德国法上地役权就是约定的地役权，而法国法中的法定地役权则是被德国法中的相邻关系所含括。这就解释了为什么新墨西哥等州可以通过许可强制授予太阳能系统所有者太阳能地役权。

尽管与大陆法系的地役权存在若干区别，但是美国法中的地役权同样具有量上的有限性，不可分性，排他性以及非占有性的特征，这与大陆法系并无不同。④ 因此，太阳能地役权在行驶时仍然需要遵守地役权制度的内涵和原则：

首先，太阳能地役权只是对相邻土地上的空间的使用权，而非占有权。太阳能系统所有者对相邻空间并不享有占有权，只要不妨碍太阳能系统获取太阳能，相邻土地所有者仍然可以利用该空间。

---

① See Iowa Code §564A1-7.
② 冯桂：《美国财产法——经典判例与理论探讨》，人民法院出版社 2010 年版，第 265 页。
③ 这里所用的"法定的地役权"是借用了大陆法系的概念。英美法理论中的"法定地役权"（Statutory Easement）仅限于为数极少的，直接基于成文法的规定而产生的地役权，而大量的地役权的产生规则是在长期的司法实践中通过判例的形式形成和发展起来的。高富平，吴一鸣：《英美不动产法：兼与大陆法系比较》，清华大学出版社 2007 年版，第 664 页。
④ 同上注，第 650~652 页。

其次，太阳能地役权是一种不动产权益而不是一种合同性权力。尽管太阳能地役权可以依当事人之间的合同订立，但并不具有合同的相对性，而是一种排他性的绝对权利，一经登记便可以对抗所有人。

再次，太阳能地役权不得超越必要的界限。由于太阳能地役权涉及相邻土地所有者的权利，会对相邻土地造成比较大的负担，必须遵循必要的限制，只能在法律和协议规定的范围行使。新墨西哥州对于太阳能权行使的范围的规定比较有代表性，该州立法要求使用者使用太阳能系统必须满足西部水法中的"有益使用"（Beneficial Use）的标准，仅使用其太阳能系统能够有益使用的部分，由于太阳的高度角从冬至到夏至之间不断变化，权利的范围以太阳在冬至日到达最低角度时的空间为准，并且随着利用的范围变化而变化。①

3. 太阳能地役权的救济

无救济则就无权利，太阳能系统被相邻土地上的建筑物和树木遮挡时有两种救济方式。一种是按照地役权协议的规定进行赔偿，这种救济方式相对比较简单，另一种则是采用侵扰（Private Nuisance）制度来进行救济。目前，采用许可制度的州基本上都将在相邻空间建造建筑或者种植树木遮挡太阳能系统的行为作为侵扰来处理。侵扰（Nuisance）与侵入（Trespass）是普通法两种保护土地所有者利益的侵权诉讼方式。侵入是指对土地所有权物理上的干涉，侵扰则是指对他人土地不合理的非侵入性干扰，例如，砍伐他人土地上的树木构成侵入，播放噪声让邻居无法入睡则属于侵扰。② 普通法将侵扰分为两种：私人侵扰（Private Nuisance）和公共侵扰（Public Nuisance）。按照《侵权法第二次重述》（the Restatement（Second）of Torts）的定义，私人侵扰是指"非侵入性的侵犯个别人使用和享受不动产权益的行为"，公共侵扰则是指"不合理干涉大众共同享有的权利的行为"。③ 私人侵扰类似于大陆法系中的相邻关系，当使用土地的行为是合法的且不被私人协议（或称为地役权）所限制时，就由私人妨害原则来规制相邻者之间的土地纠纷。④

从 1982 年"普拉诉马雷提"案（Prah v. Maretti）开始，法院开始将相邻财

---

① "有益使用"是西部水法中的重要概念，决定主体的用水行为是否值得法律确认和保护。从学理角度而言，有益用水必须满足：必须是真实的用水；用途必须正当；不得滥用水；用水必须合理，保证不同用水主体之间各方面因素的平衡。王小军、陈吉宁：《美国先占优先权制度研究》，载于《清华法学》2010 年第 4 期。

② ［美］文森特·R. 约翰逊，赵秀文等译：《美国侵权法》，中国人民大学出版社 2004 年版，第 256 页。

③ 《侵权法第二次重述》第 821D 条、第 821B（1）条。转引自［美］约翰·G. 斯普兰克林，钟书峰译：《美国财产法精解》（第二版），北京大学出版社 2009 年版，第 584 页。

④ ［美］Nancy J. Knauer：《私人妨害原则与相邻权、地役权》，载于《清华大学学报》（哲学社会科学版）2003 年第 1 期。

产遮挡阳光的行为视为私人侵权。[1] 目前除了加利福尼亚州一些市将树木遮挡视为公共侵扰以外,其他一些州都将遮挡行为作为私人侵扰处理。例如威斯康星州规定,太阳能系统安装完成之后建造的建筑或者生长的植物如果影响了太阳能系统的功能,都构成私人侵扰。[2] 加利福尼亚州只将树木遮挡视为侵扰,该州《阴影控制法》(Shade Control Act) 规定在系统建造安装之后栽种的树木在上午十点至下午两点之间遮挡的范围不能超过太阳能系统表面10%,一旦超过就构成私人侵扰。[3]

在赔偿的救济方式上,各州对救济方式的规定各不相同,威斯康星州对建筑适用赔偿的救济方式,而树木可以适用禁令。加利福尼亚州对树木则只适用赔偿的救济方式。如果在没有明确规定救济方式的州按照私人侵扰起诉遮挡者,法院需要按照一种比较规则——"公平比较规则"(Balancing the Equities) 来确定是采用禁令的救济方式还是赔偿的救济方式,只有在禁令给原告带来的利益大于给被告带来的损失的情况下,法院才会颁发禁令。[4]

此外,新墨西哥州和怀俄明州在太阳能系统所有者和相邻土地所有者发生纠纷时还采用一种独特的纠纷处理规则,即采用西部水法上的"先占优先权"(Priority Appropriation) 来解决其纠纷,规定"时先权先"(Priority in time, Priority in Right),规定谁先通过许可取得权利,谁就获得优先权,从而可以利用该空间。[5]

4. 太阳能地役权的消灭

太阳能地役权的消灭需要遵守地役权消灭的有关规定,例如需役地和供役地的所有权归属于同一人,供役地灭失、地役权协议约定的消灭事项出现等。此

---

[1] 在该案中,法院强调传统的接受日照的权利已经有了新的重要含义,接受日照作为能量来源的权利不仅对投资太阳能设备的土地所有人具有重要意义,而且对社会开发替代能源也有重要意义。将私人妨害理论适用于本案会促进私人土地所有人以符合20世纪80年代的方式合理享受和利用土地。Michael G. Mcquillen, Prah v. Maretti: Solar Rights and Private Nuisance Law, 16 John Marshall Law Review, 1983, pp. 437 – 441.

[2] See Wis. Stat. § 844.22 (1993).

[3] See CA Public Resources Code § 25980 et seq. (Solar Shade Control Act).

[4] [美] 约翰·G. 斯普兰克林,钟书峰译:《美国财产法精解》(第二版),北京大学出版社2009年版,第476页。

[5] 尽管新墨西哥州和怀俄明州开创性地将西部水法中的先占优先权理论用在了解决空间分配问题上,但是仍然存在很大的问题,太阳系统所有者的优先权日在理论上可以是太阳能系统投入有益使用日,提出太阳能权许可日和获得许可日,而相邻土地所有者的优先权日可以是提出申请建造建筑许可日、申请批准日以及建造完成日,而两州的立法对太阳能使用者和相邻土地所有者的优先权日的规定非常模糊,新墨西哥州对二者采用哪一个期日都没有规定,怀俄明州则只规定了相邻土地所有者提出申请建造建筑许可日为优先权日,没有规定太阳能系统所有者的优先权日。规定的模糊使得先占优先权理论缺乏可操作性,容易导致实践中纠纷增多。参见 Scott F. Stromberg, Has the Sun Set on Solar Rights? Examining the Practicality of the Solar Rights Acts, 50 Natural Resources Journal, 2010, pp. 243 – 245.

外，一些州的法律还对太阳能地役权的消灭进行了特定规定，如威斯康星州规定，下述情况下受该许可保护的权利消灭：（1）永久性的拆除太阳能系统或者太阳能系统连续两年内没有使用，两年的期间不包括维修或改进设备的时间；（2）在授予许可之日起两年内没有安装或者使用太阳能系统。[1] 爱荷华州规定，需役地所有者可以在下述情况下向太阳能获取管理委员会提出申请或者向地区法院提起诉讼来要求取消太阳能地役权：（1）太阳能系统所有者没有在地役权登记之后两年内安装或者使用太阳能集热器；（2）太阳能系统所有者超过一年没有使用太阳能集热器；（3）太阳能集热器损坏或者被拆除并且一年内没有更换。[2]

三、美国太阳能获取权的经验、不足及启示

美国太阳能获取权制度为我国通过立法来促进建筑利用太阳能的发展提供了诸多宝贵的经验，与此同时，太阳能获取权制度还存在一定的缺陷和问题。这就要求我国在借鉴甚至移植这一制度的过程中必须结合我国的国情，综合考虑各方面的因素，通过独立的理论研究和实践探索来解决其中的理论问题，为建筑利用太阳能领域的发展提供理论上的支持。

（一）经验

总体来看，美国太阳能获取权制度提供了诸多宝贵的经验：

首先，在保护太阳能获取权的主体上，州和地方政府扮演着主导地位。联邦、州和地方进行了合理、完善的分工。联邦政府主要发挥引导和促进作用，通过多种经济激励措施来引导建筑利用太阳能领域的发展。州和地方政府则主要发挥规范作用，通过相应的制度设计来调整建筑利用太阳能领域的利益关系，消除建筑利用太阳能领域发展的障碍。

其次，在法律机制的选择上，综合运用行政法和民法的手段来调整建筑利用太阳能领域的利益关系，尽管美国没有公法和私法的划分，但是其非常注意界定公权力和私权利的界限。美国素来重视对公权力干涉私人财产权的限制，"人们可以认为，用以限制私有财产的每一部法律、法规或私法原则都是用来保护某些公众利益的，否则就无法被认为是正当的。"[3] 州政府将权力严格限制在限制地

---

[1] See Wis. Stat. § 66.0403 (9) (a) (1982).
[2] See Iowa Code Ann. §564A.6.
[3] [美] 约翰·E. 克里贝特等，齐东祥、陈刚译：《财产法：案例与教材》（第七版），中国政法大学出版社2003年版，第684页。

方政府和业主协会的阻碍问题上,而将太阳能系统所有者和相邻土地所有者之间的冲突放在普通法框架下解决,这就厘清了促进建筑利用太阳能发展和协调利益冲突之间的关系,避免公权力对私权利的不当干涉。

再次,在具体制度设计上,各州结合本州的实际情况各自创造了独特的制度,通过这些制度对太阳能系统所有者和相邻土地所有者之间的利益关系进行调整。这些制度具有重要的理论和实践价值,诸如先占优先权制度、私人侵扰制度以及太阳能地役权制度都对我国建筑利用太阳能领域的发展具有重要的参考意义。

(二) 不足

尽管美国有比较发达的太阳能获取权制度,但仍然存在很多不足,这些不足在一定程度上影响了太阳能获取权作用的发挥。需要注意的是,太阳能系统建造和安装权的享有关系比较简单并且比较统一,因而基本不存在什么争议。现有的对太阳能获取权制度的缺陷的批判基本上都集中在太阳能地役权制度上。

首先,美国理论和实务界普遍认为通过许可授予太阳能地役权并且不给予相邻土地所有者相应的补偿构成违宪。美国宪法第五修正案对征收进行了规定,"非有合理补偿,不得征用私有财产供公共使用。"[①] 该修正案规定了征收的三个要件,正当法律程序(Due Process of Law),合理补偿(Just Compensation)以及公共使用(Public Use),政府行为必须满足上述三个要件,才能满足合宪性的要求。[②] 征收的范围非常宽泛,不仅包括通常的直接征收财产,还包括政府的管理行为影响了财产的价值。由于普通法承认土地所有者对空间的财产权,政府通过许可将空间的使用权授予太阳能系统所有者影响了相邻土地所有者对空间的财产权,实质上就构成了对相邻土地所有者财产的征收。目前,除了爱荷华州以外,其他施行许可制度的州都没有对相邻土地所有者进行补偿,这很容易引起对太阳能获取法合宪性的诉讼。[③]

其次,允许私人通过协议创设太阳能地役权的成本太高、成功率太低。首先,私人之间谈判要付出比较高的成本,尤其是在需要谈判的对象不止一个的情况下会大大增加太阳能系统所有者获取太阳能的成本。其次,相邻土地所有者可能会坐地起价或者根本不愿意设立太阳能地役权,在这种情况下,太阳能系统所有者就

---

① 原文为 "nor shall private property be taken for public use, without just compensation.", http://www.usconstitution.net/const.html#Am5 (last visit December 13, 2011).
② 李进之等:《美国财产法》,法律出版社1999年版,第200页。
③ Troy A. Rule, *Shadows on the Cathedral: Solar Access Laws in a Different Light*, *University of Illinois Law Review*, 2010, pp. 869–872.

不可能获取太阳能地役权。有研究者查阅了相关资料发现，目前美国法院还没有一起案件涉及太阳能地役权，这表明创设太阳能地役权的情况可能非常少。①

再次，运用私人侵扰来保护太阳能地役权也受到了很多挑战。在立法没有明确规定遮挡行为构成侵扰的州，通过私人侵扰来保护太阳能系统所有者获取和利用太阳能资源的权利就必须证明遮挡满足侵扰行为的五个要件，原告必须证明被告的行为是故意的、非侵入性的、不合理的、重大干涉以及干扰原告使用和享受不动产的行为。② 在实务中，太阳能系统所有者要证明遮挡满足上述要件是比较困难的。此外，法院诉讼往往还要耗费大量的时间和精力，成本非常高，这在客观上也影响了太阳能系统所有者有效地保护自身权利。

（三）启示

美国太阳能获取权制度给我们提出了一系列重大的理论问题，如何回应这些问题将会对宪法、民法以及环境法理论产生非常大的影响，也会对我国未来建筑利用太阳能领域的发展起到决定性的作用：

首先，人类对于太阳能是否享有权利？如果享有权利，是一种什么性质的权利，是公法上的权利还是私法上的权利？权利的内容包括哪些？传统的观点一直认为阳光普照大地，人人皆可利用，但是不认为阳光是法律上的客体，人类对阳光也没有所有权。太阳能获取权理论对这一观点造成了很大的冲击，尤其是新墨西哥州在立法中明确规定使用太阳能资源的权利是财产权。

其次，我国是否有必要建立太阳能获取权制度？与美国不同，我国正处在经济高速发展和大规模城市化的时期，经济的增长是社会发展的重点所在。建立太阳能获取权制度将在一定程度上限制土地的集约化利用，而太阳能获取权可以有效地促进了社会利用可再生能源，保护资源与环境，因此，是否有必要建立太阳能获取权制度，需要进行慎重的利益权衡。

再次，如果要建立太阳能获取权，应当以公法路径为主还是以私法路径为主？美国的太阳能获取权制度从总体上看以私法为主，而我国建筑利用太阳能领域目前主要是以政府的统一规划、统一发展为主，未来我国建筑利用太阳能领域是以政府为主导还是需要专门的权利构建，需要进行详细的分析和论证。

最后，如果我国在民法上承认太阳能获取权制度，应当如何构建？我国属于大陆法系，有完整的物权体系，通过比较可以发现，美国太阳能获取权和我国民

---

① Sara C. Bronin, *Solar Rights*, 89 Boston University Law Review, 2009, p. 1229.
② ［美］约翰·G. 斯普兰克林，钟书峰译：《美国财产法精解》（第二版），北京大学出版社2009年版，第470页。

法上的相邻关系、地役权以及准物权既有相似之处,又有不同之处,如果要建立太阳能获取权制度,是在现有的法律框架内对这一权利进行保护还是单独立法进行制度构建,需要进行系统的研究。

第三节 水能资源开发利用权

一、水能资源权属与开发的复杂性

水能是清洁的可再生能源,是能源资源的重要组成部分。水能利用的主要方式是水力发电。水电站不消耗燃料,运营费用低,不污染环境,而且大多数水电工程具有防洪、灌溉、航运、水产和旅游等综合效益。许多国家都把开发水能资源放在突出地位。[①]

我国河流众多,是世界上水能资源最丰富的国家。[②] 从20世纪50年代开始,我国兴建了一批水利水电工程,但水能资源开发程度仍处于较低水平。自90年代以来,我国水能资源开发步伐加快,长江三峡等大型水利水电工程相继建成。[③] 开发水能资源可以增加清洁电力的供应,改善了能源结构,促进我国经济社会的可持续发展。

水资源具有复杂的自然、经济和社会属性。尽管现行《水法》规定水资源属于国家所有,但在长期计划经济条件下形成的具体的产权关系却十分混乱:国家所有权受到条块的多元分割,国家作为水资源所有者的地位模糊;各个利益主体之间的经济和生态关系缺乏协调,权益纠纷迭起;水能资源作为水资源的重要组成部分,长期处于计划经济的制度安排之下,水能管理的主要方式是把资源无偿划拨给开发商,从而带来抢占资源、开发效率低下、国有资产流失等弊端。[④]

在市场经济条件下,国有自然资源开发权必须通过竞争性途径有偿获得,水能资源也不例外。将市场竞争机制引入水能资源开发,是对计划经济下形成的传统水能资源开发方式的重大修正,对于将水能资源潜力转化为经济、社会和生态效益具有重要意义。而将市场竞争机制引入水能资源开发的关键和起点是依法确

---

① 高又生:《国外水电建设的发展趋向》,载《中国水力发电年鉴 1984~1988》,中国电力出版社 1990 年版,第 839 页。
② 同上注,第 838 页。
③ 中国水力发电工程学会:《中国水力发电年鉴》,中国电力出版社 2007 年版,第 134~138 页。
④ 侯京民:《水能资源管理存在的问题和政策建议》,载于《水利经济》2008 年第 3 期。

立水能资源开发利用权。①

长期以来，我国一直没有建立起全国性的水能资源开发利用权制度。目前，只有浙江、江西、湖南、湖北、贵州、新疆等10多个省、自治区、直辖市建立了地方性的水能资源开发利用权制度，通过招标、拍卖等方式有偿出让水能资源开发利用权。② 基于此，本节将主要梳理我国水能资源开发利用权的现有法律依据，分析我国水能资源开发利用权的含义、性质、主体、客体和内容，探讨我国水能资源开发利用权制度面临的挑战及其完善。

二、我国水能资源开发利用权的现有法律依据

利用水能发电是水资源的重要功能之一。③ 在管理层面上，为了强调水资源发电的功能，往往将用来发电的水资源称为水力资源、水能资源，④ 而《水法》称其为水能资源。⑤

目前，我国的国家级立法并未确立水能资源开发利用权制度，只有一些较为原则性的相关规定，如《水法》、《可再生能源法》等对水能资源的开发利用加以规制，《行政许可法》中也有与水能资源开发利用相关的条款。总体看来，立法远远滞后于实践。

《水法》以"合理开发、利用、节约和保护水资源，防治水害，实现水资源的可持续利用，适应国民经济和社会发展的需要"为其立法目的，⑥ 规定"水资源属于国家所有"，⑦ "国家对水资源依法实行取水许可制度和有偿使用制度"，⑧ 这就从根本上为水能资源开发利用权的设立提供了可能性与必要性。另外，《水法》单设"水资源开发利用"一章，⑨ 具体规定水资源开发利用的原则和制度，⑩ 却未设立水资源开发利用权。

《可再生能源法》明确规定水能是清洁的可再生能源，⑪ 强调"国家鼓励各种所有制经济主体参与可再生能源的开发利用，依法保护可再生能源开发利用者

---

① 马光文、王黎：《水电竞价上网优化运行》，四川科技出版社2003年版，第56页。
② 侯京民：《水能资源管理存在的问题和政策建议》，载于《水利经济》2008年第3期。
③ 叶舟：《技术与制度：水能资源开发的机理研究》，中国水利水电出版社2007年版，第26页。
④ 同上注，第26页。
⑤ 《中华人民共和国水法》第二十六条。
⑥ 《中华人民共和国水法》第一条。
⑦ 《中华人民共和国水法》第三条。
⑧ 《中华人民共和国水法》第七条。
⑨ 《中华人民共和国水法》第三章。
⑩ 《中华人民共和国水法》第二十至二十九条。
⑪ 《中华人民共和国可再生能源法》第二条。

的合法权益",① "建设应当取得行政许可的可再生能源并网发电项目,有多人申请同一项目许可的,应当依法通过招标确定被许可人。"② 该法为水能等可再生能源的开发利用引入了市场竞争机制,但也没有就水能开发利用权作出具体规定。

《行政许可法》第十二条确定了需要设定行政许可的范围,其中第二项为"有限自然资源开发利用、公共资源配置以及直接关系公共利益的特定行业的市场准入等,需要赋予特定权利的事项"。依照此条,水能资源开发利用权的设立、取得、转让、变更、丧失、消灭等也应遵守《行政许可法》的相关规定。

而在地方层面,某些水能资源较为丰富的地区已经开始了水能资源开发利用权立法和实践活动。

为了"合理开发利用水能资源","实现水能资源可持续利用",③ 湖南省人大常务委员会于2007年7月28日通过了《湖南省水能资源开发利用管理条例》,自2008年1月1日起实施。该条例明确要求"开发水能资源应当依法取得开发利用权……水能资源开发利用权实行有偿取得,应当遵循公开、公平、公正的原则,采取招标、拍卖等方式",④ 同时对水能资源开发利用权的审批、变更、收回、行使等作了规定。⑤

《吉林省水能资源开发利用条例》规定"水能资源开发利用权实行有偿出让制度",⑥ "开发利用水能资源,应当依法取得水能资源开发利用权";⑦ "新建水能资源开发利用项目的开发利用权,应当通过招标、拍卖等方式出让,以投标、竞买等方式取得",⑧ "已经开发利用水能资源的单位和个人,应当自本条例实施之日起缴纳水能资源开发利用权有偿出让金"。⑨ 条例还对水能资源开发利用权的取得、转让以及相关建设项目的审批、验收等作了规定。⑩

浙江初步建立了以资源、经济、生态"三大补偿机制"为核心的水能资源开发新模式,其法律依据为浙江省水利厅于2002年制定的《浙江省水电资源开发使用权出让管理暂行办法》。该办法要求积极推行水电资源开发权有偿出让工作,明确出让方式为公开招标、拍卖或者协议出让,⑪ 并规定了水能资源开发使

---

① 《中华人民共和国可再生能源法》第四条。
② 《中华人民共和国可再生能源法》第十三条。
③ 《湖南省水能资源开发利用管理条例》第一条。
④ 《湖南省水能资源开发利用管理条例》第十条。
⑤ 《湖南省水能资源开发利用管理条例》第十至十八条。
⑥ 《吉林省水能资源开发利用条例》第十一条。
⑦ 《吉林省水能资源开发利用条例》第十二条。
⑧ 《吉林省水能资源开发利用条例》第十三条。
⑨ 《吉林省水能资源开发利用条例》第十四条。
⑩ 《吉林省水能资源开发利用条例》第十五至二十二条。
⑪ 《浙江省水电资源开发使用权出让管理暂行办法》第四条。

用权出让条件、出让年限、出让价格等作了具体规定。

此外,《陕西省实施〈中华人民共和国水法〉办法》、《贵州省实施〈中华人民共和国水法〉办法》等也都明确规定水能资源的开发利用权由地方人民政府通过招标、拍卖等方式有偿出让。

三、我国水能资源开发利用权的内涵分析

(一) 我国水能资源开发利用权的含义

水能资源开发利用权是指置于水资源所有权之上,经过行政许可程序后依法对水能资源进行开发利用的相关权利。由于目前尚缺乏国家统一的立法和政策,各地往往结合其自身特点和需要,在相关地方性立法中对水能资源开发利用权作出规定,名称往往不完全一样,如吉林省、湖南省称为水能资源开发利用权,[①]浙江省称为水电资源开发使用权等。[②]

水能资源开发利用权与水权具有不同意义。有学者认为,水权为一集合概念,它是汲水权、引水权、蓄水权、排水权、航运水权等一系列权利的总称。水权,系从水资源所有权中派生,分享了后者的使用权与受益权而形成的物权。[③]而水能资源开发利用权是包含引水权、排水权、水工程的所有权及发电用益权等为内容的一组权利束,在内涵上明显区别于水权。

(二) 我国水能资源开发利用权的性质

水能存在于江河、湖泊等水体之中,是有限的自然资源。水电是通过工程建设,开发利用水能形成的产品。水能资源开发利用权是为合理开发利用水能资源、实现水能资源可持续利用而产生的一种涉水权利。[④]

水能资源的开发利用是经过行政特别许可而生的,权利人必须经过申请、得到许可之后才能获得该权利。它表现为对水的能量资源的创造性开发行为,符合特许物权的一般特征,[⑤] 笔者认为水能资源开发利用权是一种特许物权。

[①] 《吉林省水能资源开发利用条例》、《湖南省水能资源开发利用管理条例》。
[②] 《浙江省水电资源开发使用权出让管理暂行办法》。
[③] 崔建远:《准物权研究》,法律出版社 2003 年版,第 255 页。
[④] 崔建远:《水工程与水权》,载于《法律科学(西北政法学院学报)》2003 年第 1 期,第 67 页。
[⑤] 所谓特许物权,是指经过行政特别许可而开发、利用自然资源的权利。由于它是基于开发、利用土地之外的自然资源而享有的权利,故我国学者多称其为"自然资源使用权"。它具有与传统不动产用益物权相异的特点,如它是由国家直接赋予的,在外观上并不表现为对土地的简单占有、控制和利用,而是表现为带有创造性的开发行为,等等。

（三）我国水能资源开发利用权的主体

水能资源开发利用权是一种特许物权，只有符合开发利用条件者才可以申请建设水电项目。目前很多地方实施水能资源有偿出让制度，要求经营者（通常包括单位和个人）开发利用水能资源，都必须先通过招标、拍卖、挂牌等方式获得水能资源开发利用权。[1]但现有地方性立法只是对开发利用者的主体资格和条件作了原则性界定，而没有详细、具体的相关规定。如《湖南省水能资源开发利用管理条例》要求"水能资源开发利用项目的经营者应当按照法律、法规的规定和行业技术标准进行工程建设，保证工程质量与安全"；[2]《吉林省水能资源开发利用条例》只是强调"申请取得水能资源开发利用权的单位和个人，应当具备与该开发利用项目相适应的经济实力"。[3]

（四）我国水能资源开发利用权的客体

水能资源开发利用权的客体是国家所有的水能资源。开发利用的是水的势能，是水的功能价值，而不是消耗水资源。虽然水能资源的开发利用权包含引水和排水权，但并非长期占有资源性水体本身，而是为了修建设施和发电的便利。因此，不应当将水资源或资源性水体本身作为其权利客体。

水能资源开发利用权不以对客体的占有为前提，不具有完全的排他性。一方面，引水权是和排水权相结合，所引之水通过大坝即为所排之水，因而不同于家庭和工业用水所具有的消耗水资源本体的特点。另一方面，水能资源的开发利用主要是依赖其势能之落差，它不同于养殖和灌溉活动占有或者消耗水资源的特点，它可以和养殖水权、航行水权等并存。

（五）我国水能资源开发利用权的内容

1. 有偿出让原则

2002年《水法》明确规定"水资源属于国家所有"，[4]"国家对水资源依法实行取水许可制度和有偿使用制度。"[5]

水能资源开发利用权的客体是水能资源，也必须要有偿使用。这是因为：第

---

[1] 《湖南省水能资源开发利用管理条例》第十条、第十四条和第十九条；《吉林省水能资源开发利用条例》第十一至十四条；《浙江省水电资源开发使用权出让管理暂行办法》第四条、第八条。
[2] 《湖南省水能资源开发利用管理条例》第十六条。
[3] 《吉林省水能资源开发利用条例》第十二条。
[4] 《中华人民共和国水法》第三条。
[5] 《中华人民共和国水法》第七条。

一，水能资源是属于国家所有的水资源不可分割的组成部分；第二，水能资源是有限的自然资源，需充分发挥市场在资源配置中的基础性作用；第三，长期的无偿使用，导致了水能资源无序开发、闲置浪费以及"跑马圈河"等问题，对经济社会发展、和生态环境保护造成不良影响。①

2. 出让方和受让方的权利义务

（1）出让方的职责。

水能资源管理的主要内容包括：①以资源的调查评价、规划管理为核心的基础工作。一般说来，水能资源开发规划由具有河流管理权限的水行政主管部门会同同级发展改革部门组织编制，并组织有关部门和专家论证后，报同级人民政府批准。水能资源开发规划经批准后，必须严格执行。有管理权的水行政主管部门应定期对水能资源开发规划的实施情况进行检查与评价。②以市场配置、有偿开发、政府监管为核心的权属管理。水能资源属于国家所有，实行有偿使用，应有明确、具体的主体代表国家对水能资源开发利用权进行出让并就相关经营活动进行监督和管理，包括水能资源使用权有偿出让实施方案的拟订、实施、监督，如水能资源使用权有偿出让合同的签订、水能资源使用权出让金的收取、水能资源开发利用权证的办法、建设项目的验收等。水能资源开发利用项目一般实行许可制。

（2）受让方的权利义务。

作为受让方，应当按照相关立法规定以及水资源、规划、国土资源、林业、移民、环境保护等行政主管部门的要求报送审批文件；中标人或者拍卖、挂牌买受人，应当自出让结果确定之日起，与政府主管部门签订水能资源开发利用权有偿出让合同，缴纳水能资源使用权出让金，按照规定建设和经营项目。此外，水利水电工程规划设计应将环境影响评价和环境与生态保护设计作为主要内容之一，应针对工程施工和库区移民搬迁及安置对环境与生态产生的不利影响，认真做好工程施工区和水库淹没区及移民安置区的环境与生态保护和修复工作。② 依法取得和行使的水能资源开发利用权受法律保护。

四、我国水能资源开发利用权制度面临的挑战

水能资源既具有环境价值，也具有经济价值。而这种经济价值主要表现在稀

---

① 叶舟：《水电资源开发权有偿转让的制度研究》，载于《水利水电技术》2002年第3期。

② 参见《贵州省水能资源使用权有偿出让办法》，《吉林省水能资源开发利用条例》，《重庆市人民政府关于印发重庆市水电开发权出让管理办法的通知》等。

缺性、产权性和价值性三个方面。水能资源的稀缺性可能由许多原因导致，其中既有自然原因，也有人为原因；①水资源权属的法律基础是我国《宪法》和《水法》等确立的水资源国家所有制度；②而水能资源的价值性主要通过发电来体现。基于这些经济性，可以有效地以价格方式体现水能资源价值，杜绝对水能资源的浪费。

长期以来，由于对水能资源经济价值的认识匮乏，水能产权管理混乱，我国的水能资源总体上处于无偿使用状态，"公地的悲剧"现象频发。具体而言，我国水资源开发利用主要存在如下的挑战：

1. 水资源开发利用立法层面的问题

（1）全局性、专业性立法空白。

水能资源开发利用权作为财产性权利，其权利的设立、取得、行使、转让、变更、丧失、消灭等只能由法律作出规定，而目前在国家立法层面欠缺有关水能资源开发利用权的专门性规定，使水能资源的开发利用无论在标准、条件、程序还是在救济机制上都极不完善。③而部分省、自治区、直辖市出台的地方性条例、规章和文件，如《湖南省水能资源开发利用管理条例》、《吉林省水能资源开发利用管理条例》等，主要是根据本地的实际情况和经济发展来考虑的，无法满足对全国水能资源开发利用进行规范和调整的整体性需要。

（2）贯彻可持续发展理念不足。

现行水能资源开发利用权立法注重以水能开发促进经济增长，对移民、环境等相关利益保护不足，忽视了水能开发应促进生态、社会、经济协调发展这一立足点。在发展低碳经济、应对气候变化的大背景下，水能资源应作为可持续性能源结构中的重要一环而发挥更加重要、全面和协调的作用。

2. 水资源开发利用实践层面的问题

（1）资源无偿使用导致严重浪费。

水能资源是重要的自然资源和全民的公共财富。近年来，水能资源开发已由国家投资为主转变为社会投资为主，资源有偿使用的观念有待进一步确立，相关制度尚待健全和完善，不少地方出现了跑马圈河、抢占资源的现象。④一些开发商在无偿占有水能资源开发利用权后，占而不开，待价而沽，倒卖资源，从中谋利，不但使有诚意和实力的开发商不能投资开发水能资源，而且造成了水能资源

---

① 我国水资源压力的原因归纳为资源性缺水、工程性缺水、结构性缺水、水质性缺水、管理性缺水。其中除了资源性缺水是自然原因外，其他均是人为因素。

② 《中华人民共和国宪法》第九条；《中华人民共和国水法》第三条。

③ 孙道成等：《应加快对水能资源开发利用管理的立法研究》，载于《中国水能及电气化》2007年第8期。

④ 侯京民：《水能资源管理存在的问题和政策建议》，载于《水利经济》2008年第2期。

的闲置浪费和国有资源性资产流失。

（2）权属管理制度缺失。

水能资源开发利用权与土地使用权、探矿权、采矿权一样，是投资者为开发自然资源必须获得的权利。长期以来，我国没有建立全国性的水能资源开发利用权管理制度，对开发利用权的取得方式、取得条件、取得程序以及权利内容、期限、变更、转让、丧失、消灭、政府管理权限等缺乏明确规定。在水能资源开发市场逐步建立的情况下，由于水能资开发利用权管理制度的缺失，一些地方出现了与开发利用权相关的矛盾和利益纠纷：① 许多投资者对水能资源开发利用权不能公平获得、政府部门在配置水能资源时暗箱操作等问题不满，引起投资者与政府之间的矛盾；一些投资者为争抢同一水能资源开发利用权而产生利益纠纷。如湖南蓝山县为建桐木垒电站而跨流域从临武县地域内引水，临武县为保住本地水资源而建牛角垅电站，多次发生炸坝、损毁引水渠事件；② 投资者与当地村民之间为争夺开发利用权或开发利益而发生水事纠纷，甚至发展为群体性事件。

（3）水能资源开发中忽略环境和其他公共利益。

水能资源开发中投资主体的变化也给水能的管理带来了新的问题。随着经济和社会的不断发展，水能资源开发利用的主体由国家转变为单位和个人，这在某种程度上强化了水能资源开发中的"经济效益优先"思想。这种开发经营行为缺乏可持续性。在可持续发展战略的影响下，水电开发必须统筹考虑水资源的统筹利用以及其他社会需求，发电不是唯一目的，以追求利润为目标的经营者必须承担适当的社会责任。但目前一些电站的私营业主单纯追求经济利益，并不愿承担生态环境保护和移民安置等社会责任，使水能资源开发利用往往与灌溉、供水、养殖、旅游等需要产生矛盾，对经济社会造成了一定的负面影响。③

五、我国水资源开发利用权制度构建思路

构建我国的水资源开发利用权制度，首先需要在国家层面明确水能资源管理职责。目前，全国已有许多地方根据实际情况确立了由水利部门负责水能资源管理的体制，如《湖南省水能资源开发利用管理条例》第四条规定"县级以上人民政府水行政主管部门负责水能资源开发利用的统一监督管理。县级以上人民政府其他有关部门在各自的职责范围内负责水能资源开发利用的相关工作"；贵州

---

① 叶舟：《水电资源开发权有偿转让的制度研究》，载于《水利水电技术》2002年第3期。
② 侯京民：《水能资源管理存在的问题和政策建议》，载于《水利经济》2008年第2期。
③ 夏建军，刘承：《对水能资源管理的若干认识》，载于《中国水能及电气化》2007年第11期。

省、湖北省等地的地方性立法也作了类似规定。而在国家层面，应尽快将水能资源管理纳入水资源统一管理范畴，明确水能资源管理的职责，在全国形成统一管理、分级负责的水能资源管理体制。为此，需要贯彻落实《水法》和《可再生能源法》的相关规定，吸收各地水能资源立法的经验，尽快制定《水能资源管理条例》，确立全国性的水能资源管理体制，建立以水能资源开发利用权制度为基础与核心的水能资源管理制度体系和机制，为依法管理水能资源提供法律依据。

水能资源开发利用权制度是将市场竞争机制引入水能资源开发利用的前提和起点，是对计划经济下形成的传统水能资源开发利用模式的挑战。[①] 该制度的健全和完善，可以参考和借鉴美国的水电项目许可证制度，并吸收和运用利益相关者理论（Stakeholder Theory）。

美国水电项目许可证的有关规定和条件由管理委员会在《国家环境政策法》的框架下确定。在审批过程中，管理委员会将充分听取有关资源管理机构、印第安部落及其他利益相关者的意见和建议，特别是要考虑鱼类及野生动物管理部门提出的保护受项目影响的资源、减少项目的不利影响、促进鱼类及特种动物资源发展的建议。[②]

而利益相关者理论（Stakeholder Theory）是 20 世纪 60 年代在美国、英国等长期奉行外部控制型公司治理模式的国家中逐步形成并发展起来。世界许多各国在水能资源开发与管理中都重视利益相关者的参与。如美国国会于 1963 年通过的《农村电气化法》鼓励农民参与电气开发，以低息贷款鼓励成立农村电气化合作；澳大利亚的水资源管理的模式是流域与区域相结合、社会与民间组织参与、政府在决策前充分考虑各区域、单位、个人的意见以及专家的咨询意见。[③]

在我国，水电产业开发项目的主要参与者包括中央和地方政府部门、投资方、融资机构、当地利益方、能源和水利管理机构、环境监测部门、建设及监理部门、运营管理机构、地方居民以及代表水电行业管理的其他相关组织。因此，水能资源开发利用也必然涉及这些为数众多、层次不同的利益相关者。从我国目前的实际状况来看，要特别关注生态环境保护和库区移民安置问题，因为这涉及利益最容易受到侵害的弱势群体。在水能资源开发利用权制度的建构中，应充分体现利益相关者的合理诉求和正当利益，建立沟通渠道，以制度化的形式保障各

---

① 梁武湖、马光文等：《关于水电开发特许权经营的探讨》，载于《水力发电学报》2004 年第 3 期。
② 赴美国、加拿大水能资源开发利用管理考察组：《赴美国、加拿大水能资源开发利用管理考察报告》，载于《中国水能及电气化》2008 年第 4 期。
③ 王文柯：《基于利益相关者权益的水电开发企业公司治理机制研究》，载于《水利经济》2006 年第 1 期。

方利益,实现投资者和利益相关者的共赢,实现经济效益、社会效益与生态效益的统一。

　　我国水能资源开发利用正从传统计划经济条件下形成的基于行政命令的无偿划拨模式转向市场经济条件下基于法律的有偿的市场化模式,而市场化的水能资源开发利用模式的关键和起点在于依法确立和保护水能资源开发利用权。现有国家立法缺失和地方性立法有限发展的格局无法满足我国水能资源的有效、有序、合理、公平之开发利用的需要。准确把握水能资源开发利用权的性质、主体、客体和基本内容,针对我国水能资源开发利用中的主要问题和挑战,借鉴发达国家的制度和经验,制定我国《水能资源管理条例》,构建以水能开发利用权为核心的水能资源管理制度体系和机制,对于促进我国水能资源的良性开发利用,维护能源安全,促进低碳型经济发展和社会进步,保护生态环境,具有重要的意义。

第五章

我国新能源与可再生能源管理体制

第一节 我国可再生能源管理体制的变迁

从20世纪50年代开始,可再生能源重新引起人们的关注,经过60年的发展,可再生能源从无到有、从小到大、从可以忽略不计到受到前所未有的重视。相对于能源产业以及整个能源领域而言,这一发展速度还是非常快的,但是,与人类当前所面临的能源困境以及它所担负的应对气候变化的使命而言,可再生能源的开发利用的脚步还是显得太慢了。要解决这一问题,需要通过法律手段来促进以及规范可再生能源的开发利用。其中,由法律所确立的可再生能源管理体制及其机构,对于这一新型能源的发展规模和应用程度又有着直接的影响。我国可再生能源的开发利用大体分为小规模零星开发利用阶段、分散开发利用阶段和规模化开发利用阶段。与可再生能源开发利用的这三个阶段相对应的管理体制与机构各有其特点。

一、第一个阶段(20世纪50年代到70年代末):个别发展与各别管理

在20世纪80年代以前,可再生能源是以服务农村的农村能源的形式发展起

来的。我国早在20世纪50年代就开始对风能、太阳能热水器、沼气、太阳灶、光伏技术等可再生能源的研发与利用。[①] 但是从50年代到70年代末的30年间，最为广泛应用的可再生能源就是小水电和户用沼气，因而也只是在小水电和沼气这两个领域存在明确的主管机关。

1949年新中国成立时，全国农村都没有电。在这种情况下，国家实行两条腿走路的方针，在农村主要结合江河治理、兴修水利来开发农村水电，以求解决照明和生活生产用电的问题。直到20世纪70年代末，我国大部分的县主要依靠农村水电供电。[②] 数据显示，20世纪50年代，全国小水电每年装机只有几千千瓦。70年代每年几十万千瓦，1979年小水电新增装机约为107万千瓦。到1980年年底，我国已经从新中国成立初期的26座小水电站，装机容量2 800多千瓦，发展到88 555座小水电站，装机容量693万千瓦，相当于新中国成立之初全国发电设备容量的3倍多。1980年水电发电量为127亿度，约占全国农业用电量的34%，其中广东省的小水电装机容量最多，达到了100万千瓦[③]。为了加强对小水电的管理，1949年成立的水利工业部于1953年专门设立了小水电的专管机构。1958年，在国家机构改革中撤销了电力工业部和水利工业部，设立了水利电力部，小水电改由水利电力部管理。1963年，中央批准在水利电力部设立农村电气化局，管理小水电。在1979年的国家机构改革中，又撤销了水利电力部，分别设立水利部和电力工业部。小水电由水利部管理。

除了小水电外，当时得到较多应用是沼气。沼气的使用也始于20世纪50年代，毛泽东在湖北、安徽等地视察沼气利用技术时指出："沼气又能点灯，又能做饭，又能作肥料，要大力发展"，"要好好推广"[④]。此后，沼气一直被看成一种适合农村环境的可再生能源，长期受到重视和利用。关于沼气的利用管理，则一直由农业部负责。

我国第一台太阳能热水器出现在1958年。20世纪70年代兴起开发利用太阳能热潮，各地研制成多种热水器样机，并有小规模应用，1979年我国太阳能

---

① 中国能源研究会：《中国能源政策研究报告》，中国能源研究会1982年版，第221页。
② 李其道："《可再生能源促进法》与农村水电"，水信息网：http://www.hwcc.com.cn/newsdisplay/newsdisplay.asp? Id=191722（最后访问日期：2012年11月12日）。
③ 中国能源研究会：《中国能源政策研究报告》，中国能源研究会1982年版，第226页。
④ 发展沼气也得到以后国家领导人的支持。1980年和1982年，邓小平同志先后两次视察农村沼气，指出"发展沼气很好，是个方向，可以因地制宜解决农村能源问题"，"搞沼气还能改善环境卫生，提高肥效，可以解决农村大问题"。1991年，江泽民同志在湖南考察沼气农户时指出："农村发展沼气很重要，一可以方便农民生活，二可以保护生态环境。"胡锦涛同志、温家宝同志也多次视察沼气项目，作出重要指示。党的十六届五中全会上提出，"要大力普及农村沼气"。参见：2008年1月国家发展改革委农经司高俊才司长在农村沼气项目管理座谈会上的讲话，http://www.ehome.gov.cn/Article/UploadFiles/200708/20070830142241745.doc（最后访问日期：2008年7月15日）。

热水器的产量是十万平方米。但是，在这个时期，关于太阳能的开发利用问题，并没有明确的管理机构。

二、第二阶段（20世纪80年代初到20世纪末）：分散开发与分散监管

20世纪80年代，随着能源需求增加以及环境问题的出现，国家制定了有利于可再生能源开发利用的宏观政策。1982年，原国家计委《关于第六个五年计划的报告》中提出了"因地制宜、多能互补、综合利用、讲求实效"的农村能源建设方针。1986年，原国家经济委员会下发了《关于加强农村能源建设的意见》，明确提出各省、自治区、直辖市在编制发展农村能源的长远规划时，应包括"节柴灶、沼气、森林能源、小水电、小火电、小窑煤、秸秆利用、太阳能、风能、地热能、海洋能等能源的研究开发和推广规划，农村用能规划（包括乡镇企业商品煤、电、油供应）和节能规划。"同时还提出："特别注意小煤窑、薪炭林、小水电的开发，同时，积极进行风能、太阳能、地热能、海洋能和能源作物方面的开发试点。"可见，在80年代，关于风能、太阳能、地热能、海洋能等的开发利用，尚处于试点阶段。

1992年联合国环境与发展大会后，国务院提出我国环境与发展的十大对策和措施，明确要求"因地制宜地开发和推广太阳能、风能、地热能、潮汐能、生物质能等清洁能源"。1994年3月25日国务院通过的《中国21世纪议程——中国21世纪人口、环境与发展白皮书》中，明确提出："能源工业的发展以煤炭为基础，以电力为中心，大力发展水电，积极开发石油、天然气，适当发展核电，因地制宜地开发可再生能源"。1995年原国家科委、计委和经贸委共同制定了《中国可再生能源发展纲要（1996~2010）》以及"新能源可再生能源优先发展项目"等，这些文件成为指导中国可再生能源产业发展的纲领性文件。1996年原国家经贸委与有关部委联合发布了《可再生能源发展纲要》，1998年中国颁布实施《中华人民共和国节约能源法》，肯定了可再生能源节能减排、改善环境的重要战略作用和地位。

由上可见，在20世纪后期的20年中，可再生能源的开发利用已经得到了高度重视，并取得了很大进展。到1993年年底，全国运行中的小水电站达6万多座，全国97%的乡、92%的村和87%的农户通了电。[①] 到1998年，全国共建成

[①] 参见国家计委办公厅、国家科委办公厅、国家经贸委办公厅于1995年1月5日发布的《新能源和可再生能源发展纲要》（1996~2010）。

和营运的工业废水和禽畜粪便沼气工程分别有 200 个和 540 多个，年生产沼气分别达到 3.2 亿和 0.6 亿立方米。① 90 年代开始，可再生能源的建设范围扩大到风电、地热发电、光伏发电等。1990~1998 年，我国风电场取得了一定的发展。截至 1998 年年底，全国总共已建有 19 个风电场，总装机容量达到 22.4 万千瓦。到 1998 年，地热供暖面积已达 800 多万平方米。② 在太阳能热利用方面，20 世纪 80 年代中期，我国引进加拿大铜铝复合吸热板（SUNSTRIP）制造技术，使我国平板集热器产品质量跨上一个新台阶，我国太阳能热水器产业开始进入以现代化生产手段制造国产优质平板集热器的历史新阶段。同期，我国自主研发了真空管太阳能热水技术，技术水平在世界居于前列，这表明经过近 20 年的研发，我国太阳热水器技术日趋成熟。到 1998 年，全国太阳热水器累计拥有量达到了 1 500 万平方米，居世界第一位。③

随着我国可再生能源技术的发展和可再生能源应用类型的增多，可再生能源管理体制也变得日益复杂起来，管理机构也在迅速增多。20 世纪 80 年代以来，我国能源管理机构也几经变迁。④ 1982 年机构改革将水利部和电力工业部合并设水利电力部。小水电又由水利电力部负责管理。1988 年国务院机构改革，确定成立水利部。水利部于 1988 年 7 月 22 日重新组建。根据水利部的"三定方案"，水利部对以防洪、灌溉、供水为主的水力发电（包括大、中、小型水电站）、农村水电及其供电电网实行归口管理。⑤ 能源部设置了农村能源及农村电气化司，负责农村能源及农村电气化的归口管理工作。

1993 年国务院机构改革后，撤销了能源部，又组建了电力工业部和煤炭工业部以及国家经济贸易委员会等。在可再生能源的管理职能上，水电仍然归水利部管理，风电场的规划、建设、管理和运行的归口管理、监督指导与协调服务则由电力工业部负责。⑥ 太阳能等其他可再生能源的发展则被作为节约能源与环境

---

① 参见国家计委办公厅、国家科委办公厅、国家经贸委办公厅于 1995 年 1 月 5 日发布的《新能源和可再生能源发展纲要》（1996~2010）。

② 同上注。

③ 参见国家经贸委资源节约与综合利用司于 2000 年 8 月 23 日发布的《2000~2015 年新能源和可再生能源产业发展规划要点》。

④ 1988 年年初，国家根据经济体制改革的要求，撤销了煤炭部、电力部、石油部、化工部以及核工业部，成立了对能源统一管理的能源部。1993 年，能源部因没能按当初的设想发挥应有的作用而被撤销，重组煤炭部、电力部。1998 年，根据打破行业界限的需要，全国人大做出决定，撤销各行业管理部门。作为行业管理重点领域的能源各部门均在被撤销之列，我国的能源管理体制发生了根本性变化。2003 年，国家对能源管理体制又一次进行了调整，将能源宏观管理职能归于国家发展和改革委员会能源局。2005 年，国务院成立国家能源领导小组，作为国家能源工作的高层次议事协调机构。2008 年，国务院又成立了国家能源委员会和国家能源局。

⑤ 见 1990 年 1 月 5 日"水利部关于颁发《地方中小水电建设与管理办法》的通知"。

⑥ 见电力工业部 1994 年 10 月印发的《风力发电场并网运行管理规定（试行）》第三条。

保护的手段看待，由国家经贸委（资源节约综合利用司新能源处）主管。

1998年国务院机构改革中电力工业部被撤销，组建国家经贸委电力司，原电力工业部所具有的行政管理职能移交国家经贸委，"但经贸委的管理又没有及时到位，小水电仍然由水利系统管理[①]。其他可再生能源则由国家经贸委管理。"[②] 此外，原国家计委、国家科学技术部等对可再生能源也予以政策扶持。[③]

由上可见，在20世纪90年代期间，可再生能源多头或者多部门管理的格局基本形成，具有管理职责的机构包括：原国家计委交通能源司节能和新能源处、原国家经贸委资源司新能源处、原国家科委工业科技司能源处、农业部环能司能源处、电力工业部农村电气化司新能源发电处、水利部水电及农村电气化司等相关部门。这个阶段可再生能源产业的发展仍然是以服务农村为中心的，在此基础上兼顾生态保护和能源节约。事实上，这一主导思想在立法中也得以体现。例如，1995年的《电力法》在总则第五条规定："电力建设、生产、供应和使用应当依法保护环境，采取新技术，减少有害物质排放，防止污染和其他公害，国家鼓励和支持利用可再生能源和清洁能源发电。"在"农村电力建设和农业用电"一章中规定："国家提倡农村开发水能资源，建设中小电站，促进农村电气化。国家鼓励和支持农村利用太阳能、风能、地热能、生物质能和其他能源进行农村电源建设，增加农村电力供应。"1997年通过的《节约能源法》第四条规定："国家鼓励开发、利用可再生能源。"第三十八条规定："各级人民政府应当按照因地制宜、多能互补、综合利用、讲求效益的方针，加强农村能源建设，开发利用沼气、太阳能、风能、水能、地热等可再生能源和新能源。"

三、第三阶段（21世纪以来）：统一监管和分散监管相结合的管理体制

进入21世纪之后，为了推进、规范可再生能源的开发利用，国家出台了一系列有关可再生能源的立法和政策，包括2005年颁布《中华人民共和国可再生能源法》，对可再生能源的开发利用进行了较全面的规定。《可再生能源法》颁

[①] 一直到现在小水电到底归谁管理，还存在许多疑问。姚峰：《水利部上陈国务院 小水电该由谁管？》，载于《21世纪经济报道》2004年01月22日版。

[②] 见刘海荣、肖凌志：《云南中小水电发展呼唤管理"主官"》，载于《云南电力报》2007年10月16日版。

[③] 见《国家计委、科技部关于进一步支持可再生能源发展有关问题的通知》（计基础[1999]44号）。

布后，我国可再生能源产业得到较快的发展。到 2007 年年底，我国小水电装机容量超过 4 000 万千瓦，水电设计、施工及运行管理技术已非常成熟，具备了大规模开发利用的条件。风电方面，到 2007 年年底，全国并网风力发电装机容量为 590 多万千瓦[①]；太阳能热水器的生产量和使用量都位居世界第一[②]。

与可再生能源开发利用的良好势头相对应，可再生能源管理机构在 21 世纪也发生了变化。在 2003 年国务院机构改革中，新改组的国家发展和改革委员会成立了能源局。作为国家能源主管部门，原经贸委资源节约综合利用司新能源处的职能划归能源局，能源局下设可再生能源和农村电气化处，主管全国可再生能源。[③] 2008 年国务院机构改革，中国的能源管理机构将由新成立的国家能源委员会和国家能源局组成。国家能源委员会被设定为一个高层议事协调机构，负责研究拟定国家能源发展战略，审议能源安全和能源发展中的重大问题。国家能源局被设定为一个行业管理机构。按照国家能源局的"三定"方案，国家能源局由国家发改委原能源局、原国家能源领导小组办公室、原国防科工委主管核电工业的系统司局及国家发改委与能源行业相关的司局联合组成。国家能源局负责拟订和组织实施能源行业规划、产业政策和标准，并承担国家能源委员会办公室的工作。可再生能源以及煤炭、电力、石油、天然气、核电所有能源宏观管理职能，将归口到国家能源局统一管理。2013 年 3 月，《国务院关于提请审议国务院机构改革和职能转变方案》将原国家能源局、国家电力监管委员会的职责整合，重新组建国家能源局，由国家发展和改革委员会管理；不再保留国家电力监管委员会。按照现国家能源局的机构设置，新能源和可再生能源司是其十二个内设机构之一，主要负责指导协调新能源、可再生能源和农村能源发展，组织拟订新能源、水能、生物质能和其他可再生能源发展规划、计划和政策并组织实施。

---

① 李俊峰、王仲颖主编：《中华人民共和国可再生能源法解读》，化学工业出版社 2005 年版，第 44 页。
② 同上注，第 45 页。
③ 在地方上，应当由国家发改委能源局行使的水电、沼气的管理权并没有归口到发改委。因为地方机构改革与中央并不同步，加之水利部门多年管理产生的地方利益、部门利益，使得管理一直不能完全理顺，少数地方中小水电管理仍然由水利部门负责，沼气仍然由农业部门负责，但上级对口部门却是发改委能源局，职能重叠、交叉使综合管理很难到位，管理效率也一直无法提升。中小水电管理牵涉到能源、水利、计划、国土资源、环保、电力、物价等部门或企业，正是此多头管理，致使监管流于空泛，管理中也产生了新类型——"政企不分"。"就拿云南目前小水电项目的审批权来讲，有些地方是在水利系统，有的是在发改委，有些技改项目又是经委在批。之所以有些水电项目没拿到批文都敢建设，就是因为审批部门太多，执法不能负责到位。"见刘海荣、肖凌志：《云南中小水电发展呼唤管理"主官"》，载于《云南电力报》2007 年 10 月 16 日。

第二节 我国可再生能源管理体制特点、问题及完善

一、我国可再生能源管理体制及其特点

《可再生能源法》第五条对可再生能源的管理体制与机构作了明确规定："国务院能源主管部门对全国可再生能源的开发利用实施统一管理。国务院有关部门在各自的职责范围内负责可再生能源开发利用管理工作"，"县级以上地方人民政府能源主管部门对本行政区域内可再生能源的开发利用实施统一管理。县级以上地方人民政府有关部门在各自职责范围内负责可再生能源开发利用管理工作"。《可再生能源法》第五条的规定确立了我国可再生能源统一监管与分部门监管相结合、中央监管与地方监管相结合的监督管理体制。

1. 统一监督管理与分部门监督管理相结合

所谓统一监督管理是指由国家能源主管部门对可再生能源实施统一管理。长期以来，我国可再生能源的开发利用实行多头管理、分散管理，政出多门，资金分散，重复建设，严重削弱了国家对可再生能源统一规划、统一部署的能力。可再生能源分散管理设置的多重审批程序为项目的开发设置了过多的障碍，限制了开发和投资商进入市场，影响了可再生能源的开发利用。因而确立统一的可再生能源管理机构对于利用有限人力、物力、财力，统筹规划、统一部署可再生能源的开发利用，具有十分重要的意义。在国家能源局成立前，我国的国家能源主管部门是国家发改委（具体工作由发改委能源局负责），国家能源局成立后，国家能源局就是可再生能源的主管机关。根据《可再生能源法》的规定，国家能源主管部门的主要职责是：制定全国可再生能源开发利用中长期总量目标，编制全国可再生能源开发利用规划，制定、公布可再生能源产业发展指导目录等。《可再生能源法》颁布后，国家发展改革委制定了《可再生能源中长期发展规划》、《可再生能源发展"十一五"规划》、《可再生能源产业发展指导目录》、《可再生能源发电价格和费用分摊管理试行办法》、《可再生能源发电有关管理规定》、《促进风电产业发展实施意见》等政策，有力地推动了可再生能源的发展。

分部门管理则是指国务院有关部门依据有关法律对可再生能源的开发利用进行管理。分部门监督管理体制是考虑到可再生能源管理的复杂性而确立的，例如，可再生能源具有种类繁多的特点，可再生能源政策也需要与国家的其他政策

协调与配合。实施分部门监督管理的国务院有关部门包括科技、农业、水利、国土资源、建设、环境保护、林业、海洋、气象等，这些部门依据有关法律规定对可再生能源的开发利用进行监督管理。譬如科技部门依据《科技进步法》和《可再生能源法》的规定，负有在全国范围内组织科学技术力量对有关可再生能源开发利用进行重大科技项目立项和进行示范研究及推广的职责；农业部门根据《农业法》和《可再生能源法》对沼气等农村能源负有监督管理责任；水利部（农村水电及电气化发展局）负责审核中央补助投资的农村水电项目，参与大中型水资源开发利用项目的核准和审批，此外，水利部还负责指导地方农村水电项目审查、审批和验收工作，组织拟定并实施农村水电设备市场准入制度和农村水电及供电营业区安全文明生产监督管理办法，承担农村水电设计市场、设备市场、建设市场和电力产品市场监督管理；国土资源部门根据《矿产资源法》和《可再生能源法》对地热资源的开发利用负有监督管理的职责；建设部门根据《建筑法》和《可再生能源法》对太阳能、浅层地热等可再生能源在建筑领域的规模化应用负有职责；环境保护部门根据《环境保护法》和《可再生能源法》对水电、风电、地热等可再生能源的开发利用可能对环境资源造成的影响负有监督管理的职责；林业部门根据《森林法》和《可再生能源法》对林业生物质能源开发利用负有监督管理的职责；海洋部门根据《海洋环境保护法》、《海域使用管理法》和《可再生能源法》对潮汐发电等海洋能发电以及未来海上风电等负有监督管理的职责；气象部门根据《气象法》和《可再生能源法》对太阳能、风能等气候资源评价负有一定的职责。事实上，除了这些专业或者行业监管部门外，国务院财政部门、税务部门、价格部门、金融部门、标准化部门、质检部门、教育部门等虽然没有对开发利用可再生能源负直接管理的职责，但对有关可再生能源的财政税收优惠、价格、贷款优惠、技术与产品标准、质量标准、课程教育等都负有相应的职责。

2. 中央监督管理与地方监督管理相结合

这是能源监督管理的综合性和地方性的体现。所谓中央的监督管理包括两层意思：一是指国务院和国务院能源主管部门对可再生能源监督管理负有统一的业务领导或指导；二是指中央级的能源监督管理部门主要进行全局性、长期性、间接性的宏观监督管理。所谓地方分级监督管理，包括省级、市级、县级的监督管理，其中省级主要进行宏观环境监督管理，包括确定各行政区域可再生能源开发利用的中长期目标、编制本行政区域可再生能源开发利用规划等。市级既有宏观监督管理又有微观监督管理，县级主要进行执行性的、直接性的微观监督管理。由于开发利用可再生能源是一个关系国家经济与能源安全、全球气候变化以及中国履行《气候变化框架公约》的一个全局性问题，因而需要加强中央政府对可再生能源监督管理的统一领导和宏观监督管理。但是，可再生能源的开发利用又取决于可再生能源的资源条件和气候条件，具有较强的地域性，因而必须考虑不同地区的资源条件和气候条件以及当地的经济发展水平，这又需要县级以上地方人民政府从本地可再生能源资源条件、气候条件经济条件等实际情况出发，实行地方分级监督管理。二者的结合，既能发挥中央统一领导、宏观调控的作用，又有利于调动地方各级人民政府的积极性，实行有效的微观监督管理。

二、我国可再生能源监督管理体制存在的问题

虽然我国建立和确立了可再生能源监督管理体制，但是，现有体制还不是很完善。事实上，从可再生能源的现有监督管理体制来看，仍然存在一些问题：

（1）可再生能源的管理与可再生能源资源的管理相分离。按照《可再生能源法》的规定，可再生能源由能源主管部门进行统一管理，但是由于水、地热、海洋都是十分重要的自然资源，按照《水法》的规定，水资源是由水利部门管理的；按照《矿产资源法》的规定，地热资源是国土资源部门管理的；按照《海洋环境保护法》，海洋资源是由海洋行政主管部门负责的。风力资源、太阳能资源、生物质能资源虽然谈不上管理，但是这些资源的详细信息也是由气象、农业等专业部门掌握的。水能资源的基础调查、信息收集和水能资源定期评价制度就由水行政主管部门负责的。[①] 因而有关可再生能源资源的开发利用，必然会首先涉及资源部门，而且没有资源部门的同意和配合，就无法进行可再生能源资源的开发利用。这种资源与能源监管相分离的体制，在操作层面就会形成投资建设可再生能源的项目，必须先得到资源部门的前置性审批或者许可，同时又需要得到能源部门的审批，这种"双重审批"甚至是"多重审批"实际上大大增加了可再生能源进入的"门槛"，对可再生能源开发利用构成严重障碍。

（2）管理职责分散，不够集中。《可再生能源法》规定由能源主管部门统一管理，但是事实上可再生能源的管理职责是非常分散的，这种分散不仅体现在分部门管理体制上，即使是同一部门中，管理的职权也够集中。例如，在2008年前，国家发改委内部的多个司局如能源局、经济运行局、价格司、工业司、高技术产业司等都分别担负有关可再生能源管理职责，从而使可再生能源的规划、项目审批、能源调配、价格和产业发展的职能相分离。如能源局具体负责研究提出可再生能源发展战略、规划、政策，规划能源勘探开发、生产建设和市场供应的布局，审核可再生能源重大项目以及对外合作等；经济运行局则负责组织协调可

[①] 程回洲：《〈可再生能源法〉与水能资源管理》，载于《中国水利》2006年第2期。

再生能源电力等运行保障要素；价格司负责可再生能源电力价格的制定。这种将本来属于一个整体的监管分割为不同部门的以及在不同阶段的监管，极易造成监管部门之间的相互扯皮。同时，在《可再生能源法》所规定的分部门管理中，涉及众多国务院有关部门的管理职责。监管权能的分散，影响决策的权威与效率。2008年国务院机构改革成立了国家能源局后，有关可再生能源监管体制有一定程度的完善，但是，依然没有从根本上解决问题，如可再生能源价格依然由发改委负责。

（3）重审批轻监管。《可再生能源法》第十四条第一款规定"国务院能源主管部门会同国家电力监管机构和国务院财政部门，按照全国可再生能源开发利用规划，确定在规划期内应当达到的可再生能源发电量占全部发电量的比重，制定电网企业优先调度和全额收购可再生能源发电的具体办法，并由国务院能源主管部门会同国家电力监管机构在年度中督促落实。"这里虽然规定了电力监管机构监管职责，但是没有合理配置与划分能源主管部门与电力监管部门之间的职责。在第二十七条和第二十九条对电力监管部门对电力企业的现场检查和对电网企业未全额收购可再生能源电量的处罚权进行了规定，但是在法律责任部分并没有针对电力监管机构的规定。在2013年电力监管部门并入国家能源局之后，职能交叉的问题有所改观。

（4）重经济性管理、轻社会性监管。目前对可再生能源产业的监管主要集中在经济性监管领域，特别是对可再生能源项目的投资审批。对涉及公共安全、环境与资源保护等社会性监管重视不够。《可再生能源法》对建设可再生能源并网发电项目的审批、可再生能源发电项目的上网电价管理、电力监管机构对电力企业的检查监督等经济性监管进行了原则性规定，但是对由于可再生能源造成的资源与环境问题却没有涉及。尽管可再生能源是可再生的，并且从总体上是看清洁的，但是，水电开发带来的生态环境问题、风电开发带来的噪声污染、对景观和鸟类生存环境的破坏、对土地的占用；能源植物种植可能引起生物多样性的丧失；生产多晶硅的太阳能企业造成的废料污染、垃圾发电的尾气对环境的污染、地热开采造成的地面干扰、地面沉降、噪声、热污染和化学物质的排放等，均需要加强监督和管理。然而，这些都尚付阙如。因此，非常有必要在《可再生能源法》中对可再生能源的社会性监管作出专门规定。

（5）城市可再生能源管理与农村可再生能源管理相分离。我国可再生能源的发展历程证明，可再生能源与农村能源的建设之间具有十分密切的关系，在一定意义上可以认为可再生能源的发展就是为了服务农村、解决农村地区的用能问题的。但是，近年来，由于气候变化问题对能源的发展提出新的要求，其中发展低碳或者清洁的可再生能源成为应对气候变化问题的一个重要途径，因而发展可再生能源的意义就超越了农村可再生能源的发展。结果，在可再生能源的发展与管理问题上也出现了明显的"二元结构"。这从我国《可再生能源法》在第十八条专门对农村地区可再生能源利用进行原则规定显露端倪。第十八条规定："县级以上地方人民政府管理能源工作的部门会同有关部门，根据当地经济社会发展、生态保护和卫生综合治理需要等实际情况，制定农村地区可再生能源发展规划，因地制宜地推广应用沼气等生物质资源转化、户用太阳能、小型风能、小型水能等技术。"第十八条没有明确县级以上地方人民政府主管农村能源的部门。但根据各省级立法机关颁布的地方性法规来看①，大多数地方立法将农村能源的主管部门划归农业行政主管部门。这种"二元结构"造成了我国农村能源发展特别是中西部地区农村能源供应条件较差的局面，能源基础设施落后，能源供给能力不足，服务体系不健全，清洁高效能源较低，进而使农村能源成了制约农村生产生活条件改善的重要因素。

三、进一步健全可再生能源管理体制

随着可再生能源开发利用在国家经济甚至政治生活中的地位提升，可再生能源管理体制的健全应当转变观念：第一，应加强对可再生能源宏观规划；第二，应放松对可再生能源的经济性监管；第三，应加强可再生能源的社会性监管，如在有关公共安全、资源和环境保护方面实行严格监管。

（1）建立资源与能源的统合管理。我国现有的资源、能源分散管理模式，造成的管理效率低下问题已经成为共识。因而，多年来，社会各界呼吁大部制改革，以减少行政审批环节和部门之间的相互掣肘。未来，可再生能源与资源管理部门的合并也应当是一个方向。

（2）加强国家能源局作为可再生能源行业主管部门的综合统一管理能力。按照2013年6月9日《国务院办公厅关于印发国家能源局主要职责内设机构和人员编制规定的通知》（国办发［2013］51号），重新组建的国家能源局主要负责拟定并组织实施能源发展战略、规划、政策和标准，推动能源消费总量控制，监管电力市场运行、指导协调新能源、可再生能源和农村能源发展等。因而，发展新能源、可再生能源仍是国家能源局的重要任务之一。由国家能源局组织拟定新能源、水能、生物质能和其他可再生能源发展规划、计划和政策并组织实施。

（3）加强对可再生能源公共性监管特别是上网的监管。目前我国对包括可

---

① 根据《可再生能源法》的规定，在湖南省推出全国第一个农村可再生能源地方性立法之后，全国已经有许多的省、自治区和直辖市颁布了各行政区域的"农村可再生能源条例"。

再生能源在内的所有能源的管理是分阶段进行的，从资源的确认、投资审批、生产加工、到销售服务，分别由不同的部门对不同环节的不同问题进行管理，管理机关和环节多重设置。这种管理模式对于其他化石类能源是否合适，属于另一个问题，但是，总的来说，化石能源是不可再生的能源，而且化石能源的消费有比较大的对环境的负面效应，因而加强或者设置较多的监管环节可能是必要的。但这种模式对可再生能源就不一定很合适。因为，可再生能源与化石能源不同，它既是可再生的，又是清洁安全的，所以各国的态度是鼓励而不是限制开发，是放松管制而不是加强管制，特别是应当放松对投资设立审批环节的监管，尽可能降低开发利用的门槛；同时应当加强对可再生能源电力上网的监管，切实解决可再生能源电力上网难的老大难问题。当然，也需要加强可再生能源对生态环境影响的监管，防止可再生能源产业特别是设备生产端对环境的污染。

（4）建立"城乡一体"的可再生能源管理体制。2008年的国务院机构改革虽然明确了由国家能源局负责可再生能源的发展，并且对国家发改委内部涉及可再生能源的机构进行了整合，但是，对农村可再生能源以及农业行政主管部门、水利行政主管部门负责的农村小水电职能如何整合没有明确。笔者认为，为了加强可再生能源在农村推广运用，必须建立"城乡一体"的可再生能源管理体制，以加强农村可再生能源的技术和产品标准体系，功能规范或检测认证，加强农村可再生能源和产业服务体系建设，促进农村居民用能基础条件的改善，保障农村能源的安全。

可再生能源管理体制是一个重要却被被忽略了的问题。当前，可再生能源开发利用已经进入一个前所未有的好时期，所以，需要加强对可再生能源管理体制的研究以建立健全可再生能源监督管理体制。体制是法律得以执行的载体，它在日常管理活动中发挥着直接的作用，如果我们能够根据可再生能源的特点，根据现实中开发利用可再生能源的迫切要求，建立健全综合配套、有机统一的可再生能源管理体制，对于可再生能源的大规模发展和健康发展具有十分重要的意义。

第二篇

可再生能源产业政策

第六章

可再生能源产业政策概述

第一节 我国可再生能源产业政策现状

一、可再生能源产业性质

关于新能源产业的属性，《可再生能源法》没有作出界定。2005年国务院发布的《促进产业结构调整暂行规定》中，在不同语境中对新能源产业属性作出不同界定：（1）在优化能源结构方面，提出"以大型高效机组为重点优化发展煤电"，"积极扶持和发展可再生能源产业"，由此可推断，新能源产业在能源产业结构中属于需要扶持和发展的新型产业、幼稚产业；（2）在发展高科技方面，提出"重点发展生物农业、生物医药、生物能源和生物化工等生物产业"，因此，生物能源产业在生物产业中属于重点产业；（3）在产业布局方面，提出"中部地区要抓好粮食主产区建设，发展有比较优势的能源和制造业"，可见，中部地区的能源产业可视作特色产业；（4）在产业指导目录分类管理上，"有利于可再生能源开发利用""有利于发挥我国比较优势，特别是中西部地区和东北地区等老工业基地的能源、矿产资源与劳动力资源等优势"的产业，属于鼓励类目录。2007年国家发改委发布的《可再生能源中长期规划》关于发展可再生能源意义的阐述中，对可再生能源产业的属性做了如下表述：（1）在建设社会主义新农村过程中，"可以将农村地区的生物质资源转换为商品能源，使可再生能源成为农村特色产业"；（2）在促进经济社会方面，"可再生能源也是高新技术和新兴产业，快速发展的可再生能源已成为一个新的经济增长点"。

2010年，国务院发布《关于加快培育和发展战略性新兴产业的决定》（以下简称《决定》），首次通过产业政策形式提出"战略性新兴产业"的概念。随后，国家在"十二五"规划中专章规定"培育发展战略性新兴产业"。根据国务院《决定》的解释，"战略性新兴产业是以重大技术突破和重大发展需求为基础，对经济社会全局和长远发展具有重大引领带动作用，知识技术密集、物质资源消耗少、成长潜力大、综合效益好的产业。"通过创新发展，将战略性新兴产业加快培育成为先导产业和支柱产业。其中，新能源产业和新能源汽车产业经过10年的发展，将成为国民经济的先导产业。与此同时，战略性新兴产业还要形成一批具有国际影响力的大企业和一批创新活力旺盛的中小企业，建成一批产业链完善、创新能力强、特色鲜明的战略性新兴产业集聚区。从这些内容可以看出，《决定》对新能源产业的发展定位、产业技术、产业组织、产业布局等内容，都做了方向性的规划。由战略性新兴产业发展成为先导产业，需要一系列政策工具的配套实施。这些产业目标和政策工具有机结合，共同构成促进新能源产业发展的产业政策。

二、可再生能源产业政策的表现形态

以《可再生能源法》和《决定》为标志，可以将我国新能源产业政策的表现形态进行以下三个阶段的划分。

（1）第一阶段（2005年之前），即《可再生能源法》颁布之前，新能源产业政策表现为以其他关联立法为引导、以个别专项政策为补充的政策体系。如前所言，新能源的产生与环境保护、能源替代、节约能源等因素有关，因此，我国新能源产业政策以关联立法的存在为前提和基础，以依附性、补充性的形式出现。

其一，关联立法中对新能源产业提出展望，主要表现有：

①1995年颁布的《电力法》第五条规定："国家鼓励和支持利用可再生能源和清洁能源发电。"第四十八条规定："国家提倡农村开发水能资源，建设中、小型水电站，促进农村电气化。""国家鼓励和支持农村利用太阳能、风能、地热能、生物质能和其他能源进行农村电源建设，增加农村电力供应。"

②1997年颁布的《节约能源法》第四条第三款规定："国家鼓励开发、利用

可再生能源。"第十一条规定:"国务院和省、自治区、直辖市人民政府应当在基本建设、技术改造资金中安排节能资金,用于支持能源的合理利用以及可再生能源的开发"。"市、县人民政府根据实际情况安排节能资金,用于支持能源的合理利用以及可再生能源的开发。"第三十八条规定:"各级人民政府应当按照因地制宜、多能互补、综合利用、讲求效益的方针,加强农村能源建设,开发、利用沼气、太阳能、风能、水能、地热等可再生能源和新能源。"显然,该法从新能源地位、资金扶持、农村能源建设三个角度规定新能源产业,旨在辅助以节能为主导的能源管理工作,提高化石能源的利用效率。

③2000年修订颁布的《大气污染防治法》第九条规定:"国家鼓励和支持大气污染防治的科学技术研究,推广先进适用的大气污染防治技术;鼓励和支持开发、利用太阳能、风能、水能等清洁能源。"第二十五条规定:"国务院有关部门和地方各级人民政府应当采取措施,改进城市能源结构,推广清洁能源的生产和使用。"第三十四条规定:"国家鼓励生产和消费使用清洁能源的机动车船。"该法从能源开发和利用角度对新能源作出规定。

其二,专项政策中对新能源产业提出展望,主要表现有:

①《可再生能源发展纲要(1996~2010)》。此发展纲要是我国第一部系统规范可再生能源发展目标、任务和措施的规划纲要,因此也是第一项系统的新能源产业政策。该规划在"对策和措施"中,先后提出部门协调配合(管理体制)、优惠政策(产业促进)、科研与示范(产业规划)、产业化建设(产业组织和标准化)以及国际合作(产业贸易)等具体制度,对于新能源产业的发展具有重要指导意义。

②1997年国家计委印发的《新能源基本建设项目管理的暂行规定》。该规定本是一个部门规章,主要规定新能源规划和新能源项目规划、审批的基本条件和程序,因此属于有关产业规划的专项政策,其中涉及的项目包括:风力发电装机3 000千瓦及其以上、太阳能发电装机100千瓦、地热发电装机1 500千瓦及其以上、潮汐发电装机2 000千瓦及其以上、垃圾发电装机1 000千瓦及其以上、沼气工程日产气5 000立方米及其以上及投资3 000万元人民币以上其他新能源项目。达到经济规模的为大中型新能源基本建设项目,达不到的为小型项目。

③1999年国家计委和科技部联合发布《关于进一步支持可再生能源发展有关问题的通知》。该通知是一项典型的产业政策,针对可再生能源发电项目、国产化发电设施项目、并网发电建设项目等予以财政贴息支持的规定,因此属于产业促进的专项政策。

(2)第二阶段(2005~2010年),即《可再生能源法》颁布至国务院《决定》出台之前,随着可再生能源产业基本立法的制定,围绕基本立法的产业政策不断出台，形成产业法与产业政策相互配合的政策体系。

①2005 年颁布的《可再生能源法》，对新能源产业发展的基本政策工具做了系统规定，主要表现在：一是第一章"总则"涉及可再生能源产业属性（能源发展的优先领域）和产业管理体制（国家能源主管部门和政府相关部门）。二是第二章"资源调查与发展规划"涉及产业要素与产业规划制度。三是第三章"产业指导与技术支持"涉及产业准入（制定产业指导目录）、产业经营（标准化）和产业要素（产业技术及其政府促进）。三是第四章"推广与应用"涉及产业准入（并网发电许可）、产业经营（并网协议、生物质利用及其技术标准、太阳能热水系统及其技术标准、建筑用能）以及产业布局（农村用能）等制度。四是第五章"价格管理与费用分摊"涉及产业经营和促进制度。五是第六章"经济激励与监督措施"涉及产业促进（基金、优惠贷款、税收）制度。六是第七章"法律责任"涉及产业责任制度，主要涉及产业许可与经营监督、电量收购、拒绝并网、拒绝销售等行为，后三种既涉及民事责任（赔偿责任）也涉及行政责任（行政罚款）。其中，第四章"推广与应用"又具有分项产业政策的特点，即涉及并网、收购、独立电力系统、生物质作物与燃料、太阳能利用系统和建筑物用能、农村用能等方面，每一个部分都可以单独形成相对独立的产业政策。

②《可再生能源法》实施的配套政策。按照职能分工的特点，我国相关政府部门在《可再生能源法》颁布之后，陆续出台了规定配套措施的政策，补充和完善了《可再生能源法》的规定，主要表现有：

一是根据《国务院关于部委管理的国家局设置的通知》（国发［2008］12 号），国家设立国家能源局，作为国家发改委管理的国家局，下设可再生能源司，负责新能源产业管理。

二是发布《可再生能源中长期发展规划（2007~2020）》和《可再生能源发展"十一五"规划》。这是两份指导可再生能源产业发展的规划。其中，前者总结了国外促进新能源发展的四项政策措施：目标引导、政策激励、产业扶持、资金支持，后三项均属于产业促进制度。该规划按照水电、生物质、风电、太阳能、地热能、农村用能等能源种类和领域进行规划目标的设定，并提出配套措施，包括产业准入（特许权）和产业促进（政府投资），产业经营（并网、电力和燃料收购、标准修订、电价招标），产业促进（基金、税收支持），产业规划（可再生能源专项）等。这些措施除了对非水电可再生能源发电市场份额进行强制性目标规定（约束性指标），以及对可再生能源技术和产业体系提出 2010 年、2020 年定性目标外，其他内容几乎与《可再生能源法》的内容雷同。因此可以说，此规划属于重在确定规划目标的产业政策。《可再生能源发展"十一五"规划》在开篇序言中明确提出:"本规划……是落实《可再生能源法》的重要措施和实现'十一五'规划纲要发展目标的重要保障。""本规划是指导'十一五'时期我国可再生能源开发利用和引导可再生能源产业发展的主要依据。"本规划在编制技术上,将产业政策与具体可再生能源产业的发展有机统一起来,突出产业内部各行业政策之共性和差异,例如,在"农村可再生能源"部分,文本规定了产业规划总量指标和规划项目(包括无电地区电力建设、农村用户沼气池建设、禽兽养殖沼气池建设、小型能源设施建设、绿色能源示范县建设等五个方面),对产业要素(技术创新和设备制造力)、产业经营(质量标准)提出要求,并强调产业促进(沼气建设、小水电代燃料、生物质固体成型燃料等农村可再生能源建设的财政补贴)、产业组织(在农村地区建立可再生能源服务公司)的重要性。

除前述两个规划文本外,国家发改委、财政部还于 2006 年联合发布了《促进风电产业发展实施意见》(以下简称《意见》)。该《意见》是关于风电发展的专项产业政策。该《意见》文本在序言中指出:"按照《可再生能源法》的要求,中央财政将安排专项资金支持风能资源评价、规划编制、风电产业化体系建设等基础性工作。""现研究制定了'十一五'时期促进风电产业发展的实施意见。"该文本先后规定了"主要任务和目标"、"基本思路和原则"、"主要工作和安排"等三个方面,在编写架构和技术上与规划相同,因此,本专项政策也可以视为专项规划,只不过,该《意见》对政策工作的安排更加细化,职责清晰、程序明确,值得推广,具体规定如表 6-1 所示。

表 6-1　　　　　　　　促进风电产业发展实施意见

产业目标	工作要点	工作机制
开展风能资源详查和评价工作	建立风能资源专业观测网 建立全国风能资源数据库 建立全国风电场工程项目数据库	由国家发改委、财政部、国家气象局三方开展风能资源测量和风电场工程评估方案,由国家气象局和中国水电工程顾问集团公司提出具体方案,报发改委、财政部审批
建立国家风电设备标准、检测认证体系	制订风电技术标准形成与国际接轨的风电设备检测和认证体系 建立风电机组测试检测中心	由国家标准委提出风电标准框架和标准研究制订的工作方案,由发改委会同标准委下达标准编制任务,中国计量科学院鉴定认证中心根据国家认监委的要求,提出国家风电设备检测和认证技术能力建设方案,由国家发改委、财政部审定后核准

续表

产业目标	工作要点	工作机制
支持风电技术开发能力建设	建立国家风电机组整机及零部件技术研究开发中心	各省发改委、财政厅,以及中国科学院、教育部、中国机械工业联合会等单位推荐风电机组整机和零部件研发中心,由国家发改委、财政部组织专家评审后择优选定
支持风电设备产业化	形成拥有自主知识产权的风电装备能力	具体办法由财政部、国家发展改革委另行制定
支持开展适应风电发展的电网规划和技术研究	电网建设规划和风电接入电网技术研究和试验	由国家电网公司和南方电网公司组织有关单位开展风电配套电网规划和风电并网技术研究试验工作

三是配合《可再生能源法》各项具体配套措施制定专项产业政策,由于《可再生能源法》的内容比较抽象,导致配套实施的政策文件很多,主要有以下方面,见表6-2。

表6-2　　　　　　《可再生能源法》配套政策文件

政策类型	政策名称	制定单位	制定年份
产业促进	可再生能源发展专项资金管理暂行办法	财政部	2006年8月
	海洋可再生能源专项资金管理暂行办法	财政部、国家海洋局	2010年6月
	可再生能源建筑应用专项资金管理暂行办法	财政部、建设部	2006年9月
	关于发展生物能源和生物化工财税扶持政策的实施意见	财政部、国家发改委、农业部、国家税务总局、国家林业局	2006年9月
产业经营	可再生能源发电有关管理规定	国家发改委	2006年1月
	可再生能源发电价格和费用分摊管理试行办法	国家发改委	2006年1月
	可再生能源电价附加收入调配暂行办法	国家发改委	2007年1月
	电网企业全额收购可再生能源电量监管办法	中国电监会	2007年5月
产业准入	可再生能源产业发展指导目录	国家发改委	2005年11月

根据上述介绍可以看到，第二阶段的产业政策主要在产业管理体制、产业规划、产业准入、产业经营、产业布局、产业促进等方面进行了细化规定，相较之，产业贸易、产业组织方面的政策较少。

（3）第三阶段（2010年之后），即国务院《决定》出台之后，随着国家将可再生能源产业确定为新兴战略性产业，并明确其发展方向和扶持措施，可再生能源产业进入新的发展时期，形成产业政策补充、促进产业立法的政策体系。

国务院《决定》对新能源产业政策的理念和制度突破。国务院2010年颁布的《决定》将新能源产业划分为"新能源产业"和"新能源汽车产业"两个子项。其中，"新能源产业"涵盖核能产业、太阳能光伏光热发电市场、风电规模化、智能电网、生物质能5个具体领域，将"核能产业"列入其间并突出其地位，推进"风电"规模化，水电、潮汐能等排除在外，体现该《决定》"实现产业化"、"重点领域跨越"的原则。"新能源汽车产业"涵盖混合电力、纯电力汽车的技术应用和产业化，以及节能汽车的发展，属于利用新技术改造传统汽车制造业，促进传统产业升级的产业政策。②依据国务院《决定》和2009年修订的《可再生能源法》出台的其他产业政策。这些政策主要有：

一是国务院2012年7月发布的《"十二五"国家战略性新兴产业发展规划》，该规划进一步细化了国务院2010年《意见》的规划目标，明确了各战略性新兴产业的发展路线图，并对产业政策工具做了详细安排。其中，"新能源产业"和"新能源汽车产业"部分分别规定了风能产业、太阳能产业、生物质能产业、新能源汽车产业截至2015年和2020年的产业发展路线图、主要任务，重大行动和政策，有区别地将各类新能源产业的政策差异呈现出来。其中，这四类产业在主要任务、重大行动和政策上的差异如表6-3所示。

表6-3　　　　"十二五"国家战略性新兴产业发展规划

比较项目	主要任务	重大行动	重大政策
风能产业	加强风电整机、零部件开发能力；建设八大千万千万级风电基地；开发中小型风电项目；推动海上风电项目	风能资源评价；关键技术开发与产业化；风电并网	实施发电配额制、建成电网运行和管理体系；加快建设智能电网和运行体系
太阳能产业	发展太阳能光伏电池的新工艺和新装备；建立大型并网光伏发电站；推动太阳能在工业领域的运用；推进新能源城市建设	关键技术开发与产业化；市场培育	制定普及太阳能光热利用的法规、标准；建立光伏分布式发电的电网运行和管理机制，完善上网电价形成机制

续表

比较项目	主要任务	重大行动	重大政策
生物质能产业	有序发展直燃发电；推进生物柴油产业化；鼓励利用边际土地和近海种植能源作物植物	关键技术开发与产业化；市场运用	完善技术标准和工程规范，健全检测认证体系；完善激励机制和市场流通机制
新能源汽车产业	推动纯电力和插电式混合电力汽车产业化；突破关键零部件和核心技术；初步形成产业化体系；建立完整的政策框架体系	创新能力建设；关键技术研究；产业化推广	完善财税激励机制，鼓励新能源汽车消费使用；建立动力电池回收和梯级利用管理制度

二是国家发改委 2011 年 11 月发布的《国家能源科技"十二五"规划（2011~2015）》（以下简称《规划》），明确了新能源技术的发展路线图和保障措施，为新能源技术政策的制定和实施提供了依据。在该《规划》中，规划了 13 项重大技术研究、7 项重大技术装备、12 项重大示范工程和 11 个技术创新平台，每一项规划都确定了目标、内容和规划期。

三是国家能源局于 2012 年 8 月 6 日发布的《可再生能源发展"十二五"规划》，明确提出"为实现 2015 年和 2020 年非化石能源分别占一次能源消费比重 11.4%和 15%的目标"，"十二五"期间，可再生能源产业发展的总目标是"扩大可再生能源的应用规模，促进可再生能源与常规能源体系的融合，显著提高可再生能源在能源消费中的比重；全面提升可再生能源技术创新能力，掌握可再生能源核心技术，建立体系完善和竞争力强的可再生能源产业"。

四是此期间其他产业政策中涉及新能源产业的内容。如国务院 2010 年 5 月发布的《关于鼓励和引导民间投资健康发展的若干意见》（也称"非公经济新 36 条"）鼓励民间资本"参与风能、太阳能、地热能、生物质能等新能源产业建设"、"鼓励和引导民营企业发展战略性新兴产业"。该《意见》既是对我国产业投资体制改革的推进，也是对民间投资（非公经济，某种程度上与广大中小企业相关联）在市场准入、产业组织方面的改革，比如将新能源产业向中小企业放开，但是投资方式有所限制。

在上述三个阶段的产业政策发展过程中，除了国家发布的一系列立法、规划、办法、意见等形式的新能源产业政策外，地方政府也根据中央精神和规定制定发布了地方性产业政策。对于此，理论上有一些争论，如地方政府是否有权力制定产业政策？如果有，权力边界在哪里？对于前者，有人指出，产业政策的制定权在国务院，省和计划单列市只能制定实施办法。① 也有从博弈论角度分析，认为开发利用可再生能源具有正外部性，社会成本小于私人成本，政府需要对技术产品开发予以成本弥补，但是地方政府在产业初期往往不需要承担相关环境责任，缺乏促进新能源产业发展的积极性。② 这两个观点有一定的合理性，但是与现实有冲突，最起码的两个反驳因素是，目前的产业管理体制和产业政策都许可地方政府制定实施产业政策，如《可再生能源法》第五条第 2 款赋予县级以上地方能源管理机构及相关政府部门管理可再生能源开发利用的职权；国务院《关于加快培育和发展战略性新兴产业的决定》也要求"各省（区、市）人民政府要根据本决定的要求，抓紧制定实施方案和具体落实措施"，《"十二五"国家战略性新兴产业发展规划》也要求"各地要结合国家战略性新兴产业发展重点，从当地实际出发，重点发展具有竞争优势的特色新兴产业，避免盲目发展和重复建设。"显然，在推行战略性新兴产业发展的过程中，地方政府无疑要承担相应的管理责任，而其承担责任的前提是要制定相应的产业政策。

关于新能源的地方性产业政策，在表现形式上有地方性法规、规章、规划以及其他规范性文件等类型。在地方性法规方面，如浙江省人大常委会 2012 年 5 月发布的《浙江省可再生能源开发利用促进条例》、内蒙古自治区政府 2006 年 2 月发布的《内蒙古自治区风能资源开发利用管理办法》、云南省财政厅和省经济委员会 2007 年 8 月发布的《云南省可再生能源发展专项资金管理暂行办法》等。在地方性规划方面，如《北京市"十二五"时期可再生能源发展规划》、《黑龙江省可再生能源产业发展规划（2010～2020 年）》、《江苏省新能源产业调整和振兴规划纲要》等。在战略性新兴产业政策方面，湖南省委、省政府 2010 年 8 月联合发布《关于加快培育发展战略性新兴产业的决定》，海南省政府 2011 年 5 月发布《关于加快培育和发展战略性新兴产业的实施意见》，福建省 2012 年 2 月发布《福建省加快战略性新兴产业发展的实施方案》，江西省政府 2009 年先后发布《江西省十大战略性新兴产业（光伏）发展规划（2009～2015）》、《江西省十大战略性新兴产业（风能、核能）发展规划（2009～2015）》、《江西省十大战略性新兴产业（新能源汽车及动力电池）发展规划（2009～2015）》。这些地方新能源产业政策对地方新能源产业的开发利用具有直接的指导和约束意义。

---

① 白水：《产业政策是计划管理的重要组成部分》，载于《中国经贸导刊》1990 年第 21 期。
② 张国东、刘长滨：《中央政府与地方政府发展可再生能源的政策差异分析》，载于《建筑科学》2007 年第 4 期。

第二节 我国可再生能源产业政策的主要制度

一、我国可再生能源产业政策的主要制度

新能源产业政策的主要形式里都包含了内容丰富的制度性规定。其中，有些制度是可以普通适用于各类产业的，如产业促进中的财政、税收、金融制度，以及产业经营中的标准化管理等政策；有些制度则是新能源产业自身特有的，如产业要素中的新能源资源制度、产业经营中的并网制度、太阳能家庭推广制度。

（一）新能源产业政策的规划制度

规划制度是推行新能源政策的重要表现形式。《可再生能源法》规定了可再生能源规划制度，包括规划制定机关、制定依据、规划审批、规划衔接、规划文本与内容等要件。比照国务院2005年发布的《关于加强经济和社会发展规划编制意见》的规定，《可再生能源法》没有规定可再生能源规划与国民经济和社会发展规划、空间规划等规划之间的关联，也没有规定规划评估制度。规划制度呈现给公众的是具体的规划文本。目前，各种表现形式的规划文本具有显著的产业政策属性。一方面，规划文本是针对可再生能源技术和生产经营活动而设定目标的，具有明确的产业发展指向；另一方面，规划文本通常将规划目标的政策措施和实施机制作为必要构成要件，成为指导中长期产业发展及其管理工作的依据。例如，我国可再生能源"十一五"规划、"十二五"规划、中长期规划等，无不涵盖目标设定、重点项目、政策工具、组织保障等内容，其中，政策工具又需要通过相关立法、政策、规划等规范性文件予以进一步规定。从产业运行和管理的过程来看，国家规划是推动可再生能源产业发展的首要依据，它可以通过可再生能源立法的形式表现出来，也可以通过具体规划文本表现出来。

（二）新能源产业政策的要素制度

要素制度是新能源产业政策的基本制度之一。从新能源开发利用的特点来看，新能源资源的开发利用是要素管理的重点，具体包括新能源资源、新能源技术以及新能源人才。

1. 新能源资源

新能源资源即产生能源动力的各种非化石自然资源，如太阳光热、水流、风、潮汐、地热、农作物、秸秆等。这些资源是生产能源的原料，其中部分资源可以通过现行立法解决其开发利用问题，如《水法》对水资源开发利用的管理，《农业法》对农作物生产的管理，但是多数资源目前尚缺乏法律依据，例如如何界定太阳光热、风的权属。2012 年 6 月，黑龙江省人大常委会通过《黑龙江省气候资源探测和保护条例》，其中第二条第二款规定："本条例所称的气候资源，是指能为人类活动所利用的风力风能、太阳能、降水和大气成分等构成气候环境的自然资源。"第三条规定："气候资源为国家所有。"该《条例》发布之后，引起了社会上广泛的讨论和激烈的争议，争论的焦点在于：风能、太阳能等无形自然力形成的客体，是否属于国家所有？针对此，立法单位回应称，风能、太阳能属于自然资源，依照《宪法》的规定，属于国家所有。[①] 有学者认为，宪法没有明确规定，目前属于模糊地带；风能、太阳能具有流动性，在认定其与国土领土的关系时存在困难。[②] 这些争论首先存在概念上的混用。准确地讲，太阳能与太阳能资源、风能与风能资源是两对含义不同的概念，争议的焦点在太阳能资源和风能资源的归属，而非太阳能与风能的归属。针对资源的权属问题，需要进一步研究，并且在立法上给予清晰说明和规定，避免阻碍这类能源资源的开发利用。

2. 新能源技术

关于新能源技术，即开发利用新能源的知识、工艺和技能，它是新能源产业发展的基础要素。实践证明，技术的革新与进步可以促进人类更好地利用自然资源，改造自然，造福人民。对于新能源开发而言，将能源资源转化为能源，必须借助特定技术、设备，否则无以开发新能源。在此意义上，发展新能源产业必须树立技术先行的理念和原则。《国家能源科技"十二五"规划（2011～2015）》指出："随着世界经济从传统工业经济向知识经济转变，决定一个国家国际竞争力的关键因素在于其科研能力、创新水平以及与二者相关的能力建设。""发达国家和主要新兴国家都特别重视能源科技在能源战略中的地位和作用，注重提高科技创新能力和促进科技成果的商业应用，并将建立国家创新体系作为一项优先任务"。在制定新能源产业政策时，技术先导主要表现为确立科学可行的技术路线图（Technology Roadmap）。欧洲可再生能源委员会（EREC）于 2008 年发布面向 2020 年的《可再生能源技术路线图》，国际能源署（IEA）分别于 2009 年、

---

① "黑龙江回应风能太阳能归国家所有：可依规开发"，人民网：http://hi.people.com.cn/n/2012/0620/c231186-17166645.html（最后访问日期：2012 年 8 月 6 日）。

② 刘毅、袁泉、白龙、唐露薇："《黑龙江省气候资源探测和保护条例》引争议"，人民网：http://env.people.com.cn/n/2012/0705/c1010-18447492.html（最后访问日期：2012 年 11 月 13 日）。

2010 年发布面向 2050 年的《风能技术路线图》和《聚光性太阳能热发电路线图》。技术路线图可以预测技术发展方向及其对能源开发利用的影响，可以引导投资，有效解决非技术性障碍[1]，并可成为政府与产业、学术界对话的平台。[2] 我国对技术路线图的运用是近年来的事情。2007 年，科技部组织专家首次研究并编制国家技术路线图，构建"战略任务—关键技术—发展重点"的技术发展路线，其中涵盖可再生能源技术[3]。2011 年，国家能源局发布《国家能源科技"十二五"规划（2011～2015）》，对可再生能源产业和新能源汽车产业的技术发展路线图做了比较详细的规定，这也标志着我国新能源产业技术政策逐步走向成熟。

3. 新能源人才

新能源人才，即从事研究开发新能源技术、设计制造新能源设备的专业人才。对于科技人才，我国《科学技术进步法》第 5 章专门作了规定，涉及提高地位、提高待遇、继续教育、评聘职称、特殊补助、鼓励回国、风险免除、创建社团等方面权利。这些规定比较抽象且不能突出各类人才的专业化要求，需要产业政策进一步细化。2010 年 6 月，中共中央、国务院联合发布《国家中长期人才发展规划纲要（2010～2020 年）》，提出"大力开发经济社会发展重点领域急需紧缺专门人才"，能源资源领域列入重点领域。该《纲要》系统提出人才管理机制、重大政策和人才工程规划项目。

（三）新能源产业组织制度

新能源产业政策的产业组织制度包括产业竞争制度和中小企业制度，以中小企业为主体的企业集群制度也可以纳入在产业组织范围。关于产业竞争制度，本课题有专题论述，此处重点就中小企业和企业集群做概要分析。

1. 新能源产业中的中小企业制度

中小企业是指在资产规模、职工人数、销售额等经济指标方面没有达到一定量化要求的企业形态。我国于 2002 年 6 月发布《中小企业促进法》，重点规定了对中小企业在资金、创业、技术、市场、服务等方面的扶持推动政策，是指导我国中小企业各项工作的产业组织立法。其后，2003 年 2 月，原国家经贸委、计委、财政部、统计局联合发布《中小企业标准暂行规定》，根据企业职工人

---

[1] 李雪凤、仝允恒、谈毅：《技术路线图——一种新型技术管理工具》，载于《科学学研究》2004 年 S1 期。

[2] 刘海波、李平：《技术路线图的产生和作用》，载于《科技潮》2004 年第 9 期。

[3] 国家技术前瞻研究组：《关于编制国家技术路线图推进〈规划纲要〉实施的建议》，载于《中国科技论坛》2008 年第 5 期。

数、销售额、资产总额等指标,结合行业(产业)特点对企业类型进行分类。2011年6月,工信部、国家发改委、财政部、统计局根据《中小企业法》和《国务院关于进一步促进中小企业发展的若干意见》(国发〔2009〕36号)的规定,制定了《中小企业划型标准规定》,在前述《暂行规定》基础上,将企业类型划分为中型、小型、微型三种类型,并且细化行业类型。

有资料显示,我国新能源行业主要是中型企业和小型企业,缺乏大型企业,近年来涌现出大量低水平重复建设的问题,这与中小型企业作为主导的企业结构有不可分割的关系[①]。也有资料指出,新能源产业发展初期主要是民营企业在搞,但是随着央企加入角逐,民营企业发展受到冲击。2009年,五大发电集团进入太阳能光伏领域,中石油、中石化、中海油、中粮集团等进入生物柴油和燃料乙醇领域。2009年敦煌10兆瓦光伏特许权招标时,包括五大发电央企在内的18个联合体展开角逐,迫使民营企业只能同国有企业捆绑式联合进行投标[②]。

为破解中小企业在发展中的各种难题,国务院2009年9月发布《关于进一步促进中小企业发展的若干意见》,提出包括融资、财税、结构调整、企业管理等方面的一系列创新举措。2010年5月,国务院发布《关于鼓励和引导民间投资健康发展的若干意见》(国发〔2010〕13号),"鼓励民间资本参与风能、太阳能、地热能、生物质能等新能源产业建设"。同年7月,国务院办公厅发布《关于鼓励和引导民间投资健康发展重点工作分工的通知》,要求国家能源局、国家发改委、财政部、水利部、国土资源部、电监会、国资委等部门负责相关工作。2012年6月,国家能源局发布《关于鼓励和引导民间资本进一步扩大能源领域投资的实施意见》(国能规划〔2012〕179号)。该《意见》指出,目前民营水电站装机约占全国的26%,民营风电装机约占全国的20%,民间资本在太阳能热利用、生物质能开发以及晶体硅材料、太阳能热水器、太阳能电池制造等领域居于主导地位,在风电设备制造产业发挥着重要的作用。为促进国务院关于促进中小企业发展、鼓励民间投资的政策落实,该《意见》指出,"列入国家能源规划的项目,除法律法规明确禁止的以外,均向民间资本开放,鼓励符合条件的民营企业以多种形式参与国家重点能源项目建设和运营","继续支持民间资本全面进入可再生能源产业",主要支持措施有:一是加强规划、政策和标准的引导,保障民间资本公平获得资源开发权利。水电、风电等特许开发权的配置,不得设定限制民间资本进入的歧视性条件。二是完善民间投资融资担保制度,通

---

① "新能源:中小企业宜借力大型企业", http://info.yidaba.com/20 0912/0215565710011001000000 25260.shtml(最后访问日期:2012年8月8日)。

② 胡学萃:《新能源:民企热衷但有隐忧》,载于《中小企业管理与科技》(中旬版)2010年第4期。

过促进股权投资基金和创业投资基金规范发展，保护民间投资者权益。三是鼓励民营能源企业加大科研投入和人才培训，提高自主创新能力。与此同时，电监会、工业和信息化部、财政部等部门都先后发布了相关支持意见，为中小企业在新能源产业领域的发展提供了全方位的政策支持。这些政策的实施，不仅需要规则的细化，还需要政府部门之间的配合。

2. 可再生能源产业集群制度

国务院《关于进一步促进中小企业发展的若干意见》指出："引导中小企业集聚发展"，"支持培育一批重点示范产业集群"。"壮大龙头骨干企业，延长产业链，提高专业化协作水平"。此前，国家发改委曾于 2007 年 11 月依照《国务院关于鼓励支持和引导个体私营等非公有制经济发展的若干意见》和《国民经济和社会发展第十一个五年规划纲要》的要求，出台了《关于促进产业集群发展的若干意见》。针对国家产业政策和地方产业特色，不少地方政府将新能源产业列入促进产业集群发展的对象，以发挥本地中小企业优势，发展壮大新能源产业规模。表 6-4 列举部分省市的新能源产业集群规划内容。

表 6-4　　　　　　　　　部分省市新能源产业集群规划

地区	政策名称	产业集群
山东省	山东省中小企业产业集群发展规划	以济南力诺、桑乐公司为龙头，打造济南太阳能产业集群 以皇明集团为龙头，培育中国太阳谷产业集群 重点支持为莱山、海阳核电配套产业发展
湖南省	关于加快信息产业集群发展的实施意见	大力培育光伏新兴产业集群，形成从工业硅、太阳能级硅材料及设备、硅片、电池片及组件到太阳能灯具、并网发电系统等应用产品的完整产业链
重庆市	关于加快发展战略性新兴产业的意见	光源设备产业集群，重点发展光伏和 LED 两大具有潜在优势的领域
河南开封	关于加快培育和发展十大产业集群的意见	以新大新材光伏产业园、杞县东磁光伏产业园为载体，发展光伏产业集群
浙江湖州	关于加快工业产业集群发展的工作意见	吴兴东部光电（省光伏产业〈吴兴〉示范基地）

产业集群是借助地方优势资源发展中小企业、壮大产业规模的区域经济形式，涉及规划、用地、环保、财税等多项内容，需要一系列配套性措施。2010 年 6 月，财政部发布《地方特色产业中小企业发展资金管理暂行办法》，明确提出中央财政预算安排，专门用于支持地方特色产业集群和特色产业聚集区内中小

企业的技术进步、节能减排、协作配套，促进产业结构调整和优化。不少地方政府也根据需要制定了相应文件，如《山东省地方特色产业中小企业发展资金管理暂行办法》、《江苏省地方特色企业中小企业发展资金管理暂行办法》、《宁夏回族自治区关于促进"五优一新"产业集群发展扶持资金管理暂行办法》等。

（四）可再生能源产业布局制度

在新能源领域，产业布局是投资者或企业从事生产经营活动的空间约束。基于可再生资源的自然性，依照科学探测和经济评价，新能源产业的生产应当是受特定空间约束的，也可以看做是区位优势的发挥，如风力、潮汐、水力等必须依托特定地理条件和位置才能够存在。这种空间约束为政府实施新能源产业布局提供了最基本的决策依据。在此意义上，新能源的资源测量、统计、评价等工作，是新能源产业发展的基础工作。

目前，除了《可再生能源法》对于省级可再生能源发展规划、电网规划、农村能源规划等规定体现出产业"区域"性内容外，新能源产业布局主要是通过"五年规划"和具体配套产业政策以及地方新能源产业政策等规范性文件体现出来的。由于产业在空间上的发展涉及中央与地方辖区内社会经济发展管理职能的宪法安排，从改革开放以来地方经济发展的实际状态来看，地方政府在很大程度上拥有发展地方产业经济的决策和管理权限，这种状况造成各省区之间在发展新能源产业过程中为了实现区域利益，客观上会依据中央立法和政策制定发布理念、思路、任务、措施等存在差异的产业政策，形成地区之间相互竞争又相互制约的局面，例如，"一些地方光照不充分，却盲目推广光伏发电；一些地方风力资源不足，却想大力发展风力发电；一些有条件研发新能源装备的地区，并不一定适合推广利用该新能源，却片面强调研发与应用一体化。"[①] 在 2011 中国能源经济论坛暨 2010 中国能源集团 500 强、中国新能源产业园区百强发布会上，中国经济发展研究会会长张仁德也指出，在百强新能源产业园区中，江苏、浙江、山东、上海、江西 5 省分别占据百强的 26 席位、16 席、7 席、6 席和 5 席。如果按照七大行政区域来划分，华东地区六省一市占 66 席，东北三省占 3 席，其他行政区基本在 5~7 席[②]。这种现象除了与经济水平、科技水平以及传统能源分布有关外，还与政府扶持新能源产业发展的优惠政策有关。某种意义上说，新能源产业发展优惠政策在一定程度上决定了当地新能源的发展水平。

---

① 黄鸣："加强新能源产业布局和监管"，中国证券网：http://www.cnstock.com/index/gdbb/201103/1187068.htm（最后访问日期：2012 年 8 月 8 日）。
② "构建我国现代能源体系要打破区域间产业间的不平衡格局"，人民网：http://energy.people.com.cn/GB/13683300.html（最后访问日期：2012 年 8 月 8 日）。

针对地方盲目发展新能源产业的现象，有观点指出，可以考虑在中央和省级政府的发改委等部门成立新能源监督管理机构，协调、监督全国和各省、市、自治区的新能源研发、示范和推广工作①。笔者以为，如本课题规划部分提到的建议一样，在规划和产业政策编制过程中实现上下级规划之间的有效衔接，是解决政策目标冲突的一项重要工作。《可再生能源发展"十二五"规划》中，就已经明确提出"各级地方政府要按照国家能源发展规划、可再生能源发展规划及各类相关规划，制定本地区可再生能源发展规划，并将主要目标和任务纳入地方国民经济和社会发展规划"，"地方和大型能源企业的可再生能源发展规划，应与国家可再生能源规划相一致，在公布实施前应报国务院能源主管部门备案，确保各级规划衔接一致"，这些要求也是《可再生能源法》中有关规划衔接内容的丰富和延伸。这里提到的各类相关规划包括城乡、土地等空间规划，以及电网、环保、节能、科技等关联规划。当然，在区域新能源产业发展过程，省级以下地方政府以及政府部门之间的政策合作也是必不可少的，尤其是空间上毗邻的地区。

例如，《可再生能源发展"十二五"规划》体现出中央政府在新能源产业发展中有关产业布局的内容（见表6-5）。

表6-5　《可再生能源发展"十二五"规划》中有关产业布局的内容

可再生能源领域	子领域	布局安排
水电开发	大型水电基地建设 小水电开发建设	重点开发金沙江中下游、雅砻江、大渡河、澜沧江中下游、黄河上游、雅鲁藏布江中游等水电基地 建成江西、贵州、湖北、浙江、广西5个300万千瓦的小水电大省及湖南、广东、福建、云南、四川等5个500万千瓦的小水电强省
风电开发	大型风电基地建设 内陆风电开发 分散式并网风电 海上风电开发	形成酒泉、张家口、乌兰察布、白城等数个500万千瓦以上风电集中开发区域，以及承德、巴彦淖尔、包头、兴安盟、松原、唐山、民勤和大庆、齐齐哈尔等一批200万千瓦以上的风电集中开发区域 加快资源较丰富、电网接入条件好的山西、辽宁、宁夏、云南等地区的风电开发使中部地区和南方风能资源都能得以利用 重点在江苏、上海、河北、山东、辽宁、广东、福建、浙江、广西、海南等沿海省份

---

① 黄鸣："加强新能源产业布局和监管"，中国证券网：http://www.cnstock.com/index/gdbb/201103/1187068.htm（最后访问日期：2012年8月8日）。

续表

可再生能源领域	子领域	布局安排
太阳能利用	太阳能发电 太阳能热利用	在青海、甘肃、新疆等地区建设太阳能发电基地鼓励有条件的城镇公共设施、商业建筑及产业园区的建筑、工业厂房屋顶等安装并网光伏发电系统 支持农村和小城镇居民安装使用太阳能热水系统、太阳灶等设施 在大中城市推广普及太阳能热水器与建筑物的结合应用
生物质能利用	生物质发电 生物质燃气 生物质成型燃料 生物质液体燃料	在粮棉主产区，优化布局建设生物质发电项目 在重点林区，有序发展林业生物质直燃发电 推动发展城市垃圾焚烧和填埋气发电 在适宜地区继续发展户用沼气 在城市推广生物质成型燃料集中供热，在农村推广将生物质成型燃料作为清洁炊事燃料和采暖燃料应用 合理开发边际性土地，建设非粮生物质资源供应基地
农村可再生能源利用	无电地区电力建设 清洁能源建设	在内蒙古、云南、四川、西藏、青海、新疆等省（区）推进 在全国主要商品粮生产基地县、林业县和养殖大县，发展生物质气化集中供气工程 在太阳能资源条件较好的农村地区，推行村镇太阳能公共浴室
地热能利用	地热发电 浅层低温能利用	在青藏铁路沿线、滇西南等高温资源分布地区，启动建设若干"兆瓦级"地热能电站；在东部沿海及天山北麓等中低温地热资源富集地区，发展中小型分布式中低温地热发电项目 在东北、西北等冬季严寒地区，加快推进浅层地温能供暖 在黄淮海、汾河、渭河流域等冬季寒冷以及长江中下游、成渝等夏热冬冷地区，鼓励开展浅层地温能供暖和制冷 在两广、闽东南、海南岛等夏热冬暖和云贵高原气候温和地区，鼓励推进浅层地温能夏季制冷
海洋能技术进步		选择有电力需求、海洋能资源丰富的海岛，建设海洋能与风能、太阳能发电及储能技术互补的独立示范电站

续表

可再生能源领域	子领域	布局安排
分布式可再生能源发展	绿色能源示范县 新能源示范城市 新能源微电网示范工程	到2015年，建成200个绿色能源示范县和1 000个太阳能示范村 到2015年，建设100个新能源示范城市及1 000个新能源示范园区 到2015年，建成30个新能源微电网示范工程

上述"十二五"规划文本中设定的规划目标和项目布局，需要中央与项目所在区域政府依照立法、规划和政策，在政策制定、项目实施和管理等方面互相协作配合。地方政府在制定政策时，要充分考虑到国家规划和立法、政策的统一性，避免出现上下级、同级规范之间的矛盾和冲突。

(五) 新能源产业促抑制度

作为推动可再生能源发展的政策，政府采取促进工具主要是降低投资成本、调动市场调节因素的财产或非财政倾斜措施。财产性措施包括政府各类投资、补助、税收减免、公共采购、奖励等直接涉及财产流转的措施，非财产措施包括政策倾斜、价格控制、信息提供、行政服务、公民教育等不直接涉及财产流转的措施。比较而言，财产性措施普遍具有政府支付的特点，即政府运用公共资金促进新能源技术发展、产品生产与消费，非财政性措施则是政府通过提供公共服务的方式促进投资者和消费者对新能源产业的理性认知，进而间接影响科研、生产与消费行为。可见，财产性措施在技术研发阶段可以弥补风险、刺激技术革新，在产品生产期间可以推动规模化经营。由于政府在规划和预算方面具有主导性和连带性，财政性措施就极易成为政府首先采用的促进措施。

当然，相较促进制度而言，抑制措施就是一种消极的政府干预。在新能源发展的各类规划、政策中，几乎很少涉及抑制措施，但并非没有，例如《外商投资产业指导目录》中的限制、禁止类项目，中小企业有别于大企业的财政、融资政策，因其具有区别对待的"政策差异性"而体现出抑制功能。

第七章

新能源与可再生能源产业规划

第一节 我国新能源与可再生能源规划政策与立法

一、我国新能源与可再生能源规划理论

按照一般理解，可再生能源规划是有关可再生能源开发、利用的未来设计，与国民经济与社会发展规划相比而言，该规划属于能源领域中利用高科技开发利用非化石能源的规划，因此其基本类型属于专项规划。根据现行规划体制，此类规划可以分为中央级和地方各级的专项规划，如《国家可再生能源"十一五"规划》属于国家级专项规划，《北京市"十二五"时期可再生能源发展规划》属于地方级专项规划。但是，从内容和实践运行情况来看，可再生能源规划也有综合性、系统性的特点，并且中央与地方规划之间还涉及规划衔接问题。

（一）可再生能源规划体系

可再生能源规划是由不同类型的非化石能源规划有机组成的规划体系，它可以表现为"统合规划"模式，也可以表现为"分别规划"模式。纳入新能源范畴的太阳能、风能、水能、潮汐能、地热能等，各自均有独特的能源资源、专业

技术、产业化链条，可以自成体系。每一种新能源的开发利用，都需要相对独立的产业规划和运行管理。这一特征使得可再生能源的"分别规划"成为可能和必要。按照从整体到部分、从抽象到具体的管理思路，可再生能源通常首先采用"综合规划"的模式，将各类非化石能源发展的基本思路确定下来；此后，根据能源资源储量与分布、开发利用程度等因素，再将"综合规划"分解为"单项规划"，即"分别规划"。例如，江西省政府2009年先后发布《江西省十大战略性新兴产业（光伏）发展规划（2009～2015）》、《江西省十大战略性新兴产业（风能、核能）发展规划（2009～2015）》、《江西省十大战略性新兴产业（新能源汽车及动力电池）发展规划（2009～2015）》等"单项规划"。

（二）可再生能源规划与产业规划

可再生能源规划是有关非化石能源资源开发利用的产业规划，涉及产业链条的各个环节。能源是由自然资源转化为动力的资源，其内涵的转化机制就是产业链条，即从自然资源勘探、开发、生产、营销到终端消费，需要经由专业化的设备、人力、组织等多项生产要素整合而成，具有工业化大生产的特征。所以，新能源是与现代技术和组织管理密切关联的新兴商品，围绕该产品的投入产出活动就是新能源的产业活动，也是新能源规划的核心内容。这样，将新能源规划称为新能源产业规划也无妨，前述江西省光伏、风能、核能规划，以及浙江省新能源规划，国务院新能源汽车规划，都直接采用"产业发展规划"这一概念，是有道理的。为此，新能源规划（或产业规划）从产业链关系来看理应涵盖能源资源开发（含技术开发）、资源加工生产、能源营销、能源消费等环节的产业活动，如风能勘探开发行业、太阳能接收设备生产行业、太阳能（风能）发电厂、新能源电网企业等行业组织及其相应活动。对于每一类型的新能源，都需要通过规划制度与政策培育、引导和管理其产业链条。如国家能源局2011年12月发布《国家能源科技"十二五"规划》，在重点任务部分专门规定了"新能源技术领域"的技术规划（技术路线图）。当然，在技术上，这些产业链条的规划内容可以纳入同一个文本中。

对于新兴产业，各国普遍抱着鼓励和促进的态度，通过财政、金融等政策措施推动产业的发展。这种现况属于政府对产业的显著介入，在运行中不免产生效率与公平的争论问题，即政府在哪些产业链条、采取何种产业促进方式更加有利于产业发展，并且符合政府一贯的经济治理理念，符合宪政框架和法治精神。在我国，基于自然资源的公有性基础和国家管理的主基调，诸如资源勘探、产业准入、能源营销、终端消费等环节，都具有显著的政府管制色彩。另外，新能源发展的迫切性、新能源技术的世界竞争性等因素，更加强化了政府对新能源开发利用的管理。所以，新能源规划是政府主导型的产业规划，规划的制定与实施必须兼顾政府的其他能源规划和社会经济发展规划，如与节能规划、土地利用规划、城乡规划等实行有效对接。

（三）可再生能源规划与毗邻规划的关系

前面的分析揭示出可再生能源规划在国家规划体系中的大致地位，可以用图7-1表示。

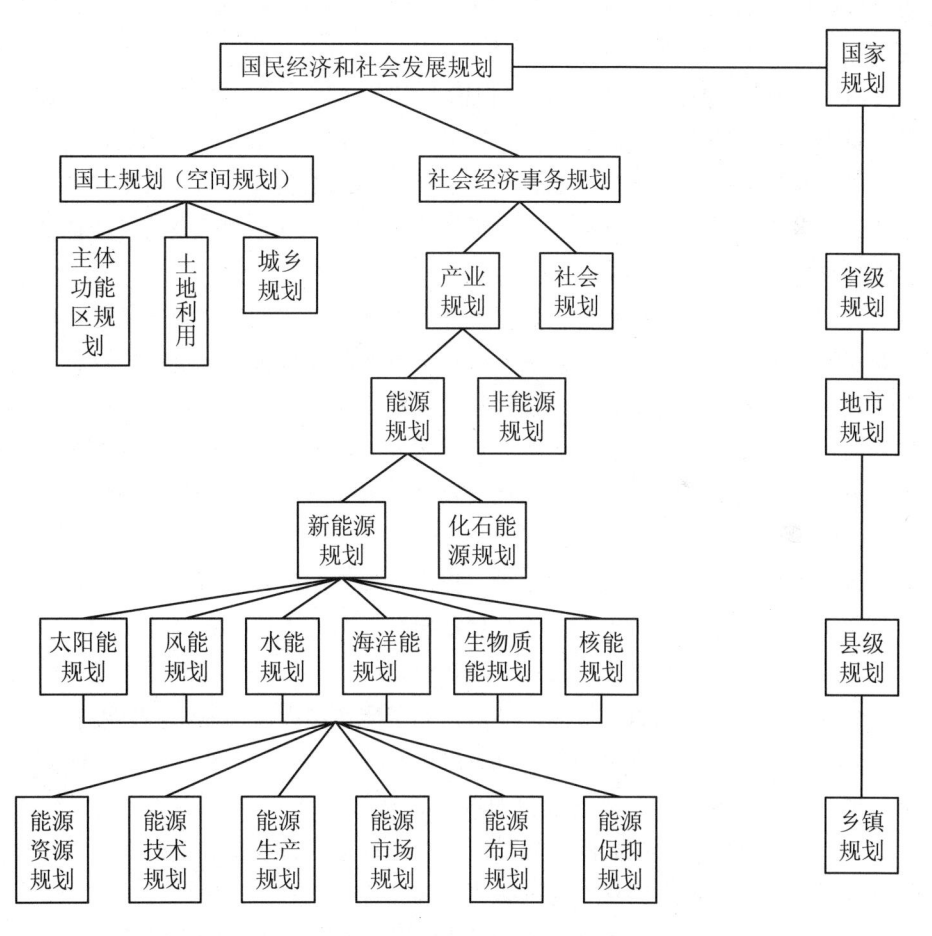

图7-1 可再生能源在国家规划体系中的大致地位

根据上述规划关系，将新能源规划与毗邻关系进行简单比较：

1. 新能源规划与国民经济和社会发展规划

二者是专项规划与总体规划（综合性规划）的关系。前者是实施性规划，后者是纲领性规划。前者详细，后者简约。前者应如实贯彻实施后者规定的约束性规划；前者应积极实施后者规定的预期性规划。以《国民经济和社会发展第十二个五年规划纲要》为例，其中涉及新能源规划的内容主要有：

其一，规定了"十二五"期间新能源消费比重，即非化石能源占一次能源消费比重达到11.4%。

其二，在新农村建设中，提出"加强农村能源建设"建设的目标，内容包括：继续加强水电新农村电气化县和小水电代燃料工程建设，实施新一轮农村电网升级改造工程，大力发展沼气、作物秸秆及林业废弃物利用等生物质能和风能、太阳能，加强省柴节煤炉灶炕改造。可见，发展新能源是农村能源建设的重点。

其三，将"新能源产业"和"新能源汽车产业"列入"十二五"规划的战略性新兴产业，前者重点发展新一代核能、太阳能热利用和光伏光热发电、风电技术装备、智能电网、生物质能，后者重点发展插电式混合动力汽车、纯电动汽车和燃料电池汽车技术。严格意义上讲，前者包括后者，后者是前者产业链条的组成部分。

其四，提出调整能源结构，建立经济、清洁的现代能源产业体系的目标，涉及新能源的内容有：积极发展水电，重点推进西南地区大型水电站建设，因地制宜开发中小河流水能资源，科学规划建设抽水蓄能电站；在确保安全的基础上高效发展核电；加强并网配套工程建设，有效发展风电；积极发展太阳能、生物质能、地热能等其他新能源；适应大规模跨区输电和新能源发电并网的要求，加快现代电网体系建设。

其五，为积极应对全球气候变化，提出合理控制能源消费总量，严格用能管理，加快制定能源发展规划，明确总量控制目标和分解落实机制。

其六，在节能方面，提出加快市场化机制，加快推行合同能源管理和电力需求侧管理，完善能效标志、节能产品认证和节能产品政府强制采购制度。

其七，在科技创新和人才培养方面，将"能源资源"列为重大科技突破领域，将"能源资源人才"列为社会领域急需紧缺人才。

其八，完善资源性产品的价格形成机制，推进水价改革和电价改革，完善输配电价形成机制，理顺天然气与可替代能源比价关系。

其九，引导外商向"新能源领域"投资，鼓励投向中西部地区；深化国际能源资源开发和加工互利合作。

其十，明确重点发展的新能源项目，包括"农村供电工程"、"农村沼气工程"、"新能源产业创新发展工程"、"新能源汽车产业创新发展工程"、"核电建设重点"、"可再生能源重点建设重点"、"电网重点建设项目"、"节能重点工程"、"清洁能源研发基地"、"新能源汽车国家工程中心和工程实验室"、"创新人才推进计划"等。

"十二五"规划中有关新能源产业规划的各项内容,均需要各级政府及其职能部门依照职责范围,通过本级总体规划或者专项规划,将相关目标、指标、项目等细化责任进行分解,形成文本,以推进落实。例如,《浙江省新能源产业发展规划(2010~2015年)》的编制依据是《国务院关于加快培育和发展战略性新兴产业的决定》,后者无疑是实施"十二五"规划中有关战略性新型产业目标的专项配套性政策。浙江省结合本省禀赋资源,以光伏、风电产业为突破口,以应用示范工程为先导,突出特色产业优势,为此细化了"十二五"目标,包括新能源产业2015年年销售额超过3 500亿元,建成15个科技创新平台、10个左右高新技术特色产业基地和产业集群。[①]

按照我国规划管理体制,前述国家"十二五"国家总体规划中涉及的新能源规划内容,应当体现在能源或者新能源规划中,或者通过"分别规划"的形式,反映在各类新能源规划或者新能源产业链规划中,如《可再生能源发展"十二五"规划》(2012,国家能源局),《国家能源科技"十二五"规划》(2011,国家能源局)、《节能减排"十二五"规划》(2012,国务院)、《国家能源科技重大示范工程管理办法》(2012,国家能源局)等。需要说明的是,如果中央级新能源规划没有及时出台,或者中央与地方缺乏有效的沟通,各级地方政府出台的地方新能源规划,可能会在规划目标、内容、重点、布局等方面与中央规划(包括新能源规划、空间规划、区域规划等规划)形成冲突。为此,理顺规划体制,明确规划权责,强化规划衔接,促进府际合作,是推动新能源规划过程中需要逐步完善的工作,这个过程也是我国规划体制和制度逐步完善的过程。

2. 新能源规划与空间规划(主体功能区规划、土地规划和城乡规划)

空间规划是产业规划的基础,新能源规划应当处理好与空间规划的关系。

其一,新能源规划与主体功能区规划的关系。我国到目前为止没有编制基本的国土规划,取而代之的是国务院2010年12月发布的《全国主体功能区规划——构建高效、协调、可持续的国土空间开发格局》(以下简称《规划》)。该规划对新能源发展从空间上作出展望和安排,具体表现有:

(1)依照资源禀赋和区域分布,对新能源开发持有积极态度,即《规划》中所指"可再生能源开发潜力巨大"。

(2)明确主体功能区与能源开发的关系。在富含能源和矿产资源的生态脆弱地区,需要依照区域功能实行"点上开发、面上保护"。

---

① 参见中国能源网:http://www.china5e.com/show.php? contentid=151055(最后访问日期:2012年7月18日)。

（3）明确国土空间开发要遵循优化结构、保护自然、集约开发、协调开发、陆海统筹等原则，这也是新能源规划需要遵循的空间开发原则。

（4）确定国家层面新能源开发基地，包括冀中南地区（新能源产业基地）、环长株潭城市群（新能源新兴产业基地）、鄱阳湖生态经济区（新能源产业基地）、成都经济区（新能源产业、农村新能源）、兰州—西宁地区（新能源产业基地）。

（5）确定新能源开发布局，其中：风能，重点在资源丰富的西北、华北和东北以及东部沿海地区布局建设大型风电基地；太阳能，近期重点在光伏产业较发达的山东半岛、长江三角洲、珠江三角洲等地区布局建设大型太阳能基地，中远期逐步在河西走廊、兰新线、青藏线、宁夏和内蒙古沙漠边缘等地区建设大型太阳能基地；水电，藏中南地区（后备基地）、兰州—西宁地区、西南地区（以水电为主的综合性能源输出地）。

（6）明确规划实施的保障措施，涵盖利益机制和绩效考评两大方面。前者涉及政府在产业、投资、产业、土地、农业、人口、民族、环境、气候变化应对等各方面政策，要求"编制专项规划、布局重大项目，必须符合各区域的主体功能定位"。

（7）明确中央各部委和省级政府的规划职责，其中，国家发改委负责规划衔接和约束性指标分解；省级政府负责编制省级主体功能区规划并组织实施。

需要强调的是，《全国主体功能区规划》专篇规定"能源与资源"，将二者视同主体功能区形成的支撑点，突出动力资源的基础地位。能源、矿产资源的开发布局和水资源的开发利用，首先要坚持以下原则："能源基地和矿产资源基地以及水功能区分布于优化开发、重点开发、限制开发区域之中，不属于独立的主体功能区。能源基地和矿产资源基地以及水功能区的布局，要服从和服务于国家和省级主体功能区规划确定的所在区域的主体功能定位，符合该主体功能区的发展方向和开发原则。"该原则明确了能源规划与主体功能区规划的两个基础关系：其一，能源规划需要服从主体功能区规划，二者在功能、内容上具有从属关系；其二，能源规划是主体功能区规划的基础性支撑规划，服务于主体功能区目标的实现。据此，在编制新能源规划时，编制主体应当充分考虑新能源产业所在区域的主体功能，使资源开发和能源利用符合社会经济发展的空间要求。

其二，新能源规划与土地规划。土地规划是遵循土地分类管制原则，为合理利用土地，维持耕地数量，确保土地资源持续供给而制定的专项规划。土地规划属于空间规划，广泛影响各类依托土地资源的产业活动。2006年10月，国务院发布《全国土地利用总体规划纲要（2006~2020）》（以下简称《纲要》），明确提出"保障能源产业用地"。严格项目用地管理，重点保障国家大型煤炭、油气基地和电源、电网建设用地。2006~2020年安排新增能源建设用地50万公顷（750万亩）。该《纲要》同时规定，各地区、部门、行业编制的城市、村镇、交通、水利、能源、旅游、生态建设等相关规划，应当与土地利用总体规划相互衔接，符合土地利用总体规划确定的用地规模和总体布局安排。

其三，新能源规划与城乡规划。城乡规划是各级政府辖区内，依托土地资源发展各项社会经济事务的规划。在我国各项规划中，城乡规划的立法最为健全和成熟。现行《城乡规划法》（2007）第五条规定："城市总体规划、镇总体规划以及乡规划和村庄规划的编制，应当依据国民经济和社会发展规划，并与土地利用总体规划相衔接。"此规定明确了目前"三规体制"的基本关系，即土地规划、城乡规划均隶属于国民经济和社会发展规划，前两者属于专项、空间规划，后者属于综合性、总体规划。不过，当全国和省级主体功能区（国土空间规划）的理念和制度逐步确立起来之后，土地与城乡规划应当统合为一体，服从于主体功能区的要求，并且最终融合成单一的国土空间规划。或者说，现存的三类空间规划在技术和内容上可以合并为一个规划，但目前仍然存在管理理念和体制障碍。

3. 新能源规划与节能环保规划

面对化石能源引发的资源枯竭、环境恶化、经济冲击等负面效应，开发利用新能源和节约使用各类能源成为缓减能源危机的两大途径。前者基于"增量"考虑，即发掘新的能源，确保持续、绿色的能源供应；后者基于"减量"考虑，即提高能源利用率，减少能耗量。二者具有交叉关系。从供应侧看，新能源具有"替代能源"的功能，可以减少传统化石能源的使用，进而减少不可再生资源的勘探开发，因此具有"节能环保"效果。从需求侧看，采用新技术、新设备提高能源利用率（如节能灯、太阳能热水器），具有直接的节能环保效果。基于这种交叉关系，新能源规划与节能环保规划也存在密切联系。

"十一五"期间，国务院印发《节能减排综合性工作方案》（2007），提出积极推进能源结构调整，重点在于"大力发展可再生能源，抓紧制订出台可再生能源中长期规划"。2011年11月，国务院印发《"十二五"控制温室气体排放工作方案》，提出"综合运用多种控制措施"，措施之一即为"发展低碳能源"，包括：在确保安全的基础上发展核电，在做好生态保护和移民安置的前提下积极发展水电，因地制宜大力发展风电、太阳能、生物质能、地热能等非化石能源。到2015年，非化石能源占一次能源消费比例达到11.4%。在开展低碳发展实验试点方案中，鼓励建立节能低碳、可再生能源利用最大化的社区能源与交通保障系统；鼓励商场、宾馆、餐饮机构、旅游景区等商业设施，通过改进营销理念和模式，加强节能、可再生能源等新技术和产品应用，加强对顾客消费行为引导。

二、我国可再生能源规划的立法和政策

依循规划的理念和传统,我国在 20 世纪中后叶即开始关注新能源的发展及其规划问题,主要表现在两个方面:其一,从解决广大农村生活生产用能问题出发,我国改革开放之后即持续发布政策文件,鼓励采用小水电、沼气等方式获取非化石能源,使农村新能源开发成为我国能源政策及规划的一项独特、必要的组成部分。在 1986 年原国家经贸委发布的《关于加强农村能源建设的意见》中,首当其冲提出要"编制发展农村能源的长远规划",内容包括"节柴灶、沼气、森林能源、小水电、小火电、小窑煤、秸秆利用、太阳能、风能、地热能、海洋能等能源的研究开发和推广规划……"。其二,伴随资源供应紧张和环境问题的出现,我国从"八五"计划(1991 年)开始,即将新能源技术列入国家总体规划;此后,在"九五"计划(1996 年)中提出"积极发展新能源",并于当年发布我国第一个针对可再生能源发展的专项战略规划——《中国可再生能源发展纲要》,正式将此课题列入政府工作和社会管理的日程。10 年之后,我国于 2005 年 2 月正式通过《可再生能源法》。该法第七、第八、第九条分别围绕"制定中长期总量目标"、"编制可再生能源开发规划"以及"民主科学论证规划"三个问题,对可再生能源规划的编制予以框架性、基础性的规定,将新能源规划正式列入法律文本,使之制度化、规范化。

(一)我国目前有关新能源规划的立法

如前所述,我国目前初步建立起国家规划体系,并且有相对成熟的规划法体系。按照这些规定,依法行使新能源开发利用管理职责的政府机构,可以依照规划法和新能源法的规定编制、组织实施新能源规划。在此,规划法与新能源法二者出现形成交叉关系,主要表现为:其一,就规划编制的程序性事务而言,规划法具有普通指导各类规划编制工作的一般法的角色,而新能源法中关于新能源规划的内容是规划理念和制度在新能源领域中的具体体现,因此,在立法技术上,后法可以援引适用前法的一般性规定,并创新适宜新能源领域规划的特殊规则。其二,就专项规划而言,规划法仅能抽象概括一般性内容,具体内容需要结合相关产业领域的特殊要求来确定,所以,新能源规划在规划内容上需要借助新能源法的具体制度设计,规划法无法取代这一功能。目前,我国规划立法主要涵盖宪法中的规划条款、国务院《规划编制意见》、空间规划立法(《土地规划法》、《城乡规划法》)、政府决策立法和预算立法。

新能源法在狭义上仅指《可再生能源法》,广义上还包括开发利用可再生能

源涉及各产业链的相关立法。另外，新能源法还可以简要划分为中央立法和地方立法两大部分，后者在制度创新上常常会为前者提供立法资源。

1. 《可再生能源法》中有关新能源规划的规定

2009年修改后的现行《可再生能源法》第八条规定："国务院能源主管部门根据全国可再生能源开发利用中长期总量目标，会同国务院有关部门，编制全国可再生能源开发利用规划，报国务院批准后实施。省、自治区、直辖市人民政府管理能源工作的部门会同本级人民政府有关部门，依据全国可再生能源开发利用规划和本行政区域可再生能源开发利用中长期目标，编制本行政区域可再生能源开发利用规划，经本级人民政府批准后，报国务院能源主管部门和国家电力监管机构备案，并组织实施。"这个规定较未修改之前的规定，突出和强调了以下理念：一是技术领先理念，即可再生能源开发利用不仅依托能源资源，更应考虑技术现况和发展趋势，这是新能源产业发展的决定性因素。二是规划衔接理念，规划衔接在功能层面上旨在促进目标实现的连贯性和统一性，在宪政层面上则在于促进府际合作，因此2009年文本增加了国务院相关部门之间的规划衔接，以及中央与地方之间的规划衔接。三是规划文本理念，即新能源规划采用特定形式、载有特定内容，便于论证、衔接与落实。

现行《可再生能源法》在规划程序上基本上符合国务院2005年《规划编制意见》的程序性规定，但是在规划衔接上显得粗糙，没有突出新能源规划与空间规划（尤其是主体功能区规划的关系）、其他能源规划的衔接关系，而且缺乏"规划评估"的规定。此外，基于上位法尚缺乏对具体规划项目（如对国家投资兴建的大型风电、水电等项目的规划）的立法指导，《可再生能源法》也无力填补此空白，这导致规划项目的实施尚存在规范疏漏之处。

2. 其他立法、部门规章中有关新能源规划的规定

根据前面分析的新能源产业链，除《可再生能源法》之外，还有一些立法、部门规章的规定与新能源规划存在关联，也是编制新能源规划（特别是规划衔接）时应当注意的。

（1）1995年颁布的《电力法》专章规定"农村电力建设和农业用电"，要求"制定农村电气化发展规划，并将其纳入当地电力发展规划及国民经济和社会发展计划"。"国家提倡农村开发水能资源，建设中、小型水电站，促进农村电气化。""国家鼓励和支持农村利用太阳能、风能、地热能、生物质能和其他能源进行农村电源建设，增加农村电力供应。"为此，国家在编制新能源规划时，应当考虑《可再生能源法》与《农业法》、《电力法》等立法之间的衔接。

（2）1997年颁布、2007年修订的《节约能源法》有两处规划内容与新能源有关：一是立法要求地方建筑管理部门会同节能管理部门"编制本行政区域内的建筑节能规划",建筑节能规划与太阳能等新能源技术规划密切关联。二是国家鼓励、支持在农村"按照科学规划、有序开发的原则发展小型水力发电,推广节能型的农村住宅和炉灶等",将小水电、住宅、炉灶等纳入规划轨道,与新能源规划产生交叉。

(3) 落实新能源规划的配套法律文件。新能源规划的落实,需要财政、产业政策、价格、土地等相关政策的支持,为此出台的相关法律文件也是新能源规划的立法资源。例如,国家发改委2006年发布的《可再生能源发电价格和费用分摊管理试行办法》,是《可再生能源法》的配套法律文件,其中规定,在计算可再生能源电价附加时,需要使用新能源规划期内电网企业售电总量、规划可再生能源发电量等规划指标;再如,财政部、科技部、国家能源局2009年联合发布的《金太阳示范工程财政补助资金管理暂行办法》,即是根据《可再生能源法》、《可再生能源中长期发展规划》等规定,运用中央财政资金支持新能源发电项目等规划项目的配套法律文件。

3. 新能源规划的地方性法规

地方性法规层面的新能源规划立法主要由两部分组成:一是地方性规划立法,二是地方性新能源立法。对于前者,很多省份都出台了规范本级政府规划或者决策的法律文件,其中涵盖了包括新能源规划在内的专项规划,如江苏省人大常委会于2007年公布的《江苏省发展规划条例》中即包含了能源规划。对于后者,很多省份根据《可再生能源法》先后制定了促进本地区新能源发展的地方性法规或者政策,如河北省、湖北省、浙江省等省人大常委会公布了本省的可再生能源开发利用促进或者管理条例,并在其中规定了可再生能源规划。

(二) 我国新能源规划的文本或政策

在实践中,经常可以看到以"××规划"命名的法律文本,如《可再生能源发展"十二五"规划》、《太阳能发电科技发展"十二五"专项规划》等。这些文件规定新能源产业或其要素、领域在特定时期内的发展目标、措施和机制,是指导政府管理与产业发展的工作方案,具有法律约束力,属于规划文本。规划文本是新能源规划管理部门依照规划法或新能源法规定的条件和程序制定、发布的规范性法律文件,不同于规划法或新能源法本身。比较而言,规划立法相对抽象,适用范围广,通常适用于所有类型规划的编制和实施;规划文本相对具体,适用范围特定,如《可再生能源发展"十二五"规划》的文本仅在2011~2015年间对新能源产业及其管理机构产生效用。

规划文本经审查或备案后,即具有法律约束力。文本所记载的义务、责任,相关主体应当积极履行。否则应当承担法律责任。因此,可以将规划文本视同规划政策,以便与规划立法区分开来。

1. 国家"五年规划"文本中的新能源规划

我国从"八五"计划开始,即将新能源纳入国民经济和社会发展规划(总体规划,新能源技术开发项目则于"六五"期间即开始列入国家科技攻关计划中),并且逐步开始制订新能源专项规划。表7-1简要总结了"五年规划"文本中的新能源规划及其影响。

表7-1 "五年规划"文本中的新能源规划及其影响

五年规划	新能源主题	专项规划	次专项规划
"八五"规划 (1991~1995年)	跟踪世界新技术进程,努力在新能源技术取得成果		
"九五"计划 (1996~2000年)	①积极发展新能源发电 ②新能源技术具有自主知识产权	①可再生能源发展纲要(1996~2010年)	
"十五"计划 (2001~2005年)	①发展农村新能源和节能技术 ②发展可再生能源 ③组织实施能源规划时,中央可推动或投资重大工程项目	①"十五计划"能源发展重点专项规划 ②可再生能源"十五"计划及2010年远景规划 ③2000~2015年可再生能源产业发展规划要点	
"十一五"规划 (2006~2010年)	①积极发展农村可再生资源 ②专节规定"大力发展可再生能源" ③政府投资支持①、②建设项目	①可再生能源中长期发展规划(2007~2020年) ②可再生能源发展"十一五"规划	
"十二五"规划 (2011~2015年)	①新能源产业列入战略新兴产业 ②引导外资向新能源产业投资	可再生能源发展"十二五"规划	①太阳能发电科技发展"十二五"专项规划 ②节能与新能源汽车发展规划(2011~2020年)

根据我国规划体系和管理体制,"五年"规划是专项规划的基础,专项规划

是次规划的基础。从表 7-1 大致可以看出这个递进关系。

2. 新能源专项规划文本

新能源专项规划文本是以"新能源"、"可再生能源"、"规划"、"发展纲要"为核心词的规划文本，是承接国家"五年"规划和能源规划等上位规划的规划。狭义上讲，新能源规划文本仅指新能源"专项规划"（不包括"十五计划"能源发展重点专项规划），此类规划对新能源中长期发展提供方向、措施和实现机制。广义上讲，新能源规划文本还包括调整新能源产业链条各环节或者分别调整各类新能源规划等的次专项规划，如太阳能科技、新能源汽车等规划。

3. 地方新能源专项规划文本

此类文本是地方政府制定的适用于本地方可再生能源开发利用的规划文本。按照我国规划体系和规划管理体制，地方规划文本在符合地方自然状况、经济和社会发展要求等基础上，需要注意与中央、上级、本级政府的总体规划、专项规划之间做好衔接工作。当然，地方规划也需要具有明显的地方特色，展示地方政府及其民众在区域决策中的主动性和创造性。良好的地方规划文本可以为中央文本提供创新资源，也可以为规划法、可再生能源法的修订和完善提供制度资源。

4. 其他辅助性、关联性规划文本

除前述总体规划中的可再生能源规划内容、可再生能源专项规划文本外，还有一些规划文本与可再生能源规划文本具有纵横向的关联。横向的关联规划文本是指与可再生能源规划文本平行或者交叉的能源规划文本，如《"十二五"节能环保产业发展规划》、《国家环境保护"十二五"规划》、《"十二五"国家战略性新兴产业发展规划》等；纵向的关联规划文本是指从属于可再生能源产业链条或者特定类型可再生能源发展的规划文本，如《节能与新能源汽车产业发展规划》、《太阳能发电科技发展"十二五"专项规划》等。

（三）我国可再生能源规划立法与政策的基本内容

比照国家规划立法和政策的基本内容，我国可再生能源规划立法与政策应当具备以下基本内容：

1. 可再生能源规划体系

可再生能源规划体系是可再生能源不同种类的规划及其相互之间的有机统一的集合体。对此，前文已做分析。此处需要思考的问题是：在我国纵向行政管理体制下，是否每一级政府都要就新能源发展制定规划，特别是县、乡镇一级？《可再生能源法》第二章"资源调查和发展规划"将新能源规划主体限定在中央和省级能源主管部门，没有涉及省级以下的地方人民政府。《江苏省发展规划条例》第十二条规定："专项发展规划由县级以上地方人民政府有关部门依据职责组织编制。"《浙江省可再生能源开发利用促进条例》第八条规定:"县级以上人民政府可再生能源综合管理部门……组织编制本行政区域可再生能源开发利用规划。"可见,江苏和浙江两省将新能源规划编制级别扩展至县级以上政府,在目前行政构架下,包含地市级和区县级两个层次,但不包括乡镇级。

从理论上来看,规划是一项政府行为,是政府对未来工作方向和方案的事先设计,是政府运用政策、财政等公共资源促进新能源发展的职责体现。从民主、透明、科学、可问责等公共行政的原则出发,但凡政府依照立法和政策履行其职能,均应当将其行动方案规范化、制度化,这其中,公文、政策、立法等就是惯常采用的方式,规划文本便是这几种形式的结合体。在实践方面,以下几个因素表面有关政府应当编制新能源规划文本:(1)新能源规划需要通过空间上的产业化得以实现,而产业空间与行政区划密切结合,这样,管辖产业空间的政府必须通过制定规划来落实新能源规划;(2)新能源规划是伴随着规划重点项目的落实来逐步推进的,国家和省级新能源规划涉及的重点项目,如风电基地、水电站等,需要在投资、用地、财税、金融等方面予以扶持,通过规划制度可以将各方权责进一步明确;(3)新能源发展是考核政府绩效的新指标,相关政府应当通过规划文本形式将绩效目标明确,以利于绩效评估。

关于乡镇一级是否需要新能源规划,需要考虑乡镇所处行政体制、预算管理体制、能源产销状况等因素。作为一级政权机关,乡镇有权编制相关规划,落实上级政府的任务和精神,或者在立法和政策许可的范围内创新能源开发利用新途径和新方法,尤其是在农村新能源开发利用领域。

2. 可再生能源规划的管理体制

可再生能源规划管理体制是关于可再生能源规划权责分配及其运行的制度安排,即哪些机构或部门有权制定新能源规划,这些机关之间如何协调规划权力关系。

根据国务院《规划编制意见》的规定,专项规划由各级人民政府有关部门组织编制。此处"有关部门",并未明确是主管部门负责制,还是多部门联合协商制。《可再生能源法》将其表述为主管部门会同本级政府相关部门,显然倾向于"主管部门负责制"。《河北省新能源开发利用管理条例》第七条规定:"县级以上人民政府新能源管理机构主管本行政区域内新能源开发利用的管理工作。"《浙江省可再生能源开发利用促进条例(草案)》将其规定为"县级以上人民政府可再生能源综合管理部门"。那么,新能源主管机构是什么机构?根据《国务院关于部委管理的国家局设置的通知》(国发〔2008〕12号),我国设立国家能源局(副部级),为国家发改委管理的国家局。国家能源局负责研究提出能源发展战略的建议,拟定能源发展规划、产业政策并组织实施。能源局内设可再生能源司，负责组织拟订新能源、水能、生物质能和其他可再生能源发展规划、计划和政策并组织实施。依照传统的"条条"体制，地方政府发改委及其相关机构负责地方新能源事务的管理，包括拟定和组织实施新能源规划。

当然，由于新能源开发利用首先需要新能源资源（如水、太阳、森林）和新能源技术，还需要兼顾环境保护、节能、循环经济等要求，在政府职能专业化行使的情况下，客观上需要部门之间的协调配合。为此，国务院《规划编制意见》规定了"规划衔接"制度，要求"专项规划草案由编制部门送本级人民政府发展改革部门与总体规划进行衔接，送上一级人民政府有关部门与其编制的专项规划进行衔接，涉及其他领域时还应当送本级人民政府有关部门与其编制的专项规划进行衔接。""同级专项规划之间衔接不能达成一致意见的，由本级人民政府协调决定。"相对而言，专项规划与总体规划、上级专项规划的衔接是比较容易的，而同级专项规划之间的衔接可能会因部门利益出现障碍。

3. 可再生能源规划程序

规划编制的一般程序包括前期准备、起草、征求意见、衔接、论证、批准、公布七个程序。《国家级专项规划管理办法》将规划编制分为立项、起草、衔接、论证、报批、备案、公布七个程序。在新能源规划编制过程中，以下三个方面有待加强：一是规划之间的衔接关系，主要是上下级规划以及同级规划之间的衔接，前者主要是中央和省级规划，后者主要是同级各规划之间。二是规划编制过程中的公众参与。尽管目前规划法和可再生能源法都要求规划编制应当坚持民主、科学规划原则，在论证过程中通过各种形式吸收有利害关系的公众参与，但是，由于历来形成的"精英决策"以及政府规划的"垄断性"，公民、企业等还没有真正参与到决策过程中，特别是水电移民、太阳能热水器、节能建筑等项目进行规划时，应当充分听取利益群体的呼声，减少群体事件。《国家可再生能源"十一五"规划》明确指出："在做好移民安置和生态保护工作的基础上，加快西部地区水电开发步伐，提高水电开发利用率，扩大'西电东送'规模。"三是在前期准备之前，还应当加强能源资源的基础性工作，即检测、统计和调查，这是编制规划的基本前提之一。《可再生能源法》第六条已经规定了"国务院能源主管部门负责组织和协调全国可再生能源资源的调查"，但是，如何进一步明确调查权责以及能源资源如何管理等，仍旧需要通过立法或政策进一步明确。原国家经贸委发布的《2000～2015年可再生能源产业发展规划要点》提出制定《可再生能源资源开发利用管理条例》就是一个客观的建议。

4. 可再生能源规划指标

指标是规划目标的具体化，可以是定性指标，也可以是定量指标；可以是比例指标，也可以是绝对数量指标；可以是总量指标，也可以是个别指标；可以是年度指标，也可以是中长期指标；可以是技术指标，也可以是管理指标；可以是预期指标，也可以是约束指标。从新能源立法和政策的文本来看，新能源规划指标重点出现在规划文本里，如《全国可再生能源"十二五"规划》、《北京市"十二五"时期新能源和可再生发展建设》、《甘肃省可再生能源"十五"计划及2010年发展远景规划》等。事实上，规划指标也是规划文本的关键内容，某种意义上说，规划文本就是规定新能源发展指标的法律文件。

由于新能源发展是开发利用新的动力资源以替代传统化石能源，其产业活动追求数量的增加，而非数量的减少，因此，新能源规划的指标主要属于增量指标、预期指标。当然，新能源发展对节能减排的影响，可以表现为减量指标和约束指标，但这些并非新能源规划的直接目标。

目前，新能源规划涉及的指标可分为以下几类：（1）规划期内新能源生产（消费）总量及单项新能源生产（消费）量。包括：规划期内新能源生产（消费）总量，及其占一次能源生产（消费）总量的比重；太阳能、风能、水能、生物质能、海洋能、核能等各项新能源生产（消费）量，及其占新能源生产（消费）总量的比重。此类指标常用的单位有：万千瓦（电力）、折合标准煤万吨/年（产能量）以及百分比。（2）规划期内新能源技术和设备安装使用量。包括：农村沼气使用户数（或面积）、太阳能热水器安装使用量、地热利用面积、生物质燃料生产量、电网收购量等。（3）规划期内重点（示范）项目数量。包括：规划期内推广新能源的重点项目或示范区域，是需要投资、建设、运行、管理等系列活动以取得预期科研、生产或消费能力的经济实体，通常由政府预算予以扶持，发挥促进或示范的效应。（4）规划期内预计投资和产出量。包括：规划期内新能源开发预计投资总额及分项投资额、投资渠道和来源、政府预算分配以及权益安排；规划期内产出量广义上包括新能源生产（消费）总量、节能减排量、增加就业量，狭义上仅指新能源生产（消费）总量。

新能源规划指标是规划文本中极其重要的因素。一方面，指标表征着目标的实现步骤和程度；另一方面，指标影响着财力和政策力度的安排和调整程度。因此，指标的确定受制于技术、资金、政策、管理等多种要素，而非纯粹的主观意志。选择"量力而行"的指标还是"跨越式发展"的指标，将会产生的不同的社会经济效果。

针对指标问题，《可再生能源法》规定了三个基本指标：一是要求国务院能源主管部门制定"全国可再生能源开发利用中长期总量目标"，省级政府确定本行政区划内的"中长期发展目标"；二是要求国务院能源主管部门会同电力、财政部门，确定"规划期内应当达到的可再生能源发电量占全部发电量的比重"；三是国家财政设立"可再生能源发展基金"，由国家财政年度安排的专项资金和可再生能源电价附加收入等。这三个基本指标都是可以预先具体量化的。

目前，我国新能源规划指标及其管理存在以下问题：（1）在指标数量确定方面，如何确保其科学性？有数据显示，《可再生能源中长期规划》、《可再生能源发展"十一五"规划》规定的2010年可再生能源规划目标中，风能、太阳能发电量实际完成数量超过规划指标8倍和2倍，生物质能规划指标有2项完成、3项没有完成（见表7-2）[1]。（2）规划指标在能源资源不均衡的各省份、地区之间如何进行有效分解？（3）如何按照分解的指标进行资源和政策的配置？解决这些问题，在技术上需要强化能源资源的基础性工作、提高预测技术，在组织上需要强化政府之间的合作，在立法和政策上需要完善规划配置制度，促进目标有效实现。

表7-2

项目	生物质发电装机容量	生物质固体成型燃料年产量	沼气年利用量	非粮原料燃料乙醇年利用量	生物柴油年利用量
规划指标	550万千瓦	100万吨	190亿立方米	200万吨	20万吨
完成指标	550万千瓦	50万吨	130亿立方米	20万吨（产量）	50万吨（产量）

5. 可再生能源规划项目

规划项目是我国实行规划管理的常规制度，即规划管理部门通过确定重点建设、扶持的项目来促进规划目标的实现。广义上，规划指标涵盖规划项目，如"乘风计划项目"、"阳光工程项目"、"小水电项目"等。随着规划制度的逐渐完善，越来越多的新能源目标是通过规划项目的落实来推动和实现的。因此，规划项目制是政府干预产业发展的直接方式，也是政府资金扶持产业发展的重要形式。

目前，我国没有统一的规划项目管理办法，许多省市出台了相应管理办法，如《重庆市政府投资项目管理办法》（2003）、《浙江省政府投资项目管理办法》（2005）、《海口市政府投资项目管理暂行规定》、《甘肃省政府投资项目管理办法》（2011）。从理论上讲，该制度与政府预算、投资等制度紧密联系，因此可以参照预算立法和政府投资法。政府投资立法是关于政府投资原则、领域、程序、问责制、管理体制等内容的立法，普遍适用于各类政府投资项目。按照国务

---

[1] 李永强：《尴尬的生物质能"十一五"规划》，载于《中国能源报》2011年4月18日。

院法制办 2010 年对外公布的《政府投资条例（征求意见稿）》的规定，"国务院有关部门和省级人民政府有关部门依据国民经济和社会发展规划，结合实际需要编制发展建设规划。按照规定权限和程序批准的发展建设规划是政府投资决策的重要依据。""各级人民政府项目审批部门根据国民经济和社会发展规划，以及发展建设规划，分别设立项目储备库。"① 事实上，经过新中国成立后 60 多年的发展，我国已经建立起相对成熟的政府投资管理体制，其间的行政审批和管理规则也同样适用于新能源规划项目。

当然，随着市场机制作用的加强，以及政府职能的调适，政府投资项目的管理越来越重视运用市场力量，在融资渠道、项目建设和经营等方面，更加注重投入产出效益，诸如 BOT、代建制等 PPP（Public-Private Partership）建设方式变得极为普遍。与此同时，关注政府的投资效率，对政府实行问责制，也是公众参与社会经济事务过程中越来越明显的诉求，对政府投资实行审计、评估显得尤为必要。例如，国家发改委 2009 年颁布《中央政府投资项目后评价管理办法（试行）》，要求对中央政府投资项目在项目建设完成并投入使用或运营一定时间后，对照项目可行性研究报告及审批文件的主要内容，与项目建成后所达到的实际效果进行对比分析，找出差距及原因，总结经验教训，提出相应对策建议；2011年，国家审计署发布《政府投资项目审计规定》，将"各级政府及其发展改革部门审批的政府重点投资项目"作为政府投资审计重点，并将"有关政策措施执行和规划实施情况"作为重点审计内容之一。

《可再生能源法》在"经济激励和监督措施"中涉及"规划项目"问题。该法第二十五条规定："对列入国家可再生能源产业发展指导目录、符合信贷条件的可再生能源开发利用项目，金融机构可以提供有财政贴息的优惠贷款。"第二十六条规定："国家对列入可再生能源产业发展指导目录的项目给予税收优惠。具体办法由国务院规定。"在制定可再生能源发展规划时，客观上需要将符合可再生能源产业发展目录的项目列入其中。如果在规划之外设立规划项目，将涉及政府决策的特殊情形以及年度预算的调整。

6. 可再生能源规划衔接

衔接制度是新能源规划的一项重要制度。在内容上，新能源规划中的衔接主要指各项预期指标和约束性指标在中央和地方规划中的衔接；在程序上，衔接主要指制定规划时，制定机关应依法将规划文本（征求意见稿）送交同级政府、上级主管部门、本级政府其他部门等进行内容协调。国务院《规划编制意见》

---

① "政府投资条例（征求意见稿）"，国务院网站：http://www.gov.cn/gzdt/2010-01/07/content_1505137.htm（最后访问日期：2012 年 8 月 8 日）。

确定了专项规划与上级总体规划、本级总体规划及专项规划之间衔接的原则和程序。《可再生能源法》第七条第二款规定:"国务院能源主管部门根据前款规定的总量目标和省、自治区、直辖市经济发展与可再生能源资源实际状况,会同省、自治区、直辖市人民政府确定各行政区域可再生能源开发利用中长期目标,并予公布。"此款是关于中央和省级政府对新能源开发总量的衔接程序。第八条第2款规定:"省、自治区、直辖市人民政府管理能源工作的部门会同本级人民政府有关部门,依据全国可再生能源开发利用规划和本行政区域可再生能源开发利用中长期目标,编制本行政区域可再生能源开发利用规划,经本级人民政府批准后,报国务院能源主管部门和国家电力监管机构备案,并组织实施。"此款是关于省级政府对本级新能源规划与中央规划的衔接程序。但是,此款没有进一步规定:倘使国务院能源主管部门和国家电力监管机构对省级新能源规划有异议时,如何处理该异议?

根据前述新能源规划体系,除了前述中央与省级政府之间关于新能源开发总量和规划文本之间的衔接外,还涉及新能源规划与环保节能规划、空间规划(土地和城乡规划)、新能源产业链规划等规划之间的衔接。《浙江省可再生能源开发利用促进条例》第九条规定:"编制可再生能源开发利用规划,应当遵循因地制宜、统筹兼顾、合理布局、有序发展的原则,并与土地利用总体规划、城乡规划、生态环境功能区规划、海洋功能区划相衔接。"这是我国新能源规划立法中,为数不多的有关新能源规划衔接的规定,值得引起关注和推崇。因为规划衔接的本质是政府部门之间的协商合作。如果在规划编制阶段缺乏必要的沟通和合作,在规划实施阶段就可能出现配套政策不到位,或者政策间冲突的问题。可以说,规划衔接是促进规划落实、明确政府分工和职责的有效形式。

7. 可再生能源规划文本

规划文本是用文字记载的规划内容,经过法定机构审批或备案的规划文本,具有法律约束力,属于规范性法律文件。《可再生能源法》第九条规定:"编制可再生能源开发利用规划,应当遵循因地制宜、统筹兼顾、合理布局、有序发展的原则,对风能、太阳能、水能、生物质能、地热能、海洋能等可再生能源的开发利用作出统筹安排。""规划内容应当包括发展目标、主要任务、区域布局、重点项目、实施进度、配套电网建设、服务体系和保障措施等。"此条将规划文本的基本内容作了规定,也可以视为立法规定的可再生能源规划文本的示范内容、法定内容。依照此规定观察《陕西省可再生能源"十二五"发展规划》、《北京市"十二五"时期可再生能源发展规划》、《河北省新能源产业"十二五"发展规划》、《吉林省可再生能源"十二五"发展规划》等地方性规划文本,可以发现,这些文本基本符合《可再生能源法》规定的法定内容,但陕西、北京两省市对"配套电网建设"着墨很少,河北、吉林省则提出"智能电网"建设思路。

8. 可再生能源规划审查

规划审查是规划生效的前提条件。根据国务院《规划编制意见》的规定,关系国民经济和社会发展全局、需要国务院审批或者核准重大项目以及安排国家投资数额较大的国家级专项规划,由国务院审批;其他国家级专项规划由国务院有关部门批准,报国务院备案。根据《可再生能源法》第八条、第九条的规定,全国可再生能源开发利用规划报国务院批准后实施;省级可再生能源开发利用规划,经本级人民政府批准后,报国务院能源主管部门和国家电力监管机构备案,并组织实施。这样,可再生能源规划广义上涉及审批、备案两种行政决定方式。

对于备案,《可再生能源法》的表述是"备案,并组织实施"。从字面理解,备案与组织实施同步进行。修改前的《可再生能源法》则规定"报本级人民政府批准后实施"。这里可能存在下列争议,即备案是否是必要程序?备案是否是组织实施的前置程序?如果没有备案或者虽然有备案、但是备案机关发现规划文本存在疑问,省级政府是否可以组织实施该文本?依照《可再生能源法》无法解释。

审批或备案的规划文本,广义上是由一系列文件组成的,即包括规划文本形成过程中各阶段工作的文件形态。对此,《国家级专项规划管理暂行办法》(2007)第十五条规定,国家级专项规划报批时,除规划文本外还应附下列材料:"(一)编制说明,包括编制依据、编制程序、未予采纳的相关部门和专家意见及其理由等;(二)论证报告;(三)法律、行政法规规定需要报送的其他有关材料。"广东省惠州市《国民经济和社会发展规划编制管理办法(暂行)》(2009)第三十六条规定,规划报批,除申请审批报告(正本)和规划文本草案(正本)外,规划编制部门还应提供以下材料:(1)编制说明(正本),包括编制依据、编制程序、未予采纳的各方意见及其理由;(2)规划编制所依据的《年度规划编制计划》或计划外规划编制立项批准文件(副本);(3)邀请招标和公开招标的招标公告和招标文件,除自行编制外的合作合同或委托合同(副本);(4)发展改革部门出具的衔接结果报告(副本);(5)发展改革部门发出的专家论证通知书,专家组论证报告,协调意见或政府决定(副本);(6)公示文字证据,规划编制部门对公众意见的解释证据、修编意见(副本);(7)总体规划文本草案提请审议还应提供:同级人民政府审核意见,同级人民代表大会有关专门委员会预审意见,同级政治协商会议有关专门委员会意见(副本);(8)法律、行政法规规定需要报送及审批机关要求报送的其他有关材料(副本)。相比较而言,惠州市关于报批文件的规定,更能够完整体现规划编制的全过程，值得推崇。

9. 可再生能源规划实施

规划实施是国家设立规划制度的主要环节，是通过具体的政府行为、产业行为和社会公众行为，促进规划目标和指标如期实现的过程。如果缺乏有效的实施机制，规划就会变成"纸上画画，墙上挂挂"，政府发展经济、治理社会的能力也会受到公众的质疑。为此，无论是规划立法还是规划文本，无不对规划实施的机制作出详细程度不一的安排。从政府方面来说，规划实施是政府履行职责、执行预算的过程；从产业方面来说，规划实现是企业和投资者利用各类资源生产经营社会产品的过程。

新能源规划实施是一个系统工程，涉及政府、产业与公众等多方面的利益协调。以政府方面为例，规划实施涉及下列活动：（1）规划目标和指标的分解，以及规划项目的启动和推进。按照规划管理体制，上级规划目标和指标需要依托行政层次递进落实的，各层级政府之间需要明确各自目标和指标，这个过程就是目标和指标的分解过程。（2）能源主管部门和相关部门依照法定职责，组织、协调新能源规划目标、项目的落实，如前述《浙江省可再生能源发展促进条例》明确的各职能部门的职责。新能源开发种类不同、产业链条不同，涉及的政府部门也不尽相同。尤其是新能源规划项目（如国家重点扶持项目），政府部门需要依照政府投资管理规则和行政许可立法等规定，对项目实行过程性管理，包括项目招投标、项目空间（选址）管理、项目生产管理、项目资产管理等。（3）规划实施的绩效管理。规划实施过程中，会出现预期目标与实施状况之间的偏差，如何纠正偏差、调适目标，是政府"过程"管理规划必须考虑的问题。目前，立法和政策上设计了信息监测、动态评估、项目中期考核等制度，以促进规划目标的实现。

《可再生能源法》规定的下列内容，也是规划实施涉及的领域：（1）根据可再生能源规划制定可再生能源产业发展指导目录、可再生能源技术发展规划，以及宣传普及可再生能源知识，这是一个规划目标分解的过程；（2）建设并网发电项目、鼓励安装太阳能热水器项目、推广农村新能源项目等，都需要能源与电力、建筑、农村等行政管理机构合作执行新能源规划；（3）设立并运用可再生能源发展基金，是政府投资或扶持新能源项目的重要形式。由于规划实施过程首先是政府部门之间职能合作的过程，因此确立何种合作机制并确保其有效运行，就成为各级政府需要慎重考虑的问题。

目前，多数规划文本"重目标，轻落实"，大量篇幅在介绍规划期的目标、指标和项目；相反在实施机制和措施方面，内容显得粗糙或简约。例如，《北京市"十二五"时期可再生能源发展规划》在"完善机制、保障规划实施"篇目中，提出"按照责任分工，进一步与相关部门联系沟通，建立完善部门、区县、企业新能源发展的协调联动机制"，至于何谓"协调联动机制"，并未进一步说明。

10. 可再生能源规划评估

在理论上，评估是管理的必要构成要素。对于规划而言，因预期与现实存在偏差，如何预防和纠正偏差，就成为规划管理工作的重要内容。但是，长期以来，在规划制度和文本实施中，评估很少被规范化。2005 年，国务院发布《规划编制意见》，正式规定了"建立规划的评估调整机制"。2006 年，国家在编制"十一五"规划时，第一次在文本中提出"在本规划实施的中期阶段，要对规划实施情况进行中期评估"。而在国家已经颁布的新能源规划文本中，尚没有发现有关中期评估或者期满评估的规定。当然，这并不否定在期满总结或者编制下一规划期时，对前一规划期进行必要的工作梳理和总结。事实上，一些产业咨询机构或者行业协会经常通过一定方式对规划实施进行总结和评估。

评估的意义很明确：纠正偏差，调整规划和政策。对于目前评估制度与实践都相对匮乏的情况，管理部门需要予以关注。从操作层面上讲，立法要求编制规划征询专家和公众意见[①]，并且进行论证，以便及时发现问题，认真分析产生问题的原因，提出有针对性的对策建议。评估工作可以由编制部门自行承担，也可以委托其他机构进行评估。评估结果要形成报告，作为修订规划的重要依据。按照同样的逻辑，可以在中期或者期满时，采取类似形式，特别是组织或邀请专业机构或人员进行绩效评估，将其制度化并得以推广，这有利于提升规划的指导和调控功能。国务院《规划编制意见》规定："规划编制部门要在规划实施过程中适时组织开展对规划实施情况的评估，及时发现问题，认真分析产生问题的原因，提出有针对性的对策建议。""评估工作可以由编制部门自行承担，也可以委托其他机构进行评估。""评估结果要形成报告，作为修订规划的重要依据。"这些规定可以成为深化可再生能源规划工作的基本依据。

11. 可再生能源规划责任

规划责任是规划立法理论中的难点，也是保证规划实施中进行问责需要突破的障碍。长期以来，由于行政决策常常基于公共利益诉求的假定，加之社会经济发展的不确定性，现实中出现的决策失误常常难以追究责任。而且，行政首长负责制与集体决策制的混同，以及政府官员异地升迁等，也使得向当事领导问责难以操作。不过，随着政府机构改革和行政问责制的推进，决策人的决策责任正逐

[①]《可再生能源法》第九条第二款规定："组织编制机关应当征求有关单位、专家和公众的意见，进行科学论证。"

步纳入立法和政策规范的空间。作为一项公共决策，规划中的决策责任也需予以关注。

对此，可以从三个方面进行考察：

（1）从党政领导干部问责角度。2009年，中共中央办公厅和国务院办公厅联合下发《关于实行党政领导干部问责的暂行规定》。该《规定》适用于"中共中央、国务院的工作部门及其内设机构的领导成员；县级以上地方各级党委、政府及其工作部门的领导成员，上列工作部门内设机构的领导成员"。按照规定，党政领导干部"决策严重失误，造成重大损失或者恶劣影响的"，应当问责。问责按照干部管理权限进行。问责的方式包括责令公开道歉、停职检查、引咎辞职、责令辞职、免职。

（2）从规划决策问责角度。一些规划立法从规划管理角度规定了问责制。如《陕西省规划管理暂行办法》（2008）对下列行为实行问责：一是专项规划与总体规划相抵触、下级规划与上级规划相抵触的，可决定专项规划、下级规划无效或部分无效；二是未按规定程序编制、审批、修改规划的，可责令改正、通报批评；三是规划论证、评估单位或个人弄虚作假的，可责令改正，情节严重的，5年不得再次委托其从事论证、评估工作。《江苏省发展规划条例》（2010）对应当编制规划而未编制、违反法定程序编制、违反强制性或约束性规定、规划管理机关工作人员徇私舞弊等行为，也作出问责规定。

（3）从规划项目问责角度。在规划项目实施中，规划管理机关通常与企业、投资者形成直接的经济利益关系，如招投标关系、基金支付关系、税收减免关系、土地利用关系等。这种利益关系通常源于具体的书面合同，如特许经营合同、土地使用权出让合同等。在此情况下，政府与企业、投资者的责任就是一种具体的合同责任。当事各方在签订合同时，应当明确各自权利、义务和责任。在规划项目实施过程中，一方或各方违约的，依照合同承担责任；如果出现合同之外情形导致损失发生的，当事人可协商损失承担方式。

第二节　国外新能源与可再生能源规划政策与立法

能源在国家社会经济发展中的基础性地位，使其成为各国政府关注的要点。在保护环境、促进资源可持续利用的进程中，多国政府开始将缓减资源与环境压力的新能源作为能源战略的突破口，可再生能源由此而植根发芽。我国在1995年发布《可再生能源发展纲要（1996~2010）》时，就对国外新能源发展状况做了简要回顾，在凸显差距的同时，也为我国发展提供了参照系和效仿对象。

一、美国可再生能源规划立法与政策

（一）美国可再生能源立法与政策概况

长期以来，美国并没有制定综合性的长期能源政策。1973年能源危机爆发后，美国开始采取措施减少能源消费。1980年，美国发布《能源法案》，涵盖有生物质能、可再生能源资源、太阳能和节能、地热能等内容。1992年，美国颁布了《1992年能源法》，要求私人和政府车队采购可替代燃料的汽车。2005年，美国颁布《2005能源法》，为节能和可替代能源提供税收激励。2007年，美国颁布《能源独立和安全法》，提高燃料经济要求，逐步淘汰白炽灯，鼓励发展生物燃料。2008年，美国颁布《可再生能源和就业创造法》。2009年，美国颁布《恢复和再投资法》，支持智能电网发展，减免可再生能源税收。除此之外，美国有关可再生能源的立法和政策还包括各州和地方有关新能源产品、销售、消费、补助、投资刺激、节能指南等，其中，各州细化的新能源项目在推进可再生能源发展过程中发挥着重要作用。

美国在立法政策中多采用"可再生能源"概念，很少采用"新能源"概念。另外，"清洁能源"也是使用较多的专业概念。美国的可再生能源（Renewable Energy）包括以下类型：水电、风能、太阳热能、太阳光伏能、地热能、生物燃料、潮汐能、波浪能等，不包括核能。"清洁能源"则包括：可再生能源、核能、有效天然气和清洁煤炭。资料显示[①]，美国可再生能源2009年的市场份额达到总能源消费的8%，生物质能、水电、风能、地热、太阳能分别占到可再生能源消费量的50%、35%、9%、5%、1%。

美国可再生能源委员会编写的《美国可再生能源展望》报告指出，美国基于下列原因发展可再生能源："美国发展安全、可靠的能源，以改善公众健康，保护环境，处理气候变化，创造就业，领先能源技术。美国需要可再生能源。如果想让其充分发挥其潜力，美国就需要协调的、持续的联邦和州政策，拓展可再生能源市场，促进和推广新技术，在关键的能源市场为鼓励使用可再生能源提供机会，诸如批发和分售电力、热能利用以及交通等领域。"

[①] 参见钱伯章：《美国可再生能源利用现状与规划》，载于《太阳能》2011年第12期。

(二)《美国能源政策》(2001) 中的可再生能源规划[①]

2001年，受布什总统委托，副总统切尼联合国务卿以及财政、内部、农业、商务、交通、能源等部部长、总统助理、行政预算办公室主任、经济政策总统助理、府际事务主任等13人，组成"国家能源政策发展小组"，于当年5月发布《国家能源政策》报告。该报告分为8个部分2个附录：①形势评估（Taking Stock）：美国面临的能源挑战；②当务之急（Strking Home）：高油价对家庭、社会和商业的冲击；③保护美国环境（Protecting America's Environment）：维持国民健康和环境；④巧用能源（Using Energy Wisely）：增加节能，提高能效；⑤面向新世纪（Energy for A New Century）：提高国内能源供应；⑥自然的力量（Nature's Power）：增加利用可再生能源和替代能源；⑦美国能源设施（America's Energy Infrastructure）：综合的传送体系；⑧强化国际合作（Enhencing Global Alliance）：提高国内能源安全，改善国际关系。

报告第6部分针对可再生能源和替代能源的现状和发展进行了分析，并提出相应的政策建议，主要内容如下：

（1）可再生能源的潜在资源。

美国几乎每个州都有发展风能、生物质能和生物燃料的资源。其中，西南地区风能资源最丰富，东部地区地热能最丰富。可再生能源可以集中生产，也可以在用能地就近分散生产。就近生产可以减少传输线路和管道，提高能效。

政策建议：建议内政部和能源部重新评估许可使用的国有土地数量，用于生物质、风、地热和太阳等可再生能源的发展。支持在2002年财年预算中，为能源部提供3 920万美元用于可再生能源资源的研究开发（R&D）。要求能源部对以往支持的研发（R&D）项目绩效进行审查，之后再规划作为绩效考评和公私合作（PPP）示范的资助项目。

（2）可再生能源技术。

生物质。在造纸和木材行业，木屑可直接用于锅炉产生蒸汽，用于生产过程或者建筑加热，这些行业可成为净售电者。煤炭与生物质共燃电厂具有环境优势，可明显减排。生物质发电量占可再生能源发电量的76%，占美国总发电量的1.6%。

地热。美国最便于发电的地热资源在西部、阿拉斯加和夏威夷，一系列高端地理学、地球化学、地球物理等技术用于开发地热。地热发电占美国可再生能源

[①] "Naitonal Energy Policy"，美国能源部：http://www.ne.doe.gov/pdfFiles/nationalEnergyPolicy.pdf（最后访问日期：2012年8月8日）。

发电量的17%，占美国总发电的0.3%。美国地热装机量从1973年的500兆瓦增加到2001年的2 800兆瓦。

风能。1900年，风车开始用于美国农场水泵。现在，风力涡轮机用于发电、充电电池等方面。美国风能发电站可再生能源发电量的6%，占全国总发电量的0.1%。美国西部、大平原和新英格兰有丰富的风力资源。

太阳能。太阳能发电量约占可再生能源发电总量的1%，占全国发电总量的0.02%。技术研究需着眼于降低成本，加强推广。

政策建议：建议财政部与国会合作，通过立法将税收减免适用于垃圾处理沼气项目。垃圾处理是否符合联邦立法有关乙炔发散物的收集、燃烧应考虑当地空气污染状况的要求，税收减免可以比照此进行分类减免。建议内务部采取措施，减少许可审查程序中对地热租赁程序的迟缓审查做法。建议环境署开展新合作项目，帮助企业便利购买新能源并获得认可；通过消费者选择项目，帮助消费者提高对新能源的认识。建议财政部与国会合作，通过立法将税收减免适用于风力和生物质发电。财政预算中每千瓦小时1.7美分免税适用于风力和生物质发电，将适用的生物质扩展至与森林有关的资源、农业资源以及部分城市资源；允许减免适用于生物质与煤炭共燃发电。建议财政部与国会合作，通过立法对居民太阳能财产使用15%的税收减免，最高至2 000美元。建议内务部和能源部与国会合作，通过立法将北极国家野生动物保护区（ANWR）内环境责令租赁招投标津贴中的12亿美元，用于可再生能源和可替代能源的研究。

（3）可替代能源。

可替代交通燃料。美国每年大约65%的石油消费用于交通。目前，美国大约有45万辆可替代能源汽车，超过150万辆汽车可使用弹性燃料或者汽油与乙醚混合燃料。可替代燃料包括生物柴油、电、酒精、氢、甲醇、天然气、丙烷，可以替代交通燃料，减少汽车排污。

政策建议：建议财政部与国会合作，通过立法维持酒精特许税收减免。

（4）分布式能源（Distributed Energy）。

供电系统与客户端有机对接可以减少高峰用电负荷，绕开输电集中区域。现在主要做法是切断可中断或非企业用户用电，呼吁公众节电，以及用电管制。分散能源为家庭、企业、办公室等提供很多选择，其中，天然气涡轮机和太阳能屋顶电池最流行，此外还有混合热能、固定燃料电池、垃圾填埋场甲烷生物能、小型风力系统。但是，土地利用规划法案不允许居民或商业用地上安装能源设备，建筑官员对太阳能屋顶系统缺乏足够了解，不能及时发放建筑许可；而且，许多州尚没有监管框架，鼓励消费者将多余电量返售给电网。

(5) 未来能源资源。

氢能。氢能易于提取,可用于交通燃料。依靠氢能,能源设施可以充分利用分散能源,如燃料电池。燃料电池是国家航空局设计、用于太空飞行器的,第一代产品 1995 年进入商业市场,第二代进入论证阶段。使用氢能的主要挑战是生产、储藏和运输成本。

核聚变。核聚变来自太阳能,具有广泛发挥潜力,各州可以开发上千年。国际上,欧盟、日本、俄罗斯计划开展大规模科研计划,设计测试设施。

政策建议:建议能源部开发新一代计划,包括氢和核聚变:一是建议开展教育运动,讨论能源替代形式的好处;二是集中研发精力整合当前涉及氢、燃料电池、分布式能源的项目;三是支持立法重新批准氢能法案(Hydrogen Energy Act)。

(6) 可再生能源市场现状。

技术进展。1990～1999 年,可再生能源增长 29%。到 2020 年,预计可再生能源年消费量增加 1.1%。如今的成就部分源自 20 多年来公共部门与私人之间的合作,例如:美国能源局(DOE)可再生能源实验室与奥斯顿能源公司联合研发高端冷凝器用于地热开发;密歇根联合太阳公司最早将太阳能光伏用于建筑材料,国家能源局曾协助其攻克生产难题。

消除可再生能源和替代能源发展的障碍。发展可再生能源最大的障碍是成本,当前,可再生能源发电成本通常超过传统发电成本。

政策建议:建议财政部与国会合作,通过立法对 2002～2007 年购买新混合汽车或者燃料电池汽车临时给予所得税减免。建议环境署发布指南,鼓励发展高效低排的油气混合装置。指南可以缩短获得审批的时间,为产业提供全国持续实施的政策,鼓励这些清洁、高效能源的利用。

此报告没有具体列明各类可再生能源发展的具体指标,但是明确了发展方向及实施机制,将规划、立法、财税、产业政策等有机结合,突出府际之间的过程性合作。

(三)《2005 年能源法》有关可再生能源规划的规定

美国《2005 年能源法》是一个融合节能、新能源、环境保护等内容的综合性法案,涵盖规划、财税、标准、环保等多个领域。全文规模庞大,内容繁复。现将该《2005 年能源法》结构、可再生能源的结构安排、内容作一简单介绍。

1.《2005 年能源法》的结构

《2005 年能源法》包括 18 个部分:①能效(101－154);②可再生能源(201－252);③石油和天然气(301－392);④煤炭(401－438);⑤印第安人

能源（501－506）；⑥核能事务（601－657）；⑦交通工具和燃料（701－797）；⑧氢能（801－816）；⑨研究和开发（901－999H）；⑩能源管理部门（1001－1011）；⑪职员和训练（1101－1106）；⑫电（1201－1298）；⑬能源政策税收激励（1300－1364）；⑭其他事项（1401－1424）；⑮酒精和机动车燃料（1501－1541）；⑯气候变化（1601－1611）；⑰技术创新刺激（1701－1704）；⑱研究学习（1801－1840）。

2.《2005年能源法》对可再生能源的安排

《2005年能源法》主要在以下部分规定了可再生能源：

第二章"可再生能源"，包括：①一般条款（201－211）；②地热能（221－237）；③水电（241－246）；④岛屿能（251－252）。

第七章"交通工具和燃料"相关内容。

第九章"研究和开发"第三部分"可再生能源"、第四部分"农业生物质研发项目"。

3.《2005年能源法》对可再生能源规定的特点

《2005年能源法》对可再生能源的内容安排具有以下几个特点：一是注重与现行相关立法的衔接。由于《2005年能源法》主要是对现行立法进行修正，因此，《2005年能源法》全称为《能源政策法》是合适的，它涉及能源政策调整引发的一系列政府管理与市场活动的调整，如国家资源、节能、财税、个人财产、科研等领域。二是注重预算分配与政府职能的调整。《2005年能源法》强调联邦预算在年度、项目、地区等方面投入的约束，注重税收优惠对私人、企业的引导，强调政府在新产业发展中的示范作用。三是注重政府之间、政府与企业之间合作的规范化。《2005年能源法》通过立法衔接，将产业管理中权力安排和衔接明晰化，有利于提高行政的透明度和可预见性。

4.《2005年能源法》对可再生能源规划的内容安排

《2005年能源法》"一般条款"部分中的规划内容有：

一是能源部每年需要发布能源资源评估报告，在2006～2010年度期间，此项工作的年度经费是1 000万美元①。

二是规定政府采购的额度，其中，联邦政府在2007～2009年、2010～2012年、2013年及其后三个时期消费的可再生能源分别不得低于消费总电量的3%、5%、7.5%，②公共建筑中太阳能系统于2010年需要覆盖2万栋建筑，包括1997年实行的太阳屋顶计划③。

---

① 美国《2005年能源法》第201部分。
② 同上注，第203部分。
③ 同上注，第204部分。

三是规定政府对居民或企业安装可再生能源设施，按照设备价款25%不高于3 000美元标准予以补助，政府此项预算支出在2006~2010年期间分别为1 500万、1 500万、2 000万、2 500万、2 500万美元。①

四是实施甘蔗酒精项目，限于佛罗里达州、路易斯安那州、得克萨斯州、夏威夷群岛，总共资助3 600万美元，资助期3年。②

五是规定农村和偏远地区发电补助。补助项目需由能源部与农业部、内政部协商，2006~2012年期间年度补助金额为2 000万美元。③

六是对利用森林生物质进行发电、取暖、制作交通燃料等商业活动予以补助，补助金额为每吨生物质不超过20美元，预算总支出在2006~2016年期间为每年5 000万美元。④

《2005年能源法》第九章"研究和开发"第三部分"可再生能源"部分，列举了技术研究领域和预算分配情况，如太阳能领域研究、论证和商业开发的项目有：光伏、太阳能热水和空间加热、浓缩太阳能、太阳能与电能互补的照明设备、价低质高的太阳能系统工艺、易于整合进建筑的产品开发⑤。这些项目2007年、2008年、2009年的预算支出分别为1 400万、2 000万、2 500万美元，其中用于公共建筑支出的部分分别为400万、500万、500万美元。⑥

（四）奥巴马的执政理念和美国2009年《恢复和再投资法案》

美国现任总统奥巴马在就职前，即计划启动5 000亿美元的刺激方案，其中150亿美元将用于绿色经济，创造百万就业机会。他认为，处理全球变暖将是其任职期的首要任务。为减少排放，在现行体制中将实行总量限制和碳排放交易⑦。

2009年2月，奥巴马签署《恢复和再投资法》，计划启动7 870亿美元一揽子恢复经济计划，包括利用财税政策刺激可再生能源发展。《恢复和再投资法》由两部分组成⑧：一是拨款安排；二是税收、失业、健康、州财政救济等。第一部分之四是对"能源和水"领域的拨款安排，涉及若干部门的用款。其中，能源部拨款用于规划项目，包含提高能效和可再生能源项目（168亿美元）、输电

---

① 美国《2005年能源法》，第206部分。
② 同上注，第208部分。
③ 同上注，第209部分。
④ 同上注，第210部分。
⑤ 同上注，第931部分（a）（2）（A）。
⑥ 同上注，第935部分。
⑦ Ken Silverstein. "Obama's Green Economy", available at http://www.renewableenergyworld.com/rea/news/article/2008/12/obamas-green-economy-54326（最后访问日期：2012年7月26日）。
⑧ http://www.recovery.gov/About/Pages/The_Act.aspx（最后访问日期：2012年7月26日）。

和能源可靠项目（45亿美元）、化石能源研发项目（34亿美元）、科研项目（16亿美元）等。这些拨款是2009年度追加额度，属于年度项目预算。

2011年3月，美国白宫发布《安全能源未来的蓝图》，审视了奥巴马能源计划实施以来的成就，并就未来规划提出发展思路。该报告勾勒了三个战略方向：一是确保安全能源供应，成为国际能源经济的"领头羊"；二是向消费者提供低成本、节能的选择；三是创新清洁能源的未来之路。

（五）加利福尼亚州可再生能源规划

加利福尼亚州是全美领先的推广可再生能源的州。2011年，加州可再生能源发电量已达总电量的31%，这与该州可再生能源规划密不可分。1998年，加州可再生能源委员会（下称"委员会"）负责"新能源项目"，获得两党和地方政府的支持。该项目包含5个方面[①]：一是"现存可再生能源"项目，支持市场竞争；二是"促进可再生能源"项目，为可再生能源设备购买者提供补贴，以推动技术进步；三是"消费者教育"项目，向公众宣传可再生能源好处；四是"新能源"项目，为新能源项目提供资金，至2008年7月告终；五是"客户信贷"项目，为新能源服务的提供者提供资助，至2004年告终。

1998~2006年，"促进可再生能源"项目开始资助家庭和商业拥有的30千瓦以下的并网的太阳能发电系统、50千瓦风电系统、可再生能源燃料电池，以及太阳热发电等项目。加州公共设施委员会资助较大规模的商业自发电系统。从2007年开始，"促进可再生能源"项目开始集中扶持购买安装小型风力系统和可再生能源燃料电池。2007年，"促进可再生能源"项目将太阳能资助部分转向"新太阳家庭合作"计划和"加州太阳能促进"计划，这些计划统称"走向太阳能的加州"计划，政府提供33.5亿美元，以达到3 000兆瓦生产量。其中，"新太阳家庭合作计划"鼓励安装新能源设备、高效节能，资助金额4亿美元，预计2012年达到400兆瓦的生产量。"加州太阳能计划"将消费者补助项目推向设备公司，10年间预计20亿美元，预计2016年达到1 940兆瓦的生产量。[②]

从美国《2005年能源法》和加州可再生能源规划可以看出，美国在下列方面值得我们借鉴：一是强调预算的硬约束，预算要准确细致，与项目紧密配合；二是实行项目管理制，通过具体项目的推广促进可再生能源产业的全面发展；三是衔接性强，政府部门之间要实行职能无缝对接，规划期限及其政策也应当实现

[①] "History of California's Renewable Energy Programs"，加州能源委员会网站：http://www.energy.ca.gov/renewables/history.html（最后访问日期：2012年7月26日）。

[②] "California Renewable Energy Overview and Programs"，加州能源委员会网站：http://www.energy.ca.gov/renewables/（最后访问日期：2012年7月26日）。

有机对接，避免出现规划链条断裂的问题。

二、欧盟可再生能源规划立法与政策

(一) 欧盟可再生能源规划立法

根据欧盟委员会网站（ec. europa. eu）提供的资料，欧盟关于可再生能源的立法是欧盟议会和欧委会 2009 年 4 月 23 日发布的促进可再生能源利用的指令，指令名称为 2009/28/EC 指令。该指令是在修订 2001/77/EC 指令和 2003/30/EC 指令基础上形成的，后两个指令同时作废。2009 年指令为欧盟成员国利用可再生能源设定了目标框架，即到 2020 年利用可再生能源比例达到 20%，其中 10% 用于交通能源消费。

该法令第四条 "各国可再生能源行动计划" 有 5 项规定，分别是：

（1）各成员国应当按照欧委会提供的基本模本编制 2020 年计划，结合其他政策因素确定可再生能源在交通、发电、供热、制冷等方面的总体指标，可以采取国内外各种合作形式。

（2）各成员国应在 2010 年 6 月 30 日之前向欧委会提交计划。

（3）各成员国在提交计划 6 个月前，需向欧委会提交预测文件，内容包括各成员国可转移给其他成员国的预计超额量或项目，预计获得本国之外的其他需求量。这些信息可以包括成本、效益和融资因素。

（4）成员国份额如果不能达到附件 1 设定的 2 年期目标，可以在次年 6 月 30 日前向欧委会提交修正计划，说明达到要求的措施和时间表；欧委会在考虑具体措施后，可以免除成员国提交修改计划的义务。

（5）欧委会将评估各成员国提交的计划，重点审查拟采取措施适当性，并签发推荐信。

（6）欧委会将按照规定的形式向欧盟议会提交各成员国计划和推荐信。

该指令附件 1 设定的各成员国的发展目标如表 7-3 所示。

表 7-3　　　　　　　　　　　　　　　　　　　　　　　　　　　　单位：%

国家	2005 年占比	2020 年目标占比	国家	2005 年占比	2020 年目标占比
比利时	2.2	13	立陶宛	15	23
保加利亚	9.4	16	卢森堡	0.9	11

续表

国家	2005年占比	2020年目标占比	国家	2005年占比	2020年目标占比
捷克共和国	6.1	13	匈牙利	4.3	13
丹麦	17	30	马耳他	0	10
德国	5.8	18	荷兰	2.4	14
爱沙尼亚	18	25	奥地利	23.3	34
爱尔兰	3.1	16	波兰	7.2	15
希腊	6.9	18	葡萄牙	20.5	31
西班牙	8.7	20	罗马尼亚	17.8	24
意大利	5.2	17	斯洛文尼亚	16	25
塞浦路斯	2.9	13	斯洛文尼亚	6.7	14
拉脱维亚	32.6	40	芬兰	28.5	38
瑞典	39.8	49	英国	1.3	15

根据成员国提交的预测报告，欧委会汇总的结果是：有10个成员国可以超过预定指标，有5个成员国需要利用合作机制，和其他成员国或者第三国共同完成预定指标[①]。

(二) 欧盟可再生能源规划文本

1. 2009年指令附件规定的规划文本内容

2009年指令的附件6规定了规划文本的最基本内容，包括4项内容：

（1）预计期满消费总量。

（2）2020年各部分消费比重，包括：2020年用于发电的比重、每2年期计划中发电比重、2020年用于制热制冷的比重、每2年期计划中制热制冷比重、每2年期计划中交通用能比重、全部2年期计划。

（3）实现目标的措施，包括：促进可再生能源发展的政策措施总览、发电方面的支持方案、制热制冷方面的支持计划、运输方面的支持计划、利用生物质方面的具体措施、统计传递和合作项目计划。

（4）评估。包括：评估每一可再生能源技术在实现2020年目标和每2年计划任

---

① "Renewable energy: Action Plans & Forecasts"，欧盟委员会网站：http://ec.europa.eu/energy/renewables/action_plan_en.htm（最后访问日期：2012年7月26日）。

务的总体贡献、评估能效和节能在实现 2020 年目标和每 2 年计划任务的总体贡献。

2. 德国可再生能源规划文本

根据 2009 年指令,德国等成员国分别制定了规划文本。其中,德国文本的基本框架和要点如下①:

(1) 国家能源战略。

(2) 2010~2020 年可再生能源预计消费量。

(3) 可再生能源发展目标和轨迹。包括国家总体目标和地区目标以及分项目标和轨迹。

(4) 实施规划措施。

其一,促进可再生能源政策与措施(见表 7-4)。

表 7-4

政策与措施名称	措施类型	预期结果	目标集团及行动	现行或计划中	起始时间
可再生能源法案(EEG)	立法	增加发电占比	投资者私人住房	现行	2000 年 4 月开始,2004 年、2009 年、2011 年修订,此法无时间限制
可再生热法案(EEWärmeG)	立法	增加建筑用热占比(集中于新建筑)	私人公共房主	现行	2009 年 1 月开始,2011 年修订
市场促进法案(MAP)	财政	向建筑用热投资	私人住房投资者	现行	1999~2012 年

其二,满足 2009 指令相关条款的具体措施。

①行政程序和空间规划;②技术细节;③建筑;④信息条款(跨地区信息部分见表 7-5);⑤安装许可;⑥发展电力基础设施;⑦电网运营;⑧沼气与天然气并网;⑨发展地区供热制冷基础设施;⑩生物燃料和其他生物液体。

表 7-5

名称	措施
气候保护行动的自治市	通过会议为地方政府提供综合信息
100% 可再生能源地区	议会决定实施战略
生物质能地区	联邦食品/农业/消费部促进创新网络,增加地方产品和就业

---

① National renewable energy action plans, 欧盟委员会网站: http://ec.europa.eu/energy/renewables/action_plan_en.htm (最后访问日期: 2012 年 7 月 26 日)。

其三，促进可再生能源发电的成员国规制。该部分对可再生能源开发利用的补偿方法和额度作了详细规定，并且采取问答方式解释政策要点，例如：固定补偿比率保证持续多久？计划中是否有可预见的补偿比率调整？

其四，促进可再生能源供热制冷的成员国规制。该部分设定了一系列解答立法政策的问答题，如目标的立法基础是什么？谁执行计划？扶持条件要满足能效标准吗？

其五，促进可再生能源交通用能的成员国规制。

其六，促进生物质能的具体措施。

其七，统计传递和项目合作计划。

（5）评估。

（三）小结

通过上述对欧盟可再生能源规划立法及德国规划文本的分析，下列特点值得我国借鉴：一是注重可再生能源立法与政策的协调、衔接，促进规划的合法性与正当性；二是注重规划信息的全面和透明，"全面"是指规划涉及的各方面信息（包括指标计算）尽量完整呈现，"透明"是指规划信息应当以适当方式公布且告知；三是注重规划教育。规划落实需要社会的广泛支持，而教育是获得支持的前提条件。

第三节 我国可再生能源规划政策与立法的完善

一、可再生能源规划政策与立法体系的问题

在国家规划体系中，可再生能源规划是能源专项规划之下的分项规划，从我国立法文化和技术角度看，可再生能源规划应当以"规划法"和《可再生能源法》中的规划章节为法律基础，同时兼顾"政府决策法"、"行政程序法"和《预算法》。

目前，《可再生能源法》对可再生能源规划的程序和内容作了基本规定，但是与其他规划决策立法相比，还存在一些制度漏洞，如规划衔接、评估制度。对此，一方面国家要尽快完善规划立法，制定指导目前各类规划工作的基本立法，在基本立法出台之前，国务院 2005 年出台的《规划编制意见》应当作为重要的

法律依据。另一方面，能源规划管理部门可以借鉴国务院《规划编制意见》和地方性规划立法，尽快出台可再生能源规划管理工作办法或者方案，将规划工作完全纳入法治规划。

与可再生能源规划立法相对应，可再生能源规划政策主要包括两方面内容：一是具体的规划文本；二是引导规划落实的各项具体政策措施。对于规划文本，我国已经拥有相对成熟的经验和做法，为促进文本有效落实，还需要完善文本的有关内容，使其真正成为指导政府工作的方案；对于各项配套措施，在目前立法体制下，它主要通过各职能部门制定规范性文件的形式体现出来。从美国、欧盟的经验来看，制定配套政策应当强调时效性和可预见性，需要设置"政策路线图"，在编制规划文本时，应当通过政府间协作形式将配套政策的制定过程和生效时间明确下来，为企业和公众提供可预见的政策依据。

二、可再生能源规划制度的完善

1. 可再生能源规划体系的完善

目前，我国在规划领域"三规并存"，即国民经济与社会发展规划、土地利用规划、城乡规划三种规划同时存在，并且分别由不同政府部门管理，形成"分而治之"的管理格局。这种局面在短时间内难以改变，也造成社会对规划体系的一些误解。客观而论，国民经济与社会发展规划是基础性、纲领性规划，是土地规划和城乡规划的基础；后两类规划应当服从前一规划。但是，国民经济与社会发展规划仅有规划文本，尚缺乏基本立法，这与《土地管理法》、《城乡规划法》形成强大的反差。与此同时，土地规划与城乡规划同属于"空间规划"，二者存在功能交叉且均不能完整体现空间规制目标，于是国务院 2010 年 12 月发布的《全国主体功能区规划》应运而生。主体功能区规划具有统领国土规划全局的功能，其功能覆盖到土地规划、城乡规划，与国民经济与社会发展规划形成"左臂右膀"的"两翼规划"格局。但是，这两种规划都面临立法基础不充分问题，前者目前只能以国务院《规划编制意见》为蓝本，以及长期以来形成的"五年规划"传统，后者则以国务院 2007 年发布的《关于编制全国主体功能区规划的意见》（国发〔2007〕21 号）文件为蓝本。与土地规划、城乡规划相比，国民经济和社会发展规划、主体功能区规划的法律保障显得弱小了很多。因此，完善国民经济和社会发展规划立法显得尤为必要。

作为能源规划中的次项规划，可再生规划应当遵从国民经济与社会发展规划、主体功能区规划的基本要求，同时兼顾与关联规划（如节能规划、环境规划）的衔接。在规划层级上，可再生能源也需体现行政隶属关系，即下级可再生能源规划服从上级可再生能源规划。

2. 可再生能源规划管理体制的完善

目前,部门牵头负责制是专项规划编制与实施的基本制度,在部门利益冲突情况下,专项规划客观上存在"实施机制"和"配套措施"不能坐实、易流于形式的问题,即部门协调配合的要求易于形成文字并呈现在规划文本中,但在实施过程中,却容易出现部门不配合问题。这些问题使得政府合作变得极为重要。

翻看美国、欧盟成员国的具体规划文本,通常会发现内容极其繁多、体系极其严密,这实际上是将规划实施阶段的各项配合工作事先呈现在纸面上,不管是通过立法(如美国能源法)还是文本(如德国规划文本),规划实施过程中的各方管理机构都应当明确其职责和义务。实际上,这种配合本身也属于各部门的本职工作而非额外附加职责。

目前,我国规划立法中关于政府间合作的主要形式就是"规划衔接",而部门间协调配合的理念则大量规定在各类规划文本中。这种现象,可以通过国务院《规划编制意见》和国家"十二五"规划反映出来,即前者规定了"衔接"没有规定"协调配合",后者则既规定了"衔接"也规定了"协调配合"。因此,在科层制、分工制的行政管理体制下,可再生能源规划管理体制需要充分强调政府间合作,通过制度创新促进规划的实施。

3. 可再生能源规划程序的完善

规划程序本质上是政府决策程序,可再生能源规划可以依循相关立法与工作程序进行编制。不过,作为专项规划,尚有两个环节需要引起关注:一是公众参与;二是绩效评估。

公众参与是政府决策和社会治理遭遇的一个新课题,旨在通过听证会、社会调查、质询等形式,赋予决策的利益集团申诉、辩解以寻求利益保护的制度。在现代民主代议制模式下,公众参与可以弥补精英决策因知识、信息、寻租等带来的决策偏颇问题。可再生能源规划在编制和实施过程中,不可避免会涉及多方利益集团,特别是相对弱势的群体,如地方中小企业、移民、农户等,如何协调各利益集团之间的利益平衡,减少决策的负效益,是规划编制单位应当考虑的。近年来,因土地规划、产业规划等造成用地、用工、社会福利等方面冲突引发的群体骚乱、上访等事件不断发生,从决策角度分析,这些现象无疑属于公众参与的非正常形式,需要予以关注。

绩效评估是政府规划普遍遇到的瓶颈问题。长期以来,政府规划"重编制,轻实施","重成绩,轻问题",绩效评估始终没有被作为一项强制性工作予以规范并实施,其原因不外乎两个方面:一是缺乏对政府决策的问责机制;二是缺乏对政府规划科学性的反馈机制。针对问责机制,目前已经形成舆论和法律机制,需要在实践中推广和落实。针对反馈机制，目前还处于起步阶段，涉及规划评估如何实施的程序和实体问题，例如，规划评估由谁实施？评估标准是什么？评估结果如何反应？对此，《可再生能源法》主要就编制规划阶段的评估（或称"科学性论证"）作出规定，侧重于"前评估"，这显然不同于规划实施阶段的评估，特别是规划中期或届满时，规划目标是否实现，政策工具是否需要调整，尚需要立法与政策予以进一步规范。欧盟2009/28/EC指令对2010~2020年各成员国的规划做了一个制度创新，即"2年规划"（Estimated Trajectory，或称"规划轨迹"），要求各成员国除了编制10年总量规划外，还要编制每2年的阶段性规划，在没有完成2年规划时，应当向欧委会提交规划修订报告。这一做法实际上将绩效评估贯穿在长期规划的全过程，相当于"期中评估"。

4. 可再生能源规划指标的完善

规划指标是我国各项规划中经常采用的量化标准工具，也是我国规划中比较成熟的技术。不过，与美国、欧盟的规划立法和政策相比，我国可再生能源规划指标相对显得不够细致、精确，不便于执行，主要表现在：（1）在部门分头管理的体制下，指标过于"部门化"，即指标过分集中在牵头部门主管的行业指标上，其他关联指标如财政指标、减排节能指标等显得不充分；（2）指标侧重于同级政府的总量指标，缺少下级或者地方政府落实的分解指标；（3）指标局限于本规划期，缺少前向后向的"跨期指标"，事实上，很多规划项目是需要跨越若干规划期才能完成的。

针对（1），建议可再生能源规划可以增加部分附录，将关联指标列表附在规划文本之后，便于公众、企业、社会学习掌握；针对（2），建议借鉴欧盟指令的做法，将下属各行政辖区需要配合完成的指标一一列明，各地方指标可以采取弹性指标、分类指标；针对（3），建议完善规划项目的具内容，将项目的阶段性指标分别列清，如2010~2012年投资额度××万元，2013~2014年投资额度××万元。

5. 可再生能源规划项目的完善

规划项目是政府管理专项规划的重要方式，特别是需要政府推动、引导发展的新兴产业。我国实行规划项目制度由来已久，积累了大量的经验，但还需要在下列方面予以完善：

一是规划项目的决策。如何确定符合立法与政策要求的可再生能源规划项目，需要综合评估其经济、社会、环境、生态等多方面效应，避免"拍脑袋工程"或"形象工程"。例如，欧盟2009/28/EC指令在序言（9）段指出，发展生物燃料应当评估其对农业食品生产的影响。我国《可再生能源中长期发展规划》（2007~2020）也对发展可再生能源的不利影响做了描述。因此，规划项目既要进行"可行性论证",也要进行"不可行性论证"。

二是规划项目的特许。对于政府投资或重点扶持的大中型规划项目,为提高政府资金的使用效率,通常采取政府采购的方式进行公私合作经营(PPP模式),即政府通过"发包"、"外包"方式,运用市场竞价方式选择合适的项目经营者。此过程如果出现"寻租"现象,就可能会影响规划项目的绩效。近年来出现的"形象工程"、"豆腐渣工程"等可以作为警示。

三是规划项目的监管。规划项目建设经营的全过程离不开职能部门的监管。如《浙江可再生能源开发促进条例》中规定的,各相关部门需要在规划项目实施过程中,分别行使其管理职能,并形成必要的工作配合机制。在绩效评估阶段,政府审计工作需要及时跟进。

6. 可再生能源规划衔接的完善

根据国务院《规划编制意见》的规定,规划衔接是一项法定程序和义务。囿于收集到的信息有限,我们无法了解规划衔接的实际运作机制,只能在基本原理上对其实施提供一些看法:(1)规划衔接的内容应当涵盖指标、项目、措施、规划期等内容。其中,指标应限于约束性指标;项目应限于上级政府投资或扶持的项目;措施应限于上下级政府、同级政府各部门之间需要配合实施的措施;规划期限与"跨期规划"的情形。除此之外,各级政府能源管理部门可以根据本行政区实际发展需要,创新自身的规划目标和措施。(2)规划衔接的程序应当规范化、制度化,衔接的启动、提出、受理、处理、回复等阶段都应当有具体的时间和操作规范。(3)规划衔接的争端解决。规划衔接本身就隐含着职能冲突,尤其是同级政府各部门的专项规划之间,或者区域规划中涉及可再生能源发展的规划之间。为此,需要确立规划争端协调机制。

7. 可再生能源规划文本的完善

目前,我国可再生能源规划文本与其他政府规划文本一样,是由政府部门牵头编制的具有法律约束力的文件。《可再生能源法》第九条还规定了规划文本的基本内容。如同前述关于规划指标的分析,规划文本的内容相对比较简约,方向性内容占比大,措施性内容占比小,特别是对于政府投资和鼓励、扶持政策,缺乏足够的叙述和解释空间。这种编制特点某种程度上忽视了规划实施过程中产业利益集团的信息知情权利,客观上造成规划文本"高高在上"的姿态。事实上,可再生能源作为国民经济发展的未来能源动力,需要得到全社会的普遍支持,即需要强调"社会参与"、"公民义务"的特点。基于这些特点,规划文本应当力图将可再生能源开发利用与企业、公民利益相关联的内容充分展现出来,比如太阳能屋顶计划、小水电开发利用、农村沼气技术推广、可再生能源教育培训等,使规划"为民"、"亲民",并且突出规划文本在信息发布、传递和宣传方面尽量突出服务于民众的理念。

为此，规划文本的编制应当力求信息的完整、全面、系统、连贯，对于与规划目标和实施政策相关联的各项内容，文本应当通过附录、图表、索引、网站链接等形式告知企业与公众，确保后者对公共信息的知情权和获取权。

8. 可再生能源规划审查的完善

可再生能源规划审查是规划程序的重要环节，是规划由草拟文件成为法律文件的法定程序。由于可再生能源规划是促进"绿色经济"的重要政策，需要全社会共同参与、多部门协调配合，因此须经相关部门政府审查通过，而不宜采用"备案"的形式。另外，重大可再生能源规划项目在招投标、建设运行等过程中，相关准入程序也应当遵循行政决策或审批程序。

9. 可再生能源规划实施的完善

如果说可再生能源规划编制是以政府为主导的行政决策行为的话，可再生能源规划实施则是以企业、投资者的产业活动为主体的市场经济行为。为此，一方面，政府相关部门应当及时向可再生能源产业活动提供对应的扶持政策；另一方面，这些部门还需要承担维护市场秩序，对生产行为、产品质量、竞争秩序等实施管理措施的责任。对于政府与私人合作的规划项目，应当按照《政府采购法》、《招标投标法》、特许经营法、政府投资法等规定，遵循公平交易与社会效益原则，减少政府不必要的干预。

10. 可再生能源规划责任的完善

此前关于可再生能源规划责任的分析，分别从领导问责、决策责任和项目责任三个角度进行分析，其间涵盖了规划编制与实施过程中可能涉及的责任问题。领导问责和决策责任是有关可再生能源规划管理部门的责任，涉及行政责任；项目责任是有关规划项目实施中政府、企业或投资者、公民等方面的责任，涉及民事、行政和刑事责任，以赔偿、补偿、奖励、惩罚等财产性责任为主要形式。目前，立法已经有相应的规定，需要在实践中进一步落实。

第八章

可再生能源市场准入

第一节 投资主体市场准入制度

一、多元化投资主体实施市场准入的必要性

市场准入作为政府对市场的一种监管工作，其目标是对进入市场的一种限制。而可再生能源作为一种清洁、可再生的能源，无论是对于转变我国以煤为主的能源结构、应对气候变化，还是作为解决农村用能的一种基本方针，均需要加以鼓励，我国《可再生能源法》立法的一个基本思路也是如何通过经济刺激鼓励多元化投资主体投资以促进可再生能源的发展。既然可再生能源发展的基本方向是鼓励开发利用可再生能源，那么是否还有必要对进入可再生能源市场的企业、产品等进行准入并加以限制？

在市场经济体制下，企业有进入市场的自由。在很多国家，营业自由是经济自由的一种，是受宪法保护的基本人权之一。营业自由与财产自由和契约自由并称为市场经济的三大自由。市场准入是政府对市场主体进入某一特定市场的规制。从法律的角度来看，市场准入监管涉及的是对营业自由或者说企业经营自主权的限制。市场准入制度，是依据"公共利益"的需要而对营业自由的限制，

与营业自由是有冲突的。如果这种限制不符合"公共的福利",就会限制宪法保障的营业自由。① 营业自由与市场准入规制看似矛盾实则不然。营业自由是一种抽象意义上的自由,从民商法的视野看自然人、法人或者其他组织有以自由的意志示从事经营的权利。但是进入市场的自由,实际上不仅受到社会性和经济性各种条件的制约,而且受到政策目的的制约,因此对于市场进入有时加以法律性的规制。可以认为,这种规制是国家对经济的经济性干预,属于经济法规制的一种。②

日本著名经济法学家金泽良雄认为,事业限制的目的是多种多样的,"大致可以分为防止过当竞争目的、警察目的(确保安全、卫生等)、公益事业的目的、财政目的、公共目的(保护消费者等)",并认为"严格区分这些目的是困难的。特别是对于防止过当竞争,立法过程和法律条文都有不够明确的地方。"③ 政府对市场规制的理由可以分为经济、政治与社会三个不同层面。经济层面的理由着重强调市场失灵,规制的目的在于弥补市场缺陷;政治层面的理由偏重于探讨规制的政治行为与其运行的根源;社会层面的理由则着重于社会价值中的"公平性"问题。④

市场准入的上述理由对于可再生能能源来说,有同样的意义:

第一,保证市场效率。可再生能源作为传统能源的替代品,以其环保、清洁、可持续等特征风靡全球,具有远大的发展前景,影响到国家竞争力的战略大局。但是目前可再生能源技术不成熟,新技术和新产品的研究开发需要大量资金投入,风险大、成本高,与传统能源相比没有市场竞争力。为了促进对可再生能源的投资,国家必然会通过政策向可再生能源进行财政补贴。受国家政策的刺激,可再生能源领域不可避免地会出现过度投资、重复建设以及鱼龙混杂、市场秩序混乱等负面问题。为了最大限度地避免浪费资源和保护环境,引导产业的健康发展,必须对可再生能源领域的市场进入进行政府干预,市场准入制度也就应运而生。政府通过对市场主体(产品)进入可再生能源市场领域的条件的设定,并运用审批、许可、特许等规制手段,为效率而替代市场做出选择。从这个意义上来说,市场准入制度是和财政补贴和产业政策联系在一起的。市场准入制度所追求的效率不是个体效率,而是公共利益得到体现的社会效率,是长期的、多数人的效率。市场准入的效率目标是广泛的,投资的宏观调控、产业的引导、防止

---

① [日] 丹宗昭信、厚谷襄儿,谢次昌译:《现代经济法入门》,群众出版社 1985 年版,第 177~178 页。

② [日] 金泽良雄,满达人译:《经济法概论》,中国法制出版社 2005 年版,第 272 页。

③ 同上注,第 273 页。

④ 肖竹:《竞争政策和政府规制——关系、协调及竞争法的制度构建》,中国法制出版社 2009 年版,第 10~13 页。

项目重复建设、促进技术进步,乃至预防垄断和地方保护。效率还意味着根据预期目的对社会资源的配置和利用的最终结果作出的社会评价,即社会资源的配置和利用使越来越多的人改善境况而同时没有人因此而境况变坏,则意味着效率提高了。①

第二,保证市场安全。安全是市场准入的重要价值目标。可再生能源市场准入制度所追求的安全,主要是电网安全、生产安全、粮食安全和环境安全等。通过设置可再生能源市场准入制度,避免不符合相关资质要求的企业或个人进入可再生能源市场,可以保障可再生能源产品生产过程的安全和保证消费者获得高品质的产品,也可以避免可再生能源发电的不稳定性对电网的安全造成隐患。以可再生能源发电并网为例,只有符合并网技术标准的可再生能源发电才可以上网。再譬如,燃料乙醇的生产消耗粮食,过度发展燃料乙醇产业会造成和人"争粮"威胁粮食安全。水电站和风电站的建设都会对环境产生重大影响,甚至会造成环境灾害。所以从安全出发,必须对可再生能源实施相应的市场准入控制。

第三,保证市场公平。市场准入制度追求的公平是实质的公平,是要解决外部成本内部化的问题。开发利用可再生能源本身具有较大的正外部性,但市场具有外部性②,外部性导致个别市场主体产生的成本由整个社会或者代表社会的政府来承担。从总体上来说,可再生能源是清洁的、环境友好型的能源,其外部性与传统化石能源不可相提并论,但不可否认的是,可再生能源仍然有环境的外部性问题,如生产光伏电池的多晶硅就有很大的污染、生物质发电产生的大气污染、地热资源的开发对地下水的影响等都已经引起人们的普遍关注,即便是风和太阳光没有负外部性,但是风电场和太阳能电站的使用者可能因建设这些电站而阻碍视野或以增加社会成本的方式利用土地,而这些成本没有被计入风电能或太阳电能的售价中。对低成本或零成本资源的过度利用会引起社会成本。这些社会成本被准确地称为外部成本,因为它们在产品价格之外,而没有被计入产品价格。③但市场机制不能够对外部经济或外部不经济进行评价,因此,凡是会引起外部不经济的行为,都要由社会来管理;使外部性内化的措施,也要通过政府、社会管理机关来执行和实施。④依靠事后政府监管措施虽然一定程度上可以解决外部性导致的后果,但没能在发生外部性的过程中将成本内部化。因此,需要将规制提前到市场的入口处,对可能产生的负外部性进行控制并予以内部化。政府

---

① 张文显:《法哲学范畴研究》,中国政法大学出版社 2001 年版,第 213 页。
② 所谓外部性,是指经济活动的社会效用同个体效用之间、社会成本同个体成本之间有差距,它们的结果不能在一个企业内部表现出来。
③ [美] 约瑟夫·P. 托梅因,理查德·D. 卡达希,万少廷译:《美国能源法》,法律出版社 2008 年版,第 7~8 页。
④ 吴敬琏、刘吉瑞:《论竞争性市场体制》,中国大百科全书出版社 2009 年版,第 105 页。

通过实施市场准入规制，要求获得特定市场准入权利的负外部性制造者采取措施避免负外部性的出现或者将其产生的社会成本变成自己承担的私人成本。

二、中国可再生能源多元化投资主体市场准入的现状和问题

实际上，我国一直以来都很重视对各种可能影响效率、安全与公平的行为与活动的规制，并利用审批、许可等手段加强监管。从可再生能源市场准入现实来看，存在多种多样的准入。

（1）从准入的目标来看，存在：①基于宏观调控、发展规划、产业政策要求：对投资项目审批、审核和备案。为健全投资宏观调控体系，改进调控方式，完善调控手段，加强投资监管，维护规范的投资和建设市场秩序，《国务院关于投资体制改革的决定》规定了审批、核准和备案三种项目准入方式。对于使用政府投资建设的可再生能源项目，实行审批制。按照项目性质、资金来源和事权划分来确定中央政府与地方政府之间、国务院投资主管部门与其他行业主管部门之间的审批权限。不使用政府投资建设的水电站、抽水蓄能电站、火电站、热电站、风电站和变性燃料乙醇项目属于核准的项目。既非使用政府投资建设资金，又非《政府核准投资项目目录》所列明的发电项目的其他可再生能源投资项目，无论项目规模大小，一律实行备案制。②基于技术和安全要求：并网发电项目许可。《可再生能源法》第十三条规定："建设可再生能源并网发电项目，应当依照法律和国务院的规定取得行政许可或者报送备案。"③基于社会利益的要求：环境影响评价报告书、土地利用方案、文物保护方案等的审批。基于社会公共利益，政府对可再生能源发电项目是否符合环境功能区划，拟采取的环保措施能否有效治理环境污染和防止生态破坏，是否符合土地利用总体规划和国家供地政策，项目拟用地规模是否符合有关规定和控制要求，补充耕地方案是否可行，是否制定可行的文物保护方案等实施审批。

（2）从准入的环节来看，有：①可再生能源资源获得：太阳能资源、风能资源等公共可再生能源资源的开发利用，无须许可；地热资源属于国家所有，开发利用需要政府许可，获得勘探和采矿许可证；水能资源、海洋能资源属于国家所有，开发利用需要得到政府主管部门审批获得水能资源开发利用权；生物质能资源通过平等交换（民事合同）方式取得，不需要许可。②设备与产品生产的准入：符合国家有关产品标准与质量要求的进入，不符合要求的限制进入。

（3）从准入的机关来看，有①能源主管部门对风能、太阳能等可再生能源投资项目的审批、对并网发电项目的许可。②国土资源部门对地热资源开发利用的许可。③海洋主管部门的准入：对海洋能资源开发利用的许可。④水利主管部

门的准入：对小水电投资项目的许可、水土保护方案的审批。⑤其他政府主管部门的准入：电力监管部门对电力业务的许可；环境保护部门对环境影响评价报告书的审批；土地管理部门对土地利用方案的审批；文物主管部门对文物保护方案的审批。

（4）从准入的层级来看：①国家准入：在主要河流上建设的项目和总装机容量25万千瓦以上项目水电站、抽水蓄能电站和总装机容量5万千瓦以上的风电站，由国家能源局核准或者审批。②地方准入：除中央准入的项目外，由地方人民政府投资主管部门核准与审批。

（5）从准入的主体来看：对内资企业和个人的准入与外资企业与个人的准入。我国对外资进入可再生能源市场实施特殊的市场准入规制。《外商投资产业指导目录（2007年）》把生物液体燃料（燃料乙醇、生物柴油）生产（中方控股）列为限制外商投资产业。外商投资我国可再生能源产业还特别要经过商务部的核准，而对内资则无此要求。

可以看出，我国存在各种各样的可再生能源市场准入。但是我国现行的可再生能源市场准入仍然存在角色上缺位和越位，功能上弱化与虚化，制度上泛化与虚化的问题，主要表现在以下几个方面：

一是以"项目投资"审核替代"经营资格"许可，混淆了两者在法律性质及制度功能上的差别。在实际中市场主体能否取得新能源产业经营的权利不是看其是否取得"经营资格许可"而是看其是否能通过新能源项目投资的审核。实际上，项目投资审核与经营资格许可是法律性质不同的准入制度。投资项目审核属于固定资产投资制度，其制度功能在于对社会资本投资进行总量控制以符合一定的宏观经济目标，除此之外还有控制政府投资规模，特别是避免重复投资、重复建设。而"经营资格"许可制度属于特定市场主体行为能力制度，其制度功能在于以一定的经济、技术指标衡量某主体是否具有某一特定市场经营的能力，目的在于保障公共安全、市场秩序及消费者福利。经营资格是主体在法律上的身份，是具有专属性和不能转让性，而投资项目是属于财产权的客体，是可以转让的。以个别的项目审核取代一般的经营资格许可弱化了市场准入的功能。有项目审核无经营资格许可制度，从逻辑上来说，市场主体没有事先取得投资项目许可的则没有经营权，除了申请新建投资项目许可外无法从二手市场接手该类可再生能源项目，增加了企业进入可再生能源市场的难度，对于非公有经济主体来说，更是难上加难。另外，也给可再生能源市场企业的退出造成障碍，影响了市场资源配置功能的发挥。

二是缺乏统一的准入法律制度。目前权限划分不明确，多头审批、规则缺乏，程序不规范、不透明。如小水电和沼气发电管理体制一直不能完全理顺，少数地方中小水电管理仍然由水利部门负责,沼气仍然由农业部门负责,但上级对口部门却是国家能源局,职能重叠、交叉使综合管理很难到位,管理效率也一直无法提升。有些水电项目之所以没拿到批文都敢建设,是因为审批部门太多,执法不到位。① 出自不同机构和不同级别政府的大量监管规则和行政手续所带来的总体影响,可能特别巨大。其结果是降低商业反应能力,使资源偏离高生产率的投资,阻碍市场准入,减少创新和新工作机会,进而从总体上阻碍企业家精神的发挥。此外,在现实中,它们也经常会扮演反竞争(Anti-competitive)手段的角色,在某些市场领域向"内部人"提供保护。繁文缛节更是使小企业不堪重负,这会严重抑制新企业的创立。②

三是准入功能虚化、弱化。一方面,大量不具备资格条件的企业和产品没有限制就进入了应该受到准入规制的可再生能源领域,导致了市场的混乱,浪费资源,市场准入功能虚化。另一方面,准入功能弱化,没有根据可再生能源资源实际情况和市场的需求来实施市场准入,使准入制度失去了其功能意义。盲目增大投资规模,匆忙上马大项目,产业生产能力的扩大没有与市场需求增长相适应。以风电为例,政府和企业似乎更注重装机规模,没有以上网电量考核风电场的绩效。形成了政府官员要政绩,国有企业领导要业绩,而衡量标准只是装机容量,而不是上网电量。③

四是准入制度的异化、泛化。准入制度常常异化为国有资本垄断的保护伞,使得国有资本即使在一些具有竞争性的可再生能源领域也能保持垄断,排斥民间资本。在大量规制规范不到位的同时,进入审核还常常被"俘虏"为滥用权力的工具。对具有稀缺性的可再生能源发电项目该批给谁,关系往往比规则更重要。对于应当在进入市场后进行的常规性监管,如产品质量、安全的跟踪检查,环境污染物的排放检测和收集处理等,往往在企业进入市场时百般刁难,进入后不闻不问,将审批制度作为市场运行过程监管的替代手段。④

三、可再生能源多元化投资主体市场准入制度的完善

可再生能源的市场准入制度的目的在于补充市场的不足,而不是代替市场机制的作用,因而市场准入制度的制定和执行需要刚性和柔性的平衡。市场准入制

---

① 刘海荣、肖凌志:《云南中小水电呼唤管理"主官"》,载于《云南电力报》2007年10月16日。
② 经济合作与发展组织编,陈伟译:《OECD国家的监管政策:从干预主义到监管治理》,法律出版社2006年版,第63页。
③ 任东明:《我国可再生能源市场需要有序化》,载于《中国科技投资》2007年第11期。
④ 史际春:《经济法》,中国人民大学出版社2005年版,第203页。

度存在制度成本,这不仅包括立法成本、执法成本,还包括市场准入制度给市场主体行为带来的成本以及给社会造成的成本。① 而这些成本最终会反映在可再生能源产品的价格上。市场对同一商品的价格具有敏感性,当它准入市场的价格偏高时,市场对它就直接具有排斥性。因此,在制定准入法律政策时,应该在实现市场准入目的的同时尽量减少程序,减轻企业负担。特别是市场准入的标准不宜制订得过高,目标是达到安全、效益和公平的基本要求,以避免把大部分企业排挤在可再生能源领域之外,导致这个行业形成"寡头竞争"或"少数人"的游戏。市场准入制度实际上是对资源的非强制性支配,某种程度上是法律而不是市场在对市场主体作出选择,因而必须把法律对市场主体的选择限定一定的范围内。同时,主管机关应根据市场环境的变化灵活把握,相机抉择,发挥好市场准入制度的功能,充分利用市场机制来推动可再生能源产业的发展。

完善我国新能源与可再生能源市场准入制度体系应该以市场主体经营资格许可为主,以项目审核(备案)和产品标准和认证制度为补充,对市场主体从经营资格的取得、生产建设过程直至产品进入流通领域实施立体的、动态的、滚动式的准入监管。具体来说,完善我国可再生能源市场准入制度可采取如下的措施:

第一,建立经营资格许可制度,使投资项目审核制度回归本位。《行政许可法》第十二条规定了"有限自然资源开发利用、公共资源配置以及直接关系公共利益的特定行业的市场准入等,需要赋予特定权利的事项"可以设定行政许可。取得经营资格许可意味着拥有从事可再生能源某领域经营的行为能力。经营资格许可制度属于行政许可,但其实质经济内容超出行政法的视野。可再生能源市场的许可应该分领域来设置,就许可的事项一般禁止是原则,许可是例外。具体来说,可再生能源直接发电领域由于涉及公众用电安全和公共利益,设置许可;变性燃料乙醇的生产经营由于影响到能源供应和粮食安全,设置许可;地热资源的利用经营涉及资源的稀缺性和国有矿产的使用,设置许可;而其他可再生能源利用经营则不需要设置许可,市场主体可以自由进入。对于该行业机器、配套设备、材料及零部件生产经营领域也不需设置许可,只要从产品的标准和认证对其实施市场准入监管即可。

第二,建立统一的项目投资准入制度。杜绝政出多门的现象,使项目审核(备案)制度法治化,包括项目审核的范围法定、内容法定、程序法定、审核主体、办理时限法定,增强审核透明度,同时要对项目准入审核(备案)的各环节建立"问责制"。要清理现存的各种繁多的新能源项目准入的行政规章,并协

---

① 封延会、贾晓燕:《论我国市场准入制度的构建》,载于《山东社会科学》2006年第12期。

调好项目投资准入政策与产业政策、财政政策的关系。项目准入制度设计应体现"安全"、"效益"和"公平"的价值取向,在保证基本安全的前提下,明确、统一项目准入标准,简化登记程序,提高效率,降低准入成本。

第三,市场准入公平、公开、公正。设定和实施准入应当公平,凡是符合法定条件、标准的,一切市场主体皆有依法取得准入许可的权利,行政机关不得歧视,不能因为身份的差异而区别对待。要摒弃意识形态及计划经济思想的流毒,对非国有经济主体不得实施歧视性对待。能源主管机关对准予市场进入许可的,应该予以公开,公众有权查阅。对不准予许可的,应该说明理由。

第四,以标准为依据,采取许可证、特许经营、质量认证等准入方法。建立特许经营权的一级和二级市场,在一级市场上特许经营权通过招投标取得,二级市场则是通过自由交易取得,遵循市场规律。能够运用市场手段的就尽量运用市场的手段来解决准入问题,在无法运用市场手段的地方也尽量模拟市场手段。如对风电特许权及将来可能实施的可再生能源发电配额制,可通过建立一级和二级的转让市场为经营失败者退出这个领域提供方便的途径,而有经营资格的市场主体可以通过市场化的途径进入可再生能源领域。建立和完善可再生能源产品国家标准体系和产品认证体系。

第五,公开市场准入信息。[①] 整合各职能机关有关可再生能源市场准入许可的信息,集中在一个地点供公众查阅。通过在一个地点提供有关执照和特许权的所有信息,减少商业搜寻成本。这些信息通常包括某项业务的特许权、申请表和申请要求、联系信息等。同时,改变重监督轻服务的观念,为将进入的企业提供必要的新能源行业区域竞争情况,新能源各行业的盈利状况等相关资料,指导企业避免盲目和冲动进入。

四、外资准入审批制度

(一) 外资的定义

"外资"是通俗的称谓,而不是精准的法律概念。我们所说的外资是从资本输入国的角度来说的,外资是指从境外输入的任何形式的资本。[②] 从实务上看,

---

[①] 公开市场准入信息除了具有政务公开的价值外,更有助于引入竞争。信息限制常被政府官员用于限制外部人员对决策过程的参与,其结果是决策过程的排他性使官员的影响力和租金提高,并造成在决策过程中限制竞争。

[②] 余劲松:《国际投资法》,法律出版社 2003 年版,135 页。

我国对外资准入的规制主要是对新设立外商投资商业企业、并购设立外商投资商业企业、已设立外商投资企业增加经营范围、外商投资企业再投资设立商业企业进行审批。外商投资企业可以采取各种法律形式，包括企业和非法人企业，具体包括有限责任公司、股份有限公司、合伙、一人公司、中外合资经营企业和中外合作经营企业。

（二）外国投资范围

《外商投资产业指导目录（2007年）》把发电为主水电站的建设、经营，新能源电站（包括太阳能、风能、磁能、地热能、潮汐能、波浪能、生物质能等）建设经营、太阳能电池生产专用设备、光伏发电、地热发电、潮汐发电、波浪发电、垃圾发电、沼气发电、1.5兆瓦以上风力发电设备制造（限于合资、合作）列为鼓励外商投资的产业。

生物液体燃料（燃料乙醇、生物柴油）生产（中方控股）为限制外商投资产。

（三）外国投资的审批和核准

按照我国法律规定，外商投资企业的设立实行政府逐项核准和审批登记制度。投资额度和的项目类别是划分中央政府和地方政府之间外商投资企业核准和审批权限的主要依据。

中外合资、中外合作、外商独资、外商购并境内企业、外商投资企业增资等各类外商投资项目的核准都适用《外商投资项目核准暂行管理办法》。

根据《国务院关于投资体制改革的决定》及《外商投资项目核准暂行管理办法》的规定，外商投资总投资（包括增资）1亿美元及以上的发电为主水电站的建设、经营，新能源电站（包括太阳能、风能、磁能、地热能、潮汐能、波浪能、生物质能等）建设经营、太阳能电池生产专用设备以及光伏发电、地热发电、潮汐发电、波浪发电、垃圾发电、沼气发电、1.5兆瓦以上风力发电设备制造项目以及总投资额为5 000万美元以上的生物液体燃料（燃料乙醇、生物柴油）生产项目由国家发展和改革委员会核准项目申请报告，由商务部审批。

其中总投资5亿美元及以上的发电为主水电站的建设、经营，新能源电站（包括太阳能、风能、磁能、地热能、潮汐能、波浪能、生物质能等）建设经营、太阳能电池生产专用设备以及光伏发电、地热发电、潮汐发电、波浪发电、垃圾发电、沼气发电、1.5兆瓦以上风力发电设备制造项目和总投资1亿美元及以上的生物液体燃料（燃料乙醇、生物柴油）生产项目由国家发展改革委和商务部审核后报国务院核准。

总投资 1 亿美元以下的鼓励类、允许类项目和总投资 5 000 万元以下的限制类外商投资项目由地方发展改革部门核准；其中限制类项目由省级发展改革部门核准，且此类项目的核准权不得下放。

可再生能源外商投资项目申请人凭国家发展改革部门的核准文件，依法办理土地使用、城市规划、质量监管、安全生产、资源利用、企业设立（变更）、资本项目管理、设备进口及适用税收政策等方面手续。

第二节　并网发电项目、地热企业进入的许可

一、可再生能源并网发电项目投资许可制度

改革开放以来，国家对原有的投资体制进行了一系列改革，打破了传统计划经济体制下高度集中的投资管理模式，初步形成了投资主体多元化、资金来源多渠道、投资方式多样化、项目建设市场化的新格局。但是投资体制还存在不少问题，特别是企业的投资决策权没有完全落实，市场配置资源的基础性作用尚未得到充分发挥。为此国务院下发了《国务院关于投资体制改革的决定》（国发[2004] 20 号　2004 年 7 月 16 日）对我国投资体制进行了重大改革，建立起市场引导投资、企业自主决策、银行独立审贷、融资方式多样、中介服务规范、宏观调控有效的新型投资体制，并区别不同情况实行了审批、核准和备案三种项目准入方式。

（一）审批制

对于使用政府投资建设的可再生能源并网发电项目，实行审批制。按照项目性质、资金来源和事权划分来确定中央政府与地方政府之间、国务院投资主管部门与其他行业主管部门之间的审批权限。

根据《关于印发国家发展改革委核报国务院核准或审批的固定资产投资项目目录（试行）的通知》、《国家发展改革委关于改进和完善报请国务院审批或核准投资项目的管理办法》和《国家发展改革委关于印发审批地方政府投资项目有关规定（暂行）的通知》的规定，使用中央预算内投资、中央专项建设基金、中央统还国外贷款 5 亿元以上项目；使用中央预算内投资、中央专项建设基金、统借自还国外贷款的总投资 50 亿元以上的可再生能源发电项目，由国家发

改委核报国务院审批,原则上由国务院审批可行性研究报告。

各级地方政府采用直接投资(含通过各类投资机构)或以资本金注入方式安排地方各类财政性投资的在主要河流上建设的项目和总装机容量 25 万千瓦以上的水电站、抽水蓄能电站和总装机容量 5 万千瓦以上的风电站,需由省级投资主管部门报国家发展改革委会同有关部门审批。另外,申请国家政策和资金支持的生物质发电、地热能发电、海洋能发电和太阳能发电项目也要向国家发展和改革委员会申报。

根据《国家发展改革委关于改进和完善报请国务院审批或核准投资项目的管理办法》规定,在审批或者核准中,发展改革部门的权限是:对项目的审批(核准)以及向国务院提出审批(核准)的审查意见承担责任,着重对项目是否符合国家宏观调控政策、发展建设规划和产业政策,是否维护了经济安全和公共利益,资源开发利用和重大布局是否合理,是否有效防止出现垄断等负责;而有关行业主管部门(主要是国家能源局)对项目是否符合国家法律法规、行业发展建设规划以及行业管理的有关规定负责。

对于政府投资的可再生能源发电项目,采用直接投资和资本金注入方式的,从投资决策角度只审批项目建议书和可行性研究报告,同时应严格政府投资项目的初步设计、概算审批工作;采用投资补助、转贷和贷款贴息方式的,只审批资金申请报告。[①]

(二) 核准制

对于企业不使用政府投资建设的项目,一律不再实行审批制,区别不同情况实行核准制和备案制。2013 年,为进一步深化投资体制改革和行政审批制度改革,加大简政放权力度,切实转变政府投资管理职能,使市场在资源配置中起决定性作用,确立企业投资主体地位,国家对政府核准投资项目进行了较大调整,以《政府核准投资项目目录(2013)》取代了《政府核准投资项目目录(2004)》,两者对照见表 8-1。根据《政府核准投资项目目录(2013)》,涉及需要进行政府核准的可再生能源项目主要包括水电站、抽水蓄能电站、风电站和变性燃料乙醇。而在核准权限上,能够下放地方的,中央不再保留。如水电站项目,2004 年规定"在主要河流上建设的项目和总装机容量 25 万千瓦及以上项目由国务院投资主管部门核准,其余项目由地方政府投资主管部门核准",而 2013 年规定"在主要河流上建设的项目由国务院投资主管部门核准,其余项目由地

[①] 国务院:《国务院关于投资体制改革的决定》,http://www.gov.cn/zwgk/2005-08/12/content_21939.htm(最后访问日期:2010 年 11 月 17 日)。

方政府核准",对抽水蓄能电站,则由 2004 年的"国务院投资主管部门核准"改为"国务院行业管理部门核准";风电站的核准,则由"总装机容量 5 万千瓦及以上项目由国务院投资主管部门核准,其余项目由地方政府投资主管部门核准"改为全部由地方政府核准;变性燃料乙醇,则由国务院投资主管部门核准改为由省级政府核准。

2013 年和 2004 年《政府核准的投资项目目录》(可再生能源) 对照表见表 8 - 1。

表 8 - 1　2013 年和 2004 年《政府核准的投资项目目录》(可再生能源) 对照

类别	2004 年	2013 年
水电站	在主要河流上建设的项目和总装机容量 25 万千瓦及以上项目由国务院投资主管部门核准,其余项目由地方政府投资主管部门核准	在主要河流上建设的项目由国务院投资主管部门核准,其余项目由地方政府核准
抽水蓄能电站	由国务院投资主管部门核准	由国务院行业管理部门核准
风电站	总装机容量 5 万千瓦及以上项目由国务院投资主管部门核准,其余项目由地方政府投资主管部门核准	由地方政府核准
变性燃料乙醇	由国务院投资主管部门核准	由省级政府核准

(三) 备案制

既非使用政府投资建设资金,又非《政府核准投资项目目录》所列明的发电项目的其他可再生能源投资项目,无论项目规模大小,一律实行备案制。根据《国务院关于投资体制改革的决定》的规定,实行备案制的项目,由企业按照属地原则向地方政府投资主管部门备案。根据《国家发展改革委关于实行企业投资项目备案制指导意见的通知》(发改投资〔2004〕2656 号) 的规定,除不符合法律法规的规定、产业政策禁止发展、需报政府核准或审批的项目外,应当予以备案;对于不予以备案的项目,应当向提交备案的企业说明法规政策依据。环境保护、国土资源、城市规划、建设管理、银行等部门 (机构) 应该按照职能分工,对投资主管部门予以备案的项目依法独立进行审查和办理相关手续,对投资主管部门不予以备案的项目以及应备案而未备案的项目,不应办理相关手续。政府投资主管部门应该严格按照规定的时限向提交备案申请的企业答复予以备案或不予以备案;要积极创造条件,逐步推行网上备案确认;在办理备案时,对各种所有制企业、中央企业、地方企业、本地企业、非本地企业等要一视同仁。同时，无论是准予备案的项目还是不予以备案的项目，均应按有关规定向社会公开，方便企业和个人查询，并引导社会投资。

二、用地许可制度

根据《土地管理法》的规定，可再生能源并网发电项目，需要使用土地的，必须依法申请使用国有土地；建设占用土地，涉及农用地转为建设用地的，应当办理农用地专用审批手续。国土资源主管部门对可再生能源项目是否符合土地利用总体规划和国家供地政策，项目拟用地规模是否符合有关规定和控制要求，补充耕地方案是否可行等负责，对土地开发利用是否合理负责。在并网发电项目申请审批、核准或备案阶段，依法对建设项目涉及的土地利用事项进行审查。

可再生能源并网发电项目建设占用耕地的，按照"占多少、垦多少"的原则，由占用耕地的单位负责开垦与所占用耕地的数量和质量相当的耕地，没有条件开垦的或者开垦的耕地不符合要求的，应当按照省、自治区、直辖市的规定缴纳耕地开垦费，专款用于开垦新的耕地。

风电项目一般占地面积较大，根据《风电场工程建设用地和环境保护管理暂行法》的规定，风电场工程建设用地应本着节约和集约利用土地的原则，尽量使用未利用土地，少占或不占耕地，并尽量避开省级以上政府部门依法批准的需要特殊保护的区域。风电场工程建设用地按实际占用土地面积计算和征地。其中，非封闭管理的风电场中的风电机组用地，按照基础实际占用面积征地；风电场其他永久设施用地按照实际占地面积征地；建设施工期临时用地依法按规定办理。风电场工程建设用地预审工作由省级国土资源管理部门负责。

三、环境保护审批

环境保护部门对项目是否符合环境影响评价的法律法规要求，是否符合环境功能区划，拟采取的环保措施能否有效治理污染和防止生态破坏等负责。

根据《国家环保局、国家发展改革委关于加强建设项目环境影响评价分级审批的通知》，可再生能源并网发电项目，应当按照《环境影响评价法》和《建设项目环境保护管理条例》的规定，进行环境影响评价。在主要河流上建设的和总装机容量25万千瓦及以上水电项目、抽水蓄能电站的环境影响评价由国家环保总局审批。实行审批制的新能源与可再生能并网发电项目，建设单位应当在报送可行性研究报告前完成环境影响评价文件报批手续；实行核准制的建设项目，建设单位应当在提交项目申请报告前完成环境影响评价文件报批手续。

根据《加强生物质发电项目环境影响评价管理工作》的规定，生物质发电项目必须依法开展环境影响评价，除生活垃圾填埋气发电及沼气发电项目编制环境影响报告表外，其他生物质发电项目应编制环境影响报告书。生活垃圾焚烧发电项目环境影响报告书应报国务院环境保护行政主管部门审批，其他生物质发电项目环境影响报告书（表）报项目所在省、自治区、直辖市环境保护行政主管部门审批。一般不得在大中城市建成区、规划区新建生物质发电项目。

风电场工程建设项目实行环境影响评价制度。风电场建设的环境影响评价由所在地省级环境保护行政主管部门负责审批。凡涉及国家级自然保护区的风电场工程建设项目，省级环境保护行政主管部门在审批前，应征求国家环境保护行政主管部门的意见。风电规划、预可行性研究报告和可行性研究报告都要编制环境影响评价篇章，对风电建设的环境问题、拟采取措施和效果进行分析和评价。

风电项目建设单位在项目申请核准前要取得项目环境影响评价批准文件。项目环境影响评价报告应委托有相应资质的单位编制，并提交"风电场工程建设项目环境影响报告表"。根据《风电场工程建设用地和环境保护管理暂行办法》的规定，风电项目建设单位申报核准项目时，必须附省级环境保护行政主管部门审批意见；没有审批意见或审批未通过的，不得核准建设项目。在建设过程中，要按照《建设项目环境保护报告表》的要求，采取一系列的环保措施，工程竣工之后要经过环保部门的验收合格方能够正式投入运行。

四、电力业务许可

《可再生能源法》在第十三条中简单地规定"建设可再生能源并网发电项目，应当依照法律和国务院的规定取得行政许可或者报送备案"，对取得许可的项目建成后，是否需要申请电力业务许可没有作出规定。但是根据《电力监管条例》第十三条至第十五条的规定，电力监管委员会作为电力市场的监管者，有依照有关法律和国务院有关规定，颁发和管理电力业务许可证，对发电企业在各电力市场中所占份额的比例实施监管，对发电厂并网、电网互联以及发电厂与电网协调运行中执行有关规章、规则的情况实施监管的权力。所以，电监会应该对可再生能源企业的发电、上网并网等具有监管的职权。根据《电力市场监管办法》第十八条的规定，电力市场实行注册制度，可再生能源发电项目进入电力市场应当向电力调度交易机构申请办理注册手续。经过批准后，才可以参与电力市场交易。在电力业务许可证制度实施以前，可再生能源发电企业进入电力市场的资格，由电力监管机构审查批准。在电力监管机构并入国家能源局后，可再生能源电力业务许可应当由国家能源局负责。

五、地热企业进入的许可

地热不同于其他类型的可再生能源,其本身就是一种矿产资源。《矿产资源法实施细则》明确规定地热属于能源矿产。地热本质上是一种热能,虽然有时候以地下水作为其载体,但与一般的地下水不同,其主要作为能源来使用。地热能在分布上的稀缺性和对国民经济的价值决定了其如其他矿产一样只能属于国家所有。根据《宪法》和《矿产资源法》规定,矿产资源属于国家所有,不得为集体所有或个人、私人所有。而且,地表或地下的矿产资源的国家所有权,不因其所依附土地的所有权或者使用权的不同而不同。根据《矿产资源法》和《关于规范勘查许可证采矿权许可证权限有关问题的通知》规定,我国对地热资源实行探矿权和采矿权许可证制度,许可证由省级人民政府国土资源主管部门颁发。所以,地热企业开发地热资源必须取得勘查矿和采矿许可证,并缴纳资源税和资源补偿费。

但是由于管理体制不顺,地热资源开发过程中多头审批、交叉管理等现象较为普遍。一些地方简单地将地热混同于地下水,形成了矿产管理部门、水资源管理部门等多头审批、监管的局面,引发"九龙治水"乱象,给地热开发、资源保护、企业经营等带来诸多不利影响。当前地热开发利用过程中存在的体制性问题,亟须破题,应尽快从国家层面制定相关单行法规,重申地热作为能源矿产的属性,明确地热开发利用管理部门,建立统一的地热勘察、审批、开发、管理体系,防止政出多门,集约开发利用地热资源,推动地热产业的可持续发展。[1]

第三节 风电特许权

风电特许权是指由风力资源区所在地政府或其授权公司,在对风力资源初步勘测基础上,划定一块有商业开发价值、可安装适当规模风力发电机组的风力资源区,通过招标选择业主;中标业主应按特许权协议的规定承担项目的投资、建设和经营的所有投资和风险。在特许期间,业主拥有项目的所有权和经营权;政府承诺收购该项目利用风力发出的所有电能,由所在地电网管理部门与开发商签

---

[1] 吴强华:"地热开发亟待统一管理",http://www.mlr.gov.cn/xwdt/xwpl/200808/t20080801_108974.htm(最后访问日期:2010年11月17日)。

署期限不短于项目经营期的购电合同,电价由投标报价确定。特许期一般为20~25年,期满后风电项目的所有资产的所有权和使用权无偿移交给当地政府或指定代理人。① 采用风电特许权方法开发风电项目,就是为了在投资、建设和经营中引入全面的竞争,从而逐步降低风电成本和上网电价,使我国风电走上规模化发展的道路。

国家发展改革委从2003年开始推行风电特许权开发方式,每个风电场的建设规模至少为10万千瓦。评标的主要条件是上网电价低、机组设备保证一定的本地化制造率(目前不低于70%)。通过招投标确定风电开发商和上网电价,并与电网公司签订规范的购电协议,保证风电电量全部上网,风电电价高出常规电源部分在全省范围内分摊,有利于吸收国内外各类投资者开发风电。风电特许权招标工作对迅速实现风电建设规模化和风电设备国产化起到了巨大的推动作用,而实现风电设备制造的国产化是促进风电发展的重要基础。近年来,国家通过风电特许权招标重点支持了国内风电设备制造企业,取得了很好的效果。这种做法还应坚持一段时间,通过特许权招标为国内风电设备制造企业创造了必要的市场份额,促进其技术进步和能力提高,为国内风电制造企业尽快掌握关键技术、形成具有自主知识产权的制造能力,积极参与国际风电设备制造产业竞争提供有利条件。

保障风电特许权的法律制度具有复杂性和综合性,其复杂性在于特许权设置的规范化与具体市场行为之间难以和谐统一;其综合性在于,该制度涉及行政许可、招标程序、项目管理、合同制度等。在法律关系上,它涉及合同关系、行政许可关系、政府经济管理关系三种不同性质的法律关系和法律规范,以及公务员制度、行政控权、经济管理、经济责任制、反不正当竞争、反垄断、合同、财政管理、廉政制度、经济监督和稽察、法律救济等一系列具体制度。而风电特许权所涉及的法律关系集中体现在风电特许权协议之中,所有的保障性制度都是围绕风电特许权协议展开的。

风电特许权协议指由风力资源区所在地政府或其授权公司,划定一块有商业开发价值的风力资源区,通过招标选择经营者并与之签订风电特许权经营协议。中标条款写入特许权协议中,中标经营者应按照协议的规定对项目进行投资、建设和经营。在特许期间,经营者拥有项目的经营权和收益权,政府保证按中标电价收购该项目利用风力所发出的所有电能。风电本身成本高,不具有市场竞争力,在国家的保护下进入市场但游离于市场竞争之外。风电特许权经营融合了政府规制和市场机制的优点,可以降低风电的价格,促进风电的大规模商业开发。

---

① 严慧敏:《风电特许权项目及其实施建议》,载于《可再生能源》2003年第5期。

对于特许权协议的法律性质，我国法律界争议较大。法律性质不确定导致合同争议的解决途径不明确，政府、企业都无所适从。① 为解决这个问题，本节将立足于"公私融合"的经济法理念对风电特许权协议的法律属性、制度建构和权利救济进行分析，以期为风电特许权经营提供良好的制度安排，进而推动风电产业的发展。

一、风电特许权协议的法律性质

特许权协议的法律性质在学术上存在着不同的见解。早期关于特许经营合同性质的争论主要集中在其法律性质究竟属国内合同还是国际合同的争论上，因为当时的资本多由发达国家向发展中国家投入，资本流向就有明显的单向性，发达国家的学者从保护本国投资者利益出发，认为特许经营合同是国际合同，东道国政府应负国际责任，而发展中国家的学者则出于保护国家的利益的需要，认为特许经营合同是国内合同，受东道国法院管辖，东道国政府违约应负国内法责任。但是，现在的投资环境已经远非早期可以比拟，不仅在投资流向上呈现出多元化的发展，而且在发展中国家的特许经营项目中，本国资本的投入也越来越多，所以对于特许经营合同应属国内法合同已经没有太多的争议。②

关于特许权协议是公法性质还是私法性质的合同这一问题，各国的态度差别比较大。法国将其归属于行政契约，英、美因不区分公法和私法而定位为政府合同，适用私法契约规则。我国大致有三种观点：公法性质的行政合同、民商事合同和经济合同。特许权协议法律性质的争议根源于国家社会化和社会国家化的双向互动下公私法的融合。公私法划分的基础是近代国家和市民社会的严格分野，彼此井水不犯河水。现代国家的职能和角色已走出了"守夜人"局限，市场失灵需要国家以社会利益为本位而对经济进行积极的干预，社会高度经济化和经济高度社会化迫使国家卸下"暴力的面具"而与私人合作打拼经济。现代公共管理理念推动着政府"温情脉脉"融入社会，经济规制手段日趋多样化，乃至采取合同的形式进行经济调节。互相分野、非此即彼的"公法"和"私法"面对着"公私法融合"的场域束手无策，经济法便天然地从"公私融合"的土壤中破茧而出并接管这块领地。笔者主张风电特许权协议属于经济（政府商事）合同。经济合同，是指为了实现国家的一定经济目的，直接体现政府意志，由政府

---

① 从我国现有的案例来看，法律适用也比较混乱，比如长春汇津与长春市政府之间的关于污水处理专营权的纠纷，当事人提起的是行政诉讼；而鑫远公司与福州市政府道理专营权的纠纷，则是通过民事仲裁解决。

② 施建辉、步兵：《政府合同研究》，人民出版社 2008 年版，第 320 页。

规定基本合同条件的合同。[①] 经济合同受经济法调整，并以经济法的理念和原则来指导缔约和履行。

风电特许权项目定位于政府项目，只不过委托给商事公司经营。具体来说，风电特许权协议通过以下三方面体现了政府的普遍意志和产业政策目标：

第一，风电装机容量要求。国家发改委规定每一个特许权风电场的装机容量在10万千瓦以上，通过特许权协议的履行能迅速增加风电装机容量。但是基于风力资源的不稳定性特征，从尊重科学客观出发，政府不能也无法对风力发电量作出强制性要求。

第二，政府保证特许权项目风电能的销售。风电特许权协议和售电合同是联系在一起的。风电的资源特点决定了它的低运行小时数和不稳定的电力输出。政府必须强制要求电网收购风电特许权项目发的全部电量，而且不参与电力市场的竞价上网，以招投标确定的价格按照售电合同的有关规定保证销售。这样可以降低经营者的投资风险，并鼓励国内外投资者着眼长期利益而非短期的财务指标。

第三，风电设备国产化率要求。发改委规定风电特许权招标项目风机国产化率必须达到70%以上。这为风电设备供应商提供了稳定的市场，并吸引其将技术引入中国以减低成本，从而推进了设备的本地化生产，使国内风电设备制造业逐步与国际先进水平接轨。

以上的政府意志直接指向风电市场运行和产业结构，已经内化于风电市场本身而与简单的行政管理目标截然不同。在合同中，政府一方以市场主体的身份完全按照市场规则通过招标、评标，确定经营者并与经营者签订合同，由经营者按照合同的规定融资建设风电项目，政府负有按照投标的价格购买电能的保证义务。风电特许权协议本质上是将政府产业政策意图以私法形式表达到风电特许权协议中去，并以之作为风电项目经营、建设、发电的法律文本和政府规制的依据。因此，笔者把风电特许权协议定位为经济（政府商事）合同。

笔者不赞成认为风电特许权协议是"行政合同"的观点。行政合同是行政主体行使行政职能，为了实现特定的行政管理目标，而与行政相对方经协商一致而达成的协议，行政法律关系的本质是拥有公权力的管理者与被管理者之间的命令、监督、管理、控制关系，是属于公法范畴。[②] 风电特许权协议目的不是为实现政府的行政管理目标，协议双方之间不是管理者与被管理者之间的关系，从形式上看是一种"官民合作"关系，但其实质目的是促进风电产业发展，所以从本质上看是一种经济结构关系。经济与社会的稳定发展之所以需要政府促进，

[①] 史际春、邓峰：《合同的异化和异化的合同——关于经济合同的重新定位》，载于《法学研究》1997年第3期。

[②] 吴庚：《行政法之理论与实用》（增订七版），三民书局2001年版，第389页。

客观上源于经济与社会的发展存在市场机制不能解决的问题或无法作用的领域，主观上来自国家和政府对市场机制的缺陷问题与失灵领域的介入性的解决思路。①

在风电特许权发电项目运作中，政府扮演了双重角色，既作为发电监管的"裁判员"，同时又作为风电市场的"运动员"参与其中。这两种角色其实并不冲突。市场的发展，经济和社会问题的激化、科技的进步、国际竞争的压力形成一股合力推动着国家职能日渐从"行政国家"向"经济国家"演进，复杂的社会经济生活变化要求政府扮演着多重的角色，除了承担作为市场监管者的职能外，还以平等市场主体之身份广泛参与经济活动，乃至与私人合作进而集合整个民族国家内之社会经济资源参与国际竞争，谋求民族的自尊、自立、自强和国民的福祉。对于市场经营活动，政府不再局限于"监管者"的角色定位而"作茧自缚"，而是也踊跃地投身市场经济的滚滚洪流之中，以社会整体利益为本位，与一般市场主体平等协商、博弈，乃至"官民捆绑竞争"，从而实现国家的经济职能。此种情形下，国家对经济的干预不是权力性的、强制性的规制，而是以非权力方法加以规制，方法上依赖私法手段——所有权关系（投资）、合同关系。②

风电特许权项目运营中政府的安全、质量监管是履行一般"市场监管者"职能，监管对经营者来说是强制性的，这种监管活动需要得到法律的明确授权，并受行政法的制约。但这显然不成为特许权协议中具有行政管理因素的理由，因为政府承担发电"监管者"职能和参加一般风电市场活动的角色是可以分开而不重叠。政府内部根据承担具体职能的不同的塑造成不同的角色，代表政府与经营者签订特许协议的主体与在特许权项目发电中承担监管职能的主体是不同的行政主体，体现的是不同性质的法律关系。特许权协议中的政府监督、指挥权等主导性权利主要是着眼于确保项目经营符合特许权经营协议的目的，实现政府推动风电产业发展的意志而非基于行政管理的考量，所以也丝毫没有改变特许权协议的经济合同的法律属性。

笔者也不同意风电许可协议是民事合同的观点。按照民法学界的通说，合同是当事人各方在平等、自愿的基础上产生的以设立、变更、终止民事权利义务为目的的法律行为。合同及其法律所保护的是当事人之间信赖与期待，以实现意思自治的理念。③ 私法自治最重要者，乃契约自由，契约内容、方式，悉让诸当事人自由决定，"政府"不予干预，其出发点为个人自由，其所强调者，系意思自主，即法律赋予最大可能的自由，任当事人自行创造规律彼此权

---

① 叶姗：《促进稳定发展的法律类型之比较研究》，载于《现代法学》2009 年第 2 期。
② ［韩］权五乘，崔吉子译：《韩国经济法》，北京大学出版社 2009 年版，第 45 页。
③ 崔建远：《合同法》（第四版），法律出版社 2007 年版，第 2～3 页。

利义务关系的规范。私法自治旨在保障经济活动的运作，不受"政府"的统治或支配，而是经由个人意思决定所体现的自由竞争。①风电特许权协议体现了政府公共政策的意志，是政府推进风电产业发展的载体，这与经由当事人意思自治而达致私法自治，排除政府干预而追求个人利益最大化的民事合同存在本质上的不同。

从法律规范的属性来说，风电特许协议属于"公私法交融"的法律规范，其中含有由政府体现出来的人民的普遍意志，但同时采取了形式上平等的私人手段。正是基于普遍意志的公共性，要求政府商事合同必须在遵守市场和交易规则的同时，需要遵循政府运作的基本要求。②

风电特许权协议关系到国家可再生能源政策的实施，如果不强调国家的主导性、不体现政府的普遍意志，而定位为民事合同，仅以民法对其实施调控，则容易由于其私法特性，对项目的公益性质及国家能源战略安全造成消极影响。自20世纪80年代吹响政府公共规制改革的号角以来，政府干预经济的不再局限于传统的行政指令而日趋多样化，包括了使用合同的手段。社会的国家化与国家的社会化是同步进行的，正是这一辩证关系逐渐破坏了资产阶级公共领域的基础，即国家和社会的分离。从两者之间，同时也从两者内部，产生了一个重新政治化的社会领域，这一领域摆脱了"公"与"私"的区别。它也消解了私人领域中那一特定的部分，即自由主义公共领域，在这里，私人集合成为公众，管理私人交往中的共同事物。③这种具有国家普遍意志的契约已经脱离了民事合同的范畴，为了赢得与国家缔约的机会私人必须服从国家的政策，契约是国家对经济非强制性的规制手段，其消融了国家和私人的边界，又把两者艺术地糅合起来而投向经济法的怀抱。

随着社会的发展，合同已成为当事人之间互相接受承诺的最为重要的法律形式。尤其是随着政府职能的扩大和社会角色的分化，它已超出私法的范畴和领域。合同迫使市场化主体和社会中间层主体为赢得合同而服从政府政策，形成接受法律规制意义上的合同依从。从法律调整的手段来说，这种契约形式已经超出了传统民事合同法的边界，需要以"公私融合"的经济法从民法手中接过调整的大棒，并秉持平衡协调的理念加以调整，才可确保在实现推进新能源发展的进程中达致兼顾公私利益与降低规制成本的效果。

---

① 王泽鉴：《民法总则》（增订版），中国政法大学出版社2002年版，第245~247页。
② 史际春、邓峰：《经济（政府商事）合同研究——以政府采购合同为中心》，载于《河南大学学报》（社会科学版）2000年第4期。
③ [德]哈贝马斯著，曹卫东译：《公共领域的结构转型》，学林出版社1999年版，第171页。

二、"官民合作"：风电特许权协议中的主要条款

风电特许权协议包括项目的用地条件、特许期限、建设期、经营者的权利义务、政府承诺的特许政策和优惠政策等。购电合同则是特许协议的一个重要附件。项目的用地条件、特许期限、建设期这些条款属于纯粹的技术性条款，没有从法学上研究之必要。以下主要讨论与公共政策属性紧密关联的协议双方实质性权利与义务。

（一）招标电价

风电特许权协议中的电价虽然是在投标中确定的，但是政府对于中标电价有选择权。另外，政府也要在协议中承诺按照中标电价全额收购风电。

风电特许权协议中公共政策目标占主导地位，虽然政府在招投标中选择经营者时会考虑报价，尽可能转让给报价低者，但其主要目的是实现推动风电产业发展的政策目标，所以必须考虑经营者开发风电能的整体实力和项目经营建设方案的优劣，而不能以报价高低作为唯一的选择标准。

在我国已举行的风电特许权项目评标都过分突出价格标准，而忽视了价格以外的其他因素。对评标方法的规定，欧盟确定了最低价格和经济最为有利的两个标准。经济最为有利的标准包括价格、时间和履约期限、运行成本、成本效益性、收益率、质量、美学和功能特征、技术价值、技术支持、经营商的担保等。同时，欧盟对过低价格的邀约并不完全禁止，而是要求供应商或承包商提出合理的解释。[1] 欧盟的做法对我国风电特许权中标经营者的选择很有借鉴价值。

现在我国风电特许权经营项目面临的问题是经营者在投标阶段为了争取项目开发权，以低价甚至以低于成本的电价投标，导致中标后在项目经营中企业的低利润、零利润、甚至负利润，这形成一种不良的发展态势。近几年来，国家组织的风电招标电价与地方核准项目的电价，每千瓦时大体上相差0.1元左右，国家核准项目的电价低，而地方核准项目的电价高，电价政策不一致，电价信号有些混乱。我国可以通过适当调整特许权招标的做法，解决价格信号混乱的问题，即制定最高限价和最低保护价标准，企业可以参考限价和保护价进行报价，中标价

---

[1] See European Union Council Directive 93/36/EEC, Article 26 (1); Council Directive 93/37/EEC, Article 30 (1); Council Directive 92/50/EEC, Article 36 (1); Council Directive 93/38/EEC, Article 34 (1). [EB/OL], *available at* http://eur-lex.europa.eu/LexUriServ/LexUriServ.do?uri=CELEX:31993L0036:en:NOT (last visit Apr 26, 2010).

不得低于最低保护价，防止恶性竞争。对于地方政府核准的项目，电价也不能高于最高限价，以体现公平，给市场一个明确的价格信号，引导投资者积极投资风电建设。①

（二）设备采购

实现风电设备制造的国产化是促进风电产业发展的重要基础，也是风电产业安全的保障。政府在规划风电特许权项目时必须考虑如何鼓励使用国产化设备的要求，特许权协议中也应该规定风电设备国产率的条款。近年来，国家通过风电特许权招标重点支持了国内风电设备制造企业，取得了很好的效果。这种做法还应坚持，通过特许权招标为国内风电设备制造企业创造了必要的市场份额，促进其技术进步和能力提高，为其尽快掌握关键技术、形成具有自主知识产权的制造能力，积极参与国际风电设备制造产业竞争提供有利条件。

（三）项目资产处置限制

在特许期间，经营者拥有对项目的经营权与收益权。但是风电特许经营项目关系到公共利益和政府产业政策的实施，政府希望维护项目运行的稳定性、安全性，有必要对经营者就项目资产的抵押、转让行为作出限制。除了直接对项目的融资贷款可以把项目资产设定抵押外，项目公司不能用作其他债务的抵押物。除了符合项目本身经营的目的要素外，经营者禁止转让项目资产。

（四）发电监督

现行《合同法》基于契约自由的原则，仅将合同监督限定为事后监管和消极监管，这显然不能满足市场化政府经济行为中的合同监管要求。由于这种合同以实现社会公益为主要目的且作为政府经济行为的形式，应当按照事前监管和积极监管为主的原则构建合同监管制度。② 风电特许权协议要求政府全面、动态监督、检查、审计风电项目的技术指标、建设、投产期限、发电数量等。而且由于风电特许权协议和电力销售合同是联系在一起的，政府还需要监管电网企业是否对特许权项目并网且全额收购风电能。对于不符特许权协议的行为，政府具有纠正并依法处罚的权力。

---

① "欧洲风电发展及对我国的启示"，http：//nyj.ndrc.gov.cn/dcyyj/t20070620_142237.htm（最后访问日期：2010年4月22日）。

② 王全兴、管斌：《市场化政府经济行为的法律规制》，载于《中国法学》2004年第1期。

(五) 政策风险

风电特许权协议中一般都规定了一定国家优惠政策，特别是税收优惠。如果国家的政策发生变化，可能会对特许协议中的优惠政策条款产生影响。因国家政策变化而影响协议中优惠政策条款效力的风险处置措施需要在特许权协议中做出明确的规定。在无法避免的政策变化对风电特许权项目产生影响时，政府应承诺给予经营者适当的补偿，原则上以不降低风电项目在政策变化前相同经营条件下的收益水平为限。这是政府诚信原则的要求，也是吸引风电投资者的现实需要。当然补偿数额还取决于具体的情势及双方的博弈。

三、"官民博弈"：风电特许权协议变更

由于个人的有限理性，外部环境的复杂性、未来的不确定性，信息的不对称性和不完全性，合同总是不完备的。特许权经营协议期限一般都很长，技术、需求、政策、环境等变化都很大，合同的不完备性更不可避免，因此协议在执行中难免会产生变更。

风力资源受自然条件的限制，是一种间歇性资源，所以风力资源的开发利用具有相当程度的不可预测性和不确定性。风电项目所在地政府有义务向投标人提供风资源资料，但是并无法保证风资源数量上的准确性。风资源开发利用的不确定性使得协议双方都面临着合同预期利益不能实现的风险。因而风电特许权项目的实施中难免遇到情势发生重大变更的情况，而情势的重大变化又会导致协议双方当事人利益的失衡。因情势变更一方遭受重大损失一方获益固然有违契约公平的原则，双方"双输"的局面更是要避免出现。所以，当重大情势变更或者有不可抗力时，应允许双方当事人协商更改协议内容乃至解除协议。一般来说，在特许权协议中规定有情势变更的条款，当满足条款规定的条件时，特许权协议双方可以协商变更合同内容，以恢复双方利益不平衡的局面。

当出现协议中情势变更条款规定以外的情形，并造成一方重大利益损失或一方的合同预期利益不能实现的：（1）如果系公共利益遭受重大损失，而特许经营者不愿意协商变更合同的，那么政府可以根据公共利益的需要，按照特许权协议中规定的程序，单方面变更协议履行内容或解除契约，但应该给特许经营者公正的补偿，并允许其就要求补偿的权利寻求司法保护，以维持契约财产上的平衡。这样的制度安排，既可保证风电特许权项目能够保持对市场主体的吸引力，又从经济上制约了政府随意变更或解除协议的可能性。（2）如果遭受重大利益损失的一方是特许经营者，而政府不愿意协商变更或解除的，经营者可以情势变

更有违契约公平为由向法院提起变更或解除协议的诉讼。

四、"实体程序兼济"：风电特许权协议的权利救济路径

(一) 实体法救济

权利仰赖于救济，无救济则无权利。由于政府天然地具有经济、政治上的优势，可以通过行政规定、指令等公法行为来避开私法规范的限制，甚至可以援引政策变化而请求解除合同，如何给合同相对方提供良好的救济，是制度公正性的保证和财产权保护的重要内容。从根本上解决这个问题的路径是将对政府权力的限制与根据公平、正义理念对合同的司法审查结合起来。

救济对于政府同样重要，由于所有者缺位和寻租行为泛滥，使得政府的权利容易被不法经营者与政府代理人通过内外勾结侵蚀。对此，可通过在风电特许经营项目中实施全过程建立"问责制"，保证各相关主体角色清晰、权责明确。特别是当特许经营方严重违反合同时，传统私法上的损害救济是不够的，因为主要是损失往往发生不特定的社会公众，而不是政府身上。同时，撤销和终止合同的威胁也常常不起作用，因为政府通常不太可能在短期内找到合适的替代者。对违约的特许经营方实施金钱惩罚似乎是更有效的解决方法。[①]

(二) 程序法救济

风电特许协议履行中的纠纷解决可以通过协商、仲裁和诉讼的途径实现。协商是最具有经济效率，最有可能实现双赢的救济途径。纠纷发生时，双方可以本着公平、公正的原则，根据协议的内容和经济实质进行平等协商以寻求解决办法。提交仲裁也是一种可行的方式，风电特许权协议不因为其具有政府公共政策因素而排斥仲裁的适用，通过双方协商订立仲裁条款选择仲裁地和仲裁规则，可以匡正非政府主体一方当事人实际地位处于弱势的不均衡局面，更有助于保障特许经营者的权益。西方国家在解决政府合同纠纷方面的制度运作表明，通过司法外途径（协商、仲裁或行政机关内部裁决）消除由于契约缔结或履行产生的争议往往是比较成功的。[②]

诉讼是纠纷解决的最终途径。风电特许权协议虽具有公共政策因素，代表政

---

① 安东尼·奥斯格，骆梅英译：《规制：法律形式与经济学理论》，中国人民大学出版社2008年版，第338页。

② 余凌云：《行政契约论》，中国人民大学出版社2000年版，第161页。

府的普遍意志，但是其纠纷的解决不适合适用于行政诉讼，因为行政诉讼是为解决权力支配关系的行政行为而设计，特许权协议在其中无法寻求救济的可能。相反，应该允许特许经营者提起合同纠纷的民事诉讼，由法院遵循公平、正义的司法理念，根据协议的规定和考量公共利益，在不违背协议的目的和公共政策的条件下援引合同法①，作出独立的裁判。

---

① 经济（政府商事）合同虽因具有公共政策因素而区别于民事合同，但是合同法作为是合同一般规则的法律翻译，更准确地说，不是民法的规律可以适用于经济法律关系，而是经济法律关系遵守与民法关系共通的规律。

第三篇

新能源与可再生
能源的市场规制

第九章

新能源与可再生能源竞争与贸易政策

竞争政策一般是指市场经济国家为保护和促进市场竞争而实施的一项基本经济政策,其核心目标是通过保护和促进市场竞争,确保竞争机制在相关市场发挥作用,从而提高生产效率和资源配置效率,增进消费者福利。竞争政策以竞争法为中心,但是外延要比竞争法广泛得多,包括竞争法律法规,含有竞争规则的部门法规或其他由政府所采取的强化市场竞争的政策措施。[①] 世界贸易组织也认为,竞争政策的概念包括竞争法和其他旨在促进国家经济中的竞争的相关措施。竞争政策是一国政府对如何配置市场资源而做的一般制度安排,《反垄断法》则是核心竞争政策的法律化。《反垄断法》的制度基石源于竞争政策,而其一旦生效,又会对一国的竞争政策起牵引与固化作用。

第一节 可再生能源竞争政策

一、我国可再生能源领域的竞争状况

近几年来,我国曾有18个省区提出打造新能源基地,100多个城市把太阳

[①] 王先林:《试论竞争政策与贸易政策的关系》,载于《河北法学》2006年第1期。

能、风能作为支柱产业,个别省市甚至制定出打造上千亿元、上万亿元的新能源产业规划,一度出现"新能源崇拜",导致很多企业纷纷进军新能源产业,也出现了低水平生产重复建设严重,企业生产遍地开花,分散经营等情况,从而导致产品同质性强,缺乏规模经济,造成资源浪费等问题。我国可再生能源领域的竞争状况也出现了一些新的特征,主要表现为:

第一,我国可再生能源领域在产业政策的支持下已经开始出现竞争的格局。目前,就风电设备制造业而言,我国国内企业已基本掌握了兆瓦级风电机组的制造技术,主要零部件国内已能够自己制造,2008年生产成倍增长,已经形成了市场竞争的格局。我国风电机组的制造商按发展状况可以分为三个梯队。第一梯队是在2007年已具备批量生产能力的企业,包括金风、华锐、东汽、运达和上海电气,占2008年内资与合资企业新增装机容量的85%,占新增总装机容量的64%,但是其产品技术主要通过许可证生产方式引进,没有自主知识产权。第二梯队是在2007年已推出样机、2008年进入内资与合资企业新增装机容量前十位的制造商,包括明阳、湘电、新誉和北重,占2008年内资与合资企业新增装机容量的9%,新增总装机容量的7%。其中产品技术通过许可证生产方式引进的有湘电和北重;新誉采用国内科技研发成果;明阳与国外设计公司联合开发具有自主知识产权的机组。第三梯队则是2008年内资与外资企业新增装机容量前十位以外,机组已安装到现场的制造商,有华创、汉维、联合动力、惠德、华仪、远景、海装、银星、天威、兰州电机、南车时代和三一电气等企业。①

由于政策和市场的双重拉动,可再生能源装备制造业发展迅速,但同时可再生能源领域的企业也将面临激烈的市场竞争。2007年年底,中国已有风电制造及相关零部件企业100多家,其中大型风机整机生产企业50家,国外独资企业8家,合资企业3家,国内企业39家。国产风机在国内的市场份额明显提高,国产设备比例已经超过40%。市场的扩大吸引了一大批国外大型装备制造集团的介入,美国通用电气、西班牙歌美飒、丹麦的维斯塔斯、德国的恩德和印度苏司兰等国外大型风电制造企业已经开始在国内设厂,中国可再生能源装备制造业初步形成。2008年又有20多家企业进入风电整机制造领域,风电整机制造企业累计超过70家,产品已经安装到风电场的约30家。风电整机产能的扩大虽然有利于缓解我国风电机组供不应求的局面,但也预示风电整机制造业白热化竞争的来临。未来几年,风电设备需求会趋于稳定或增速减缓,即使风电累计装机容量2010年达到2 000万千瓦,2020年达到1亿千瓦,从2011年到2020年的10年

---

① 王仲颖、任东明、高虎等编著:《中国可再生能源产业发展报告2009》,化学工业出版社2010年版,第24~25页。

间将增加 8 000 万千瓦,平均每年新增 800 万千瓦。可风电整机制造业的生产能力仅金风、华锐、东汽 3 家企业的年产量就能达到 400 万千瓦,这意味着其他 60 多家要竞争另一个"400 万千瓦"①,竞争的激烈程度可想而知。

第二,我国可再生能源产业存在国际与国内两个层面的竞争,尤其是其国际竞争力还有待进一步提高。可再生能源发展水平是衡量国家未来发展竞争力的一个新的标志。例如,国际风电设备制造业在技术工艺和产业体系方面都酝酿着新的重大变革,主要趋势包括:提高核心技术竞争力,研制开发具有独特核心技术、高效可靠的新一代风电机组产品;实行国际化经营,开展全球范围生产销售;强化纵向一体化生产,保障零部件供应体系,提高规模经济效益和协同效益。国际风电技术和产品更新很快,也缩短了国内风电产品的市场寿命期。尤其是 GE、Siemens 等国际巨头的加入,他们强大的研发能力、资金实力、市场开拓能力,使得 Vestas、Gamesa 等国际知名风电企业也面临很大的竞争压力。因此,我国风电设备制造业今后在技术竞争、市场开拓、提高经济效益等方面都面临着国际竞争的压力和挑战。②

但是,我国可再生能源产业的国际竞争力还有待于进一步提高。我国光伏行业近几年成倍数增长的投资,可以从我国光伏企业增加的数量上得到充分的体现。从最初的一两家到 2011 年 500 多家规模以上的企业数量,我国只用了三四年的时间。然而分析我国光伏企业的产品结构时却会发现,几乎绝大多数光伏企业都集中在这个产业的一个环节——太阳能电池板组装产品的制造和生产上,因为这个环节是整个太阳能产业链中需要的技术含量最低、工艺最简单、基本上属于劳力密集型的加工类企业。当大量的资金集中于产业链上的某一点时,这个产业链就彻底变成了怪胎,它直接导致了我国太阳能组装企业产能过剩、上游原材料价格上涨、与客户讨价还价的能力降低、同行业恶性竞争加剧,并最终让刚刚起步的光伏产业走入"血汗工厂"的行列。从目前已知的数据可以看出,我国光伏产业产能过剩达 50%,设备闲置率高达 40%,太阳能电池板的企业库存越来越高,从 2008 年下半年以来,我国光伏行业仍能维持正常运转的企业不到总数量的 20%。③ 2013 年,作为全球第二、国内最大的太阳能光伏生产企业无锡尚德申请破产。可再生能源开发利用产业链长,配套和支撑产业多,对经济发展的拉动作用显著,许多国家都投入大量资金支持可再生能源技术研发,抢占技术

---

① 王仲颖、任东明、高虎等编著:《中国可再生能源产业发展报告 2009》,化学工业出版社 2010 年版,第 29 页。
② 参见《中国风电产业现状分析及对策建议》课题研究报告。
③ 陈竹友:"光伏太阳能,未成型已畸形",http://www.wyzxsx.com/Article/Class4/2009 05/82303.html(最后访问日期:2012 年 8 月 8 日)。

制高点。特别是在全球经济危机中,美欧日等发达国家和印度、巴西等发展中国家都把发展可再生能源作为刺激经济发展、走出经济危机的战略性新兴产业加以扶持,围绕可再生能源技术、产品的国际贸易纠纷不断加剧,市场的国际竞争也日益激烈。① 而以美国"301调查"为代表的国际贸易保护主义出现抬头的倾向,使我国可再生能源产业面临的国际市场竞争环境进一步恶化。

第三,我国可再生能源领域的竞争越来越激烈,甚至出现无序化的苗头。由于政策的"利好"消息,可再生能源产业迅速发展,但也出现了群雄并起、诸侯争霸和鱼龙混杂的局面,各大开发商都在抢占资源,各地迅速掀起了以"圈风"、"圈水"、"圈秸秆"为特征的圈地运动。面对各类投资主体和各级地方政府都来向国家要项目、要政策的情况,各级政府相关管理层也显得手忙脚乱和疲于应付,整个可再生能源市场的无序化苗头已经显现,如果再不采取引导措施,任其发展下去,结果势必会损害整个产业的健康发展。② 例如,由于风电行业投资规模较大,资本回收风险也较大,一般只有资金实力雄厚的大企业才有能力和胆魄进入。但目前由于国家政策的支持,使得风电建设的竞争异常激烈,在风能资源较为丰富的地区风电企业获得项目开发权的竞争已经进入白热化的阶段,张北坝上地区风电场建设项目就是典型的例证。自从中节能风力发电(张北)有限公司、国华电力和河北省建投公司于2004年踏入张北风电圈以来,到2006年以后,又陆续有华能集团、华润集团、中电投、龙源电力、中广核、中水投集团、天津博德公司7家投资商涉足张北坝上风电圈,目前坝上的风电圈地运动已经基本完成。张北县境内,除中节能风力发电(张北)有限公司与张北县政府签订的207国道以西的2 000平方公里独家开发区域以外的地方,已经被各投资商分别占据。③ 再如,可再生能源行业内还出现了以价格战为代表的过度竞争状况,如国内首个太阳能光热发电项目参与竞标的3家电力企业中有2家报出低于1元/千瓦时的价格。④

企业间竞争的无序化还表现在对国内各类资源的竞争上。在生物液体燃料开发方面就出现了多家石油公司与一个地区同时签订土地租赁协议的现象。某省的某个地区竟然同时和国内外公司签订了五六份麻风树种植协议,其结果必然是地方政府利用企业之间的竞争提高自己的收益,而企业则可能无法获得预期的收益,这种不均衡的利益分配格局必然会对生物液体燃料的发展造成不利的影响。

---

① 《可再生能源发展"十二五"规划》。
② 任东明:《我国可再生能源市场需要有序化》,载于《中国科技投资》2007年第11期。
③ 参见中国人民大学法学院能源法中心:《中节能风力发电(张北)有限公司的调研报告》。
④ "大唐地狱价中标太阳能光热项目被指恶性竞争",国际新能源网: http://newenergy.in-en.com/html/newenergy-1100110068921699.html(最后访问日期:2013年2月22日)。

而在国际资源竞争方面，继中海油投资 5.5 亿美元在印度尼西亚种植麻风树之后，国内其他石油公司也纷纷表示去印度尼西亚种植麻风树，导致印度尼西亚地价不断飙升。①

二、可再生能源竞争政策的制定

市场决定资源配置，市场主体在竞争的压力下不断努力，从而推动了社会生产力的发展。竞争与市场相联系，竞争的过程和竞争的结果必须在市场中才能得到验证，因此商品经济或市场经济的竞争，实质上就是市场的竞争。市场机制发挥作用的领域越是扩大，竞争政策的作用越会增强。市场要不要形成有效竞争，怎么样形成有效竞争，这与一国政府的竞争政策密切相关。

为了维护公平和自由的市场竞争，中国从改革开放的方针确定后，就开始逐步制定竞争政策和与竞争相关的法律。1980 年 7 月国务院发布的《关于推动经济联合的暂行规定》中提出要"打破地区封锁，部门分割"；1980 年 10 月国务院发布的《关于开展和保护社会主义竞争的暂行规定》提出"在经济活动中，除国家指定由有关部门或单位专门经营的产品外，其余都不能进行垄断，搞垄断经营"；1986 年国务院颁布的《关于深化企业改革增强企业活力的若干规定》提出"在同一行业中，一般不搞独家垄断的企业集团，以利于开展竞争，促进技术进步"。在此基础上，《反不正当竞争法》（1993）、《价格法》（1997）、《招标投标法》（1999）《对外贸易法》（2004 修订）以及《制止价格垄断行为暂行条例》（2003）、《关于外国投资者并购境内企业的规定》（2006）等一些与维护竞争有关的法律、法规、规章的出台使我国的竞争政策基本形成，而《反垄断法》（2007）的颁布则使我国的竞争政策得以基本完善。②

我国以《反垄断法》为核心的竞争政策针对除了被法定豁免的产业（如农业）外的所有产业，也当然包括可再生能源领域。但是，与许多产业不同的是，可再生能源发展本身还具有部分的非市场性属性，可再生能源由于受技术和成本的制约，还无法形成可以有效与其他产业竞争的规模经济。例如，可再生能源发电就很难与常规能源、特别是缺乏严格环境约束的煤电进行竞争，也无力与煤电站在同一条起跑线上进行真正意义上的市场竞争。在现有技术水平和政策环境下，除了水电和太阳能热水器有能力参与市场竞争外，大多数可再生能源开发利用都具有成本高、资源分散、规模小、生产不连续等特点，在现行市场规则下缺

---

① 任东明：《我国可再生能源市场需要有序化》，载于《中国科技投资》2007 年第 11 期。
② 《中华人民共和国反垄断法》2007 年 8 月 30 日颁布，2008 年 8 月 1 日正式施行。

乏实质的竞争力，需要政策扶持和激励。[①]

我国可再生能源的发展一直以来缺乏稳定的政策，因此基本上属于国有资本垄断状态，民间投资受到资金、技术等方面的限制几乎没有进入，因而缺少基础的竞争条件。例如，2012 年，我国风电场主要投资商中，中央电力集团包括国电、大唐、华能、华电和中电投，它们在 2012 年年底中国累计风电装机容量和新增装机容量市场中，分别占到了 57.3% 和 58.6% 的市场份额；中央所属的能源企业包括国华集团、中海油、中广核、三峡总公司和中节能等，它们在 2012 年年底中国累计风电装机容量和新增装机容量市场中，分别占到了 12% 和 13% 以上的市场份额；而港资和民营企业如中国风电、香港建设新能源和天润投资等，约占 3% 以上的市场份额；外资企业如汉能、宏腾能源等，市场份额很少，约占 1% 的市场份额。[②] 在中国，不仅可再生能源如此，即使传统能源，其竞争市场也尚在培育之中。在此条件下，让可再生能源之间竞争，甚至让可再生能源与传统能源竞争，几乎是纸上谈兵。[③] 由于可再生能源领域的市场机制还没有真正形成，我国可再生能源领域目前还没有非常明晰的针对其产业特点的竞争政策，政策和立法对可再生能源领域的竞争结构和竞争机制也关注得比较少，无论是在《可再生能源法》及其配套法规的具体条文中，还是在为了促进可再生能源发展而制定的《可再生能源中长期发展规划》和《可再生能源发展"十二五"规划》中，"竞争"一词都很少被提及，这清楚地体现了可再生能源市场领域中竞争政策的薄弱。

不过，竞争政策的薄弱在当下也具有一定的合理性。竞争政策的核心是要排除市场竞争障碍，恢复或培育适合竞争的市场是基础，当市场本身都无法形成时，市场机制自然无法起到资源配置的作用。因此，现阶段竞争政策的重心在促进可再生能源市场的培育和完善，推动市场机制发挥资源配置作用方面，而不是推动和促进竞争。只有市场被培育起来之后，竞争机制才可以在可再生能源领域发挥基础性的作用。这种情况是暂时的，是由可再生能源产业的发展现状所决定的，也会随着可再生能源产业的发展而发生竞争政策重心的转移。也就是说，可再生能源产业现状也决定了可再生能源领域竞争政策的制定从一开始就与该领域产业政策的制定密切相关，其目前要完成的工作重点不在于促进可再生能源领域

---

① 具体内容可参见国家发展和改革委员会 2007 年 8 月 31 日颁发的《可再生能源中长期发展规划》（发改能源 [2007] 2174 号），http://www.sdpc.gov.cn/zcfb/zcfbtz/2007 tongzhi/W020070904607346044110.pdf（最后访问日期：2008 年 5 月 20 日）。

② 参见北京智道顾问有限责任公司于 2014 年 1 月 14 日发布的《2012~2013 年我国大型风电产业发展分析报告》第一（三）部分。

③ 李艳芳：《〈可再生能源法〉的制度构建与选择》，载于《中国人民大学学报》2005 年第 1 期。

的市场竞争,而在于培育可再生能源市场本身。① 因此,此时可再生能源竞争政策的制定和实施就已经不由自主地产生了对产业政策的依赖。

三、可再生能源领域竞争政策的实施

我国可再生能源领域的竞争政策通过在相关法律、法规的制定和实施中得以实现。例如,《反垄断法》对于我国完善社会主义市场机制,充分发挥市场配置资源的基础性作用,健全和完善我国社会主义经济法律制度具有深远的影响,并通过禁止滥用市场支配地位行为制度、禁止垄断协议行为制度、控制经营者集中行为制度、禁止行政性垄断行为制度来预防和制止垄断行为,维护市场公平竞争,增强我国经济活力和竞争力,保护消费者利益,促进社会主义市场经济健康、快速、持续发展。

竞争政策的实现需要通过市场机制来引导产业发展,所以可再生能源领域目前实现竞争政策的重点是培育和完善可再生能源市场,而能源领域的法律法规也正在为构建竞争政策实施的基础发挥作用。例如,我国《可再生能源法》第四条规定:"国家将可再生能源的开发利用列为能源发展的优先领域,通过制定可再生能源开发利用总量目标和采取相应措施,推动可再生能源市场的建立和发展。国家鼓励各种所有制经济主体参与可再生能源的开发利用,依法保护可再生能源开发利用者的合法权益。"

在可再生能源领域竞争政策的实现过程中,《反垄断法》虽然对国有经济占控制地位的关系国民经济命脉和国家安全的行业以及依法实行专营专卖的行业进行了规定②,但是该规定并不意味着能源领域因为产业的特殊性而当然豁免适用《反垄断法》,也并不意味着能源企业在《反垄断法》实施中会有不同于其他市场主体的权利义务。事实上,《反垄断法》第七条丝毫不影响《反垄断法》在能源领域的实施,对于利用垄断优势、通过不正当竞争手段排挤其他竞争者的行为,《反垄断法》也应当予以规制。如能源管网企业利用其自然垄断地位排斥可再生能源电力上网,就严重影响公共利益的实现,损害全体国民的利益,因而,

---

① 由于可再生能源产业的发展情况与传统能源产业发展的情况存在明显的不同,因此两个领域竞争政策的内容也是不同的。可再生能源领域的竞争政策的选择是构建可再生能源市场并鼓励竞争,而传统能源领域则处于从严格管制向放松管制过渡的阶段,尚不具备全面放开竞争的条件,目前在竞争政策的选择上应是适度放松政府管制,积极引入竞争机制。

② 《反垄断法》第七条:"国有经济占控制地位的关系国民经济命脉和国家安全的行业以及依法实行专营专卖的行业,国家对其经营者的合法经营活动予以保护,并对经营者的经营行为及其商品和服务的价格依法实施监管和调控,维护消费者利益,促进技术进步。前款规定行业的经营者应当依法经营,诚实守信,严格自律,接受社会公众的监督,不得利用其控制地位或者专营专卖地位损害消费者利益。"

对其行为也应当予以规制，为可再生能源的发展铺平道路。

第二节 可再生能源贸易政策

贸易政策，是指一国为实现其特定的贸易利益而对其对外贸易活动进行干预的各种措施的总称。贸易政策，按照其目的和内容，可以分为贸易保护政策和自由贸易政策。贸易保护政策是国家通过关税和非关税措施等，限制外国商品进入，同时对本国出口商品在政策上给予鼓励，借以保护本国的产业和市场，提高本国产品在国际市场上的竞争力。自由贸易政策则是国家对进出口贸易一般不施加行政干预和限制，允许商品和服务自由输出入，并实行减免关税和自由竞争的政策，也就是在该政策下各国之间在无限制的条件下进行商品劳务的交换活动。①

广义上，凡涉及产业要素和产品交易的活动，均属于贸易。在"十一五"期间，我国外贸的发展有力地推动了我国经济结构调整和经济发展方式的转变，外贸进出口推动了我国企业参与国际竞争，提高了企业的竞争力。外贸在扩大就业、增加财政收入、缓解资源约束、推动技术进步及产业升级、扩大国际影响力等方面的作用也在进一步增强。

一、可再生能源领域贸易政策的制定

我国的贸易政策大致可以分为四个阶段，即坚定内向型的贸易保护政策（1950~1978年），一般内向型的贸易保护政策（1978~1994年），一般外向型的贸易保护政策（1994~2001年）和接受世界贸易组织贸易主导的自由贸易政策（2001年至今）。②

我国可再生能源领域现阶段的贸易政策更多体现在《对外贸易发展"十二五"规划》中。我国对外贸易将以"稳增长、调结构、促平衡"为重点，培育外贸竞争新优势，提高外贸发展的质量和效益，增强外贸发展的协调性和可持续性，巩固贸易大国地位，推动贸易强国进程，努力为国民经济和社会发展作出更大贡献。坚持的基本原则是：（1）协调均衡。推动进出口平衡发展、外贸与内

---

① 王先林：《试论竞争政策与贸易政策的关系》，载于《河北法学》2006年第1期。
② 薛荣久：《中国应转向协调管理型自由贸易政策》，载于《人民论坛》2010年第3期（中）。

贸有效互补、东部与中西部协调发展,强化服务贸易对提升外贸整体效益的贡献,增强外贸与外资、外经的互动发展,促进各类企业发挥各自优势,提高外贸协调发展能力。(2)循序渐进。在积极推动新兴出口产业发展的同时,继续发挥传统出口产业对解决就业、改善民生、维护社会稳定的重要作用,稳步推动出口产业在国内不同地区的梯度转移和合理分布。在保持一定增长速度的基础上,加快推动外贸转型升级。(3)互利共赢。在稳定和拓展外需的同时,实施积极主动的进口战略。妥善处理贸易摩擦,实现贸易伙伴的多赢和双赢。主动参与国际经济贸易治理结构的调整,充分考虑不同发展水平贸易伙伴的利益,提升我国对国际市场的影响力和制定国际经贸规则的话语权。

我国可再生能源领域的贸易政策还体现在《国务院关于加快培育和发展战略性新兴产业的决定》中,该《决定》专列"深化国际合作,提高国际化发展水平",重点从外商投融资角度对可再生能源领域贸易政策作出规定。

二、可再生能源领域贸易政策的实施

近年来,随着国家对可再生能源产业的投入和扶持力度的增大,我国可再生能源的部分产业也形成一定的国际竞争力,迈出国门,走向国际市场。例如,我国已形成了具有国际竞争力的太阳能光伏发电制造产业,2010 年光伏电池产量占到全球光伏电池市场的 50%。[①] 因为中国太阳能光伏发电制造的竞争力,引发了美国、欧盟与中国之间的太阳光伏发电的贸易战。

2011 年 10 月,美国 7 家太阳能电池生产商联名向商务部提出申诉,宣称中国 75 家相关企业获得政府补贴,以低于成本的价格在美国进行倾销,要求美国商务部及国际贸易委员会发起调查,对中国输美太阳能电池征收高额惩罚性关税;11 月 9 日,美国商务部发布公告,宣布将对中国输美太阳能电池展开反倾销和反补贴"双反"调查,这是美国对我国新能源产品首次发起"双反"调查。[②] 2012 年 3 月,美国商务部公布了对中国光伏的反补贴初裁结果,税率为 2.9% ~ 4.73%;2012 年 5 月又宣布对中国光伏电池及组件的反倾销初裁结果,税率达 31.14% ~ 249.96%。2012 年 7 月 24 日,德国企业 Solar World 向欧盟委员会提交申诉,要求对中国光伏产品展开反倾销调查,目前共有 25 家欧盟企业

---

① 见《可再生能源发展"十二五"规划》。
② "美商务部决定对中国输美太阳能电池展开'双反'调查",http://www.chinanews.com/cj/2011/11 - 10/3450323. shtml(最后访问日期:2012 年 8 月 8 日)。

上诉要求对中国太阳能产品进行调查。①

　　2012年5月,我国商务部发布第26号公告,发布对美国可再生能源产业的部分扶持政策及补贴措施进行贸易壁垒调查初步结论。② 公告认为,美国华盛顿州"可再生能源生产鼓励项目"、俄亥俄州"风力生产和制造鼓励项目"、新泽西州"可再生能源鼓励项目"、新泽西州"可再生能源制造鼓励项目"、马萨诸塞州"州立太阳能返款项目Ⅱ"、加利福尼亚州"自发电鼓励项目"等措施构成世界贸易组织《补贴与反补贴措施协定》第三条的禁止性补贴,违反了世界贸易组织《补贴与反补贴措施协定》第三条和《1994年关税与贸易总协定》第三条的有关规定,对正常国际贸易造成扭曲,构成贸易壁垒。

　　这些事例说明,在新能源产业的国际贸易领域,WTO成员方相互之间存在激烈的产业竞争和利益冲突,产业政策、竞争政策和贸易政策之间存在着一定程度的冲突。

----

　　① "中国光伏产业的真正挑战并不是反倾销",http://finance.eastmoney.com/news/1348,20120905249333617.html(最后访问日期:2012年9月15日)。

　　② "关于对美国可再生能源产业的部分扶持政策及补贴措施进行贸易壁垒调查初步结论的公告",http://www.mofcom.gov.cn/aarticle/b/g/201207/20120708249012.html(最后访问日期:2012年8月8日)。

第十章

可再生能源竞争、贸易与产业政策之间的协调互动

第一节 可再生能源竞争政策与产业政策的关系

作为新兴的产业,可再生能源产业政策与竞争政策的制定与实施与传统能源产业相比,具有较为突出的个性特征,可再生能源领域竞争政策与产业政策的关系也具有较为鲜明的特质。

一、可再生能源竞争政策与产业政策的协调互动

产业政策在许多情况下并不总是积极的竞争政策,竞争政策与产业政策试图实现的具体目标和实现其目标的路径均不相同。在现代市场经济中,产业政策主要是弥补市场机制固有的缺陷,而竞争政策主要是清除市场障碍,政策的重心是不同的。在这样的情境下,竞争政策与产业政策自然会存在一定的冲突。但是,一个国家实施产业政策并不必然损害竞争,国家在制定产业政策时也会尽可能地考虑竞争政策的理念。同样,竞争政策也并不是与产业政策互不相容的,其与规模经济也并不必然矛盾,竞争政策希望实现的是有效的,符合经济规律的规模。当竞争政策试图保证某个产业的竞争机制存在时,这个产业的市场机制才能焕发

出生机和活力,当这个产业的市场是活跃和有效竞争时,产业政策中的各种政策和战略才能真正发挥出效用。① 为了推动战略性新兴产业健康发展,不仅要充分发挥市场配置资源的基础性作用,而且要优化政策环境,通过产业政策的实施来激发市场主体积极性。

第一,可再生能源产业的发展需要竞争,需要市场机制发挥基础的资源配置作用,也需要产业政策的引导和促进。我国《可再生能源发展"十二五"规划》指出,可再生能源发展的一个重要基本原则是"市场机制与政策扶持相结合"的原则,即产业政策与竞争政策要完成协调互动,要通过财政扶持、价格支持、税收优惠、强制性市场配额制度、保障性收购等政策,支持可再生能源开发利用和产业发展。在可再生能源领域,不仅要制定中长期可再生能源发展目标,还需要培育长期持续稳定的可再生能源市场,以明确的市场需求带动可再生能源技术进步和产业发展,建立鼓励各类投资主体参与和促进公平竞争的市场机制。

就新能源产业的发展而言,国有企业的进入也不见得就是件坏事,但是在目前的市场环境下就可能不是特别有利于竞争,因为有的时候国有企业走向垄断,是很多政策上的问题和变化所导致的。像传统的电力行业,实际上对民营资本是开放的,但由于国有企业资本量大,而且占有优势资源,慢慢地它们的资金越来越充裕,这些资本要有释放的出口,所以就要扩张,又由于国资委有考核指标,要求国有企业在行业中一定要排在前几名,要扩大规模、做大做强、进入"500强"等,国有企业就有可能不惜代价和成本,去收购和并购民营水电、煤电,同时也要积极地挤入新能源市场。2010年国家能源局的光伏发电特许权招标,就出现了央企扎堆的现象。② 如何构建一个有利于可再生能源产业发展的市场竞争环境,是目前亟须解决的问题。

我国在完善促进可再生能源开发利用的市场环境,采取财政、税收、价格等综合措施和强制性的市场份额政策,并通过组织政府投资项目和特许权项目等方式,培育持续稳定的可再生能源市场的过程中,可再生能源领域中的产业政策和竞争政策事实上较少会出现冲突,更多体现出来的是两者的协调互动。在中国可再生能源产业发展的现阶段,竞争政策与产业政策都是不可或缺的,竞争政策可以体现市场经济的基本方向,产业政策可以在短时期内扶持可再生能源产业的发展。

第二,可再生能源领域产业政策与竞争政策具有协调互动性。我国《可再生能源法》是以经济激励和市场调节来促进可再生能源的开发利用,改善我国

---

① 孟雁北:《论产业政策与反垄断法的冲突与协调》,载于《社会科学研究》2005年第2期。
② 李俊峰:《发展新能源产业政府应该做什么?》,载于《绿叶》2010年第8期。

的能源结构,该法本身就体现了可再生能源领域产业政策与竞争政策的协调与互动。《可再生能源法》确立的并网发电和全额收购制度、上网电价与费用分摊制度、财政税收激励制度虽然都是促进可再生能源发展的产业政策,但是这些产业政策的实施也在为可再生能源市场的建立和完善,可再生能源产业与传统能源产业能够进行竞争创造基础和条件,并进而有利于可再生能源领域竞争政策的实现。

可再生能源领域竞争政策的实施也会有利于产业政策的实现,并与产业政策共同发挥作用,促进可再生能源产业的发展。例如,反垄断法对强势主体滥用其优势地位行为的规制,会从另一个侧面维护和实现可再生能源领域的产业政策,有效地防止了传统能源企业将其在传统能源领域的优势不当地延伸到可再生能源领域,影响可再生能源领域自由竞争和公平竞争。同时,我国能源领域正在进行着比较大的规制改革,竞争政策的制定和实施会对规制改革产生重要的影响,甚至会促进能源领域的体制改革。另外,产业政策在实施过程中也会存在一些弊端,这种弊端可能是显性的,也可能是隐性的。在实现产业政策的过程中,有关部门可能会不当地干预微观经济活动,或者滥用产业政策赋予主管机关的自由裁量权及经济资源的支配权,而竞争政策的实施会对产业政策实施中的弊端进行有效的制约。

由于产业政策主要体现在行业立法当中,行业立法及行业主管部门对产业政策的实现可能会存在一个问题,那就是将行业利益甚至企业利益法律化、政策化。[①] 而产业政策与竞争政策、竞争立法及竞争主管部门的互动则有利于从全局的角度思考问题,从而保障可再生能源产业乃至能源产业的可持续发展。竞争政策主要关注竞争机制的维护和消费者利益的保护,而产业政策更偏重维护产业的发展和生产者的利益,从这个角度讲,利益集团对产业政策会更关心和施加更大的影响,而竞争政策的实施本身会很好地制约利益集团对产业政策的不当影响。由于产业政策制定和实施中的弊端可借由竞争政策的制定和实施来对其进行有力的制约,所以许多国家和地区在产业政策和竞争政策出现冲突时会选择竞争政策优先。[②] 即便在可再生能源领域,虽然产业政策与竞争政策的冲突较小,但是竞争政策的实施在一定程度上也还是会减少产业政策在实施中被滥用情形的发生。

---

① 出现企业利益法律化的一个重要原因是一些能源领域可能是有限竞争,甚至是垄断的,如电力传输领域,其自然垄断性决定了行业利益与企业利益紧密联系。

② 关于竞争政策优先的论述可参见王晓晔:《竞争政策优先——欧共体产业政策与竞争政策》,载于《国际贸易》2001 年第 10 期;孟雁北:《论产业政策与反垄断法的冲突与协调》,载于《社会科学研究》2005 年第 2 期。

第三，竞争政策在可再生能源发展中的作用应得到更多的重视。例如，尽管英国有促进可再生能源发展的产业政策，但是，英国工党政府的能源法律与政策，均强调市场机制的重要性。特别是 2009 年《英国低碳转型计划：国家气候和能源战略》更是凸显了市场竞争的重要地位。英国保守党推出的《2010 年英国能源绿皮书》也提出：要以市场为基础，有利于投资者更多地进入能源领域，并激发能源产业的革新；要进行审慎的监管，促成能源安全、环境影响以及消费者保护目标的实现等。[1] 再如，从全球来看，2011 年全球光伏电池产量已达到 3 300 万千瓦，实际产能达到 4 500 万千瓦，产能过剩率超过 50%；[2] 从国内情况来看，2011 年我国光伏电池产能已经达到 3 500 万千瓦，已可以满足全球光伏电池的安装需要。从目前全球经济发展状况分析，今后几年全球光伏发电市场会有所增长，但增速不会太快，特别是全球主要的光伏发电市场欧洲近两年可能会有较大回落，加之贸易保护主义的抬头，如美国对我国光伏产品进行的"双反"调查将影响我国光伏产品的出口，我国光伏产品产能过剩问题将在未来一段时间内持续存在。[3] "中国光伏行业，其兴也勃焉，其亡将也忽焉，只不过短短七八年的时间，就涌出几千家，并且全国 600 座的城市超过一半有光伏企业，这在哪个国家也是没有的现象。因此，中国光伏业大多死去是必然。"[4] 虽然中央政府曾要求地方调整产业结构，发展清洁能源，但是现在已经到了通过市场竞争对光伏产业进行调整的时候，地方政府需要反省，不应该再对本地光伏企业进行无谓的输血。

二、实现我国可再生能源领域产业政策与竞争政策协调互动的路径

我国可再生能源领域的产业政策与竞争政策的协调互动要求与产业相关的立法与竞争立法要协调互动，能源主管机关与竞争主管机关在执法过程中也要完成职能上的协调互动。

第一，我国可再生能源立法与竞争立法要尽可能协调互动。政府产业规制对竞争的限制作为国家干预经济的一种方式，在一定限度内是合理的；超过必要的

---

[1] 杨泽伟：《发达国家新能源法律与政策：特点、趋势及其启示》，载于《湖南师范大学社会科学学报》2012 年第 4 期，第 5~10 页。
[2] 史立山："我国光伏产业摆脱困境要走三条路"，http://www.nea.gov.cn/2012-06/11/c_131643629.htm（最后访问日期：2014 年 8 月 5 日）。
[3] 同上注。
[4] 刘成昆："中国光伏企业前十强债务累计过千亿人民币"，http://stock.eastmoney.com/news/1406,20120823246339679.html（最后访问日期：2012 年 9 月 15 日）。

界限，就需要反垄断法的约束。我国可再生能源立法在修订完善过程中，相关立法部门或机构应进行竞争问题咨询，反垄断执法机构也要主动提出相关的立法建议，以避免政府产业规制对竞争的损害，或者在政府产业规制不可避免地影响竞争时，选择对竞争损害最小的方案。例如，在美国，《联邦贸易委员会法》第四十六条规定："美国联邦贸易委员会有权向国会针对其他法案中涉及竞争事项者提出建议。"与此同时，行业立法中也会考虑到这个问题。例如，当能源部颁布规则批准或制定一项商业标准时必须听取反垄断执法机构对其潜在竞争影响的评估意见。[1] 韩国《规制垄断与公平交易法》第六十三条也规定："有关行业监管部门的行政长官，在希望制定或者修订以决定价格、不正当的共同行为等限制竞争事项为内容的法令时，需事先咨询公平交易委员会（KFTC）的意见。公平交易委员会（KFTC）将检查相关立法草案是否包含反竞争条款，如确定贸易条件、价格、限制市场进入、企业行为等。如果发现问题，公平交易委员会（KFTC）向有关机构提出修改建议，并且确保它的建议在整个立法过程中能最大限度得到反映。"

目前，我国可再生能源产业的发展主要还借助于产业政策的激励和促进，但是在促进可再生能源发展的过程中，要尽可能培育市场和维护市场竞争，而不能损害或限制竞争。因此，可再生能源的立法要尽可能关注反垄断执法并且尊重反垄断执法机构在产业规制中的作用，如此能够更好地实现产业政策与竞争政策的融合性，保障产业规制立法与反垄断立法目的之间的平衡。例如，美国司法部反托拉斯局有权参与和影响任何对竞争有影响的管制；[2] 而美国内政部在做出外层大陆架石油勘探租赁决定之前必须征求反垄断执法机构关于竞争影响的评估意见。[3] 美国《深海矿物法》（Deep Seabed Hard Minerals Act）也规定，其执法机构在收到联邦贸易委员会的意见前，不能采取任何影响竞争的举措。如果按照与联邦贸易委员会意见不一致的方式行事就必须在行动前告知其理由。[4]

第二，我国可再生能源主管机关与竞争主管机关在执法过程中也要完成职能上的协调互动。竞争主管机关作为可再生能源领域竞争政策的实施主体，其职权

---

[1] 参见 15U. S. C. §788（c）(2010).
[2] 参见 U. S. Code of Federal Regulations, Title 28 Chapter 1, Part O, Subpart H.
[3] 参见 43 U. S. C. §1337（c）(3)(2010).
[4] 参见 30 U. S. C. sec. 1413（d）.

主要来自《反垄断法》的授权。[①] 能源主管机关作为可再生能源领域产业政策的实施主体，其职权主要来自《可再生能源法》。[②] 但是，两者的职能并不是泾渭分明的，而是会不时地存在交叉。如英国在 2000 年 3 月生效的《竞争法》第 4 节中，规定对于受"管制之产业"（Regulated Industries）在适用本法时，目的事业管制机关与竞争法之主管机关"公平交易局"（OFT）拥有"共同执法权"（Concurrent Enforcing Powers）。[③] 现阶段可再生能源领域产业政策与竞争政策的协调与互动，决定了我国这两大执法机构职能的协调和互动。

对可再生能源领域市场竞争的维护首先是竞争主管机关的职能，但是，可再生能源领域的市场竞争从来不是也不能仅依靠竞争主管机关的职能行使来完成，能源主管机关在其中也肩负着非常重要的任务。例如，我国《电力法》就针对供电企业是垄断企业的特点，规定了供电企业"不得拒绝交易"（第二十六条第 1 款）、"不得歧视"（第四十一条）、"不得滥收费用"（第四十三条、第四十四条）等条款，并且在《国家电力监管委员会职能配置内设机构和人员编制规定》中赋予了电监会具有"监管电力市场运行，规范电力市场秩序，维护公平竞争；监管输电、供电和非竞争性发电业务"的职权，规定电监会市场监管部负责查处操纵市场价格的行为，输电监管部负责监督输电企业无歧视和公平开放电网，价格与财务监管部（稽察局）负责按照公平竞争原则，对电力企业兼并重组提出建议。

第三，我国可再生能源领域产业政策的实施也会采用竞争机制，从而在一定程度上完成产业政策与竞争政策的协调互动。我国风电特许权招标制度作为一种政府特许经营的制度，通常由政府选择风电建设项目，确定建设规模、工程技术指标、项目建设条件，然后通过公开招标选择投资者，并通过招标确定风电项目的上网电价。尽管我国风电特许权项目是否一定要采取招标方式在相关的法律、

[①] 竞争主管机关的职权来源于《反垄断法》第九条，"国务院设立反垄断委员会，负责组织、协调、指导反垄断工作，履行下列职责：（1）研究拟订有关竞争政策；（2）组织调查、评估市场总体竞争状况，发布评估报告；（3）制定、发布反垄断指南；（4）协调反垄断行政执法工作；（5）国务院规定的其他职责。国务院反垄断委员会的组成和工作规则由国务院规定"。第十条："国务院规定的承担反垄断执法职责的机构（以下统称国务院反垄断执法机构）依照本法规定，负责反垄断执法工作。国务院反垄断执法机构根据工作需要，可以授权省、自治区、直辖市人民政府相应的机构，依照本法规定负责有关反垄断执法工作。"

[②] 能源主管机关的职权来源于《可再生能源法》第五条，"国务院能源主管部门对全国可再生能源的开发利用实施统一管理。国务院有关部门在各自的职责范围内负责有关的可再生能源开发利用管理工作。县级以上地方人民政府管理能源工作的部门负责本行政区域内可再生能源开发利用的管理工作。县级以上地方人民政府有关部门在各自的职责范围内负责有关的可再生能源开发利用管理工作。"

[③] 史际春、肖竹：《〈反垄断法〉与行业立法、反垄断机构与行业监管机构的关系之比较研究及立法建议》，载于《政法论丛》2005 年第 4 期。

法规、规章和政策中并没有具体明确的规定，但是风电投资项目需要政府进行审批。在我国风电发展已经有一定基础，电力体制正在改革的情况下，风电特许权招标制度试图通过政府特许经营的方式解决风电产业发展中的市场障碍，同时通过引入竞争机制来促进风电设备制造本地化、投资主体多元化、风电产业市场化等目标的实现，并尽可能地降低风电发电成本和电价。风电特许权招标制度的构建和实施力图要实现的是竞争政策与产业政策的互动协调，从这个视角出发，风电特许权招标制度存在的问题以及应对的措施也均与竞争政策与产业政策的互动协调密切相关，而可再生能源产业发展过程中不断引入竞争机制已是当然的发展趋势。实际上，其他国家产业政策的实现也会同样注重市场竞争机制的发挥。例如，美国在国家预算拨付和调配过程中，强调项目与预算的匹配原则。在选择资助项目时，绝大多数情况是采取竞争性遴选的方式，即要求申请者按照项目申报要求提出申请，之后能源部或者相关机构按照要求选择受资助方。自此，资助条件成为推广新能源技术和产品的重要平台，而申请者是国有还是私人的主体身份则是次要的。或许正是在项目推广层面上采取的市场竞争机制，使美国的产业政策显得相对"柔和"些，政府强制性因素淡化，从而使得产业政策背后的政府主导的权力因素被市场主体的自我选择所掩盖。

总之，我国可再生能源产业的发展，具有市场化发展的基础，但同时又并不具备完全市场化的条件，这就决定了可再生能源产业的发展，既要逐步引入竞争机制，但同时又无法离开产业政策的支撑，因此使我国可再生能源领域的竞争政策的构建和实施是与产业政策交织在一起的。如果可再生能源领域的竞争政策能够很好地与产业政策互动协调，那么可再生能源产业的发展就会稳健而快速，如果竞争政策与产业政策的互动协调存在问题，那么可再生能源的产业发展就会出现这样或那样的问题。我国竞争执法机构对竞争的维护也可以促进能源产业，尤其是可再生能源产业的发展，在这一点上竞争执法机构与可再生能源主管机关的执法目标不谋而合，从而使两法的互动有了良好的基础。① 竞争执法机构与能源主管机关在可再生能源领域职能行使的殊途同归，说明该领域产业政策与竞争政策更多地体现了一致性。由于可再生能源产业投资成本高，收回周期长，市场主体的投资积极性仅靠市场还无法被调动起来，因此在现阶段，产业政策的作用强于竞争政策。但是，随着可再生能源产业在政府激励和促进下的不断发展，产业政策的阶段性特征将会呈现出来，当可再生能源产业通过产业政策的扶持，达到一定规模或者具备市场化运作的条件后，产业政策的作用会逐步弱化，而竞争政

---

① 在竞争政策实现过程中，两大执法机构的职能互动在可再生能源领域与传统能源领域会存在比较大的不同，其主要原因在于传统能源领域与可再生能源的竞争政策不同，产业政策不同，追求的行业发展的目标也不同，因此执法机构职能内容也不同。

策的作用会不断强化,最终会出现竞争政策起主要作用的发展趋势。

第二节 可再生能源贸易政策与产业政策的关系

产业政策和贸易政策由不同的国家主管部门来负责制定和实施,但事实上,两者在某些部分会出现重叠和交叉,这种重叠和交叉会产生一定程度的冲突,也可能会相互促进,因此,我国亟须深入研究产业政策与贸易政策的关系问题,在可再生能源领域也不例外。

近年来,我国可再生能源的开发利用在产业政策的促进和推动下取得了较为迅速的发展,对外贸易也有较大的发展,但也引起了欧美许多国家的关注,其中有一些产业政策的措施还被认为违反了我国加入 WTO 时所做的承诺。例如,美国贸易代表办公室在 2010 年 10 月发起了针对我国政府影响新能源贸易和投资的政策"301"调查。[①] 申请人美国钢铁工人联合会提出,我国政府实施了违反世界贸易组织的五大方面的新能源政策:(1) 对获得关键原料的限制;(2) 视出口和国内含量授予的禁止性补贴;(3) 歧视国外企业和产品;(4) 对投资人提出的技术转让要求;(5) 造成贸易扭曲的国内补贴。其第二项申诉理由为:中国政府向新能源领域提供的禁止性补贴违反了其承担的世贸组织义务涵盖了五项涉嫌违规政策:中国的"乘风"项目;中国的风电产业专项资金项目;中国的出口产品科研资金项目;中国进出口银行向新能源领域发放的出口信贷;中国出口信用保险公司("中国信保")向新能源领域提供的出口担保及出口保险。[②] 无论美国钢铁工人联合会的申请是否能够成立,都表明研究可再生能源领域产业政策和贸易政策的关系问题具有重要的现实意义。

一、我国可再生能源领域产业政策与贸易政策的关系重构

可再生能源是快速增长的战略性新兴产业,发展可再生能源对拉动高端装备

[①] 根据美国经修正后的《1974 年贸易法》第三部分第一章第 301 节,如果外国贸易政策、法律和措施违反了与美国签订的贸易协定,否定了美国根据贸易协定应享有的权利,或损害美国应享有的贸易利益,或不公平、不合理地歧视性地加重了美国商业负担,限制美国商业,美国总统被授权采取一切适当可行的行动去实现美国的权利,迫使外国取消限制。美国《1988 年综合贸易与竞争法》对第 301 节进行修订,将违反 301 条款的调查和实施制裁的权力从美国总统移交给美国贸易代表办公室。

[②] 龙韶:《中国新能源政策在 WTO 取消禁止性补贴义务下的合规性研究》,载于《湘南学院学报》2012 年第 3 期。

制造相关产业发展的作用显著,对促进产业结构升级意义重大。在 2012 年 9 月 12 日开幕的夏季达沃斯论坛上,与会嘉宾认为:"各国应从减少碳排放、满足日益增长的能源需求角度出发,共同合作推动新能源产业发展,而非设立贸易壁垒。各国不仅应从维护各自经济的增长角度来考虑,还要从全球性的二氧化碳减排等方面考虑问题。"①

第一,我国可再生能源产业的发展需要产业政策的支持,即便是在推行自由贸易政策的美国、欧洲、日本等国家,在可再生能源领域也是如此。金融危机后美国颁布和实施了一系列的新能源产业刺激政策,主要为:(1)提高联邦财政拨款预算,促进新能源技术研发。2009 年,美国再次大幅度提高了对能源研发的预算拨款,包括《2009 年美国经济复苏和再投资法》提供的 140 亿美元在内,直接用于新能源研发的预算拨款达到了 190 多亿美元。根据 2011 财政年度的预算报告,美国还将继续增加对新能源技术研发的财政预算,其中美国能源部用于新能源研发的费用就达到 24 亿美元,包括用于太阳能研发的 3.02 亿美元,生物能源研发的 2.2 亿美元,电动汽车技术研发的 3.25 亿美元,用于建筑节能技术研发的 2.31 亿美元。(2)提供各项激励措施,促进新能源投资和生产为促进新能源技术的产业化,美国通过税收优惠、加速折旧、直接补贴及融资优惠政策等多种形式鼓励企业扩大对新能源产业的投资和生产,增加新能源供给。(3)提供税收优惠和消费补贴,为新能源创造市场空间。(4)提高国内能效和排放标准,迫使国内企业加大对新能源的投入力度。(5)除上述措施外,为促进新能源产业发展,美国在金融危机后还采取了其他配合举措,最具影响的是其悄然改变了气候变化谈判的立场,并对我国新能源产业发起了"301 调查"。② 美国的做法从另一个侧面印证了我国可再生能源产业发展中的产业政策存在的重要性和合理性。

第二,产业政策的实施有时会受到来自境外国家贸易政策的质疑,从而影响到我国可再生能源产业的发展。2011 年 12 月,美国风塔贸易联合会向美国商务部提起申诉,要求对从中国进口的此类产品征收高达 213.54% 的反倾销税和额外的反补贴税。2012 年 1 月 19 日,美国商务部宣布对上述产品发起"双反"调查,这是 2012 年美国对华"双反"调查第一案。2012 年 5 月,美国商务部宣布,初步认定中国向美国出口的应用级风塔得到中国政府补贴,拟向相关产品征收 13.74% ~ 26% 的反补贴税。对此,中国机电产品进出口商会发表声明称,中国政府并未向中国风塔企业提供补贴,政府对于风电行业的支持政策符合世贸组

---

① "达沃斯聚焦新能源产业发展期待跨国合作",http://www.nea.gov.cn/2012 - 09/13/c_131848042.html(最后访问日期:2012 年 9 月 17 日)。

② 陈波、陈靓:《美国新能源政策及对中国新能源产业的影响》,载于《国际展望》2012 年第 1 期。

织规定。美国商务部此举将给美国相关产业造成不利影响，不仅使美国下游用户利益受损，同时对美国风电产业的发展也将是沉重打击。① 事实上，中国风机主要靠国内市场消化，2010 年，国内全年风力发电新增装机达 1 600 万千瓦，累计装机容量达到 4 182.7 万千瓦，首次超过美国跃居世界第一。正是因为我国国内需求庞大，国际风机巨头对中国风电市场觊觎已久，而国内风机制造成本低廉，国际风机企业在竞争中毫无优势可言，从而成为美国、日本、欧盟强烈要求中国政府取消风机补贴的原因之一。② 有学者也认为，美国对包括中国在内的"非市场经济国家"适用反补贴法是美国实施其对外贸易政策、保护国内相关利益集团利益的需要。美国的对外贸易政策和法律体现了强烈的单边性、政治性与歧视性。对于当前美国对中国不断发起的反补贴调查，应遵循"法律问题，法律解决；政治问题，外交解决"之原则，主动行使我国在 WTO 争端解决机制下的贸易权利，而就美国对中国适用反补贴法之法律依据等问题进行挑战应当是首选的应对策略。③

第三，我国对可再生能源产业的支持不应过度，而应当适度，并且需要与贸易政策协调互动。我国在支持可再生能源产业发展的过程中，产业政策应该被合理设计并且注意与贸易政策的协调互动。例如，我国光伏产业的市场空间看似广阔，但太依赖政府补贴，明显依赖国际市场，不可控因素实在太多。80% 和 0.8% 分别是我国光伏产能在全球总产能的占比和中国光伏应用市场在全球市场的占比，如此悬殊的比例差距，映衬出我国光伏产业内外供需失衡的现状。④ 2011 年欧盟约占据江苏太阳能产品出口市场的七成。一旦欧盟反倾销立案，很有可能对产自中国的太阳能产品征收高额关税，致使中国太阳能产品无法进入欧盟市场……将给江苏省造成超过 2 000 亿元的产值损失，接近 1 000 亿元的不良贷款风险，江苏省经过十几年精心培育和发展起来的全国乃至全球领先的太阳能产业将面临毁灭性打击。⑤

美国金融危机使世界绝大多数国家都深受影响，而当前金融危机治理过程中各发达资本主义国家贸易保护主义势力的抬头无情粉碎了它们一直宣扬的自由贸易政策的不可改变及永恒性。在发达资本主义国家贸易政策的双重标准面前，中

---

① 沈玮青：《美国拟对我输美风塔征收反补贴税》，载于《新京报》2012 年 6 月 1 日第 B08 版。
② "美国 301 调查定案：中国取消风机补贴"，http：//newenergy.in-en.com/html/newenergy-08350835561039980.html（最后访问日期：2012 年 9 月 15 日）。
③ 徐泉：《美国反补贴法适用探析——以对"非市场经济国家"的适用为考察对象》，载于《法商研究》2008 年第 1 期。
④ "光伏三巨头上书省政府发改委称地方过度溺爱"，http：//money.163.com/12/0829/01/8A1PSTQ100253B0H.html（最后访问日期：2012 年 9 月 15 日）。
⑤ 同上注。

国贸易政策的选择必须在坚持独立自主的基础上，根据本国经济发展阶段和发展状况选择贸易政策，并力争与产业政策相契合。

二、实现我国可再生能源领域产业政策与贸易政策关系重构的路径

2010年11月，我国财政部等几个部门宣布取消了39个"金太阳工程"项目的财政补贴，由此可以看到我国可再生能源的发展，将不再是单纯靠补贴等产业政策的实施来推动，更多的时候需要塑造更好的市场竞争环境、机制等，借助竞争政策来推动产业的发展，从而也可以实现产业政策和贸易政策的互动。

第一，我国制定可再生能源产业政策时须关注WTO承诺的义务，并保证产业政策的内容与之不冲突，尤其是我国现行的补贴政策应根据WTO规则进行相应的调整。我国可再生能源产业的主管部门应该熟悉并研究WTO规则，要避免制定与WTO规则直接冲突的产业政策，要学会在WTO规则允许的范围内有效实施产业政策。在现行WTO框架下，出口补贴是《补贴与反补贴措施协定》3.1（a）条明确禁止的补贴方式，根据该条款规定，出口补贴是指在法律上或事实上视出口绩效为唯一条件或多种条件之一而给予的补贴。对研发活动的补贴原本属于《补贴与反补贴措施协定》规定的不可诉补贴方式，但是该条款在1999年因期满而终止，对研发的补贴就成为《补贴与反补贴措施协定》下的可诉性补贴方式。[①]

而以我国风电产业化专项资金项目为例，2008年财政部发布《关于印发〈风力发电设备产业化专项资金管理暂行办法〉的通知》规定，中央财政安排专项资金支持风力发电设备产业化，对中国生产的满足支持条件企业的首50台风电机组，按600元/千瓦的标准予以补助；该项补助的申请条件包括：风电机组配套的叶片、齿轮箱、发电机由中资或中资控股企业制造，鼓励采用中资或中资控股企业制造的变流器和轴承。同时，该通知还规定，在补助的授予上，整机制造企业和关键零部件制造企业各占50%；申请补助所提交的材料包括与叶片、齿轮箱、发电机、变流器及轴承等零部件制造企业签订的用于首50台风电机组制造的购销合同和销售发票。有学者就认为，该专项资金项目从中央政府的预算中拨款，构成直接的财政资助，对相关企业也授予了600元/千瓦的利益；而且

---

① 所谓可诉性补贴（Actionable Subsidies）就是指没有被《补贴与反补贴措施协定》所禁止的、但不能免于被WTO成员方所质疑的补贴方式，一旦该补贴具有专向性且对成员方造成了不利影响，成员方有权采取救济措施。

通知的措辞也清楚表明，补贴只向使用国产关键零部件代替进口零部件的发电机制造商提供，表现为：（1）使用国产关键零部件的风力发电机制造商才有资格获得拨款；（2）必须提交供销合同；（3）向零部件生产商提供部分补贴。这样的补贴政策已经构成了 WTO 各成员为了对补贴与反补贴行为进行规范所达成的《补贴与反补贴措施协定》中的禁止性补贴，应予以取消。①

我国在产业政策，尤其是补贴政策的制定时，应做好与 WTO 规则的衔接。首先，在立法目的上可以更加注重应对气候变化型补贴的设立。按照补贴的目的，将可再生能源补贴分为气候变化型补贴和贸易壁垒型补贴。虽然《补贴与反补贴措施协定》对于可再生能源补贴没有例外性规定，但在 GATT、《联合国气候变化框架公约》中可以找到对气候变化型可再生能源补贴豁免的依据。其次，在制定补贴政策时引入竞争程序。为了避免被认定具有"专向性"，我国在可再生能源补贴立法中应制定相应的竞争性程序，即只有经过申请者的竞争方能获得补贴的资格。最后，为避免禁止性补贴，建议丰富我国可再生能源的补贴类型。②

第二，作为实施产业政策重要措施之一的补贴不是不可以采用，但是在制定和实施中应借鉴欧美等国家的经验，产业促进的措施可以多元化以避免被其他国家采取贸易救济措施。欧美等国家也采用补贴等措施来促进和鼓励可再生能源产业的发展，我国在制定可再生能源产业政策时可以借鉴这些国家的经验，以避免与这些国家的贸易政策发生冲突，或者在发生冲突时，在贸易应对上可以处于较为主动的地位。例如，美国财政部和能源部利用《2009 年美国经济复苏和再投资法》的拨款，采取直接付款而非税收减免的形式，对 5 000 个生物质能、太阳能、风能和其他可再生能源项目设施进行补贴。同时，美国联邦政府还通过国会年度拨款给公共事业单位、地方政府和农村经营的可再生能源发电企业进行补贴，即每生产 1 千瓦时的电量补助 1.5 美分。《2009 年美国经济复苏和再投资法》还授权财政部成立可再生能源基金（Renewable Energy Grants），对 2009 年、2010 年投运的或者 2009 年、2010 年开始安装且在联邦政府规定的税务减免截止日之前投运的用于风能、生物质、地热、海洋能和微流体动力等可再生能源利用项目的设备投资给予一定额度的补助，补贴金额通常为符合条件的设施投资的 30%。基金项目由纳税主体申请，不纳入获益者的应税收入。为鼓励企业投资新能源汽车燃料补给设施，《2009 年美国经济复苏和再投资法》还提高了对新能源汽车燃料补给设施的补贴，即符合条件的设施可享受的补贴金额从成本的 30%

---

① 龙韶：《中国新能源政策在 WTO 取消禁止性补贴义务下的合规性研究》，载于《湘南学院学报》2012 年第 3 期。
② 温慧卿：《我国可再生能源补贴制度研究》，中国人民大学 2012 年博士学位论文，第 92~93 页。

增加到50%。此外,同一设施的补贴上限从3万美元增加到5万美元,其中氢燃料补给设施的补贴金额上限甚至达到了20万美元。除联邦政府补贴外,美国各州也根据本地区新能源发展情况,制定了州政府一级的补贴措施,如加州政府出台奖励政策,对获得新型储能系统资格(AES)的供应商提供每瓦2美元的补助。2009年,美国还推行了新的新能源消费补贴项目,即房产评估清洁能源计划,该计划是政府通过发行债券融资为住宅和小型商户物业采用新能源设施提供前期费用资助,符合规定的新能源项目还可以向美国财政部申请现金拨款资助,拨款金额为该投资项目总金额的30%。为鼓励使用新能源汽车,在税收抵免的基础上,美国能源部还专门建立了一个短期资助项目,对部分购车者直接进行资助。根据美国政府2009年公布的"车辆补贴退款计划"(CARS),联邦税务局对混合动力车的用户提供最高可达3 500美元的税务减免,此外还有州政府的税费优惠,以此抵消一部分因为使用混合动力车带来的费用增加。①

第三,我国可再生能源领域产业政策的制定要适时调整,以准确反映可再生能源产业的发展状况和对外贸易领域的新状况,不能将产业发展的困境全部归责于国际贸易环境。我国应调整新能源产业促进政策,检讨我国现行的补贴政策与措施,以便更好地适应国际贸易环境并推动可再生能源产业的可持续发展。例如,我国新能源政策一直侧重于对新能源生产企业的鼓励,而忽视鼓励国内企业和家庭对新能源的使用。美国新能源政策组合拳之一的"301调查",应为我国政府敲响警钟,在以主要向海外市场出口的背景下,对生产企业给予的任何直接的补贴都可能遭到贸易伙伴的质疑和挑战,最终得不偿失。此外,任何产业的发展都离不开国内市场的支撑,因此,我国政府应吸取经验教训,及时调整国内新能源产业的鼓励政策,从鼓励投资和生产转向鼓励研发和消费,这既可减少贸易摩擦,又可为国内新能源产业开拓更为广阔的国内市场,且有助于我国的节能减排以及可再生能源产业核心竞争力的提高。② 再如,我国的风机补贴政策是在国内风机制造业比较弱小的时候实施的,当国内风机制造业的市场竞争力增强,国产风机质优价廉,可以与进口风机竞争的时候,也就到了考虑取消或调整风机补贴政策的时候。

新能源概念一直方兴未艾,在欧美对光伏需求保持旺盛状态时,我国地方政府纷纷上马光伏项目,盲目无序地扩张。我国很多地方都建立了光伏产业园,每个产业园都要建成超过千亿的规模,甚至做成全世界最大的产业园。有专家认为,中国光伏业问题主要出在无序增长方面,并不能完全归因于国外"双反"

---

① 陈波、陈靓:《美国新能源政策及对中国新能源产业的影响》,载于《国际展望》2012年第1期。
② 同上注。

和经济危机。我国光伏企业短短七八年时间增加到 2 000 家,较为少见。光伏业的跨越式发展中存在许多不健康的因素,这主要体现在中国光伏业两头在外,处处受制于人。原材料和核心技术设备依赖国外进口,产品主要靠出口。这一因素在经济危机时期放大,欧美贸易保护主义抬头,中国出口受阻,于是必然出现目前光伏产业发展困难的局面。[①] 从产业政策的角度出发,我国相关规划中也不希望存在过量的光伏企业。光伏"十二五"规划就提出只形成 20 家左右的骨干企业,支持骨干企业做优做强,到 2015 年形成:多晶硅领先企业达到 5 万吨级,骨干企业达到万吨级水平;太阳能电池领先企业达到 5GW 级,骨干企业达到 GW 级水平;1 家年销售收入过千亿元的光伏企业,3~5 家年销售收入过 500 亿元的光伏企业;3~4 家年销售收入过 10 亿元的光伏专用设备企业。这也从另一个侧面实现了产业政策与贸易政策的互动协调。

总之,在可再生能源领域,我国不能以贸易摩擦对贸易摩擦,以贸易战对贸易战,而是应该走协调、谈判的道路,因此产业主管部门与对外贸易主管部门的协调互动就显得尤为重要。我国的产业政策实施部门与贸易政策实施部门都不能单兵作战,或者政出多门,而应该密切配合、协调互动。同时,我国应健全和完善商务部、地方商务主管部门、商协会和企业"四体联动"贸易摩擦应对机制,统筹运用各种有效手段和世贸组织争端解决机制,提高贸易摩擦应对能力。我国应探索构建相关的机制,鼓励遭受进口冲击的国内产业调整结构,提升竞争力;我国应扩大和深化与主要贸易伙伴间的贸易救济合作机制,化解和减少贸易摩擦。产业政策与贸易政策的协调互动是我国可再生能源产业发展的一个重要议题,不容忽视。

第三节 可再生能源竞争政策与贸易政策的冲突与协调

纵观世界贸易的发展历史,贸易保护和贸易自由就像一对"孪生兄弟",同生并行,关于贸易保护和贸易自由政策的争论也贯穿国际贸易的发展过程之中。尽管现代经济学家已达成共识,自由贸易必然提高贸易参与国的福利水平,但由于各国国内经济的或政治的原因,贸易保护主义频频抬头,特别是在经济危机发生时,各国都或明或暗地实施形形色色的贸易保护政策,如设置各种技术壁垒、

---

① 刘成昆:"中国光伏企业前十强债务累计过千亿人民币",http://stock.eastmoney.com/news/1406,20120823246339679.html(最后访问日期:2012 年 9 月 15 日)。

强行征收"反倾销"、"反补贴"税、启动特别保障措施、干预汇率水平、征收报复性关税等。国际贸易实际上就是利益博弈的过程,任何一个国家最终选择什么样的贸易政策,都是各国间利益博弈的结果。世界贸易一定是在各国"贸易自由"和"贸易保护"政策的相互博弈中曲折发展的。在这样的博弈过程中,竞争政策与贸易政策的关系问题也就成为一个重要的研究话题。

一、我国可再生能源领域竞争政策与贸易政策的关系冲突与协调

竞争政策与贸易政策的冲突在我国可再生能源领域并不罕见。例如,我国太阳能光伏产业是典型的"三头在外"产业:一是光伏电池的生产设备主要从国外进口;二是晶体硅材料主要从国外进口;三是生产的光伏电池产品主要出口国外。近年来,在各方面的共同努力下,我国部分企业已基本掌握了多晶硅材料的生产工艺,多晶硅产量已满足了我国50%光伏电池生产需要,光伏电池生产设备的国产化能力也迅速提高,"三头在外"的状况有所改变,但是光伏电池产品市场在外的状况尚未改变,许多关键装备和主要原辅材料的对外依赖度仍然很高。目前,我国光伏电池产品主要出口到欧美等光伏电站建设较多的发达地区,出口量占到我国光伏电池生产量的90%以上,在当前国际光伏发电市场增长乏力和贸易保护加剧的情况下,我国光伏产业的发展就遇到了较大的困难。[①]

第一,中国可再生能源产业的发展过程中,国外贸易保护主义的存在从一个侧面反映出竞争政策和贸易政策的冲突。在欧美各国相继陷入债务危机之后,贸易保护主义开始大行其道。发达国家为了重振制造业以推动出口的增长,缓解项目赤字的压力与财政困境,频繁高筑贸易壁垒,中国往往首当其冲遭受贸易壁垒的阻碍。2010年10月15日,美国贸易代表办公室启动对华清洁能源有关政策和措施的"301调查",目标直指我国对风能、太阳能电池的补贴政策。2010年12月底,美国更是向WTO提出申请,希望能通过磋商来解决这一补贴政策。2011年6月7日,美国贸易代表办公室表示,中国已同意停止对使用国产而非进口部件的风电企业提供600万~2200万美元不等的补贴,并表示这会为美国企业在华提供公平竞争环境。

而面对中国太阳能电池90%以上出口的情形,贸易保护主义的理念在许多国家却占了上风。2009年的数据显示,我国太阳能光伏产品出口154.4亿美元,

---

[①] 史立山:"我国光伏产业摆脱困境要走三条路",http://www.nea.gov.cn/2012-06/11/c_131643629.htm(最后访问日期:2012年9月17日)。

同比增长 147.75%，其中，出口至欧洲市场约为 87.9 亿美元，同比增长 489%。① 与此同时，我国光伏产业频遭美欧调查。2011 年 11 月 8 日，美国商务部对中国输美太阳能电池（板）发起反倾销和反补贴调查，这是美国首次针对中国清洁能源产品发起"双反"调查。2012 年 3 月 20 日，美国商务部决定对从中国进口的太阳能电池板征收关税，裁定中国政府对太阳能电池板制造商提供非法出口补贴。2012 年 5 月 17 日，美国商务部公告称将向中国太阳能电池板制造商征收 31% ~250% 的惩罚性关税。2012 年 5 月 24 日，针对美国向中国太阳能电池板行业征收关税的措施，中国商务部发表简短声明说，其对美国五个州六个清洁能源项目的调查发现，这些项目存在违反国际贸易法律的情况。2012 年 5 月 24 日，中国四大太阳能设备生产商负责人在上海召开新闻发布会，表示他们已经联合起来反驳华盛顿的指控。2012 年 7 月 24 日，德国公司 Solar World 等多家光伏电池组件企业正式向欧盟委员会提起对华光伏的"反倾销"调查申请。如果欧盟对中国光伏的"双反"案获得通过，那么它将成为中国及欧盟历史上最大的贸易纠纷。2012 年 8 月 2 日，中国机电产品进出口商会发表《声明》，呼吁欧委会严格遵循 WTO 及欧盟相关法律规定，做出公正的决定。②

第二，在中国可再生能源产业面临国外贸易保护主义压力的背景下，中国政府在实施贸易政策时也会关注对中国可再生能源产业的保护。我国商务部于 2012 年 7 月 2 日正式收到江苏中能硅业科技发展有限公司、江西赛维 LDK 光伏硅科技有限公司、洛阳中硅高科技有限公司和大全新能源有限公司（以下简称"申请人"）代表国内多晶硅产业提交的书面申请，申请人请求对原产于美国的进口太阳能级多晶硅进行反补贴调查。根据《中华人民共和国反补贴条例》第十六条规定，2012 年 7 月 9 日，商务部就有关反补贴调查事项向美国政府发出进行磋商的邀请，并于 7 月 17 日与美方进行了磋商。商务部依据《中华人民共和国反补贴条例》有关规定，对申请人的资格、申请调查产品的有关情况、中国同类产品的有关情况、申请调查产品对国内产业的影响、申请调查国家的有关情况等进行了审查。同时，商务部就申请书中提供的涉及补贴、损害及补贴与损害之间的因果关系等方面的证据进行了审查。申请人提供的初步证据表明，申请人江苏中能硅业科技发展有限公司、江西赛维 LDK 光伏硅科技有限公司、洛阳中硅高科技有限公司和大全新能源有限公司太阳能级多晶硅产量之和在 2008 年、2009 年、2010 年、2011 年、2012 年 1 ~4 月占同期中国同类产品总产量的比例均超过 50%，符合《中华人民共和国反补贴条例》第十一条、第十三条和第十

---

① 《光伏"内冷外热"须警惕贸易风险》，载于《中国证券报》2010 年 3 月 30 日。
② 《中国光伏业频遭美欧调查》，载于《新京报》2012 年 8 月 7 日第 B03 版。

七条有关国内产业提出反补贴调查申请的规定。同时，申请书中包含了《中华人民共和国反补贴条例》第十四条、第十五条规定的反补贴调查立案所要求的内容及有关证据。根据上述审查结果及《中华人民共和国反补贴条例》第十六条规定，商务部决定自 2012 年 7 月 20 日起对原产于美国的太阳能级多晶硅进行反补贴调查。①

2012 年 7 月 26 日，英利、尚德、天合以及阿特斯四大中国光伏企业，代表光伏发电促进联盟和中国光伏行业正式在北京发表联合声明，强烈呼吁欧盟慎重考虑对华光伏发起"反倾销"调查，呼吁中国政府积极维护国内企业合法权益，力求阻止欧盟立案。2012 年 8 月，江苏中能硅业、江西赛维 LDK 光伏硅科技、洛阳中硅高科技、重庆大全新能源等，代表中国多晶硅产业 80% 份额的四大多晶硅企业提交申诉，要求对产自欧盟的多晶硅实行反补贴、反倾销调查。

在贸易保护主义日渐抬头的国际大环境下，可再生能源领域竞争政策和贸易政策的冲突在所难免，而解决的路径则应该是贸易政策与竞争政策的互动协调。也正是基于这样的考虑，2012 年 7 月 27 日，中国商务部称，希望通过磋商来解决与欧盟之间在光伏电池方面的分歧。

二、实现我国可再生能源竞争政策与贸易政策关系重构的路径

自 1979 年以来，我国对外贸易体制进行了一系列改革，从原先的国家垄断经营、统制管理模式逐渐过渡为适应国际经济通行规则的开放型外贸管理体制，这表明我国的贸易政策正经历着不断与竞争政策协调互动的进程。在中国对外贸易强势发展中，中国与世界各国在贸易上合作扩大的同时，竞争将会全面和复杂化，中国遇到的贸易摩擦将成为常态化，并向纵深发展。在目前竞争法尚未建立起有效的国际协调机制的情况下，协调世贸组织反补贴制度与竞争政策的冲突的最佳途径是，将竞争法的有关原则融入反补贴制度中，消除其中反竞争或限制竞争的条款，使反补贴制度能更多地考虑到竞争的需要。发挥竞争政策对贸易自由化的积极促进作用，从而实现竞争与贸易在 WTO 法律框架下良性互动。

第一，尽管贸易政策是主权国家一项独立而不可少的政策，但我国可再生能源产业的健康发展需要通过培育完善的市场机制来实现，而不是主要依靠贸易政策的保护来实现。据《经济参考报》2012 年 8 月 8 日报道，近几年中国光伏产

---

① "对原产于美国的进口太阳能级多晶硅进行反补贴立案调查的公告"，http://www.mofcom.gov.cn/aarticle/b/g/201209/20120908333422.html（最后访问日期：2012 年 9 月 17 日）。

品产量一直在增加,但欧洲债务危机、美国"双反"使得光伏市场急剧萎缩,价格一路下跌,利润空间被压缩得很厉害。中国光伏产业真正挑战并不是反倾销案,而是在政策与金融支持下的产能严重过剩以及过度依赖出口市场等问题。中国占了全球80%的产能,但国内只消耗了0.8%,这种内外失衡更容易受到打击。因此,放弃对该行业的政策性支持,让他们重归市场,鼓励国内太阳能应用,才是解决光伏产业危机的必由之路,而欧美的反倾销调查只是让危机提前了而已。[1] 有学者也建议,推动我国光伏产业走出困境,一要着力培育国内光伏发电市场,建设立足国内、面向全球的光伏制造产业和服务体系;二要加强技术创新,进一步提高光伏产业自主技术水平和装备制造能力;三要加快电力体制改革,培育分布式光伏市场,最终形成立足国内市场、服务全球市场的可持续发展的光伏产业体系。[2]

第二,创新是可再生能源产业发展的关键,创新能力的提高可以使我国贸易政策的困境得到破解,也可以使贸易政策和竞争政策能够协调互动。创新是发展可再生能源产业的一个关键,创新的最终目的是降低新能源的成本。可再生能源领域的创新主要来源于政府和企业,但现阶段新能源企业正在遭遇多方面的挑战,在生存都成为问题的当下很难拿出更多的资金进行创新方面的投资,政府特别是中央政府应加大对新能源企业在创新方面的支持力度。但是,创新更大的动力一定来源于市场、来源于竞争,而在其中,竞争政策应发挥越来越重要的作用。

根据我国《太阳能光伏产业"十二五"发展规划》的统计,在"十一五"期间,我国太阳能电池产量以超过100%的年均增长率发展。2007~2010年连续4年产量世界第一,2010年太阳能电池产量约为10千兆瓦,占全球总产量的50%,我国太阳能电池产品90%以上出口。但是却没有国际竞争力。我国光伏电池生产所需的主要制造装备,如薄膜电池生产线、高纯多晶硅生产的氢化炉、四氯化硅闭环回收装置、大尺寸铸锭炉、多线切割机、PE CVD 镀膜设备、自动丝网印刷机、自动电焊机等都主要依赖进口。光伏电池生产所需要的主要原材料,如高纯多晶硅、银浆、EVA 用高分子树脂、切割液等的对外依赖度很高,如2010年和2011年高纯多晶硅进口数量分别为4.75万吨和6.48万吨。[3] 与国际先进水平相比,我国大部分晶体硅生产工艺性能仍有差距,生产成本明显偏

---

[1] "中国光伏产业的真正挑战并不是反倾销",http://finance.eastmoney.com/news/1348,20120905249333617.html(最后访问日期:2012年9月15日)。

[2] 史立山:"我国光伏产业摆脱困境要走三条路",http://www.nea.gov.cn/2012-06/11/c_131643629.htm(最后访问日期:2012年9月17日)。

[3] 同上注。

高，市场竞争力不强。①

　　创新才是可再生能源产业发展的关键，创新能力的提高才可以使我国贸易政策的困境得到破解。当我国可再生能源产业的创新能力提高以后，就不再那么迫切需要贸易政策的倾斜性保护政策，凭借自己的力量就可以与国外企业进行竞争，从而完成竞争政策和贸易政策的协调互动。

　　第三，国内发展与国际合作相结合的原则是我国可再生能源产业的一个发展趋势，国际合作是每个国家的必然选择。我国《可再生能源发展"十二五规划"》指出，可再生能源发展的一个重要基本原则是"国内发展与国际合作相结合"的原则。保持稳定增长的国内可再生能源市场需求，吸引全球技术等资源向我国聚集，形成全球有影响力的可再生能源产业基地。同时，加强多种形式的国际合作，推动我国可再生能源产业融入国际产业体系，并积极参与全球可再生能源的开发利用，促进我国可再生能源产业在全球体系中发挥重要作用。国际社会的"无政府"状态，以及世界范围内资源的有限性，使得国家间的冲突成为可能。与此同时，由于各国具有共同的利益，而单边追求本国利益又会受到其他国家的遏止，国际合作又成为每个国家的必然选择。目前，全球竞争政策和贸易政策实施的国际合作已经呈现出双边合作、区域合作和多边合作并存的局面，这三种合作形式各有利弊，互为补充。

---

　　① 史立山："我国光伏产业摆脱困境要走三条路"，http://www.nea.gov.cn/2012-06/11/c_131643629.htm（最后访问日期：2012年9月17日）。

第十一章

可再生能源市场监管

随着传统能源的日益枯竭和新能源技术的发展，以及消费者消费理念的改变，绿色消费将日益成为消费的时尚，消费者对可再生能源产品的需求将日益增加。市场的消费需求为企业创造了无限的商机，但同时也对企业提出了要求，即为消费者提供优质的产品和服务，并保障消费者的合法权益。需求创造了供给，要保障有效需求的稳定增长，必须不断为消费者提供高质量的产品。要让消费者敢于购买、放心使用，一个企业的产品才有销路，这个企业才有出路。可以说，产品的质量关系到一个企业的成长乃至一个行业的发展壮大。

追求经济利益的天然本性往往使企业置消费者利益和企业自身长远发展于不顾，为眼前利益而不顾产品质量。这些企业所生产的假冒伪劣产品破坏了市场竞争机制，腐蚀了市场经济的基础，但市场本身却对这类行为无能为力，这就需要政府伸出"有形之手"对这些行为进行调节。为了打击假冒伪劣产品，维护消费者的合法权益，规范和健全市场经济秩序，国家相继颁布了《反不正当竞争法》、《产品质量法》、《消费者权益保护法》等法律法规，但是这些法律法规主要偏重于事后调节，在产品进入流通领域或消费领域出现问题后才发挥规制作用，往往这些产品已对消费者造成了损害，事后的损害赔偿与实际损失比起来往往是杯水车薪。因此，为了保证可再生能源产品质量安全、可靠，必须把对产品的监督延伸到产品制造的全过程。既要实现对产品质量实施全过程的监督，同时又要避免行政成本过高和扼杀企业活力的情况，这就需要质量标准和产品认证。产品质量标准是保证产品质量的关键和依据，产品质量标准对于保证产品质量，促进环境保护、保障人类生命安全以及保障消费者权益具有重要意义。产品质量标准主要是在企业内部来控制和监督产品质量。同时为了从保护人身安全和公共安全,还必须从外部对企业产品的质量进行控制,一般来说,政府会制定某些法律和技术法规,规定某些影响人身健康安全、环境保护以及公共利益的产品必须通过一定的程序来确保其符合政府颁布的技术规章或标准。

第一节 可再生能源标准制度

一、可再生能源标准制度概述

标准(Standard)是为取得国民经济的最佳效果,依据科学技术和实践经验的综合成果,在充分协商基础上,对经济技术活动中具有多样性、相关性特征的重复事物,以特定程序和形式颁发的统一规定。[①] 我国1983年颁布的国家标准将标准定义为"对重复性事务和概念所做的统一规定"。我国《可再生能源法》第十一条则进一步规定:"国务院标准化行政主管部门应当制定、公布国家可再生能源电力的并网技术标准和其他需要在全国范围内统一技术要求的有关可再生能源技术和产品的国家标准。对前款规定的国家标准中未作规定的技术要求,国务院有关部门可以制定相关行业标准,并报国务院标准化行政主管部门备案。"可再生能源的质量标准制度,是监管部门执法的主要技术依据。科学的产品质量标准对促进可再生能源市场的健康发展起着不可替代的作用。因为标准是市场交易的技术规则,标准规定了产品的技术要求、质量性能指标、试验方法、判断规则等内容,这是产品合格的判定依据。同时,标准是市场规则的组成部分,可以提高市场的监管效率,维护市场秩序,营造公平竞争的市场环境,保护和促进可再生能源产品在市场中的交易。

根据国家标准化委员会《标准化"十一五"发展规划》的规定,到"十一五"末,我国将完成80项可再生能源领域国家标准,达到中等发达国家水平。这些标准具体包括:新能源发电资源规划标准;太阳能热利用标准;太阳能光伏发电标准;太阳能用半导体材料标准、氢能开发、储运及使用标准;风能利用相关标准;光伏发电相关标准;地热能利用相关标准;潮汐能利用相关标准;核能发电标准;小、微水电标准;生物质能利用标准;新能源发电并网运行及输变电

[①] 李春田:《标准化概论》,中国人民大学出版社1982年版,第7页。

标准、电能质量标准；新能源术语标准；新能源性能检测、质量检测、环境评价、安全检测等标准。

二、我国现行可再生能源标准

为规范和促进我国可再生能源产业的发展，国家标准化委员会批准发布了《光伏系统并网技术要求》、《风力发电机组第 1 部分：通用技术条件》、《风力发电机组第 2 部分：通用试验方法》、《风电场接入电力系统的技术规定》、《地热发电接入电力系统的技术规定》、《光伏电站接入电力系统的技术规定》等国家标准。目前，我国可再生能源的质量标准主要集中在太阳能相关产品、光伏发电行业和风能发电产业，其他行业的标准还尚处空白之中。

（一）我国可再生能源的统计标准

可再生能源主要是指核能、生物质能、水能、风能、太阳能和地热能。但是，目前只有核电、水电有规范的统计制度，而其他可再生能源因为利用率较低，缺乏统一的统计计量标准，统计制度很不健全。

虽然可再生能源取之不尽，但是利用可再生能源的目的是要减少不可再生能源的消耗量。如果没有一个科学客观的统计标准，那么可再生能源的作用就无法被准确地计算出来。2006 年，中国风力发电新增装机容量和累计装机容量都实现了 100% 的跨越。然而，由于我国从风能资源储量到上网销售电量的统计系统都很不完善，很多地方和企业过多追求装机容量的扩张，而忽视了风力发电机组的实际发电能力。如果没有科学的统计方法，那么风力发电市场极有可能陷入投资过热的困境，这实际上是一种巨大的浪费。总体来说，缺乏统计标准是风力发电无法大规模产业化的重要原因之一。

同样的问题也出现在太阳能产业上。2006 年之前，中国太阳能热水器一直用"平方米"作为统计单位。2006 年之后才和国际上的通用标准接轨，采用"千瓦时"作为统计单位。由此可以看出，我国在可再生能源的统计计量上的确起步比较晚，而且观念相对落后。

要发展可再生能源，必须先探明可再生资源的储量或资源量，而探明储量或资源量需要先有科学、切合实际的统计方法和统计标准。所以对当前来说，更新观念、加强学习，与国际接轨，迅速制定、完善我国可再生能源领域统计标准是当务之急。

（二）太阳能产业质量标准

太阳能产业包括太阳能光热利用和光伏利用两大行业。光热和光伏虽然同属太阳能产业，但两者在资源利用原理、行业特性、发展模式上有很大不同，因而，探讨太阳能产业质量标准必须将太阳能热利用产业质量标准和太阳能光伏产业质量标准分开研究。太阳能行业在利好政策的形势下，利用好国家政策的同时还要有良好的企业道德，在技术创新的同时严格遵循质量标准，加强质量管理，企业自身在经营过程中要从消费者的利益出发，全身心地为消费者服务、为节能环保服务。

1. 太阳能光热利用产品质量标准

太阳能光热利用产业最主要的是太阳能热水器。太阳能热水器的质量不仅关系着其环保，还关系着消费者的利益，其质量直接影响到消费者对太阳能企业的信任和公众对太阳能产业的信心。我国太阳能热水器行业已初步形成了产业化体系，但面临着市场混乱的尴尬。目前，我国太阳能光热利用产业的市场准入门槛过低，导致这一朝阳产业鱼龙混杂，假冒伪劣猖獗。这既制约着太阳能产业的健康发展，也损害了消费者的利益，削弱了潜在市场需求。

太阳能产品的质量问题与其本身的使用特点密切相关：太阳能产品常年在室外风吹日晒，经受严寒酷暑高温差的考验，因此对组装配件的质量要求十分严格。任何一个部件的缺失或不达标，都可能引发质量问题。而太阳能产品质量难以用肉眼辨识，价格差距明显，消费者往往倾向于选择价格不高的杂牌产品，导致了"劣品驱逐良品"的现象。由此造成整个市场鱼龙混杂，质量隐患不仅危害消费者的安全和权益，还损害了其对太阳能产品的信任，进而对整个太阳能产业造成重创。问题产生的根本原因在于太阳能光热利用产品的技术标准体系尚不配套，有些标准严重滞后，早已脱离现实的需求，产品符合标准却不符合消费者的需求。同时，国家产品质量检测和认证制度也尚未建立，质量监督职责无法履行，导致劣质产品乘机进入市场。

2007年12月1日，国家环保总局颁布了针对太阳能热水器和太阳能集热器的环境保护国家标准，分别从热性能、健康安全和光污染三个方面，对太阳能热水器产品提出了技术要求以及检验方法。该标准的颁布为太阳能光热行业提供了一个质量监督的依据，也为消费者用上安全的太阳能光热利用产品加了一道"护身符"。

目前我国已颁布的太阳能热利用产品国家标准中没有针对太阳能热水器的使用环境规定配件、管路的材质和性能的规定，特别是对一些保障太阳能好用、能用的关键性标准没有强制性规范。大部分商家所使用的管路和配件都是从市场上随意购买的，根本没有经过专业的设计、制造和严格的检测，导致产品质量存在很大隐患。为了保证零配件性能符合要求、保证产品质量，一些成熟的大品牌企业不得不自己生产上游产业链的绝大多数产品，形成"大而全"的生产模式，而这种企业模式不利于行业产业链的成熟。

近年来国家标准化管理委员会鼓励企业承担标准的编制工作，各企业均可申请制定标准，在申请时需要提供标准的初稿，审查归口工作由专业标委会负责。这种做法引导企业积极参与太阳能光热产品相关标准的制定，确保产品在推广时就有相应的规范标准。但在制定标准过程中，仍然存在基准选择的问题。"我们应该以消费者安全为标准，站在这个标准上，宁可行业慢点发展，也不能带着这么大的风险盲目发展。尤其在节能环保的关键时刻，太阳能行业受到高度关注和投入，如果质量、安全问题大量出现，很可能不光对太阳能产业产生影响，更有可能对整个节能环保产业都有巨大影响。"①

2. 太阳能光伏利用产业标准

（1）太阳能光伏产业质量标准。世界各国对太阳能光伏利用日益关注，德国、日本、西班牙等国制定激励政策，极大地促进了太阳能光伏市场的发展。我国很重视光伏标准化工作，早在1984年3月5日，我国在北京成立了全国太阳光伏能源系统标准化工作组，1987年6月在天津成立全国太阳光伏能源系统标准化技术委员会（简称"标委会"），标委会是负责全国太阳光伏能源系统的标准化技术归口工作，下设秘书处，其成员单位包括了国内太阳能光伏产业主要的研究、生产单位，代表了中国光伏行业的最高水平。在20世纪90年代，我国太阳能光伏产品标准以自己制定为主，形成自己的太阳光伏能源系统标准化体系，随着国际交往的增多，逐渐形成以IEC（国际电工委员会）标准转换为国家标准的局面。

目前我国已正式出台光伏国家标准29项，行业标准10项。其中，基础通用类标准2项，太阳电池和组件类标准20项，已完成制定等待出台的有：《光伏器件第10部分：线性度测量方法》、《地面用晶体硅太阳电池通用规范》、《光伏组件安全鉴定第2部分：试验方法》；光伏BOS（光伏系统平衡部件）部件类标准1项，已经制定完成等待出台的标准是《并网光伏发电专用逆变器技术要求和试验方法》；光伏系统类标准6项，目前已制定完成等待出台的标准有《独立光伏系统技术规范》、《独立光伏系统的特性参数》、《独立光伏系统——设计验证》、《并网光伏发电系统安全规范》、《光伏系统并网性能测试方法》、《太阳能光伏玻

---

① "太阳能产业：用标准促发展"，国际新能源网：http://www.in-en.com/newenergy/html/newenergy-0816081656232611.html（最后访问日期：2012年9月3日）。

璃幕墙电气设计规范》、《光伏电站接入电网技术规定（试行）》等。

（2）太阳能灯具质量标准。太阳能光伏照明的运用十分广泛，特别是在边远地区和电网不到的农村，太阳能灯具能提供基本的照明功能。但是，太阳能灯具还没有统一的国家标准，目前主要参照一般照明灯具的国家标准适用。由于太阳能灯具的特性和一般电灯的特性不一样，适用一般灯具的标准不切合实际。太阳能光伏灯具产业发展迅速，潜力不可估量，相关国家标准的缺失，在一定程度上制约了该产业的发展与壮大。

作为太阳能光伏照明灯具重要生产基地的福建省制定了太阳能灯具的地方质量标准，该标准的内容涵盖了太阳能光伏照明灯具的技术要求、试验方法以及产品标志、包装、运输、贮存的方法和要求等，可操作性较强。根据福建省的太阳能光伏灯具质量标准，在良好光照条件下，白天充电 8 小时以上，包括路灯、庭院灯、景观灯和地埋灯在内的多数太阳能光伏照明室外灯具，应保证能连续 3 个阴雨天晚间正常点亮，草坪灯应保证能连续两个阴雨天晚间正常点亮。

作为太阳能光伏照明的主要推广地区，北京市为规范和指导太阳能光伏室外照明装置的生产、安装，由北京市质量技术监督局组织制定了北京地方标准《太阳能光伏室外照明装置技术要会》，对环境保护、新农村建设以及太阳能光伏室外照明装置在北京市乃至全国的推广都具有重要意义。

我国应在参考福建省标准的基础上，制定适用全国的太阳能光伏灯具质量标准，以推动企业进行技术创新，提升产品档次，以此促进我国太阳能灯具行业的健康有序发展。[1]

（三）风力发电产业质量标准

风能在我国主要是运用于发电，关于风电产业的质量标准，2010 年 5 月，国家能源局发布了《风电标准建设工作规则》、《能源行业风电标准化技术委员会章程》和《风电标准体系框架》，《风电标准体系框架》梳理出风电产业标准主要包括六大体系 29 大类，涵盖风电场规划设计、风电场施工与安装、风电场运行维护管理、风电并网管理技术、风力机械设备、风电电器设备等风电产业的各个环节，共 183 项。但《风电标准体系框架》并不是标准本身，对其中所列标准尚需要加以专门制定。

截至 2011 年年底，我国已发布风电技术标准 41 个，待批 3 个，在编 6 个。其中，风电场规划设计体系标准 21 个，风电场施工与安装体系标准 5 个，风电

---

[1] "福建制定太阳能灯具地方标准"，国际新能源网：http://www.in-en.com/newenergy/html/newenergy-0801080139251027.html（最后访问日期：2012 年 10 月 22 日）。

场运行维护管理体系标准1个,风电并网管理技术体系标准3个,风力机械设备体系标准1个,风电电器设备体系标准9个。在风电的国家标准建设方面,2011年12月,国家标准化管理委员会批准发布《风电场接入电力系统技术规定》(GB/Z 1996 3 – 2011)。该标准对低电压穿越、接入系统测试等都提出了更多和更严格的标准。在风电行业标准建设方面,国家能源局于 2011 年 8 月发布了 18 项风电并网设计技术规范,其中包括《大型风电场并网设计技术规范》、《风电场电能质量测试方法》等。风电行业标准的发布,进一步完善和补充了风电安装运营、维护管理、并网运行等方面的技术标准,为进一步建立和完善我国风电行业标准、检测、认证管理体系,规范风电行业的发展奠定了基础,对于保障电网安全稳定运行,促进风电与电网协调发展创造了条件。在风电的企业标准建设方面,2005 年以来,国家电网公司先后编制修订了 22 项企业标准,包括《风电场接入电网技术规定》(Q/GDW 392 – 2009),《风电功率预测系统功能规范》(Q/GDW 588 – 2011)、《风电场功率调节能力和电能质量测试规程》(Q/GDW 630 – 211)、《风电调度运行管理规范》(Q/GDW 432 – 2010)等。

三、我国可再生能源产业标准建设存在的问题

从近年我国可再生能源产业发展情况来看,我国可再生能源质量标准领域存在许多问题:

第一,质量标准体系不完善,影响了行业的发展和技术的提高。根据《标准化"十一五"发展规划》,到"十一五"末我国将完成 80 项可再生能源领域国家标准。但是目前我国可再生能源领域的国家标准还比较少,很多产业和产品还没有国家标准。比如太阳能灯具,由于没有国家标准及行业标准,有的省份只好制定了自己的地方标准,但各地产品标准不统一,严重影响了产业的发展;又如生物柴油标准迟迟没有出来,造成生物柴油市场混乱,以次充好、以假乱真的现象非常普遍,对产业发展造成不良影响。

第二,标准制定过程不民主,存在着利益部门化的倾向。根据我国《标准化法》的规定,我国质量标准制定权限主要属于行政机关。由于政府在标准制定过程中处于主导地位,一方面企业会觉得制定出来的标准是政府强加给自己的,因此不愿意将完备的科学技术信息提供给政府;另一方面即使企业愿意提供完备信息给政府,并以此来影响标准制定,但由于目前我国行政部门的信息搜集途径与反馈渠道并不能保证畅通、快捷,企业的信息也很难快速传送给政府机关。所以,在标准制定过程中,行政机关存在着信息不对称,其不一定能掌握充分的科学信息,制定出来的标准难免会出现与市场脱节、缺乏实用性的现象。

虽然在形式上可再生能源国家标准由相关标准化技术委员会制定，但其出台实质上受到相关行业主管部门的影响。可再生能源相关行业主管部门对标准都存在实实在在的利益关系，并从本行业、产业的立场出发，标准制定时往往会把本行业的利益置于优位，而对其他利益群体的诉求缺乏关注。

第三，垄断性企业标准绑架国家标准。虽然国家标准是由国家标准化委员会及相关行业主管部门主导制定的，但是在实践中很多标准却是由企业制定，并报经国家标准化委员会批准，而国家标委会的审批过程有时纯粹是一种形式化过程。某些以国家标准面相出现的实质上是"企业标准"，实质上会形成市场垄断。[1] 企业特别是垄断性大型企业有能力有实力通过各种途径来"绑架"国家标准。特别是在能源领域，垄断性企业掌握着大部门信息，而且在物力、人力方面处于明显的优势地位，其内部技术标准很容易"绑架"国家标准。如在风电入网标准上，国家电网公司在风电大规模发展之际，不失时机地抛出风电场接入电网技术规定，给风电入网定下了不少"硬指标"。国家电网声称这是为保证电力有序接入，但对于风电场运营商而言，此举无疑会进一步增加风电上网难度。[2] 如果让大企业垄断技术标准，在市场中占据垄断地位，必然会影响市场公平竞争，广大消费者的利益也得不到有效保障。

第四，在国际可再生能源产业标准的制定上缺乏话语权。近年来，我国风电设备制造企业"走出去"不断升温，但是在国际标准制定上却缺乏中国代表的身影。目前我国仅有两名专家参与到 IEC 的工作组中进行国际标准制定工作，并且由于经费和时间的限制，我国专家还不能参加 IEC – TC82 大部分分组讨论会，这与我国的光伏大国地位不吻合。之所以产生这样的问题，最主要的原因是经费的缺乏，IEC 每个工作组一年一般召开 2～3 次讨论会议，会费对参加单位是一个不小的负担，而发达国家主要是国家提供经费支持。IEC 每次发布标准后，都会征求传统风电设备制造大国（如丹麦和西班牙）的修改意见，却未能听取中国的意见，造成了中国企业制造的风电设备很多不符合 IEC 制定出来的标准，这严重制约了中国风电设备产品到海外开拓市场。中国风电设备出口市场主要是广大的发展中国家，但由于他们自身没有标准而主要依据欧洲标准对产品进行检测和认证，这对中国的产品很不利。[3] 我国风电产业的规模和发展速度已经在全球居前列，我国的风电产业标准体系也应该达到与产业发展状况相应的国际地位，

---

[1] 鲁篱：《标准化与反垄断问题研究》，载于《中国法学》2003 年第 1 期。

[2] "风电并网仍需国家标准说了算"，中国新能源与可再生能源网：http：//www.crein.org.cn/view/viewNews.aspx？id=20090828104659005（最后访问日期：2009 年 8 月 28 日）。

[3] "风电标准：检测认证体系正配套制定"，中国新能源发电网：http：//www.xnyfd.com/zcbz/html/？24014.html（最后访问日期：2010 年 1 月 6 日）。

以便及早谋得在国际标准体系制定上的话语权。

综上所述，我国可再生能源产业目前还没有形成完善的标准体系，现有的标准体系不能达到规范市场的目的，导致市场准入门槛较低或干脆没门槛并使得市场监管缺乏依据。同时，还存在标准的制定不民主、利益部门化及在国际标准制定过程中缺乏话语权等问题。

四、完善我国可再生能源质量标准体系的建议

未来，我国应当在以下方面完善可再生能源标准：

第一，完善国家质量标准体系，并指导、协调地方及企业标准。我国应该尽快完善可再生能源国家质量标准体系，制定产品质量、生产流程、工艺设计及安全生产等方面的标准以满足实践的需要，并在此基础上指导、协调地方和企业标准的制定，从而为可再生能源产业的发展扫清行政管制缺位、越位和市场垄断等障碍，切实推动可再生能源产业的发展。为此，我国也应尽快建立可再生能源国家标准体系研究开发中心，为可再生能源产业标准制定、检测认证等工作创造条件，为产业的快速发展提供技术保证。①

第二，加快标准的制定、更新速度。目前国际上可再生能源产业的质量标准出台速度加快，特别是近年来在系统标准方面来出台了许多新标准，但我国的情况却不尽如人意。加快标准的出台速度，并以我国自主知识产权的产品为主来制定标准是国家标准化管理委员会应尽快解决的问题。各相关行业主管部门也应加大行业标准的制定力度，在没有国家标准的情况下，行业标准的作用等同于国家标准，况且行业标准具有审批相对简单、出台速度快的优点。

第三，强化标准制定过程中的民主、公开、公正。我国的质量标准由于制定主体、过程、内容等不明确，信息不对称，经常发生标准之间内容重复、相近、甚至出现冲突乃至标准制定中利益部门化的现象。内容重复、相近的标准条款必然增加企业贯彻标准的成本，利益部门化必致使掌握标准制定话语权的大企业取得了市场竞争优势地位，甚至于通过制定标准谋取市场垄断地位。因此，必须强化标准制定过程中的民主、公开、公正。在标准制定过程中，政府有关部门应该倾听代表整个行业的企业意见及相关专家的意见和建议，确保每个标准的时效、质量以及保护国家相关产业在健康、进步、安全发展方面有所作为。

第四，积极参与可再生能源国际产业国际质量标准的制定。在制定可再生能

---

① "欧洲风电发展及对我国的启示"，国家能源局网站：http://nyj.ndrc.gov.cn/dcyyj/t20070620_142237.htm（最后访问日期：2010年10月6日）。

源产业的国内质量标准时，我国应该广泛借鉴和吸纳国际标准，但是，对于国际标准中不适应中国发展条件的内容，应该及时向国际标准制定机构反馈，并提出修改意见。我国应尽快考虑长期的项目支持，尽量多派高水平的专家参与国际标准的制定，将我国标准推荐为国际标准，只有如此，才能在国际标准讨论阶段明确反映我国产业的意见。

第五，完善我国可再生能源标准管理体制。当前，我国可再生能源标准管理体制有必要从由国家主导转向行业协会主导，从而更好地发挥行业协会的积极作用。我国当前标准化管理实行统一领导，分级分口管理模式，国家标准化管理委员会（国家标准化管理局），是统一管理全国标准化工作的主管机构，而各行业主管部门负责本行业标准化工作，而研究分析表明，行业协会比政府更具有标准制定及认证的优势：第一，行业协会比政府更具有专业化和技术的优势，其制定的标准更精确；第二，即使政府标准制定人员拥有行业协会同样的知识结构，但是，行业协会成员企业由于身处工作第一线，因而能够更快地回应实践对标准所提出的要求和挑战；第三，由行业协会主导标准制定及认证工作有助于强化行业协会的自治并减少国家的不当干预和过度管制。[①]

第二节　可再生能源产品认证制度

一、产品认证制度概述

认证是国际上通行的生产和贸易管理制度，由法定权威机构证明产品、服务和管理体系符合相应规范、要求和标准，从而给予证明（如颁发受法律保护的认证证书、标志）。认证就其性质可分为强制性认证和自愿性认证。对于涉及人身健康和财产安全、环保和节能、公共安全的产品，在强制性标准外，应当由质量监管和认证认可管理部门实施强制性检验和认证，才可以给予产品市场准入。

产品认证的依据是标准。产品认证应符合具有国际水平的国家标准或行业标准。可再生能源行业质量标准与对产品的认证和检测体系是分不开的，如对产品性能的安全认证标准，特别是检测认证是产品进入市场前必不可少的环节，确保产品的安全和稳定与产品的技术水平同等重要。

---

① 鲁篱：《标准化与反垄断问题研究》，载于《中国法学》2003年第1期。

产品认证的作用：对企业来说，产品认证通过取得合格证书或合格标志向顾客证实自己的产品水平或企业的质量保证能力，从而提高企业信誉，增强市场竞争能力。对顾客来说，可通过识别合格标志选择供货方或选购满足自己要求的产品，从而起到"导购"作用。对产品质量的政府监管部门来说，产品认证的作用在于减少重复性检查，由于质量认证实施的是统一标准、统一的程序，并由认证机构进行统一管理，政府质量监管部门只要严格管好认证机构，通过认证机构的认证活动就能间接控制广大产品的质量，做到了"一家认证、多方认可"，从而减少不必要的重复性检查和减轻企业的负担。①

二、我国可再生能源产品认证制度现状

（一）建立我国可再生能源产品认证制度的必要性

近年来，我国新能源可再生能源产业得到了长足的发展，其中又以风力发电设备、太阳能热水器和太阳能光伏产品制造的表现尤为显著。但是在行业发展的背后，仍然存在制造商鱼龙混杂，产品质量良莠不齐的局面。很多产品根本无法达到国家标准的要求，质量存在很大的隐患。但是这些产品从外观上很难与合格产品区分开来，低质量产品依靠低价格与高质量产品竞争，极大地影响了生产企业提高质量、开发新技术的积极性，导致"劣币驱逐良币"，最终影响了整个行业的形象及未来的发展，因此，开展产品的认证是当务之急。2003年，国家认证认可监督管理委员会授权北京鉴衡认证中心在我国率先开展了太阳能热水器、太阳能光伏产品、风力发电设备等可再生能源产品认证工作，并建立了"金太阳"太阳能热水器认证体系。

我国太阳能光伏产品主要出口国外，而国外市场要求进口产品必须经过指定机构的检测和认证，我国企业不得不花费大量的时间和金钱应付国外反复的认证。因此，建立统一的产品质量认证体系，一方面可以为消费者、业主、投资商选购合格产品提供足够的信心，并起到规范市场发展、提高行业技术水平的重要作用；另一方面，通过国际上认证标志的互认，能够打破国际上贸易的技术壁垒，为我国企业优质产品的顺利出口铺路。②

---

① 张公绪：《现代质量管理学》，中国财政经济出版社1998年版，第111页。
② 秦海岩：《我国可再生能源产品认证体系逐步完善》，载于《中国科技投资》2007年第11期。

（二）我国可再生能源产品认证类型现状

1. 风电设备产品认证

针对我国风电行业的现状，早就有业内专家呼吁引入风电产品认证制度，以提高我国风电设备制造和开发能力，保障产品质量，促进该类设备的国产化和技术进步，从而有力地促进风电产业的健康发展。在丹麦等许多国家，风电设备认证已成为强制性认证；在英国、希腊等国家，虽不属于强制性认证，但风电场开发者和经营商在购买设备时也都会提出认证要求。我国财政部曾在其公布实施的《风力发电设备产业化专项资金管理暂行办法》中就明确规定要获得国家财政补贴的风电机组必须通过产品认证。

风力发电设备的产品认证模式包含两部分。第一部分是型式认证。型式认证是通过设计评估、型式试验、生产制造现场审核等工作，就新型的风电设备对规范、标准的符合性进行评价。型式认证应用于一系列相同设计和制造的风力发电机组。第二部分是项目认证。项目认证的目的是评估已通过型式认证的风力发电机组和对应的塔基设计是否能与外界条件、可适用的构造物和电力参数相适应，以及是否满足与指定场地有关的其他要求。

由于现代大型风力发电设备的技术含量很高，这种产品的质量认证比其他一般产品的认证要复杂得多。首先开展认证工作要有认证的依据，对于这种复杂的、自成系统的产品仅靠一个简单的标准，远不能涵盖和说明其所有的必要的技术要求。所以，这种产品需要多个标准来描述，而且一般采取规范的型式。[①] 国际领先的风电设备生产企业都在风电机组整机或叶片等关键零部件新产品正式规模化投产前，委托有关检测认证机构开展全面严格的检测试验，考核实际运行工况下的性能，开展产品认证。我国必须建立健全风电技术标准和检测认证体系，为风电设备质量提供保障，为此需要政府和企业双方齐心协力，"捆绑"打拼市场。政府方面，国家能源局已牵头组织成立国家级的风电行业检测和认证中心，目前已经陆陆续续开始落实，如并网、风电叶片、海上风电方面分别由中国电力科学院、中科院工程热物理研究所、华锐和上海交通大学等单位承担具体工作。[②] 企业方面，在产品批量生产、商业化运行前应积极主动对新设计的样机进行严格检测，不要急于进行规模化生产，以避免更大的市场风险。

2. 太阳能行业产品认证

我国太阳能光伏产品98%以上出口国外，国际对中国制造的质疑同样体现

[①] 秦海岩：《我国可再生能源产品认证体系逐步完善》，载于《中国科技投资》2007年第11期。

[②] "风电新标准：检测认证体系正配套规定"，中国新能源发电网：http://www.xnyfd.com/zcbz/html/? 24014.html（最后访问日期：2010年1月6日）。

在光伏产品上。由于在中国光伏产业还是一个相对较小的行业，且没有涉及重要的安全问题，我国没有对其要求强制认证，但随着国际光伏市场要求日益严格，开展认证已变成市场的普遍要求，我国无光伏产品认证的情况已经不能适应国际市场飞速发展的需要。为了适应国内外光伏产业的飞速发展，保障中国太阳光伏产业健康发展，由国家发改委、世界银行、全球环境基金可再生能源发展项目联合开展的"建立中国太阳能光伏产品认证体系"项目已启动，并成立了"太阳能光伏产品认证技术委员会"，并完成了《独立光伏系统认证实施规则》、《地面用晶体硅光伏组件产品认证实施规则》、《充放电控制器、直流/交流逆变器认证实施规则》、《光伏系统用阀控式密封铅酸蓄电池技术规范》等光伏产品认证实施规则和技术规范草稿的编写工作。目前国内的光伏检测单位主要有天津电源研究所、上海空间电源研究所、中科院太阳光伏发电系统和风力发电系统质量检测中心及国家已批准的在江苏无锡建设的国家级光伏监测中心。

由于主要的光伏产品市场在国外，加上国内的检测认证工作滞后，国内厂家不太愿意在我国进行认证和检测，而愿意将产品送到国外。国外认证和产品检测机构获得品牌利益和经济利益后，反过来提高认证和检测的门槛，要求中国厂家无条件接受。对此，国家应提供项目经费支持，让国内的检测机构认真开展与国际测试的比对，逐步提高我国测试机构的地位和能力，促进我国成为世界最大的光伏产品生产国及最大的光伏应用市场。[1]

三、可再生能源产品认证制度的完善

我国应该进一步加强可再生能源的认证工作，构建统一的认证体系，完善认证标准，健全认证机构，以认证工作带动开展产品检测技术和质量标准的研究。一方面，通过认证促进企业贯彻国家标准，提高技术门槛，推动技术进步，提高产品的国际竞争力，并通过加强国际合作，进一步增强我国可再生能源认证的国际影响力，帮助我国可再生能源产品走向国际市场。另一方面，通过认证来减少许可和行政管制，净化市场，保护消费者合法权益，保障可再生能源产业稳定、健康、有序发展。

---

[1] "太阳光伏能源标准，加快制定跟上国际步伐"，国际新能源网：http://www.in-en.com/newenergy/html/newenergy-1259125944178703.html（最后访问日期：2008年12月20日）。

第四篇

可再生能源电力价格形成机制

第十二章

新能源与可再生能源电力价格形成概述

第一节 可再生能源电力价格形成概述

一、再生能源电力及其特点

可再生能源资源潜力大，环境污染低，可永续利用，是有利于人与自然和谐发展的重要能源。可再生能源与常规能源的最大区别在于，它可以把存在于自然界的能源，通过机械装备制造业生产出来的装备，将能源直接从自然界中生产出来。从能源资源角度，可再生能源包括水能、风能、太阳能、生物质能、地热能和海洋能等，从能源产品角度，可再生能源和其他常规化石能源一样，其产品覆盖电力、热力、气体、液体燃料等。在目前的技术水平条件下，发电技术是可再生能源商业化开发利用的重点，主要是水电、风电、太阳能发电、生物质发电、地热能发电、海洋能发电等。

（一）水电

水能资源是我国最重要的可再生能源资源之一。按经济可开发年发电量重复使用100年计算，水能资源占我国常规能源剩余可采储量的40%左右，仅次于煤炭。我国水电从20世纪50年代开始发展，技术成熟，水电勘测、设计、施工、安装和设备制造均达到国际水平，已形成完备的产业体系。影响水电发展最大的因素是生态环境保护和移民问题，目前无论大小水电，在现有的成本核算体制下，其成本和价格基本低于煤电，价格机制和政策已经不是影响水电发展的因素。因此，在本书中，水电将不在讨论的范围内。

（二）风电

风力发电机组是将风能转换为电能的机械，风轮叶片具有良好的空气动力外形，在气流的作用下产生空气动力使风轮旋转，再通过增速装置，驱动发电机将风能装换为电能。我国具有丰富的风能资源，根据全国第三次风能资源普查结果，陆地风能资源为3亿千瓦，但如果从现有的风机技术水平和实际可安装风机容量考虑，陆地风电可安装容量在8亿千瓦以上，近海区域风电可安装容量在1.5亿千瓦左右。风电包括大型的并网发电以及小型的独立离网发电，后者目前主要为边远无电地区居民提供生活用电。从全球范围的发展趋势来看，在当前可再生能源发电种类中，并网风电是发展规模大、前景看好的技术。

风电的以下几个特点决定了其未来发展走势：（1）风电的成本是可以预期的，随着技术进步以及规模的扩大，风电成本在2020年前有再降低20%~40%的潜力，届时风电成本和常规电力相比已经具有竞争性；（2）风电是一种资源依赖型的技术，目前风能资源的分布和开发潜力基本明确，虽然还需要继续加大精查力度，但从未来大规模发展的需求来看，资源是有保障的；（3）风电对土地、水等资源的要求很小，对环境的影响也非常有限。因而，未来大规模发展风电不存在具有争议性的因素。并网风电作为我国未来可再生能源的重点发展领域，其价格机制和政策是本书讨论的重点之一。

（三）太阳能发电

太阳能的转换和利用方式可分为三类，即光—电转换、光—热转换、光—化学转换，相应地，太阳能发电有太阳能光伏发电和太阳能热发电等形式。

光伏发电系统根据其与电网的连接方式可分为独立光伏系统和并网光伏系统两类。经过多年的发展，光伏发电目前是一种较为成熟、可靠的技术，并已经逐渐从过去用于独立的系统，朝大规模并网方向发展。

光伏发电是从太阳光到电的纯物理转换过程，太阳能资源用之不竭，总量丰富，太阳能利用从生产到使用过程中对环境的影响都很小，特别是光伏发电系统在运行过程中，不消耗水，没有任何转动、高温部件，维护费用极低，这是其他可再生能源发电技术所不具备的，非常适合在沙漠、戈壁等无人值守的场合大规模应用。同时，光伏发电具有规模化应用的工业化基础，目前光伏发电的技术和产业比较完备。尽管过去 30 年中光伏组件的成本已降低了几十倍，并且还在不断降低中，但是成本过高仍是光伏发电较为显著的缺点，每千瓦时电生产成本大约为煤电的 20 倍、风电的 10 倍左右。太阳能热发电技术在全球范围内应用不是很广，主要是在试验、探索阶段。

（四）生物质发电

生物质发电是一种常规技术，由于生物质原料来源复杂，其发电技术形式也多样，主要包括农林废弃物燃烧和气化发电、垃圾焚烧和垃圾填埋气发电、沼气发电等多种形式。生物质燃烧发电技术可以简单分为混燃和直燃两种方式，直燃为纯粹以农林废弃物、垃圾等生物质作为发电燃料，混燃为生物质与煤等常规能源混合作为发电燃料，与煤混燃方式可以直接利用现有设备，或略做改造即可，基本不会受生物质原料生产的季节性的影响，可提高设备利用率，提高经济效益。生物质发电的其他利用方式还有：将农林废弃物进行气化，再燃烧气化后的气体进行发电的气化发电技术，利用畜禽粪便、工业有机废水等发酵处理后产生的沼气进行发电等。

（五）地热发电

地热能是贮存在地下岩石和流体中的热能，这种热能来自地球深处的高温熔融体以及放射性元素的衰变。我国地热资源丰富，已发现的地热显示区有 3 200 多处，其中热储温度大于 150℃、可用于高温发电的有 255 处，装机潜力为 582 万千瓦。我国地热发电在 20 世纪 90 年代中期达到 3.2 万千瓦，其后由于一些技术问题和勘察费用高以及管理体制等问题，没有再建设新的地热发电站。从长远看，我国大陆可供发电的高温地热资源很有限，主要集中在西藏、云南的横断山脉地区，但这些地区同时也拥有优质的旅游资源，不宜发展大规模的电站。近年来，美国有研究表明，地下 6～10 千米广泛存在的深层地热资源可被开发用于提供电力，但这也仅处于探索阶段。因而，除非出现重大的技术突破，地热发电在我国不具有规模发展的优势。地热发电在近期仍将以试点示范的发展形式为主。

（六）海洋能发电

海洋能资源状态包括波浪能、潮汐能、潮流能、温差能、盐差能等。我国除了在 20 世纪 80 年代建设 3 200 千瓦装机的潮汐能发电站外，其他海洋能发电应用尚属空白。但我国海洋能资源丰富，可开发利用量可以达到 10 亿千瓦的量级，资源潜力大的如波浪能、潮流能、盐差能等技术，多数处于实验室探索阶段，大规模的开发还缺乏一定的技术支撑。对这些技术，重点是在适宜的场合建一些示范性的电站。

二、可再生能源电力成本形成特点

可再生能源电力的技术特点决定了它的成本形成特点，与常规的煤电、气电、油电等相比，可再生能源电力成本的形成有如下特殊之处：

第一，成本变化快，成本核算和计量难度大。可再生能源发电是新兴、成长中的技术，技术在不断完善之中，成本也在不断变化。图12-1是国外有关研究机构总结的风电、太阳能发电在过去几十年里的成本变化情况，以及根据未来技术发展所做的成本下降预期。由于技术在短时间内的快速进步，可再生能源发电与已经成熟稳定的常规化石能源发电技术相比，其成本每年甚至在更短的时间内都在变化，因此，可再生能源发电成本核算和价格计量比较困难，也增大了制定合理的价格政策的难度。

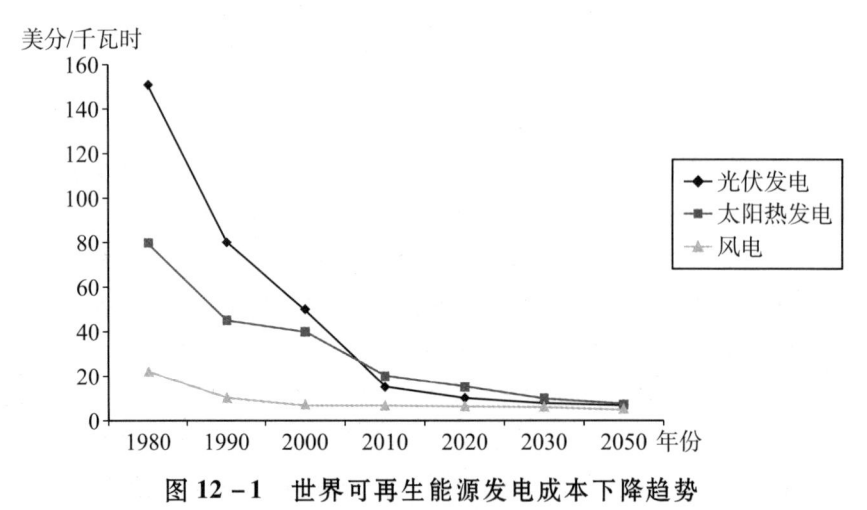

图12-1 世界可再生能源发电成本下降趋势

资料来源：全球风能理事会，全球风电发展展望2006；日本光伏发电协会、欧洲光伏发电联盟和美国能源部光伏发电技术路线图。

第二，长期成本有程度不同的下降空间。可再生能源电力长期成本有程度不同的下降空间。可再生能源是新兴的产业，其在技术发展、产业规模、管理水平等方面的进步促使了成本的降低，尤其是太阳能光伏发电和风电在近期内成本下降是非常快的，如图12-1所示，自1980年后到目前的20多年里，太阳能发电成本的下降非常迅速，风电成本也至少下降了2/3，国外研究也预期今后10~20

年太阳能发电成本还将持续下降,太阳能发电、海洋能发电等长期成本下降潜力大,风电成本将有一定的下降空间,呈现下降的趋势,但降速将变得缓慢。总之,可再生能源电力成本呈现的是速度不等的总体下降的趋势。

第三,初始投资成本高,资金成本比重大,原料燃料成本小。总体而言,相对于煤电等常规化石能源电力,大部分可再生能源发电项目的初始投资成本高,资金成本所占比重大,资金成本比重普遍高居各类电站之首(见表12-1)。主要原因有两个:一是可再生能源发电技术不够成熟,初始装备成本高;二是可再生能源资源具有地域性,在目前尚没有征收资源使用费或税的情况下,风能、太阳能、地热能、海洋能等资源都是没有成本的,生物质能发电有一定的原料成本,但影响原料价格的因素很多,有时又表现为负成本(如垃圾发电或污水等其他废弃物发电),正成本的例子是秸秆、林业废弃物等的收购、运输和储存等将产生一定的成本,并且原料价格与常规化石燃料的价格也相关联。因此,除了生物质发电不确定外,可再生能源发电的初始投资资金成本比重高居各类发电技术之首。

表12-1　　　　　贴现率为5%时的各类电力成本构成　　　　　单位:%

分类	建设成本	运行和维护成本	燃料成本
煤电	35	20	45
气电	<15	<10	80
核电	50	30	20
风电	85	15	0
太阳能光伏	92	8	0
生物质发电	30~70	10~20	0~50
地热发电	80	20	0

资料来源:煤电、气电、核电数据来源于国际能源署(IEA)报告。

第四,负荷因子低,地域差异明显。可再生能源属于地域性的自然资源,资源本身不可外送,因此发电负荷因子取决于当地的资源量,具有比较明显的地域差异。不同可再生能源电力技术之间以及同种可再生能源电力技术在不同地区应用,负荷因子差异很大。如风电,在澳大利亚一些沿海的风电场,负荷因子最高可以达到50%以上,而欧洲大多数陆上风电场,则一般为20%~25%。太阳能发电的负荷因子也有比较大的差别,在目前的技术水平条件下,一般低于20%,我国西藏大部分地区太阳能发电的负荷因子居世界首位,可以达到20%~25%,南欧、北美南部、我国西部的其他地区可以达到15%~18%,欧洲其他地区和我国的中东部地区一般为 10%～15%。生物质发电的负荷因子可调（与常规化石能源发电类似）。负荷因子的巨大差别，使同类可再生能源发电项目成本差别大，并且这种差别直接源于地域和资源量。技术进步可以提高负荷因子。例如，在太阳能资源不变的情况下，如果光伏电池转换效率提高一倍，则负荷因子也相应提高一倍。从可再生能源技术发展预期看，预计未来 20 年内，通过技术进步，风电负荷因子可以从目前 25% 的平均水平提高到 30%，太阳能发电负荷因子也可以从目前的 15% 的平均水平提高到 30% 或更高一些。尽管如此，与常规能源电力相比，可再生能源电力的负荷因子仍然偏低。

第五，隐性成本占一定比例。风能、太阳能、海洋能等资源具有自然资源的属性，具有间歇性的特点，因此如果不配备储能装置，风电、太阳能发电、海洋能发电等可再生能源电力的输出也是间歇性的、不稳定的。可再生能源电力既不能调峰，也不能作为稳定的基荷，其电力品质相对是比较差的。可再生能源电力上网，除了电网常规的延伸建设外，还需要电网配备灵活进出的相应容量的备用发电机组以及其他补偿装置，这也增大了可再生能源电力的成本。目前，这一"隐性成本"在可再生能源电力成本核算中是没有被考虑进去的。由于该隐性成本与整个电网的建设、布局等密切相关，难以区分和定量计算可再生能源电力上网带来的隐性成本。配备储能装置可以消除这一隐性成本。可再生能源电力的全部真实成本也可以按照将储能装置的投资和运行费用考虑在内来计算，但目前尚没有成熟的具有竞争力的大规模储能技术。

2007 年 1 月，国家发展和改革委员会颁布了《可再生能源电价附加收入调配暂行办法》，其中规定：可再生能源发电项目接网费用可以纳入可再生能源电价附加补贴的范围，在全国实现分摊。而可再生能源发电项目接网费用是指专为可再生能源发电项目上网而发生的输变电投资和运行维护费用。接网费用标准按线路长度制定：50 千米以内为 1 分钱/千瓦时，50～100 千米为 2 分钱/千瓦时，100 千米及以上为 3 分钱/千瓦时。实际上，这里的"可再生能源发电项目接网费用"部分反映了可再生能源电力的隐性成本，但没有在电力成本核算中表现出来，而是通过直接补贴电网的形式来体现。这一规定在一定程度上减轻了电网接纳可再生能源电力的经济障碍，但没有完全消除，主要原因仍是电网接纳可再生能源电力的隐性成本在整个电网的建设投资中区分和定量计算的难题，即使电网、电源分布等条件近似的不同地区，为接纳可再生能源电力所进行的投资可能也会存在很大的差别，因此对于当前政策下补贴的力度、范围是否合适也存在一些争议。

分析可再生能源电力成本的形成，得到的结论是：在目前的技术水平条件下，除了水电外，可再生能源电力成本变化比较快，但在经济上与常规能源发电相比仍不具备竞争力;由于资源分布的原因,可再生能源电力成本的地域差异大;从电力品质角度,可再生能源电力产品不属于优质电力,因此,无论从技术角度还是从经济角度,可再生能源电力都不能按照纯商业化的市场竞争来定价或直接参与电力市场竞争。

三、可再生能源电力产品的外部效益

虽然从目前的技术和经济角度看可再生能源电力不属于优势产品,但许多国家都在大力倡导发展可再生能源,尤其是可再生能源电力。从理论角度,发展的根本源头和动力是可再生能源具有非常强的正外部效益。外部效益也称外部性或溢出效应,从时间角度,外部效益体现在两个方面,一是现实的,二是潜在的。可再生能源电力的长远的外部效益是现实和潜在外部效益的总和。

(一)现实的外部效益

可再生能源电力现实的正外部效益,主要是指对资源和环境保护的贡献。

1. 对资源节约的贡献

可再生能源是具有地域性的可以永续利用的能源资源,不存在资源枯竭问题,也基本不存在地域资源争夺的问题,可以直接作为化石能源的补充和替代。从我国能源资源的现实情况看,我国能源资源与国际比较有两大特点:一是能源资源总量少,人均占有量低;二是优质资源少,保障程度低。而我国经济又正处于快速发展时期,能源需求增长压力大,化石能源资源缺乏,能源供应与经济发展的矛盾十分突出,加快开发利用本地的可再生能源资源是重要的战略选择之一。对可再生能源利用,当前可以作为补充能源,减少一定量的化石能源资源的消耗,长期是可以作为替代能源,在能源结构中占据相当的比例。

2. 对环境保护的贡献

可再生能源电力直接替代煤电,环境效益显著。我国的电力供应主要来源于煤电,煤炭资源的大量开采和消费已成为环境污染的重要原因。我国的大气污染属煤烟型污染,二氧化硫、烟尘主要来自燃煤。煤炭的大量消耗严重影响我国可持续发展战略的实施,降低煤炭在能源消费中的比重是调整能源结构的重要任务。此外,全球气候变暖已成为人类共同面对的威胁,我国已经超过欧洲,成为仅次于美国的第一大温室气体排放国,燃煤发电带来的气候变化问题必须重视。而可再生能源属于无碳能源(生物质发电利用方式为碳的短循环,也可以视为无碳能源,见图12-2)。因此,积极发展可再生能源电力,不仅可以显著减轻本地的环境污染,减少化石能源利用带来的外部性经济损失,同时,还可以减少温室气体排放，为减缓全球气候变化作出贡献。

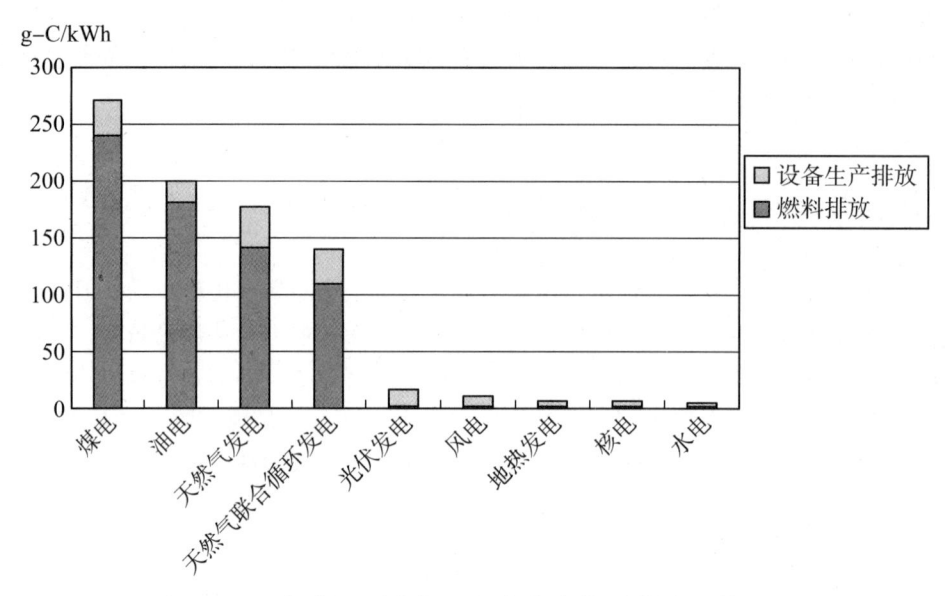

图 12－2　各种可再生能源发电技术的碳排放系数比较

资料来源：日本中央电力研究所。

在电力成本计算中所提到的外部环境成本，即考虑常规化石能源电力所带来的资源消耗、环境污染、碳排放的成本，如果没有将该成本计入化石能源电力的成本中，则从替代化石能源电力的角度考虑，可再生能源电力成本中应当减去相应的部分。

（二）潜在的外部效益

可再生能源电力潜在的正外部效益，是指它巨大的技术进步潜力和未来大规模应用的前景。

1. 技术进步的潜力

技术成熟程度的标志有两个：一是技术的工业化和稳定性；二是开发利用的投入产出和成本效益。从这两个角度考虑，在可再生能源电力中，在现阶段，风电、生物质发电都是较为成熟的技术，发电成本与常规电力技术的差别是在人们可以普遍接受的范围之内；而太阳能光伏发电，虽然技术成熟，但发电成本与常规电力技术成本的差别很大，技术发展和成本下降的趋势有相对明确的预期；其他太阳能热发电、地热发电、海洋能发电等，在技术上不成熟，成本也很高，成本变化的未来预期也不明朗。因此，风电、太阳能光伏发电和生物质能发电均有技术成熟或有成熟发展的预期。

2. 未来大规模应用的潜力

从资源保障条件考虑，首先，太阳能资源最为丰富，且无处不在。按照欧盟的标准，在我国全国范围内，没有太阳能资源贫乏区，均有开发利用的价值，利用太阳能发电，有充分的资源保障条件。因此，太阳能的开发利用，将是我国未来可再生能源电力发展且能够大规模替代化石能源电力的最终选择。其次是风电和生物质能，虽然不如太阳能资源庞大和丰富，但是均有一定的资源保障条件，也具有较大的开发利用潜力。

3. 各种能源资源相互之间的互补性和替代性

可再生能源电力产品具有间歇性和不稳定性的特点，增加了电网建设和管理的难度和成本，但是，当可再生能源电力实现大规模发展时，其本身的一些特性反而有可能减少对电网的要求，即各种可再生能源电力之间有可能实现相互补偿和替代，如风能和水能具有资源互补性，在风电、水电发展到数亿千瓦规模时，其互补作用将显现；太阳能发电与电力需求也具有比较好的匹配性；太阳能资源和风能资源的日夜的互补性也比较好，如果在2030年之后，风电、太阳能发电、水电都发展到上亿千瓦的装机规模，其资源的互补性将降低对电网的要求，增加其更大规模应用的可行性。

4. 其他相关技术的进步

其他相关技术的进步可以促进可再生能源电力的规模应用。通过未来电网合理调度和大规模储能技术，可以增加非优质资源（可再生能源电力）的可用性和比例。表12-2对各种可再生能源电力技术进行了综合比较。

表12-2　　　　各种可再生能源电力技术的综合比较

分类	风能	光伏	太阳热	生物质	地热能	海洋能
对各自资源的要求	2	1	1	3	3	2
占地要求	1	1	2	3	2	2
对水资源的要求	0	0	3	3	1	1
对环境影响	1	0	0	0	3	2
技术和成本预期难度	1	1	3	2	3	3
全生命周期的能耗水平	1	3	2	1	2	2
综合外部效益潜力	3	3	1～2	2	1～2	1～2

注：0—无；1—低；2—中；3—高。

通过对可再生能源电力外部效益分析，得出的结论是：可再生能源电力既具有能源资源替代、环境和气候变化的现实的外部效益，又具有未来技术进步、成本下降、大规模应用潜力的潜在外部效益，其发展应得到政策的有力支持，尤其是包括价格政策在内的经济政策的扶持。

四、可再生能源电力价格形成的通行原则

在不考虑常规能源环境成本的情况下，可再生能源电力成本高于常规化石能源电力成本，从政策制定和执行角度，在经济激励政策中，对可再生能源发电给予优惠的价格政策是国际社会普遍通行的做法，也非常有效。从国际经验看，可再生能源电力价格的形成至少需要在以下几个方面加以考虑。

第一，为实现可再生能源电力发展目标提供保障。进入 21 世纪之后，能源安全和环境保护已成为全球化的问题，许多国家把发展可再生能源作为缓解能源供应矛盾、应对气候变化的重要措施，制定了发展战略，提出了明确的发展目标和相应的激励政策，发展可再生能源已经成为这些国家能源发展战略的重要组成部分。对于技术已经比较成熟的可再生能源发电技术，通过建立电价政策框架和调整价格水平的高低，可以大大影响可再生能源发电项目的收益水平，刺激对可再生能源电力的投资，从而调整可再生能源电力的发展速度，即合理有效的价格政策可以为国家可再生能源长期发展战略和目标的实现提供保障。目前制定了可再生能源电力发展目标的国家也大多建立了相应的配套价格政策体系。

第二，考虑化石能源的外部环境成本，体现对可再生能源电力发展的支持。可再生能源电力价格的形成应考虑化石能源电力的外部环境成本，并将其体现为对可再生能源电力的支持。在一些国家，外部环境成本以碳税或能源税或资源税的形式体现，但在一些没有这类税费的国家，将化石能源的外部环境成本直接加到可再生能源电力产品的价格中，从而将其变为可再生能源电力收益的做法也被普遍采用。在竞争性的电力市场环境下，可再生能源电力应按照政府法规和政策的规定得到特殊的优惠的上网电价或是电价补贴，保障了可再生能源电力的合理收益。

第三，有利于可再生能源技术进步和成本降低，逐步增强可再生能源电力产品的竞争性。虽然目前可再生能源电力在技术和经济上不具备足够的竞争力，但可再生能源电力的发展并不排斥竞争，积极支持发展可再生能源电力并非是不计成本。如前所述，从长期看，可再生能源电力技术成熟、成本下降的潜力很大，因此，一些国家在可再生能源电力定价机制上，对不同的可再生能源能源发电技术，根据技术发展阶段和发展规模，采取了不同的价格支持政策和力度，体现了支持可再生能源电力发展和经济性相结合的原则。另外，价格政策的设计，在确保对可再生能源发电投资形成足够激励的同时，也必须具有鼓励和迫使可再生能

源发电企业提高技术水平、降低成本的作用,其最终目的是希望可再生能源电力产品能够在价格和其他政策的若干年的支持下,逐步具有真正参与市场竞争的技术能力和经济能力。

第二节 可再生能源电力价格形成的经济学理论和方法

一、可再生能源电力价格形成的经济学理论

在市场经济中,价格的基本功能是调节供求,促进消费者合理消费,生产者适度产出,进而实现资源的优化配置。合理的价格,既不能单纯由成本来决定,也不能完全由需求来决定,而应是需求和供给成本相互作用趋向均衡的结果。可再生能源电力在成本上不具备经济竞争力,如果没有经济政策的支持,供应方的动力不足;如果没有强制政策的支持,需求方就没有需求,因此无法按照供需情况自动形成价格。但是,通过制定可再生能源电价政策,调整可再生能源电价水平,就可以调节可再生能源电力的供求,起到推动可再生能源电力发展并根据国家或地方政府意愿保持合适的发展规模和速度的作用。

二、经济学方法

确定电价水平的基本经济学方法可以归纳为两类,这两类方法各有优点和局限性,在各国的价格机制和政策上都有体现。

(一) 标准成本法

标准成本法是在一定的地域内,对可再生能源电力的上网电价按照一个标准的成本水平或者按照一个标准的算法来确定。根据这种方法,在制定价格水平时,考虑的仅仅是可再生能源电力产品的成本和利润水平,价格水平是与可再生能源技术水平、应用规模、期望的利润水平等相关的,但与常规能源电力价格的变动以及化石能源电力的外部环境成本没有直接的关系。即:

$$可再生能源电力价格 = [可再生能源电力成本(投资成本 + 运行成本) + 税费] \times (1 + 利润率)$$

由于可再生能源电力价格水平不与常规能源电力价格有联系,因此,可再生能源电力没有参与电力市场竞争的环境和条件,在这种情况下,与标准成本法价格政策配套实行的往往还有可再生能源电力强制上网政策。

标准成本法的特点是:第一,它是基于成本的价格管制;第二,基本可以保证可再生能源发电项目有可见的稳定的利润率,价格信号清晰,决策过程简单、透明,社会交易成本低;第三,通过适当调整价格水平可以调整可再生能源发电项目的利润率,从而调整可再生能源电力产业的发展速度,对实现发展战略和发展目标有效;第四,可再生能源电力的主要成本为投资成本,因此,如果技术路线多样,标准成本和价格的确定将比较复杂,从可再生能源发电技术角度,风电、太阳能发电采用标准成本法相对比较容易,而生物质发电则要复杂一些,地热能发电、海洋能发电由于技术路线不确定,难以应用标准成本法;第五,标准成本法存在的缺陷是有可能在一定时期内造成可再生能源电力布局不合理。如前所述,可再生能源资源存在比较大的地域差异,投资成本也存在一定的差异,并非所有地区都有积极发展可再生能源电力的条件,此外,可再生能源资源分布和电力需求存在不匹配情况,在我国,这种不匹配的情况是比较严重的,因此,如果采用统一的价格标准,很可能引起部分地区可再生能源电力的盲目投资,造成电力布局不合理的情况。

(二) 机会成本法

可再生能源电力作为常规能源电力的替代价值是制定可再生能源上网电价的基础。因此,可再生能源电力可以直接参与电力市场的竞争,在电力市场竞价的基础上,国家对可再生能源电力提供一定的价格补贴,而该价格补贴的水平可以依据化石能源电力的外部环境成本来确定,也可以高出化石能源电力的外部环境成本水平,以更大强度地支持可再生能源电力的发展。即:

可再生能源电力价格 = 常规能源电力价格 + 其他外部性价值 × 系数

机会成本法的特点是:第一,最主要的特点是将可再生能源电力的外部效益内部化。单纯从经济学的角度,"系数"应该为1,即外部效益既不应被放大也不应该被缩小。但实际上,可以通过调整系数的大小,体现可再生能源外部性价值的权重,从而体现对可再生能源电力的不同的支持力度。第二,价格管制不是基于可再生能源电力的实际成本,而是和整个电力系统供需所形成的价格体系相关。第三,价格机制是明确的,但价格水平是随时间变化的(部分取决于常规能源电力系统),价格水平的未来预见性不强,对可再生能源发电项目和投资商来说,项目利润率预测难度大,项目在经济性方面的风险相对于标准成本法要大。能比较好地体现可再生能源电力产品作为能源产品的市场价值。

第十三章

新能源与可再生能源电力价格形成机制的国外经验

第一节 可再生能源电力价格形成机制国外经验概要

一、世界各国可再生能源发电政策要览

到 2013 年年底,全球共有 138 个国家建立了不同类型的可再生能源电价机制和政策来推动可再生能源电力的发展(见表 13-1),其中 95 个为发展中国家。较 2006 年大部分为发达国家相比,近 8 年来,可再生能源在发展中国家得到迅速发展。发达国家的电力市场的典型特点是:这些国家建立了完全市场化的电力体制,电力生产、输送和使用分开,通过市场供需、竞争形成电力产品价格,但为了支持可再生能源电力的发展,在完全市场化的电力体制下,对可再生能源电力建立特殊的价格机制和政策。

表 13-1　　　　　　　　世界各国可再生能源发电政策

国家	上网电价政策 固定电价 (Feed-in-tariff)	上网电价政策 净电流表 (net metering)	上网电价政策 招标 (bidding)	市场电价 配额制 (RPS)	市场电价 可交易证书 (Tradeable REC)	绿电 (green power)	投资和/或信贷补贴政策	税收政策
部分发达国家和经济转型国家									
澳大利亚	X			X			X	X
奥地利	X			X			X	X
比利时		X	X	X	X		X	
加拿大	(X)	(X)	(X)	(X)				
克罗地亚	X						X	X
塞浦路斯	X	X	X				X	
捷克				X			X	
丹麦	X	X	X		X		X	X
爱沙尼亚	X							
芬兰	X		X				X	X
法国	X				X		X	X
德国	X						X	X
希腊	X	X					X	X
匈牙利	X			X			X	
爱尔兰	X		X		X			
意大利	X	X	X	X	X		X	X
以色列	X		X	X			X	
日本	(X)	X	X	X	X		X	X
韩国				X			X	X
拉脱维亚	X	X	X				X	
立陶宛	X							
卢森堡	X							
马耳他	X	X					X	X
荷兰	X	X			X	X	X	X
新西兰							X	

续表

国家	上网电价政策					绿电(green power)	投资和/或信贷补贴政策	税收政策
	固定电价(Feed-in-tariff)	净电流表(net metering)	招标(bidding)	市场电价				
				配额制(RPS)	可交易证书(Tradeable REC)			
部分发达国家和经济转型国家								
挪威				X	X	X	X	X
波兰			X	X	X		X	X
葡萄牙	X		X	X			X	
罗马尼亚								X
俄罗斯			X				X	
斯洛伐克	X				X		X	
斯洛文尼亚	X		X		X		X	X
西班牙		X						
瑞典				X	X		X	X
瑞士	X						X	
英国	X			X	X		X	X
美国	(X)	(X)	(X)	(X)	(X)		X	X
发展中国家								
安哥拉	X		X				X	X
阿根廷	X		X				X	X
巴西			X				X	
柬埔寨								X
智利		X	X	X			X	
中国	X		X				X	X
哥斯达黎加		X	X				X	
厄瓜多尔	X		X				X	
危地马拉								X
洪都拉斯	X	X					X	
印度	(X)		X	(X)				X
印度尼西亚	X		X				X	

续表

国家	上网电价政策					投资和/或信贷补贴政策	税收政策
	固定电价（Feed-in-tariff）	净电流表（net metering）	招标（bidding）	市场电价	绿电（green power）		
				配额制（RPS）	可交易证书（Tradeable REC）			
发展中国家								
墨西哥		X	X					X
摩洛哥			X					X
尼加拉瓜	X						X	
巴拿马								X
菲律宾	X	X	X	X			X	X
南非		X		X			X	
斯里兰卡	X	X	X	X			X	X
泰国	X						X	
突尼斯		X					X	X
土耳其	X						X	
乌干达	X						X	

注：（1）（X）表示在该国家的部分省或州实行该政策；（2）西班牙实行的是固定电价和溢价电价结合的制度；（3）税收政策包括消费税和/或增值税减免、生产税返还、征收化石能源税等。

资料来源：*Renewables* 2014 *Global Status Report*，p.14。

国外在建立可再生能源电力价格政策体系时，除了前面提到的可再生能源电力产品在技术和成本形成方面的特殊性、促进可再生能源电力发展目标的实现等因素外，还主要考虑以下一些因素：可再生能源电力价格如何与竞争性的电力市场相协调问题、当地经济发展水平和经济承受能力、环境约束的严重程度和代价等。

二、各国再生能源电力价格机制的表现形式

可再生能源电力技术多样，各类技术商业化发展程度不一，各国可再生能源资源条件千差万别，经济发展水平和负担能力不同，所以价格机制的表现形式和

价格水平也不一样。从表现形式上说，主要有五类价格机制：固定电价、溢价电价、招标电价、市场电价和绿电电价，这些价格机制各有特点，在各国的实施中也取得了不同程度的效果。

（一）固定电价

固定电价即政府按照标准成本法，直接明确规定各类可再生能源电力的市场价格，电网企业必须按照这样的价格向可再生能源发电企业支付费用。截至2013年年底，在144个有可再生能源政策的国家中，实行固定电价政策的国家和地区接近70个。其中包括近30个发达国家。欧洲是实行固定电价制度较早的地区，德国、丹麦、芬兰、法国、瑞士、希腊、葡萄牙等20个欧洲国家实施了固定电价政策[1]，此外，美国的一些州也实施了类似的政策。实行固定电价，首要的任务是确定合格的可再生能源电力种类。各国的电价政策中都明确说明了可再生能源资源和技术适用范围。大部分国家在设计电价政策过程中均对资源和技术适用范围进行了详细的分析论证。只有针对经济合理的可再生能源利用技术的法规出台，政策实施的可靠性和稳定性才有保障。例如，德国和一些北欧国家将风电和生物质发电作为发展的重点，而南欧的一些国家则将风电和太阳能发电作为重点。由于这些技术的经济性已经较高或已经接近或达到商业化发展的程度，故政策实施的经济成本较小。一些国家或地区则希望支持的范围涵盖所有可再生能源，例如，美国得克萨斯州确定的合格能源被定义为包括太阳能、风能、地热、水电、潮汐能、生物质能、生物废弃物和垃圾填埋气体等，由于各种能源的成本差异，电价政策规定得比较复杂，使政策实施的难度增大，从而增加了政策实施的成本，降低了政策的有效性。

德国是固定电价机制的代表国家，自1990年开始，德国开始逐步建立了促进可再生能源电力发展的固定电价政策，并在2000年，通过法律的形式加以确定。原则是：无论常规电力上网价格水平如何，根据可再生能源电力技术类型、考虑技术发展水平和项目资源条件，分门别类地制定可再生能源电价标准，并根据可再生能源电力成本差异和市场拓展的程度，每隔两年可能修改一次购电价格。

固定电价机制的主要特点是：可以根据政府的意愿，促进各种可再生能源电力技术的均衡发展，也可以推动某些类可再生能源电力技术的优先发展。例如，德国已经通过法律的形式在2002年、2004年、2011年、2014年四次修订了电价标准，根据2002年的电价政策，风电是政府鼓励发展的最主要目标，其次是

---

[1] REN 21, *Renewables 2014 Global Status Report*, p. 89.

生物质发电和太阳能发电，因此，德国在风电发展方面取得了骄人的成绩，在2003年前装机增长量一直保持世界第一，并在2003年后继续保持高增长。为了鼓励生物质发电和太阳能发电的快速发展，在2004年修订的电价标准中，德国把生物质发电和太阳能发电的发展放在头位，制定了更优惠的价格标准。到2013年年底，德国光伏发电居世界第一，太阳能热水器居世界第三，可再生能源总量居世界第三。[①]

（二）溢价电价

溢价电价机制结合了标准成本法和机会成本法，既考虑了可再生能源电力的实际成本情况和价格政策需求，又与电力市场的电力竞价挂钩。其主要原则是：以常规电力的销售价格为参照系，制定一个合适的比例，然后可再生能源电价随常规电力的市场变化而浮动，或是制定固定的奖励电价（即溢价），加上随时变化的浮动的竞争性市场电价，作为可再生能源电力实际获得的电价。采用这种价格机制的典型国家是西班牙和美国的一些州。

美国的一些州采用可避免成本的计算方式，确定可再生能源电价。由于可避免成本是相对常规能源确定，因此不同可再生能源技术得到的电价一样，还有一些州制定了按净流量收费的办法，相当于按照电力最终用户得到的销售电价确定可再生能源电价，在这种情况下，溢价为零。

（三）招标电价

招标电价的含义是：由政府发布，对特定的一个或一组可再生能源发电项目进行公开招标，考虑电价以及其他指标来确定发电项目的开发者。在这种机制下，项目的电价是作为评标的主要因素之一，因此中标的可再生能源发电项目得到的电价是确定的固定的，但对于每一个或每一组项目，得到的电价都不相同。

招标电价机制的典型是：1990~2000年英国实施的"非化石燃料义务"（NFFO）制度和我国自2003年以来实施的风电特许权招标制度以及加拿大自2006年实施的特许权招标制度。英国和我国采取的模式也代表了招标采购的两种实现形式。第一种形式是：英国在20世纪90年代在非化石燃料公约中采用的招标采购制度，采取普遍采购原则，政府只规定发展的目标和采购的数量与范围，由投标者确定发电投资项目。第二种形式是：我国尝试的特许权经营招标，是对具体的项目进行招标，与投标中标者签署特许权经营协议、购售电合同和差

---

① REN 21, *Renewables* 2014 *Global Status Report*, table.

价分摊政策，并采取招投标的办法把项目给予最适合的投资者。

(四) 市场电价

市场电价机制是指通过强制配额（即要求能源企业在生产或销售常规电力的同时，必须生产或销售规定比例的可再生能源电量）和交易制度（政府对企业的可再生能源电力核发绿色交易证书，绿色交易证书可以在能源企业间买卖，价格由市场决定），发挥市场自身的调节作用，达到提升可再生能源电力产品价格的目的。此时的可再生能源电价为平均上网电价与绿色交易证书的价格之和。对未完成强制配额的企业，政府一般会设定予以惩罚的额度。市场电价机制是采用机会成本法制定价格政策的典型，惩罚的额度体现的即是化石能源电力的外部成本。

可再生能源电力市场价格机制的一个重要前提条件是完全市场化的充分竞争的电力市场（包括发电、输电、配电和用电的所有环节）。到 2013 年年底，世界上有 25 个国家采用了可再生能源电力市场价格机制，主要为发达国家，包括澳大利亚、英国、意大利、日本、以色列、瑞典、挪威、比利时、加拿大等国家以及美国的 29 个州。[①] 一般情况下，政府制定的对未完成强制配额的企业予以惩罚的额度，往往成为可再生能源电力交易成本的上限。例如根据英国 2002 年《可再生能源义务法》，英国对企业的罚款是 3 便士/千瓦时，约合 4.5 欧分/千瓦时，再加上浮动的常规电力上网价格，英国的可再生能源电价水平是 7~8 欧分/千瓦时。在此价格机制下，不同的可再生能源电力得到的是相同的价格，但价格水平随时都在随可再生能源电力市场供需情况而变，总价格又随电力市场的变化而浮动。市场价格政策的效果是，一些接近商业化的成本相对低的可再生能源电力如风电、生物质发电等会得到较快的发展。而一些成本相对较高的可再生能源电力的发展，例如光伏发电等就可能受到相当程度的制约。同时，这种价格形成机制在完成交易之前无法确定可再生能源产品的价格，在一定程度上影响了企业，特别是中小企业的融资。此外，惩罚制度往往成为企业逃避履行义务的手段，例如英国的部分电力公司，当收购可再生能源电力的价格高于惩罚额度的时候，宁可被罚，因此，实行配额制的国家对发展可再生能源电力市场的刺激力度不如实施固定电价的国家。

图 13-1 是固定电价制度和市场价格实施制度效果比较。

---

① REN 21, *Renewablf 2014 Global Status Report*, p.79.

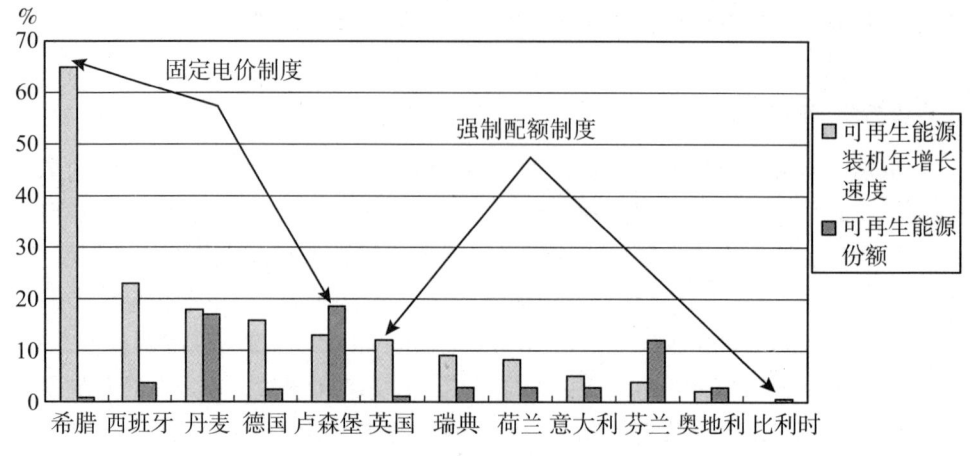

图 13-1　不同价格制度的实施效果比较

资料来源：国家发改委能源研究所研究报告。

（五）绿电电价

绿电电价也是采用的机会成本法，其形成机制是，由政府提出可再生能源电力的价格，由能源消费者按照规定价格自愿认购，认购后的证书一般不用于以营利为目的的交易。典型国家是荷兰。1998年，荷兰政府颁布了一项新的电力法，在该法中，对电力的生产、运输和供给制定了一系列的标准。更重要的是，在新电力法中规定了实施绿色证书计划，具体规定了用户有购买最低限量绿色电力的义务。到2004年，荷兰绿电用户已经占到30%，他们自愿以8~9欧分/千瓦时的价格购买可再生能源电力，可再生能源发电企业可以得到这样的优惠电价，用户可以获得"绿色证书"。这种价格机制，取决于消费者和企业对绿色能源的认同。只有在那些公众环保意识比较高的国家和地区才有效。

第二节　主要发达国家可再生能源电价机制及其启示

一、德国：固定电价形成机制

（一）德国可再生能源电价机制和政策的演变过程

从德国可再生能源电价机制和政策演变的历史看，可分为三个发展阶段：

1. 第一阶段（1991~1999年）——1991年制定了《电力入网法》

1991年德国联邦政府颁布《电力入网法》（Feed-in-tarrif），强制要求公用电力公司购买可再生能源电力。因此，德国是世界上第一个通过法律手段提出强制购买可再生能源电力的国家。根据《电力入网法》，涉及的可再生能源电力有水电、风电、地热发电、光伏发电和生物质发电、沼气发电等。

德国当时出台《电力入网法》的主要目的是解决已经建成的中小型水电电力上网困难和得到合理的水电上网电价问题，同时也希望扩大其他可再生能源的应用规模。按照该法，风电、水电的上网价格为电力销售价格的90%，公用电力公司必须按照这个价格收购风电、水电等电力，即明确了"强制入网"、"全部收购"、"规定电价"这三个原则。《电力入网法》的颁布对促进可再生能源的稳定发展打下了坚实的基础，由于有了明确的原则、政策、措施和法规，大大促进了可再生能源的发展，风电装机由1990年的5.6万千瓦发展到1998年的208万千瓦，同期风机的平均单机容量由160千瓦增加到470千瓦，光伏发电装机由2兆瓦增加到5.2万千瓦。

但在1998年，德国电力行业实现市场化，销售电价整体下降，导致电网支付给可再生能源发电企业的电力价格也随之下降，许多发电企业面临压力；此外，在同一年，由于输电企业和配电企业抱怨《电力入网法》增加了他们的电力成本（可再生能源以高电价被强制入网，但输电企业和配电企业只能将电价差额分摊在自己公司输送的全部电量上，因此谁收购可再生能源电力多，谁的增量成本就越大），影响输、配电企业的积极性，根据这些情况和问题，德国政府对《电力入网法》作了补充规定，设定了输电企业和配电企业收购可再生能源电量的上限，即电网覆盖区的可再生能源电量不超过该地区总电力消费的5%。这个规定的出台实质上是政府在可再生能源发电企业和输电企业之间利益平衡的结果。

2. 第二阶段（2000~2003年）——2000年制定了《可再生能源法》

旨在于解决中小水电上网和电价问题的《电力入网法》，在实施九年之后，有力地推动了德国可再生能源发展并取得了非常显著的成效，使德国风电装机在世界遥遥领先，同时德国的风电大市场也极大地促进了本国风电设备制造业的快速发展，使德国成为仅次于丹麦的风机制造强国。为了更广泛而有效地促进可再生能源电力的发展并解决1998年以后出现的可再生能源发电企业和输电企业之间存在的利益矛盾等问题，2000年德国出台了《可再生能源法》，主要明确了以下几点：

一是对适用的可再生能源（风电、装机容量容量不超过20兆瓦的沼气发电、装机容量不超过5兆瓦的屋顶光伏发电系统、容量不超过100千瓦的非屋顶光伏发电系统、容量不超过 5 兆瓦的水电以及垃圾填埋沼气发电、废气处理发电、地热发电）电力给出固定的上网电价。

二是固定电价体现不同可再生能源发电技术之间的差别，体现同类技术可再生能源发电厂资源条件好坏的差别（通过采用不同的标样地区评定资源条件的优劣来确定采用哪一类固定的上网电价）。

三是为了促进技术进步和可再生能源电力成本的下降，明确了可再生能源固定电价降低的时间表，如对沼气发电，规定自 2002 年起新建发电项目电价每年减少 1%。

四是取消了 1998 年规定的可再生能源上网最高电量为电网全部电量 5% 的上限，与之相配套，建立了新的可再生能源电力分摊制度，规定输电企业负责对全国范围内各个地区和电网间的可再生能源上网电量作整体平衡，使可再生能源固定的高电价带来的电力增量成本平均分摊在全国电网的全部电力上，以确保各个输电企业之间能够公平竞争。

五是规范了可再生能源发电企业和输电企业应承担的并网设施和电网扩建费用，发电企业虽然还有义务继续支付联网费用，但是他们可以打破委托输电企业的传统做法而可以选择把联网委托给业内的第三者，从而显著地降低了并网设施费用。而电网扩建费用由输电企业承担。

3. 第三阶段（2004~2012 年）——修改立法，调整上网电价

2000 年的《可再生能源法》实施后，德国的可再生能源电力发展更加迅猛，成为世界上可再生能源电力发展步伐最快的国家。这期间德国研究制定了可再生能源的发展目标，即 2010 年可再生能源电力将占全国电力供应的 12.5%，2020 年达到 20%。为实现此目标，德国于 2004 年、2008 年、2011 年三次修改。修改基于两个原则：一是使各种可再生能源电力能够获得长期稳定的合理的固定电价，从而鼓励更多的私营企业投资和其他方面的融资；二是促进可再生能源技术的进步，鼓励先进技术的应用。

4. 第四阶段（2014 年后）——固定电价逐步退出

德国于 2014 年第四次修改《可再生能源法》，新修改的《可再生能源法》于 2014 年 8 月 1 日开始实施。

相比《可再生能源法》（EEG2012），德国《可再生能源法》（EEG-2014）主要进行了几个方面的修订：第一，绝大部分可再生能源发电站不再采用固定电价，电力供应商直接在市场上售电，并将以电力市场价格的溢价模式获得资助。第二，采取招标形式的财政支持。从 2015 年开始将组织一批地面光伏电站的示范招标项目，并以此来确定补贴水平和招标参与方各自的资助额度。到 2017 年，将以招标形式来决定财政资助。第三，小规模的装机（100 千瓦以下）项目将继续受益于固定电价,也没有强制要求在市场销售。第四,用电密集型企业以及自发自用电力运营商的可再生能源附加费用将减少。德国《可再生能源法》(EEG2014)推出的主旨是固定上网电价将在2018年之前逐渐退出电力市场,取而代之的是竞争性招标等系统。①

(二) 德国可再生能源电价机制和政策的实施效果

德国实施固定电价的效果非常显著。2009年可再生能源电力在德国电力总量中的比例由1998年的4.7%提高到2009年的16.1%,可再生能源在总能源消费中的比例由3.2%提高至10.1%,在一次能源总消费量中由2.6%提高至8.9%。② 目前,德国是世界上可再生能源发展最快的国家之一。

在可再生能源发电装机中,风电占据主导地位,为76%。第二位为光伏发电,主要在2004年后启动并得到迅速发展,2006年年底装机容量就达到280万千瓦,占据世界一半以上的市场,德国也成为世界上第一个光伏发电在可再生能源总发电量中占据1%的国家,显示了光伏发电可以在能源结构中占据一定比例的可能。生物质发电、小水电、大水电的装机容量也分别达到230万千瓦、170万千瓦和1.3亿千瓦。德国在2006年就已经实现了它在20世纪90年代中期提出的发展目标(到2010年可再生能源占4%),其可再生能源电力发展的成功,得益于有务实的可再生能源电价机制、政策设计和政策的有效实施、良好的政府和社会各界支持环境,为可再生能源电力发展积累了丰富的经验。德国《可再生能源法》(EEG-2012)提出了德国可再生能源电力发展的中长期目标,在2020年之前,可再生能源在德国电力供应中的份额要达到35%,2030年之前达到50%,2040年之前达到65%,2050年之前达到80%。③

(三) 德国可再生能源电价机制和政策的实施经验

从德国支持可再生能源电力发展政策的历史可以看出,在可再生能源电力发展的初期阶段,德国并不是一开始就设计出了完美的政策体系,而是根据可再生能源电力发展的实际情况和需要,对政策进行有利于促进可再生能源电力发展的调整。虽然是"摸着石头过河",但其实施效果表明,政策的设计和调整都非常有效,并且成为欧洲一些国家(如西班牙、葡萄牙、法国等)发展可再生能源

---

① 苏晓:《2013年德国风电发展情况及可再生能源改革简析》,载于《风能》2014年第8期。
② BMU, "Entwicklung der erneuerbaren Energien in Deutschland imJahr 2009" [EB/OL]. available at http://www.bmu.de/files/pdfs/allgemein/application/pdf/ee_hintergrund_2009.pdf. (Last visit March 18, 2010).
③ 同上注。

电力的样板。

从电价水平角度，德国的可再生能源电价政策最好地体现了"标准成本法"，严格按照不同可再生能源发电类型制定出可再生能源发电项目上网电价的计算标准，这样，即使是同类可再生能源发电项目，在不同资源条件、不同装机规模以及各个发电项目的具体情况下，也可以方便地计算出电价。电价计算标准的确定也很好地体现了"成本加合理利润"的原则，其主要思路是：一是电价的确定依据不同的可再生能源技术实行不同的最低电价。同时各种不同的情况对可再生能源电价也有影响，如装机容量、获利情况、地点等；二是实行最低电价保护期，保证发电企业在20年有利可获；三是政府每两年根据技术和市场的发展状况对固定电价进行一次检查，并根据检查的情况向议会提出修改电价的建议；四是可再生能源电力加价部分通过全国电网分摊的方式由最终用户承担。

德国支持可再生能源电力政策的有效实施，得益于国家立法和政策的效率以及公民的统一意志，也得益于企业的自律能力和自觉性。其《可再生能源法》规定，发展目标、合格可再生能源的品种和价格由议会批准，两年调整一次。德国有4家电网公司或输电公司、900多家配电公司和1 000多家售电公司。[①] 而可再生能源由于其资源分布的地域差异，各个电网公司的负担是不均衡的。为此，法律规定，四大电网公司平均承担可再生能源电力的高电价的额外费用，并规定了具体的实施办法。这些都依靠电网和配售电公司之间自己结算。同时可再生能源电力上网可以在售电网、配电网和输电网上进行，结算方式却规定最有利于可再生能源发电企业的方式：由上网入口的公司垫付、再与上级电网结算。这也需要企业依法自律和自觉性的支持。

二、西班牙：溢价电价形成机制

（一）西班牙可再生能源电价机制和政策的演变

西班牙也是通过立法方式来明确规定可再生能源电价机制和政策的国家，始于1997年，和德国类似，政策体系也经过了几次的修改和完善的过程，主要有三个里程碑：1997年通过电力法案明确了可再生能源发展目标和可再生能源电力优先并网的原则，1998年建立了第一套浮动性电价政策（随常规电力电价而浮动的可再生能源电价）并一直实施到2004年，2004年又在总结第一套电价政策实施经验和教训的基础上提出了第二套电价政策，即溢价电价。

[①] 参见国家发改委能源研究所：《可再生能源法立法欧洲考察报告》。

1. 1997 年的《1997/54 号电力法》

1997 年西班牙颁布了《1997/54 号电力法》，从当年的 11 月 27 日开始实施，其基本宗旨是建立一个自由竞争的电力市场，并通过电力体制改革使发电公司和供电公司私有化，建立了国家电力库系统（Pool Based System），所有发电企业向电力库系统售电，所有供电企业向电力库系统购电，成立国家电力监管委员会来负责电力市场的监管。在该电力法中专门针对可再生能源发电作了详细具体的规定，主要内容有以下几个方面：一是对可再生能源电力技术应用范围进行界定：规定装机容量在 50 兆瓦以下的可再生能源发电系统适用于电力法；二是保证可再生能源电力并网；三是可再生能源发电企业直接向国家电力库售电，不参与电力竞价；四是对可再生能源电力实行特殊电价，在制定特殊电价时考虑了保护可再生能源发电投资商的利益。

同时在《1997/54 号电力法》中还明确了可再生能源的发展目标，即到 2010 年，可再生能源要占总能源消费总量的 12.2%。此外，也要求制定可再生能源促进规划。根据《1997/54 号电力法》的要求，1998 年西班牙经济部委托其下属的能源多样化和节能研究所（IDEA）来负责制定 2000～2010 年可再生能源促进规划，并帮助经济部监督规划的实施。该规划于 1999 年 12 月 30 日由部长联席会（Council of Ministers）通过，再次明确了 2010 年可再生能源占总能源消费 12.2% 的目标，并确定 2010 年可再生能源电力装机要达到总电力装机 29.4% 的宏伟目标。此外还规定根据发展情况确定规划期间每一年的可再生能源发展具体目标。

因此，《1997/54 号电力法》确立了可再生能源发展总量目标以及保证可再生能源电力优先并网的原则。

2. 1998 年的《2818 号皇家法令》

1998 年 12 月 23 日颁布的《1998/2818 号皇家令》是对《1997/54 号电力法》中促进可再生能源发展的条款的完善和补充，也可以说是实施细则。主要明确了以下内容：一是规定了电力并网的管理程序和规则；二是规定了可再生能源发电企业和电网运营企业之间的关系；三是规定了可再生能源电力上网电价确定的方式。可再生能源发电企业可以在两种方式中选择，一是国家电力库系统电价加上一个额外的浮动的可再生能源电价，二是采用可再生能源固定电价。额外的可再生能源电价和可再生能源固定电价应每年根据可再生能源电力成本情况进行调整，但每年电价调整的基本原则是即不能让可再生能源发电企业无利可图，也要保证可再生能源电力上网电价在销售电价的 80%～90% 的范围内浮动（光伏发电电价可以不受 80%～90% 的比例限制）。电价调整的方法是：每年年底全国所有的可再生能源发电企业都要向政府委托负责电价调整的机构（目前是

IDEA）提交报告，说明本企业可再生能源电力成本的变动情况，负责电价调整的机构根据报告和其他调查资料和信息，计算出下一年两种电价的具体数值。

因此，如果采用浮动电价方式，西班牙的可再生能源电价是在常规电力销售电价的80%~90%浮动，但每年具体的价格水平由发电企业和输电企业在浮动范围内协商确定。并且针对不同的可再生能源电力技术，电价都是不同的，但对于一种可再生能源电力技术，无论项目资源条件好与坏，执行的都是同样的电价。

3. 2004年的《2004/436号皇家令》

西班牙在1998~2004年的电价政策实施过程中发现了一些问题，一是每年固定电价的调整工作，计算方法复杂，并且由于没有一个统一的有效的针对可再生能源发电企业进行发电成本的估算和控制办法，致使每年电价的调整成为全国各可再生能源发电企业，通过负责电价调整的机构和电网进行电价讨价还价的机会，因此实际上西班牙可再生能源电力的上网电价是一种协议价格。二是难以形成长期稳定电价的问题。以风电为例，西班牙风电在2003年的发展速度与2002年相比有所下降，主要原因是2003年国家电力系统的平均销售电价降低，而可再生能源发电上网电价仍要遵守是80%~90%销售电价的规定，所以风电投资商的积极性减少了。

因此，在2004年，为了克服原有可再生能源电价政策的缺陷，鼓励可再生能源发电企业积极参与电力市场竞争，西班牙对可再生能源电价政策又进行了调整，颁布了《2004/436号皇家法令》，规定可再生能源电价实行"双轨制"，即固定电价和溢价（竞争加补贴电价）相结合的方式，发电企业可以在两种方式中任选一种作为确定电价的方式，但只能在上一年年底选择一次，持续一年。两种方式是：

一是固定电价方式：根据不同的可再生能源发电技术，电价水平为电力平均参考销售电价的80%或90%，太阳能发电电价则为电力平均参考销售电价的300%及以上。电网企业必须按照这样的价格水平收购可再生能源电力，超过电网平均上网电价部分由国家补贴。

二是溢价方式：可再生能源发电企业需要按照电力市场竞争规则与其他电力一样竞价上网，但政府额外为上网可再生能源电力提供溢价，即政府补贴电价。因此电价水平为"溢价（政府补贴电价）+电力市场竞价"。其中政府补贴电价为平均参考销售电价的40%或50%，太阳能发电为260%。

平均参考销售电价每年由西班牙政府根据电力市场对电力用户的销售电价情况确定，在前一年年底公布，并维持一年不变（即使第二年的电力市场销售电价有所变化）。政府规定2006年和2007年实行的平均参考销售电价的水平为

7.6588 欧分/千瓦时和 8.1364 欧分/千瓦时。2005 之后,由于全球能源价格的上涨,西班牙的电力销售电价(电力销价是由配电企业根据电力市场供需情况通过竞争进行随时调整)以及常规能源电力上网价格也在持续上涨,因此 90% 以上的可再生能源发电企业选择了第二种方式,这也就意味着风电一般能够得到 7~9 欧分/千瓦时的电价,一方面参与电力市场的价格竞争,另一方面也获得了政府的奖励补贴电价,以获得更高的利益。

对比西班牙 1998~2004 年的可再生能源电价政策以及 2004 年之后的电价政策,主要差别是:首先,《2004 年 436 号皇家法令》中的电价政策更具有简单、易操作的特点。根据 1998 年的政策,影响电价变动的因素有两个:销售电价在变,比例也可以在 80%~90% 变化,因此每年都需要进行复杂的电价计算,还留下了发电企业和电网企业的讨价还价的空间。但在新政策中,政府只是制定平均参考销售电价,对于每一种可再生能源电力技术,政府补贴的比例是长年固定的,因此参考电价只是决定了政府所提供的补贴电价额度,而发电企业和电网企业的讨价还价问题则通过电力竞价上网解决;其次,《2004 年 436 号皇家法令》中,第一种方式类似固定电价,为可再生能源发电企业提供了基本的电价保障;第二种方式则为发电企业提供了参与市场竞争和赢利更多的机会。

新的溢价电价政策从 2005 年开始实施,受到了发电企业和电网企业的欢迎。但存在的问题是:常规能源价格近几年不断上涨,因此带动了政府补贴电价和电力市场竞价上网的电价都上涨。这样,可再生能源发电企业得到的电价每年都在上升,而同时可再生能源发电的成本在下降,因此西班牙政府也在考虑如何更好地解决这一问题。但是,如果从促进可再生能源电力发展和鼓励融资的角度,这一电价政策非常有效。

不幸的是,2008 年金融危机后,西班牙的电力需求出现了萎缩。许多可再生能源发电装置被空置,给可再生能源企业带来较大的资金压力。据统计,截至 2011 年年底,西班牙电费赤字达到了 240 亿欧元。2012 年 1 月底,西班牙政府宣布取消对新建可再生能源发电装置的补贴。[①]

(二) 西班牙可再生能源电价机制和政策的实施效果

溢价电价机制,促进了西班牙可再生能源电力的发展。在这样的机制的影响下,西班牙的可再生能源技术、产业和应用在 2000 年后发展迅猛,特别突出的是风电、光伏、小水电,可再生能源电力价格政策的实施效果非常显著。以风电

[①] "'政策撤退'考验西班牙可再生能源产业",国家能源局网站:http://www.nea.gov.cn/2012-03/23/c_131485698.htm(最后访问日期:2014 年 8 月 19 日)。

为例，20世纪90年代中期西班牙的风机产业刚刚起步，应用规模不大，默默无闻，但在几年的时间里无论从产业规模还是在应用方面都排在世界前列2006年，西班牙风力发电产业规模排在丹麦、德国之后，市场容量排在德国、美国之后，均位居世界第三。到2013年，西班牙可再生能源利用总量仍居世界第四。[①] 10年平均增长速度超过60%。2007年风电新增装机352万千瓦，累计装机达到1 515万千瓦，占世界风电总装机容量的16%。西班牙的三家大的风电机组制造企业2007年的市场销售量占世界总量的20%左右，建立了全球第三大风机制造产业。在太阳能发电方面，西班牙在2004年后也在大力发展，尤其是通过高补贴的溢价电价机制有效地刺激了光伏屋顶系统和太阳能热发电的发展，到2013年年底仅是光伏发电装机容量就达到了0.2吉瓦，居德国、中国、意大利、日本、美国之后，位居全球第六；风电装机居世界第四。[②] 可再生能源在其总能源供应中的比例目标是到2010年达到12.2%，到2020年达到20%。

（三）西班牙可再生能源电价机制和政策的实施经验

从西班牙支持可再生能源电力发展政策的演变可以看出，西班牙和德国类似，也是通过实践对政策进行不断的调整和完善。在电价机制上，其实施的第一种固定电价方式和德国是完全相同的，只不过具体可再生能源技术的上网电价水平略有差别。但从第二种电价方式——溢价电价方式在西班牙更加受到可再生能源发电企业欢迎的事实看，溢价电价方式更为有效，尤其是在电力市场化程度高的国家。

从电价的形成机制看，溢价电价与固定电价有类似之处，即可再生能源电价水平在相对时期是固定的，可再生能源发电企业基本可以根据这个水平预计项目投资回报率来确定是否建设和运行发电项目，因此都能起到鼓励可再生能源电力投资和建设的目的。

西班牙的溢价电价机制是"标准成本法"和"机会成本法"的完美结合。在这样的体制下，从可再生能源发电企业角度，既有参与电力市场价格竞争的动力，又可以获得了政府的奖励补贴电价，获得更高的收益；从可再生能源电力发展的角度，溢价电价机制一方面可以起到为可再生能源电力提供相对稳定的投资收益的作用，另一方面又可以达到鼓励可再生能源电力技术进步、降低成本的目的；此外，可再生能源电力作为电力产品的市场价值也得以很好地体现。

因此，德国的固定电价方式在可再生能源电力发展的初期，对支持其快速发

---

① REN 21, *Renewables 2014 Global Status Report*, table.
② Ibid.

展壮大非常有效。而在具备较为完善的竞争性电力市场的国家，溢价电价方式可以作为现今可再生能源电力发展初期和未来可再生能源电力实现商业化发展、完全参与电力市场竞争之间的一个非常有效的过渡方式。

三、英国：可再生能源市场定价机制

（一）英国可再生能源义务制度框架

英国发展可再生能源有两个主要目的：一是保证能源供应；二是完成其到 2050 年二氧化碳减排 60% 的目标。据此制定了 2010 年可再生能源电力要占到电力总消费量的 10%、2020 年要占到 20% 的具体目标，并采用强制市场份额的方式支持可再生能源电力的发展。

2002 年 4 月，《2002 年英格兰和威尔士可再生能源义务法令》（Renewables Obiligation Order 2002）和《可再生能源（苏格兰）法令》（Renewables (Scoland) Order 2002）生效并开始实施，英国确立了可再生能源义务（Renewables Obiligation，RO）制度。[①] RO 制度明确了供电企业必须履行的责任，即在其所提供的电力中，必须有一定比例的可再生能源电力，可再生能源电力的比例由政府每年根据发展目标和可再生能源实际发展情况和市场情况确定。在这两个条例中具体规定了合格的可再生能源电力的范围和指标要求，主要包括风电、波浪能发电、水电、潮汐发电、光伏发电（每月发电量至少达到 0.5 兆瓦时）、地热发电、沼气发电和生物质发电等。法律生效的第一年，即 2002/2003 财年，规定的可再生能源电力的比例是 3%，以后逐年增加，2003/2004 财年的比例是 4.3%。[②] 根据《可再生能源法令》（2009），这一比例 2009 财政年度为 9.7%、2010 财政年度为 10.4%，以后每年提高 1 个百分点，当 2015 年这一比例达到 15.4% 以后就不再变化，直至 2027 财政年度结束。[③]

同期英国建立了可再生能源电力交易制度和市场，每 1 兆瓦合格的可再生能源电力作为一个计量单位（称为一个 ROC）可以在市场上进行交易。英国政府通过其电力监管局（Ofgem）来监督管理。由于英国的供电和发电系统已经在 1990 年成功地实现了私有化，因此，所有供电企业都必须履行责任和义务，达

---

① 2002 年的《可再生能源义务法令》被 2006 年的《可再生能源义务法令》取代，而 2006 年的《可再生能源义务法令》又被 2009 年的《可再生能源义务法令》取代。
② 参见 2004 年 4 月《可再生能源法》起草小组赴欧洲调研报告《欧洲可再生能源立法考察报告》。
③ 杜群、廖建凯：《德国与英国可再生能源法之比较及对我国的启示》，载于《法学评论》2011 年第 6 期。

到当年规定的可再生能源电力份额,从可再生能源发电企业购买合格电力并从而获得配额(ROC)证书,或者从电力监管局直接购买配额(ROC)证书。如果完不成任务,电力监管局规定,供电企业将要交纳最高达其营业额10%的罚款。如果可再生能源发电企业的配额(ROC)有剩余,则表明可再生能源电力市场处于卖方市场状态,电力监管局可以收购剩余部分,2002年为30英镑/ROC,2009~2010年度的买断价为37.19英镑/兆瓦时,20100~2011年度则为36.99英镑/ROC。[①] 实际上这一价格相当于政府确定的可再生能源电力的底线价格。但在实际操作中,为了维持可再生能源电力一个相对较高的市场价格从而鼓励投资商投资于可再生能源发电,需要保证政府每年确定的可再生能源电力份额目标略高于实际可能的份额。

(二) 英国可再生能源义务制度的实施效果

英国实施的可再生能源义务制度的核心是:政府制订具体的发展计划,在政府的监督之下,利用市场竞争的机制实现其具体目标,政府不直接对市场进行干预。有以下主要特点:

第一,政府设立每年的可再生能源电力发展目标,让发电企业和供电企业去决定选择什么形式的可再生能源发电,并通过建立电力交易市场,实现市场竞争和扩大可再生能源电力规模、降低电力成本和价格;

第二,广泛地鼓励发电企业进入电力市场,提高可再生能源发电量;

第三,是可再生能源发电形式的选择是由企业和市场决定的,所有可再生能源发电形式得到的是同样的市场电价。

通过在英国全国范围内实施可再生能源义务制度,2002/2003财年,英国共计颁发了55.6亿千瓦时的ROC,为其预计达到的92.6亿千瓦时可再生能源电力的60%(根据其3%的可再生能源电力份额目标计算)。[②] 之后几年的实施效果表明,一些相对低成本的可再生能源发电技术应用发展迅速。第一是垃圾填埋场沼气发电,其电力占总ROC量的50%。其次是陆上风电,而光伏发电等发电成本高的可再生能源电力发展受到抑制。并且,政策实施的总体效果也不尽如人意,虽然英国的可再生电力水平得到了显著提高,从2008年占英国的总供电量比例的1.8%提高到了2010年的7.4%,但距2010年10%的目标有相当的距离。[③] 可再生能源消费总量占最终能源消费总额的比例从2008年的2.4%提高到

---

① 王田等:《英国可再生能源义务政策最新进展及对我国的启示》,载于《中国能源》2012年第6期。
② 2004年4月《可再生能源法》起草小组赴欧洲调研报告《欧洲可再生能源立法考察报告》。
③ 王田等:《英国可再生能源义务政策最新进展及对我国的启示》,载于《中国能源》2012年第6期,第34页。

2010年的3.3%，但距离2020年可再生能源占到15%的目标相距较远。而且与丹麦、德国等国的差距更大。[1]

（三）差价合约政策

为了促进英国可再生能源的发展，英国从2011年开始全面实行差价合约政策。所谓差额合约，就是由政府与发电商签订长期合同确定合同价格（类似固定电价），之后在市场交易过程中实行"多退少补"，如果市场平均电价低于合同价，则向发电商予以补贴至合同价；如果市场平均价格高于合同价，则发电商需要向消费者返还高出的部分。[2] 差价合约固定电价政策为可再生能源发电商和投资商提供了稳定、清晰、预测性强的补贴，类似传统固定电价政策。

可见，英国可再生能源政策正从配额制向固定电价制度转变。

四、澳大利亚：可再生能源市场定价机制

和英国类似，澳大利亚也是采用强制市场份额的形式来营造一定规模的可再生能源电力市场，并通过市场机制达到提升可再生能源电力价格的目的。

1999年11月，澳大利亚联邦政府宣布了支持可再生能源发展的国家目标。规定到2010年，可再生能源发电量应增加到255亿千瓦时，相当于全国总发电量的12%；可再生能源的供应量增加2%。[3] 2000年通过了《可再生能源电力法》，提出了强制性可再生能源目标政策（MRET），要求所有的州和地区的电力零售企业和批发企业都应按比例执行这个措施，保证措施也是通过联邦立法实现。具体操作上，澳大利亚引进可再生能源绿色证书系统。首先，确定了在资源和技术方面合格的可再生能源，包括太阳能、风能、海洋能、水力、地热、生物质（沼气等）、农作物副产品、林业产品副产品、食品加工和加工工业的副产品、污水、城市垃圾、太阳能热水系统、可再生能源独立电力供应系统、使用可再生燃料的燃料电池。据此确定可再生能源厂商，合格的可再生能源厂商每生产1兆瓦时的电量就得到一份绿色证书。责任方可以通过与可再生能源厂商签订合同获得绿色证书，或者以与个别当事人协商的价格购买绿色证书。证书可以在市场上进行交易。在每年的年末，应履行义务的批发企业和零售企业都要向管理者

---

[1] 王田等：《英国可再生能源义务政策最新进展及对我国的启示》，载于《中国能源》2012年第6期，第34页。

[2] 同上注。

[3] 参见2004年4月可再生能源法起草小组赴美国、澳大利亚调研报告《美国、澳大利亚可再生能源立法考察报告》。

提供足量的绿色证书以证实各自已经完成了规定的义务。对于未完成规定配额的责任人处以罚款，处罚标准定在40澳元/兆瓦时。[①] 但同时还规定如果在以后的三个季度内弥补了以前应完成的配额，则可以退回罚金。

2009年，澳大利亚修改了2000年的《可再生能源电力法》。《可再生能源电力法》(2010) 规定新的可再生能源目标计划（RET），确立了到2020年，年增45 000吉瓦时[②]（包括强制可再生能源目标时期的9 500吉瓦时），使20%的电力供应来自可再生能源的目标，并规定从2011年1月1日起，证书被分为大规模发电证书（LGCs）和小规模技术证书（STCs）两种。义务主体有每年分别购买和提交一定数量这些证书（包括STCs和LGCs）的法定义务。[③] 经过15年的发展，澳大利亚太阳能产业在全球占有一席之地。到2013年年底，澳大利亚太阳能光伏发电居世界第五位，太阳能热水器居世界第六位。[④]

不过，自2014年以来，有关澳大利亚将重新评估可再生能源目标，并取消碳税的做法对可再生能源产业巨大打击。[⑤]

五、各类价格机制的实施效果及经验启示

各类电价政各类电价机制各有特点，各有适用的前提条件和优缺点，但从实施的总体效果看，固定电价及其派生的溢价电价机制对发展可再生能源电力市场的刺激力度是最大、最有效的，也是采用国家最多的（见图13 - 2）。

通过分析上述几种价格机制，可以得到以下经验：首先，大多数价格机制都强调鼓励可再生能源电力参与竞争，但前提是完善的开放的竞争性电力市场；其次，在市场竞争环境中，建立政府管制下的价格政策体系。虽然各类价格机制特点和实施效果不同，但一个普遍共同之处是，在完全市场化的电力体制下所建立的政府管制或指导下的价格政策体系。政府管制或指导下的价格政策并不与市场竞争相矛盾，同样以促进可再生能源电力的供求平衡、实现可再生能源的资源优化配置为主要目标，并且价格政策的实施也在模拟市场化运作方式进行运作，实现政府管制和市场化的结合；最后，各类价格机制和政策实施效果不同，其经济代价也不一样。在可再生能源电力发展前期和中期阶段（发展规模不大，在电源

---

① 参见2004年4月可再生能源法起草小组赴美国、澳大利亚调研报告《美国、澳大利亚可再生能源立法考察报告》。
② 吉瓦时（GWh），表示电量单位，1GWh = 1 000 000kWh。
③ 周少鹏等：《澳大利亚可再生能源配额制及对我国的启示》，载于《中国能源》2012年第2期。
④ 参见 REN 21, Renewables 2014 Global Status Report, table。
⑤ "澳大利亚将重新评估可再生能源目标"，人民网：http://env.people.com.cn/n/2014/0224/c1010 - 24445076.html（最后访问日期：2014年8月19日）。

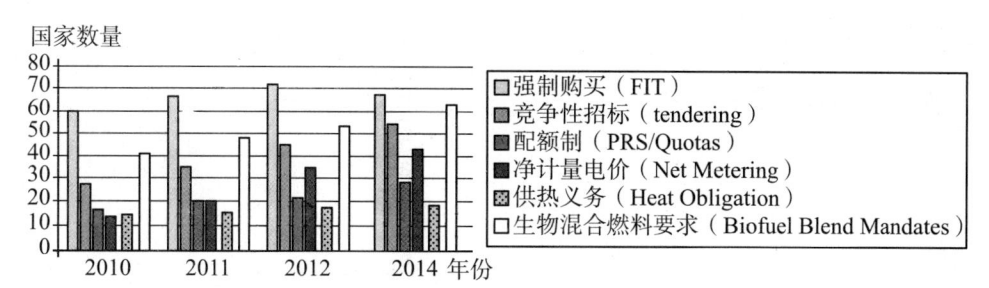

图 13-2　2010~2014 年前期国际上实行不同可再生
能源政策的国家汇总数

注：横坐标指各阶段可再生能源政策，该政策每组均包括 6 项，从左至右分别是电力政策中的强制购买（FIT）、竞争性招标（tendering）、配额制（PRS/Quotas）、净计量电价（Net Metering），以及供热制冷政策中的供热义务（Heat Obligation）、交通政策中的生物混合燃料要求（Biofuel Blend Mandates）；纵坐标指国家汇总数，这些国家是指全国或者国内部分地区正在实行可再生能源政策的国家。

资料来源：2014 年全球可再生能源状况报告。

结构中的比例比较小）时，固定电价和溢价电价机制实施的经济代价相对较小，而当可再生能源电力呈现规模发展且在电源结构中占据一定的份额时，在成熟的电力市场环境下，市场电价机制实施的经济代价则相对小。

从各国新近的发展趋势来看，可再生能源的政策也不是固定不变的。例如，德国是实在固定电价政策最具代表性的国家，但是经过近 15 年的发展，德国对可再生能源的补贴逐渐下降，接近取消固定电价政策，捷克、西班牙、希腊已经取消了可再生能源固定电价制度。而实行可再生能源配额制的国家，则因其一开始将可再生能源产业的发展交由市场而导致可再生能源产业市场发展乏力，又回头转向可再生能源固定电价制度。如英国就十分典型。美国也于 2013 年能源法（Energy Act）中规定，于 2017 年取消对新参与者的可再生能源配额义务。

从发展中国家发展可再生能源的政策和立法来看，除印度、印度尼西亚、斯里兰卡、墨西哥、南非、菲律宾等少数国家外，大多数使用了固定电价制度。

在除固定电价与配额制两种不同的制度选择外，大多数国家在政策上采取混合政策，还会使用净计量政策、招投标政策、绿色证书以及投资返还以及税收优惠等政策措施，促进可再生能源产业的发展。

第十四章

我国新能源与可再生能源电力价格形成机制

我国从 2003 年开始电力体制的改革，随着改革的深入，实施发电竞价上网，是电力市场改革的正确方向。但是可再生能源电力在短期内还不能与常规电力直接竞价上网，需要采用特殊的定价机制，保证可再生能源上网优先和全部上网。设计合理的电价政策，要根据不同的可再生能源技术发展水平、社会平均成本，分门别类地制定相应的电价标准或电价标准制定规则。建立和实施可再生能源电价制度的目的是，减少可再生能源发电项目审批程序、明确投资回报、降低项目开发成本和限制不正当竞争。

2003 年 7 月，国务院下发了《电价改革方案》。与以往历次的电价改革不同，这次改革是定价机制的重要变革。通过改革，突出价格信号对电力投资的引导作用、提高效率、促进增长、保护环境，使电价成为资源配置的杠杆，电力供需的风向标。电价改革带来机制转变，在建立区域电力市场的基础上，我国形成一套包括两部制电价、竞价上网、丰枯电价、峰谷电价、需求侧管理在内的新型定价机制。电价改革的内容是形成以下几个方面的转变：一是原来的综合成本电价将划分为上网电价、输电价格、配电价格和终端销售电价，发电、售电价格由市场竞争形成，输配电价实行监管下的政府定价；二是在电价改革的过渡期，上网电价根据各区域电力市场的实际情况，采用多种定价方式，主要是两部制电价，即容量电价与电量电价；三是在水电比重大的地区，为了调节和平衡丰枯季节电力供求，实行上网环节的丰枯电价；四是在具备条件的地区，实行集中竞价的同时，在合理指定输配电价的基础上，允许较高电压等级或较大用电量用户、独立核算的配电公司与发电企业进行双边交易，双边交易的电量和电价由买卖双方协商确定；五是电价改革加强需求侧管理的力度；六是《电价改革方案》中明确提出，风电、地热等可再生能源暂不参与市场竞争，电力市场成熟时可以由政府规定供电企业售电量中可再生能源的比例，建立专门的竞争性可再生能源市场。

因此，建立可再生能源电价机制和政策体系，既符合电价改革的发展方向，也符合可再生能源电力技术多样化的现实要求。

第一节　我国可再生能源电力价格机制的回顾

在 2006 年之前，我国没有建立明确的可再生能源电力定价机制，也没有统一的可再生能源电力上网价格政策。由于可再生能源发电项目少、规模小，都是按照项目逐一审批，采用的是项目定价的方式。但是，因为可再生能源电力技术不够成熟，所以成本确定难度大，项目定价的成本依据严重不足，各项目之间的定价方式也不统一。因此，可以说，2006 年之前，我国可再生能源电力定价机制基本上是空白。

2006 年 1 月 1 日《可再生能源法》开始实施，其中明确提出，"可再生能源发电项目的上网电价由国务院价格主管部门根据不同类型可再生能源发电的特点和不同地区的情况，按照有利于促进可再生能源开发利用和经济合理的原则确定，并根据可再生能源开发利用技术的发展适时调整。上网电价应当公布。"之后，国家有关部门出台了一系列与可再生能源电价有关的政策文件。政策实施以来，促进了我国可再生能源电力的发展。以下就 2006 年后各类可再生能源技术的电价政策的实施逐一分析。

一、风电

（一）风电电价形成的历史

我国的风电价格政策，经历了四个不同的历史阶段：

一是完全竞争上网的阶段。这是风电发展的初期阶段，即 20 世纪 90 年代初到 1998 年左右。由于风电设备基本上是由国外援助资金购买的，上网电价很低，上网电价的收入仅够维持风电场运行，例如 90 年代初期建成的新疆达坂城风电场，一直采用这种电价，上网电价的水平基本上与燃煤电厂持平，上网价格不足

0.3 元/千瓦时。

　　二是审批电价阶段。这是风电电价的"春秋战国"时代,即 1998 年左右到 2003 年。上网电价由各地价格主管部门批准,报中央政府备案,这一阶段的风电价格五花八门,最低的仍然是采用竞争电价,与燃煤电厂的上网电价相当,例如中国节能投资公司建设的张北风电场,沿用相当于燃煤电厂的上网电价,而最高上网电价超过 1 元/千瓦时,例如浙江的括苍山风电场上网电价高达 1.2 元/千瓦时。

　　三是招标和审批电价并存阶段。这是风电电价的"双轨制"阶段,即从 2003 年到 2005 年。这一阶段与前一阶段的分界点是首期特许权招标,出现招标电价和审批电价并存的局面,即国家组织的大型风电场采用招标的方式确定电价,到 2005 年年底共开展了 3 轮招标,而在省(市、区)级项目审批范围内的项目,仍采用的是审批电价的方式。

　　四是招标加核准方式阶段。这一阶段是在 2006~2008 年,主要标志是 2006 年 1 月《可再生能源法》生效以及国家可再生能源电力价格和费用分摊等有关政策的出台。根据国家有关政策规定:风电电价通过招标方式产生,电价标准根据招标电价的结果来确定。因此,这一阶段的风电电价采用的是招标加核准的方式。

　　五是标杆电价阶段。这一阶段是 2009 年之后,主要标志是 2009 年 7 月国家发改委《关于完善风力发电上网电价政策的通知》。根据该项政策规定,国家依据不同资源区制定陆上风电标杆上网电价。具体根据风能资源和工程建设条件将全国分为四类风能资源区,制定了每千瓦时 0.51 元、0.54 元、0.58 元及 0.61 元四种电价。

　　图 14-1 是到 2005 年年底前部分风电场上网电价水平的比较,它表明长期以来上网电价水平是有很大差别的。但是从目前标杆价格水平看,基本上与国外上网电价水平相接近,这一点可能说明,实施特许权招标电价之前的上网电价水平(除了个别情况之外)基本上还是理性的。造成风电上网电价差异较大的根本原因是风能资源的差异,也有价格形成机制的因素。资源条件差异形成的价格差别是正常的,但是价格形成机制的因素造成的价格差异,往往容易成为人们批评的焦点。同一地区的风电场出现不同价格的情况,例如,在同一时期建设运行的南澳的三个风电场,上网电价分别为 0.74 元/千瓦时、0.62 元/千瓦时和 0.46 元/千瓦时,高低相差高达 0.28 元/千瓦时,则不能认为是理性的。

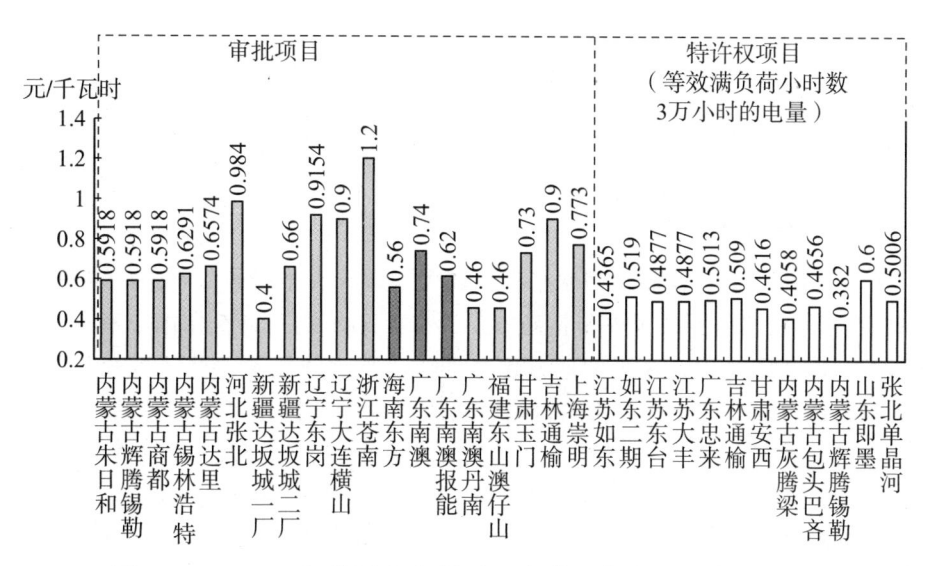

图 14-1　2005 年前风电审批项目和前四期特许权招标项目上网电价（不含税）

（二）风电电价政策的内涵

2006 年 1 月，国家发展和改革委员会公布了《可再生能源发电价格和费用分摊管理试行办法》（以下简称《试行办法》），其中规定风电电价确定的原则是：风电项目的上网电价实行政府指导价，电价标准由国务院价格主管部门按照招标形成的价格确定。

出台以招标形式来确定风电价格的政策，当时主要是基于这样的考虑：到 2005 年年底，我国已经开展了 3 轮特许权招标项目，在利用招标形式确定风电价格方面已经积累了一定的经验，并且招标政策在降低风电成本，扩大应用规模上取得了积极的效果。风电实行招标定价，政策的本意是指通过招标电价制定电价标准，而不是必须对每一个项目都实行招标定价。因此，在政策出台后，风电业界估计可能采取的操作方式是：先试行一段采用招标方式核准每一个风电项目的上网电价，通过一定数量的招标项目，在上网电价水平基本能反映当地风电成本和合理利润的时候，就逐步过渡到以招标方式确实当地的风电电价标准水平。由于当时特许权招标项目较少，招标电价的水平还不能反映风电项目的成本和合理盈利状况。通过一定数量的项目的实施，以招标方式确定的风电项目上网电价会逐步趋于合理，届时通过招标方式确定的电价标准会更加合理。

此外，在《试行办法》中，还明确了：在 2006 年后由政府能源主管部门批准或核准建设的可再生能源发电项目，电价高出当地脱硫燃煤机组标杆上网电价的部分，由可再生能源电价附加支付。可再生能源电价附加也自 2006 年 6 月 30

日按照 1 厘/千瓦时的标准在销售电价中征收（2008 年 7 月开始调整，逐步从每千瓦时 1 厘提高 2 厘、8 厘，2013 年提高到 1.5 分/千瓦时）。因此，对于风电等可再生能源电力，电价高出的部分已经有了费用的出口。

（三）招标电价的问题

（1）招标方式形成的价格水平存在较大的差异，难以确定各地区电价标准。自 2006 年年初实行新的风电价格政策后，除了第 4 期和第 5 期国家特许权招标项目外，许多省（市、区）的地方政府也陆续组织开展了一些风电项目的前期准备和招标。但是，招标出来的价格，出现了同一地区风资源相近的不同项目，上网电价存在较大差异的情况，也出现了上网电价畸低和畸高的情况。例如，2006 年的第 4 期国家特许权招标项目，电价分别为 0.4058 元/千瓦时、0.4566 元/千瓦时、0.4656 元/千瓦时、0.5006 元/千瓦时，而地方组织的装机为 5 万千瓦以下的风电项目的招标电价则基本在 0.50 元/千瓦时以上，大部分为 0.55～0.65 元/千瓦时，个别甚至高达 0.8 元/千瓦时左右。基本上，在同一地区风资源相近的不同项目，国家特许权项目的招标电价和地方招标电价要相差 0.1 元/千瓦时甚至更多，而据业内专家初步估算，这一差额已经远远超出了风电场因容量大小不同而出现的合理价差，并且，这些地方招标项目的电价，尚需获得政府价格主管部门的核准，今后才能够享受可再生能源电价附加的补贴。

（2）不明确的价格信号影响了外资和民营企业介入风电市场。由于电价是按照项目单一进行招标和核准的，因此上网电价没有给风电开发商带来明确的投资信号，对外资和民营企业投资风电产生了一定的影响。政策试行后，尚无一家外资和民营企业赢得国家组织的特许权招标项目，使得部分外资和民营企业对我国的风电价格政策产生了疑虑。目前无论是国家组织的招标，还是地方核准的风电项目，开发商大多是国有大型发电和能源企业。

（四）风电标杆电价（固定电价）

1. 地方招标风电项目的上网电价

2007 年，风电价格政策实施取得了一些新的进展。该年 6 月，国家发展改革委对河北、内蒙古、吉林、甘肃、新疆、福建的 23 个风电招标项目进行了电价核准和批复，12 月又对河北、黑龙江、辽宁、内蒙古、宁夏、新疆、山西、福建的 72 个风电招标项目进行电价核准和批复，这 95 个项目的总装机为 423.95 万千瓦，总体的价格水平为 0.51～0.61 元/千瓦时。在价格核准过程中，对个别招标形成的价格做了微调，但各项目价格水平的高低基本能和当地风资源情况相协调，并且在一些省区，如吉林、辽宁、宁夏、新疆、山西，省内报批的风电项目所核准的电价完全一致，内蒙古的几十个风电项目也被核准为 0.51～0.54 元/千瓦时的三个电价水平。因此，在通过多个招标项目确定分地区的风电上网电价标准水平方面，我国已经迈出了重要的一步。核准的价格水平给风电业界一个较为明显的价格信号，为今后出台分地区的风电上网电价标准打下了基础。图 14-2 所示为国家特许招标项目和 2006 年以后国家核准风电上网电价。

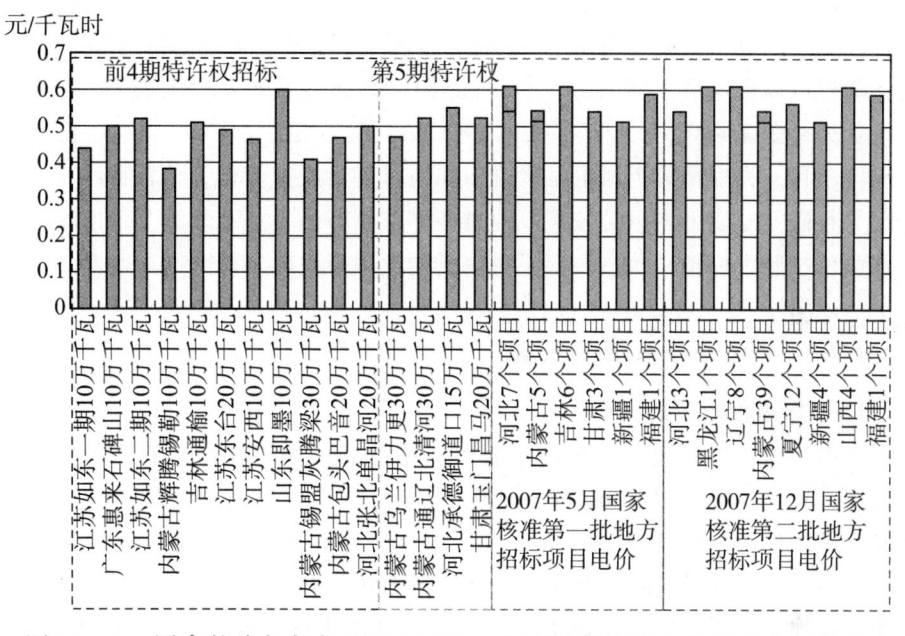

图 14-2 国家特许权招标项目和 2006 年后国家核准风电项目上网电价

2. 国家风电固定电价政策

2009 年 7 月，国家发改委公布《关于完善风力发电上网电价政策的通知》。该通知按风力资源从优到劣划分Ⅰ、Ⅱ、Ⅲ、Ⅳ类风力资源区。Ⅰ类资源区为：内蒙古自治区除赤峰市、通辽市、兴安盟、呼伦贝尔市以外其他地区；新疆维吾尔自治区乌鲁木齐市、伊犁哈萨克族自治州、昌吉回族自治州、克拉玛依市、石河子市，上网电价为 0.51 元/度。Ⅱ类资源区为：河北省张家口市、承德市；内蒙古自治区赤峰市、通辽市、兴安盟、呼伦贝尔市；甘肃省张掖市、嘉峪关市、酒泉市，上网电价为 0.54 元/度。Ⅲ类资源区为：吉林省白城市、松原市；黑龙江省鸡西市、双鸭山市、七台河市、绥化市、伊春市、大兴安岭地区；甘肃省除张掖市、嘉峪关市、酒泉市以外其他地区；新疆维吾尔自治区除乌鲁木齐市、伊犁哈萨克族自治州、昌吉回族自治州、克拉玛依市、石河子市以外其他地区；宁夏回族自治区，上网电价为 0.58 元/度。Ⅳ类资源区为除Ⅰ类、Ⅱ类、Ⅲ类资源区以外的其他地区，上网电价为 0.61 元/度。该上网价标准自 2009 年 8 月 1 日起实行。2009年8月1日之前核准的风电项目,上网电价仍按原有规定执行。文件规定,今后新建陆上风电项目,包括沿海地区多年平均大潮高潮线以上的潮上滩涂地区和有固定居民的海岛地区,统一执行所在风能资源区的风电标杆上网电价。跨省区边界的同一风电场原则上执行同一上网电价,价格标准按较高的风电标杆上网电价执行。此项政策不包括海上风电项目上网电价。

为促进海上风电产业健康发展,2014年6月19日,国家发改委发布《关于海上风电上网电价政策的通知》,明确了国内海上风电的标杆电价:2017年以前投运的近海风电项目上网电价为每千瓦时0.85元(含税),潮间带风电项目上网电价为每千瓦时0.75元(含税)。该政策同时规定,2017年及以后投运的海上风电项目,将根据海上风电技术进步和项目建设成本变化,结合特许权招投标情况另行研究制定上网电价政策。通过特许权招标确定业主的海上风电项目,其上网电价按照中标价格执行,但不得高于同类项目政府定价水平。

(五)风电电价政策的实施

1. 招标电价政策的实施

风电价格政策的出台,推动了我国风电市场的快速发展。到2005年年底,我国累计安装风电机组1 864台,装机容量为126.5万千瓦。但2006年当年,我国新安装的风电机组即达到1 445台,总容量133万千瓦,超过以往历年的总和,年增长率达到107%,2007年年底达到590万千瓦,提前3年实现《可再生能源中长期发展规划》中提出的目标,风电累计装机总量居世界第5位。但是,在2006年新安装且并网发电的机组中,只有32.86万千瓦为2006年后核准的项目,其余的约100万千瓦都是2005年年底前获得政府核准的。按照《试行办法》的规定,这些项目不属于可再生能源电价附加补贴的范围。但是,为了鼓励风电的发展,政府在2007年9月公布的《2006年度可再生能源电价补贴和配额交易方案》中,放宽了可再生能源电价附加补贴的范围,包含了2005年年底前核准并且2006年之后投产的风电项目。因此,在2006年度的补贴方案中,有31个风电项目获得了价格补贴,总装机容量为133万千瓦。在2007年1~9月的补贴方案中,有54个风电项目获得了价格补贴,总装机容量为256万千瓦。风电价格政策的实施促进了我国风电市场的繁荣发展,并通过市场规模的迅速扩大,带动了国内风电产业的起飞,自2005年,全国新建的风电整机制造企业超过40家,一些企业具备了批量生产兆瓦级风电机组的能力。

2. 固定电价政策的实施

2009年风电标杆电价政策出台后,对风电产业带来积极影响:(1)对投资者投资风电的投资预期将起到很好的引导作用,有利于减少低电价竞标的恶性竞争，消除了风电产业的不确定性；（2）风电运营商的投资回报率得到保障，从而增强了风电行业投资的可持续性；（3）风电电价的确定将直接导致部分依赖地方政府扶持的高电价低品位风电场市场的萎缩，有利于风电场利用小时数的正常化；（4）将使地方性审批环节大大缩短甚至取消，提高风电场开发的效率；（5）有利于降低地方政府对风电产业的干预和民营资本更大程度的参与，使风电场运营环节和整机招标更接近市场化，并因此而有利于市场化程度高的风电整机厂的竞争；（6）在由发改委大型风电场的特许权招标时，风电电价将不再是考虑的因素。而质量、运行维护成本和可靠性等因素将成为各大整机厂的必争之地，这将有利于竞争格局的稳定，将加大优势风电整机厂的市场集中度，同时将加大弱势风电整机企业被整合的可能性。

从 2009 年风电固定电价出台以来，我国风电发展更趋稳定，到 2013 年，中国（不包括台湾地区）新增装机容量 16 088.7 兆瓦，同比增长 24.1%；累计装机容量 91 412.89 兆瓦，同比增长 21.4%。新增装机和累计装机两项数据均居世界第一。[①] 图 14-3 反映了 2001 年以后，特别是 2009 年风电标杆电价出台后我国风电装机情况。

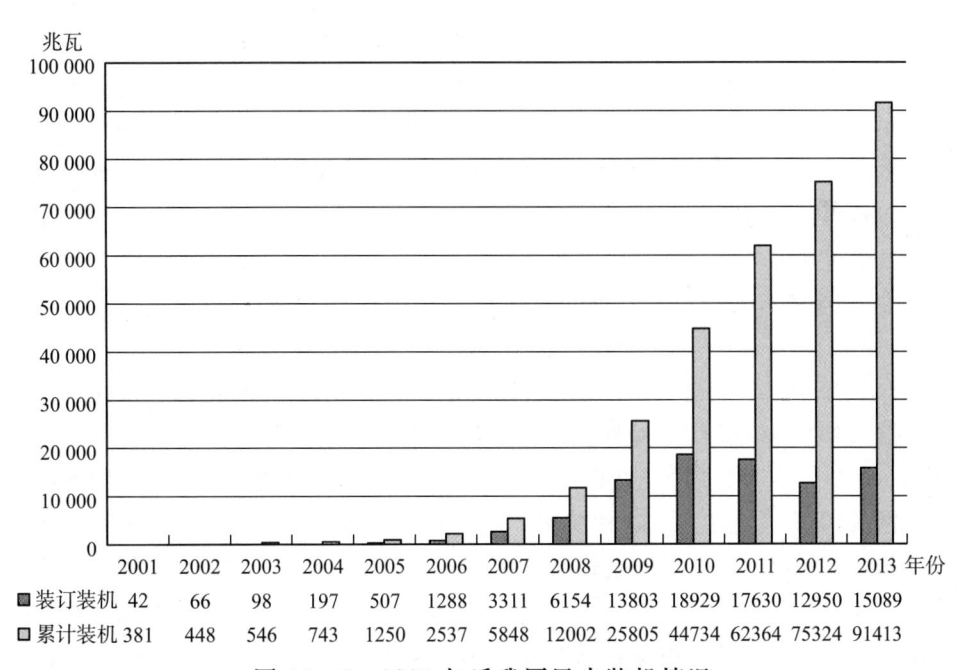

图 14-3 2001 年后我国风电装机情况

资料来源：CWEA。

---

① 中国风能协会：《2013 年中国风电装机统计》。

二、太阳能发电

(一) 太阳能发电电价政策的发展

1. 2006 年前，太阳能发电电价政策空白

并网的太阳能发电有两种，一种是光伏发电，另一种光热发电。我国并网太阳能发电从 2005 年开始起步，建立了 40 多座容量在几十千瓦到 1 兆瓦不等的光伏电站，基本处于中小系统的示范阶段，大型并网光伏发电和太阳能热发电尚属于空白。因此，太阳能发电价格政策也基本上是空白。

2. 2007～2010 年，地方价格部门报，国家核准；或者招标电价

光伏发电技术成熟，我国的光伏制造业也有很好的基础，2008 年已经位居世界第一，如果有合适的价格政策支持，市场能够实现超速发展。但太阳能发电价格昂贵，光伏发电和热发电的投资成本有一定的差异，发电成本都远高于常规能源电力。据 2005 年所做的初步测算，我国太阳能发电上网的激励电价应在 5 元/千瓦时以上，既远远高于国际太阳能发电上网的电价水平，又脱离我国国民经济发展的实际承受能力（我国每 1 千瓦时的电量，还不能产生 5 元的效益），也不符合经济合理的要求。因此，《可再生能源发电价格和费用分摊管理试行办法》对于太阳能发电，采用的是按照合理成本加合理利润的原则，由政府按照项目定价。通过这样的政策，希望保持太阳能发电适度的发展速度，既为太阳能发电技术进步和产业发展提供空间，又在国家经济可以承受的范围之内。

在 2008 年，实行被业内简单称为"一事一议"的政府定价政策。包括两类项目：

（1）屋顶光伏发电（BIPV）项目。BIPV 项目是在配电侧并网，即在电网的用户端（400 伏/230 伏）并网，光伏系统发出来的电大部分就近被用户负载消耗掉，属于"自发自用"。只有当负载很轻的时候才有可能通过电力变压器向高压电网（10 千伏）送电。这种情况下可以有两种计量和计费办法：①给光伏发电特殊的上网电价，光伏发电的电量和用户用电分开计量，电网公司根据光伏电表支付高电价，用户用电根据用户电表支付普通电费；②不给光伏发电特殊的高电价，允许光伏发出的电抵消用户从电网的购电（当光伏发电时，用户电表倒转），用户按照用户电表的净读数支付电费，相当于电网公司用销售电价购买光伏电量。这就是美国和日本的"净电表"制。国家发展改革委在 2008 年 8 月核准了上海崇明岛 1 兆瓦屋顶光伏发电项目，电价为 4 元/千瓦时。

（2）大型并网荒漠电站（LS - PV）。LS - PV 同大型风电场一样，属于在发电侧并网（10千伏/35千伏），基本没有自用电，无论高低都必须给出上网电价，因而不可能采用"净电表"制。①西藏羊八井100千瓦光伏试验电站：该电站由科技部投资，电池板是韩国捐助。2006年该电站发电285 714千瓦时，纳入2006年度可再生能源电价补贴计划，共补贴了10万元（相当于0.35元/千瓦时）。由于该项目为中国科技部和韩国贸工部的合作项目，两国政府为该项目已经提供了大部分初始投资，这也是给业界的一个信号，国家对并网光伏发电项目的支持可以通过中央和地方，以示范项目投资补贴和上网电价等多种方式来体现。②广东南澳岛100千瓦光伏试验电站：该电站由华能集团公司建设，电站建在华能南澳风电场内，所发的电同风电一起馈入电网，因此其上网电价相当于南澳风电场的电价（0.5元/千瓦时）。③内蒙古鄂尔多斯205千瓦聚光光伏电站：2008年8月获得国家发展改革委电价核准，电价为4元/千瓦时。

3. 太阳能发电特许权招标

2009年6月，敦煌1万千瓦荒漠电站项目确定了中标开发商，价格1.09元/千瓦时。2010年9月，西北六省区13个项目28万千瓦中标结果，0.7288～0.9907元/千瓦时。

4. 太阳能发电上网电价政策——固定电价

2011年7月24日，为规范太阳能光伏发电价格管理，促进太阳能光伏发电产业健康持续发展，决定完善太阳能光伏发电价格政策。国家发展改革委发布《关于完善太阳能光伏发电上网电价政策的通知》，按照社会平均投资和运营成本，参考太阳能光伏电站招标价格，以及我国太阳能资源状况，对非招标太阳能光伏发电项目实行全国统一的标杆上网电价。2011年7月1日以前核准建设、2011年12月31日建成投产、国家发展改革委尚未核定价格的太阳能光伏发电项目，上网电价统一核定为每千瓦时1.15元；2011年7月1日及以后核准的太阳能光伏发电项目，以及2011年7月1日之前核准但截至2011年12月31日仍未建成投产的太阳能光伏发电项目，除西藏仍执行每千瓦时1.15元的上网电价外，其余省（区、市）上网电价均按每千瓦时1元执行。对于通过特许权招标确定业主的太阳能光伏发电项目，其上网电价按中标价格执行，中标价格不得高于太阳能光伏发电标杆电价。对享受中央财政资金补贴的太阳能光伏发电项目，其上网电量按当地脱硫燃煤机组标杆上网电价执行。太阳能光伏发电项目上网电价高于当地脱硫燃煤机组标杆上网电价的部分，仍按《可再生能源发电价格和费用分摊管理试行办法》（发改价格〔2006〕7号）有关规定，通过全国征收的可再生能源电价附加解决。

（二）目前太阳能发电上网电价

经过多年的发展和电价政策的支持，我国光伏产业快速发展，光伏电池制造产业规模迅速扩大，市场占有率位居世界前列，光伏电池制造达到世界先进水平，多晶硅冶炼技术日趋成熟，形成了包括硅材料及硅片、光伏电池及组件、逆变器及控制设备的完整制造产业体系光伏发电国内应用市场逐步扩大，发电成本显著降低，市场竞争力明显提高。

但是，在全球光伏市场需求增速减缓、产品出口阻力增大、光伏产业发展不协调等多重因素作用下，我国光伏企业普遍经营困难。同时，我国光伏产业存在产能严重过剩、市场无序竞争，产品市场过度依赖外需、国内应用市场开发不足、技术创新能力不强、关键技术装备和材料发展缓慢，迫切需要财政资金支持并完善补贴机制。为此，国务院于2013年出台《关于促进光伏产业健康发展的若干意见》（国发〔2013〕24号），要求"完善电价和补贴政策。对分布式光伏发电实行按照电量补贴的政策。根据资源条件和建设成本，制定光伏电站分区域上网标杆电价，通过招标等竞争方式发现价格和补贴标准。根据光伏发电成本变化等因素，合理调减光伏电站上网电价和分布式光伏发电补贴标准。上网电价及补贴的执行期限原则上为20年。根据光伏发电发展需要，调整可再生能源电价附加征收标准，扩大可再生能源发展基金规模。光伏发电规模与国家可再生能源发展基金规模相协调"。为落实该意见，国家发展改革委于2013年8月26日发布《关于发挥价格杠杆作用促进光伏产业健康发展的通知》。根据该通知，光伏发电电价包括：光伏电站价格和分布式光伏发电价格。

1. 光伏电站价格

根据各地太阳能资源条件和建设成本，将全国分为三类太阳能资源区，相应制定光伏电站标杆上网电价。Ⅰ类资源区为宁夏，青海海西、甘肃嘉峪关、武威、张掖、酒泉、敦煌、金昌，新疆哈密、塔城、阿勒泰、克拉玛依，内蒙古除赤峰、通辽、兴安盟、呼伦贝尔以外地区，上网电价为含税0.90元/千瓦时；Ⅱ类资源区为北京，天津，黑龙江，吉林，辽宁，四川，云南，内蒙古赤峰、通辽、兴安盟、呼伦贝尔，河北承德、张家口、唐山、秦皇岛，山西大同、朔州、忻州，陕西榆林、延安，青海、甘肃、新疆除Ⅰ类外其他地区，上网电价含税为0.95元/千瓦时；Ⅲ类资源区为除Ⅰ类、Ⅱ类资源区以外的其他地区，上网电价为含税1.0元/千瓦时。光伏电站标杆上网电价高出当地燃煤机组标杆上网电价的部分，通过可再生能源发展基金予以补贴。

2. 分布式光伏发电价格

对分布式光伏发电实行按照全电量补贴的政策，电价补贴标准为含税每千瓦时0.42元，通过可再生能源发展基金予以支付，由电网企业转付；其中，分布式光伏发电系统自用有余上网的电量，由电网企业按照当地燃煤机组标杆上网电价收购。对分布式光伏发电系统自用电量免收随电价征收的各类基金和附加，以及系统备用容量费和其他相关并网服务费。

分区标杆上网电价政策适用于 2013 年 9 月 1 日后备案（核准），以及 2013 年 9 月 1 日前备案（核准）但于 2014 年 1 月 1 日及以后投运的光伏电站项目；电价补贴标准适用于除享受中央财政投资补贴之外的分布式光伏发电项目。

三、生物质发电

1. 2010 年前固定补贴电价政策

生物质发电原料来源复杂，资源状况有很大的不确定性，技术本身也存在一定的不确定性，在《试行办法》中规定，对生物质发电实行政府定价，具体是："生物质发电项目上网电价实行政府定价，由国务院价格主管部门分地区制定标杆电价，电价标准由各省（自治区、直辖市）2005 年脱硫燃煤机组标杆上网电价加补贴电价组成。补贴电价标准为 0.25 元/千瓦时。发电项目自投产之日起，15 年内享受补贴电价；运行满 15 年后，取消补贴电价。"为了鼓励技术进步，《试行办法》还明确"自 2010 年起，每年新批准和核准建设的发电项目的补贴电价比上一年新批准和核准建设项目的补贴电价递减 2%"。

采用固定补贴的价格政策，生物质发电项目的电价不随燃煤火电标杆电价变动而变动，在一定的时期内，有可以预见的价格水平，有利于开发商对项目投资效益进行测算。这一政策出台后，政策实施的效果非常显著，尤其是在农林废弃物直燃发电方面。

到 2005 年年底，我国生物质发电装机容量为 210 万千瓦，其中主要是蔗渣发电，为 170 万千瓦，此外还有 5 万千瓦的碾米厂稻壳发电、30 多万千瓦的城市垃圾焚烧发电和一些规模不大的生物质气化发电的示范项目。2006 年，随着国家对解决"三农"问题政策和生物质发电价格政策的出台，国内开始掀起秸秆、林木废弃物发电的热潮（见图 14-4），中央和地方政府核准的农林剩余物生物质发电项目达 50 处，总装机容量超过 150 万千瓦，其中中央政府核准生物质发电项目 39 处，总装机容量为 128.8 万千瓦，总投资 100.79 亿元，到 2006 年年底，全国在建利用农林剩余物生物质发电项目 34 处，分布在山东、吉林、江苏、河南、黑龙江、辽宁和新疆等省区，总装机容量 120 万千瓦，山东单县和河北威县两座发电站也相继投产发电。到 2007 年年底，全国核准农林废弃物直燃发电项目已达 82 处，在建项目超过 40 处，已经投产项目达到 13 个，投产项目总装机容量为 29.5 万千瓦。此外，垃圾填埋气发电、垃圾直燃发电、有机废弃物发酵沼气发电等的市场也在政策的激励下不断发展，2006 年生物质气化以及垃圾填埋气发电项目投产 3 万千瓦，在建的有 9 万千瓦。

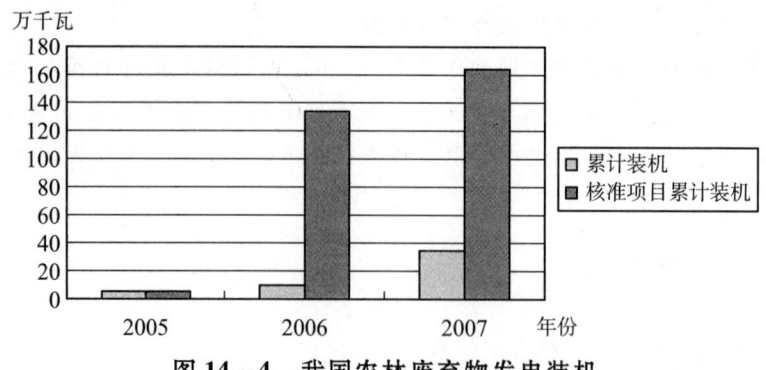

图 14-4 我国农林废弃物发电装机

2. 2010 年后分类补贴政策

统一的补贴标准不适用于不同的生物质发电技术（林业废弃物、沼气、垃圾、秸秆等）的发展。如生物质发电按照区域脱硫燃烧标杆电价进行分类，使西部生物质发电价格过低；固定补贴电价政策对国产化设备不利（垃圾发电）；对混燃发电项目没有从电价政策中获益（农林废物、垃圾等）；生物质发电电价没有和煤电联动等。为此，2010 年 7 月 18 日，国家发展改革委发布了《关于完善农林生物质发电价格政策的通知》，对农林废弃物实行固定电价 0.75 元/千瓦时。为引导垃圾焚烧发电产业健康发展，促进资源节约和环境保护，国家发展改革委于 2012 年 3 月发布《关于完善垃圾焚烧发电价格政策的通知》，以生活垃圾为原料的垃圾焚烧发电项目，均先按其入厂垃圾处理量折算成上网电量进行结算，每吨生活垃圾折算上网电量暂定为 280 千瓦时，并执行全国统一垃圾发电标杆电价每千瓦时 0.65 元（含税）。

四、地热能、海洋能发电

在现有的政策中，对于地热能发电和海洋能发电，采用的是和太阳能发电一样的按照合理成本加合理利润的原则，由政府按照项目定价。

虽然对太阳能发电、地热能发电、海洋能发电的定价方式一样，但是采取项目定价的原因是不一样的，太阳能发电主要是由于高成本，地热能发电主要是由于资源的不确定性带来的成本的不确定性，海洋能发电主要是由于技术的不确定性带来的成本的不确定性。

五、现有电价机制和政策的特点和存在的问题

我国现有可再生能源电价机制和政策有如下特点：一是政府管制下的价格政

策体系。无论是政府定价还是政府指导价，在现有价格政策体系中，政府管制是确定价格的主导；二是基本没有考虑在电力市场中竞争。与国外溢价电价、市场电价机制不同的是，我国现有的可再生能源电力价格政策基本没有考虑可再生能源在电力市场的竞争，即使是风电特许权招标制度，也只是风电开发商或投资商之间就开发权的竞争，也就是风电内部的竞争。政府管制的作用是直接作用于行业的，没有通过市场之手发挥作用。

现有价格机制和政策存在的问题是：第一，固定电价制度本身尚不是非常健全完备。固定电价制度应当具备以下制度要素：适用的可再生能源电力技术、项目范围界定；固定电价费率的计算方法；不同可再生能源电力的分类定价；不同项目规模的分类计价；固定电价的支付期限；资金筹措机制；可再生能源电力的保障性收购和优先上网机制；接网费等费用的分摊机制；高效的行政程序；制度实施的定期评估和报告机制等。当前，我国可再生能源固定电价制度只侧重于解决上网电价及其费用分摊，对其他要素重视不够。第二，现有有关固定电价制度缺乏费率递减的规定。如我国除生物质发电有补贴时效限制外，没有对固定电价递减率的规定；没有针对技术进步的特别激励措施。第三，补贴资金的筹措仍然过于依赖财政；资金支付、周转的程序过长；现有的某些可再生能源固定电价制度，比如农林生物质按区域、资源情况进行区别规定；仍未能涵盖地热能、潮汐能等电力类型，等等。这些问题均会导致一系列的问题，如固定电价的递减率以及支付期限不明确，那么在继续增大财政负担的同时，将不利于产业技术的提升。这些均表明我国固定电价制度仍然不够完善。

第二节 我国可再生能源电力价格政策选择

由于各类技术发展水平和进入市场的特性不同，对于近期、中期、长期的时间概念不是以公历纪年的绝对时间来考虑的，而是按照可再生能源电力技术发展的成熟度来考虑，即在示范和商业化发展起步阶段为近期，在快速增长的准商业化发展阶段为中期，技术成熟和具有经济竞争力的规模化商业化发展阶段为长期。

一、风电

风电技术基本成熟，已经开始规模化发展，目前其成本基本不超过煤电的2

倍,如果加上外部效益,其成本已经基本和煤电相当。政策建议是:

近期(2015年前):根据标准成本法,依据风能资源情况,以采用固定价格政策为主,其他(如招标价格)为辅的方式,并配合强制上网政策,保障投资商的合理收益,规范市场,从而实现风电快速发展。也可以考虑电力产品的外部价值,参考各地煤电的成本和价格,制定有差别的风电电价,以体现当地发电电量的经济价值和风电经济特性的地区差异。

中期(2020年前):结合我国电力改革,参考西班牙目前的做法,在适当地区开展风电竞价试点,国家根据其外部效益,依据机会成本法,确定合适的价格补贴标准。

长期(2020年及以后):风电在经济性上具有和煤电竞争能力,价格等经济政策将不成为国家支持重点,国家对风电的支持主要体现在电网建设、提高电网调度水平、储能技术等方面,消除风电上网技术障碍,使风电直接参与市场竞争。

二、太阳能发电

太阳能光伏发电技术成熟,未来有巨大资源潜力和成本下降空间,但目前价格昂贵,太阳能热发电未来技术发展和成本下降的不确定性较大,且目前电价也比较高。建议是:

近期(2020年前):依据标准成本法制定价格,但国家需要其他手段控制适当的发展规模,既保证太阳能发电项目一定的投资回报率,给太阳能发电产业提供一定的成长空间和机会,又要避免经济代价过大,并根据成本降低情况随时调整价格标准。可以考虑采用招标方式确定太阳能发电项目的开发权,同时也做到控制适当的发展规模,促进太阳能发电提高效率、降低成本。

中期(2030年前):预计太阳能发电的成本在2030年前后可以下降到目前的风电、生物质发电左右的水平(或者说,是届时化石能源电力成本的1~2倍),结合我国电力改革,在适当地区开展太阳能发电竞价试点,国家根据其外部效益,依据机会成本法,确定合适的价格补贴标准。

长期(2030年后):太阳能发电实现规模发展,在经济性方面直接参与市场竞争。

三、生物质发电

生物质发电技术多样、技术较为成熟,成本和价格与原料成本相关,原料成本受煤炭等常规能源成本影响，因此成本下降空间比较小。建议是：

近期（2015年前）：依据标准成本法制定价格，对生物质发电技术采取固定价格政策，但不同技术价格水平可能不一样，并配合强制上网政策为生物质发电投资提供保障。也可以考虑电力产品的外部价值和生物质发电原料价格与煤炭价格相关的情况，参考各地煤电的成本和价格，制定有差别的生物质发电电价，以体现当地发电电量的经济价值。

中长期（2015年后）：2020年前结合我国电力改革，在适当地区开展生物质发电竞价试点，国家根据其外部效益，依据机会成本法，确定合适的价格补贴标准。生物质发电由于资源量有一定的限制，且生物质利用的长期发展方向是液体燃料，因此生物质发电长期的发展规模预计为几千万千瓦，且由于成本下降空间小（反而有可能随着煤电等常规化石能源电力成本的上升而增加），建议2020年后，依据届时生物质发电的实际成本和煤电成本比较、生物质发电和生物液体燃料利用的经济性比较等，调整生物质能利用的方向，决定是否给予价格补贴还是直接参与市场竞争。

四、地热发电和海洋能发电

地热能资源有限，发电技术较为成熟，但发电项目级的资源探测技术不够成熟，海洋能资源潜力大，但技术不成熟，因此，应技术研发和试点示范先行，待技术基本成熟，价格机制可以参照太阳能发电发展模式和经验。

第三节　我国可再生能源电力价格测算与方案

一、我国可再生能源电力价格测算基本方法

可再生能源电价测算采用2006年7月3日由国家发展改革委和建设部以"发改投资［2006］1325号文"印发、要求在投资项目的经济评价工作中使用的《建设项目经济评价方法与参数（第三版）》中的方法。

按照该方法，我国可再生能源电价由以下部分组成：

$$上网电价 = 发电成本 + 税金 + 利润（税后）$$

其中：

发电成本＝折旧费＋维修费＋工资福利＋保险金＋利息＋其他

税金＝增值税＋增值税附加＋所得税

增值税＝售电收入/(1＋增值税率)×增值税率－增值税进项抵扣

增值税附加＝增值税×附加税率

所得税＝(售电收入－发电成本－增值税及附加)×所得税率

利润＝售电收入－发电成本－税金

内部收益率（IRR）计算公式：

$$NPV = \sum_{i=0}^{n} CF_i \times (1 + IRR)^{-i} = 0$$

其中，NPV 为净现值，CF 为第 i 年的净现金流。通过选择适当的电价水平，使得项目的净现值在给定预期收益率下，净现值为 0。该电价为基准收益率下的上网电价。

二、风电电价水平测算和政策选择

（一）基本方案测算

根据目前我国风电场的投资和运行费用情况，对我国风电电价进行测算。主要数据考虑如下：

1. 基本参数

（1）自有资金按照 30% 考虑。

（2）贷款期限按照 15 年，年利息按照 7.83% 计算（2007 年 12 月央行将 15 年贷款基准利率由原来的 6.12% 调整为 7.83%，允许各银行上下浮动 10%，这里按照最新的基准贷款利率计算）。

（3）增值税：按照 8.5% 考虑（2001 年 11 月，财政部和国家税务总局发文，规定风电项目享受增值税减半征收政策）。

（4）增值税附加：8%（其中城市维护建设税为 5%，教育附加税为 3%）。

（5）所得税：25%（自 2008 年，国家规定企业所得税由原来的 33% 下调到 25%，一些省区有地方性的所得税减免政策，但由于不普遍，这里统一采用最新的所得税率计算）。

（6）项目的建设年限为 1 年，寿命期为 20 年。

（7）折旧率：考虑 15 年还贷期，按照扣除固定资产残值后直线折旧计算。

2. 投资

项目初始投资包括：

（1）可行性研究费用：包括现场考察、初步设计、编制可行性研究报告等，这部分费用大概占到初投资的2%。

（2）项目开发费用：包括审批立项、项目管理、招投标费用等。这部分费用大概占到初投资的1%。

（3）工程设计：包括系统设计、土建施工设计、结构设计、电气设计等，按照2%考虑。

（4）硬件设备投入：主要包括风电机组整机、塔架、变电系统和接网线路等，这部分费用大约占初投资的80%。

（5）设备运输和安装调试：根据建设地点和建筑类型而会有所不同，这部分包括土建施工、工程安装、设备公路、铁路运输以及工程监理费用等，大约占总投资的15%。

其中风电机组整机占据了风电场初始投资的大部分。表14-1列出了国内主要整机机型2007年的市场价格情况。由于风电整机的容量不同，风电单位初始投资存在较大的差别，如外资企业在国内生产的1.5~2兆瓦机型的价格约是内资企业生产的750千瓦至1兆瓦机型的单位千瓦投资的2倍。总体来看，国内风电场的初始投资一般为8 000~13 000元/千瓦。在本节计算中，采用10 000元/千瓦作为基准初始投资（见表14-2）。

表14-1　风电主要整机机型市场价格情况（2007年）

机型（千瓦）	企业类型	市场价格（元/千瓦）
750	内资	4 500
850	外资独资、国内生产	6 000
1 000	内资	4 800
1 250	外资独资、国内生产	6 600
1 500	内资	6 000~6 300
1 500	外资独资、国内生产	7 000~9 000
2 000	外资独资、国内生产	9 000

表14-2　风电项目经济分析计算的基本参数

项目建设期	1年
项目规模	5万千瓦
经营年限	20年
单位初投资成本	10 000元/千瓦

续表

工作人员	12 人
人均工资收入	3 万元/人
年维护费用等	2%
资本金比例	30%
贷款年利率	7.83%
贷款偿还年限	15 年
流动资金	200 万元
增值税率	8.5%
所得税率	25%
折旧年限	15 年

3. 运行费用

（1）年运行维护费用：按照初始投资考虑，取 1.5%；

（2）保险费用和其他运营费用：按照初始投资考虑，这里取 0.5%；

（3）年工资及福利费：按照 12 人设计，人均工资 3 万元。

4. 负荷因子的选择

风电项目的投资回报率和负荷因子（对于风电，一般用年等效满负荷小时数来表示）有着极为密切的关系。根据中国气象局在 2003~2005 年所做的全国风能资源普查结果（见表 14-3），并考虑目前的风机技术水平，我国风电年等效满负荷小时数平均应在 2 000 小时左右，其中内蒙古、新疆、甘肃等资源好的三北地区应在 2 500 小时以上，东北、沿海地区风电场可以达到 2 000~2 250 小时。但是，由于我国的风电还处于商业化发展初期，风机制造产业不够成熟，兆瓦级机组在 2005 年才开始试运行，2007 年刚刚开始批量生产，许多机型尤其是兆瓦级机型的可靠性有待检验，在运行过程中出现一些技术问题也不可避免，因此，我国目前风电场风机的故障率偏高，直接影响了发电小时数和风电场的经济效益。2008 年年初，中国水电工程咨询集团公司对已经建设的并在 2007 年年底运行满一年的 40 多个风电场进行了调研，根据这些风电场的实际运行数据，年平均等效满负荷小时数在 1 800 小时，内蒙古、新疆、甘肃等资源较好的三北地区的风电场可以达到 2 250~2 500 小时，东北、沿海地区风电场一般可以达到 1 800~2 000 小时。其他内陆地区风电场少，一般在 1 600~1 800 小时。今后，随着风机制造产业的成熟，设备故障率下降，预计年平均等效满负荷小时数可以达到预期的 2 000 小时左右。

表 14-3　　　　　　　　　　我国风能资源区划

地区分类	地区分类	年有效风能功率密度（瓦/平方米）	地区	年等效满发小时数（小时）	2007年实际年等效满发小时数（小时）
一	资源丰富区	≥200	三北（华北、东北、西北）北部地区，沿海地带及其岛屿	2 200~3 000	>2 000
二	资源较丰富区	100~200	是风能丰富区的三北和沿海两大带向内陆的扩展。包括新疆中部、黑龙江东部、吉林南部、青海东部、甘肃北部、宁夏、山西北部、河北北部、山东西部、河南、湖北北部、安徽、西藏北部	2 000 左右	1 800 左右
三	资源可利用区	50~100	风能资源较丰富区向内陆延伸。该区域基本不具备建设风电场的条件，只有在特殊的地理环境下，风能资源才较丰富，如大湖泊、大河谷、山口等，其开发利用的面积较小	1 500 左右	—
四	资源贫乏区	<50	主要是盆地，包括四川盆地为中心的周边地区、塔里木盆地、雅鲁藏布江河谷等	—	—

5. 基本方案测算结果

根据表 14-2 中的条件，测算风电价格见图表 14-4。

表 14-4　　　　　　　　　风电价格测算结果　　　　　　　　单位：元/千瓦时

IRR	6%	6%	8%	8%	10%	10%
年等效满发小时数（小时）	全部资本金	自有资本金	全部资本金	自有资本金	全部资本金	自有资本金
1 750	0.7415	0.7370	0.8640	0.7865	0.9950	0.8363
2 000	0.6485	0.6448	0.7560	0.6881	0.8705	0.7318
2 250	0.5767	0.5732	0.6720	0.6117	0.7740	0.6505
2 500	0.519	0.5158	0.6050	0.5505	0.6965	0.5855

根据我国的风资源情况，在资源条件好的地区如三北地区，上网电价水平也应至少在 0.55 元/千瓦时以上（年等效满负荷小时数达到 2 500 小时及以上），在风资源较好的地区（年等效满发小时数达到 2 000~2 500 小时），电价应至少在 0.65 元/千瓦时以上，而对于风资源一般的内陆等地区的风电场（年等效满发小时数在 1 800 小时），电价应在 0.75 元/千瓦时左右，才能保证风电投资商获得比较合理的收益。

（二）上网电价政策和电价水平方案设计

根据现有的风电价格政策，对风电上网电价水平的方案进行如下设计：按照某一固定等效满负荷小时数（如 2 000 小时）的电量作为计算上网电价的区分点，自项目投产之日起，15 年（或 30 000 小时）内享受固定的补贴电价，即风电场每年实际等效满负荷小时数在该固定小时数以内的电量，按当地燃煤火电标杆电价的基础上加补贴计价，超出该固定小时数后的电量，不享受补贴。项目运行满 15 年（或 30 000 小时）起，一律按当时电网平均上网电价计算。好处在于既考虑了风能资源的区域差异，也部分地反映经济适应能力的地区差异，一方面可以照顾到达到基准条件的风能资源得到积极地开发利用；另一方面也可以起到鼓励企业技术进步、尽可能地提高上网电量、充分利用风能资源的目的。对风电项目进行这样的电价水平设计也是参考了我国风电特许权招标的经验。2003~2007 年，我国共进行了 5 轮风电国家特许权招标项目，中标规模合计 350 万千瓦，均采用的是 30 000 小时内采用中标电价、30 000 小时后采用市场竞争价格的政策，2006 年后的地方招标也是延续了这样的政策，虽然风电招标定价的方式引起的争议颇多，但 30 000 小时作为享受高电价的分界点，得到了风电业界和电网的普遍赞同和认可。

这里按照风电的补贴价格为 0.30 元/千瓦时进行测算，电价基数是各地区 2005 年脱硫燃煤火电标杆价格，以脱硫燃煤火电标杆价格为风电标杆电价基准有以下几层含义：

（1）价格稳定和可预见，风电电价不随燃煤火电标杆价格变动而变动，在同一地区，在一定的时期内，有可以预见的价格水平，有利于开发商对于其投资效益进行测算。

（2）鼓励降低成本，随着燃煤火电标杆价格的上涨，风电的价格将与燃煤发电价格靠拢，采用固定的参照基准，可以起到鼓励降低发电成本的效果。

（3）体现了地区差异，由于燃煤火电标杆电价体现了当地发电的边际成本，也体现了当地发电电量的经济价值，采用本省燃煤火电的标杆电价，可以很好地体现风电等可再生能源发电经济特性的地区差异。

以 2005 年的燃煤火电标杆价格为基准，主要是考虑目前国家对生物质发电实施的是固定补贴的价格政策，在各地区 2005 年脱硫燃煤火电标杆价格的基础上给予 0.25 元/千瓦时的固定补贴。虽然 2006 年后国家对各地区脱硫燃煤火电标杆价格进行了上调，但趋势一致，因此，在本方案设计中，对风电上网电价也以 2005 年脱硫燃煤火电标杆价格为基准，以尽可能保证可再生能源电价政策的统一性。

对于 30 000 小时如何执行，这里也设计了两种方案：

（1）每年对风电场所发电力的前 2 000 小时所发电量进行高电价补贴，优惠政策执行 15 年，如果 15 年累计所发电力不足 30 000 小时，则继续顺延到满发 30 000 小时为止。

（2）对风电场整个寿命期内前 30 000 小时所发电量进行高电价补贴。与第一种方式相比，这种方式可以有效刺激风电场开发商努力寻找和开发风资源好的风电项目，例如，一个风电场的年等效满负荷利用小时数达到 2 500 小时，则对于前 12 年的所发的全部电量都可以得到补贴，可以提高项目的经济性。

根据以上方法，采用经济分析模型，计算出全国各省（市、区）在不同的风能资源条件下，风电项目的投资回报率水平。具体结果见表 14-5 和表 14-6。

（三）其他经济激励政策和因素对风电电价的影响

1. 风电电价的敏感性分析

为了找出影响风电电价的主要因素，对风电电价进行敏感性分析，以等效满负荷小时数为 2 000 小时、内部收益率为 8% 作为基本方案，如图 14-5~图 14-7 所示。

从敏感性分析的计算结果可以看出：

（1）由于年等效满负荷小时数直接和销售收入相关，因此成为对电价影响最大的因素。

（2）初始投资成本对电价的影响略低于年等效满负荷小时数的影响，也是影响非常大的因素。例如，当初始投资下降到 9 000 元/千瓦时，电价可以下降到 0.60 元/千瓦时左右。2005 年前后，国内风电的初始投资一般是按照 9 000 元/千瓦时考虑的，但最近 3 年，由于全球风机供不应求以及能源、原材料上涨等因素，风电整机价格上升，造成初始投资增加，加上 2007 年年底的贷款利率调整等因素，使目前在等效满负荷小时数为 2 000 小时、内部收益率为 8% 的基准情况下，电价需要上升到 0.70 元/千瓦时左右的水平。因此，未来随着风电技术进步、风机制造水平的提高、风电的规模化发展，风电价格仍有一定的下降空间。

（3）运行成本对风电上网电价的影响很小，主要是在风电成本中，运行成本的份额小（见图 14-7）。

表 14-5　风电项目全部投资的资金回报率（内部收益率）

省（市、区）	2005年各省含脱硫煤电标杆电价（元/千瓦时）	风电价格：等效满负荷小时数2 000小时以内的风电上网电量按照含脱硫煤电标杆电价加上0.30元/千瓦时优惠，15年优惠，如15年累计所发电力不足30 000小时，则继续顺延满发30 000小时为止									风电价格：不考虑风能资源差别，全部风电上网电量按照用含脱硫煤电标杆电价加上0.30元/千瓦时，优惠电价享受30 000小时							
		年上网电量（用等效满负荷小时数表示）										年上网电量（用等效满负荷小时数表示）							
		1 750			2 000			2 250			2 500			1 750	2 000	2 250	2 500			
		风电平均电价元/千瓦时	全部投资回报率（%）		风电平均电价元/千瓦时	全部投资回报率（%）		风电平均电价元/千瓦时	全部投资回报率（%）		风电平均电价元/千瓦时	全部投资回报率（%）		风电平均电价元/千瓦时	全部投资回报率（%）	全部投资回报率（%）	全部投资回报率（%）	全部投资回报率（%）
上海	0.411	0.711	5.01		0.711	6.34		0.678	7.28		0.651	8.19		0.711	5.01	6.34	7.64	8.91
江苏	0.386	0.686	4.55		0.686	5.82		0.653	6.71		0.626	7.57		0.686	4.55	5.82	7.06	8.29
浙江	0.416	0.716	5.1		0.716	6.44		0.683	7.39		0.656	8.31		0.716	5.1	6.44	7.75	9.03
安徽	0.369	0.669	4.22		0.669	5.46		0.636	7.32		0.609	7.15		0.669	4.22	5.46	6.67	7.86
福建	0.379	0.679	4.41		0.679	5.67		0.646	6.55		0.619	7.4		0.679	4.41	5.67	6.9	8.11
北京	0.345	0.645	3.76		0.645	4.93		0.612	5.75		0.585	6.53		0.645	3.76	4.93	6.09	7.23
天津	0.345	0.645	3.76		0.645	4.93		0.612	5.75		0.585	6.53		0.645	3.76	4.93	6.09	7.23
冀北	0.345	0.645	3.76		0.645	4.93		0.612	5.75		0.585	6.53		0.645	3.76	4.93	6.09	7.23
冀南	0.339	0.639	3.64		0.639	4.8		0.606	5.6		0.579	6.37		0.639	3.64	4.8	5.95	7.07
山东	0.344	0.644	3.74		0.644	4.91		0.611	5.72		0.584	6.5		0.644	3.74	4.91	6.07	7.21
山西	0.259	0.559	1.99		0.559	2.93		0.526	3.55		0.499	4.15		0.559	1.99	2.93	3.88	4.82

续表

省（市、区）	2005年各省含脱硫煤电标杆电价（元/千瓦时）	风电价格：等效满负荷小时数2 000小时以内的风电上网电量按照用含脱硫煤电标杆电价加上0.30元/千瓦时优惠，2 000小时以外采用含脱硫煤电标杆电价，15年累计所发电力不足30 000小时，则继续顺延满发30 000小时为止								风电价格：不考虑风能资源差别，全部风电上网电量按照用含脱硫煤电标杆电价加上0.30元/千瓦时，优惠电价享受30 000小时							
		年上网电量（用等效满负荷小时数表示）								年上网电量（用等效满负荷小时数表示）							
		1 750		2 000		2 250		2 500		1 750		2 000		2 250		2 500	
		风电平均电价元/千瓦时	全部投资回报率（%）	风电平均电价元/千瓦时	全部投资回报率（%）	风电平均电价元/千瓦时	全部投资回报率（%）	风电平均电价元/千瓦时	全部投资回报率（%）	风电平均电价元/千瓦时	全部投资回报率（%）	风电平均电价元/千瓦时	全部投资回报率（%）	风电平均电价元/千瓦时	全部投资回报率（%）	风电平均电价元/千瓦时	全部投资回报率（%）
内蒙古	0.257	0.557	1.95	0.557	2.88	0.524	3.5	0.497	4.09	0.557	1.95	0.557	2.88	0.557	3.83	0.557	4.76
广西	0.354	0.654	393	0.654	5.13	0.621	5.96	0.594	6.76	0.654	393	0.654	5.13	0.654	6.09	0.654	7.47
海南	0.377	0.677	4.37	0.677	5.63	0.644	6.5	0.617	7.35	0.677	4.37	0.677	5.63	0.677	6.86	0.677	8.06
云南	0.255	0.555	1.9	0.555	2.83	0.522	3.45	0.495	4.04	0.555	1.9	0.555	2.83	0.555	3.77	0.555	4.7
贵州	0.267	0.567	2.16	0.567	3.13	0.534	3.77	0.507	4.39	0.567	2.16	0.567	3.13	0.567	4.1	0.567	5.06
广东	0.439	0.739	5.52	0.739	6.91	0.706	7.9	0.679	8.86	0.739	5.52	0.739	6.91	0.739	8.26	0.739	9.59
湖北	0.366	0.666	4.17	0.666	5.39	0.633	6.25	0.606	7.07	0.666	4.17	0.666	5.39	0.666	6.6	0.666	7.78
湖南	0.384	0.684	4.51	0.684	5.78	0.651	6.67	0.624	7.52	0.684	4.51	0.684	5.78	0.684	7.02	0.684	8.24
江西	0.372	0.672	4.28	0.672	5.52	0.639	6.39	0.612	7.22	0.672	4.28	0.672	5.52	0.672	6.74	0.672	7.93
河南	0.336	0.636	3.58	0.636	4.74	0.603	5.53	0.576	6.29	0.636	3.58	0.636	4.74	0.636	5.87	0.636	6.99
四川	0.333	0.633	3.52	0.633	4.67	0.600	5.46	0.573	6.21	0.633	3.52	0.633	4.67	0.633	5.8	0.633	6.91

续表

省（市、区）	2005年各省含脱硫煤电标杆电价（元/千瓦时）	风电价格：等效满负荷小时数2 000小时以内的风电上网电量按照用含脱硫煤电标杆电价加上0.30元/千瓦时优惠，15年优惠，如15年累计所发电力不足30 000小时，则继续顺延到满发30 000小时为止											风电价格：不考虑风能资源差别，全部风电上网电量按照用含脱硫煤电标杆电价加上0.30元/千瓦时，优惠电价享受30 000小时				
		年上网电量（用等效满负荷小时数表示）												年上网电量（用等效满负荷小时数表示）			
		1 750		2 000		2 250		2 500		风电平均电价元/千瓦时	1 750	2 000	2 250	2 500
		风电平均电价/元/千瓦时	全部投资回报率（%）	风电平均电价/元/千瓦时	全部投资回报率（%）	风电平均电价/元/千瓦时	全部投资回报率（%）	风电平均电价/元/千瓦时	全部投资回报率（%）		全部投资回报率（%）	全部投资回报率（%）	全部投资回报率（%）	全部投资回报率（%）
重庆	0.327	0.627	3.4	0.627	4.53	0.594	5.31	0.567	6.06	0.627	3.4	4.53	5.65	6.75
辽宁	0.347	0.647	3.78	0.647	4.98	0.614	5.8	0.587	6.58	0.647	3.78	4.98	6.14	7.28
吉林	0.339	0.639	3.64	0.639	4.8	0.606	5.6	0.579	6.37	0.639	3.64	4.8	5.95	7.07
黑龙江	0.337	0.637	3.6	0.637	4.76	0.604	5.55	0.577	6.32	0.637	3.6	4.76	5.9	7.02
内蒙古东部地区	0.330	0.63	3.46	0.63	4.6	0.597	5.38	0.57	6.14	0.63	3.46	4.6	5.72	6.83
陕西	0.282	0.582	2.48	0.582	2.15	0.549	4.17	0.522	4.82	0.582	2.48	2.15	4.5	5.5
宁夏	0.248	0.548	1.75	0.548	2.66	0.515	3.25	0.488	3.83	0.548	1.75	2.66	3.58	4.49
甘肃	0.242	0.542	1.62	0.542	2.51	0.509	3.09	0.482	3.64	0.542	1.62	2.51	3.41	4.31
青海	0.245	0.545	1.68	0.545	2.58	0.512	3.17	0.485	3.74	0.545	1.68	2.58	3.49	4.4
新疆	0.235	0.535	1.46	0.535	2.33	0.502	2.89	0.475	3.43	0.535	1.46	2.33	3.21	4.09

表14-6　风电项目自有资本金的回报率（内部收益率）（自有资本金为全部投资的30%）

省（市、区）	2005年各省含脱硫煤电标杆电价（元/千瓦时）	风电价格：等效满负荷小时数2 000小时以内的风电上网电量按照用含脱硫煤电标杆电价加上0.30元/千瓦时优惠，15年优惠，如15年累计所发电力不足30 000小时，则继续顺延到满发30 000小时为止											风电价格：不考虑风能资源差别，全部风电上网电量按照用含脱硫煤电标杆电价加上0.30元/千瓦时，优惠电价享受30 000小时						
		年上网电量（用等效满负荷小时数表示）											年上网电量（用等效满负荷小时数表示）					
		1 750		2 000		2 250		2 500		风电平均电价元/千瓦时	1 750		2 000		2 250		2 500	
		风电平均电价元/千瓦时	自有资金投资回报率（%）	风电平均电价元/千瓦时	自有资金投资回报率（%）	风电平均电价元/千瓦时	自有资金投资回报率（%）	风电平均电价元/千瓦时	自有资金投资回报率（%）		自有资金投资回报率（%）		自有资金投资回报率（%）		自有资金投资回报率（%）		自有资金投资回报率（%）
上海	0.411	0.711	3.68	0.711	7.14	0.678	9.73	0.651	12.27	0.711	3.68		7.14		10.89		14.82
江苏	0.386	0.686	2.5	0.686	5.73	0.653	8.18	0.626	10.59	0.686	2.5		5.73		9.28		13.04
浙江	0.416	0.716	3.91	0.716	7.42	0.683	10.03	0.656	12.6	0.716	3.91		7.42		11.2		1.17
安徽	0.369	0.669	1.68	0.669	4.74	0.636	7.1	0.609	9.78	0.669	1.68		4.74		8.15		11.8
福建	0.379	0.679	2.16	0.679	5.32	0.646	7.74	0.619	10.11	0.679	2.16		5.32		8.82		12.53
北京	0.345	0.645	0.5	0.645	3.3	0.612	5.52	0.585	7.71	0.645	0.5		3.3		6.51		9.97
天津	0.345	0.645	0.5	0.645	3.3	0.612	5.75	0.585	7.71	0.645	0.5		3.3		6.51		9.97
冀北	0.345	0.645	0.5	0.645	3.3	0.612	5.75	0.585	7.71	0.645	0.5		3.3		6.51		9.97
冀南	0.339	0.639	0.2	0.639	2.94	0.606	5.12	0.579	7.28	0.639	0.2		2.94		6.09		9.5
山东	0.344	0.644	0.45	0.644	3.24	0.611	5.46	0.584	7.64	0.644	0.45		3.24		6.44		9.9
山西	0.259	0.559	<0	0.559	<0	0.526	<0	0.499	0.86	0.559	<0		<0		<0		2.52

续表

省（市、区）	2005年各省含脱硫煤电标杆电价（元/千瓦时）	风电价格：等效满负荷小时数2 000小时以内的风电上网电量按照用含脱硫煤电标杆电价加上0.30元/千瓦时优惠，15年优惠，如15年累计所发电力不足30 000小时，则继续顺延到满发30 000小时为止									风电价格：不考虑风能资源差别，全部风电上网电量按照用含脱硫煤电标杆电价加上0.30元/千瓦时，优惠电价享受30 000小时				
		年上网电量（用等效满负荷小时数表示）								风电平均电价元/千瓦时	年上网电量（用等效满负荷小时数表示）			
		1750		2000		2250		2500			1750	2000	2250	2500
		风电平均电价元/千瓦时	自有资金投资回报率（%）	风电平均电价元/千瓦时	自有资金投资回报率（%）	风电平均电价元/千瓦时	自有资金投资回报率（%）	风电平均电价元/千瓦时	自有资金投资回报率（%）		自有资金投资回报率（%）	自有资金投资回报率（%）	自有资金投资回报率（%）	自有资金投资回报率（%）
内蒙古	0.257	0.557	<0	0.557	<0	0.524	<0	0.497	0.68	0.557	<0	<0	<0	2.33
广西	0.354	0.654	0.94	0.654	3.85	0.621	6.12	0.594	8.36	0.654	0.94	3.85	7.13	10.67
海南	0.377	0.677	2.07	0.677	5.21	0.644	7.61	0.617	9.97	0.677	2.07	5.21	8.69	12.39
云南	0.255	0.555	<0	0.555	<0	0.522	<0	0.495	0.5	0.555	<0	<0	<0	2.13
贵州	0.267	0.567	<0	0.567	<0	0.534	<0	0.507	1.57	0.567	<0	<0	0.55	3.3
广东	0.439	0.739	4.97	0.739	8.67	0.706	11.41	0.679	14.09	0.739	4.97	8.67	12.63	16.74
湖北	0.366	0.666	1.53	0.666	4.56	0.633	6.9	0.606	9.21	0.666	1.53	4.56	7.95	11.57
湖南	0.384	0.684	2.4	0.684	5.61	0.651	8.05	0.624	10.38	0.684	2.4	5.61	9.15	12.9
江西	0.372	0.672	1.82	0.672	4.91	0.639	7.29	0.612	9.62	0.672	1.82	4.91	8.35	12.02
河南	0.336	0.636	0.04	0.636	2.75	0.603	4.92	0.576	7.06	0.636	0.04	2.75	5.87	9.27
四川	0.333	0.633	<0	0.633	2.57	0.600	4.71	0.573	6.83	0.633	<0	2.57	5.66	9.03

续表

省（市、区）	2005年各省含脱硫煤电标杆电价（元/千瓦时）	风电价格：等效满负荷小时数2 000小时以内的风电上网电量按照用含脱硫煤电标杆电价加上0.30元/千瓦时，2 000小时以外采用含脱硫煤电标杆电价优惠，15年优惠，如15年累计所发电力不足30 000小时，则继续顺延满发30 000小时为止									风电价格：不考虑风能资源差别，全部风电上网电量按照用含脱硫煤电标杆电价加上0.30元/千瓦时，优惠电价享受30 000小时							
		年上网电量（用等效满负荷小时数表示）									年上网电量（用等效满负荷小时数表示）							
		1 750		2 000		2 250		2 500		1 750		2 000		2 250		2 500	
|| 风电平均电价元/千瓦时	自有资金投资回报率（%）	风电平均电价元/千瓦时	自有资金投资回报率（%）	风电平均电价元/千瓦时	自有资金投资回报率（%）	风电平均电价元/千瓦时	自有资金投资回报率（%）	风电平均电价元/千瓦时	自有资金投资回报率（%）	自有资金投资回报率（%）	自有资金投资回报率（%）	自有资金投资回报率（%）				
重庆	0.327	0.627	<0	0.627	2.19	0.594	4.3	0.567	6.39	0.627	<0	2.19	5.23	8.55			
辽宁	0.347	0.647	0.6	0.647	3.43	0.614	5.66	0.587	7.86	0.647	0.6	3.43	6.65	10.13			
吉林	0.339	0.639	0.2	0.639	2.94	0.606	5.12	0.579	7.28	0.639	0.2	2.94	6.09	9.5			
黑龙江	0.337	0.637	0.1	0.637	2.81	0.604	4.99	0.577	7.13	0.637	0.1	2.81	5.94	9.35			
内蒙古东部地区	0.330	0.63	<0	0.63	2.38	0.597	4.51	0.57	6.61	0.63	<0	2.38	5.44	8.79			
陕西	0.282	0.582	<0	0.582	<0	0.549	1.04	0.522	2.85	0.582	<0	<0	1.79	4.7			
宁夏	0.248	0.548	<0	0.548	<0	0.515	<0	0.488	<0	0.548	<0	<0	<0	1.42			
甘肃	0.242	0.542	<0	0.542	<0	0.509	<0	0.482	<0	0.542	<0	<0	<0	0.8			
青海	0.245	0.545	<0	0.545	<0	0.512	<0	0.485	<0	0.545	<0	<0	<0	1.11			
新疆	0.235	0.535	<0	0.535	<0	0.502	<0	0.475	<0	0.535	<0	<0	<0	0.05			

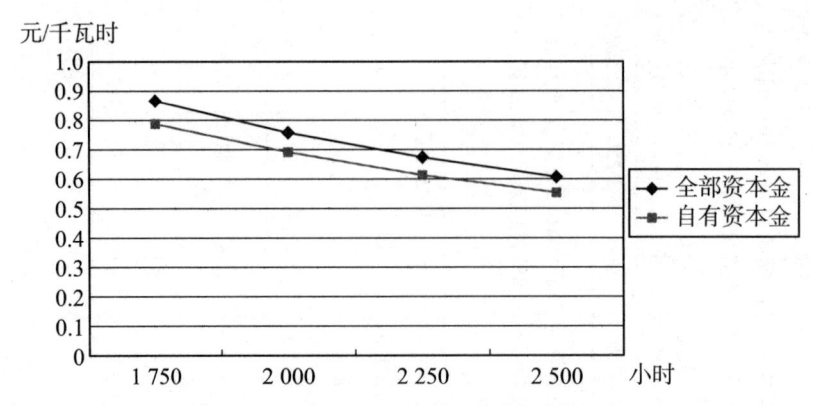

图 14-5 年等效满负荷小时数对风电上网电价的影响（IRR=8%）

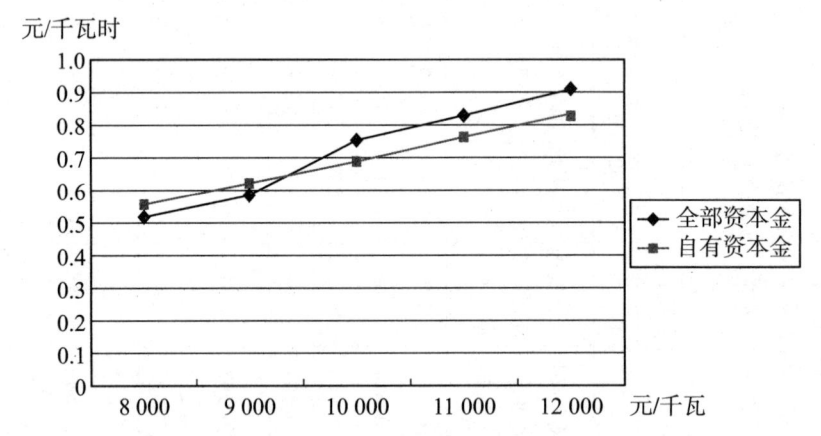

图 14-6 初始投资变化对风电上网电价的影响（IRR=8%，2 000h）

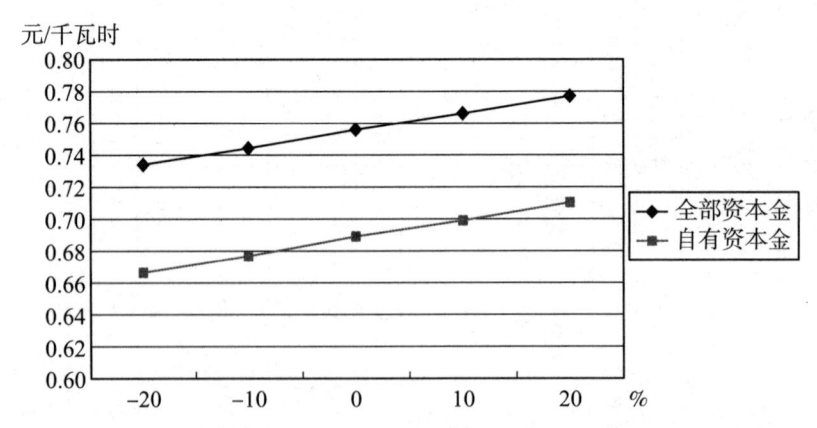

图 14-7 运行成本变化对风电上网电价的影响（IRR=8%，2 000h）

2. 风电电价的组成

在等效满负荷小时数为 2 000 小时、内部收益率为 8% 的基本方案下，风电成本的构成见表 14-7。

表 14-7　　　　　　　　　风电成本构成　　　　　　　　单位：%

初始投资和利息	71.3
经营成本	16.5
增值税及附加	9.2
所得税	3
合计	100

3. 其他经济激励政策的影响

（1）税收政策的影响。

税收、贷款等其他经济激励政策对风电成本也有比较大的影响。风电和煤电不一样，没有燃料进项税抵扣，因此增值税在风电成本中占据了比较大的比重（达到 9% 左右），尽管目前实施了增值税减半政策，在基准方案的 0.688 元/千瓦时的电价中，增值税就占了 0.058 元/千瓦时。如果采取即征即退的增值税政策（享受目前垃圾发电一样的政策），则在同样的收益率水平下，电价可以降低到 0.63 元/千瓦时。但相比之下，所得税的影响不大。

（2）贷款政策的影响。

贷款利率的变化对电价也有一定的影响。如果其他条件不变，在 15 年贷款利率为 6.12% 时（即 2007 年年底前的央行基准利率），则基准方案的电价即为 0.65 元/千瓦时。

（3）碳贸易的影响。

除此之外，还有一个对风电电价影响比较大的因素是"碳贸易"，目前风电等可再生能源发电被列入国家清洁发展机制（CDM）的优先领域，通过出售碳减排指标，风电项目可以获得一定的收益，收益水平是随国际碳减排的价格而变动，对风电项目，2007 年"经核证的减排量"（CER）的价格一般在 10 欧元/吨左右，这就意味着风电项目可以多获得约 0.1 元/千瓦时的额外收益。但并不是所有风电项目都能获得此收益，并且在这一收益是否能够长期获得方面还有很大的不确定性，加上 CER 的价格变动，风电的碳减排收益也存在一定的风险，这也是在本节核算风电电价时没有将 CDM 收益的影响考虑进去的原因。

因此，在制定具体的风电电价水平政策时，要综合考虑税收、补贴等其他经济激励政策以及 CDM 收益等的影响，确定合理的价格水平，保证风电投资企业获得合理的收益。

三、太阳能发电电价水平测算和政策选择

对于太阳能发电,这里只对技术成熟的并网光伏发电进行电价测算。并网光伏发电系统除了要求具备应急电源功能和作为可调度的调峰电源外,一般不带储能蓄电池,它将光伏电池所发出的电力直接馈入电网,一般都带有最大功率跟踪功能,因此除了故障停机和保护性停机外,总能发挥光伏电池的最大发电能力。

从应用场合来说,并网光伏发电系统主要有以下两种类型:

一是城市屋顶光伏发电系统:并网光伏发电系统在城市中应用不单独占地,而是结合城市建筑进行安装,可以安装在屋顶,也可以安装在建筑立面上,国外称之为与建筑结合的光伏发电系统,即 BIPV (Building Integrated PV)。城市屋顶并网发电系统带有光伏电池最大功率跟踪功能,整体运行效率较高。由于是建在城市建筑上,一般从电网的低压侧并入(220/380 伏),初投资不考虑升压变压器和输电线路。只考虑光伏电池具有合适的倾角、朝向南固定安装的情况,系统效率 75%(逆变器效率 95%,匹配损失 15%,其他效率 93%);系统造价 5 万~6 万元/千瓦,预计每年递减 3%~5%;有效发电量占实际发电能力的 90%。

二是大规模荒漠光伏发电系统:同与建筑结合的并网光伏发电系统相对应的是光伏系统大规模或超大规模应用,主要是指建设在开阔场地的荒漠电站,超大规模的定义是 1 万千瓦到几百万千瓦的规模。对于并网光伏发电系统,如果安装在开阔地,光伏电池可以任意选择安装倾角和朝向,或进行自动跟踪以获取最大的发电量,而与建筑结合的光伏发电系统则会受到建筑结构的限制,往往不能任意选择安装倾角和朝向。因此,与建筑结合的并网光伏发电系统的有效发电量要比开阔地安装的并网光伏发电系统低一些。大规模荒漠光伏发电从电网的高压干线并入(10 千伏或 35 千伏),初投资只考虑升压变压器,不考虑高压输电线路。只考虑光伏电池具有合适的倾角、朝向南固定安装的情况,系统效率 75%;系统造价 5 万~6 万元/千瓦,每年递减 5%;有效发电量占实际发电能力的 95%。

(一)基本方案测算

根据目前太阳能光伏发电系统投资和运行费用情况,对电价进行测算。主要数据考虑如下:

1. 基本参数

(1)自有资金按照 30% 考虑。

(2)贷款期限按照 15 年,年利息按照 7.83% 计算(2007 年 12 月央行将 15

年贷款基准利率由原来的6.12%调整为7.83%，允许各银行上下浮动10%，这里按照最新的基准贷款利率计算）。

（3）增值税：17%。

（4）增值税附加：8%（其中城市维护建设税为5%，教育附加税为3%）。

（5）所得税：25%（自2008年，国家规定企业所得税由原来的33%下调到25%，一些省区有地方性的所得税减免政策，但由于不普遍，这里统一采用最新的所得税率计算）。

（6）项目的建设年限为1年，寿命期为20年。

（7）折旧率：考虑15年还贷期，按照扣除固定资产残值后直线折旧计算。

2. 投资

项目初始投资包括（见表14-8）：

（1）可行性研究费用：包括现场考察、初步设计、编制可行性研究报告以及差旅费等。

（2）项目前期开发费用：包括审批立项、项目管理、招投标费用和差旅费等。

（3）工程设计：包括光伏系统设计、土建施工设计、结构设计、电气设计等，城市屋顶系统需要有与建筑结合的设计，费用要高一些。

（4）硬件设备投入：包括光伏电池组件、光伏电池支架、系统平衡设备（逆变器、控制器、变压器）、电缆、测试设备、配电系统等，这部分是光伏系统初始投资的最主要部分，占80%以上。

（5）设备运输和安装调试：根据建设地点和建筑类型而会有所不同，这部分包括土建施工、工程安装、设备公路、铁路运输以及工程监理费用等。

（6）税金以及人员培训、项目移交和文件等其他费用。

表14-8　　　　　并网光伏发电系统初投资构成

编号	项目	城市屋顶 投资（万元）	城市屋顶 比例（%）	荒漠电站 投资（万元）	荒漠电站 比例（%）
1	前期费用、可行性研究和工程设计	1.5~1.8	3.00	0.25~0.3	5.00
2	光伏电池（含支架）	3.8~4.52	76.00	3.5~4.2	70.00
3	并网逆变器	0.4~0.48	8.00	0.4~0.48	8.00
4	配电测量及电缆等	0.1~0.12	2.00	0.3~0.36	6.00
5	设备运输	0.1~0.12	2.00	0.2~0.24	4.00
6	安装调试	0.3~0.36	6.00	0.2~0.24	4.00
7	税金及其他	0.15~0.18	3.00	0.15~0.18	3.00
8	合计	5~6	100	5~6	100

3. 运行费用

(1) 运行维护费率一般取 0.3%~0.5%，这里取 0.5%。

(2) 大修理费：逆变器在寿命周期内需要更新一次，一次更新费用按并网光伏系统初投资的 10% 考虑，分摊在历年大修理费中，大修或更新时一次提取（但在计算发电成本时，这部分费用将折合后归类到投资成本中）。

(3) 年工资及福利费、保险费和其他运营费用：这部分按照初投资的 0.5% 计算。

4. 光伏系统电量产出

光伏系统综合效率为：

(1) 屋顶系统 80%。

(2) 荒漠电站 85%。

表 14-9 综合反映了光伏发电项目经济分析计算的基本参数。

表 14-9　　　　光伏发电项目经济分析计算的基本参数

项目建设期	1 年
经营年限	20 年
单位初投资成本	50 000 元/千瓦（低） 60 000 元/千瓦（高）
年维护费用等	1%
资本金比例	30%
贷款年利率	7.83%
贷款偿还年限	15 年
增值税率	17%
所得税率	25%
折旧年限	15 年

5. 负荷因子的选择

和风电一样，并网光伏发电项目的投资回报率和负荷因子（对于光伏发电，一般用年有效利用小时数来表示）有着极为密切的关系。我国太阳能资源地域分布有较大的差异，不同日照时数下发电量不一样，同样日照时数屋顶系统和荒漠电站的发电量也不一样见表 14-10 和表 14-11，因此，测算出的价格也有差别。

表 14-10　　全国分省不同发电方式的年有效利用小时数　　单位：小时

地区划分	省	省会	年可利用小时数	城市建筑并网年有效利用小时数	荒漠电站年有效利用小时数
西北地区	新疆	乌鲁木齐	1 694.60	1 355.68	1 440.41
	西藏	拉萨	2 453.40	1 962.72	2 085.39
	内蒙古	呼和浩特	1 929.90	1 543.92	1 640.42
	青海	西宁	1 962.30	1 569.84	1 667.96
	甘肃	兰州	1 738.70	1 390.96	1 477.90
	宁夏	银川	1 849.50	1 479.60	1 572.08
	山西	太原	1 761.40	1 409.12	1 497.19
	陕西	西安	1 511.10	1 208.88	1 284.44
	云南	昆明	1 554.80	1 243.84	1 321.58
东部及沿海	黑龙江	哈尔滨	1 496.20	1 196.96	1 271.77
	吉林	长春	1 608.20	1 286.56	1 366.97
	辽宁	沈阳	1 618.80	1 295.04	1 375.98
	河北	石家庄	1 558.30	1 246.64	1 324.56
	河南	郑州	1 521.90	1 217.52	1 293.62
	山东	济南	1 636.50	1 309.20	1 391.03
	广东	广州	1 343.40	1 074.72	1 141.89
	广西	南宁	1 378.80	1 103.04	1 171.98
	湖北	武汉	1 377.70	1 102.16	1 171.05
	江西	南昌	1 449.60	1 159.68	1 232.16
	江苏	南京	1 483.60	1 186.88	1 261.06
	福建	福州	1 323.20	1 058.56	1 124.72
	浙江	杭州	1 318.30	1 054.64	1 120.56
	海南	海口	1 494.80	1 195.84	1 270.58
	北京	北京	1 748.40	1 398.72	1 486.14
	天津	天津	1 459.70	1 167.76	1 240.75
	上海	上海	1 445.00	1 156.00	1 228.25
资源差地区	湖南	长沙	1 287.20	1 029.76	1 094.12
	安徽	合肥	1 211.50	969.20	1 029.78
	四川	成都	1 179.90	943.92	1 002.92

续表

地区划分	省	省会	年可利用小时数	城市建筑并网年有效利用小时数	荒漠电站年有效利用小时数
资源差地区	重庆	重庆	1 179.90	943.92	1 002.92
	贵州	贵阳	1 139.40	911.52	968.49
全国平均			1 551.2	1 085.8	1 241.0 / 1 318.5

资料来源：国家发改委能源研究所研究报告。

表 14-11　　不同有效利用时数条件下的年发电量

有效利用时数（小时）	1kW 系统年发电量（千瓦时）
900	810
1 000	900
1 100	990
1 200	1 080
1 300	1 170
1 400	1 260
1 500	1 350
1 600	1 440
1 700	1 530
1 800	1 620
1 900	1 710
2 000	1 800

资料来源：国家发改委能源研究所研究报告。

6. 基本方案测算结果

按照 8% 的内部收益率，计算得到表 14-12 的含税电价结果。如果年有效利用小时数为 1 500 小时，则 5 万~6 万元/千瓦的初始投资情况下的核算的含税电价为 5.24~6.29 元/千瓦时。如果考虑屋顶系统和荒漠电站电力输出的差异，则电价是有差异的，荒漠电站的价格水平要低 5%~10%，以北京地区为例：

（1）北京地区光伏屋顶系统的年有效利用小时数为 1 399 小时，相应测算电价为 5.62~6.51 元/千瓦时。

（2）北京地区荒漠电站的年有效利用小时数为 1 486 小时，如果光伏发电项目所在地的有效利用小时数为 1 500 小时，则相应测算电价为 5.24~6.29 元/千瓦时。

核算电价的总体水平是：

（1）对于我国西部的大部分地区，如果建设城市屋顶系统，年有效利用小时数普遍可达 1 400～2 000 小时，电价水平为 4.0～6.5 元/千瓦时；但在这些地区，更有潜力建设的光伏系统是荒漠电站，年有效利用小时数普遍可达 1 500～2 100 小时，电价水平为 3.7～6.3 元/千瓦时。

（2）除了四川、重庆、贵州、安徽等个别省区外，其他我国中东部的大部分地区，如果在这些地区荒漠电站，年有效利用小时数普遍可达 1 200～1 500 小时，电价水平为 5.2～7.8 元/千瓦时；但是，在这些地区未来光伏发电建设的重点应是城市屋顶系统，年有效利用小时数普遍可达 1 100～1 400 小时，电价水平为 5.6～8.6 元/千瓦时。

表 14-12　　　　　　　含税电价测算　　　　　单位：元/千瓦时

年有效利用小时数（小时）	初始投资（低）	初始投资（高）
900	8.73	10.48
1 000	7.86	9.43
1 100	7.15	8.58
1 200	6.55	7.86
1 300	6.05	7.26
1 400	5.62	6.51
1 500	5.24	6.29
1 600	4.91	5.90
1 700	4.62	5.55
1 800	4.37	5.24
1 900	4.14	4.96
2 000	3.93	4.72

与德国、西班牙现有的电价政策和水平相比，这里测算出的光伏发电上网电价普遍高，在太阳能资源方面，我国和欧洲差别并不大，电价高出的主要原因是我国没有出台支持太阳能发电的投资补贴、税收、信贷等其他经济激励政策（而这些费率要高于德国、西班牙等国家）。

（二）其他经济激励政策和因素对光伏发电电价的影响

1. 光伏发电电价的敏感性分析

为了找出影响光伏发电电价的主要因素，对电价进行敏感性分析，以初始投资为 50 000 万元/千瓦、年有效利用小时数为 1 500 小时、内部收益率为 8% 作为基本方案，如图 14-8~图 14-10 所示。

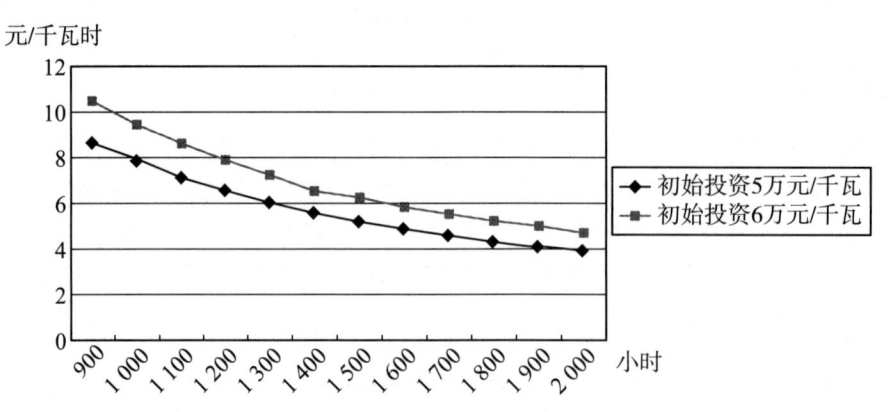

图 14-8 年有效利用小时数对光伏发电上网电价的影响（IRR=8%）

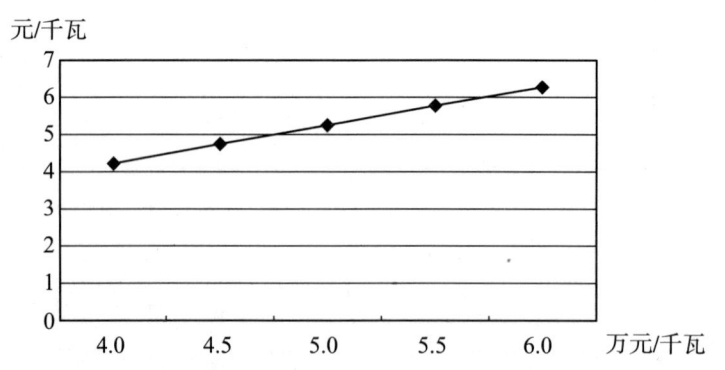

图 14-9 初始投资变化对光伏发电上网电价的影响（IRR=8%，1 500h）

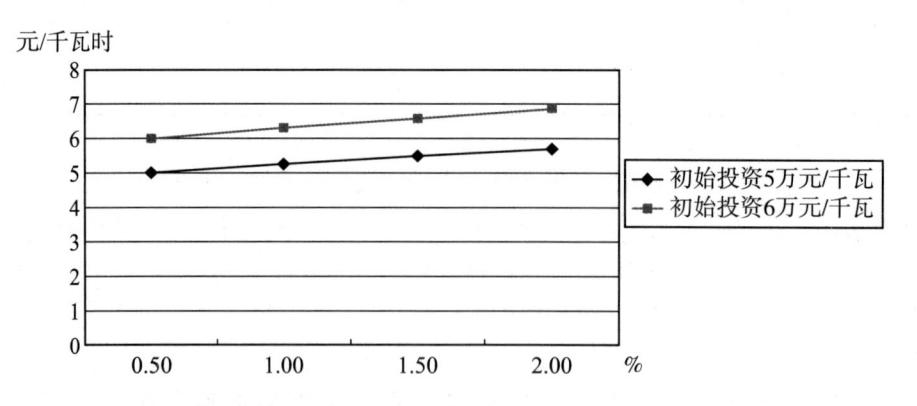

图 14-10 运行成本变化对光伏发电上网电价的影响（IRR=8%，1 500h）

从敏感性分析的计算结果可以看出：

（1）由于年有效利用小时数直接和销售收入相关，因此成为对电价影响最大的因素，而影响年有效利用小时数最主要的因素是太阳能资源的影响，其次是光伏系统的技术利用形式（屋顶系统和荒漠电站），也对年有效利用小时数有影响。未来随着光伏发电的技术进步，光电转换效率会提高，也可以提高年有效利用小时数。

（2）初始投资成本对电价的影响略低于年等效满负荷小时数的影响，也是影响非常大的因素。例如，当初始投资下降到 40 000 元/千瓦时，电价可以下降到 4.2 元/千瓦时左右。目前，国内外有许多研究机构对光伏发电投资下降做出了预计，乐观观点认为并网光伏发电系统可以以每年 5% 左右的速度下降。

（3）运行成本对光伏发电电价的影响很小，主要是在光伏发电成本中，运行成本的份额小（见图 14-10）。即使运行成本与初始投资的比例扩大 1 倍，即由 1% 上升到 2%，电价只是由 5.24 元/千瓦时上升到 5.7 元/千瓦时，上升幅度不到 10%，而初始投资只是变化 10%，就可以对电价产生 10% 左右的影响。

2. 发电电价的组成

在等效满负荷小时数为 1 500 小时、内部收益率为 8% 的基本方案下，光伏发电成本的构成见表 14-13。

表 14-13　　　　　　　　光伏发电成本构成　　　　　　　　单位：%

初始投资和利息	72.0
运行成本	8.0
增值税及附加	17.1
所得税	2.9
合计	100

3. 其他经济激励政策的影响

在目前的技术水平下，并网光伏发电是成本很高的可再生能源发电技术。从德国、日本、美国、西班牙、意大利等国家支持光伏市场发展的经验看，电价政策是促进太阳能发电发展的有效手段，但并不是唯一的选择，投资补贴、信贷、税收优惠等政策和电价政策的相辅相成也是非常有效的方式和做法，美国、日本等国家太阳能光伏市场的蓬勃发展说明了这一点。

在本节电价测算中，没有考虑任何补贴、税收、信贷政策的优惠，而这正是目前我国并网光伏发电所面临的实际情况，因此，单单想从"电价"这一环节走出去，使光伏发电项目获得合理的收益，必然造成电价畸高的局面。

以下具体分析其他经济激励政策对光伏发电上网电价的影响。

(1) 投资补贴的影响。

投资补贴对光伏发电发展的影响非常大。对光伏发电系统提供投资补贴曾经在日本、美国普遍采用，以日本为例，从 1994 年到 2005 年，日本通过新阳光计划和户用光伏系统补贴项目，对用户安装光伏系统给予投资补贴，最初三年的补贴高达 50%，之后随着光伏发电技术进步和成本降低，补贴比例逐渐减少，至 2005 年完全取消。但其结果是，日本的光伏发电在 1994~2005 年发展很快，2005 年后市场下滑。因此，日本提供了一个通过价格和补贴等财税政策有效调控并网光伏发电市场规模的经典范例。

可以看出，通过投资补贴政策，可以大大地降低光伏发电上网电价（如图 14-11 所示）。如果能够提供 70% 的投资补贴，则上网电价可以降低到 2 元/千瓦时以下。如果在西藏、内蒙古、新疆、甘肃等地选择资源条件比较好的地区建设荒漠光伏电站，年有效利用小时数达到 1 900 小时的情况下，再提供 70% 的投资补贴，则电价可以降低到 1.5 元/千瓦时。

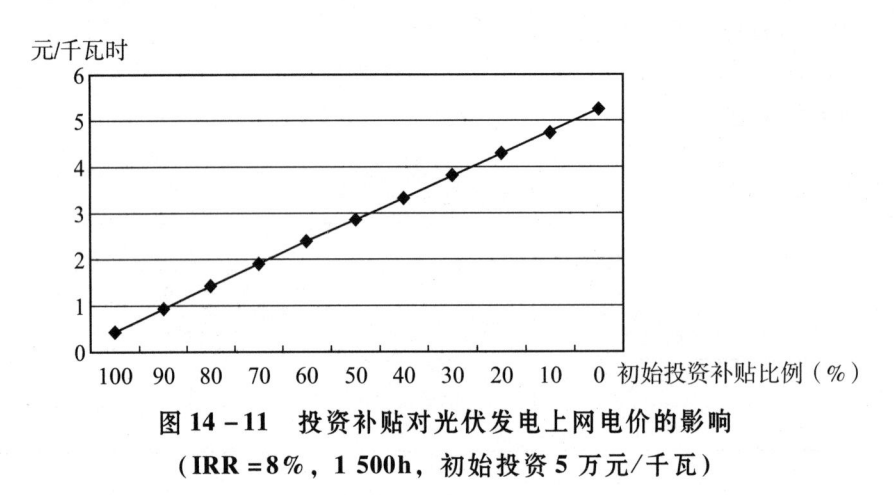

图 14-11 投资补贴对光伏发电上网电价的影响
（IRR=8%，1 500h，初始投资 5 万元/千瓦）

(2) 税收的影响。

太阳能发电和风电一样，没有原料成本，也就没有增值税进项税。但是，风电自 2001 年开始已经可以享受增值税减半增收的优惠，而发电成本更高的光伏发电却至今得不到一点优惠。由图 14-12 可以看出，税收在发电成本中的比例达到了 1/5，也就意味着在基准情况下 5.24 元/千瓦时的电价中，税收就达到了 1 元/千瓦时左右，其中尤其是增值税及其附加达到了 17.1% 的比例。税收是取之于民、用之于民的，但现在的情况是，国家通过在所有电力销价中征收 1 厘/千瓦时的可再生能源电价附加来支持可再生能源电力的发展，其中可以包括全部或部分补贴光伏发电的高成本，而如果可再生能源电价附加用于补贴光伏，则征收来的可再生能源电价附加的相当一部分就再转为国家和地方税收，可再生能源电价附加的效果就降低了。此外，单单从支持光伏发电发展的角度，也应该对光伏发电实施更优的税收政策，至少应能和风电一样享受增值税减半征收的政策。当然，更为合理和理想的情况是，国家对整个可再生能源发电项目出台统一的税收优惠政策。

图14-12显示了增值税优惠政策对光伏发电上网电价的影响。横坐标所给出的几个增值税率数值按照如下考虑设定：

①增值税率为17%：是目前光伏发电没有享受到增值税优惠的税率，也是测算的基本方案。

②增值税率为13%：是国家对沼气利用采用的增值税优惠税率。

③增值税率为8.5%：即增值税减半征收，是国家对风电项目采用的增值税优惠税率。

④增值税率为6%：是国家对小水电项目采用的增值税优惠税率。

⑤增值税率为0：如果为零，则体现国家大力度支持光伏发电；目前国家对垃圾发电采取增值税即征即退政策。

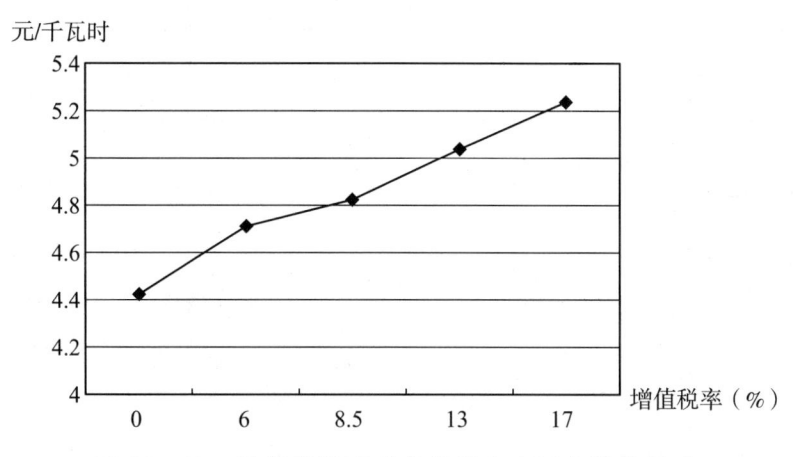

图14-12 增值税优惠对光伏发电上网电价的影响
（IRR=8%，1 500小时，初始投资5万元/千瓦）

从以上表述也可以看出，虽然国家已经在一些可再生能源发电项目上出台和实施了税收优惠政策，但优惠的力度不统一，有比较大的差别，尤其是，即使仅仅考虑可再生能源发电，目前的政策是，越接近商业化、越有经济竞争力的可再生能源发电技术得到的税收优惠力度越大，如小水电，而太阳能发电成本最高，却没有任何优惠，风电、生物质发电（沼气发电）居中，垃圾发电获得的优惠力度最大，农林废弃物直燃发电也没有享受到增值税优惠。因此，建议尽快在可再生能源税收政策方面开展研究，制定统一的税收政策。如果有这样的政策出台,太阳能发电价格政策的压力就能减轻一些。

所得税对电价有一定的影响,但幅度不大。如果基本方案的其他条件不变,所得税率为零,则电价将由基准方案的 5.24 元/千瓦时降到 5.07 元/千瓦时,降幅为 3.3%。

如果太阳能发电能够得到完全免税政策,则电价可以有相当幅度的下降(见表 14-14),例如,如果仍考虑年有效利用小时数为 1 500 小时,则不同初始投资情况下的含税分类电价为:城市屋顶系统 5.0~6.9 元/千瓦时,并网荒漠电站 4.7~6.6 元/千瓦时,这样的电价水平就和德国非常接近。

表 14-14　　不含税(免增值税、所得税)电价测算　　单位:元/千瓦时

年有效利用小时数(小时)	初始投资(低)	初始投资(高)
900	7.13	8.56
1 000	6.42	7.70
1 100	5.84	7.00
1 200	5.35	6.42
1 300	4.94	5.92
1 400	4.58	5.50
1 500	4.28	5.13
1 600	4.01	4.81
1 700	3.77	4.53
1 800	3.57	4.28
1 900	3.38	4.05
2 000	3.21	3.85

(3)信贷政策的影响。

贷款利率的变化对电价也有一定的影响。如果其他条件不变,在 15 年贷款利率为 6.12% 时(即 2007 年年底前的央行基准利率),则基准方案的电价将由 5.24 元/千瓦时降到 4.92 元/千瓦时。

通过对影响太阳能发电项目效益的经济激励政策分析,可以得出如下结论:综合运用电价、补贴、税收、贷款等组合财税政策,而不单单依赖于一种经济激励政策,对于像太阳能发电这样目前成本高的可再生能源电力发展来说,有可能会取得更好的效果,美国、日本等国家的成功经验也表明了这一点。表 14-15 中以举例方式,设计了一些综合财税政策方案。

表 14-15　支持太阳能发电发展的综合财税政策方案示例

电价（元/千瓦时）	投资补贴（%）	增值税率（%）	贷款利率（%）	IRR（%）
1.0	70	0	0（贴息贷款）	8.13
1.4	70	8.5	6.12	8.83
2.3	50	8.5	6.12	8.42

（4）碳贸易的影响。

碳贸易对风电项目的经济性有非常大的影响，但对于太阳能发电项目，影响则非常不明显。原因有二：一是，相对于风电，太阳能发电规模较小，负荷因子也小，即使是太阳能荒漠电站，发电量也并不大，但无论项目大小，申请CDM项目并获得减排量的核准都需要经过几乎相同的一整套完整的流程，需要企业投入相当的人力和财力，太阳能发电项目发电量小，因此，其成为合格的CDM的单位发电量投入成本高；二是，太阳能发电本身成本高，即使单纯考虑其电力碳减排的收益，而不考虑企业成为合格CDM项目的投入，在目前的市场行情下，太阳能发电项目只是可以多获得约0.1元/千瓦时的额外收益，与发电成本相比相差远，如果没有其他强有力的电价、投资等政策的支持，不会对项目的经济性产生决定性的影响。

四、生物质发电电价水平测算和政策选择——农林废弃物燃烧发电

生物质发电主要包括农林废弃物燃烧和气化发电、垃圾焚烧和垃圾填埋气发电、沼气发电等多种形式。本书主要针对4种生物质发电技术进行电价测算：（1）农林废弃物燃烧发电（包括直燃和混燃）；（2）农林废弃物气化发电；（3）沼气发电（包括垃圾填埋气发电）；（4）垃圾焚烧发电。

生物质直接燃烧发电是生物质在过量空气的情况下燃烧，产生的高温烟气加热锅炉各换热器中的水，从而产生高温高压蒸汽，驱动蒸汽轮发电机发电。目前作为原料的生物质可以是各种农作物秸秆、木屑等林业废弃物、农产品加工剩余物（如稻壳、蔗渣）以及城市生活垃圾等。由于垃圾焚烧发电有其特定的特点，在本书中的单独章节对其进行电价分析和测算。此外，生物质燃烧发电还包括直燃和混燃两种方式，前者纯以生物质为燃烧燃料，后者是以生物质与煤、油等混合作为锅炉燃烧燃料。

(一) 一些典型案例经济性分析

如前所述,在 2005 年前,我国生物质发电项目规模小,到 2005 年年底仅为 210 万千瓦,并且主要是蔗渣发电(为 170 万千瓦)、碾米厂稻壳气化发电(5 万千瓦)、城市垃圾焚烧发电(30 多万千瓦),农林废弃物直接燃烧发电完全是空白。但到 2007 年年底,全国已经有总装机容量为 29.5 万千瓦的 13 个项目投产,国家核准的农林废弃物直燃发电项目超过 80 处,发展非常迅猛。因此,本节先选取 2006 年后建设的农林废弃物直燃发电和混燃发电的一些典型案例进行经济性分析。

1. 25 兆瓦生物质直燃发电项目

该项目配置 1 台 130 吨/时高温高压水冷振动炉排生物质直燃发电锅炉,发电总装机容量 25 兆瓦,总投资 3.37 亿元。使用棉花秸秆、树皮等灰色秸秆,单位热值为 2 800 ~ 3 200 卡/克。燃料收集半径主要在 30 ~ 50 千米,个别情况超过 100 千米。项目平均每天收购 600 吨以上。原秆平均收购价约为 240 元/吨,粉碎秸秆到厂价格约为 280.35 元/吨,综合数量损耗率约为 25%。项目年消耗农作物秸秆约 20 万吨,单位粉碎秸秆消耗量为 1 050 克/千瓦时。按照综合平均热值 3 000 卡/克计算,单位发电标准煤耗约 450 克标准煤/千瓦时。

该项目由地方政府核准的上网电价为 0.796 元/千瓦时。根据项目提供的基础数据和当时的经济参数,计算单位发电成本为 0.812 元/千瓦时,具体见表 14 - 16,计算按年发电 6 000 小时计。

表 14 - 16　　　　　25 兆瓦生物质直燃发电项目成本

指标	数值	元/千瓦时
销售收入	11 940	0.796
销项税	2 030	0.135
进项税	1 056	0.070
税收及附加	1 072	0.071
原料费用	6 210	0.414
折旧	1 770	0.118
利息	1 680	0.112
其他费用	2 520	0.168
总成本费用	12 180	0.812
税前利润	- 1 311	- 0.087

2. 24兆瓦生物质直燃发电项目

该项目配置2台75吨/小时中温中压水冷振动炉排生物质发电锅炉，发电总装机容量24兆瓦，总投资2.5亿元。该项目年消耗原料量为20万吨左右，主要使用玉米秸秆为原料，也可燃用棉花秸秆、果树枝条等其他生物质原料。秸秆（干）的到厂价格为玉米秸秆280元/吨，棉花秸秆266元/吨。

该项目电价由当地燃煤发电标杆电价加0.25元/千瓦时补贴组成，为0.6元/千瓦时。根据项目提供的基础数据和当时的经济参数，计算发电成本为0.659元/千瓦时（计算年发电6 000小时）（见表14-17）。

表14-17　　　　24兆瓦生物质直燃发电项目成本

指标	数值	元/千瓦时
销售收入	7 956	0.600
销项税	1 156	0.087
进项税	891	0.067
税收及附加	291	0.022
燃料费	5 880	0.443
水费	119	0.009
材料费	134	0.010
修理费	338	0.025
折旧费	1 583	0.119
工资	280	0.021
其他费用	408	0.031
总成本费用	8 742	0.659
利润	-1 078	-0.081

3. 12兆瓦生物质发电改造项目

项目为技术改造工程，拆除原有的燃煤锅炉，新建一台75吨/小时的链条炉排生物质发电锅炉，配套装机容量为12兆瓦的发电机组。改造工程总投资3 000万元，锅炉由国内企业设计制造。该项目使用稻壳、花生壳、粉碎的棉花秆等生物质原料，年消耗量约12万吨。平均收购半径100千米，最大收购距离达150千米，平均收购价格290元/吨。

该项目上网电价执行0.586元/千瓦时。根据项目提供的基础数据，计算发电成本为0.691元/千瓦时（见表14-18）。

表 14-18　　　12 兆瓦生物质直燃改造项目发电成本

指标	数值	元/千瓦时
销售收入	2 637	0.586
销项税	383.15	0.085
进项税	316.32	0.070
税收及附加	73.52137	0.016
原材料费	2 117	0.484
修理费	70	0.016
水费	40	0.009
工资及福利	443	0.098
财务费用	140	0.031
其他费用	96	0.021
折旧	144.3	0.032
总成本费用	3 110.3	0.691
利润	-546.9	-0.122

4. 140 兆瓦秸秆混燃项目

该项目是在原有燃煤电厂的基础上，采用混烧技术对发电机组（锅炉容量 400 吨/小时，配套机组容量 140 兆瓦）进行了改造，可实现煤粉与秸秆混燃，也可单独燃煤，并保持原有锅炉参数不变，但掺烧秸秆比重按热值算不得超过 20%。目前秸秆粉碎机已经实现国产化。改造总投资 8 357 万元，除了购置秸秆粉碎、输送设备以及锅炉燃烧器外，还建设了秸秆收购站和原料储存库。

该项目主要生物质燃料是麦秆、玉米秆等黄色秸秆，单位消耗量 15 吨/小时。原料收集覆盖周边 50 千米范围。秸秆到厂平均价格为 378 元/吨，按发热量折成标煤计算，高于当地到厂煤价 200~300 元/吨。

根据项目提供的基础数据，机组改造工程静态投资 8 213 万元，决算投资 8 357 万元。每年增加成本约 5 400 万元，其中折旧 810.66 万元，财务费用 385.11 万元，大修费 125.36 万元，运行维护材料费 42.5 万元，秸秆管理人员人工费 80 万元，燃料成本 4 000 万元。每年秸秆发电量约 1.48 亿千瓦时，秸秆发电成本 0.399 元/千瓦时。按以上成本数据测算保本电价为 0.467 元/千瓦时。

5. 总结

从以上案例可以看出，对于 2006 年后建成并运行的生物质直燃发电案例项目，发电成本都高于包含 0.25 元/千瓦时的补贴在内的上网电价（见表 14-19）。如果按照当时的经济参数、投资和运行成本，再加 8%~10% 的合理利润来计算的话，直燃发电项目上网电价需要在 0.7~0.9 元/千瓦时，混燃项目电价需要达到 0.4~0.5 元/千瓦时。

表 14-19　已经运行的部分生物质直燃发电项目发电成本核算

项目	投资成本（元/千瓦）	原料成本（元/吨）	核定电价（元/千瓦时）	核算发电成本（元/千瓦时）
25 兆瓦生物质发电厂（本节案例1）	13 480	240	0.796	0.816
24 兆瓦生物质发电厂	10 333	350	0.646	0.788
25 兆瓦生物质发电厂	10 560	274	0.589	0.612
24 兆瓦生物质发电厂（本节案例2）	10 417	273	0.6	0.659
12 兆瓦生物质热电厂（本节案例3）	2 500	290	0.586	0.691
140 兆瓦秸秆混燃发电（本节案例4）	597	378	0.594	0.399

分析这些生物质发电项目发电成本高出 2006 年年初出台的政策预期的原因是：

首先，从宏观上，资源和规划布局不尽合理（一些地方在县级范围内上多个项目），在微观上，项目规模设计不合理（规模偏大），直接造成的局面是，建成的项目均存在资源供应困难的问题，实际的原料收集半径均比预计或项目可研扩大一倍以上，几乎都在 50 千米以上，甚至超过 100 千米，这样就增大了原料收集和运输的费用，一些项目的这些费用甚至超过了原料购买和储存的费用，此外，项目规模过大也增加了储存成本。尽管如此，原料供应不足仍存在，这又降低了电厂的负荷因子。这些因素都大大抬高了发电成本。

其次，技术和设备不够先进增大了投资成本和运行成本。国内不掌握关键技术，部分核心设备或部件需要原装进口，所以初始投资较大。此外，目前生物质发电原料收集、储存、运输的专用设备几乎是空白，虽然有一定的替代设备，但是总体装备水平很低，这在一定程度上也造成了原料收集成本和运行成本的增加。

因此，目前建成的生物质直燃发电项目，作为行业的先行者，带有示范项目的痕迹，发电价格的准确核算仍需要依据更多的项目更长时间的实际运行数据和经验。

（二）农林废弃物直燃基本方案测算

1. 基本参数

（1）自有资金按照30%考虑；

（2）贷款期限按照15年，年利息按照7.83%计算（2007年12月央行将15年贷款基准利率由原来的6.12%调整为7.83%，允许各银行上下浮动10%，这里按照最新的基准贷款利率计算）；

（3）增值税：17%；

（4）增值税附加：8%（其中城市维护建设税为5%，教育附加税为3%）；

（5）所得税：25%（自2008年，国家规定企业所得税由原来的33%下调到25%，一些省区有地方性的所得税减免政策，但由于不普遍，这里统一采用最新的所得税率计算）；

（6）项目的建设年限为1年，寿命期为20年；

（7）折旧率：考虑15年还贷期，按照扣除固定资产残值后直线折旧计算；

（8）年发电小时数：按照6 000小时考虑。

2. 投资

项目初始投资包括：

（1）可行性研究和项目开发费用：包括设计、编制可行性研究报告、审批立项等，这部分费用大概占到初投资的5%；

（2）工程设计：包括系统设计、土建施工设计、结构设计、电气设计等，按照5%考虑；

（3）硬件设备投入：主要包括原料预处理系统、进料系统、锅炉、发电机、后处理、电气和控制系统、变电系统和接网线路等，这部分费用大约占初投资的70%；

（4）设备运输和安装调试：主要包括工程安装、调试等，大约占总投资的10%；

（5）土建工程：约占总投资的10%。

生物质发电总初始投资，根据国内设备供应情况，20兆瓦以上规模的投资约为1万元/千瓦，12兆瓦规模则略高，约为1.2万元/千瓦。这里测算采用的基础数据是：按照25兆瓦装机，投资按照1.2万元/千瓦考虑。

3. 运行费用

（1）设备年运行维护和水及动力费用：按照初始投资考虑，取1%；

（2）流动资金：按照初始投资考虑，这里取10%；

（3）年工资及福利费：按照80人设计，人均工资3万元；

（4）生物质原料收集费用：原料收购价格（指打成小包的价格）按照 220 元/吨计算，到厂价格 270 元/吨，综合数量损耗率为 25%；

（5）原料热值按照 3 000 千卡/克考虑，原料消耗量为 1 000 克/千瓦时。

4. 电价测算结果

按照 8% 的基本收益率考虑，测算的上网电价应为 0.70 元/千瓦时。

（三）农林废弃物混燃发电基本方案测算

生物质混燃可以充分利用已经发展起来的常规能源发电技术，使生物质和煤在锅炉中混合燃烧，混燃不需要对原有燃煤电厂的锅炉和发电设备做大的改动，可以根据生物质的特点，采取如下工艺改造即可：在原有电厂锅炉设备的基础上附加生物质接收、储存和预处理设备，使生物质燃料在粒度等性质上适合在锅炉内与煤粉燃烧，对原有燃料入炉输送系统及锅炉煤粉燃烧器，根据生物质燃烧特性进行相应局部改造。利用燃煤电厂现有设备，以生物质为原料部分替代煤炭进行混合燃烧发电，可以灵活利用生物质资源，根据当地生物质资源的可获得程度灵活匹配生物质混燃的比例和规模，既实现生物质资源的充分利用，又可避免由于生物质直燃发电中由于规模设计不合理、生物质原料供应的不稳定性问题带来的设备闲置和浪费。从这个角度说，生物质混燃应是生物质燃烧发电的发展方向。

1. 基本参数

（1）自有资金按照 30% 考虑；

（2）贷款期限按照 15 年，年利息按照 7.83% 计算（2007 年 12 月央行将 15 年贷款基准利率由原来的 6.12% 调整为 7.83%，允许各银行上下浮动 10%，这里按照最新的基准贷款利率计算）；

（3）增值税：17%；

（4）增值税附加：8%（其中城建维护建设税为 5%，教育附加税为 3%）；

（5）所得税：25%（自 2008 年，国家规定企业所得税由原来的 33% 下调到 25%，一些省区有地方性的所得税减免政策，但由于不普遍，这里统一采用最新的所得税率计算）；

（6）项目的建设年限为 1 年，寿命期为 20 年；

（7）折旧率：考虑 15 年还贷期，按照扣除固定资产残值后直线折旧计算；

（8）年发电小时数：按照 6 000 小时考虑；

（9）生物质平均掺烧比例：15%。

2. 投资

项目初始投资包括：

（1）可行性研究和项目开发费用：包括设计、编制可行性研究报告、审批立项等，这部分费用大概占到初投资的 10%；

（2）工程设计：包括系统设计、土建施工设计、结构设计、电气设计等，按照 20% 考虑；

（3）硬件设备投入：主要包括原料预处理系统、进料系统、电气和控制系统等，这部分费用大约占初投资的 45%；

（4）设备运输和安装调试：主要包括工程安装、调试等，大约占总投资的 10%；

（5）土建工程：约占总投资的 15%。

由于混燃发电的设备投资主要是设备改造，因此，与单纯燃烧生物质的发电项目相比，初始投资成本大大降低。并且不同规模的混燃发电项目，其投资差别并不是很大，一般而言，规模在 2.5 万～60 万千瓦的机组，改造的费用大约为 400～600 元/千瓦。这里测算采用的基础数据是：按照 140 兆瓦装机，投资按照 500 万元/千瓦考虑。

3. 运行费用

（1）设备年运行维护和水及动力（包括发电效率下降损失）费用：发电效率下降损失按照 1.5% 计算。总运行费用按照初始投资考虑，取 3%；

（2）流动资金：按照初始投资考虑，这里取 35%；

（3）年工资及福利费：按照 40 人设计，人均工资 3 万元；

（4）生物质原料收集费用：原料收购价格（指打成小包的价格）按照 220 元/吨计算，到厂价格 270 元/吨，综合数量损耗率为 25%；

（5）原料热值按照 3 000 千卡/克考虑，原料消耗量为 1 000 克/千瓦时。

4. 电价测算结果

按照 8% 的基本收益率考虑，测算的上网电价应为 0.491 元/千瓦时（见表 14-20）。

表 14-20　农林废弃物直燃和混燃发电项目经济分析计算的基本参数和测算结果

类别	直燃	混燃
项目建设期	1 年	1 年
项目规模	2.5 万千瓦	14 万千瓦
经营年限	20 年	20 年
单位初投资成本	12 000 元/千瓦	500 元/千瓦
工作人员	80 人	40 人
人均工资收入	3 万元/人	3 万元/人
年维护费用等	1%	3%

续表

类别	直燃	混燃
资本金比例	30%	30%
贷款年利率	7.83%	7.83%
贷款偿还年限	15 年	15 年
流动资金	10%	35%
增值税率	17%	17%
所得税率	25%	25%
折旧年限	15 年	15 年
原料收购价	220 元/吨	220 元/吨
原料收储运实际价格（并考虑损耗）	360 元/吨	360 元/吨
年发电小时数	6 000 小时	6 000 小时
测算的上网电价	0.70 元/千瓦时	0.491 元/千瓦时

（四）其他经济激励政策和因素对农林废弃物燃烧发电电价的影响

1. 敏感性分析

如前节所述，在 2006 年后建设的农林废弃物燃烧发电项目的成本大多超过了国家在 2006 年年初国家出台的生物质发电上网电价的水平，主要原因有两个，一是项目投资超过预期，二是农林废弃物收储运成本的变化，因此，本节对这两个因素进行敏感性分析，以直燃和混燃项目初始投资分别为 12 000 元/千瓦和 500 元/千瓦、年发电小时数为 6 000 小时、内部收益率为 8% 作为基本方案（如图 14-13 和图 14-14 所示）。

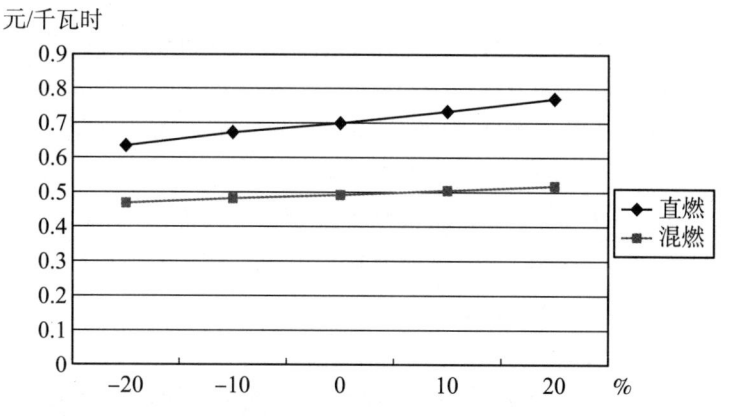

图 14-13　初始投资变化对农林废弃物燃烧发电上网电价的影响（IRR=8%，6 000h）

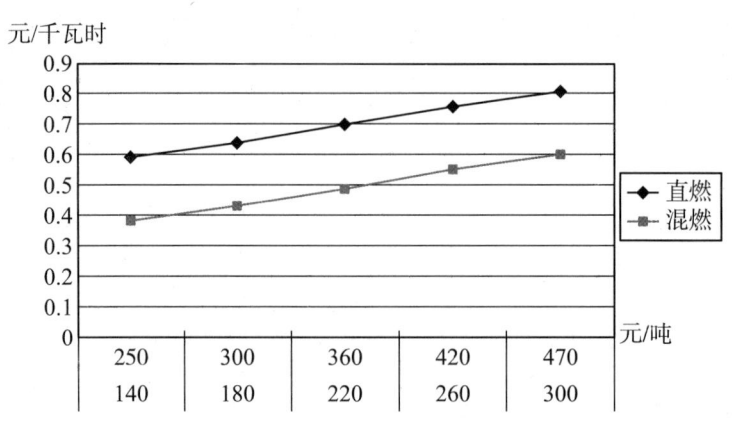

图 14-14 原料成本变化对农林废弃物燃烧发电上网电价的影响（IRR=8%，6 000h）

注：横坐标下一排数值为原料收购价格，上一排数值为原料收储运加损耗后的价格。

从敏感性分析的计算结果可以看出：

（1）初始投资成本对电价有一定的影响，例如，如生物质直燃发电项目初始投资降低20%，即略低于1万元/千瓦，则上网电价可以降低接近10%（为9.2%），从0.7元/千瓦时降低到0.635元/千瓦时。相比原料价格变动，初始投资变化的影响略大，在原料价格变动约20%（如下降20%，此时收购价格降到180元/吨左右），电价降到0.641元/千瓦时，降幅8.4%。

（2）虽然初始投资对电价的影响较原料价格变动的影响要略大，但必须看到，由于生物质发电技术比较成熟（目前大部分装备我国都可以自己生产），设备和初始投资的变化不会太大，即使考虑未来技术进步和规模效应，也就是下降20%左右的幅度。而原料的价格却是可以有很大变化的，2006年年初，一些生物质燃烧发电项目在预可研和可研报告中，一般都将秸秆等收购价格设定为100~160元/吨，到厂价格增加20~40元/吨，也没有考虑损耗，即总价为120~200元/吨，但在项目实际运行后（如前面的几个案例中的数据），原料收购价格达到240~300元/吨，收储运并考虑损耗后，价格达到360~460元/吨，如果按照热值计算，已经高出电煤的价格，因此，由于原料价格比较大的变动，对生物质燃烧发电的经济性和上网电价产生特别大的影响。

2. 发电电价的组成

在年发电小时数为6 000小时、内部收益率为8%的基本方案下，农林废弃物燃烧发电成本的构成见表14-21。

表 14-21　　　　　　　农林废弃物燃烧发电成本构成

类别	直燃（%）	混燃（%）
初始投资和利息	29.2	11.8
运行成本（不含燃料）	6.1	6.2
燃料成本	45.7	64
增值税及附加	16.8	16.4
所得税	2.2	1.6
合计	100	100

3. 其他经济激励政策的影响

（1）投资补贴的影响。

为农林废弃物发电提供投资补贴，相当于直接降低了初始投资，因此，其影响已经在敏感性分析中做出，基本是，如果提供20%的投资补贴，则可以降低10%左右的电价。

与常规煤电相比，生物质直燃发电的投资高出1倍，并不像太阳能发电那样差距特别大，因此，如果对生物质直燃发电提供投资补贴，建议可根据实际情况，只对新技术或技术示范项目提供一定比例的补贴（如高出一般较为成熟的生物质燃烧发电项目的投资的部分），其他的生物质燃烧发电项目，最好仍然通过电价政策为发电企业提供收益保障。

（2）税收的影响。

生物质燃烧发电虽然有燃料成本，但由于秸秆等农业废弃物大多是从农民手中直接购买的，也就没有进项税抵扣，因此，在生物质燃烧发电成本中，增值税占据很大的比例，约17%。如果能够出台税收优惠政策，则对电价也有比较大的影响，见图14-15，横坐标的几个增值税率数值的确定参见太阳能光伏发电电价测算一节。

如果农林废弃物直燃发电能享受和风电一样的增值税减半政策，则电价可以降低0.05~0.06元/千瓦时，达到0.645元/千瓦时。

所得税在农林废弃物燃烧发电成本中所占的比例小，所得税减免政策对电价的影响不大，全部减免可以使电价下降约2%。

（3）信贷政策的影响。

贷款利率的变化对电价的影响也不大。如果其他条件不变，在15年贷款利率为6.12%时（即2007年年底前的央行基准利率），则基准方案的直燃项目电价将由0.70元/千瓦时降到0.682元/千瓦时，混燃项目由于初始投资小，影响则更小，仅从0.491元/千瓦时降低到0.486元/千瓦时。

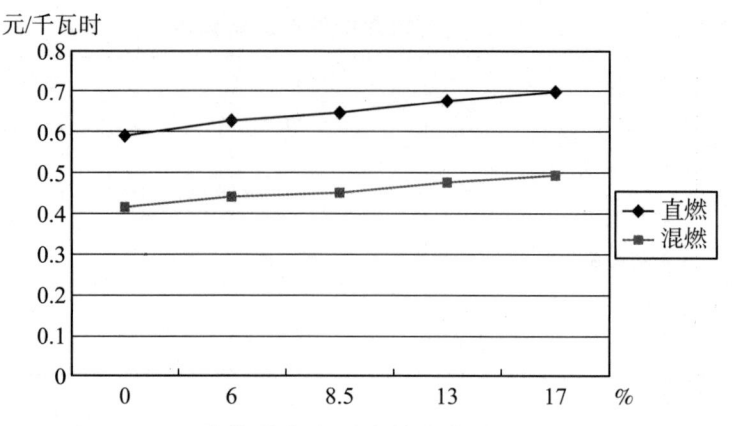

图 14-15 增值税优惠对农林废弃物燃烧发电上网
电价的影响 (IRR = 8%, 6 000h)

因此,对农林废弃物燃烧发电项目来说,电价、增值税优惠政策将是非常有效的,对新技术和试点示范项目也可以根据实际情况选择提供适当的投资补贴,其他政策影响不大。

(4) 碳贸易的影响。

碳贸易对农林废弃物燃烧发电项目的经济性有一定的影响。目前国际上生物质发电的碳减排价格略低于风电项目,但相差不过 10% 左右,也相当于生物质发电项目可以获得接近 0.1 元/千瓦时的额外收益。因此,在制定具体的电价水平政策时,也要综合考虑电价、税收等其他经济激励政策以及 CDM 收益等的影响。

五、生物质发电电价水平测算和政策选择——生物质气化发电

生物质气化发电是指在一定的热力学条件下,利用气化反应器将组成生物质的碳氢化合物转化为含有 H_2、CO 和低分子烃类的可燃气体,然后可燃气体经过除尘、除焦、冷却等净化处理,作为燃料驱动燃气轮机或燃气内燃机发电机组发电。为了提供反应的热力学条件,气化过程需要供给部分空气或氧气,使原料部分燃烧。该技术应用范围广,可以以碾米厂的谷壳,家具厂、人造板厂和造纸厂的木屑、边角料、树皮等为燃料,并为这些工厂提供电力或发电上网,还可以林场及农场的枝桠材、秸秆以及农村地区的秸秆、稻草、稻壳等为燃料。中小型生物质气化发电的规模一般不超过 1 万千瓦,我国已经可以生产 2.5 千瓦到 5 兆瓦的设备,大型生物质气化发电系统一般规模在 1 万~5 万千瓦,相对于常规能源

电力系统仍然是很小的规模,但大型气化发电技术在国际上也尚未成熟。

生物质气化由于原料来源广泛,规模灵活,很符合我国农村地区以农户为生产单位的作业形式,因此,是比较适于在我国应用的技术。目前我国自主研发的循环流化床生物质气化发电技术已经得到应用,效率为 15% ~ 18%,也可以配备余热锅炉及其他装置,进行循环流化床联合循环发电,效率已经可以提高到 26% ~ 28%。

(一) 基本方案测算

1. 基本参数

(1) 自有资金按照 30% 考虑;

(2) 贷款期限按照 15 年,年利息按照 7.83% 计算(2007 年 12 月央行将 15 年贷款基准利率由原来的 6.12% 调整为 7.83%,允许各银行上下浮动 10%,这里按照最新的基准贷款利率计算);

(3) 增值税:17%;

(4) 增值税附加:8%(其中城市维护建设税为 5%,教育附加税为 3%);

(5) 所得税:25%(自 2008 年,国家规定企业所得税由原来的 33% 下调到 25%,一些省区有地方性的所得税减免政策,但由于不普遍,这里统一采用最新的所得税率计算);

(6) 项目的建设年限为 1 年,寿命期为 20 年;

(7) 折旧率:考虑 15 年还贷期,按照扣除固定资产残值后直线折旧计算;

(8) 年发电小时数:按照 6 000 小时考虑。

2. 投资

项目初始投资包括:

(1) 可行性研究和项目开发费用:包括设计、编制可行性研究报告、审批立项等,这部分费用大概占到初投资的 3%;

(2) 工程设计:包括系统设计、土建施工设计、结构设计、电气设计等,按照 5% 考虑;

(3) 硬件设备投入:主要包括原料预处理系统、进料系统、热力系统、热工和电气控制系统、燃气净化系统、燃气储柜、除灰系统、水处理系统、变电系统和接网线路等,这部分费用大约占初投资的 60%;

(4) 设备运输和安装调试:主要包括工程安装、调试等,大约占总投资的 12%;

(5) 土建工程:约占总投资的 10%。

生物质气化发电总初始投资,根据国内设备供应情况,一般为 5 000 ~ 7 000

元/千瓦,这里测算采用的基础数据是:按照 4 兆瓦装机,投资按照 6 000 元/千瓦考虑。设备总体发电效率按照循环流化床气化联合循环发电系统考虑,取 28%。

3. 运行费用

(1) 设备年运行维护和水及动力费用:按照初始投资考虑,取 1%;

(2) 流动资金:按照初始投资考虑,这里取 15%;

(3) 年工资及福利费:按照 25 人设计,人均工资 3 万元;

(4) 生物质原料收集费用:原料收购价格(指打成小包的价格)按照 220 元/吨计算,到厂价格 250 元/吨,综合数量损耗率为 20%(这里选取的原料运输费用和储存费用以及综合数量损耗率低于直燃发电的主要原因是:气化发电规模小,原料收集半径小,降低了运输和储存的单位成本);

(5) 原料热值按照 3 000 千卡/克考虑,原料消耗量为 1 275 克/千瓦时(如果考虑损耗,气化炉前原料消耗量为 1 020 克/千瓦时)。

4. 电价测算结果

按照 8% 的基本收益率考虑,测算的上网电价应为 0.627 元/千瓦时。与生物质直燃发电相比,电价低 10% 左右(见表 14-22)。

表 14-22　　生物质气化发电项目经济分析计算的基本参数和测算结果

项目建设期	1 年
项目规模	4 000 千瓦
经营年限	20 年
单位初投资成本	6 000 元/千瓦
工作人员	25 人
人均工资收入	3 万元/人
年维护费用等	1%
资本金比例	30%
贷款年利率	7.83%
贷款偿还年限	15 年
流动资金	15%
增值税率	17%
所得税率	25%
折旧年限	15 年
原料收购价	220 元/吨
原料收储运实际价格(并考虑损耗)	310 元/吨
年发电小时数	6 000 小时
测算的上网电价	0.627 元/千瓦时

（二）其他经济激励政策和因素对生物质气化发电电价的影响

1. 敏感性分析

本节对初始投资变化和原料价格变化这两个因素进行敏感性分析，以初始投资为 6 000 元/千瓦、年发电小时数为 6 000 小时、内部收益率为 8% 作为基本方案（见图 14-16 和图 14-17）。

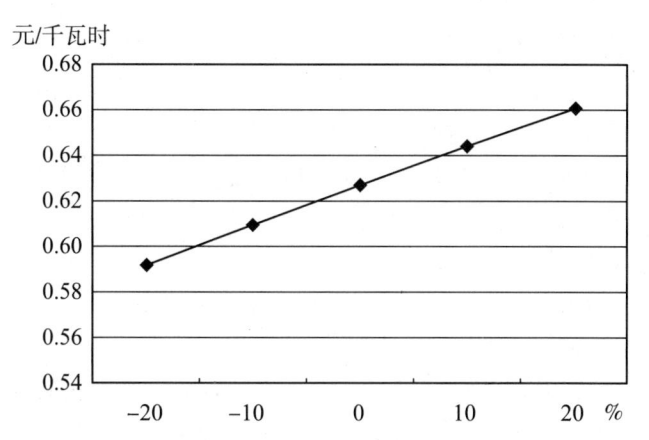

图 14-16 初始投资变化对生物质气化发电上网电价的影响（IRR = 8%，6 000h）

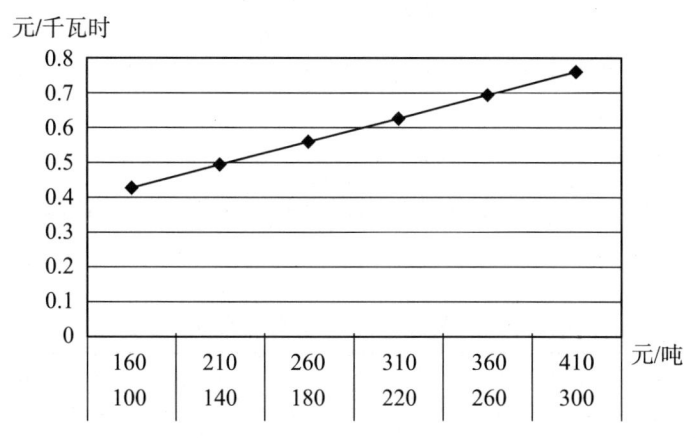

图 14-17 原料成本变化对生物质气化发电上网电价的影响（IRR = 8%，1 500h）

注：横坐标下一排数值为原料收购价格，上一排数值为原料收储运加损耗后的价格。

从敏感性分析的计算结果可以看出：

（1）初始投资成本的变化对电价的影响小，如初始投资降低 20%，到 4 800

元/千瓦,电价则只下降 0.034 元/千瓦时,而这基本就是投资下降的极限了。而不包括燃料费的运行费用的变化对电价的影响将更小。

（2）原料价格对项目的经济型影响非常大。与生物质直燃发电相比,生物质气化发电的单位发电量燃料（如秸秆）消耗高于直燃发电,因此,项目经济性对原料价格更为敏感,如果原料价格下降 20%,则电价可以降低 11%（同等情况下,直燃发电电价可以降低 8.4%）。

在 2006 年前,我国基本没有生物质直燃发电项目,但生物质气化发电在我国已经有了十多年的应用实践,由于规模小、灵活,那时生物质气化发电的原料成本很低,只有几十元钱/吨,算上较短距离（因为规模小,收集半径不需要很大）的运输费用以及损耗,原料成本不过 100 元/吨左右,如果按照这一价格考虑,则电价为 0.345 元/千瓦时。目前的情况是,在已经建设秸秆燃烧发电项目的附近地区,秸秆价格攀升,上升到 200 元/吨以上,而没有直燃或混燃项目的地区,秸秆的收购价格仍可以保持在 100 ~ 200 元/千瓦时,这样生物质气化发电的电价就可以保持在 0.4 ~ 0.6 元/千瓦时的水平,应该说,生物质气化发电的经济性还是比较好的。

因此,比较生物质燃烧发电和生物质气化发电,生物质直燃发电的技术经济指标与系统的规模关系很大,比较适合于原料非常集中的地区（例如林区、林业产品加工区、大规模农作物种植区如兵团等）,以便可以采用高参数发电设备的大规模电站;而生物质气化发电,在原料价格较高时,由于气化效率较低,造成发电成本很高,经济效益变差,因此,生物质气化发电比较适合于原料相对较便宜（即使原料集中度不够也没有关系,因为规模可以灵活调整）的地区。

2. 发电电价的组成

在年发电小时数为 6 000 小时、内部收益率为 8% 的基本方案下,生物质气化发电成本构成见表 14 - 23。

表 14 - 23　　　　　　生物质气化发电成本构成　　　　　　单位:%

初始投资和利息	16.6
运行成本（不含燃料）	7.6
燃料成本	58.2
增值税及附加	16.3
所得税	1.3
合计	100

3. 其他经济激励政策的影响

（1）补贴的影响。

为生物质气化发电提供投资补贴，相当于直接降低了初始投资，其影响已经在敏感性分析中做出，效果有一些，但不明显，如果提供20%的投资补贴，则可以降低5%左右的电价。对原料（燃料）提供补贴也是一种可以选择的方式，由于秸秆等原料来自较为分散的农民，操作相对复杂，因此，在现有的生物质发电政策下，通过给予生物质气化发电以合理的电价，再通过发电企业收购秸秆等废弃物使农民从中受益，是可行且更容易操作的方式。

（2）税收的影响。

和生物质燃烧发电一样，由于原料来源基本相同，生物质气化发电也没有增值税进项税抵扣，因此，增值税在成本也占据很大的比例，为16.3%。如果能够出台税收优惠政策，则对电价也有比较大的影响，见图14-18，横坐标的几个增值税率数值的确定参见太阳能光伏发电电价测算一节。

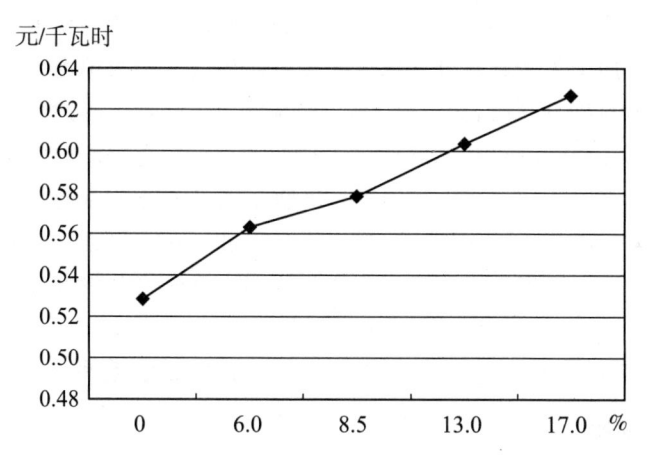

图14-18 增值税优惠对生物质气化发电上网电价的影响
（IRR=8%，6 000h）

如果生物质气化发电能享受和风电一样的增值税减半政策，则电价可以降低0.05元/千瓦时左右，达到0.578元/千瓦时。

所得税在生物质气化发电成本中所占的比例小，所得税减免政策对电价的影响不大，全部减免可以使电价下降约1.5%。

（3）信贷政策的影响。

贷款利率的变化对电价的影响也很小（主要是初始投资成本在总成本中的比例小）。如果其他条件不变，在15年贷款利率为6.12%时（即2007年年底前的央行基准利率），则基准方案的生物质气化发电项目电价将由0.627元/千瓦时降到 0.618 元/千瓦时。

因此，对生物质气化发电项目来说，电价、增值税优惠政策将是非常有效的，其他政策影响不大。

（4）碳贸易的影响。

碳贸易对生物质气化发电项目的经济性应该有一定的影响。但由于生物质气化发电的规模相对小，成为合格的 CDM 项目的前期投入相对项目本身来说偏大，因此发电企业的积极性并不高。

六、生物质发电电价水平测算和政策选择——沼气发电

沼气是一种具有较高热值的生物质可燃气体（沼气中 60%～80% 为甲烷），利用沼气燃烧发电是随着沼气综合利用的不断发展而出现的一项沼气能源技术，它以有机废弃物产生的沼气作为内燃发电机或燃气轮发电机的燃料发电，或作为锅炉燃料生产蒸汽，驱动汽轮机发电，是有效利用沼气的一种重要方式。沼气发电技术主要应用于工业废水处理沼气、禽畜场沼气、垃圾填埋沼气三个方面。而这三个方面的沼气分别由食品厂、酒厂、城市污水处理厂等的工业废水处理、畜禽粪便发酵、垃圾填埋自然发酵产生，即使不考虑发电等能源效益，这些废物也是必须加以处理的，沼气发电的能源和环保的双重效益非常明显。由于垃圾填埋沼气发电有一定的技术特殊性，这里以畜禽厂和工业有机废水处理厂沼气发电作为一个案例，再单独以垃圾填埋气发电作为一个案例来分析电价水平和构成。

（一）畜禽粪便/工业有机废水处理沼气发电基本方案测算

1. 基本参数

（1）自有资金按照 30% 考虑；

（2）贷款期限按照 15 年，年利息按照 7.83% 计算（2007 年 12 月央行将 15 年贷款基准利率由原来的 6.12% 调整为 7.83%，允许各银行上下浮动 10%，这里按照最新的基准贷款利率计算）；

（3）增值税：13%（目前国家对沼气利用采取的优惠税率）；

（4）增值税附加：8%（其中城市维护建设税为 5%，教育附加税为 3%）；

（5）所得税：25%（自 2008 年，国家规定企业所得税由原来的 33% 下调到 25%，一些省区有地方性的所得税减免政策，但由于不普遍，这里统一采用最新的所得税率计算）；

（6）项目的建设年限为 1 年，寿命期为 20 年；

（7）折旧率：考虑 15 年还贷期，按照扣除固定资产残值后直线折旧计算；

（8）年发电小时数：按照 4 500 小时考虑。

2. 投资

项目初始投资包括：

（1）可行性研究和项目开发费用：包括设计、编制可行性研究报告、审批立项等，这部分费用大概占到初投资的 5%；

（2）工程设计：包括系统设计、土建施工设计、结构设计、电气设计等，按照 5% 考虑；

（3）硬件设备投入：主要包括发酵系统、储气罐、气体净化系统、气体输送系统、锅炉、发电机、后处理系统、电气和控制系统、变电系统和接网线路等，这部分费用大约占初投资的 70%；

（4）设备运输和安装调试：主要包括工程安装、调试等，大约占总投资的 10%；

（5）土建工程：约占总投资的 10%。

由于沼气产量和畜禽厂或工业废水处理规模相关，即使是大型畜禽养殖场，从发电角度来说，用其产生的沼气进行发电的规模也不是很大，一般在几个兆瓦，最大不过上万千瓦。根据国内设备供应情况，总初始投资为 1.8 万～2.5 万元/千瓦，这里以 2 万元/千瓦、系统规模为 2.4 兆瓦进行测算，年利用沼气量为 750 万立方米，系统总体效率按照国内目前的一般水平考虑，为 25%。

3. 运行费用

（1）设备年运行维护和水及动力费用：按照初始投资考虑，取 3%；

（2）流动资金：按照初始投资考虑，这里取 3%；

（3）年工资及福利费：按照 10 人设计，人均工资 3 万元；

（4）燃料费用：无；

（5）沼气热值：按照 5 000 千卡/立方米考虑。

4. 电价测算结果

按照 8% 的基本收益率考虑，测算的上网电价应为 0.808 元/千瓦时。

（二）垃圾填埋气发电基本方案测算

1. 基本参数

（1）自有资金按照 30% 考虑；

（2）贷款期限按照 15 年，年利息按照 7.83% 计算（2007 年 12 月央行将 15 年贷款基准利率由原来的 6.12% 调整为 7.83%，允许各银行上下浮动 10%，这里按照最新的基准贷款利率计算）；

（3）增值税：即征即退（2001 年 11 月，财政部和国家税务总局发文，规定垃圾发电项目享受增值税即征即退政策）；

（4）增值税附加：8%（其中城建维护建设税为5%，教育附加税为3%）；

（5）所得税：25%（自2008年，国家规定企业所得税由原来的33%下调到25%，一些省区有地方性的所得税减免政策，但由于不普遍，这里统一采用最新的所得税率计算）；

（6）项目的建设年限为1年，寿命期为20年；

（7）折旧率：考虑15年还贷期，按照扣除固定资产残值后直线折旧计算；

（8）年发电小时数：按照7 500小时考虑。

2. 投资

项目初始投资包括：

（1）可行性研究和项目开发费用：包括设计、编制可行性研究报告、审批立项等，这部分费用大概占到初投资的5%；

（2）工程设计：包括系统设计、土建施工设计、结构设计、电气设计等，按照5%考虑；

（3）硬件设备投入：主要包括集气井、管道输送系统、火炬系统、气体处理和压缩设备、发电机组和风机、电气和控制系统、变电系统和接网线路等，这部分费用大约占初投资的70%；

（4）设备运输和安装调试：主要包括工程安装、调试等，大约占总投资的10%；

（5）土建工程：约占总投资的10%。

由于沼气产量和垃圾填埋场规模以及垃圾填埋量相关，即使是大型垃圾填埋场，从发电角度来说，用其产生的沼气进行发电的规模也不是很大，一般在几个兆瓦到上万千瓦。根据国内设备供应情况，总初始投资为1.1万~1.5万元/千瓦，这里以1.3万元/千瓦、系统规模为2.4兆瓦进行测算，年利用沼气量为1 500万立方米。系统总体效率按照国内目前的一般水平考虑，为23%。

3. 运行费用

（1）设备年运行维护和水及动力费用：按照初始投资考虑，取3%；

（2）流动资金：按照初始投资考虑，这里取3%；

（3）年工资及福利费：按照20人设计，人均工资3万元；

（4）燃料费用：无；

（5）填埋气热值：按照4 500千卡/立方米考虑。

4. 电价测算结果

按照8%的基本收益率考虑，测算的上网电价为0.301元/千瓦时（见表14-24）。

表14-24　沼气发电项目经济分析计算的基本参数和测算结果

类别	畜禽粪便/废水处理	垃圾填埋气
项目建设期	1 年	1 年
项目规模	2.4 万千瓦	2.4 万千瓦
经营年限	20 年	20 年
单位初投资成本	20 000 元/千瓦	13 000 元/千瓦
工作人员	10 人	20 人
人均工资收入	3 万元/人	3 万元/人
年维护费用等	3%	3%
资本金比例	30%	30%
贷款年利率	7.83%	7.83%
贷款偿还年限	15 年	15 年
流动资金	3%	3%
增值税率	13%	即征即退
所得税率	25%	25%
折旧年限	15 年	15 年
沼气热值	5 000 千卡/立方米	4 500 千卡/立方米
年发电小时数	4 500 小时	7 500 小时
测算的上网电价	0.840 元/千瓦时	0.301 元/千瓦时

(三) 其他经济激励政策和因素对沼气发电电价的影响

1. 敏感性分析

在本节敏感性分析中，将分析初始投资、运行成本、年运行小时数的变化对电价的影响。畜禽粪便和工业废水处理沼气发电以初始投资为 20 000 元/千瓦、年发电小时数为 4 500 小时、内部收益率为 8% 作为基本方案，垃圾填埋气发电以初始投资 13 000 元/千瓦、年发电小时数为 7 500 小时、内部收益率为 8% 为基本方案（如图 14-19～图 14-21 所示）。

从敏感性分析结果可以看出：

（1）初始投资成本变化对畜禽粪便、工业废水处理沼气发电的电价影响很大。例如，如果项目初始投资降低 20%，即降到 1.6 万元/千瓦的水平，则上网电价可以降低接近 20%，从 0.808 元/千瓦时降低到 0.653 元/千瓦时。初始投资变化对垃圾填埋气发电电价也有较大的影响，同样初始投资降低 20%（即达到 1 万元/千瓦左右的水平），电价水平下降 18%，可以降到 0.3 元/千瓦时以下。

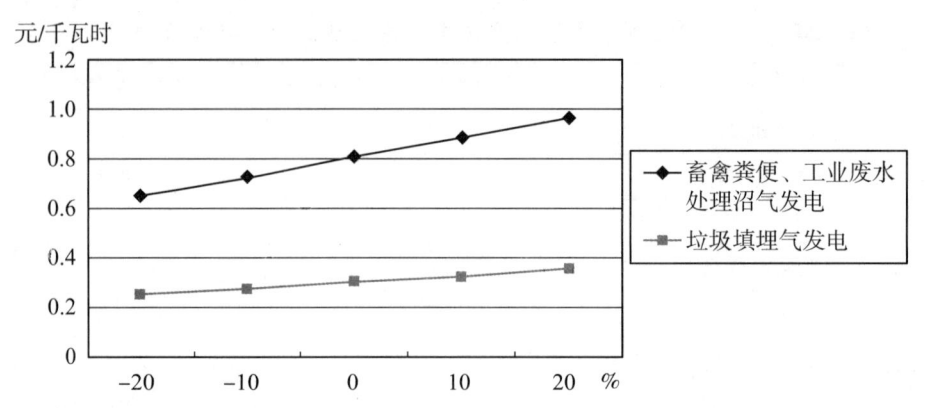

图 14-19 初始投资变化对沼气发电上网电价的影响（IRR=8%）

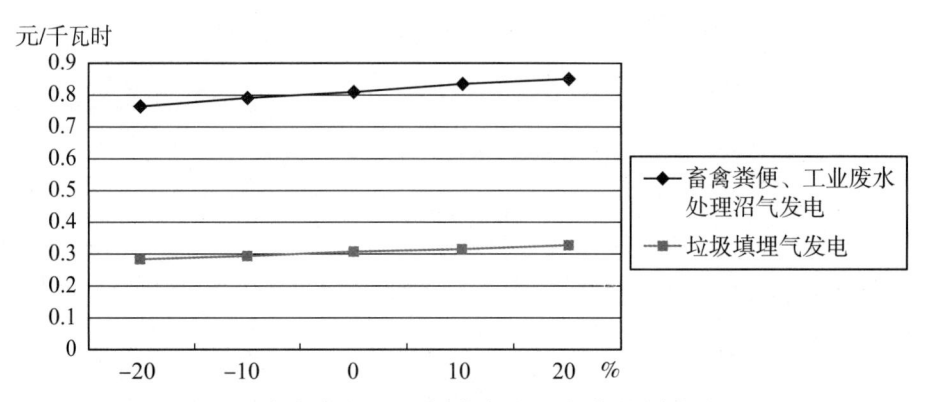

图 14-20 运行成本变化对沼气发电上网电价的影响（IRR=8%）

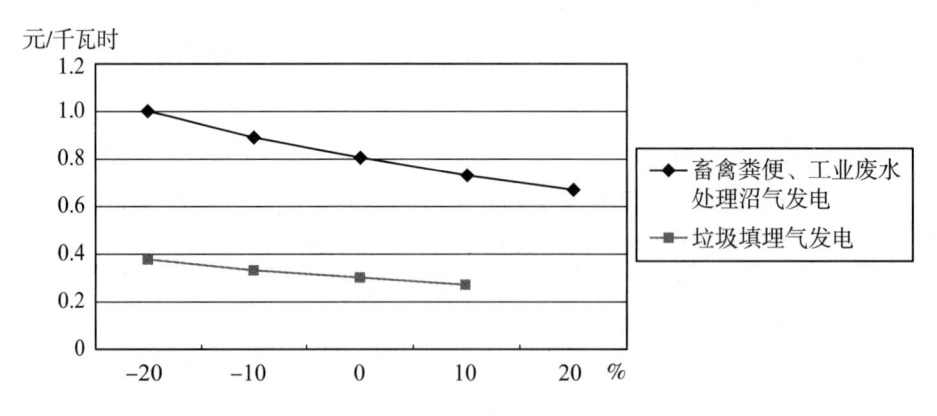

图 14-21 年运行小时数对沼气发电上网电价的影响（IRR=8%）

（2）沼气发电以畜禽粪便和污水、工业废水、垃圾填埋场废气等为原料，如果考虑原料成本为零，则运行成本所占的比重不高，因此，运行成本的变化对电价的影响有一些，但不大，运行成本变化20%时，电价将变化5%左右。

（3）年运行小时数对项目经济性和电价的影响则比投资变化的影响还要大。对畜禽粪便、工业废水处理沼气发电，如果年运行小时数降低20%，则上网电价需要上升25%，达到1.01元/千瓦时，才能使项目达到8%的内部收益率的水平。对垃圾填埋气发电，如果年运行小时数降低20%，上网电价也需要上升约20%，达到0.376元/千瓦时。而年运行小时数的变化主要还是取决于沼气产气量的变化，因此，对于沼气发电，合理规模的项目设计和配置非常重要，尤其是对于垃圾填埋气发电，垃圾是陆续不断被填埋的，而产气量则不是恒定的，一般是，在垃圾填埋刚开始的1~3年填埋气很少，之后在10年左右的时间内迅速上升并在顶峰持续一段时间后，又开始下降（见图14-22），因此，垃圾填埋气发电项目一般是采取多个发电机组分批陆续投产，并在运行若干年后，随着垃圾填埋的完成，垃圾填埋气的产气量下降，又将发电机组分批退出的方式，以提高设备利用的效率。

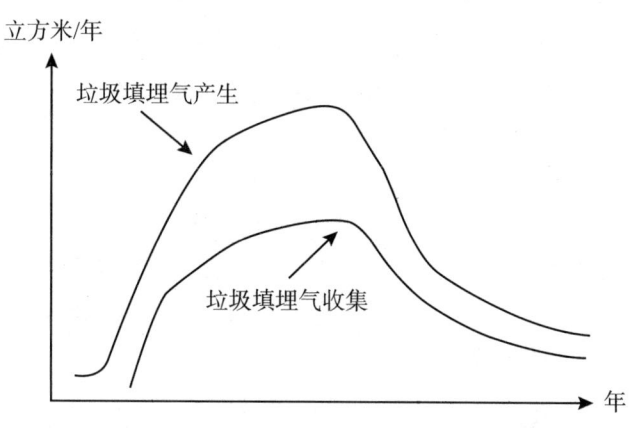

图14-22 垃圾填埋气按年产生量的示意图

2. 发电电价的组成

在本节的基本方案下，沼气发电成本的构成见表14-25。

表14-25　　　　　　　沼气发电成本构成

类别	畜禽粪便/废水处理（%）	垃圾填埋气（%）
初始投资和利息	60.3	63.3
运行成本（燃料费用为0）	23.8	34.0
增值税及附加	13.4	0
所得税	2.5	2.7
合计	100	100

3. 其他经济激励政策的影响

（1）投资补贴的影响。

为沼气发电提供投资补贴，相当于直接降低了初始投资，其影响已经在敏感性分析中做出，基本是，如果提供 20% 的投资补贴，则可以降低 18%～20% 的电价。在目前补贴 0.25 元/千瓦时的生物质发电价格政策下，垃圾填埋气发电项目完全具有很好的经济性，可以考虑不需要其他政策的支持，但是对于畜禽粪便、工业废水处理沼气发电项目，由于其有更为显著的社会、环保效益，且单纯依靠 0.25 元/千瓦时的电价补贴，还难以使项目达到合理的回报水平，因此，需要更有力的经济政策的支持，经济政策可以是力度足够的电价政策，或是投资补贴政策，或是电价、投资和税收组合政策。

对畜禽粪便、工业废水处理沼气发电项目的上网电价和投资补贴政策的方案设计如下：提供 30% 的投资补贴，则基准方案上网电价为 0.58 元/千瓦时，就可以使项目内部收益率达到 8%。考虑到现有生物质发电电价政策是以 2005 年各省市区脱硫燃煤火电标杆电价为基准，在全国范围内，生物质发电实际获得的电价为 0.485～0.689 元/千瓦时，则可以根据各地区的实际情况，安排 15%～45% 不等的补贴。

（2）税收的影响。

畜禽粪便、工业废水处理沼气发电没有进项税抵扣，因此，在其发电成本中，增值税占据相当的比例，约 13.3%。如果能够出台更优惠的税收政策，则对电价也有一定的影响，见图 14-23 横坐标的几个增值税率数值的确定参见太阳能光伏发电电价测算一节。

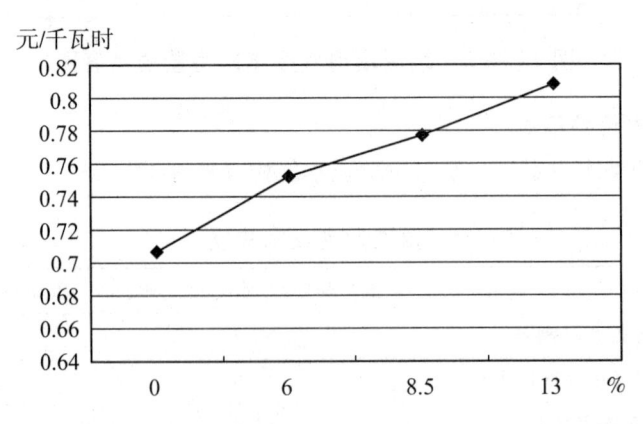

图 14-23　增值税优惠对畜禽粪便、工业废水处理沼气发电上网电价的影响

增值税优惠政策对畜禽粪便、工业废水处理沼气发电项目还是有比较大的作用的。所得税在沼气发电中所占的比例小，所得税减免政策对电价的影响不大，

全部减免可以使电价下降 2% ~ 3%。

（3）信贷政策的影响。

贷款利率的变化对电价有一定的影响，但不大。如果其他条件不变，在 15 年贷款利率为 6.12% 时（即 2007 年年底前的央行基准利率），则畜禽粪便、工业废水处理沼气发电项目基准方案的电价将由 0.808 元/千瓦时降到 0.768 元/千瓦时。

因此，对畜禽粪便、工业废水处理沼气发电项目来说，电价、投资补贴政策非常有效，增值税优惠、信贷优惠政策也有一定的作用，也可以出台以电价、补贴为主其他为辅的组合性经济激励政策。

（4）碳贸易的影响。

碳贸易对沼气发电有非常大的影响。沼气的主要成分是甲烷，而单位甲烷减排相当于单位碳减排的 21 倍，因此，碳贸易可以大大提高沼气发电项目的经济性。

七、生物质发电电价水平测算和政策选择——垃圾焚烧发电

焚烧是一种对城市垃圾进行高温热化学处理的技术。将垃圾作为固体燃料送入炉膛内燃烧，在 800 ~ 1 000℃ 的高温条件下，垃圾中的可燃组分与空气中的氧进行剧烈的化学反应，释放出热量并转化为高温的燃烧气和少量性质稳定的固定残渣。当垃圾有足够的热值时，除了点火部分外，垃圾能靠自身的能量维持自燃，而不用提供辅助燃料。目前我国已经建设了 50 多座垃圾焚烧发电站，规模不等，日处理垃圾的能力大多在 200 ~ 1 500 吨。垃圾焚烧发电在较大的城市，尤其是在土地资源稀缺且经济发达的东部地区有很大的市场潜力。

（一）基本方案测算

1. 基本参数

（1）自有资金按照 30% 考虑；

（2）贷款期限按照 15 年，年利息按照 7.83% 计算（2007 年 12 月央行将 15 年贷款基准利率由原来的 6.12% 调整为 7.83%，允许各银行上下浮动 10%，这里按照最新的基准贷款利率计算）；

（3）增值税：即征即退（2001 年 11 月，财政部和国家税务总局发文，规定垃圾发电项目享受增值税即征即退政策）；

（4）增值税附加：8%（其中城市维护建设税为 5%，教育附加税为 3%）；

(5) 所得税：25%（自 2008 年，国家规定企业所得税由原来的 33% 下调到 25%，一些省区有地方性的所得税减免政策，但由于不普遍，这里统一采用最新的所得税率计算）；

(6) 项目的建设年限为 1 年，寿命期为 20 年；

(7) 折旧率：考虑 15 年还贷期，按照扣除固定资产残值后直线折旧计算；

(8) 年发电小时数：按照 7 500 小时考虑。

2. 投资

项目初始投资包括：

(1) 可行性研究和项目开发费用：包括设计、编制可行性研究报告、审批立项等，这部分费用大概占到初投资的 3%；

(2) 工程设计：包括系统设计、土建施工设计、结构设计、电气设计等，按照 5% 考虑；

(3) 硬件设备投入：主要包括垃圾预处理系统、进料系统、焚烧炉、热工和电气控制系统、发电机组、尾气处理系统、残渣处理系统、变电系统和接网线路等，这部分费用大约占初投资的 70%；

(4) 设备运输和安装调试：主要包括工程安装、调试等，大约占总投资的 10%；

(5) 土建工程：约占总投资的 12%。

垃圾焚烧发电的投资，根据不同的技术、装备以及国产化率等，有比较大的差别，根据 2005 年后建成或正在建设的垃圾焚烧发电项目可行性研究数据的不完全统计，总体看，一般在 1.5 万～3 万元/千瓦，差距可以达到 1 倍。这里测算采用的基础数据是：按照 2 万千瓦装机，日处理垃圾能力 1 000 吨，投资按照 2.4 万元/千瓦考虑。设备总体发电效率取 37%。

3. 运行费用

(1) 设备年运行维护和水及动力费用、辅助燃料费、化学药品费、灰渣清运费：按照初始投资考虑，取 8%；

(2) 流动资金：按照初始投资考虑，这里取 10%；

(3) 年工资及福利费：按照 80 人设计，人均工资 3 万元；

(4) 垃圾处理费：和其他生物质发电不同，垃圾焚烧发电的原料费用为负成本，实际上就是所在城市支付的垃圾处理费，全国各个城市由于经济发展水平、市政负担能力不同以及对垃圾焚烧的重视程度不一，市政部门支付的垃圾焚烧处理费差别特别大，据不完全统计，最低仅为 15 元/吨，最高达到 180 元/吨。这里以 80 元/吨作为基本测算方案；

(5) 垃圾热值按照 4 000 千卡/克考虑（垃圾热值差别也非常大，例如，单单北京地区垃圾热值的范围就为 3 500~6 500 千卡/克)。

4. 电价测算结果

按照 8% 的基本收益率考虑，测算的上网电价应为 0.489 元/千瓦时，高于全国脱硫燃煤上网电价平均水平，但和东部沿海的一些省份的平均上网电价差别不大，差距不到 0.1 元/千瓦时（见表 14-26）。

表 14-26 垃圾焚烧发电项目经济分析计算的基本参数和测算结果

项目	数值
项目建设期	1 年
项目规模	2 万千瓦
经营年限	20 年
单位初投资成本	24 000 元/千瓦
工作人员	80 人
人均工资收入	3 万元/人
年维护费用等	8%
资本金比例	30%
贷款年利率	7.83%
贷款偿还年限	15 年
流动资金	10%
增值税率	即征即退
所得税率	25%
折旧年限	15 年
垃圾处理费	80 元/吨
年发电小时数	7 500 小时
测算的上网电价	0.489 元/千瓦时

（二）其他经济激励政策和因素对垃圾发电电价的影响

1. 敏感性分析

影响垃圾焚烧发电经济性的因素比较多，本节主要对初始投资变化、垃圾处理费价格变化、运行成本变化这几个因素进行敏感性分析。发电小时数的影响、垃圾热值的影响等仅作一般分析虑，但这些因素对电价的影响也是比较大的。

以初始投资为 24 000 元/千瓦、年发电小时数为 7 500 小时、内部收益率为 8% 作为基本方案（如图 14-24~图 14-26 所示）。

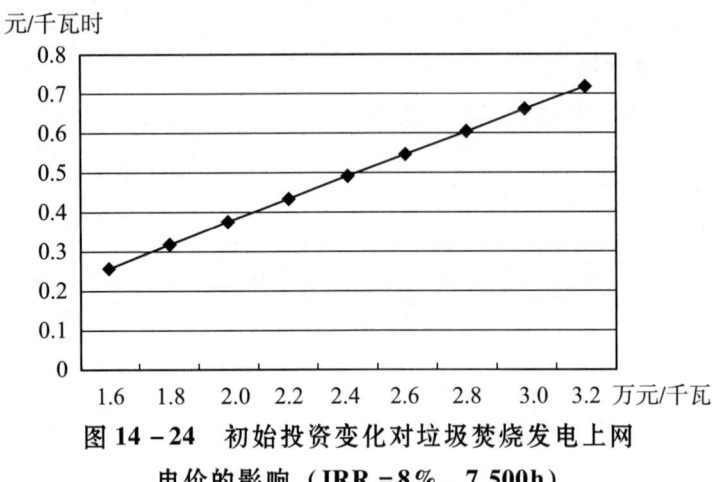

图 14-24 初始投资变化对垃圾焚烧发电上网电价的影响（IRR = 8%，7 500h）

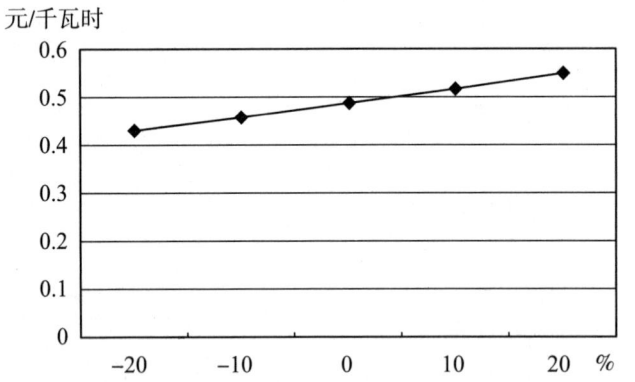

图 14-25 运行成本（不考虑垃圾处理费）变化对垃圾焚烧发电上网电价的影响（IRR = 8%，7 500h）

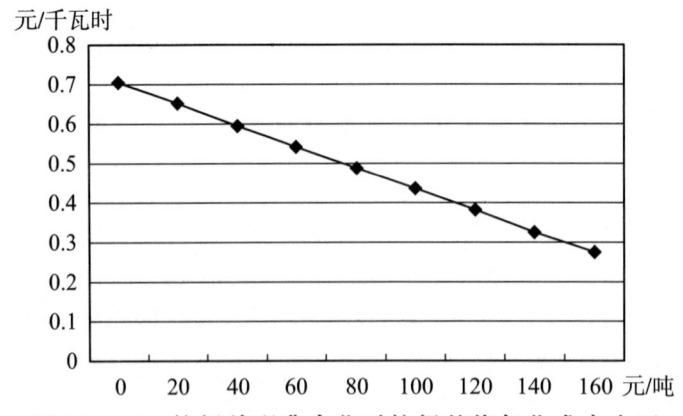

图 14-26 垃圾处理费变化对垃圾焚烧气化发电上网电价的影响（IRR = 8%，7 500h）

从敏感性分析的计算结果可以看出：

（1）初始投资成本对电价的影响最大，如果初始投资降低20%，到19 200元/千瓦，电价则下降28%，达到0.35元/千瓦时；

（2）运行成本（不考虑垃圾处理费）的变化对电价也有比较大的影响，如果运行成本降低20%，则电价可以下降12%，降低0.06元/千瓦时；

（3）垃圾处理费对垃圾焚烧项目的经济性影响也非常大。实际上，垃圾焚烧厂获得的垃圾处理费，从经济角度相当于降低了焚烧厂的运行成本，因此，项目经济性对垃圾处理费变化的敏感程度和对运行成本（不含垃圾处理费）的敏感程度是一样的。但差别在于，在项目正常运转情况下，运行费用不会有大的变化，正负20%几乎是极限，但是，如前所述，垃圾处理费可以没有，也可以高达180元/吨。从表14-25可以看出，如果垃圾处理费从80元/吨降到40元/吨，则电价将上升11%，达到0.6元/千瓦时左右，而如果垃圾处理费从80元/吨上升到120元/吨，则电价将降低11%，达到0.38元/千瓦时左右；

（4）发电小时数的变化对电价的影响也比较大。如果发电小时数降低20%，即为6 000小时，则电价将从基本方案的0.489元/千瓦时上升到0.611元/千瓦时，增幅25%。但是，根据目前垃圾焚烧发电厂的运行情况看，一般情况下，垃圾焚烧的原料有保障，如果设备没有问题，发电小时数的不会有太大的变化；

（5）垃圾热值对项目经济性的影响很大。如果垃圾热值偏低，则可能垃圾就不适合焚烧处理，或者需要通过混合添加常规能源如喷油等方式，才能保证垃圾稳定焚烧。如果垃圾热值减少10%，即为3 600千卡/克，则电价需要上升11%，达到0.543元/千瓦时。

综上可以看出，影响垃圾焚烧发电电价的因素既多并且影响程度大，因此，确定合适的电价必须考虑不同技术所造成初始投资的差异对电价核算的巨大影响，以及各地区不同标准的垃圾处理费和电价参数之间的相互影响。可以在初始投资确定后，先在电价和垃圾处理费这两个参数中确定一个数据，再考虑核算另一个参数。在目前生物质发电电价补贴固定为0.25元/千瓦时的情况下，对于新建项目，就可以据此核算垃圾处理费用的标准。

目前，国内许多垃圾焚烧项目大都采用BOT方式，也是考虑各项目之间投资、经济性的巨大差异。

2. 发电电价的组成

在年发电小时数为7 500小时、内部收益率为8%的基本方案下，垃圾发电成本的构成见表14-27。

表 14-27　　　　　垃圾焚烧发电成本构成

类别	不考虑垃圾处理费（%）	本节测算基本方案（%）
初始投资和利息	49.7	74.9
运行成本（不含燃料）	47.1	50.8
燃料成本（垃圾处理费）	0	-30.6
增值税及附加	0	0
所得税	3.2	4.9
合计	100	100

3. 其他经济激励政策的影响

（1）税收的影响。

垃圾发电已经享受了增值税即征即退政策，所得税在成本中所占的份额也比较小，因此，进一步得到税收优惠的空间很小，影响也很小。

（2）信贷政策的影响。

贷款利率的变化对电价有一定的影响，但相对于初始投资、垃圾处理费、运行费用、垃圾热值等因素的变化，影响要小，如果其他条件不变，在15年贷款利率为6.12%时（即2007年年底前的央行基准利率），则基准方案的电价将由0.489元/千瓦时降到0.464元/千瓦时。

（3）碳贸易的影响。

碳贸易对垃圾焚烧发电项目的经济性应该有一定的影响，目前的价格也在0.1元/千瓦时附近波动。

第四节　完善我国可再生能源固定电价制度的对策建议

一、完善我国固定电价制度的基本思路

（一）保护相关主体的积极性

固定电价制度的实施牵涉多方主体，设计得当的制度应尽量维护它们的积极性：对发电商而言，稳定、可保障投资回报的电价，以及有保障的售电、资金回

转渠道非常重要；对电网企业而言，它们购买、输送可再生能源电力而产生的接网费等，应获得合理补偿；对政府而言，则不能由于发展可再生能源而使财政负担过重；对消费者而言，则不能由于征收可再生能源电价附加而使其增加过重的电费负担。虽然这些主体的利益最大化无法同时实现，但也应当寻求"利益平衡"，使各方利益得到合理的维护。

目前我国的制度设计仍未能合理保护各方的积极性。例如上网电价虽然规定采用"合理成本加合理利润"的方法，但究竟如何计算仍未明确，不利于发电商积极性的保护，因此应加以明确；此外，现行立法规定，接网费先由电网企业计入输电成本、从销售电价中回收，不能回收才可以申请补助，这显然会打击电网企业的积极性，因此可以考虑加大补偿力度；而我国可再生能源财政补贴的负担也日益沉重，因此应采用电价递减费率等措施来改善制度设计；对于消费者负担而言，我国在2009年11月将可再生能源电价附加征收标准从每千瓦时2厘提高到4厘，2011年更提高到8厘，2013年又进一步提高到1分5厘，消费者负担增速明显，因此必须大力降低电力生产成本、提高电价决策中的公众参与程度。

（二）政策制定上一般与特殊的结合

可再生能源电力种类多样，有风能、生物质能、太阳能，还有潮汐能、地热能等，它们除了具有清洁、需要政府扶持等共同点之外，还各具特色，因此在制定政策时既要考虑它们的共同点，也要考虑特殊性，不能"一刀切"。例如风能、太阳能不同于生物质能的表现之一，就在于其显著的地域性，因此对它们的价格分区制定将更为适宜。

除了不同可再生能源电力类型的区别外，即便同一能源类型，也仍然可以继续细分，如风电可分为陆上、海上风电，陆上风电又可以分为户用型风小电机组以及大型风电场；太阳能发电除了大型发电场之外，还可以有小型发电机组，如与建筑物相结合的户用型机组。这些不同规模、不同应用形式的可再生能源电力类型，所需要的扶持政策都不同，因此应当区分情况，出台更具针对性的电价政策。

至于所有可再生能源固定电价政策的共同问题，如制定固定电价的职能部门、固定电价的计算方法、固定电价差价的补贴方式、补贴资金来源、发电商与电网企业的主要权利与义务等，都可以在一般性的立法文件中作概括性的规定。

（三）循序渐进地完善固定电价制度体系

我国《可再生能源法》的相关规定，为固定电价制度的确立奠定了基础，而随后出台的《关于完善风力发电上网电价政策的通知》、《关于完善农林生物质发电价格政策的通知》、《关于完善太阳能光伏发电上网电价政策的通知》等文件，则进一步确立了我国的固定电价制度体系。但固定电价并非目前我国可再生能源领域唯一的定价机制。

例如在农林生物质发电以及太阳能光伏发电领域，仍保留着项目招标定价（政府指导价）的方法。此外，潮汐能发电、地热能发电等领域，都仍未出台具体的价格政策。因此，目前固定电价制度并未在我国可再生能源电力领域全面实施。而未来在这些领域是否、如何适用固定电价制度，都需要视情况具体分析。只有在这些可再生能源电力领域的发展达到一定规模，以及它们相应的价格计算方法更为成熟的情况下，才适宜全面地适用固定电价制度。因此，构建我国固定电价制度体系也必须循序渐进。

（四）必须保持制度运作的可持续性

可持续运作的固定电价制度，并非简单制定一个固定的价格数目就可以了。如果制度不具备可以进行自我修正、完善的机制，那么就是不可持续的。例如我国风电的分区固定电价政策自2009年出台以来，至今并未进行过专门的审查、修改和回顾，这实际上就不利于顺应新形势、推动未来政策的完善。对于保持政策制度的可持续性运作，首先必须明确固定电价的计算方法，并设立固定电价实施的定期审查和报告制度。这样才能为制度未来的完善提供良好的基础。

制度运作的可持续性还与制度实施成本密切相关。如果目标设定过高，或者电价水平制定过高，那么在短时期内将快速增加社会成本。因此，为了避免过高的社会成本所导致的政策不可持续性，可再生能源电力的发展还应设定合理的目标以及电价水平——使得可再生能源电力发展与社会负担之间达到一种平衡。此外，还应当为固定电价制度设定适用期限，以及固定费率逐年递减的制度，以促使技术水平的提升，同时减轻财政的负担。

二、完善我国固定电价制度的其他具体措施

（一）完善发电成本的核算机制

要贯彻"合理成本加合理利润"的固定电价计算方法，就必须对可再生能源的发电成本进行核算。目前我国的核算机制存在很大问题，如在风电领域，2009年出台的分区域固定电价，很大程度上是基于对过去分期招标定价阶段经

验和教训的总结，所得出的一个大概能保障发电商利润的数额。而由于招标定价时期，开发商时有故意压低竞标价格的情况，因此这个方法是比较粗糙和不科学的。

从国际经验来看，西班牙的做法值得我们借鉴——在西班牙的固定电价制度之下，立法要求可再生能源发电商向政府披露所有关于发电成本的信息，以使政府在设定电价时能充分获得信息。笔者认为，接受固定电价补贴的发电商，向政府披露除了商业秘密之外的发电成本信息是合理的，这也可以从侧面督促它们降低生产成本、努力不低于平均水平。

（二）电价应有利于技术进步

可再生能源电力产业可持续的发展，仍然需要依靠技术的进步。目前我国固定电价制度由于设计简洁，因此仍然欠缺促进技术进步的激励措施。例如仅制定一个统一的"标杆电价"，对所有情况统一适用，这就不利于奖优罚劣。因此建议对项目技术类型做区分处理——凡技术先进、效率更高的，规定更高水平的电价补贴，反之亦然。这样将能够为激励技术进步提供明显的信号。

除了发电技术外，我国可再生能源电力产业发展所受到的重大制约因素之一，还包括电网技术问题。如果电网建设滞后、输电能力无法与发电规模匹配，那么即便新装发电机容量再大也于事无补。因此，除了强制性地规定电网企业必须全额、优先收购可再生能源电力之外，还应当提供相应的激励措施，促使电网技术的升级。

（三）完善资金筹措机制

我国固定电价制度的资金筹措机制在2009年前后发生过变化——2009年之前电价附加资金以及财政专项资金是分别管理、分别支付的，但2009年以后，两种资金合为"可再生能源发展基金"，进行形式上统一的管理。虽说"基金"设立后有利于统筹管理，但实际上也会带来新问题，例如使得用于支付固定电价的资金无法独立于财政资金，因此在对外贸易过程中，容易给国外发起反补贴的贸易战提供借口。

此外，依照国际经验，设计优良的固定电价制度，其电价以及接网费等费用的支付程序一般是独立于政府财政的。因此，笔者认为我国固定电价资金筹措机制的完善，除了要保证资金来源充足外，还应当使筹措、支付程序更为明晰，并日渐独立于财政干预，以此推动我国可再生能源电力产业更为健康的发展。

（四）完善相关辅助性保障机制

除了制定一个可保障投资回报的价格水平外，财政补贴、税收优惠、信贷支持等，都是与固定电价制度密切相关的辅助性保障机制。对于这些措施的采取，除了以上所说的使电价、接网费资金逐渐独立于财政资金之外，还应当提高激励措施的实际效用，如财政补贴、税收优惠应当按实际发电量而非装机容量、投资数量来进行。

此外，鉴于我国是发展中国家，经济发展过程中货币价值的浮动可能较为明显，而可再生能源项目的投资、运营周期一般较长，因此为使投资环境更为稳定和安全，我国固定电价制度在完善过程中还可以借鉴南非等国家的做法，将固定电价的支付水平与通货膨胀率挂钩，这样既可保障投资回报，也可避免投资暴利的出现。

第五篇

可再生能源配额法律制度

第十五章

可再生能源配额制度概述

第一节 可再生能源配额制度的概念特征

一、可再生能源配额制的性质与特征

可再生能源配额制（Renewable Portfolio Standard，RPS）是指一个国家（或者地区）用法律的形式对可再生能源发电在电力供给总量中所占的份额进行强制性规定，电价由市场决定，以推动可再生能源发展的制度。[1] RPS是实行可再生能源配额制的美国各州立法的称谓，在美国联邦层面上称为可再生能源电力标准（Renewable Electricity Standard，RES），英国称为可再生能源义务（Renewable Obligations，RO），在我国也有人称为可再生能源强制性份额（Mandatory Market Share，MMS）。

可再生能源配额制在性质上是"配额"手段在可再生能源发展领域的具体体现。"配额"，顾名思义即分配的额度或者数量。就其本质来说，它是国家或者政府运用有形之手管理、干预经济活动的一种经济手段，换言之，它是国家或

---

[1] 李艳芳：《我国可再生能源法的制度构建与选择》，载于《中国人民大学学报》2005年第1期。

者政府根据产业政策和行业发展规划通过强制性的数量或者指标控制来平衡不同的利益与资源分配，达到禁止、限制、鼓励某个产业和行业发展的目标。在计划经济体制下，我国较多地运用配额或者实际上是指令性计划指标来实现经济目标，排斥或者忽视市场机制和手段。在市场经济体制下，国家或者政府较少运用配额这种命令性、指标性手段来管理经济，较多地运用市场手段来配置资源。但是在公共领域或者涉及国家利益的领域如进出口贸易领域，国家仍然使用配额来对产品、资源的进出口实行控制。例如我国基于稀土资源的稀缺性和开采过程中对环境影响的负外部性，对稀土资源的出口进行配额管理。可再生能源作为一种清洁、可再生、低碳、环保的能源资源，无论对于我国能源安全、环境保护、应对气候变化还是解决电网无法到达的边远地区的居民用能都具有非同寻常的意义。但是因为可再生能源开发利用技术不成熟、成本较高等多种原因，私人部门缺乏投资或者进入的意愿，所以国家通过强制性的配额手段来进一步推动其大力发展，可再生能源配额制也被认为是政府的产业保护或者发展政策。

尽管各国对其称谓不同，但从英国、意大利、比利时、波兰、瑞典、澳大利亚、日本及美国 30 多个州实行可再生能源配额制的经验来看，可再生能源配额性具有以下特征：

第一，配额指标的明确性。配额制的明确性体现在以下方面。首先，配额必须明确具体。配额既可以是可再生能源增长的绝对量（如澳大利亚、意大利，美国的爱荷华州、得克萨斯州等），也可以是一个增长比例（实行配额制的绝大多数国家和美国实行可再生能源配额制的多数州），但不论是绝对量还是增长比例，通常都是一个明确的数字。例如英国 2002 年《可再生能源义务条例》规定，2003 财政年度，可再生能源电力的比例是 3%，以后逐年增加，2004 财政年度的比例是 4.3%，到 2010～2011 财政年度，这一比例达到 10.4%。英国 2005 年《可再生能源义务条例》规定，2015～2016 财政年度，可再生能源电力的比例是 15.4%。"在向管理机构提交电力证书的义务期间内，指定的电力供应商应履行本条例所规定的 25% 的可再生能源义务。"[①] 其次，配额指标的明确性还体现在配额指标的法定性，即配额是由国家立法或者立法授权政府通过政策加以明确规定的。英国和美国实行配额制的各州直接对配额指标在立法中加以明确规定。配额指标的明确性可以明示每个可再生能源配额义务的承担者自己责任和义务的大小，以便每一个配额义务承担者准确地作出有利于完成义务或者配额最佳选择方案。

---

① 时璟丽、李俊峰：《英国可再生能源义务法令介绍及实施效果分析》，载于《中国能源》2004 年第 11 期。

第二，配额指向的确定性。首先，指向的确定性表现为对"可再生能源"的配额，即可再生能源配额指向的具体目标是"可再生能源"。但是，可再生能源的范围非常广泛，各国认识并不一致，因而凡是实行可再生能源配额制的国家均对"可再生能源"进行明确界定。一般来说，各国都将风能、太阳能、生物质能、地热能、潮汐能等作为可再生能源。对于水能是否可以作为可再生能源，有不同认识。多数国家将小型水电作为可再生能源，排除大水电作为可再生能源。其次，指向的确定性也表现为通常是对"发电"的配额，并不包括燃料等其他可再生能源利用形式。最后，指向的确定性还表现为配额义务主体的确定性，即通常由发电商或供电商承担配额义务，政府监督发电商与供电商履行配额义务。

第三，配额执行的强制性，即配额的承担者应当到期完成配额义务。为了保证配额指标的如期完成，实行可再生能源配额制的国家通常都会设立高效、权威的执法监督机构监督可再生能源配额义务承担者确实完成配额指标，若发现有关义务主体违反规定或者到期不能完成配额指标，则要对违反义务者进行处罚。如英国2002年《可再生能源义务条例》规定，不能完成义务者，供电商要承担最高达其营业额10%的罚款。[1] 配额的强制性特征决定了可再生能源配额制对推动可再生能源发展目标的保证作用。

第四，配额完成方式的灵活性。实行可再生能源配额制的国家，通常允许配额义务的承担者自愿选择完成配额的方式，即建设自有的可再生能源发电设施完成可再生能源发电配额指标，或者通过在市场上购买其他已经完成了配额义务的电力企业出售富余的可再生能源电力或"绿色电力证书"来完成。这种灵活的履行方式归根结底是从配额义务的承担者的利益出发的，即允许配额义务的承担者以最低的成本来履行义务或者承担社会责任。而配额义务的承担者在做出以最低成本履行义务的决定时，必然会考虑资源、技术等诸多因素，也有利于资源的合理配置，从而实现社会效益的最大化。

二、可再生能源"配额制"与总量目标

（一）可再生能源总量目标的含义及其特点

可再生能源总量目标（Renewable Energy Target Policy，RETP）相当于一个

---

[1] 时璟丽、李俊峰：《英国可再生能源义务法令介绍及实施效果分析》，载于《中国能源》2004年第11期。

国家或者地区在一段时间发展可再生能源的总的计划。总量目标具有以下几个特点。

第一，它是国家可再生能源发展的中长期目标。各国通常按 5 年、10 年、20 年、30 年甚至 50 年来确定本国可再生能源的总量目标。如 2007 年 8 月我国出台的《可再生能源中长期发展规划》，提出了可再生能源中长期发展目标是"力争到 2010 年使可再生能源消费量达到能源消费总量的 10%，到 2020 年达到 15%"。

第二，总量目标也是一种配额，即对可再生能源在国家能源消费总量中所占比例或者份额的强制性规定。

第三，它的义务主体是政府（在中国包括中央政府与省级地方政府），是政府为实现国家战略而确定的发展目标，因而属于战略性目标或者宏观目标。

第四，总量目标包括针对可再生能源所有利用形式，不仅包括可再生能源电力，还包括燃料等其他可再生能源利用量。

（二）可再生能源配额制与总量目标的关系

可再生能源"总量目标"实际上也是一种配额，因而与可再生能源"配额制"在目标的确定性、明确性、法定性等方面都具有相似性。事实上，在实行可再生能源配额制的国家，并不十分刻意区分可再生能源的总量目标与配额制，它们通常只规定可再生能源电力的强制性市场份额，并不规定可再生能源发展总量目标。如英国、美国实行配额制的各州等仅直接规定可再生能源发电量在电力消费中的比例。这既可以看做总量目标，也可以看做强制性市场份额或者配额。但在实行强制上网与固定电价的国家，如德国、西班牙，总量目标与配额制有较大区别，这表现在以下几个方面。

第一，可再生能源的总量目标是实行可再生能源配额制的前提，配额制是实现总量目标的手段。所有开发利用可再生能源的国家基本上都确定了可再生能源的总量目标。德国可再生能源的总量目标是到 2010 年可再生能源消费量占能源消费量的 18%，2020 年达到 30%，2050 年达到 60%。[①] 欧盟的目标是到 2020 年达到 20%。[②] 我国可再生能源总量目标是"到 2010 年使可再生能源消费量达到能源消费总量的 10%，到 2020 年达到 15%"。[③] 总量目标确定后，各国可选择不同的制度、方法和手段实现这一目标。例如英国、荷兰等国家选择配额制，德国、西班牙等国家实行强制上网与固定电价制度。可见，总量目标制度与配额

[①] 日本核电危机后，德国宣布弃核，默克尔政府提出德国新的可再生能源发展目标，到 2020 年可再生能源发电需占到总电量的 35% 以上，到 2050 年占到 80%。

[②] 参见欧盟委员会 2008 年 1 月 23 日通过的《促进可再生能源利用的指令》。

[③] 中国《可再生能源利用中长期规划》。

制之间是目标与手段的关系，配额制只是总量目标实现的一种手段。

第二，可再生能源的总量目标包括所有可再生能源利用形式，配额制通常仅仅指电力的配额。目前对可再生能源利用的最主要形式是发电如风力发电、光伏发电、生物质能发电等，因而也容易将可再生能源利用与可再生能源发电利用画等号。实际上，虽然可再生能源发电是利用可再生能源的最主要的方式，但二者在内涵与外延上并不一致。除了可再生能源发电之外，可再生能源利用还包括热利用、燃料利用等。因而可再生能源电力配额只是可再生能源总量目标（总配额）中的一部分，两者是整体与部分的关系。

第三，可再生能源总量目标是可再生能源发展的政府目标，可再生能源配额制是可再生能源发展的企业目标。可再生能源总量目标是国家或者各级政府制定的可再生能源发展的宏观发展指标，但其具体落实则需要进一步肢解或者划分为向企业下达的"配额"指标来完成。因此，目标与配额具有相对性，对国家来说，发展目标是总量目标；对企业来说，发展目标则体现为完成配额。

三、可再生能源配额制度的意义

早在起草《可再生能源法》时，理论界与实务界就对推动可再生能源发展的制度选择问题进行过争论，即我国到底是应该借鉴英国、澳大利亚、日本等国家的经验实行可再生能源的配额制，还是借鉴德国、西班牙等国的经验实行固定电价制度？哪一种制度更有利于中国发展可再生能源？哪一种制度更适合中国国情？[1] 立法者最终放弃了配额制，选择了固定电价制度。我国现行《可再生能源法》确立的可再生能源电力价格由国家定价（政府指导价和政府定价）的制度，即固定电价制度，是指国家根据各种可再生能源发电技术的实际发电成本，或者根据电力平均价格，确定可再生能源电力上网电价，并要求电网企业必须购买可再生能源开发商生产的可再生能源电力的制度。中国的实践证明，固定电价制度对于在较短时间内通过国家财政资金的投入和征收电价附加的办法对可再生能源产业的发展予以补贴，可以迅速提高可再生能源产业的发展。从 2005 年《可再生能源法》到 2008 年年底，全国可再生能源年利用量达到 2.5 亿吨标煤（不包括传统方式利用的生物质能），在能源消费总量增长的情况下，可再生能源占一次能源消费比例达到 9% 左右，比 2005 年上升了 1.5 个百分点。[2] 经过短短几年

---

[1] 关于这两种制度的优劣，笔者曾经撰文进行过详细论述。参见李艳芳：《我国可再生能源法的制度构建与选择》，载于《中国人民大学学报》2005 年第 1 期。

[2] 解振华：《在〈可再生能源法〉（修订）实施座谈会上的发言》，2010 年 3 月 16 日。

的发展,我国可再生能源领域甚至出现了所谓的"产能过剩"现象。

但是任何制度都不是十全十美。固定电价制度也有明显的弊端,表现在:第一,市场机制的摒弃导致最大限度地降低可再生能源价格的竞争机制缺失。在固定电价制度下,可再生能源成本与价格的降低,很大程度上依赖于可再生能源发电技术和规模的大幅度提升,如果发展规模不能达到一定程度,技术不成熟,则可再生能源的价格就很难下降。因此,在固定电价制度模式下,成本将成为阻碍可再生能源发展的重要因素。第二,固定电价制度实际上是主要依靠政府财政支持的政策扶持机制和制度,它需要政府稳定的投入,因而国家的经济实力在一定程度上决定着能否对可再生能源的发展进行长期扶持。而我国的经济实力在整体上还不够雄厚,更无法与发达国家相提并论。第三,在固定电价制度下,可再生能源的发展在很大程度上依赖于政府政策的持续性,而政府政策可能因人、因事而具有不稳定性,因而可再生能源电力的可持续发展值得怀疑。[①]

所以笔者认为,在《可再生能源法》中规定固定电价制度是可再生能源发展初始阶段的制度选择,在通过国家或者政府政策扶持后,当可再生能源的发展达到一定规模或者具备市场化运作的条件时,政府必须从中退出,转向使用市场机制或者配额制。[②] 我国可再生能源产业经过近10年的大幅度发展,无论产业规模、技术水平都有明显进步,可再生能源成本也大幅下降。未来随着温室气体减排与大气污染防治计划的推进,可再生能源的地位会由现在的新兴的弱势能源逐渐向替代能源和主流能源转变,可再生能源电力、热力、燃料等都将有更大程度的发展。这些都会对固定电价制度下的补贴制度带来挑战,再加上电网企业对新能源和可再生能源的天然的抵触,都促使国家有必要考虑借鉴英美等国家实行的可再生能源配额制,即在对能源企业提供适当比例的再生能源电力的控制下,通过市场机制进一步降低可再生能源成本,提高可再生能源的竞争力,进而促进可再生能源的发展。

相对于固定电价制度,可再生能源配额制的优点主要有:第一,能够为开发可再生能源提供最低数量保障。可再生能源配额制度通过配额指标的分配与承担,实现开发利用可再生能源的最低目标与数量,从而增强对可再生能源项目进行投资与开发的信心。第二,有利于降低开发可再生能源的成本。与市场交易相结合的可再生能源配额制会采用成本最低或效率最高的方式来完成配额任务。因此客观上起到降低可再生能源开发成本的作用。第三,有利于降低行政成本。可再生能源配额制度是基于市场的制度,它要求最小化的政府和最大化的市场。政府在其中的角色简化为制定目标、监督政策的执行和处罚违规行为等,因此降低

[①][②] 李艳芳:《我国〈可再生能源法〉的制度构建与选择》,载于《中国人民大学学报》2005年第1期。

了政府行政成本。同时由于它要求更加透明的管理，也最大限度地减少了政府行政过程中的权力寻租。

当然，可再生能源配额制度也有它自身的缺点：第一，不能最大限度地激励可再生能源的开发利用。实施可再生能源配额制度后，义务主体往往满足于其所应承担的配额义务，对于进一步开发可再生能源失去了动力而不再努力开发更多的可再生能源，因此配额指标相当于为其设定了一个上限。国家要想发展更多的可再生能源，除了配额制度以外，还需要制定发展可再生能源的激励制度，用以弥补配额制度的这一缺陷。第二，增加可再生能源的投资风险。可再生能源配额制度是基于市场机制的制度，而市场经济中的商品的价格要受供求关系的影响而上下波动。可再生能源的价格完全取决于市场，而市场的风险性会引起价格的不确定性，因此会增加可再生能源生产商或投资者的投资风险，也可引发融资困难。第三，配额制度有可能造成企业间不公平竞争，甚至垄断，从而阻碍了可再生能源的长远发展。由于配额制度基于市场机制运作，大型能源企业无论从信息、资金还是规模上等都具备得天独厚的优势，在一定程度上会限制或排斥新的、中小投资者进入可再生能源发电市场，难以真正实现促进可再生能源市场繁荣发展的目的。第四，不利于可再生能源技术的多元化发展。虽然配额制度鼓励各种可再生能源发电形式都能参与电力市场交易，但事实上，基于成本、电网接入技术等各种因素，供电商更愿意收购达到一定规模的可再生能源电力。较小规模可再生能源电力（如太阳能、生物质、污水处理、垃圾填埋等）会面临更多的入网问题，从而不利于可再生能源发电的多样化发展。第五，配额制操作相对复杂，还需要政府有效的监督和强有力的惩罚措施，对我国政府的行政能力提出了考验，提高了监管成本。[①] 因此，在可再生能源产业发展的生长期以及市场经济不是十分健全的国家，都较少采取配额制。

第二节　可再生能源配额制度在国外与国内发展现状

一、可再生能源配额制度在国外的发展

配额制是美国很多州经过具体实践后逐渐发展起来的。1995年，加利福尼

[①] 李艳芳：《我国〈可再生能源法〉的制度构建与选择》，载于《中国人民大学学报》2005年第1期。

亚州成为第一个正式讨论配额制之详细制度设计的州①;在加利福尼亚州随后开展的电力重组改革中,美国风能协会首次提出了正式的可再生能源配额制概念。自 20 世纪 90 年代后期以来,伴随着美国电力重组改革的浪潮,配额制也如雨后春笋般在美国州一级得到推行。自 20 世纪八九十年代可再生能源配额制度在欧洲和北美洲开始实施以来,越来越多的国家和地区开始将其作为本国和地区开发利用可再生能源的基本制度。② 据统计,截至 2013 年年底,世界上有 54 个国家和地区实施可再生能源配额制度,其中只在州或省一级推行的国家有美国、加拿大和印度;在国家层面推行的有 25 个国家,包括英国、澳大利亚、智利、意大利、日本、菲律宾、波兰、罗马尼亚和瑞典。③

由于各国的政策目标、能源或电力产业结构、管理体制或公众的认知水平各有差别,配额制度的内容和形式往往有些差别。但是大多数国家的配额制度中一般都会包含以下几个主要内容:第一,确立可再生能源发展的总量目标,也就是确立一定时期内可再生能源的发电总量或可再生能源发电量在一国或地区的总电力供应量中所占的比例。它是配额制度实施的大前提,也是下一步为义务主体分配指标的基础。第二,可再生能源配额制度的义务主体以及客体,即将开发利用可再生能源的指标配给谁,是发电商、电网经营商还是供电商,抑或是消费者?应该将哪些可再生能源技术种类纳入配额制度的实施范围,即配什么?第三,政府在进行配额的过程中应该坚持的原则或标准,即怎么配?第四,履行配额义务的手段或者灵活履行制度,即义务承担者是否可以通过交易的方式完成配额。第五,可再生能源配额制的监管和法律责任,即为了监督配额制度的履行,并处罚违规行为等,应确定哪些部门作为配额制度实施的组织者和监管者?义务主体完不成配额义务后应该承担什么法律责任?

虽然实行可再生能源配额制的国家不少,但是取得成功的国家和地区也有,失败的国家也有。成功的如美国得克萨斯州。1998 年得克萨斯州可再生能源发

---

① N. Rade; & R. B. Noaard, *Efieieney and Sustainability in Restruetured Electric Markets*: *The Renewables Portfolio Standard*, *The Electricity Journal*, 1996 (July), pp. 37 – 49.

② 有研究报告认为,美国爱德华州于 1983 年在世界上首先开始推行配额制,参见 Eric Martinot and Janet Sawin, "Renewables Global Status Report 2009 Update", *availablet at* http://www.geni.org/globalenergy/library/technical-articles/generation/general-renewable-energy/renewableenergyworld/renewables-global-status-report – 2009-update/index. shtm (last visit Oct 20, 2012).

③ Renewable Energy Policy Network for the 21st Century Steering Committee, "Renewables 2014 Global Status Report" p. 37, *available at* http://wenku.baidu.com/view/f4abee3143323968011c925b.html (last visit Aug. 25, 2014).

电在州电力生产中仅占 1%[①];而实施配额制度后,2007 年得克萨斯州的可再生能源发电占州内发电的比例接近 3.3%[②];仅 2007 年,就新增加了 1 600 兆瓦的风力装机容量,2008 年第一季度,有 5 317 兆瓦的风力装机量,远远超过了其他州[③],得克萨斯州在 1999 年设定的新生产 2 000 兆瓦的可再生能源目标在 2007 年已经完成了。可再生能源的迅速发展,一定程度上缓解了该州面临的能源安全压力。不是太成功的国家如英国。虽然英国实施可再生能源配额制度比较早,但是并未取得制度设计之初所预期的可再生能源发展目标。产生这种效果的原因有多方面的,既有配额制度本身引起的市场风险增加的问题,也有制度设计不合理的原因。[④]

二、可再生能源配额制度在我国的发展

随着对可再生能源开发利用规模化,国家开始研究通过逐步实施配额制度来推动可再生能源的发展。在 2007 年国家公布的《可再生能源中长期发展规划》中已经开始出现配额制的雏形,在该规划的第八部分"规划实施保障措施"中规定:"建立持续稳定的市场需求。对非水电可再生能源发电规定强制性市场份额目标:到 2010 年和 2020 年,大电网覆盖地区非水电可再生能源发电在电网总发电量中的比例分别达到 1% 和 3% 以上;权益发电装机总容量超过 500 万千瓦的投资者,所拥有的非水电可再生能源发电权益装机总容量应分别达到其权益发电装机总容量的 3% 和 8% 以上。"由于其没有规定具体的考核监督办法,该规划中对发电指标的规定还只停留于规划阶段,并未真正得到实施。

2009 年 12 月 26 日,全国人大常委会修改了《可再生能源法》,规定"国家实行可再生能源发电全额保障性收购制度"(第十四条第一款)。"国务院能源主管部门会同国家电力监管机构和国务院财政部门,按照全国可再生能源开发利用规划,确定在规划期内应当达到的可再生能源发电量占全部发电量的比重,制定

---

① 此外煤炭发电占 39%,天然气发电占 49%,核电占 11%。Ryan Wisera, Ole Langniss, "The Renewables Portfolio Standard in Texas: An Early Assessment", available at http://eetd.lbl.gov/EA/EMP/ (last visit Dec 10, 2009).

② Christine Real de Azua, *The Future of Wind Energy*, 14 *Tul. Envtl. L. J.*, 2001, 485.

③ 2006 年,得克萨斯州超过加利福尼亚州成为美国拥有风力装机容量最多的州,并且全美最大的风力农场 735 兆瓦的马谷项目就坐落在得克萨斯州。2008 年第一季度的装机容量几乎超过了 2005 年立法中设定的强制性指标。参见 Governor's Competitiveness Council, "2008 Texas State Energy Plan", available at http://governor.state.tx.us/files/gcc/2008_Texas_State_Energy_Plan.pdf (last visit Oct 24, 2012).

④ 关于英国实施可再生能源配额制度的效果及原因分析,国内已经有学者进行了深入分析,如时璟丽、李俊峰:《英国可再生能源义务法令介绍及实施效果分析》,载于《中国能源》2004 年第 11 期。

电网企业优先调度和全额收购可再生能源发电的具体办法,并由国务院能源主管部门会同国家电力监管机构在年度中督促落实"(第十四条第二款)。2010 年 10 月,国务院出台的《关于加快培育和发展战略性新兴产业的决定》提出要"实施新能源配额制,落实新能源发电全额保障性收购制度"。这些规定虽然笔者并不认同这条规定与可再生能源配额制有何关系,但却实务界普遍解读为国家规定了"可再生能源配额制"。

应当说,到目前为止,与可再生能源配额制有关的规定,只有《可再生能源中长期发展规划》。但是考虑到固定电价制度对可再生能源发展支持的阶段性特征,可再生能源成长为竞争性产业,以及以德国为代表的固定电价制度国家逐步让固定电价制度退出,我国也确实需要加强制度储备,为可再生能源产业走向市场做好准备。为此,国家能源局一直致力于起草有关配额制的管理办法以落实《可再生能源法》的规定,[①] 但是至今还没有见到有关办法的出台。

[①] 2012 年 5 月由国家能源局起草的《可再生能源发电配额管理办法》(讨论稿)出现在网络上,并引起社会广泛关注与热议。参见"可再生能源配额制框架初现",http://gegu.stock.cnfol.com/120504/125,1332,12307281,00.shtml(最后访问日期:2013 年 2 月 24 日)。

第十六章

国外可再生能源配额制度的比较研究

第一节 各国可再生能源发展总量目标

一、可再生能源总量目标的国别分析

世界范围内,越来越多的国家对可再生能源发展的总量目标做出规定,如2005年仅有45个国家规定了发展可再生能源的总量目标,而到2009年,包括27个欧盟成员国在内,全球已经有超过85个国家制定了本国的可再生能源政策目标。截至2010年年底,超过100个国家有可再生能源的政策目标或促进政策。[①]

(一)国家层面的可再生能源发展总量目标

1998年2月,荷兰政府通过与荷兰电力协会协商确立了在该国实施基于消

---

① Renewable Energy Policy Network for the 21st Century Steering Committee, "Renewables 2010 Global Status Report", p. 4, 11, *available at* http://wenku.baidu.com/view/f4abee3143323968011c925b.html (last visit Oct 20, 2012).

费者自愿选择的配额制度。荷兰电力协会代表了所有电力公司的利益。双方协议达成的文件中就有荷兰可再生能源的生产目标，即到2000年可再生能源发电应占到荷兰国内总电量消费的3%，大约有17亿千瓦时。①

美国通过立法确立了国家发展可再生能源的总体目标，如《2005年国家能源政策法》中规定到2013年可再生能源电力应占到美国政府电力消费的7.5%。此外，为逐步提高可再生能源电力在美国电力中的使用比例，美国能源部还分别制定了风电、太阳能发电以及生物质能发电的发展规划等。其中，到2020年，美国国内太阳能光伏发电预计累计装机容量达到3 600万千瓦，占全国发电装机总增量的15%左右。②

《欧洲议会和欧盟理事会关于促进在国内电力市场中可再生能源电力的2001/77/EC指令》对欧盟成员国提出了发展可再生能源的目标要求，即到2010年可再生能源占欧盟国家总能耗的12%，特别是可再生能源电力份额占欧盟电力消耗的22.1%；到2050年可再生能源在欧盟能源供应结构中将达到50%。③2007年年初，欧盟又提出了新的可再生能源发展目标，即到2020年，欧盟成员国的可再生能源消费量要占到全部能源消费的20%，可再生能源发电量占到全部发电量的30%。④

英国为了保证其国内的能源供应安全，实现其所承诺的到2050年前二氧化碳减排60%的目标，通过2002年正式实施的《可再生能源义务法令》和《可再生能源（苏格兰）法令》确立了可再生能源义务制度（Renewable Obligation），实质上相当于配额制度。在法令中，英国规定在2003财年前，可再生能源电力占到总体电力消费的比例要达到3%；以后逐年增加，2004财年的比例是4.3%，2010~2011财年，这一比例将达到10.4%。最终实现到2020年前，可再生能源电力占总体电力消费20%的目标。为了以更灵活的方式实现英国的可再生能源发展总体目标，《可再生能源义务法令》还规定了可再生能源电力的比例由政府每年根据发展目标和可再生能源实际发展情况和市场情况进行调整和确定。⑤

---

① 徐刚：《可再生能源强制性市场份额政策研究概况》，载于《四川水利发电》2005年第S1期。

② "各国可再生能源发展目标"，http://www.ndrc.gov.cn/nyjt/gjdt/t20061221_101942.htm（最后访问日期：2006年12月21日）。

③ Renewable Energy Policy Network for the 21st Century Steering Committee, "Renewables 2010 Global Status Report", p. 11, *available at* http://wenku.baidu.com/view/f4abee3143323968011c925b.html（last visit Oct 20, 2012）.

④ 参见中国《可再生能源中长期发展规划》。

⑤ 时璟丽、李俊峰：《英国可再生能源义务法令介绍及实施效果分析》，载于《中国能源》2004年第11期。

1999年意大利《电力法》要求发电商所发的可再生能源发电量要占到上一年度所发总体电力的2%，并且逐年增加。2003年《发展国内可再生能源电力市场法令》（简称387/03法令）第四条规定，从2004年到2006年，输入到国家电网内的可再生能源电力的数量逐年增加0.35%。该经济发展部又设定了2007～2009年及2010～2012年的逐渐增加的强制性配额义务[1]；2008年的意大利《预算法》规定，2007～2012年这个比例将逐年增加0.75%。[2]

波兰《配额义务条例》（Quota Obligation Ordinance）规定，配电公司有义务从2001年到2010年每年购买一定数量的来自可再生能源的电力，并且可再生能源电力占配电公司每年所卖电力的比例应该不少于2002年的2.5%、2003年的2.65%、2004年的2.85%、一直到2010年的7.5%。[3]

日本从1993年开始实施"新阳光计划"，以加快太阳能光伏电池、燃料电池、氢能及地热能等的开发利用。其发展可再生能源的总量目标规定，从2003年的7.32太瓦时[4]起，每一财政年度可再生能源电量要逐年增加，至2014年达到16太瓦时的电力零售目标。[5] 2003年4月开始实施的《日本电力事业者新能源利用特别措施法》（又称"可再生能源配额标准法"）对日本的可再生能源发展目标进行了规定，即到2010年可再生能源发电总量要达到122亿千瓦时，占总电力供应的1.35%；其中新能源发电量为115千瓦时，中小水电及其他为7亿千瓦时。[6]

1999年11月，澳大利亚1999年11月公布适用于全国范围的可再生能源发展目标，即从2000年开始实施，到2010年可再生能源发电量应增加到25 500吉瓦时，相当于全国总发电量的12.5%。该政策计划在全国范围内实施，要求所有的州和地区的电力零售商和批发商都应按比例执行这个措施。[7] 后该国又对总量目标进行了修订，即到2020年前可再生能源电力要占到总电力消费量的

---

[1] Daniele Pilla, *Renewable Energy—The Promotion of Electricity From Renewble Energy Sources*, 10 I, E, L. T. R, 2007, pp. 211 – 215.

[2] Gabriele Bernascone, *Promotion of Renewable Energy Sources in Italy*, 78 Euro. Law., 2008, p. 30.

[3] Diana Urge – Vorsatz, Silvia Rezessy, *The Wrong Roads Taken? Promoting Renewable Power In Central Europe*, *Green Power Markets: Support Schemes, Case Studies and Perspectives*（下），Multi – Science Publishing Co. LTD. (2007), pp. 363 – 392.

[4] 太瓦时（TWh）、吉瓦时（GWh）、兆瓦时（MWh）、千瓦时（kWh）均为表示电量的单位。其中，"千瓦时（kWh）"是最基本的电量单位，也就是日常生活中所称的"度"。这些电量单位之间的换算可表示为：1TWh = 1 000GWh = 1 000 000MWh = 1 000 000 000kWh。

[5] "Utility Quota Obligation", available at http://www.ren21.net/RenewablesPolicy/OverviewonPolicyInstruments/RegulatoryPolicies/UtilityQuotaObligation/tabid/5630/Default.aspx (last visit Oct 5, 2012).

[6] 何建坤主编：《国外可再生能源法律译编》，人民法院出版社2004年版，第203页。

[7] 陈和平、李京京、周篁：《可再生能源发电配额制政策的国际实施经验》，载于《中国能源》2000年第7期。

20%。

此外，越来越多的发展中国家有发展目标，到 2010 年年底已经有 45 个发展中国家有可再生能源发展目标。[①] 这些计划同样反映出了发展中国家日益增强的发展可再生能源的决心。印度规定到 2012 年新增 12.5 吉瓦的可再生能源发电（包括风电、小水电和生物质发电）；2009 年印度又制定了到 2013 年太阳能发电达到 1 吉瓦，到 2022 年达到 20 吉瓦的目标（包括离网太阳能光伏到 2017 年达到 1 吉瓦）。巴西计划一直到 2030 年都保持或新增可再生能源在总体能源中占到 48% 和在电力中占到 85% 的比例。泰国计划到 2020 年前可再生能源在一次能源中的比重达到 20%。菲律宾的国家计划要求在 2003～2013 年间新的可再生能源产量达到 4.5 吉瓦。埃及计划到 2020 年前可再生能源在电力中占 20%，其中有 12% 来自风电。肯尼亚计划到 2030 年地热能达到 4 吉瓦。在 2009 年制定新的可再生能源发展目标或规划的发展中国家有加纳、埃塞俄比亚、约旦、科威特、摩洛哥和图瓦卢。[②]

（二）地区层面的可再生能源发展目标

除了国家层面的目标外，国家以下层面的目标也在一些国家中广泛存在，如州、省、地区、城市或其他层次的目标。在美国，有 36 个州（包括哥伦比亚地区）拥有基于可再生能源配额制的政策或政策目标。其中，美国得克萨斯州的可再生能源总量目标是按照装机量来计算的[③]，并以义务主体在电力市场中出售电力所占的份额比例为标准进行分配。2005 年修改后的得克萨斯州《公用事业法》进一步提高了 2009 年以后的可再生能源发展目标。

加拿大有 9 个省也制定了一定形式的本地区发展可再生能源的目标。印度有 8 个邦也制定了可再生能源发展目标。最近新制定可再生能源发展目标的有印度

[①] Renewable Energy Policy Network for the 21st Century Steering Committee, "Renewables 2010 Global Status Report", p. 35, *available at* http://wenku.baidu.com/view/f4abee3143323968011c925b.html (last visit Oct 20, 2012).

[②] Renewable Energy Policy Network for the 21st Century Steering Committee, "Renewables 2010 Global Status Report", p. 36, 11, *available at* http://wenku.baidu.com/view/f4abee3143323968011c925b.html (last visit Oct 20, 2012).

[③] 美国只有得克萨斯州和爱德华州按照装机容量来完成配额要求，计量单位为兆瓦（MW），其他州一般以发电量来计算，计量单位为千瓦时（kWh），Fred Sissine, CRS Report for Congress, "Renewable Energy Portfolio Standard (RPS): Background and Debate Over a National Requirement", *available at* http://www.loc.gov/rr/business/hottopic/7415_CRSReport_2006.pdf (last visit Oct 6, 2012). 但也有学者认为明尼苏达州也是按照装机容量来完成配额要求，Benjamin K. Sovacool, Christopher Cooper, "Congress Got It Wrong: The Case for A National Renewable Portfolio Standard and Implications for Policy", *available at* http://www.law.uh.edu/eelpj/publications/3-1/03Sovacool&Cooper.pdf (last visit Oct 7, 2012).

的卡纳卡特邦,其规定到2015年前可再生能源电力达到6吉瓦的发展目标。其他国家层面以下拥有电力目标的地区有阿布扎比(到2020年前达到7%),苏格兰(2020年前达到50%),南澳大利亚(2020年前达到33%),中国台湾(2010年前达到10%),威尔士(到2020年前达到7太瓦时)。另外,4个美国州修改了已有的配额目标。加利福尼亚州将原有的到2010年前达到20%的强制性目标修改为到2020年前达到33%。科罗拉多州将配额目标增加为到2020年前达到30%,缅因州增加了对以社区为基础的项目的激励措施。内华达州将其现有的配额目标扩展为到2025年前达到25%。美国许多州的配额政策越来越强调太阳能光伏,并且有11个州以各种方式修改了他们的配额政策,其中有7个州增加了对太阳能光伏的新规定。①

二、国外可再生能源发展总量目标的主要内容

(一) 总量目标的计算方式

总量目标的计算方式有两种。一种是绝对量目标,即直接规定可再生能源电力的产量,即电量目标,根据计算方式的不同分为发电装机容量和最终电力产量。例如,规定一定时期内可再生能源要达到多少标准煤或者多少千瓦的发展总量。这种指标计算方便、目标明确。

另一种是相对量目标,即比例目标,即规定一定时期内可再生能源电力在总体电力生产领域中所要达到的比例,通常是5%~30%不等,最少的达到2%,最高的达到90%;或是可再生能源在总体初级或最终能源供应(通常是10%~20%)中所占的比例,通常是10%~20%不等。②

无论是采用哪种目标计算方式,各国一般都规定该国发展可再生能源的总量目标逐年增加,并且最终都要量化为配额义务主体的年度产量(以发电厂为配额义务主体时)或年度购买量(以电力零售商为义务主体时)要求,并往往进而量化为对配额义务主体的绿色证书持有量要求。

(二) 总量目标的时间期限

各国制定的总量目标在时间上往往是分阶段逐渐推进的。大多数国家往往规

---

① Renewable Energy Policy Network for the 21st Century Steering Committee,"Renewables 2010 Global Status Report", p. 37, 40, available at http://wenku.baidu.com/view/f4abee3143323968011c925b.html(last visit Oct 20, 2012)。

② Ibid, p. 11, 35. (last visit Oct 20, 2012)。

定总量目标的时间期限大约是 2010 年或 2012 年前,但是目前很多国家已经将时间推迟到 2015 年、2020 年或者是 2025 年。[①] 如最早实施配额义务的国家中,英国规定到 2003 年前可再生能源电力供应占到总体电力的 5%,2010 年前则要达到 10%;丹麦曾规定电力消费者所消费的电力中,到 2003 年前,可再生能源电力比例达到 20%;澳大利亚规定到 2010 年前可再生能源电力占到 12.5%;奥地利规定电力消费者到 2005 年前可再生能源电力消费占到电力总消费的 3%;比利时的弗兰德斯地区规定到 2004 年电力供应商供应的可再生能源电力占到总电力供应的 3%,瓦隆地区则规定 2010 年前可再生能源电力占到总电力供应的 8%。意大利规定可再生能源到 2010 年前达到 8.5%;2020 年前达到 17%。[②]

发达国家中新制定可再生能源总量目标的有澳大利亚(到 2020 年前占到电力的 20%),爱尔兰(到 2020 年前海洋发电达到 500MW)和韩国(到 2030 年前达到一次能源的 11%)。[③]

第二节　各国可再生能源配额制度的义务主体和客体

一、各国可再生能源配额制度的义务主体

主体性要素对于可再生能源配额制度的顺利实施起着关键性作用。确定由可再生能源发电产业链中的哪一类群体作为义务主体,不仅要考虑到一国的电力体制,还要考虑到制度执行的便利性、公众的接受程度以及可再生能源发电市场的成熟程度等因素。

荷兰最初考虑将发电商作为可再生能源配额制度中的义务主体;1998 年荷兰《电力法》(1998 Electricity Act)开始规定对消费者实施配额义务,这种义务是基于消费者自愿承担的配额义务。

[①] Renewable Energy Policy Network for the 21st Century Steering Committee, "Renewables 2010 Global Status Report", p. 40, *available at* http://wenku.baidu.com/view/f4abee3143323968011c925b.html (last visit Oct 20, 2012).

[②] Jan Hamrin, Meredith Wingate, "Developing a Framework for Tradable Renewable Certificates", *available at* http://www.etnna.org/images/PDFs/NREL.TRC.Report.pdf (last visit Oct 16, 2012).

[③] Renewable Energy Policy Network for the 21st Century Steering Committee, "Renewables 2010 Global Status Report", p. 35, *available at* http://wenku.baidu.com/view/f4abee3143323968011c925b.html (last visit Oct 20, 2012).

美国的得克萨斯州 1995 年通过立法确立了电力批发市场的自由竞争，1999年制定的《公用事业监管法》在规定开展电力零售市场自由竞争的同时确立配额制政策，其中就规定以电力零售商或消费者为义务人。得克萨斯州的电力零售商所供应的电量占了得克萨斯州总体供应电量的 80%，此外得克萨斯州的市政公用事业单位或电力合作组织也负有完成配额的义务。

澳大利亚在 2010 年新修订的三部有关可再生能源的法律中规定了该国配额制中的义务主体是购买电力的批发商和零售商，其中主要是电力批发购买商。

英国 2000 年 4 月制定的《可再生能源义务法令》中规定了由供电商来承担配额义务，即在其提供的电力中，必须有一定比例的可再生能源电力；[1] 此外，2006 年英国《气候变化和可持续能源法》（Climate Change and Sustainable Energy Act）对可再生能源义务做了一些调整，允许几个厂商联合，共同完成配额义务。

意大利则是电力生产商和进口商，并对发电商的最小规模作出规定。[2]

从国外的经验来看，除了荷兰将消费者作为配额义务（非强制性的）的主体外，配额义务的承担主体主要是电力批发商、电力零售商。大多数国家一般选择这些主体中的一个或多个作为义务主体。以电力零售商为配额义务的承担主体和以电力消费者为配额义务的承担主体实质是一样的，电力零售商不过是代小用户履行义务，其实施成本最终还要转嫁到消费者身上，而且国外以电力零售商为义务主体的国家一般并不免除向电厂直接购电的大用户和自己发电用户所承担的配额义务。以电力零售商或电力消费者作为配额义务主体的优点是义务主体的范围更加广泛，承担配额义务的主体间重叠的可能性比较小；但是以电力零售商为配额义务主体的前提是该国家或地区的电力零售市场的竞争格局已经形成，如美国得克萨斯州的义务主体。

个别以电力生产商为配额义务主体的国家，主要是基于操作便利性的考虑，因为电力生产商很容易识别，计量比较方便，且能够将并网生产商和离网生产商一并纳入。为了进一步提高政策操作的便利性，通常规定装机容量达到一定规模的电厂才承担配额义务。

二、各国可再生能源配额制度的客体

可再生能源配额制度的客体就是确定将哪些可再生能源技术纳入配额义务的

---

[1] 时璟丽、李俊峰：《英国可再生能源义务法令介绍及实施效果分析》，载于《中国能源》2004 年第 11 期。

[2] 李家才、陈工：《国际经验与中国可再生能源配额制（RPS）设计》，载于《太平洋学报》2008 年第 10 期。

实施范围。可再生能源种类繁多且有多种开发形式，如用来发电、制造生物液体燃料等，为了制度实施过程中的便利性，降低制度成本，有必要对可以纳入制度范围的可再生能源技术类别做出限定。

实施可再生能源配额制度的国家都对适用的可再生能源技术种类作了规定。一般来说，纳入配额制度实施范围的可再生能源种类应限于那些技术相对成熟、经济前景乐观、环境和社会效益比较显著并需要国家大力扶持的技术种类。各国一般根据本国的政治经济目标和自然资源条件决定将哪些可再生能源以及开发形式纳入配额制度的实施范围。

1. 可再生能源技术种类及开发形式

大多数国家对完成配额任务的可再生能源种类没有限制，太阳能、风能、地热能、水电、潮汐能、生物质能和垃圾填埋气等都可以用来完成配额义务。美国的得克萨斯州纳入配额制度的可再生能源种类为太阳能、风能、地热、水电、潮汐能、生物质能、生物废弃物和填埋气体。新泽西州则将可再生能源种类分为两类，一类为太阳能、光电、风力、燃料电池、地热、海浪或潮汐、煤气和沼气，只要沼气的开采和收集是可持续的；另一类为小于30兆瓦的水力和达到最高环境标准的利用废物发电设施，并且这两类资源必须来自州内，并进行公开的零售竞争。澳大利亚规定的可再生能源技术种类比较广泛，包括太阳能、风能、海洋能、水力、地热、生物质（沼气等）、农作物副产品、林业产品副产品、食品加工和加工工业的副产品、污水、城市垃圾、太阳能热水系统、可再生能源独立电力供应系统（RAPS）、使用可再生燃料的燃料电池。

英国于2000年4月制定的《可再生能源义务法令》将可再生能源技术种类限定为风电、波浪发电、水电、潮汐发电、光伏发电（每月发电量至少达到0.5兆瓦时）、地热发电、沼气发电和生物质发电等。[①]

对于水电和生物质发电是否纳入可再生能源配额制度的适用范围，一些国家的处理方式不同，甚至一个国家内的不同地区做法也不同。意大利则排除水电、生物质能发电。荷兰排除水电和部分生物质发电项目。丹麦将小生物质能和装机规模大于10兆瓦的水电排除在外。瑞典排除装机容量在10兆瓦以上的水电和生物质发电。英国排除装机容量大于20兆瓦的水电和部分生物质发电。美国各州的处理也很不一样：得克萨斯州规定只有新建水电才有资格；威斯康星州规定只有60兆瓦以下的水电才有资格；而内华达州则完全将水电排除在外。[②]

[①] 时璟丽、李俊峰：《英国可再生能源义务法令介绍及实施效果分析》，载于《中国能源》2004年第11期。

[②] 王白羽：《可再生能源配额制（RPS）在中国应用探讨》，载于《中国能源》2004年第4期。

鉴于不同可再生能源技术的市场成熟度和技术难度不同，一些国家对不同的可再生能源技术在配额制度中实行不同的政策，如澳大利亚分为普通可再生能源发电、太阳能热水器和小发电机组，这三类技术在认证条件和绿色证书上等都有所不同。

对于可再生能源的开发利用形式，可再生能源用于发电比较普遍，而且也便于统计和结算，因此实施配额制的国家几乎无一例外地将可再生能源发电作为实施配额制度的主要形式。为了更便于政策的执行，降低执行成本，有些国家规定只有能并网的电力才能纳入配额制度的范围，而规模小、分布广泛且产量不容易核实的离网发电则被拒之门外。如丹麦、意大利和英国仅限于可再生能源发电，其中丹麦和意大利仅限于能并网的可再生能源电力[1]；而有的国家除了发电外还将可再生能源热利用、生物液体燃料也纳入配额制度的范围，如澳大利亚将太阳能热水器也同样适用于配额制度，颁发绿色证书。

2. 其他限制性规定

除了在可再生能源技术上有些差别外，许多国家还施加了技术之外的一些限制：一是为了保护本国的可再生能源产业而施加的地域限制，即完全或部分地排斥国外所发的可再生能源电力；二是为了加快对可再生能源的开发利用而施加的时间限制，如许多国家规定只有某一日期后新投产的可再生能源电力才是符合配额制度条件的。英国国内生产的可再生能源电力都可以用来完成配额义务，但从其境外所发的可再生能源电力必须是非来自陆地上且仅直接跟北爱尔兰地区的电网相连接。美国有许多实行配额制的州也都有这一限制性规定，如内华达州、新泽西州、得克萨斯州等只依靠州内可再生资源来完成各自的配额义务。美国得克萨斯州1999年《公用事业监管法》规定，1999年9月1日后建成的可再生能源发电厂和少于2兆瓦装机量的不考虑装机日期的所有可再生能源发电厂所产的可再生能源电力均可以用来完成配额义务；从装机量大于2兆瓦的可再生能源发电厂和1999年9月前建的可再生能源发电厂所购的电力可以算为买方的可再生能源信用义务，但这种信用是不能再用来交易。在地域范围上，得克萨斯州不接受州以外的可再生能源，除非是专门向州内传输线传输的可再生能源电力。[2]

---

[1] 李家才、陈工：《国际经验与中国可再生能源配额制（RPS）设计》，载于《太平洋学报》2008年第10期。

[2] 美国许多州将可再生能源证书或绿色证书称为可再生能源信用。

第三节　各国可再生能源配额的分配及其监管

一、各国可再生能源配额的分配标准

实行配额制度的国家往往根据相对固定的标准来确定义务主体所承担的配额。有的国家则不固定，如英国的分配标准比较灵活且经常变化，由政府根据每年可再生能源的发展目标和市场情况等来确定。

相对固定的标准分为两种：第一种是按照相对的比例来分配。即以该国或地区的总量目标为发展上限，根据义务主体在所有市场主体中的电力比例，来设定其应承担的可再生能源配额义务比例。美国得克萨斯州配额义务的分配就是根据义务主体在电力市场中出售电力所占的份额比例进行的，如在2003年，得克萨斯州电力销售总量为400兆瓦，若某个竞争性电力零售商所售电力在市场上占10%的份额，那么它将要承担40兆瓦的可再生能源发电量。澳大利亚每年根据当年可再生电力目标和预期的普通电力总购买量，于第一季度内公布"单位购买量百分比（Per Purchase Percentage, PPP）"，电力零售商的义务由年度普通电力购买量和"单位购买量百分比"确定。[①]

第二种是按照一个固定的比例来分配。有的国家以义务主体上一年度的发电量为基准，设定一个比例，即可再生能源发电量要占到上一年度发电量的一定比例，并且往往逐年增加。如意大利1999年《电力法》要求发电商所发的可再生能源发电量所占的比例是上一年度所发电力的2%；2003年的《发展国内可再生能源电力市场法令》（简称387/03法令）第4条规定，从2004年到2006年，输入到国家电网内的可再生能源电力的数量逐年增加0.35%；另外经济发展部设定2007～2009年及2010～2012年的逐渐增加的强制性配额义务；[②] 2008年的《预算法》规定，2007～2012年，这个比例将逐年增加0.75%。[③] 也有的国家以当年义务主体的总体电量为基准，设定可再生能源电量要达到的一定比例。如波

[①] 李家才、陈工：《国际经验与中国可再生能源配额制（RPS）设计》，载于《太平洋学报》2008年第10期。

[②] Daniele Pilla, *Italy: Renewable Energy—The Promotion of Electricity From Renewable Energy Sources*, 10 I. E. L. T. R., 2007, pp. 211–215.

[③] Gabriele Bernascone, *Promotion of Renewable Energy Sources In Italy*, 78 Euro. Law., 2008, p. 30.

兰《配额义务条例》（Quota Obligation Ordinance）中规定，配电公司有义务从2001年到2010年每年购买一定数量的来自可再生能源的电力，并且绿色电力在每年其所卖的电力的比例应该不少于2002年的2.5%、2003年的2.65%、2004年的2.85%、一直到2010年的7.5%。

二、各国可再生能源配额实施的监管

（一）各国可再生能源配额制的监管机构

在实施可再生能源配额制的国家，有的将有关可再生能源的监管机构与其他能源监管并为一处，也有的单独设立监管机构。

澳大利亚的监管机构是可再生能源监管办公室（Office of the Renewable Energy Regulator），并由其负责定期修改《可再生能源（电力）法规》，据此对可再生能源配额制实施进行监管，以实现国家所设定的可再生能源发展目标。

英国由电力及天然气管理办公室来进行监管（各个地区的具体称谓有所不同，英格兰、苏格兰、威尔士称为天然气及电力管理办公室；北爱尔兰称为电力及天然气监管办公室），其负责对电力供应商的认证认可及其他有关电力的监管事宜。

意大利有关能源监管主要由工业部中的能源和采矿部门负责，但是由能源市场运营商（The Energy Market Operator）专门组织和管理绿色证书交易市场。

印度虽然只有部分地区实施配额制，但是有关可再生能源的管理机构却非常完善。1992年印度专门成立了非传统能源资源部（Ministry of Non-Conventional Energy Sources），使其成为世界上唯一设立专门的负责可再生能源事务的部委的国家，该部有九个地区办公室和三个研究机构：太阳能中心（Solar Energy Center）、风能技术中心（Center for Wind Technology）和可再生能源国家所（National Institute of Renewable Energy）。这种强有力的体制基础也大大推动了印度风能、太阳能和水能的发展。[①]

[①] 目前，印度国家风能工业规模（年度产量超过500兆瓦）和装机容量（2005年3月装机容量为3 595兆瓦）居发展中国家前列。印度生物质能、沼气（300万装机）、太阳灶（50万户投入使用）、小水电、太阳能光热系统和光伏系统（大约45万家用系统）也在世界上居首列。在现有的体制框架和相对稳定的政治支持下，印度将来会有比较好的可再生能源发展前景，包括一些新技术如太阳能热电厂。Ulrich Laumanns, Danyel Reiche and Mischa Bechberger, *Renewable Energy Markets in Developing Countries. Providing Green Power for Sustainable Development*, *Green Power Markets: Support Schemes, Case Studies and Perspectives* （下），Multi-Science Publishing Co. LTD., 2007, p. 403, 413.

美国得克萨斯州在实施配额制、开展绿色证书交易过程中，州公用事业委员会作为政府监管部门，批准新信用的产生和签发，以及信用由于完成配额义务后的撤销或者自愿性收回，并有权对信用的价格上限做出规定。① 同时，州公用事业委员会委托州电力可靠性委员会来进行具体的市场管理。② 电力可靠性委员会利用并维护电子跟踪系统，以实现对可再生能源电力的生产、信用的买卖、转移和回收进行跟踪。

（二）监管机构对违法者的处罚

诺思认为，规则的设计通常将守法成本（Compliance Costs）考虑在内。考虑这一成本，意味着必须要有办法来识别那些违反规则的行为，衡量其违反的程度（从而对交换中另一方的损害程度），并且能识别出是谁在违规。③ 配额制度下，国家将完成可再生能源的目标分配给具体而独立的义务主体，为保证配额目标的完成，法律责任的规定必不可少。

在国外实施配额制的国家中，配额义务主体未完成配额义务的情况时有发生，如日本2006年在承担配额义务的39个电力供应商中有18个完成其配额义务。④ 大多数国家和地区都有对未完成配额义务的惩罚措施，且处罚以经济处罚为主并高于其履行成本。⑤ 英国电力供应商可以通过向监管机构赔付一定数量的

---

① 得克萨斯州公用委员会具体的监管职责包括：为发电商、电力零售商等信用交易市场参与者制定并改进信用申请表，同时负责对这些申请进行认证、评估其是否可以产生或交易信用，并在适当的时候予以收回，然后通知电力可靠性委员会；设计信用计算公式，并决定信用计算因子用于计算数量；设计、改进与信用交易相关的法律责任规定，并对其进行管理。

② 得克萨斯州电力可靠性委员会的具体职责包括：负责信用的登记、注册及交易账号维护；利用固定的公式计算竞争性零售商每年的可再生能源电量，并对其进行管理；每季度统计发电量，确认信用，并报告得克萨斯州公用事业委员会；公布信用持有者账号信息（E-mail、地址和电话），以方便信用交易；每年组织一次信用项目结算；监控现在所有可再生能源设备的运行状态，并对其退出运行情况进行登记；在管理信息系统（MIS）中维护发电设备标识号码表，包括发电设备名称、类型等；审计由信用发电设备生产的发电量数据，每月公布信用交易数量。

③ ［美］道格拉斯·C.诺思著，杭行译：《制度、制度变迁与经济绩效》，格致出版社、上海三联书店、上海人民出版社2008年版，第66页。

④ "Utility Quota Obligation", available at http://www.ren21.net/RenewablesPolicy/OverviewonPolicyInstruments/RegulatoryPolicies/UtilityQuotaObligation/tabid/5630/Default.aspx（last visit Oct 5, 2012）.

⑤ 也有些国家没有，如波兰。波兰配额制度的一个原则性缺陷是缺乏未完成配额义务的配电公司的法律处罚，致使其配额义务的履行举步维艰。如2001年33家配电公司中只有16家完成配额义务，而到了2002年仅有7家遵守配额义务。直到2005年一直没有对未完成义务的配电公司的具体的惩罚性条款。波兰能源管理委员会虽然有权决定罚款但是未公布罚款数额（比如明确规定罚款或者计算罚款的公式）。Diana Urge-Vorsatz, Silvia Rezessy, *The Wrong Roads Taken? Promoting Renewable Power In Central Europe, Green Power Markets: Support Schemes, Case Studies and Perspectives*（下），Multi-Science Publishing Co. LTD., 2007, p. 363, 392. 另外美国一些州也没有惩罚措施，Christine Real de Azua, *The Future of Wind Energy*, 14 Tul. Envtl. L. J., 2001, p. 485.

费用来完成他们的配额义务。交费根据其未完成配额义务的电量计算（以千瓦时为计量单位）①；如果供应商到期未完成其配额义务，他需要付"迟延付款"②。如果供电商仍未完成"迟延付款"的任务，供电商将要缴纳最高达其营业额10%的罚款。

1998年2月，荷兰政府规定达不到要求的公司，每千瓦时可再生能源电量要付5分荷兰盾的罚金。当时"绿色证书"的市场价格为每千瓦时0.03~0.05荷兰盾。③

美国得克萨斯州则规定对未完成配额义务的，每千瓦时处以不高于5美分或者在义务履行期内平均可再生能源证书交易价的200%的罚款，允许义务主体选择其中价格较低的处罚措施。④

---

① 到2009年3月31日，1千瓦时的回购价格（Buy-out Price）达到了35.76英镑。每年回购价格在2006年设定的基准价格上受零售价格影响上下波动。
② 迟延付款的数量是回购价格与高于英国银行的5%点利率的迟延利息之和。
③ 徐刚：《可再生能源强制性市场份额政策研究概况》，载于《四川水利发电》2005年第S1期。
④ See Public Utility Committee（PUC）Substantive Rules §25.173；Texas Public Utility Regulatory Act, Section 15.023.

第十七章

我国可再生能源配额制的构建

第一节 可再生能源发展的总量目标

一、我国可再生能源发展总量目标

我国素来就有通过制定规划或发展目标的形式来引导国民经济或者重要行业的发展的惯例。我国在1995年就制定了《1996~2010年可再生能源发展纲要》，提出了"九五"期间发展可再生能源的具体目标，即到2010年，"各类可再生能源的开发利用总量增加到39 000万吨标准煤"；并规定了要完成这些目标所要完成的具体的工作任务以及相应的对策和措施。《可再生能源产业发展"十五"规划》提出的发展可再生能源的目标是："2005年我国可再生能源（不含小水电和生物质能传统利用）年开发利用量达到1 300万吨标准煤，相当于减少近1 000万吨的温室气体及60多万吨二氧化硫、烟尘的排放"。《可再生能源发展"十一五"规划》规定，"到2010年，可再生能源在能源消费中的比重达到10%，全国可再生能源年利用量达到3亿吨标准煤。其中，水电总装机容量达到1.9亿千瓦，风电总装机容量达到1 000万千瓦，生物质发电总装机容量达到550万千瓦，太阳能发电总容量达到30万千瓦。沼气年利用量达到190亿立方米，太阳能热水器总集热面积达到 1.5 亿平方米，增加非粮原料燃料乙醇年利用量 200 万吨，生物柴油年利用量达到 20 万吨。"《可再生能源中长期发展规划》对可再生能源的发展目标作了具体规定，即"到 2010 年使可再生能源消费量达到能源消费总量的 10%，到 2020 年达到 15%"的总体发展目标；并规定了水电、生物质能、太阳能、风能等重点领域的具体发展目标。《可再生能源"十二五"规划》规定的"十二五"期间我国发展可再生能源的目标是：到 2015 年，可再生能源年利用量达到 4.78 亿吨标准煤，其中商品化年利用量达到 4 亿吨标准煤，在能源消费中的比重达到 9.5% 以上。2015 年各类可再生能源的发展指标是：水电装机容量 2.9 亿千瓦，累计并网运行风电 1 亿千瓦，太阳能发电 2 100 万千瓦，太阳能热利用累计集热面积 4 亿平方米，生物质能利用量 5 000 万吨标准煤。

我国许多省市也意识到规划对于可再生能源发展的作用和重要影响，并根据中央制定的可再生能源总体目标，结合本地区的能源资源禀赋和技术发展水平等情况，制定了本地区的目标和规划。例如，甘肃省制定了《甘肃省可再生能源"十五"计划及 2010 年发展远景规划》，东莞市 2009 年 12 月印发了《可再生能源产业发展专项规划》（2009～2020）。这些规划都是以国家的可再生能源发展目标为指导，立足于本地区的资源情况和发展潜力而制定的。

二、我国可再生能源发展总量目标存在的问题

虽然我国已经制定了相应的可再生能源发展目标，但是通过分析国外的总量目标规定，我国目前在可再生能源发展目标方面还有一些问题需要改善：

第一，就国家层面的总量目标而言，除了提出可再生能源在国家能源消费中的比例外，对于具体的可再生能源技术形式，主要还是以装机容量来计算的，无须跟踪发电量。这样虽然计量比较方便，操作简便，但实践中这种方式不能保证可再生能源发电企业安装设施后能生产出足够的电量，因而往往造成计量的难度，欠缺准确性。此外，可再生能源资源受外界因素如气候、水文等影响很大，例如风电，同样装机容量的实际年度发电量可能差异悬殊，所以装机容量仅能作为一种参考性目标，最终还是要通过年发电量来看政策执行的效果，看是否达到了规定的目标要求。因此尽量在总量目标或规划中对发电量做出相对明确的要求，以发电量作为是否完成最终目标的考核标准。

第二，我国已经制定的可再生能源发展目标，还相对笼统，没有对每一年份或财政年度要达到的可再生能源发展目标作出规定或者提出发展要求，而将这种任务甩给了具体的行政主管部门，这就增加了可再生能源管理部门的行政难度。

第三，我国虽然有不少地方已经制定了可再生能源发展的总量目标或发展规划，但是全国还有很多地方没有制定，或者至少没有公开该地区的可再生能源发展目标或规划。因而可再生能源投资者无法对该地区发展可再生能源的形势和政策做出明确判断，这就打击和限制了社会力量投资可再生能源的积极性，不利于资源丰富地区发展本地区的可再生能源。

三、完善我国可再生能源总量目标的建议

为了解决我国可再生能源总量目标中存在的问题，借鉴国外制定可再生能源发展目标的经验，我国今后在制定可再生能源"十二五"发展规划或其他可再生能源长远规划时，建议从以下几个方面进行完善：

第一，国家目标与地区目标相结合。在制定可再生能源总体的发展目标后，除了规定不同的技术类别的目标后，还要对不同地区的发展目标作出规定，明确规定各地方政府或者可再生能源集中区域要制定本地区的发展目标，并对社会公开。这样不仅明确了地方政府发展可再生能源的责任，增强其发展可再生能源的动力，同时也为可再生能源开发商和投资者提供一个明确的预期，为调动社会各界力量参与或投资可再生能源打下了基础，从而加快该地区可再生能源的开发。

第二，规定年度发展目标或发展比例。为了增强可操作性，在总量目标中不仅要规定一定时期内所要达到的目标，最好规定发展可再生能源的年度递进的目标，为可再生能源开发商和投资者提供一个更明确的发展预期，也增强了行政主管部门或领导者的责任意识，督促其按期完成发展可再生能源的目标。

第三，增强目标的准确性。为了使总量目标更好地起到发展可再生能源的目的，应在总量目标中采用便于计算和更能真实反映发电情况的计量单位，最好以发电量作为计量单位，或者，即便是装机容量为计量单位，在目标的分配过程中，也应将各个配额义务主体的配额任务通过合适的系数转换成发电量。

第四，制定目标时综合多种因素。总量目标关系着可再生能源发展的全局，因此在制定总量目标时应该全面考虑各种因素。其中最主要的应该将如下因素考虑在内：一是要考虑我国各地区的自然资源禀赋情况；二是各种可再生能源技术的现有发展水平和将来的发展潜力；三是发展可再生能源的经济社会条件及当地居民的态度等制约条件。在具体制定时，应组织可再生能源相关领域的专家进行深入调研和论证，必要时可以组织社会听证，一方面可以听取社会各界的意见和建议，另一方面可以通过这种方式对公民开展可再生能源的普及教育，为可再生能源配额制度的推行奠定群众基础。

第二节 我国可再生能源配额制度的义务主体与客体选择

一、我国可再生能源配额义务主体选择

我国将来如果实行配额制时，应确立由谁来完成配额义务呢？由于考虑到自身利益，发电厂和电网企业各有自己的看法，而我国开展配额制度研究的学者也是仁者见仁、智者见智。有学者认为，应将各省区电网公司作为可再生能源发电配额任务的主要承担者。[①] 还有的学者考虑的范围更加宽广，建议把化石能源发电公司、电网企业和大的石油企业等作为义务承担者。[②] 有的学者认为应将火电厂作为配额义务主体。[③]

虽然我国正在继续深化电力体制改革来推动输配电和供电的分离，但目前来看，我国电力零售商仍局限为各地、市县级设立的当地唯一的供电公司，而且它们绝大部分由国家电网公司、南方电网公司等电网企业直供直属。如果确定以供电公司为配额制义务人，会面临以下难题：第一，由于可再生能源电力的生产成本目前还是高于传统能源生产的电力，供电公司会提高零售电力价格，将成本转嫁到消费者头上，不利于提高可再生能源电力的技术水平；如果国家限制零售电力价格，其必然会运用垄断优势压制可再生能源电力或其证书的价格，从而挫伤电厂生产可再生能源电力的积极性，最终供电公司会借口再生能源电力或绿色证书不足而逃避义务。第二，由于目前供电公司一定程度上仍然从属于电网企业，在完不成配额义务时，其不是完全的责任主体，承担责任的能力明显不足。因此，中国在电力销售市场未实现完全竞争即输配电与供电未分离前，不应将供电公司即供电商作为配额制义务主体。

目前我国的输配电企业即电网公司仍是采取以省为管理实体的管理模式，电网企业既不具备电网项目审批权也不具备电价核定权，各省能源主管部门在各省年度发电计划和中长期电力发展规划中仍然占据着主导地位，为了避免地方保护主义，应以省政府为责任主体，由其对本地区可再生能源发电的配额指标完成情

[①] 王白羽：《可再生能源配额制（RPS）在中国应用探讨》，载于《中国能源》2004 年第 4 期。
[②] 任东明：《关于引入可再生能源配额制若干问题的讨论》，载于《中国能源》2007 年第 11 期。
[③] 李家才、陈工：《国际经验与中国可再生能源配额制（RPS）设计》，载于《太平洋学报》2008 年第 10 期。

况承担一定的行政责任。

　　理论上讲，我国2009年修订的《可再生能源法》中规定的全额保障性收购制度，已经规定了电网企业全额保障性收购可再生能源电力的任务。将来实施可再生能源配额制度时，如果再规定由电网企业承担配额指标，势必与全额保障性收购重合，没有充分体现制度的价值。因此从这个角度来看电网企业不宜作为配额义务的承担者，而最好将其作为保障配额义务履行的主体。

　　从我国目前可再生能源发电市场的实际情况考虑，可再生能源发电量有了很大的增长，制约可再生能源发电的因素已经不是发电端的问题，而是上网难的问题，也就是说，可再生能源电力无法实现上网，就无法将电力远程输送到需电端，这就限制了可再生能源发电的规模，打击了可再生能源发电商或投资者的开发和投资热情。之所以出现上网难局面，一方面是由于可再生能源电力出力不稳定性、季节性以及间断性等固有的发电特性，使电网企业运输可再生能源电力要花费更高的成本；另一方面是由于目前的可再生能源电力入网技术水平确实有待提高，由于国家的资金支持力度有限，电网企业往往缺乏对入网技术的研发和创新，从而制约了可再生能源及时充分入网。我国发展可再生能源配额制度的目的就是强制性地要求义务主体来发展可再生能源，保障实现我国制定的可再生能源发展总量目标。鉴于目前可再生能源发电入网困难的问题已经严重制约了我国可再生能源的发展，可以考虑将电网企业也作为配额义务主体，强制其接纳可再生能源发电入网的数量或比例。

二、我国可再生能源配额义务的客体

　　我国《可再生能源法》主要列举了"风能、太阳能、水能、生物质能、地热能、海洋能等非化石能源"作为我国的可再生能源种类。我国《可再生能源产业指导目录》对将风能、太阳能、生物质能、海洋能、水能这几类基本实现商业化的可再生能源技术种类做了列举。

　　对于应该将哪些可再生能源技术种类纳入配额制的实施范围，需要结合我国的国情进行慎重确定。在我国，风力发电、光伏发电、地热发电、现代生物质能发电、垃圾发电和潮汐能发电等都基本符合这些要求。对于是否将水电纳入可再生能源配额制的实施范围，目前存在争议。

　　笔者认为，随着我国开发利用可再生能源技术的不断提高，目前一些开发成本较高的能源，将来会逐渐降低成本。就配额制度的实施本身来说，界定哪些可再生能源种类适用于该制度，除了考虑到大规模开发可再生能源外，还要考虑到制度执行的便利性，因此我们目前可以考虑将发电，如风电、生物质发电等纳入该制度实施范围。由于海洋能受技术限制,地热能和生物燃料受开发潜力限制,可以通过其他制度,如固定价格收购、财政补贴等予以推动发展,待其将来发展到一定程度后再纳入配额制度的实施范围。在具体操作上,可以由能源主管部门组织领域内相关专家,定期对国内的可再生能源进行评估或者在业界内组织听证会,确定哪些可再生能源可以纳入配额制度范畴,以使制度能够随着技术的发展而不断完善。目前不建议将大型水电纳入可再生能源配额制的实施范围,因为一方面,大型水电技术已存在几十年,和其他欠成熟的可再生能源相比,成本降低和技术提高的潜力极为有限,对于大型水电技术一般不需要可再生能源政策的支持,否则可能减少其他可再生能源技术在配额制度中的比例;另一方面,目前小水电、风电、太阳能发电和一些生物质能技术确实需要政府政策的支持,因此应将政府有限的财力支持集中于小水电、风能、太阳能发电等技术方面。此外,由于不同可再生能源技术的实际发展水平以及发电成本有所不同,因此建议对于不同的可再生能源技术可以进行分类配额,以推动相对成熟的可再生能源技术的规模化发展,并扶持新兴的可再生能源技术。

第三节 我国可再生能源配额的分配及其实现监管

一、我国可再生能源配额的分配原则

配额义务的确定不仅关系到义务承担主体的切实利益,还是下一步进行交易的起点和基础,因此确定配额分配所需要坚持的原则与标准非常重要。笔者认为,在进行配额指标分配过程中应该坚持以下原则:

(一)维护公平兼具成本效益的原则

我国地域辽阔且地区间自然资源禀赋差距很大,在分配义务时,既要考虑到各省之间的公平分配,又要根据地区间的资源差异而引起的成本差距,选择总体上更有成本效益性的方式来分配。应按照新能源开发利用成本最小的原则,鼓励资源条件好的地区优先开发,避免出现不具备资源条件的地区为实现新能源发电配额目标,盲目加大本地区新能源开发力度,应保证新能源资源条件差的地区承担配额义务的代价低于在本地区开发资源条件较差新能源付出的代价。

考虑我国以省为实体的电力管理模式,新能源配额指标的分配应以省为单

位。我国风电等新能源资源分布不均衡，开发条件也存在较大差异。配额指标的分配可以主要有两种模式供选择：第一种是基于各省风电消纳能力的差额配额指标分配模式；第二种是不考虑各地区资源差异的等额配额指标分配模式。对于第一种配额指标分配模式，其结果是风资源丰富的地区，例如西北电网和东北电网，可能得到的配额比例偏高；而风资源相对贫乏而电网规模较大、风电消纳能力较高的地区，例如东南沿海地区的配额比例反而会偏低。这种模式立足于风电就地消纳，没有考虑到各省的资源差异，并且也没有充分发挥电网配置资源的能力。对于电力供大于求而风电装机规模较大的地区，完成配额义务的难度很大，如果低谷市场能够顺利开拓，无疑为优先选择的模式。但在低谷电力市场难以顺利开拓基础上，可能会导致风资源丰富地区为完成配额指标盲目扩大风电，以规模换总量，导致弃风严重，风电利用小时数不高。对于第二种配额指标分配模式，等额配额指标分配模式明显降低风资源丰富地区的配额义务，提高了东南部经济较为发达但风资源欠丰富地区的配额义务。这种模式有利于风电在更大的区域范围消纳，会加大跨省跨区电力交易量。但也可能导致风资源差的地区盲目开发风电，不利于资源条件较好的地区风电资源的优先开发。长远来看，最好选用第二种配额指标分配模式，一方面，可以使自然资源地区的可再生能源发电实现正外部性内部化，鼓励其开发更多的电力；另一方面，对自然资源欠发达地区分配等额的指标，能实现东西部之间的优势互补，从而达到东西部地区之间的资源优化配置的目的。

（二）按照市场份额比例分配的原则

《可再生能源发展中长期规划》提出，"到 2010 年使可再生能源消费量达到能源消费总量的 10%，到 2020 年达到 15%。"我国可再生能源发展的总量目标为发展可再生能源提供了一个长远的目标规划，也为管理部门进行配额指标分配规定了分配的总量。在具体分配配额指标过程中，可以首先将总量目标细化为短期的年度目标，再根据配额义务主体在市场中的供电份额或者传输份额比例，对其承担的配额义务进行分配。建议在维护配额义务稳定的前提下，根据每年可再生能源的发展情况，及时进行调整，以维护义务主体的正当利益，做到公平公正。

（三）对不同可再生能源发电技术分类分配的原则

我国《可再生能源发展"十一五"规划》以及《可再生能源中长期发展规划》除了规定国家总的可再生能源发展目标外，对不同的可再生能源技术种类的发电目标也作了规定，如对水电、生物质能发电、风电、太阳能发电等分别规定了到 2010 年和 2020 年的发展目标。在可再生能源配额制度实施过程中，为了细化配额管理，实现国家规定的可再生能源发展总量目标，应该对配额义务主体要承担的不同可再生能源技术发电配额进行分配。具体分配过程中，可以按照该地区的资源优势以及义务主体的数量和规模情况，按照一定的比例进行分配。并且随着时间的推移以及义务主体的发展情况，及时对义务主体承担的配额指标进行调整。《可再生能源发电配额管理办法》（讨论稿）中将国家各个地区根据可再生能源的分布和资源量的不同进行四类区分，并未对各种可再生能源技术的配额量进行分类规定，在此方面需进一步完善。

二、对可再生能源配额义务的监管

我国如若建立和实施配额制，也应当对未完成配额义务或者在其中弄虚作假者由监管机构进行处罚。对于未完成配额义务的单位和个人，主要对其处以经济处罚；同时，鉴于我国绝大部分的电力企业属于国家所有，必要时可以对单位负责人课以政治责任。也可以尝试规定替代履行措施。例如发展其他种类的可再生能源如生物液体燃料、太阳能热利用等，代替其发电义务。

为了有效地保证配额制度能够顺利的实施，完成发展可再生能源的目标。经济处罚额度的设定，一定要大于目前我国生产该种可再生能源电力的边际成本，以避免义务主体将交纳罚款作为逃避配额义务的手段。建议对未完成配额任务者处以几倍于履行成本的罚款，并要求在下一年补足当年的未完成量。并不得谎报和误报，否则也将要承担一定的法律责任。[①]

[①] 王白羽：《可再生能源配额制（RPS）在中国应用探讨》，载于《中国能源》2004 年第 4 期。

第十八章

可再生能源绿色证书制度

第一节 绿色证书制度概述

配额本身是一种计划经济的管理方式,并且在我国有着悠久的历史。可再生能源配额制度主要是通过强制性地要求义务主体来完成一国或地区发展可再生能源任务的制度。在具体实施过程中,通过"计划+行政命令"的方式来发展可再生能源配额制度,义务主体仅通过自身生产可再生能源电力来完成配额义务,若完不成配额义务则要承担一定的法律责任,这种制度实施路径从学理上讲也无不可。但是通过对国外实施配额制度的情况进行分析来看,为了更好地促进义务主体完成其应该承担的配额义务,实施可再生能源配额制度的国家中几乎无一例外地建立了绿色证书制度来辅助可再生能源配额制度的推行。一定程度上讲,实行可再生能源配额制的国家在发展可再生能源过程中,绿色证书制度作为一种必要制度手段,几乎成为发展可再生能源配额制度的应有之义。

一、可再生能源绿色证书制度的定义和特征

(一)可再生能源绿色证书的定义

绿色证书(Green Certificate),也称为可再生能源证书(Renewable Energy

Certificate）或可交易的绿色证书（Tradable Green Certificate），在美国一些州也被称为可再生能源信用（Renewable Energy Credit），本书统一称为绿色证书。绿色证书制度就是指可再生能源制度实施过程中，配额义务主体通过交易绿色证书的形式来完成其应该完成的配额义务的制度，证书代表着一定数量的可再生能源电力，一般采用纸质形式与电子化管理相结合的方式。义务主体在无法自己生产可再生能源电力时可以选择通过在绿色证书交易市场上购买绿色证书来完成其应该承担的配额义务。因此绿色证书制度是为了便利于配额义务主体履行其应当承担的发展可再生能源的指标或配额义务而设计的一种灵活履行制度，是发展可再生能源配额制度的有效工具。采纳配额制度的国家几乎都或早或晚地采用了绿色证书制度。

建立绿色证书制度后，配额义务主体就可以通过三种方式来完成自己承担的配额义务指标：一是自己建设可再生能源发电设施，通过生产足够的电量来完成义务；二是从其他可再生能源电力生产商那里购买可再生能源电力来完成配额义务；三是在绿色证书交易市场上从其他已经完成指标的配额义务主体手中购买代表一定数量可再生能源电力的绿色证书。这样，可再生能源发电就可以在两个市场上完成交易：一是实际的可再生能源电力交易；二是代表一定可再生能源电量的绿色证书交易。

（二）绿色证书制度的特征

绿色证书具有以下特征：

首先，绿色证书是一种类似于金融产品的书面证明，一般采用纸质的形式，在其上记录有关信息。管理部门或监管机构往往建立绿色证书的电子化跟踪系统，以规范对绿色证书的管理。

其次，绿色证书具有一定的时效性。实施绿色证书交易的国家一般规定用来完成配额义务的绿色证书数量用完后即失效，往往规定 1~3 年。

再次，绿色证书并不具有普遍的流通性。为防止绿色证书的价格严重脱离价值，国外将其仅限定在一定范围内交易，一般限定于能源领域内进行交易，其他行业或领域的生产企业或投资企业不得参与绿色证书的交易。

最后，绿色证书内含一定的环境效益。可再生能源基本上属于清洁能源和绿色能源。可再生能源电力相比常规能源所发的电力，具有明显的环境价值，是可持续发展在能源开发领域的反映。绿色证书作为可再生能源电力的一种载体，体现为可再生能源生产电能时所具有的环境效益。

二、可再生能源绿色证书在各国实施概况

可再生能源绿色证书目前在 20 个国家的国家层面上实施，其中有澳大利亚、印度、日本、俄罗斯、挪威和大部分的欧盟成员国国家。[1]

一般认为，绿色证书制度最早是在美国各州实施配额制的过程中开始实施的。在欧盟内丹麦是第一个规划该绿色证书/配额制度的国家，1998 年荷兰政府颁布的电力法令中规定将要引进绿色证书计划，但是最早正式实施是发生在 2002 年的英国，随后在意大利、比利时、波兰和瑞典实施。[2]

绿色证书交易市场在美国和欧洲发展迅速。经过若干年的实践，目前美国的许多州、澳大利亚、意大利等国家均建立了比较健全的绿色证书交易制度。

欧洲的绿色证书交易市场不同于美国。欧洲的绿色证书交易市场趋向于将欧洲的可再生能源统一化，欧洲的绿色证书交易活动被大电力公司所垄断，缺乏竞争性绿色电力零售市场经验，并且绿色证书基本上出售给相对简单的零售消费者。1999 年，欧洲成立了自愿性的绿色证书签发和交易系统——可再生能源证书系统（Renewable Energy Certificate System）。它是欧洲民间自筹资金的民间组织，其成员由荷兰、法国、德国、丹麦、比利时、意大利和英国的电力公司组成。截至 2002 年 4 月 11 日，已经有 19 个国家的 158 个公司从事绿色证书的交易[3]。相反，美国的绿色证书交易则集中于零售市场，在这类市场上，绿色证书主要作为增加流动性的工具，并且克服了更广泛地开发可再生能源的障碍。得克萨斯州是美国第一个实行绿色证书交易的州，自 2001 年 7 月起开始执行。该交易机制由得克萨斯州公用事业委员会（Public Utility Commission of Texas）总体上对绿色证书交易机制进行监督管理，得克萨斯州电力可靠性委员会进行具体管理。得克萨斯州的绿色证书分为两类：可再生能源信用（Renewable Energy Cred-

---

[1] Renewable Energy Policy Network for the 21st Century Steering Committee，"Renewables 2010 Global Status Report"，*available at* http：//wenku. baidu. com/view/f4abee3143323968011c925b. html（last visit Oct 20，2012）.

[2] *See* Volkmar Lauber，*The Politics of European Union Policy on Support Schemes for Electricity from Renewable Energy Sources*，*Green Power Markets*：*Support Schemes*，*Case Studies and Perspectives*（上），Multi-Science Publishing Co. LTD. ，2007. 不过也有学者对国外实施绿色证书制度的国家的时间做了更具体的研究，有些跟正文中的时间有些差别，如有学着认为澳大利亚、比利时、奥地利、荷兰从 2001 年开始实施绿色证书制度；意大利 2002 年开始实施；丹麦则从 2003 年开始建立该制度。Jan Hamrin，Meredith Wingate，"Developing a Framework for Tradable Renewable Certificates"，*available at* http：//www. etnna. org/images/PDFs/NREL. TRC. Report. pdf（last visit Oct 12，2012）.

[3] Jan Hamrin，Meredith Wingate，"Developing a Framework for Tradable Renewable Certificates"，*available at* http：//www. etnna. org/images/PDFs/NREL. TRC. Report. pdf（last visit Oct 12，2012）.

its）和可再生能源信用补偿（REC Offsets）。可再生能源信用来自新建的可再生能源项目，即1999年9月1日及之后投产的可再生能源项目；可再生能源信用补偿则来自已有的可再生能源项目，即1999年9月1日之前投产的可再生能源项目。

澳大利亚在1997年就宣布实施促进可再生能源发展的政策。通过强制性地实施该国制定的到2010年前要完成的可再生能源目标，并提供1.8亿美元的专项资金支持以及借助绿色证书制度以推动实现该发展目标。澳大利亚2000年《可再生能源（电力）法》（Renewable Energy (Electricity) Act）对绿色证书作了详细规定，如合格发电站的认证、证书的注册、评审、形式、内容、转让、中止等；还规定了未完成可再生能源任务的交费补偿（Shortfall Charge）；反对意见、审查和上诉；费用退还；罚金；行政管理；审计；信息收集；可再生能源监管；民事处罚等。《2010年可再生能源（电力）修订法案》修改了最初的目标，设定了到2020年应该达到的目标，并仍然通过绿色证书制度来实现该目标。① 2001年7月，澳大利亚建立了电子化的交易市场——绿色电力市场（Green Electricity Market），该市场是按照联邦《2000年可再生能源（电力）法》的规定而创设的，致力于绿色证书的创造、转让和撤销工作，将来还有可能用于环境交易，如排放信用交易等。同时建立澳大利亚可再生能源监管办公室（Office of the Renewable Energy Regulator）来执行该法规定的政策目标，包括建立绿色证书签发和撤销的程序性规则等，通过与绿色电力市场电子化的交流互动，并掌握着所有的绿色证书的信息。

一般来说，国外实施的绿色证书交易制度主要涉及绿色证书的颁发（注册）、证书的内容及形式、证书的计算、交易、撤销、终止、证书的管理以及灵活的履行机制等。

第二节　各国可再生能源绿色证书制度的主要内容

一、可再生能源绿色证书的颁发（注册）

绿色证书的颁发是证书交易制度运行的第一道程序；发证机构在颁发前往往

---

① "Tradable Renewable Energy Certificate (REC)", available at http://www.ren21.net/RenewablesPolicy/OverviewonPolicyInstruments/RegulatoryPolicies/TradableREC/tabid/5812/Default.aspx (last visit July 7, 2012).

要先有一定的审查、认证程序，并且同时负责绿色证书的注销。负责登记和管理绿色证书交易的机构，通常由发证机构授权或由发证机构亲自负责。

发证机构或者绿色证书交易中介机构利用电子信息系统对绿色证书市场进行操作和管理，以确保绿色证书发放、转让和注销的准确性和高效率。电网公司、可再生能源发电商等相关方能够登录注册、查询信息等。

澳大利亚的绿色证书颁发给可再生能源发电商。澳大利亚将可再生能源证书分为大型发电证书或小型技术证书；相应地，将可再生能源证书的注册分为大型发电证书和小型技术证书的注册。小型技术证书的注册还包括太阳能热水器、热泵热水器和小型发电机组的合格要求（小太阳能光伏、风电和水电系统）；另外不同可再生能源技术的证书授予时间也有所不同。发电商必须向可再生能源监管办公室提出申请，被授权并登记在册后才可以获得绿色证书。

英国要求所有的证书及其持有人都登记造册。可再生能源电力生产商首先需要提交一定的信息说明，内容包含发电时间、其所产电力的销售去向的声明、所产电力尚未被签发可再生能源义务证书的声明。监管机构据此来向其签发证书。

意大利的绿色证书签发前，发电厂必须获得管理机构关于所发电力为来自可再生能源的电力的认证。

美国得克萨斯州规定，发电商、电力零售商必须向州公用事业委员会提出申请，被批准后才可以生产可再生能源电力或交易信用。可再生能源信用由得克萨斯州电力可靠性委员会颁发给经核准的可再生能源电力生产商，每季度核发一次，并自动将数量结果计入电子化数据库中。同时电力可靠性委员会为其建立唯一的一个标识符（Identifier）①。得克萨斯州一个可再生能源信用的价值等同于经核准的可再生能源发电商所发的 1 兆瓦时的电力。可再生能源信用补偿根据已投产的可再生能源发电设施以往 10 年的平均可再生能源产量来颁发。可再生能源信用补偿在其所有者选择参与得克萨斯州新建的零售市场时可以代替信用而完成配额义务。可再生能源信用补偿不可以被购买、交易、出售或终止。得克萨斯州公用事业委员会一次性地签发可再生能源信用补偿，在公用事业委员会撤销或发电设施不再发电前，信用补偿一直有效。美国威斯康星州和亚利桑那州公用事业委员会建立的用来完成配额义务的绿色证书系统很相似。这两个州将绿色证书颁发给购买绿色电力的公用事业单位，而不是可再生能源电力生产商。

---

① 不论该设备名称及其归属有任何变化，该标识符将伴随该发电设备的整个生命周期；若持有者关于设备名称、所有者等有任何变化，都要及时通知得克萨斯州电力可靠性委员会。David Hurlbut, "A Look Behind the Texas Renewable Portfolio Standard: A Case Study", *availablt at* http://www1.eere.energy.gov/wip/solutioncenter/pdfs/tap_webinar_20080416.pdf（last visit Oct 20, 2012）.

二、绿色证书的形式与内容

证书既可以是作为实物的纸质形式,也可以仅是计算机联网系统中的电子形式,或者同时具有这两种形式。

作为配额义务履行的一种选择,美国得克萨斯州的绿色证书是不区分可再生能源的技术种类的,即无论信用所代表的是来自风能、生物质能还是其他类型的可再生能源电力,均具有同样的效力。得克萨斯州信用证书主要标示以下内容:证书编号(区别于其他证书的唯一标识符);发电设备的编号(由得克萨斯州电力可靠性委员会负责编号,无论该设施的所有者是否改变,发电设施上的编号一直不变,直至报废);用来发电的可再生能源类型;发电时间(年份和季度);信用数量(表示发电商在一个季度所发的可再生能源电力所转换成的信用数量,即该发电设备以兆瓦时为单位的发电量)等。美国新英格兰州绿色证书的内容有:证书编号;发电设施的名称和地址;燃料类型;一氧化碳、二氧化碳、氮氧化物、汞、可吸入颗粒物、硫氧化物、挥发性有机化学物等排放情况;发电时间;发电装机容量;证书生产日期;适用范围;劳动特点;可再生能源电力注册号码。

澳大利亚在可再生能源电力生产和计量后,证书以1兆瓦时为单位计算,并不断累积。每个证书要包含以下内容:发电商登记编号;发电商的身份编号;发电年份;证书的生产日期;代表着电力数量的编号。

英国每个签发的可再生能源义务证书都有一个编号并标明电量。意大利每个证书中的一个单位代表100兆瓦的电量,并且只能用于完成其特定年度的强制性配额。[1]

因此一般来说,绿色证书系统至少包括以下要素:绿色证书的唯一性编号,发电商信息、可再生能源种类、发电的技术类型、生产日期以及交易范围等信息。[2]

三、绿色证书的核算、交易及终止

(一) 核算

为了便于核算和交易,大部分国家和地区的绿色证书上的每个单位相当于1

---

[1] Loredana De Angelis, *Italy: Electricity—Incentivising Use Of Renewable Resources*, 4 I.E.L.T.R., 2003, pp. 20–22.

[2] 王白羽:《可再生能源配额制(RPS)在中国应用探讨》,载于《中国能源》2004年第4期。

千瓦时的电力。美国得克萨斯州规定，经核定的可再生能源发电设施每生产 1 千瓦时的可再生能源电量就产生一个可再生能源信用，仅适用于 1999 年 9 月 1 日以后新建的设备，但装机容量小于 2 兆瓦的可再生能源发电设施所发的电力除外。但也有些国家或地方政府为了推动可再生能源多元化发展，鼓励新兴可再生能源技术的发展，推动新兴可再生能源技术不断降低成本，其绿色证书规定成本较高的可再生能源电力所产生的证书数量要高于一般的可再生能源技术产生的证书数量。例如，低成本的可再生能源发电技术每兆瓦时电量只能获得 1 兆瓦时的证书，而高成本的可再生能源发电技术，如太阳能光伏发电，每兆瓦时的电力可获取 5 兆瓦时的证书，这在一定程度上加快了开发成本高、新兴的可再生能源技术发展。2009 年 4 月 1 日，英国《可再生能源义务法令》开始实施，其实质是对可再生能源进行分类和限制管理，即不同可再生能源种类所发的每一千瓦时电力其获得的可再生能源义务证书数量不同的。

由于可再生能源发电数量不断增加，绿色证书上关于发电的信息也是不断更新的，如得克萨斯州电力可靠性委员会通过电子形式直接从发电商那里得到最新的发电数据，并且每 15 分钟更新一次。该信息被每月一次下载到可再生能源信用软件系统里。尽管这些信息不会被公开，但是电力可靠性委员会可以对其进行跟踪以备证书签发机构进行核对。

澳大利亚的发电商自己核算它们的证书数据，并通过网络登记系统创造它们自己的电子证书。澳大利亚绿色电力市场的参与者还可以通过绿色电力市场平台来创造证书。

（二）交易

1. 交易主体

绿色证书交易市场的参与主体一般是配额义务主体，以及经过管理机构核准的中介机构以及其他可再生能源电力参与者等。美国得克萨斯州规定参与零售市场竞争的竞争性电力零售商（Competitive Retailers）必须参与绿色证书交易机制。其他希望参与绿色证书交易机制的可再生能源发电商和从小规模的可再生能源生产单位手中收购绿色证书的集中采购商也可以参与绿色证书交易。其他主体也可以参与绿色证书交易机制，例如，促成买卖方交易的中介方。

2. 交易形式

证书作为一种特殊的商品，其交易必然也是遵循市场经济原则，在买方双方平等、自愿的基础上进行的。绿色证书交易分为两种形式，一种是独立于实际的可再生能源电力而单独出售的绿色证书交易，即非捆绑式绿色证书交易；另一种是与实际的可再生能源电力捆绑销售的绿色证书交易，即捆绑式绿色证书交易。

当可再生能源电力与常规电力混合在电网中,分不清哪个是常规电力,哪个是可再生能源电力时,捆绑式绿色证书可看做是一种信息管理工具,是对可再生能源发电方式进行确认的一种指标。而当可再生能源物理电量由于输电容量限制,或当地可再生能源资源缺乏等原因而导致有配额任务的市场参与者无法完成配额要求时,非捆绑式绿色证书可独立于物理电量单独出售,为完成配额要求提供灵活性。

绿色证书交易合同主要包括三种:第一种是签订短期合同。主要是绿色证书的现货交易市场。由于可再生能源电力往往具有季节波动性和出力不稳定性等特点,因而这种交易方式往往比较普遍。目前美国只有得克萨斯州和纽约州有绿色证书的现货交易市场。[①] 第二种是签订长期合同。市场主体通过签订长期的绿色证书买卖合同进行交易,交易价格由交易双方协商确定,也可以通过市场竞标确定。一般适用于电力零售市场没有完全开放竞争的情况,长期交易合同对于稳定可再生能源发电市场、降低交易双方的市场风险起着重要作用。这种交易形式往往先签订交易合同,等实际的可再生能源电力被生产出来并获得绿色证书后,再通过绿色证书市场的交易中心进行证书的转让登记。第三种是短期和长期合同混合交易模式。该交易模式结合了以上两种合同的特点。

美国得克萨斯州的信用可以通过长期合同、短期合同或者即时购买(Spot Purchases)的方式来交易。交易之前,可再生能源信用生产商或集中采购商必须向得克萨斯州公用事业委员会提出对所生产或集中采购的信用进行核准的申请。被登记后由公用事业委员会通知电力可靠性委员会,可再生能源信用生产商将登录指定的网站来建立它们自己的交易账户。得克萨斯州的绿色证书交易要求将信用与所生产的可再生能源电力捆绑销售。2001年5月,得克萨斯州电力可靠性委员会建立了一个管理可再生能源信用交易的电子网络系统,信用的签发、登记、交易和终止全部在该电子平台上进行。得克萨斯州可再生能源信用可以在所有者之间很容易地被通过网络平台进行转让。交易双方可以通过传统的交易方式进行价格和其他细节的谈判。但是只有在电力可靠性委员会那里进行登记之后才能实现最终的转让。可再生能源信用补偿不能被转让。但是值得注意的是,得克萨斯州电力可靠性委员会所建立的电子化交易平台虽然能方便跟踪配额制义务的履行情况,但是不具备帮助交易双方直接进行信用交易的功能。到目前为止,美国实施配额制的州中约有一半建立了以网络为基础的电子平台,配额义务主体及其他法定参与主体可以登录该平台管理自己的账户;其他的州则依靠人工操作的系统,如只有系统管理员才能登录的系统来管理证书交易;或者通过简单地询问

---

① 王蓉、麻秀范:《美国可再生能源证书交易市场》,载于《中外能源》2010年第8期。

和检查义务主体提交的文件来进行证书转让登记。① 州公用事业委员会很少直接干涉可再生能源信用的交易过程,而是使信用尽可能地发挥其市场化功能。

意大利的绿色证书既可以从能源市场运营商组织的市场上交易,也可以通过双边的直接买卖协议来交易;且每年从1月到3月,证书至少每周交易一次,其余时间至少每月交易一次。②

澳大利亚的发电商在可再生能源监管办公室登记注册后,可以通过双边协议的方式交易绿色证书。如果发电商还是绿色电力市场的参与者,它们可以通过绿色电力市场的电子化交易平台来开展交易。证书所有者可以通过可再生能源监管办公室或绿色电力市场来撤销证书,但必须有撤销证书的书面声明。证书可以在绿色电力市场上被无期限地储蓄。

3. 交易价格

绿色证书价格受到很多重要因素的影响,如可再生能源发电设施的地理位置、技术类型和证书生产日期等,因此绿色证书的价格往往具有很大的波动性。此外,由于可再生能源电力具有出力的不稳定性和季节波动性的特点,绿色证书会出现比常规电力更大的价格波动。为了控制市场风险和保护市场参与者的利益,需设立市场价格的上下限进行合理的监管。

一些国家对绿色证书交易的价格上限作了规定,如英国对绿色证书的上限价格进行规定。意大利的绿色证书颁发部门对其价格上限作出规定。美国各州最初实施绿色证书制度时,绿色证书的价格基本上介于每千瓦时1~2.5美分。③

虽然绿色证书交易市场具有自动调整价格的功能,但是由于绿色证书的价格会直接影响可再生能源的生产规模,绿色证书价格的确定具有以下特点:

第一,由于可再生能源发电具有很强的环境正外部性,绿色证书的价格也应该反映出这种正外部性。未完成配额义务的义务主体没有承担起其应该承担的发展可再生能源的责任,这些义务主体往往在发电过程中带有很严重的环境污染,给社会带来负外部性。他们通过购买绿色证书来弥补其给社会带来的负外部性,一定程度上实现了非可再生能源发电的负外部性内部化,从而发挥了可再生能源发电的相对正外部性优势,体现了可再生能源发电所内含的环境价值和社会效益,从而有利于可再生能源在能源市场中与其他常规能源发电进行公平

---

① Edward A. Holt, Ryan H. Wiser, "The Treatment of Renewable Energy Certificates, Emissions Allowances and Green Power Programs in State Renewable Portfolio Standards", *available at* http://eetd.lbl.gov/ea/ems/reports/62574.pdf(last visit Oct 21, 2012).

② Loredana De Angelis, *Italy: Electricity—Incentivising Use Of Renewable Resources*, 4 I.E.L.T.R., 2003, pp.20 – 22.

③ Jan Hamrin, Meredith Wingate, "Developing a Framework for Tradable Renewable Certificates", *available at* http://www.etnna.org/images/PDFs/NREL.TRC.Report.pdf(last visit Oct 16, 2012).

竞争。

第二，绿色证书的价格虽然要受供求关系的变化上下波动，但是绿色证书作为政府激励可再生能源产业发展的工具，政府应对其价格的变动范围施加一定的限制。一方面，绿色证书的价格不能过高，否则将增大配额义务主体购买绿色证书的成本，如果购买绿色证书的成本大大高于配额义务主体自己生产可再生能源电力的成本，会对完不成配额义务的企业失去了购买的吸引力，其宁愿选择自己生产或者缴纳罚款，这样设置绿色证书也就失去了其本来的意义。另一方面，绿色证书的价格也不能过低，否则配额义务主体将失去自己发展可再生能源的动力而直接选择从市场上购买绿色证书，这不利于激励可再生能源发电技术的进步。因此，有学者对绿色证书的基准价格做了研究，建议"绿色证书的价格＝（绿色电力销售电价－常规电力销售电价）×每份证书所含电量"。[①] 总体来说，绿色证书交易市场遵循市场交易机制，价格随着供求关系的变化而有所波动，但是政府或监管机构可以为了防止交易市场的不正当竞争，而对不正常超过证书基本价值的价格进行监管。

4. 国际交易

绿色证书将来还可用于国际交易。欧盟正在积极推进建立统一的欧洲绿色证书系统，并试图与国外的绿色证书交易市场之间达成合作协议。但是，欧洲各国的绿色证书交易机制设计有所不同，这在一定程度上限制了欧盟国家开展绿色证书的跨境交易。欧洲实施绿色证书交易机制的国家中有一半的国家支持跨国交易。荷兰允许绿色证书的国际交易。澳大利亚、奥地利、比利时的绿色证书不允许国际交易。其他国家则对国际交易规定了许多限制性条件。如丹麦的绿色证书交易自2004年以后允许开展国际交易，但有许多限制条件。意大利在允许电力进口的前提下可以允许绿色证书国际交易。瑞典2005年以后开始允许绿色证书的国际交易。英国则对国外的绿色证书有限制性的承认。有些国家担心绿色证书的跨境交易会有损该国的国家利益。

绿色证书的国际交易所涉及的问题主要有对国内可再生能源发展的影响、对国内可再生能源支持机制的影响以及交易双方的贸易规则的协调等。此外由于绿色证书所代表的环境效益可以量化成一定的二氧化碳和二氧化硫的减排量，绿色证书市场与碳税市场、二氧化硫交易市场之间也具有一定关联性。绿色证书交易系统的建立为各国合作开展可再生能源开发利用提供了便利条件，当然这种合作需要建立在各国在国内开展绿色证书交易的实践经验基础上，也取决于一国的国际政治和经济政策。

[①] 严慧敏、孙君：《绿色电力市场模式探讨》，载于《湖北电力》2006年第2期。

（三）绿色证书的有效期

各国和地区往往对证书的有效期和终止的条件作了规定。澳大利亚和丹麦对绿色证书的有效期没有期限的限制。比利时的绿色证书的有效期是 2 年。意大利则是不超过 10 年，并且是从生产该证书的电厂投入商业运营之日起开始计算。荷兰的绿色证书有效期是该证书颁发之后的 12 个月。瑞典的绿色证书有效期是 10 年。英国则是绿色证书颁发之年的年底。

美国得克萨斯州规定无论是可再生能源信用生产商还是可再生能源信用补偿生产商均有可能被取消资格。美国得克萨斯州的信用有效期是三年，每个信用出现下列三种情形时可以提前被撤销[①]：完成强制性的配额义务；自愿性的退出，即将绿色证书出售或转让；期满。可再生能源信用账户所有人必须向电力可靠性委员会出示用于完成配额义务或自愿性退出的证明，同时，电力可靠性委员会将自动撤销已过有效期限的可再生能源信用。得克萨斯州的可再生信用补偿不能被撤销。

英国规定对监管机构错误签发的证书，一旦发现即可以进行撤销。

（四）绿色证书的管理

绿色证书是实施配额制度的一部分，绿色证书的监管同配额制度的监管机构往往是一致的。不过，由于绿色证书交易是一种市场运营行为，需要独立的交易平台和具体的管理机构，实践中可再生能源监管机构往往委托独立的第三方来对绿色证书交易进行管理。其管理的主要方式是通过建立绿色证书电子化的信息跟踪系统，对绿色证书的出售、转让、回收或用于其他用途进行跟踪，当绿色证书被最终消费者购买并用于完成其配额指标后，将从数据库中注销，以保证其不再被重复销售。如美国得克萨斯州公用事业委员会委托州电力可靠性理事会独立系统经纪所（Electric Reliability Council of Texas Independent System Operator, ERCOT ISO）来进行具体的市场管理。ERCOT ISO 利用并维护电子跟踪系统，以实现对可再生能源电力的生产、信用的买卖、转移和回收进行跟踪。得克萨斯州电力可靠性委员会负责定期总结绿色证书交易情况，并且公布可再生能源信用账户的持有者的信息以便利于可再生能源信用交易，同时公布可再生能源信用生产者的非竞争性信息，如设施名称、绿色证书标识号（或编号）、可再生能源技术类

[①] 信用的生命周期问题当时也是经过得克萨斯州公用事业委员会的慎重考虑。可再生能源信用如果持续较长时间，那么会更方便交易，但是如果时间太长，就会起不到刺激发展可再生能源的作用。该州将可再生能源信用的有效期设定为 3 年，一定程度上给可再生能源发电商和电力零售商每年生产可再生能源信用留下余地，这样可以将年度剩余留下来用于应对下一年生产量减少或有波动性需求的情况。

型、地址等。电力可靠性委员会还根据得克萨斯州公用事业委员会提供的信息并结合得克萨斯州自然资源委员会（Texas Natural Resources Commission）制定的每种能源种类在生产电力过程中的排放标准，张贴包括二氧化碳、二氧化硫、氮氧化物和颗粒物排放数据在内的表格。此外，监管机构建立对绿色证书合同的审计监管。定期对配额义务主体所持有的绿色证书交易情况进行审查，并使其与电子跟踪系统的数据相统一，最大限度地避免了绿色证书的重复交易。

意大利则由能源市场运营商（The Energy Market Operator）专门组织和管理绿色证书交易市场。澳大利亚可再生能源监管办公室将其对绿色证书的登记和管理职能外包给独立的公司负责，其仅监督发电商所持有证书的评审、验证和审计；并且对配额义务主体即发电商完成可再生能源配额义务的情况进行审计。

（五）绿色证书的灵活履行机制

为了增加政策灵活性、减少责任主体完不成配额任务或是履行成本过高的风险，有些国家或州还设置了一些灵活机制。例如宽限期、证书"储蓄"制度等。绿色证书储蓄是最灵活的履行机制。

在意大利，如果生产商所拥有的绿色证书数量不足，其可以通过购买剩余的证书来补偿；否则，监管机构将对其进行警告，限制其市场行为，并将把未完成配额义务的主体名单报给经济部和环境部，由这些机构对生产商采取措施。

除荷兰和意大利外，澳大利亚、比利时等也实行证书储蓄。丹麦允许证书的储蓄和借用，但需要交纳押金。英国仅允许证书持有人对其持有证书的25%进行储蓄。美国得克萨斯州也建立了许多灵活机制来便利于义务承担主体顺利完成其配额义务，达到发展可再生能源的目的，主要有：义务补足或者宽限期（"True-up" or Reconciliation Period），时间一般为3个月，在这段时期内，未达到配额义务的，可以购买信用；已完成和还有剩余信用的可以出售；也允许进行信用储蓄（Credit Banking，即通过允许信用有效期延后1~2年来降低零售商风险和提高规模经济性）和赤字储蓄（Deficit Banking，即允许零售商弥补其信用亏空的时间延后1至几年）。① 这就使义务主体有足够的机会选择以低成本的方式来完成义务。

四、国外绿色证书制度对我国的启示

国外实施绿色证书交易制度的经验表明，绿色证书交易机制要想成功实施，

---

① 美国许多州均对"储蓄"（Banking）的时间作出了限制，以保证配额义务的履行不会过度拖延而导致信用积压引起的虚假短缺现象。

必须具备以下几个要素：

首先，有效的管理和制度支持。证书交易主体的登记、证书颁发、证书的所有权转移、信息共享、可再生能源的多样化发展以及纠纷协调等非常复杂，建立一个有效地对绿色证书交易进行管理和支持的运行机制是促使绿色证书交易协调发展很重要的第一步。为交易主体提供充分的规章制度支持以便利于交易主体之间的沟通，并妥善解决交易主体间的纠纷对于绿色证书交易的顺利进行起着关键性作用。

其次，有效的网络及系统支持。除了制定良好的交易规则外，网络及系统支持对于市场的运转也起着很重要的作用。绿色证书交易的网络及系统必须能便于操作、透明、灵活，并且具有较低的交易成本。网络系统应该能重点解决以下问题：（1）当绿色证书已经被用于完成政府的强制性任务或被出售后，必须及时对其撤销；（2）预防双重核算，双重买卖或被重复利用；（3）保证绿色证书的基本信息（如燃料类型、排放数据等）和质量得到审核；（4）绿色证书要起到保障实现可再生能源配额义务目标的实现或者推动可再生能源的不断发展的作用；（5）绿色证书的监管机构和具体运营机构能更充分和安全地进行信息沟通。总之，绿色证书网络系统在全国各个地区之间做到信息及时和准确的电子沟通非常重要。这种沟通要做到不间断，并且不受外界侵犯和阻碍。

最后，公众支持。市场参与者、非政府组织（如贸易协会和环保组织）和政府组织的支持对于绿色证书交易系统的成功运行具有很重要的作用。这些参与者包括发电商、交易者、零售电力供应商和终端消费者。像所有的市场一样，绿色证书市场也同样需要可再生能源供应和需求量的信息，使市场参与更有价值。没有了市场参与者的自愿支持，仅仅靠市场自身无法维持绿色证书制度的发展。

第三节　我国实行可再生能源绿色证书制度的意义和建议

一、我国实行可再生能源绿色证书制度的意义

如果我国未来能够建立可再生能源配额制，那么实行可再生能源绿色证书也具有重要的意义：

一是为义务主体完成配额义务提供选择自由。绿色证书交易市场作为自由交易的市场，赋予参与交易的配额义务主体充分的自由。配额义务的主体可以自由

选择是通过自己生产可再生能源电力还是通过从市场上购买绿色证书的形式来完成配额义务。"在缺乏'自由'的状态下，不但各种东西不可能由那些最懂得如何生产而且能以最低成本生产这些东西的人来生产，而且，所有消费者最喜欢的东西（如果他们有选择余地的话）也根本不可能都生产出来"。① 因此，绿色证书的交易为配额义务主体提供了灵活选择完成配额义务的方式的自由，义务主体可以选择以更经济的方式来完成配额义务。

二是降低了配额制度的履行成本。"市场经济的核心是竞争，即经济主体在市场上为实现自身的经济利益和既定目标而不断进行的角逐过程。在这个角逐过程中，每个人都应该是自由的，即进行自由的竞争。"② 专业从事可再生能源电力生产的企业由于其发电设备比较先进或者发电技术比较高，其开发可再生能源的成本会比较低；而其他企业由于不以可再生能源电力为主业或者技术经验相对缺乏，开发可再生能源的成本会相对较高。如果没有绿色证书交易制度，义务主体无论是否具备生产可再生能源设施或者技术的经验或能力，都必须自己生产或投资可再生能源，而且可能要生产太阳能、生物质能和风能等多种可再生能源类别，因此其开发可再生能源的成本会明显提高，完成配额义务的成本也相应提高。绿色证书制度的设立，为义务人提供灵活选择承担义务方式的自由，使那些开发可再生能源成本较高的义务人可以通过购买其他生产企业持有的绿色证书来降低成本；而那些具备成本优势的可再生能源开发企业，由于存在出售绿色证书的利润刺激，会尽可能多地提高可再生能源的发电量以产生更多的证书数量，满足更多的义务主体以更低的成本来实现配额义务。

三是有利于降低可再生能源的开发成本。绿色证书交易运用市场机制来调整供求关系和价格，这就可以通过市场的力量推动可再生能源发电商之间的竞争，促进可再生能源生产企业提高自身的生产技术和加强管理，以最低的成本来产生最大量的可再生能源电力，从整体上降低我国可再生能源的开发成本。

四是推动可再生能源市场机制的完善，降低行政成本。可再生能源往往由于其间歇性、季节性和选址而处于劣势，资源条件最好的地区往往距离电力消费者非常远。绿色证书则克服了这些空间上的障碍，简而言之，绿色证书创造了一个更加流畅和充满活力的可再生能源电力市场。绿色证书交易作为可再生能源市场交易的一部分，依托可再生能源电力生产进行市场交易，交易过程中需要中介机构和人员、监管机构、交易流程管理等，在具体的交易实践中不断积累市场经

---

① ［英］F. A. 哈耶克著，贾湛等译：《个人主义与经济秩序》，北京经济学院出版社1989年版，第94页。转引自徐强胜著：《经济法和经济秩序的建构》，北京大学出版社2008年版，第148页。
② ［美］马西莫·莫塔著，沈国华译：《竞争政策：理论与实践》，上海财经大学出版社2006年版，第3页。

验，有利于可再生能源市场机制的整体完善。同时，由于政府在进行调控中更多是利用市场机制来实现调控目标，而减少对可再生能源补贴的确定、调整、筹集和分配等行政行为，并且政府不再亲自完成调控行为，也不用亲自去参与交易活动，而只是负责可再生能源目标的确定以及监督遵从和处罚违规，因此降低了政府的行政成本。

二、我国实行可再生能源绿色证书制度的建议

由于我国还未正式实施配额制度，绿色证书制度更是全新的一种制度模式。在制度的探索实施阶段，我们可以考虑从以下几个方面开展：

第一，通过立法予以确立。绿色证书交易作为一种市场机制需要给市场参与主体明确的信息和信号，因此必须在立法中明确作出规定。对于绿色证书交易的确立方式，可以首先在配额管理办法或实施细则中作出规定，经过一段时间的实施，待绿色证书交易市场规模扩大、经验比较成熟后再制定专门的办法，以规范该市场的交易行为。

第二，做好全方位准备实施绿色证书交易制度需要比较成熟的市场条件、完善的法律法规体系和健全的管理监督系统。我国缺乏绿色证书交易市场的运行经验，因此建立绿色证书机制的前期准备工作任务比较艰巨。我们实施绿色证书制度前，需要做好以下工作：（1）对绿色证书在我国可再生能源领域的内涵和外延进行明确界定；（2）要确定绿色证书的管理机构，由其对绿色证书进行颁发和登记注册、制定证书交易规则和程序、明确证书的单位价值、规定可再生能源发电设备年发电的计量和审计，义务履行的宽限期等工作；（3）明确绿色证书监管机构，用于监督绿色证书的交易价格、跟踪义务主体履行配额义务情况和处罚违规行为；（4）对相关工作人员进行培训，以适应绿色证书的专业化管理工作；（5）建立完善的网络系统，以适应绿色证书交易的复杂操作。

第三，设计周密的交易流程。我国也有许多学者对绿色证书市场的运作方式提出了多种设计方案。将来我国实施绿色证书制度时，可以借鉴澳大利亚和美国一些州已在使用的证书交易管理系统。具体的交易流程可以参考如下的方式：（1）可再生能源发电厂向可再生能源发电管理部门提出颁发绿色证书的申请，管理部门对可再生能源发电厂进行审核，确定其资质、装机容量和产量等基本情况。（2）经管理部门审核过的可再生能源发电商到绿色证书发证机构登记注册，获得绿色证书的交易账户。（3）经过注册的发电商根据上个月或上个季度的发电量（兆瓦时）获得相应绿色证书。随着发电商的发电数量不断增加，其持有的绿色证书所代表的电力数量也不断增加，并且随着发电的累计而定期予以更

新。(4) 完不成配额义务的主体通过绿色证书市场向绿色证书持有者购买绿色证书,双方达成交易后,一起到绿色证书管理机构进行绿色证书的转让登记,并且在证书交易电子化平台上进行相应的信息登记。(5) 可再生能源配额义务主体定期向监管机构汇报其配额义务完成情况以及绿色证书的持有情况,对于完不成配额义务的单位,由监管机构核实后确定其应当承担的法律责任。

第四,采用渐进的方式实施。我国推行绿色证书交易不能一蹴而就,而必须根据我国电力市场的发育程度,循序渐进,逐步建立绿色证书交易市场,这个过程大致需要经过三个阶段。(1) 试点阶段。在这个阶段,政府可以选择可再生能源资源比较丰富的地区(如中西部地区),确定该区域内可供用来开发可再生能源电力的潜力,并根据该地区技术和资金的承受力,以及结合国家发展可再生能源的总目标,确定该地区在一定时间内所要承担的可再生能源发展地区目标。同时,政府也要给率先发展可再生能源电力的企业以必要的资金扶持,包括发放低息贷款,允许这些企业将来以出售绿色证书的收益来偿还贷款。此外,要尽快打破电力市场的垄断,建立竞争性的价格决定机制,这是绿色证书交易不可或缺的市场保障。(2) 初步建立绿色证书交易市场。先建立若干会员制的区域性的绿色证书交易市场,并随着市场运作机制的完善,信息公布的透明公开程度的提高,让更多的电力企业进入市场交易。在这个过程中,政府要充分考虑我国地域辽阔温差幅度大,清洁能源分布不均衡的特点,协调绿色证书在区域上的供给和需求,保持绿色证书价格的稳定。(3) 完善市场阶段。就市场的运作和发展而言,绿色证书实际上也相当于金融产品。所以,完善绿色证书市场很重要的方面就是参照金融市场的运作方式,运用远期、期权和调期等金融衍生产品,化解和规避价格波动风险。在适当的时候,建立绿色证书储蓄银行,更好地衔接和协调不同时期和区域绿色证书的供求,最大限度地保持绿色证书价格的稳定。

第六篇

可再生能源补贴制度

第十九章

可再生能源补贴制度概述

第一节 可再生能源补贴的内涵

一、可再生能源补贴的定义

(一) 补贴的语义

"补贴"一词在《汉语大辞典》中被解释为"贴补",是指因不足而有所增益,也指贴补的费用。

在学理上,"补贴"迄今没有统一的定义。不同学科对补贴的理解有所侧重。从财政学意义上讲,"补贴"是指根据国家财政的需要,在一定时期内,对某些特定的产业、部门、地区、企事业单位、居民个人或事项给予的补助或者津贴。[1] 从法律意义上讲,布莱克法律词典将"补贴"解释为:政府为支持某一企业、事业或政府希望参与的某项改善或者其他被认为需要政府提供援助的目标而

---

[1] 邓子基著:《财政学》(第二版),中国人民大学出版社2010年版,第119页。

提供的资金，其目的大多是为公众谋利益。①

关于"补贴"的法定解释，主要出现在国际贸易法律规范中。在国际条约中，"补贴"的含义来自《补贴与反补贴措施协议》（Agreement on Subsidies and Countervailing Measures，ASCM）。根据 ASCM 第一条的规定，"补贴"是指一国政府或者公共机构向某一企业或一产业给予财政捐助，或者对某一企业或一产业给予价格或收入上的支持的政府性行为或措施，这种财政捐助或者价格支持直接或间接导致了增加从其领土输出某种产品或减少向其领土内输入某种产品的结果，或者因此对其他成员利益造成了损害。② 根据该定义，补贴的主体是政府（在某种情况下，补贴主体不是政府，但其中有政府的授权或者参与）③，接受补贴者是自然人、法人及其社会组织等，补贴的资金来源于财政资金。在国内法上，"补贴"的含义则来源于《中华人民共和国反补贴条例》中的规定：补贴，是指出口国（地区）政府或者其任何公共机构提供的并为接受者带来利益的财政资助以及任何形式的收入或者价格支持。④

在国际贸易法意义上，国际条约和国内法对补贴的规定基本是一致的。笔者在研究中将采用 ASCM 对补贴的定义。这是因为：首先，国际贸易法意义上的"补贴"可以涵盖财政学意义上的补贴。财政学意义上的补贴仅是从一国内政的角度对补贴加以阐述。⑤ 但一国政府在国内实施的某种补贴不仅会对国内，也可能会对国际贸易产生影响。因此要想全面研究可再生能源补贴，我们就需要从国内和国际两个角度着眼。而"补贴"在国际贸易法意义上的定义恰好符合研究的需要。其次，采用"补贴"的法定含义是研究法律制度的起点。只有在对现行补贴法定含义正确把握后才有可能进一步发现问题，并对我国可再生能源补贴

---

① Black, Henry Campbell, Garner, Bryan A. ed., *Black's Law Dictionary* (9th edtion), West Group, 2009, p. 1565.

② 沈四宝、王秉乾：《中国对外贸易法》，法律出版社 2006 年版，第 224 页。

③ 根据国际贸易法上的定义，补贴的主体不仅包括政府，还包括"行使提供者职能"的公共机构。所谓"'行使提供者'职能"是指，虽然"补贴"有可能是政府之外的公共机构作出的，如银行、基金机构等，但其公共机构的补贴行为依然是由国家授权或者参与的。从这个意义上来讲，财政学和国际贸易法关于"补贴"的定义都明确了补贴的性质——由政府进行的一种转移支付行为。由于由政府作出或由政府参与作出，因此在法律上，"补贴"具有行政行为的特征。

④ 这是根据我国《反补贴条例》第三条的规定。在 WTO《补贴与反补贴措施协议》（Agreement on Subsidies and Countervailing Measures，SCM Agreement）中，对补贴定义采取的界定是：（1）某一成员方境内的政府或任何政府机构（在本协议中称"政府"）提供的财政资助即：①政府行为涉及直接资金转移（如赠与、贷款、投股），潜在的资金或债务直接转移（如贷款担保）；②本应征收的政府收入被豁免或不予征收（如税额抵免之类的财政鼓励）；③政府提供不属于一般基础设施的商品或服务，或购买商品；④政府向基金机构支付款项，或委托或指导私人行使上述①~③项所列举的一种或多种通常赋予政府的职权，以及与通常由政府从事的行为没有实质差别的行为。（2）1994 关贸总协定第 16 条意义上的任何形式的收入支持或价格支持。（3）由此而给予的某种优惠。

⑤ 张阿红：《WTO 框架下中国工业补贴方式的改进探析》，中国人民大学 2008 年硕士学位论文。

的法制建设提出建议。

(二) 可再生能源补贴的含义

与"补贴"一样,"可再生能源补贴"也没有明确的含义。国际贸易法上,ASCM 没有针对可再生能源补贴的专门规定。笔者认为"可再生能源补贴"是各国政府对可再生能源施加的"补贴"。在国内,我国法律也没有对可再生能源补贴进行专门性规定。在《可再生能源法》关于"价格管理与费用补偿"和"经济激励与监督措施"的规定中涉及可再生能源"补贴"问题,但没有明确界定"可再生能源补贴"的含义。

为了使研究更有针对性,笔者对可再生能源补贴的含义进行界定,包括对其内涵的把握,也包括对其外延的设定。

在内涵上,"可再生能源补贴"承受"补贴"内涵的实质内容。为了和WTO 接轨、增加实践中的可操作性,笔者主张以 ASCM 对补贴的定义作为基础,对可再生能源补贴内涵进行界定,认为"可再生能源补贴是指政府对可再生能源相关领域的实体或者个人进行的财政转移支付行为"。转移支付的主体是除具有公权力的政府之外,还有可能是由政府授权或参与的公共机构。接受补贴者是可再生能源领域的实体,包括自然人、法人、其他组织等。财政转移支付体现了"无偿"性。政府不能通过"补贴"得到任何回报。经济学意义上,可再生能源补贴的内涵侧重于政府的"转移支付"行为;而法学意义上,可再生能源补贴的内涵侧重于补贴所形成的转移支付法律关系。

在外延上,笔者将可再生能源补贴限定在以给付型补贴为主的框架内。经济学将补贴分为广义补贴和狭义补贴。广义的补贴不仅包括积极的资助,即给付型补贴,也包括免除一般的税费负担,特别是纳税优惠,即减免型补贴。[1] 狭义的补贴仅指给付型补贴。目前各国对可再生能源施加的补贴既有给付型补贴,也有减免型补贴。根据联合国环境规划署 (United Nations Environment Programme, UNEP) 在 2008 年发布的《能源补贴改革》[2],能源[3]补贴的类型包括五种:第一种为直接财政转移支付 (Direct Financial Transfer),如向生产者或者消费者提供补贴、低息或优惠贷款;第二种为税收优惠 (Preferential Tax Treatment),如退税、税收抵免;第三种为贸易限制 (Trade Restrictions),如配额、技术壁垒;第四种为直接提供服务 (Energy-related Services Provided Directly by Government at

---

[1] 乔宁宁:《我国政府补贴若干问题研究》,苏州大学 2007 年硕士学位论文。

[2] United Nations Environment Programme, "Reforming Energy Subsidies", *available at* http://www.unep.org/pdf/pressreleases/reforming_energy_subsidies.pdf2008 (last visit July 1, 2012).

[3] 根据《能源补贴改革》,此处的能源既包括传统能源也包括可再生能源。

Less Than Full Cost），如直接投资能源基础设施、公共研发、责任险；第五种为能源部门的政策支持（Regulation of the Energy Sector），如要求提供担保或产品普及化、价格调控、市场准入限制（见表19-1）。上述五种补贴类型中既有给付型补贴也有减免型补贴。其中直接财政转移支付和直接提供服务是给付型补贴，而税收优惠、贸易限制则是减免型补贴。

表19-1　　　　　　　　　能源补贴主要分类列表

政府干预措施	示例	补贴的通常运作原理		
		降低生产成本	提高产品价格	降低消费者成本
直接财政转移支付	对生产者赠款	●		
	对消费者赠款			●
	低息贷款或优惠贷款	●		
税收优惠	对工业产权税、营业税、生产税以及关税等实施退税或减免	●		
	税收抵免	●		●
	对供能设施的加速折旧补助	●		
贸易限制	配额、技术限制及贸易禁运		●	
直接提供服务	对能源基础设施的直接投资	●		
	公共研发支持	●		
	责任保险与设备退役支出	●		
能源部门的政策支持	需求保障与强制使用比率	●	●	
	物价管制		●	●
	市场准入限制		●	

资料来源：United Nations Environment Programme，2008，p.9.

为了研究的便利，更为了使对我国可再生能源补贴的制度研究具有针对性，笔者选择将"给付型"补贴作为研究内容，即将可再生能源补贴的直接财政转移支付作为狭义的可再生能源补贴。当然，由于税收优惠、提供直接服务、政策支持等也是广义的可再生能源补贴的有机组成部分，因此在以直接财政支付为主要研究对象的同时也兼顾其他几种类型的可再生能源经济激励方式。

根据上述分析，可再生能源补贴是指国家对可再生能源施加的财政性资助或者价格支持。具体而言：

首先，可再生能源"补贴"即给付型补贴。《能源补贴改革》将能源补贴分为五种，但笔者所称可再生能源补贴仅将"补贴"限定于其中的两类，即直接财政资助和价格支持。不包括其他发展可再生能源的经济激励措施，如税收政策、价格政策、低息贷款政策、政府采购政策。① 正如《能源补贴改革》中所言，能源补贴的概念莫衷一是，最狭义可能也是最通说的定义是由政府对能源生产者、消费者进行直接现金给付，旨在促进燃料或其他种类能源的生产或者消费。② 需要说明的是：这里引用能源补贴改革的来说明可再生能源补贴的问题是合理的，因为可再生能源是能源中的一种，因此对能源补贴的概念界定可以用于对可再生能源补贴的定义界定。

其次，笔者所称可再生能源补贴是在国内和国际两个视角中的补贴。虽然补贴是一国政府在其国内实行的转移支付行为，但在全球经济一体化的背景下，"国内"的概念是相对的，一国内部实行的补贴政策很可能会触及国际贸易规则。尤其是在当今世界各国大力发展可再生能源的时刻，各国都想抢占可再生能源领域的话语权和世界市场，设置贸易壁垒、发生贸易争端是不可避免的。所以笔者在立足国内的同时，也将运用ASCM的规定分析我国可再生能源补贴制度。

最后，"可再生能源补贴"是指对"可再生能源及其相关技术、产品的补贴"。我国是可再生能源相关设备和产品的生产大国。为最终达到可再生能源产业化的目的，政府对可再生能源的经济激励措施不仅针对可再生能源一次能源的开发利用，还针对可再生能源二次能源的开发利用以及可再生能源科学技术研发和设备生产。因此补贴的对象不仅包括"可再生能源"本身，也包括可再生能源相关产品、技术和设备等。在众多的可再生能源中，风电、光伏发电、太阳能热利用和生物质能高效利用的发展态势显著，为调整能源结构、保护环境、促进经济和社会发展做出了重大贡献。2010年国务院颁布了《战略性新兴产业发展规划》，将新能源产业作为战略性新兴产业，并指出要重点发展新一代核能、太阳能热利用和光伏光热发电、风电技术装备、智能电网、生物质能。2012年7月，国务院颁布了《国务院关于印发"十二五"国家战略性新兴产业发展规划的通知》（国发［2012］28号），延续了2010年的精神，指出要加快发展技术成熟、市场竞争力强的风电、太阳能光伏和热利用、生物质发电、沼气等新能源。因此，笔者所称可再生能源主要指风能、太阳能以及生物质能三种。

---

① 任东明、王仲颖、高虎等：《可再生能源政策法规知识读本》，化学工业出版社2009年版，第201～203页。

② United Nations Environment Programme, "Reforming Energy Subsidies", *available at* http：//www.unep.org/pdf/pressreleases/reforming_energy_subsidies.pdf2008（last visit July 1，2012）.

二、可再生能源补贴的内涵

"补贴"作为一种政府调控经济的手段,广泛应用于经济生活的各个方面。可再生能源补贴具有以下内涵:

(一)可再生能源补贴提供者具有特定性

可再生能源补贴的提供者只能是政府或者公共机构,而不能是其他任何单位和个人。对于"补贴"的提供者,各国没有一致的观点。但无论是国内法意义上的补贴还是国际法意义上的补贴,补贴的提供者中最重要的主体便是"政府"。

"政府"是一个国家的统治机构,是一个为维护和实现特定公共利益、按区域划分原则组织起来的以暴力为后盾的政治统治和社会管理组织。由政府提供的补贴即为"财政补贴"。它与社会保障支出、税收支出同为国家财政转移性支出的方式,是政府将一部分资金无偿地转移给居民、企业和其他受益者所形成的财政支出。政府安排补贴时,既不存在经济交换,也不存在政府占有并消耗政府资源的行为。依据我国《可再生能源法》设立的可再生能源发展基金是我国可再生能源补贴的主要资金来源。该资金包括国家财政公共预算安排的专项资金和依法向电力用户征收的可再生能源电价附加收入等。其中,可再生能源电价附加收入填列政府收支分类科目第 103 类 01 款 68 项"可再生能源电价附加收入";可再生能源电价附加支出填列政府收支分类科目中第 211 类 15 款 01 项"可再生能源电价附加收入安排的支出"。可再生能源发展专项资金支出填列政府收支分类科目中第 211 类 12 款 01 项"可再生能源"。可见,我国已将可再生能源补贴的相关收支完全纳入了财政系统。"补贴"作为国家财政指出的性质不言而喻。反之,政府是可再生能源补贴的主体。

除了"政府"之外,"公共机构"也有可能成为可再生能源补贴的提供者。在 ASCM 第一条第一款中规定,补贴的提供者必须是 WTO 成员方领土内的政府或者公共机构(a Government or Any Public Body)。相反,由私人提供的无偿资助不属于"补贴"。例如,壳牌公司为了减少二氧化碳排放而制订方案,每年拿出一定的资金奖励在英国拥有可行性和创新性经营理念的中小企业。这种行为就是一种纯企业行为,不属于政府补贴。但如果是政府通过筹资机构或私营机构(A Funding Mechanism or a Private Body)履行政府职能则另当别论——提供补贴的非政府机构也应属于"补贴提供者"。

实践中,由于公共机构,如银行、基金机构等,大多是通过贴息贷款、提供担保等方式进行间接,而非直接补贴。因此在狭义的给付型补贴中很少涉及公共机构作为补贴提供者的情况。即使存在公共机构对可再生能源的补贴的事实，该公共机构通常也是受到政府的委托或者有政府参与其中。如果仅是单纯的企业或者私人性质的赠与行为，则不能被认为是对可再生能源的补贴。

由于可再生能源"补贴"仅限于政府及有政府参与或授权的公共机构或者私营机构，因此我国在可再生能源发展中可以制定政策，鼓励没有政府参与或者授权的公共机构或者私人进行资助。如果说政府或者政府参与、授权的公共机构所进行的可再生能源补贴是一种公法行为的话，那么没有政府授权的机构和私人所进行的资助则带有私法性质。后者既可以拓宽资金渠道，解决可再生能源发展资金不足的问题，又可以避免被认定为不符合 WTO 补贴规则从而遭受反补贴调查或者诉讼的风险。

（二）可再生能源补贴接受者具有多元性

可再生能源补贴根据经济运行环节分为投资补贴、生产补贴和消费补贴。在各种类型中，补贴的接受者有所不同，他们可能是可再生能源开发利用项目的投资者、也可能是可再生能源产品的生产者，还可能是使用可再生能源的消费者和进行可再生能源技术研发的个人和组织。从性质上来看，接受补贴的主体可以是法人、自然人，也可以是其他组织。可再生能源补贴接受者的广泛性决定了可再生能源补贴在市场中的影响力和对整个产业发展的作用，也影响到了我国可再生能源相关产业在国外市场的占有率。

可再生能源补贴的接受者和补贴受益者不完全等同。有时，可再生能源补贴的提供者就是可再生能源补贴的受益者，但有时则未必。例如，可再生能源补贴的接受者是发电项目的投资主体，但利益获得者则可能是向发电场提供可再生能源设备的生产商。另外，还有一种极端的情况——只有可再生能源补贴的接受者，而没有受益者。例如，补贴是为了资助可再生能源作为公共产品所产生的高昂成本，这种情况下，补贴仅是对亏损的弥补，接受补贴一方仅是填补的成本与销售价格之差，而没有获得实际利益。

可再生能源补贴接受者具有多元性的特点启示我们可再生能源补贴的对象不仅只有个别自然人、企业或者行业。它有可能针对所有可再生能源领域的主体。在设计可再生能源补贴制度时，接受者或者受益者越多，其制度的有效性和正当性越强。相反，如果只针对个别自然人、企业或者行业进行的资助，则很有可能会因此具有"专向性"的补贴；而该种补贴将被认为是可诉补贴或者禁止性补贴。

（三）可再生能源补贴时间具有有限性

任何补贴都是政府在调解市场过程中的经济手段，基于同一对象、同一依据而进行的补贴不会是永恒的,当该产业壮大并具有足够竞争能力时,补贴就会逐渐退出该领域。可再生能源补贴就是为了实现我国发展可再生能源的政策目标而设立的,当可再生能源发展逐渐规模化,国家对其的补贴将相应调整;当可再生能源完全实现产业化后,可再生能源补贴将"退出舞台"。

例如,目前德国市场光伏发电的上网电价与传统电价趋于相同,预计在不久的将来可再生能源有可能与传统能源在私人用户电力市场展开竞争,因此德国自2010年7月1日起对屋顶光伏系统和移除耕地农场设施的补贴额将减少13%,对转换地区补贴额将减少8%,其他地区将减少12%。从2010年10月1日开始,总的补贴额还将进一步减少3%。[①]

根据我国《可再生能源发电价格和费用分摊管理试行办法试行办法》的相关规定,生物质发电项目上网电价补贴标准为0.25元/千瓦时。发电项目自投产之日起,15年内享受补贴电价;运行满15年后,取消补贴电价。自2010年起,每年新批准和核准建设的发电项目的补贴电价比上一年新批准和核准建设项目的补贴电价递减2%。

可再生能源补贴的时限性启示我们可再生能源补贴是一种适时调整的经济运行手段。使补贴能够发挥最大正面效用的途径就是对补贴的时限进行规定。时限规定的方式可以确切的期限,也可以是确定期限的方法。

三、可再生能源补贴的分类

补贴分类在政府财政统计中仅是一种会计分类,不具有很强的经济分析意义。然而在经济学和法学上,补贴的分类却具有十分重要的意义。不同种类的补贴在可再生能源发展中所起到的作用是有所不同的。从经济学意义上说,不同种类的补贴会对可再生能源开发利用产生不同的后果。欧盟在2001年的《关于使用可再生能源发电指令的共同立场》中就曾经要求各成员国在制定补助机制时考虑不同种类的可再生能源各自的特性,以及不同技术和不同地理环境等因素。从法学意义上说,不同种类的补贴在国际贸易中会受到不同的对待,例如有些可再生能源补贴属可诉性补贴,而有一些补贴则属于禁止性补贴;在法制建设中,不同类型的补贴所依托的制度和管理部门也有所差别。

(一)给付型补贴和减免型补贴

根据补贴的形式,可以分为给付型补贴和减免型补贴。给付型补贴是指以货

---

① 李坤:《德国明确光伏设施补贴削减额度》,载于《证券时报》2010年7月14日第B03版。

币方式直接发放给可再生能源补贴受益人,如可再生能源电价补贴。减免型补贴是指以非货币的方式,通过减免税费、低息贷款等方式对可再生能源进行补贴。例如我国从 1987 年起通过工商银行和农业银行设立了农村能源专项贴息贷款,主要用于大中型沼气工程、太阳能热利用和风力发电技术的推广应用。贴息的具体做法是,企业先按照商业利率还本付息。政府再依照企业所运行的项目之技术可行性和实际经营情况,由中央财政一次性直接将资金转入银行,旨在补贴利率差值所应该交付的利息。

(二) 生产环节补贴、流通环节补贴和消费环节补贴

按照补贴同社会经济运行过程的关系,可以将可再生能源补贴分为可再生能源生产环节补贴、流通环节补贴和消费环节补贴。生产环节补贴是向可再生能源生产者施加的增加生产要素投入、保持生产稳定发展的补贴。如我国中央财政安排专项资金对生物能源和生物化工原料基地的种子繁育、种植、抚育管护等生产性支出予以补贴。流通环节补贴是对向可再生能源产品流通部门施加的旨在增加商品供给、使企业的经营能正常进行的补贴。如我国对电网企业施加的旨在弥补其损失的可再生能源电价补贴。消费环节补贴是对可再生能源消费者进行的旨在满足居民对可再生能源需求的补贴。如有些地方政府对新能源汽车的购买者提供的补贴就属于消费补贴。

(三) 投资补贴、产品补贴和用户补贴

依补贴的直接受益者不同,可以将可再生能源补贴分为投资补贴、产品补贴和用户补贴三类。可再生能源投资补贴是指对可再生能源项目开发投资者进行直接补贴。可再生能源投资补贴可以调动投资者的积极性,进而促进可再生能源的产业规模,相应增加生产能力;但这种补贴并不能直接起到刺激企业研发技术、降低技术的作用。可再生能源产品补贴是指,根据可再生能源设备的产品产量进行补贴。可再生能源产品补贴有利于促进企业增加产量、降低成本,提高企业的经济效益。可再生能源用户补贴,又称可再生能源消费者补贴,是指对可再生能源相关消费者进行补贴。例如,北京相关部门规定,自 2012 年开始,在对老旧住宅楼进行节能改造时,安装太阳能热水器的,政府可以按照集热器面积给予住户每平方米 200 元的补贴。① 可再生能源用户补贴的最大受益者是可再生能源消费者,这种机制可以直接激励可再生能源的利用。虽然政府在投资补贴、产品补

---

① 王萍:"北京:三分之二业主同意老楼即可装太阳能",北晨网:http://www.morningpost.com.cn/xwzx/bjxw/2011-12-21/265714.shtml (最后访问日期:2012 年 7 月 26 日)。

贴以及用户补贴上所支付的金额是一样的,但补贴对可再生能源企业和消费者的购买产生的影响却因种类不同而有所不同,进而影响可再生能源市场的发展。研究表明,在某些情况下用户补贴比产品补贴和投资补贴更容易引起消费者的支付意愿,从而繁荣市场。[①]

(四) 分类补贴:风能补贴、太阳能补贴、生物质能补贴

根据所补贴的可再生能源种类不同,可将可再生能源补贴分为风能补贴、太阳能补贴、生物质能补贴。目前我国对风能、太阳能、生物质能均有补贴。有的补贴政策是普遍性的,覆盖了风能、太阳能、生物质能等多种可再生能源;而有的补贴政策则是针对一种可再生能源而言的,如金太阳工程,就是专门针对太阳能光伏发电的。不同种类的可再生能源具有不同的特点,针对其的补贴措施也应有所不同。笔者在分析可再生能源补贴立法现状、与 WTO 合规性等问题上均将针对不同种类的可再生能源分别研究其补贴政策。

(五) 直接补贴和间接补贴

根据补贴的接受者和利益的享有者是否为同一主体,将补贴分为直接补贴和间接补贴。直接补贴,是指可再生能源财政资助的接受者与利益的接受者是同一实体的补贴。可再生能源直接补贴在世界各国都大量存在。它们的表现形式各异,有的是针对可再生能源部门直接给予赠款,有的是针对可再生能源产业进行资本投入,还有的则是针对可再生能源领域的税收抵免。间接补贴,是指财政资助的接受者与利益的接受者不完全一致,且后者的范围大于前者的补贴。而间接补贴接受者与补贴利益的享有者是分属同一产业链或交叉产业链上相互关联的两个不同实体。在对可再生能源补贴进行效果评估中,考察直接补贴的受益者的收益较为容易,而要想考察间接补贴的受益者范围和收益内容则较为困难。

(六) 禁止性补贴、可诉补贴和不可诉补贴

按照补贴的性质及其对国际贸易造成的影响,"补贴"可以分为禁止性补贴、可诉性补贴和非可诉性补贴,这是根据《补贴与反补贴措施协议》(ASCM)的规定所进行的"法定分类"。该分类在研究 WTO 框架下可再生能源补贴规则时十分重要。

禁止性补贴,是指被 ASCM 所禁止的那些以出口实绩或使用本国产品优先于

---

① 方律涵:《中国清洁能源产品偷吃美国政策福利了吗》,载于《特区经济》2011 年第 3 期。

进口产品为前提而给予相关实体的补贴。由于禁止性补贴对出口贸易具有直接扭曲作用，因此国际贸易法对该类补贴予以严格禁止。禁止性补贴又称"红箱补贴"。该类补贴又包括出口补贴和进口替代补贴两类。一国政府或公共机构在提供补贴时，将法律上或事实上的出口实绩作为提供补贴的条件或条件之一的，被认为是出口补贴。而一国政府或公共机构如果将优先选择使用本国产品作为提供补贴的条件或条件之一；或者对使用本国产品提供之补贴优于使用进口产品的，则被认为是进口替代补贴。

可诉补贴，是指那些不是被 ASCM 一律禁止，但由于其容易引起贸易扭曲因此又不能被自动免除质疑的补贴。由于这类补贴是否符合世界贸易组织规则需要根据其客观效果加以判定，而不是一概被否定，因此又被称为"黄箱补贴"。

不可诉补贴，是指不会招致其他成员方提起反补贴申诉的补贴。ASCM 规定了四类不可诉补贴，包括非专向性补贴、研发补贴、落后地区发展补贴以及与环境有关的补贴。其中后三项是符合特定要求的专向性补贴。

虽然 ASCM 在当初规定了三种类型的补贴，但目前实际发挥法律效力的仅包括禁止性补贴和可诉补贴两种类型。根据 ASCM 第三十一条的规定，不可诉补贴已经于 1999 年 12 月过期。

（七）应对气候变化型补贴和贸易壁垒型补贴

根据制度设立的目的，将可再生能源补贴分为应对气候变化型补贴和贸易壁垒性补贴。所谓应对气候变化型补贴，是指以应对气候变化为目的而对可再生能源施加的补贴。后者则是以设置贸易壁垒、保护国内企业或者行业而对可再生能源施加的补贴。

两种补贴从形式上看均为向可再生能源施加的补贴。但由于其目的不同，两种补贴的法律性质也有所不同。气候变化型补贴符合 GATT 第二十条的规定，可以被认为是豁免性补贴，而贸易壁垒型补贴则是违反被 WTO 框架下的补贴规则的补贴。

（八）价格补贴与非价格补贴

根据可再生能源补贴的形式，将可再生能源补贴分为价格补贴和非价格补贴。可再生能源价格补贴，是指为弥补因价格体制或政策原因造成价格过低、给可再生能源生产经营带来损失而进行的补贴。例如，我国电网企业按照规定价格全额收购可再生能源电量，因此给电网企业造成的损失，由国家财政予以补贴。可再生能源非价格补贴，是指除可再生能源价格补贴外，对可再生能源实行的其他补贴，包括直接补贴、贴息贷款、税收优惠等形式。例如，我国对城市光电建筑一体化应用给予定额补助。根据规定，光电建筑一体化项目补贴总额预算的70%由财政部下达到省级财政部门。再由省级财政部门会同建设部门将资金落实到具体项目。

有学者按照补贴形式将"补贴"分为价格补贴、政策性亏损补贴、财政贴息和税收补贴。[①] 这种分类是从一般意义上来讲的。就可再生能源而言，国家对其补贴的根本目的是为了保护环境、应对气候变化，改变能源结构，因此政策性亏损补贴并不是可再生能源补贴的重要组成部分。虽然国家对可再生能源实行贴息补贴和税收补贴，但这并不是补贴的全部。实际上，国家还对可再生能源进行直接财政补贴。总之，在以补贴形式为标准对可再生能源补贴进行分类时，单纯套用"价格补贴、政策性亏损补贴、财政贴补和税收补贴"的方法是不周延的。因此笔者提出了"价格补贴"和"非价格补贴"的分类方法。此类型区分的意义在于：可再生能源价格补贴和非价格补贴的运行机制不同。也正是因为此，根据我国现有制度的构建，笔者将可再生能源补贴分为价格补贴和非价格补贴两大构架进行研究。

第二节 可再生能源补贴制度的必要性及其面临的挑战

一、可再生能源补贴的必要性和合理性

（一）补贴对发展可再生能源的必要性

在发展可再生能源的问题上，我们是完全依靠市场，还是需要辅之以"政府补贴"？

1. 补贴在市场经济中的作用

"补贴"是政府对商品生产、销售、消费所给予的产业支持政策和措施。在市场竞争的经济条件下，有效的生产规模就是边际成本等于边际效益。降低边际成本就是提高边际效益。市场之间，由于距离生产点的远近而存在不同的成本，就等于在缩短市场间时空界限，扩大市场范围，外移市场边界，挤占他人市场份额。而补贴能够降低边际成本，扩大市场份额，这就是各国采用补贴等产业支持

[①] 邓子基：《财政学》（第二版），中国人民大学出版社2010年版，第121页。

政策的经济学原理和依据。换言之，人们之所以在市场环境下采取补贴措施，是因为补贴有降低边际成本从而改变竞争态势、调整供求关系的功能。

有人认为补贴扭曲了价格机制，破坏了市场的竞争。但实际上，科学的补贴不但不会阻碍市场发挥作用，反而还能帮助市场配置资源，促进竞争。没有政府干预的市场貌似是一个可以完全竞争的市场。它虽然为资源合理配置提供了前提条件，但却损失了规模经济的利益和技术创新，并且不利于满足不同偏好的消费者的不同需求。因此没有政府干预的市场也未必总是最有效率的。垄断或者其他形式的不完全竞争以及市场的外部性都可能导致了市场失灵。第二次世界大战后凯恩斯主义兴起，改变了人们对政府干预市场的看法，人们开始注重宏观经济在市场调节中的作用。政府在实现其提高效率、增进平等和促进宏观经济稳定的三项职能时可以实施政府干预措施。其中补贴是最重要的手段之一——政府根据国家经济发展需要、对个别行业、部门或者地区给予财政资助，以期使该实体形成规模经济。

当然，我们也应当注意到，补贴是一个"中性词"。它到底能发挥何种作用还要看具体的制度是否合理。例如，在20世纪初，英国政府使用补助金制度，取得良好的效果，但移植于我国施行，则非但没有取得促进国民经济良好发展的效果，反而产生负面影响。① 我们在利用补贴时应该严格立法程序，将补贴纳入法律调整范围，只有这样补贴才能够发挥其积极作用，尽量避免其消极作用。

2. 补贴在发展可再生能源中的作用

发展可再生能源的目标是实现可再生能源产业化。那么在发展可再生能源时如何处理政府与市场的关系呢？其实，市场和政府补贴并不是相互对立的。相反，竞争与补贴是使市场发挥有效作用的两驾马车。对于可再生能源而言，实行补贴政策不仅没有违背市场规律，而且有助于避免市场失灵、从而实现经济目标。

第一，补贴可以有效引导可再生能源开发利用，从而促成可再生能源产业化。与传统能源相比，可再生能源开发利用初期的成本高昂。在煤电占主导地位的电力市场，出于成本和利润的考虑，电网公司在同等条件下会优先选择收购火电。假设可再生能源发电企业降低价格吸引电网公司收购其电量，可再生能源发电企业将无法回收成本，继而无法维持再生产。在煤电垄断的能源市场，为了发展可再生能源，必须在其发展初期对其进行经济激励，包括直接财政补贴、税收减免、政策扶持等。通过激励，一方面弥补了可再生能源企业的成本亏损，另一方面推动了可再生能源技术的发展，进而降低可再生能源开发利用成本、解决可再生能源电量输入电网的技术难题。

---

① 马寅初：《财政学与中国财政》，商务印书馆2001年版，第180页。

如果没有政府干预，可再生能源在应对气候变化、保护环境上所体现出来的正外部性就可能不会得会充分体现。发展可再生能源的环境价值在于应对气候变化和保护环境。如果说开发利用传统能源带有负外部性的话，那么发展可再生能源则具有正外部性。传统能源加剧气候变化、导致环境污染，这些外部成本并没有被计入其产品的最终成本；相反，可再生能源在产生社会性环境益处的同时，其高昂的初始成本却只能由个别企业自行承担。如果不对可再生能源企业施以一定的补贴，可再生能源所产生的正外部性就无法体现。市场中的理性人出于成本和收益的核算，也不再愿意从事可再生能源相关产品的生产。因此在发展可再生能源时对其进行适当补贴是消除垄断、将经济正外部性内在化，从而有效配置资源、应对气候变化、保护环境。而国家作为社会利益的代表，对可再生能源生产和消费提供政府补贴是必要的。正如美国学者科利（Cory）所言，如果没有长效的投资支持，可再生能源项目将难以为继。①

第二，补贴可以有效鼓励可再生能源发展，从而应对气候变化。

为应对气候变化，各国在发展可再生能源中运用了补贴的经济手段。现实证明，对可再生能源补贴是发展壮大可再生能源的有效手段。虽然由于各国具有不同的气候条件、人口密度、污染程度、经济发展水平，他们的可再生能源政策有所不同，但对可再生能源进行补贴是几乎所有国家的共识和主要激励手段。正如联合国气候框架公约秘书处提供的一份报告所言，几乎联合国气候变化框架公约（United Nations Framework Convention on Climate Change，UNFCCC）的所有缔约方都意识到了经济激励对于可再生能源发展的重要性。他们都曾向公约秘书处报告了给予有关行为主体直接的财政刺激以促使其采取减排措施的政策。这些政策包括给予可再生能源和提高能效项目投资资助和优惠利率贷款，对可再生能源和热电联产项目适用优惠电价，以及加速资产折旧等减免税优惠等。我国国内学者也认为推动中国可再生能源规模化发展的战略之一是政府支持。② 作为全世界最大的发展中国家，我国能源资源匮乏，气候条件复杂，生态环境脆弱，是最易受气候变化不利影响的国家之一。应对气候变化对我国而言十分迫切。近几年通过国家政策引导和资金投入，我国可再生能源发展取得了显著成效。③

---

① Cory, K, Bolgen, N. Sheingold, Barry. Sheingold, "Long-Term Revenue Support to Help Developers Secure Project Financing", *available at* http：//www.masstech.org/renewableenergy/green_power/MGPPpaper-AWEA.pdf（last visit Mar 1, 2012）.

② 周凤起：《中国可再生能源发展战略》，载于《石油化工技术经济》2005年第4期。

③ 我国政府认识到了补贴对可再生能源发展的重要性。正如我国工业和信息产业化部在2012年2月新发布的《太阳能光伏产业"十二五"发展规划》所言："从全球来看，光伏发电在价格上具备市场竞争力尚需一段时间，太阳能电池需求的近期成长动力主要来自于各国政府对光伏产业的政策扶持和价格补贴"。

(二) 对发展可再生能源补贴的合理性

理论上讲，国家对可再生能源予以财政资助具有必要性。而在现实中，国家对可再生能源施加补贴是否具有合理性呢？

1. 国家责任和可再生能源补贴

国家，作为治理社会的统治工具，一方面要担负保证本国国民生存、发展、安全、健康、幸福生活和可持续发展的责任；另一方面也要确保在其管辖范围内或在其控制下的活动不致损害其他国家或在各国管辖以外地区的人的利益，即国家责任。根据1992年《环境与发展的里约热内卢宣言》规定，国家肩负有国家环境责任。我国《可再生能源法》也以"国家责任和社会支持相结合"作为可再生能源法的原则之一。[1]

在国内，我国是世界上少数几个能源结构以煤为主的国家。发展可再生能源是调整能源结构、减少二氧化碳排放，维护能源安全的重要途径。在国际上，作为负责任的大国，我国理应承担温室气体减排的国际义务。[2][3] 发展可再生能源可以向世界表明我国应对气候变化立场、承担大国责任的态度。无论从国内还是国际，发展可再生能源从而降低化石能源的消耗量，达到减排目标，都是为了不损害我国和别国环境利益，并造福整个人类。而履行这一国家责任的直接做法就是政府使用财政资金对可再生能源领域的相关单位和个人进行无偿性的财政转移支付。实际中，我国多年来一直致力于发展清洁能源，以期节能减排、应对气候变化。2012年，我国政府仍然将建立科学、有序地促进新能源利用的机制作为工作重点。《2012年中国政府工作报告》在"2012年主要任务"中提到：促进产业结构优化升级。推动战略性新兴产业健康发展。建立促进新能源利用的机制，加强统筹规划、项目配套、政策引导，扩大国内需求，防止太阳能、风电设备制造能力的盲目扩张。

国家责任为国家补贴可再生能源提供了国际法和国内法上的依据，使其在法律上具有了可行性。反过来，法律又保护政府对可再生能源合理的补贴行为。对于那些不合理的补贴行为，国内法和国际法都会对其进行制裁。国内法上，法律要求补贴主体对可再生能源相关的单位或个人提供补贴，如果违反法律规定，则可以追究其相关法律责任。国际法上，法律要求WTO成员方提供不妨害贸易自

---

[1] 杨宜中：《可再生能源法面临首次修正》，载于《人民法院报》2009年8月28日第007版。
[2] 在应对气候变化的国际合作问题上，虽然我国要承担减排义务，但作为发展中国家我国应当承担的是共同但有区别的责任原则。
[3] 曹明德：《中国如何应对气候变化的法律思考》，载于《"气候变化与排放权交易：金融创新与法律规制"高层论坛会议论文集》（非公开出版物），2009年11月，第6页。

由化的"补贴",否则该补贴措施有可能会被提起反补贴调查或者诉讼。

当然,对于一国在其国内所采取的合理的可再生能源补贴,任何国家都无权干涉。对市场调节的积极作用和其应对气候变化的功能决定了可再生能源补贴在一国国内的重要地位。根据国家主权原则,对可再生能源施加合理补贴是一个国家独立自主处理自己内外事务,管理自己国家的权力。

2. 受益者负担原则和可再生能源补贴

补贴资金来源于国家财政资助。而国家财政收入则来源于税收收入和非税收收入。因此,可再生能源补贴表面上是由国家财政支付的,但从本质上讲却是由全社会共同分摊的。那么,全民是否对可再生能源发展具有负担责任呢?在市场经济中,由于环境效益很难确定权属,因此成为公共产品,其价值往往遭到人们的忽视。在发展经济过程中,市场主体,尤其是企业开发或利用化石能源,一方面获取经济效益,另一方面却损坏了环境效益。为了降低消耗化石能源带给环境的不利后果,体现法律的公平、正义,"污染者负担"原则成为国际环境法和各国环境法的基本原则。随着环境保护的概念逐渐扩大——环境保护由原先只存在于"污染防治领域"已经逐渐扩大到"自然保护和物质消费领域",污染者的范围逐渐从生产、流通企业扩大所有的社会主体,"污染者负担"原则也逐渐丰富发展转化为"受益者负担"原则。[①]

基于此原则,对化石能源开发、利用的单位和个人对保护环境、节能减排均具有不容推卸的责任。我国是以煤炭为主的能源大国,无论是生产还是生活,全社会用能均以消耗高碳能源为主。从这个意义上讲,包括各类单位和个人在内的社会成员均是化石能源的受益者和环境效益的损害者。因此应对气候变化也成了全社会的共同责任。国家向社会成员征税,或以其他非税形式征收费用,形成财政收入,并将其用于资助可再生能源发展。这种做法符合环境法基本原则,既具有合理性也具有合法性。我国电力电价附加和分摊制度就是典型的基于"受益者负担原则",向全社会征收可再生能源电价附加收入,并转化成国家财政收入,用于可再生能源发展的制度。

值得注意的是,作为"污染者负担"原则的提出者,经济合作与发展组织(Organisation for Economic Co-operation and Development,OECD)要求在适用该原则时应当尽可能与国际协调,参照GATT遵守国民待遇原则和非歧视原则。这就要求各国在制定可再生能源补贴措施时应当尽可能与WTO相关规则衔接,避免使用那些带有妨碍国际贸易自由化性质的补贴措施。

---

① 汪劲:《环境法学》,北京大学出版社2006年版,第172页。

二、可再生能源补贴制度面临的挑战及其原因

在全球大力呼吁发展可再生能源，应对气候变化的大背景下，可再生能源的发展因为欧美金融危机似乎陷入了困境。而这个困境最显著的表现就是各国对可再生能源补贴的削减。2011年，欧洲各国家纷纷减少对可再生能源的补贴额度，其中比较有代表性的是英国和西班牙。同年，曾经在2009年得到过美国政府批准的5亿多美元联邦贷款担保的美国太阳能电池板制造商Solyndra宣告破产。[①]可再生能源企业开始面临即将或者已经到来的"严冬"。不仅国外企业，国内可再生能源生产企业也遭受着"严寒"。在国内太阳能市场持续不景气，中美光伏产业贸易出现摩擦，这些导致国内光伏企业发展遭遇了瓶颈。[②]

我国国内虽然在政策方面对可再生能源补贴力度逐年增大，但对可再生能源补贴的质疑一直存在。[③]虽然固定电价制度给了可再生能源发展强劲的动力，但在一些国家接受"补贴"的可再生能源却出现了产能过剩、市场无序发展的乱象。另外，国内可再生能源企业出口国外的可再生能源设备也受到了来自进口国的反补贴调查，甚至征收反补贴税，对国内可再生能源补贴的正当性提出了挑战。

各界对可再生能源补贴的削减和质疑直接关系到可再生能源的发展。分析目前可再生能源补贴遭受削减和质疑的原因，大致可以分为以下两个方面：

1. 外在原因

据业界分析，造成"补贴减少"现象的直接原因是各国经济衰退，进而各国政府不得不缩减财政支出。但相对可再生能源补贴的减少，在同一时期，全球范围内对化石燃料的补贴力度却大大超过了可再生能源。2011年10月30日，在由联合国工业发展组织（UNIDO）和国际节能环保协会（IEEPA）共同组织的2011中国国际气候变化论坛（CIFCC）上，欧洲50国集团主席、法国前财政经济部部长埃德蒙·阿尔方戴利（Edmond Alphandery）指出：目前世界上有很多对化石能源的补贴，补贴的总量达到了5 000亿美元，而这个补贴的量是补贴清洁能源量的10倍。[④]另一个例子是在过去的50年中，美国联邦政府对新能源

---

① "可再生能源补贴减少"和"Solyndra太阳能公司破产"均被《国家地理》评为2011年十大能源新闻之一。参见"国家地理2011十大能源新闻"，http://tech.sina.com.cn/geo/science/news/2011-12-07/11191008.shtml（最后访问日期：2012年1月20日）。
② 李冰：《光伏企业英利进军橄榄油市场》，载于《北京商报》2012年1月31日第B04版。
③ 李俊峰：《风光无限——中国风电发展报告2011》，中国环境科学出版社2011年版，第70页。
④ 王硕：《欧洲50国集团主席建议对化石燃料征税》，载于《人民政协报》2011年11月3日第C01版。

的补贴累计高达 1 500 亿美元，但其中大约 95% 的补贴用于支持核能的发展。换言之，过去 50 年美国用于可再生能源发展的资金不过 75 亿美元，平均每年仅 1.5 亿美元。由此，"可再生能源"的"替补"地位显现无疑——在经济繁荣时期，各国积极发展可再生能源，人们似乎看到了可再生能源的光明前景，却忽视了可再生能源尚是一个学步未稳的稚童的现实——它为人类带来的经济价值远没有传统能源高，而抚育其成长虽是一个美好的理想，但也需要漫长而坚信的过程；在经济衰退时期，人们的"理性"战胜了"理想"——由于资金短缺，政府首先要保证化石能源的供给，而后才考虑可再生能源的发展。相比之下，可再生能源补贴成为经济繁荣时期人们处理能源问题"锦上添花"的"砝码"，更成为经济衰退时期政府率先抛弃以便轻车上路的"包袱"。

2. 内在原因

如果说欧洲债务危机导致经济滑坡是造成欧洲各国减少"可再生能源补贴"的直接原因，那么"补贴"作为经济干预手段存在"副作用"的事实则是造成可再生能源补贴"存"与"废"争议的根本原因。自可再生能源补贴存在以来，就有各界对其存在争议。一种观点认为，政府应向可再生能源施加补贴，以促进可再生能源的发展。另一种观点认为，可再生能源补贴扭曲了市场价格，是不符合市场规律的做法，应当取消对可再生能源的补贴。由于可再生能源补贴对国际可再生能源市场有所影响，各国之间的贸易摩擦也因此展开。

传统经济学认为，作为一种经济调节手段，补贴在市场经济条件下对资源配置应起辅助性作用，有可能会扭曲价格，破坏市场配置资源的基础作用。其具体副作用表现在：

第一，扭曲价格体系，影响价格调节作用的发挥。在市场中充分的市场化使得价格机制运行并发挥作用，从而形成商品合理的价格，体现商品价值。如果政府实施"补贴"措施干预市场，则很容易改变市场中相对的价格体系，从而无法反映商品的真实价值。在价格和价值相背离的情况下，价格作为调节经济、引导竞争、配置资源的杠杆，其功能受到一定程度上的限制。这违背了市场经济的根本运行机制。而补贴的存在也削弱了人们对价格变动的心理承受能力。补贴一旦被取消，人们很难适应。由于存在阻碍，曾经受有补贴的行业在价格改革上的难度可想而知。

第二，不利于建立具有竞争力的现代企业或产业。在完全市场经济条件下，某一企业或产业没有任何外援，需要在竞争中求得生存和发展，以实现优胜劣汰。然而政府为了扶持某企业或产业，给予其经营性亏损补贴，[①] 在一定程度上

[①] 所谓经营性亏损补贴，是指企业因为执行国家政策而导致利润减少。

打消了企业自我成长的原动力，助长了接受补贴者在经营管理上的低效率和经营中的资源浪费。由于财政补贴的存在，某一企业或者产业很难通过经营成果反映自身的努力；成本、销售和利润之间的关系在很大程度上遭到扭曲，进而难以调动企业自身的生产经营积极性。例如，有人就认为目前中国风电行业已经发展到了一定阶段，是该撤销补贴充分迎接竞争了，现在取消补贴并不会对中国风电产业产生多大的负面影响。[1]

第三，财政补贴加重了政府的财政负担。虽然补贴是政府干预经济的手段，但如果政府过多发放补贴超过其财政承受能力，就会影响整个国民经济的健康和稳定发展。过度的补贴不但会挤占经济建设支出和其他支出，削弱国家财力；还会降低政府宏观调控能力。如果补贴刚性强，政府难以压缩，那么就会导致财政赤字增加，从而引发通货膨胀。以美国为例，自20世纪70年代以来，能源危机和环保问题频发，人们虽然意识到可再生能源的重要性，但在衡量分配比例时，有人还是认为，相对于其行业规模和发电份额，可再生能源得到的补贴过多。

由于补贴的消极作用，人们怀疑市场经济条件下使用补贴的效果。在国际贸易领域，WTO贸易自由化的理念似乎与"补贴"制度的效果"背道而驰"。因此可再生能源补贴在实施过程中遇到了很大的障碍。

---

[1] 史燕君：《中国同意停止风电补贴》，载于《国际金融报》2011年6月8日第07版。

第二十章

可再生能源补贴立法现状

国内外对可再生能源施以补贴的载体均为其所设立的可再生能源补贴制度。对可再生能源补贴立法现状进行考察是研究可再生能源补贴制度的基础。各国对可再生能源补贴的规定在形式和内容上皆有差别。在形式上，有的国家是以法律出现的；有的则是以政策的形式出现的。在内容上，有的国家规定的内容详细、具体，可操作性强，能够反映"补贴"的各种关键要素；有的则恰恰相反。通过对我国和世界发达国家在可再生能源补贴制度方面的比较，为我国可再生能源补贴法制建设提供有价值的参考意见。

第一节 我国可再生能源补贴立法现状考察

一、我国可再生能源补贴立法现状

由于补贴具有很强的政策性和灵活性，[①] 目前的可再生能源补贴制度主要反映在部门规章、部门规范性文件以及地方性法规和地方政府规章中，由全国人大及其常委会制定的法律和由国务院制定的行政法规则相对较少。

---

① 邓子基著：《财政学》（第二版），中国人民大学出版社 2010 年版，第 125 页。

（一）与可再生能源补贴有关的法律

所谓与可再生能源补贴有关的法律，是指那些由全国人大及其常委会制定的、对可再生能源补贴有所规定的规范性文件的总称。目前对可再生能源补贴有所规定的法律主要是《可再生能源法》。另外，《电力法》和《预算法》中也有相关条款涉及可再生能源补贴问题。

1. 《可再生能源法》

现行《可再生能源法》关于可再生能源补贴的相关规定分别出现在第三章"产业指导与技术支持"、第四章"推广与应用"、第五章"价格管理与费用补偿"以及第六章"经济激励与监督措施"中。主要内容包括：

第一，科研、应用示范和产业化支持制度。一方面，国家将与可再生能源开发利用有关的科技研究和产业化发展列为科技发展与高技术产业发展的优先领域，纳入科技发展规划与高技术产业发展规划；另一方面，为了促进可再生能源开发利用的技术进步、降低生产成本、提高产品质量，国家安排资金支持可再生能源开发利用的科技研究、应用示范和产业化发展。

第二，国家鼓励和支持并网发电。为实现这一制度目标，国家一方面制定可再生能源发电全额保障性收购制度；另一方面，实行可再生能源电力价格及分摊制度。除并网发电外，国家还鼓励和支持在电网未覆盖地区的可再生能源独立电力系统。

第三，国家鼓励和支持农村地区的可再生能源开发利用，并且规定了地方对可再生能源的支持义务。县级以上人民政府有义务对当地农村可再生能源利用项目提供财政支持。

第四，可再生能源电力价格及分摊制度。在全国范围内按一定标准征收可再生能源电价附加，用该收入补偿电网企业收购可再生能源电量时所花费的高于按照常规能源发电平均上网电价计算所发生的费用的差额部分。

第五，可再生能源发展基金制度。国家用国家财政年度安排的专项资金和可再生能源电价附加收入设立可再生能源发展基金，对可再生能源相关领域予以补贴。

2. 《预算法》

为了强化预算的分配和监督职能，健全国家对预算的管理，加强国家宏观调控，保障经济和社会的健康发展，第八届全国人民代表大会第二次会议在1994年3月22日通过了《中华人民共和国预算法》（以下简称《预算法》）。《预算法》中没有直接规定可再生能源补贴。但《预算法》与可再生能源补贴制度联系紧密。这是因为补贴作为政府转移性支出的一个方面，属于预算安排的范围。

而预算，作为政府年度财政收支计划，又需要按法定程序编制、审查和批准。从法学角度看，《预算法》是规范可再生能源补贴的重要制度规范。我国《可再生能源发展专项资金管理暂行办法》等相关可再生能源补贴的规范性文件都是以《预算法》为依据的。《预算法》中所规定的预算的预算管理职权、预算收支范围、预算编制、预算审查和批准、预算执行、预算调整、决算、监督、法律责任等多项内容既对可再生能源补贴有规范作用，又对可再生能源补贴制度的建立有借鉴作用。

3.《电力法》

《电力法》中没有直接对可再生能源补贴进行规定，但相关规定反映了该法对可再生能源开发利用的支持和鼓励的态度。可再生能源发电是人类对可再生能源开发利用的主要形式。《电力法》在法律上充分肯定了和支持利用可再生能源进行发电，这是对可再生能源产业发展的巨大支持。虽然《电力法》的立法目的是以经济利益为核心，[①] 但从该法第五条第一款分析，《电力法》鼓励和支持可再生能源发电的目的是保护环境和防止污染与公害。同时，《电力法》第五章"电价与电费"对电价的构成要素、管理体制等作出原则性规定，对我国上网电价、电网间的互供电价以及销售电价作了基础性规定。尤其是该章中的第三十七条、第四十条、第四十一条等为可再生能源上网电价以及费用分摊机制提供了法律依据。[②]

（二）与可再生能源补贴相关的行政法规

目前我国在行政法规层面对可再生能源补贴有直接规定的很少，间接涉及可再生能源补贴制度的行政法规也数量不多，主要体现在财政法领域。比较典型的是《财政违法行为处罚处分条例》（国务院令第427号）。2004年11月5日，为了纠正财政违法行为，维护国家财政经济秩序，国务院第69次常务会议通过了《财政违法行为处罚处分条例》（以下简称《条例》）。该条例自2005年2月1日起施行。该《条例》适用于所有涉及财政收支分配活动的单位和个人。《条例》是财政监督方面的重要法律制度，为执法机关对财政违法行为的处理、处罚和处分提供了法律依据；有利于提高政府在分配和使用财政资金时的安全性、规范性

[①] 《电力法》第一条规定：为了保障和促进电力事业的发展，维护电力投资者、经营者和使用者的合法权益，保障电力安全运行，制定本法。

[②] 《电力法》第三十七条规定：上网电价实行同网同质同价。具体办法和实施步骤由国务院规定。电力生产企业有特殊情况需另行制定上网电价的，具体办法由国务院规定。第四十条规定：跨省、自治区、直辖市电网和省级电网的销售电价，由电网经营企业提出方案，报国务院物价行政主管部门或者其授权的部门核准。第四十一条规定：国家实行分类电价和分时电价。分类标准和分时办法由国务院确定。对同一电网内的同一电压等级、同一用电类别的用户，执行相同的电价标准。

和有效性，从而维护了财经秩序。

可再生能源补贴的资金主要来源于财政专项资金。在资金使用中也应当全面遵循《财政违法行为处罚处分条例》。目前，《金太阳示范工程财政补助资金管理暂行办法》、《农村沼气项目建设资金管理办法》、《生物能源和生物化工原料基地补助资金管理暂行办法》、《秸秆能源化利用补助资金管理暂行办法》等有关可再生能源财政资金管理的规范性文件中均规定：有关主体应当依法使用专项资金，对违反规定的，按照《财政违法行为处罚处分条例》予以处理。[①]

（三）与可再生能源补贴有关的部门规章

在可再生能源法律制度中，由国务院各部门制定的、与可再生能源补贴相关的规范性文件无论在数量还是内容上均是最多的。从制定主体上看，制定与可再生能源补贴相关的规范性文件的部委主要包括国家发展和改革委员会、财政部、住房和城乡建设部（原建设部）等部门。从制定形式上看，该层次的文件形式多样，多以规定、办法、细则、纲要、方案、决定、通知、批复等名称出现。

国务院各部委制定与可再生能源补贴相关的各类规范性文件，主要是为了保证《可再生能源法》的顺利实施，增强可再生能源补贴制度的实际可操作性。与可再生能源补贴相关的行政规章主要有：

1.《可再生能源中长期发展规划》

《可再生能源中长期发展规划》指出要建立持续稳定的市场需求、改善市场环境条件、制定电价和费用分摊政策并加大财政投入和税收优惠力度。

2.《可再生能源发展"十一五"规划》

《可再生能源发展"十一五"规划》要求认真落实促进可再生能源发展的政策措施，做好可再生能源发电并网、上网电价及费用分摊有关规定、财政补贴和

---

① 《金太阳示范工程财政补助资金管理暂行办法》第十九条规定：财政补助资金必须专款专用，任何单位不得以任何理由、任何形式截留、挪用。对违反规定的，按照《财政违法行为处罚处分条例》等有关规定处理。《风力发电设备产业化专项资金管理暂行办法》第十五条规定：产业化资金必须专款专用，任何单位不得以任何理由、任何形式截留、挪用。对违反规定的，按照《财政违法行为处分条例》等有关规定处理。《农村沼气项目建设资金管理办法》第二十七条规定：凡违反规定，弄虚作假，骗取、挤占、滞留、挪用资金或项目未按规定实施的，除将已拨付资金全额收缴国库外，各级财政部门要立即停止对项目单位所在地区的资金拨付，并进行全面核查，直至纠正。对有关人员要根据《财政违法行为处罚处分条例》等有关规定进行处理并依法追究行政责任。《生物能源和生物化工原料基地补助资金管理暂行办法》第九条规定：在原料基地建设实施过程中，各级林业、农业、国土、财政部门要切实做好监督检查，确保按批准的方案实施。专员办按属地原则对补助资金进行核查……。对核查发现的问题，按《财政违法行为处罚处分条例》等有关法律、法规处理、处罚。《秸秆能源化利用补助资金管理暂行办法》第十二条规定：补助资金必须专款专用，任何单位不得以任何理由、任何形式截留、挪用。对违反规定的，按照《财政违法行为处罚处分条例》规定处理。

税收优惠等政策的完善和落实工作。在补贴政策影响下，我国在"十一五"期间可再生能源发展迅速，其中，太阳能、风能装机容量均已居世界首位。

3.《可再生能源发展基金征收使用管理暂行办法》（财综〔2011〕115号）

根据《中华人民共和国可再生能源法》有关规定，财政部会同国家发展和改革委员会、国家能源局在2011年12月共同制定了《可再生能源发展基金征收使用管理暂行办法》，于2012年1月1日正式生效。《可再生能源发展基金征收使用管理暂行办法》共五章二十三条，全面规定了可再生能源发展基金的资金筹集、资金使用和监督检查等内容。

《可再生能源发展基金征收使用管理暂行办法》（以下简称《办法》）可以说是目前对可再生能源补贴最具有针对性也最具体的规定。它的出台有利于是贯彻《可再生能源法》的结果，在可再生能源电价分摊机制的完善和可再生能源补贴制度的运行上具有促进作用，从而促进可再生能源的发展。但该《办法》也有一些问题值得思考：在《可再生能源法》修订的两年后《可再生能源发展基金征收使用管理暂行办法》才悄然出台，这一方面反映了政府对可再生能源发展基金使用管理的慎重，另一方面也反映了其出台的难度。该《办法》虽然规定了资金筹集、资金使用以及监督检查，但仅有23个条文，对程序性问题仍然没有详细规定。该《办法》由财政部会同国家发展和改革委员会、国家能源局共同制定，仅为部委规章，层级较低，而且在其名称中有"暂行"两个字，反映了其缺乏稳定性的问题。

4.《可再生能源发展专项资金管理暂行办法》（财建〔2006〕237号）

依照《可再生能源法》（2005年）第二十四条的规定以及《预算法》的相关规定，2006年5月财政部和原建设部出台了《可再生能源发展专项资金管理暂行办法》。所谓"可再生能源发展专项资金"是指由国务院财政部门依法设立的，用于支持可再生能源开发利用的专项资金。

《可再生能源发展专项资金管理暂行办法》（以下简称《办法》）的立法目的是加强对可再生能源发展专项资金的管理，提高资金使用效益。该《办法》共六章二十五条。对可再生能源专项资金使用所应当遵循的原则、资助活动的范围、扶持重点、申报及审批、财务管理以及考核与监督等问题进行了规定。

该《办法》界定了"可再生能源发展专项资金"的资金来源——由国务院财政部门依法设立的，用于支持可再生能源开发利用的专项资金。该《办法》在专项资金的使用上，规定了包括无偿资助和贷款优惠在内的两种方式。该《办法》就可再生能源发展专项资金的申报、审批、财务管理及考核监督等资金补贴程序作了详细的规定。在补贴程序上，该《办法》首先规定由国务院可再生能源归口管理部门会同国务院财政部门负责年度专项资金申报指南的编制和申报评审工作。相关单位或者个人可以根据申报指南向当地可再生能源归口管理部门和地方财政部门申报,并由地方相关部门负责逐级向上申报。在资金审批、发放和使用上,国务院归口管理部门根据评审意见或招标结果,提出资金安排建议并报送国务院财政部门审批。国务院财政部门负责依法审核、批复资金预算。各级财政部门按照规定程序办理划拨手续,确保及时、足额地将专项资金拨付给接受补贴的单位或者个人。

5.《可再生能源电价附加补助资金管理暂行办法》(财建〔2012〕102号)

为促进可再生能源开发利用,对可再生能源电价附加资金加以规范性管理,以便提高资金使用效率,财政部、国家发改委和国家能源局根据《中华人民共和国可再生能源法》和《财政部 国家发展改革委 国家能源局关于印发〈可再生能源发展基金征收使用管理暂行办法〉的通知》,共同制定了《可再生能源电价附加补助资金管理暂行办法》,对可再生能源电价附加补助资金的使用做了包括补助项目确认、补助标准和预算管理和资金拨付在内的规定。

6. 与可再生能源建筑应用示范有关的规定

为了加强可再生能源在建筑领域的运用,财政部与住房和城乡建设部(原建设部)2006~2011年先后出台了多份规范性文件,对可再生能源建筑应用示范加以规定。这些文件主要包括:《财政部、建设部关于印发〈可再生能源建筑应用示范项目评审办法〉的通知》(财建〔2006〕459号)、《财政部、建设部关于印发〈可再生能源建筑应用专项资金管理暂行办法〉的通知》(财建〔2006〕460号)、《财政部、建设部关于加强可再生能源建筑应用示范管理的通知》(财建〔2007〕38号)、《财政部、住房和城乡建设部关于印发〈可再生能源建筑应用城市示范实施方案〉的通知》(财建〔2009〕305号)、《财政部、住房和城乡建设部关于印发加快推进农村地区可再生能源建筑应用的实施方案的通知》(财建〔2009〕306号)、《财政部、住房和城乡建设部关于加强可再生能源建筑应用城市示范和农村地区县级示范管理的通知》(财建〔2010〕455号)、《财政部、住房和城乡建设部关于加强可再生能源建筑应用示范后续工作及预算执行管理的通知》(财建〔2010〕484号)、《财政部、住房和城乡建设部关于进一步推进可再生能源建筑应用的通知》(财建〔2011〕61号)等。

由财政部与住房和城乡建设部在可再生能源建筑示范项目方面补贴措施主要体现在《可再生能源建筑应用专项资金管理暂行办法》中。该办法及后续规范性文件就补贴目的、补贴资金来源和管理、补贴的申报、补贴措施实施过程中的监管等问题都作了具有可操作性的规定。

7. 与可再生能源电价及费用分摊相关的规定

国务院各部委近几年频繁出台针对可再生能源的各项规章制度。其中涉及可再生能源补贴事宜的规范性文件，有一大部分来自对可再生能源发电电价及费用分摊的规定。主要包括：《可再生能源发电有关管理规定》（发改能源［2006］13号）、《可再生能源发电价格和费用分摊管理试行办法》（发改价格［2006］7号）、《国家发展改革委关于印发〈可再生能源电价附加收入调配暂行办法〉的通知》（发改价格［2007］44号）、国家发改委和国家电监会出台的《可再生能源电价补贴和配额交易方案》①、《电网企业全额收购可再生能源电量监管办法》（国家电力监管委员会令第25号）等。另外，就风能发电电价问题，国家发展和改革委员会专门出台了《关于完善风力发电上网电价政策的通知》（发改价格［2009］1906号）；就太阳能发电电价问题，国家发展和改革委员会出台了《关于完善太阳能光伏发电上网电价政策的通知》（发改价格［2011］1594号）；就生物质能电价问题，国家发展和改革委员会出台了《关于完善农林生物质发电价格政策的通知》（发改价格［2010］1579号）和《关于完善垃圾焚烧发电价格政策的通知》（发改价格［2012］801号）。

8. 与风能非电价补贴相关的规定

除我国对风电电价予以补贴外，我国对风能项目建设、风能技术研发、风能设备生产等均有相关补贴措施，本专题称其为风能非电价补贴。它们集中体现在1994年7月电力工业部《关于印发〈风力发电场并网运行管理规定（试行）〉的通知》（电政法［1994］461号）、1999年11月国家经贸委《关于进一步促进风力发电发展的若干意见》（国经贸电力［1999］1286号）、2000年2月国家经贸委《关于加快风力发电技术装备国产化的指导意见》、2003年9月《风电特许权项目前期工作管理办法》（发改能源［2003］1403号）、2004年1月国家发展和改革委员会办公厅《关于风电前期工作有关要求的通知》（发改办能源［2004］29号）、2005年8月国家发展和改革委员会办公厅《关于加快风电设备本地化有关意见的通知》（发改办能源［2005］1593号）、2006年11月《促进风电产业发展实施意见》（发改能源［2006］2535号）、2007年国防科工委《关于印发国防科技工业风力发电装备产业发展指南的通知》、2008年8月财政部《关于印发〈风力发电设备产业化专项资金管理暂行办法〉的通知》（财建［2008］476号）、2010年1月国家能源局、国家海洋局《关于印发〈海上风电开发建设管理暂行办法〉的通知》（国能新能［2010］29号）、2010年12月，国家发展和改革委员会《关于印发促进风电装备产业健康有序发展若干意见的通知》（发改能源［2010］3019号）等文件中。

---

① 截至目前，《可再生能源电价补贴和配额交易方案》已经出台了7期，即2006年度、2007年1~9月、2007年10月到2008年6月、2008年7~12月、2009年1~6月、2009年7~12月、2010年1~9月。

9. 与太阳能非电价补贴相关的规定

除对太阳能光伏发电电价予以补贴外，我国还有一部分补贴措施是针对太阳能项目建设、太阳能设备研发、生产的，本专题称其为太阳能非电价补贴。这部分补贴大体分为两大类；一类是"太阳能屋顶计划"，另一类是"金太阳工程"。

"太阳能屋顶计划"主要体现在：2009 年 3 月财政部、住房和城乡建设部《关于加快推进太阳能光电建筑应用的实施意见》（财建［2009］128 号）、2009 年 3 月《太阳能光电建筑应用财政补助资金管理暂行办法》（财建［2009］129 号）、2009 年 4 月财政部办公厅、住房和城乡建设部办公厅《关于印发太阳能光电建筑应用示范项目申报指南的通知》（财办建［2009］34 号）、2010 年 4 月财政部办公厅、住房和城乡建设部办公厅《关于组织申报 2010 年太阳能光电建筑应用示范项目的通知》（财办建［2010］29 号）、2010 年 9 月财政部、科技部、住房和城乡建设部、国家能源局《关于加强金太阳示范工程和太阳能光电建筑应用示范工程建设管理的通知》（财建［2010］662 号）、2011 年 1 月财政部办公厅、住房和城乡建设部办公厅《关于组织实施太阳能光电建筑应用一体化示范的通知》（财办建［2011］9 号）、2011 年 8 月财政部、住房和城乡建设部《关于加强太阳能光电建筑应用示范后续工作管理的通知》（财建［2011］623 号）、2011 年 12 月财政部办公厅、住房和城乡建设部办公厅《关于组织实施 2012 年度太阳能光电建筑应用示范的通知》（财办建［2011］187 号）等文件中。

"金太阳示范工程"主要体现在：2009 年 7 月财政部、科技部、国家能源局《关于实施金太阳示范工程的通知》（财建［2009］397 号）、2009 年 11 月财政部、科学技术部、国家能源局《关于做好金太阳示范工程实施工作的通知》（财建［2009］718 号）、2010 年 11 月财政部、科技部、国家能源局《关于做好 2010 年金太阳集中应用示范工作的通知》（财建［2010］923 号）、2011 年 6 月财政部、科技部、国家能源局《关于做好 2011 年金太阳示范工作的通知》（财建［2011］380 号）、2011 年 8 月财政部、科技部、国家能源局《关于公布 2011 年金太阳示范项目目录（第二批）的通知》（财建［2011］699 号）。2012 年 1 月财政部、科技部、国家能源局《关于做好 2012 年金太阳示范工作的通知》（财建［2012］21 号）、2012 年 4 月财政部、科技部、国家能源局《关于公布 2012 年金太阳示范项目目录的通知》（财建［2012］177 号）、2012 年 3 月《科学技术部关于印发太阳能发电科技发展"十二五"专项规划的通知》（国科发计［2012］198 号）等文件中。

10. 与生物质能非电价补贴相关的规定

除对生物质能光伏发电电价予以补贴外，我国还对生物质能项目建设、科技研发、设备生产等内容实施补贴。本专题称其为生物质能非电价补贴。我国生物质能补贴立法主要集中在秸秆、农林、沼气、垃圾等方面。主要包括：2005年4月农业部办公厅、国家发展和改革委员会办公厅《关于申报2005年农村沼气国债项目的通知》（农办计〔2005〕18号）、2007年4月农业部办公厅、国家发展改革委办公厅《关于印发全国农村沼气服务体系建设方案的通知》、2007年8月农业部、国家发展和改革委员会关于进一步加强农村沼气建设管理的意见（农计发〔2007〕29号）、2007年9月财政部、农业部《关于印发〈农村沼气项目建设资金管理办法〉的通知》（财建〔2007〕434号）、2011年4月农村沼气建设和使用考核评价办法（试行）（农业部 农办科〔2011〕20号）；2007年9月财政部关于印发《生物能源和生物化工原料基地补助资金管理暂行办法》的通知（财建〔2007〕435号）、2008年7月国务院办公厅关于加快推进农作物秸秆综合利用的意见（国办发〔2008〕105号）、2008年10月财政部《关于印发〈秸秆能源化利用补助资金管理暂行办法〉的通知》（财建〔2008〕735号）。

（四）与可再生能源补贴有关的地方性法规、规章及其他规范性文件

除了法律、行政法规和部门规章以外，各省、自治区、直辖市的人大、政府及省级政府所在地的市、较大的市的人大、政府及工作部门颁布的条例、细则、规定、办法、决定、通知、意见等规范性文件中也有大量与可再生能源补贴相关的规定。

地方性法规和地方政府规章关于可再生能源补贴的规定主要包括两个方面。一是地方政府对国家和部门层面立法的进一步细化。例如，根据《可再生能源发展专项资金管理暂行办法》，地方政府也出台了相应的政策予以配套，包括：福建省经济贸易委员会关于印发《福建省太阳能产业发展行动方案（2007—2009年）》的函（闽经贸冶金〔2007〕507号）；青海省人民政府办公厅关于印发青海省太阳能产业发展及推广应用规划的通知等（青政办〔2009〕33号）。二是地方因地制宜，制定本地区对可再生能源发展的财政资助措施。根据《可再生能源中长期发展规划》的规定，除中央应当根据《可再生能源法》的要求安排财政资金设立可再生能源发展专项资金，补贴可再生能源外，各级地方政府也应当根据《可再生能源法》等相关法律、法规的要求，结合本地区实际安排财政资金支持当地可再生能源的开发、利用。由此各地政府对可再生能源也给予了不同程度的财政补助，相关规定也陆续出台，如《北京市人民政府批转市发展改革委等部门关于北京市加快太阳能开发利用促进产业发展指导意见的通知》（京政发〔2009〕43号）、《海南省太阳能热水系统建筑应用管理办法》（海南省人民政府令第227号）、《宁夏回族自治区民用建筑节能办法》（宁夏回族自治区人民政府令第22号）、《北京市居民住宅清洁能源分户自采暖补贴暂行办法》

(京政管字〔2006〕22号)等。

二、我国可再生能源补贴立法规定的主要内容

我国目前对可再生能源补贴主要体现在可再生能源电价补贴制度和可再生能源非电价补贴制度上。其中,可再生能源非电价补贴制度又包括可再生能源建筑应用示范补贴、太阳能非电价补贴、风能非电价补贴以及生物质能非电价补贴。

(一) 可再生能源电价补贴制度

1. 可再生能源电价补贴制度的运行机制

根据我国《可再生能源法》及相关规定,我国对可再生能源电价进行补贴。该制度的补贴机制是:国务院价格主管部门根据不同情况,按照有利于促进可再生能源开发利用和经济合理的原则确定可再生能源发电项目的上网电价。电网企业依照国家确定的上网电价收购可再生能源电量所发生的费用。国家再通过可再生能源电力费用分摊机制,将高于按照常规能源发电平均上网电价计算所发生费用之间的差额,由在全国范围对销售电量征收可再生能源电价附加补偿。电网企业为收购可再生能源电量而支付的合理的接网费用以及其他合理的相关费用,可以计入电网企业输电成本,并从销售电价中回收。国家投资或者补贴建设的公共可再生能源独立电力系统的销售电价,执行同一地区分类销售电价,对其合理的运行和管理费用超出销售电价的部分予以补偿。

2. 可再生能源电价补贴的内容

可再生能源电价补贴是一种价格补贴。与该种价格补贴有密切联系的是可再生能源电力费用分摊机制和可再生能源发展基金制度。可再生能源电力费用分摊,是指政府通过一定手段对可再生能源发电成本高于常规能源的发电成本的差额进行适当补偿,以促进可再生能源发展。可再生能源发展基金,是指国家财政设立的,由国家财政年度安排的专项资金和依法征收的可再生能源电价附加收入等组成的用于资助可再生能源发展的财政基金。

可再生能源电价补贴的资金来源是国家依法向电力用户征收的可再生能源电价附加收入。其征收范围包括省级电网企业销售给电力用户的电量,省级电网企业扣除合理线损后的趸售电量,省级电网企业对境外销售电量,企业自备电厂自发自用电量,地方独立电网销售电量(但不含省级电网企业销售给地方独立电网的电量),大用户与发电企业直接交易的电量。省(自治区、直辖市)际间交易电量,计入受电省份的销售电量征收可再生能源电价附加。目前可再生能源电

价附加征收标准为8厘/千瓦时。[①]

可再生能源电价补贴的资金管理部门和管理模式是：由财政部驻各省、自治区、直辖市财政监察专员办事处按月向电网企业征收，实行直接缴库，收入全额上缴中央国库。这样的管理模式从一定程度上解决了电价附加资金调配层次多、管理成本高、资金调配时间长、时效差等问题。

可再生能源电价补贴的对象是电网企业。补贴的范围包括：电网企业按照国务院价格主管部门确定的上网电价，或者根据《可再生能源法》有关规定通过招标等竞争性方式确定的上网电价，收购可再生能源电量所发生的费用，高于按照常规能源发电平均上网电价计算所发生费用之间的差额；执行当地分类销售电价，且由国家投资或者补贴建设的公共可再生能源独立电力系统，其合理的运行和管理费用超出销售电价的部分；电网企业为收购可再生能源电量而支付的合理的接网费用以及其他合理的相关费用，不能通过销售电价回收的部分。

在可再生能源电价补贴问题上，其补贴标准与可再生能源的固定电价有紧密联系。根据《可再生能源发电价格和费用分摊管理试行办法》的规定，我国2006年及以后获得政府主管部门批准或核准建设的中华人民共和国境内的可再生能源发电项目，发电价格实行政府定价和政府指导价两种形式。具体而言，我国太阳能发电实行固定电价机制。我国太阳能发电项目上网电价实行政府定价，其电价标准由国务院价格主管部门按照合理成本加合理利润的原则制定。在2011年之前，太阳能电价政策并不明朗。主要采用"一事一议"的方式。2011年7月，为规范太阳能光伏发电价格管理，促进太阳能光伏发电产业健康持续发展，国家发展和改革委员会下发《关于完善太阳能光伏发电上网电价政策的通知》（发改价格〔2011〕1594号），制定全国统一的太阳能光伏发电标杆上网电价，旨在完善太阳能光伏发电价格政策。我国风力发电实行招标电价加固定电价模式。除去采取招标电价的风电开发项目外，其余均采取固定电价。固定电价按照不同的风能资源区域有所不同：Ⅰ类地区为0.51元/千瓦时，Ⅱ类地区为0.54元/千瓦时，Ⅲ类地区为0.58元/千瓦时，Ⅳ类地区为0.61元/千瓦时。我

[①] 根据《可再生能源发展基金征收使用管理暂行办法》的规定，可再生能源电价附加征收标准根据可再生能源开发利用中长期总量目标和开发利用规划，以及可再生能源电价附加收支情况，征收标准可以适时调整。最初，根据《可再生能源发电价格和费用分摊管理试行办法》规定，向除农业生产（含贫困农排）用电外的全部销售电量、自备电厂用户和向发电厂直接购电的大用户收取1厘/千瓦时的可再生能源电价附加。2008年7月，国家发展和改革委员会颁布了《关于提高各地区上网电价的通知》（6个部颁文件），除居民用电和花费生产用电外，将其他征收范围内的可再生能源电价征收标准从0.1分/千瓦时提高到0.2分/千瓦时。2009年11月，国家发展改革委颁布关于调整各地区电网电价的通知，将可再生能源电价附加标准提高到0.4分/千瓦时。由于可再生能源发电发展势头猛烈，这样的电价附加收入仍只能满足国内企业70%的补贴资金需求，而且资金到位存在迟滞现象。2011年年底，国家发展和改革委员会要求将向除居民生活和农业生产以外的其他电力用户征收的可再生能源电价附加标准提至0.8分/千瓦时。

国生物质能发电项目上网电价实行政府定价,由国务院价格主管部门分地区制定标杆电价,电价标准由各省(自治区、直辖市)2005年脱硫燃煤机组标杆上网电价加补贴电价组成。[①] 补贴电价标准为0.25元/千瓦时。发电项目自投产之日起,15年内享受补贴电价;运行满15年后,取消补贴电价。自2010年起,每年新批准和核准建设的发电项目的补贴电价比上一年新批准和核准建设项目的补贴电价递减2%。2012年3月国家发展改革委出台《关于完善垃圾焚烧发电价格政策的通知》(发改价格[2012]801号),对垃圾发电电价作了规定:以生活垃圾为原料的垃圾焚烧发电项目,执行全国统一垃圾发电标杆电价每千瓦时0.65元(含税)。垃圾焚烧发电上网电价高出当地脱硫燃煤机组标杆上网电价的部分实行两级分摊。

(二) 可再生能源非电价补贴制度

除了可再生能源电价补贴制度,我国对其他可再生能源开发利用也给予一定的补贴。这种补贴笔者称其为可再生能源非电价补贴制度。

可再生能源非电价补贴制度的资金来源是公共预算安排的专项资金,但该部分资金不包含国务院投资主管部门安排的中央预算内基本建设专项资金。

可再生能源发展专项资金的补贴范围是:对可再生能源开发和利用开展的科技研究、标准制定以及示范工程;在农村和牧区生活的可再生能源利用项目;在偏远地区和海岛的可再生能源独立电力系统建设;对可再生能源资源进行的勘查、评价和相关信息系统建设;旨在推进可再生能源开发利用设备本地化生产的事项;法律规定的其他相关事项。具体而言,补贴范围包括可再生能源建筑示范、太阳能光电建筑应用、风力发电技术设备、风电前期工作、农村沼气项目、生物能源和生物化工原料基地、秸秆能源化利用等领域。

1. 可再生能源建筑应用示范补贴

根据《可再生能源建筑应用专项资金管理暂行办法》等相关规定,我国中央财政安排专项资金资助可再生能源建筑应用,旨在促进可再生能源在建筑领域的应用,以提高能效、保护环境、节约化石能源。补贴本着"政府公共财政引

[①] 在生物质能发电电价政策中,农林生物质发电价格较为特殊。2010年7月,国家发展改革委出台《关于完善农林生物质发电价格的通知》(发改价格[2010]1579号),规定对于农林生物质发电项目,未采用招标确定投资人的新建农林生物质发电项目,统一执行标杆上网电价每千瓦时0.75元(含税,下同)已核准的农林生物质发电项目(招标项目除外),上网电价低于上述标准的,上调到每千瓦时0.75元;高于上述标准的国家核准的生物质发电项目仍执行原电价标准。农林生物质发电上网电价在当地脱硫燃煤机组标杆上网电价以内的部分,由当地省级电网企业负担;高出部分,通过全国征收的可再生能源电价附加分摊解决。脱硫燃煤机组标杆上网电价调整后,农林生物质发电价格中由当地电网企业负担的部分要相应调整。

导、企业投资为主体"的原则进行。补贴范围覆盖较广,除包括太阳能、风能和生物质能相关领域外,还设计浅层地能、污水余热等方面。在补贴程序上,规定地方财政部门会同当地同级建设部门依法组织项目申报,并逐级联合上报。财政部和住建部负责核准示范项目的申请资金,并对其予以公示。相关机构承担可再生能源建筑应用项目的监督管理工作。示范项目完成后,有关部门对示范工程项目及其资金使用情况进行验收评估。在补贴额度上,根据不同气候区域和技术应用水平等,国家在补贴额度上给予上下 10% 的浮动。在补贴资金的使用上,财政部负责将项目补贴总额预算的 50% 下达到地方财政部门。由当地有关部门对可再生能源建筑应用示范项目进行专项审查,对达到要求的拨付补贴资金。示范项目完成后,财政部根据示范项目验收评估报告,将项目剩余补贴资金发放给项目承担单位。

2. 太阳能屋顶计划

2009 年 3 月 23 日,财政部、住房和城乡建设部联合颁布《关于加快推进太阳能光电建筑应用的实施意见》,规定由中央财政从可再生能源专项资金中安排部分资金,支持太阳能光电在城乡建筑领域应用的示范推广。这被称为我国的"太阳能屋顶计划",也是国家首次对太阳能领域的大规模资助。中央财政从可再生能源专项资金中安排部分资金对符合条件的光电建筑应用示范工程予以补助。太阳能光电应用项目业主单位或太阳能光电产品生产企业均可申领该项补贴。国家依据与建筑结合程度、光电产品技术先进程度等多种因素分类确定补贴标准,并依照相关产业发展情况适时适当调整标准额度。[①] 另外,"太阳能屋顶计划"鼓励地方出台与落实有关支持光电发展的扶持政策。

3. 金太阳示范工程

2009 年 7 月 21 日,财政部、科技部和国家能源局联合颁布了《关于实施金太阳示范工程的通知》。该《通知》规定国家将综合采取财政补助、科技支持和市场拉动的方式加快国内光伏发电规模化和产业化发展。"金太阳示范工程"被认为是太阳能屋顶计划的补充。财政部、科技部、国家能源局等三部委计划在 2~3 年,由中央财政从可再生能源专项资金中安排一定资金,支持光伏发电技术在各领域的示范应用及关键技术产业化。省级相关部门负责编制"金太阳示范工程"实施方案,明确示范项目建设地区、建设内容、进度安排等内容,并

[①] 2009 年,对于建材型、构件型光电建筑一体化项目,补贴标准不超过 20 元/瓦;对于与屋顶、墙面结合安装型光电建筑一体化项目,补贴标准不超过 15 元/瓦。2010 年:对于建材型、构件型光电建筑一体化项目,补贴标准原则上定为 17 元/瓦;对于与屋顶、墙面结合安装型光电建筑一体化项目,补贴标准原则上定为 13 元/瓦。2012 年对建材型等与建筑物高度紧密结合的光电一体化项目,补助标准暂定为 9 元/瓦,对与建筑一般结合的利用形式,补助标准暂定为 7.5 元/瓦。

报财政部、科技部、国家能源局备案。在补贴申请方面，被纳入实施方案的项目，在完成立项和系统集成、关键设备招标并由当地电网企业出具同意接入电网意见后可提出补贴申请。符合要求的单位将按照一定标准获得补贴。在补贴标准方面，制度规定由国务院相关部委根据技术先进程度、市场发展情况等确定各类示范项目的单位投资补助上限。对于并网光伏发电项目，国家原则上按照光伏发电系统及其配套输配电工程总投资的 50% 给予补助；对于偏远无电地区的独立光伏发电系统加大投入力度，可按总投资的 70% 给予补助。

在 2012 年科学技术部印发的《太阳能发电科技发展"十二五"专项规划》中，要求要充分发挥金太阳示范工程的带动作用。以金太阳示范工程带动太阳能开发利用技术的进步；以技术进步推动和保障金太阳示范工程的顺利实施；依托金太阳示范工程建立和完善服务支撑体系。

4. 对风电前期工作予以的补贴制度

根据《全国大型风电场建设前期工作会议纪要》、《国家发改委办公厅关于风电前期工作有关要求的通知》的规定，我国对包括风能资源评价、风电场选址和风电场预可行性研究等三部分在内的风电前期工作费用实行定额补助。补助资金分两年安排，每年按定额补助资金总额的 50% 安排，地方配套资金也应按照上述原则同步进行安排。

5. 农村沼气项目补贴制度

我国对使用中央预算内固定资产投资（含国债项目资金，下同）的农村沼气项目，包括农村户用沼气项目、大中型沼气工程建设项目和其他类型的沼气工程建设项目等进行补贴。补贴对象为具体组织和实施农村沼气项目建设的机构。补贴按照预算管理、国库集中支付、政府采购、基本建设项目管理等相关规定管理和使用资金。补助地方农村沼气项目的中央预算内固定资产投资要纳入地方同级财政预算管理。

6. 生物能源和生物化工原料基地补贴制度

中央财政安排专项资金用于原料基地补助。补贴范围涵盖了与原料基地相关的生产性支出、管理费用支出以及由财政部批准的相关其他支出。[①] 补贴标准是：林业原料基地为每亩 200 元；农业原料基地原则上为每亩 180 元（具体标准还将根据盐碱地、沙荒地等不同类型土地进行核定）。在资金额度方面，财政部按照上述补贴标准，按照已经核实的原料基地实施方案核定资金数目。

---

① 《生物能源和生物化工原料基地补助资金管理暂行办法》第三条规定，中央财政安排专项资金用于原料基地补助，资金使用范围为：(1) 种子（苗）繁育、种植、抚育管护、土地平整等与原料基地相关的生产性支出；(2) 技术指导、工程验收、监督检查、方案审批等与原料基地相关的管理费用支出；(3) 财政部批准的与生物能源和生物化工相关的其他支出。

7. 秸秆能源化利用补贴制度

我国中央财政安排专项资金支持秸秆能源产业化发展。补贴对象包括从事秸秆成型燃料、秸秆气化、秸秆干馏等秸秆能源化生产的企业。补贴标准的确定是中央财政根据企业每年实际销售秸秆能源产品的种类、数量折算消耗的秸秆种类和数量核算的。值得一提的是,《秸秆能源化利用补助资金管理暂行办法》对补贴对象设置了申请门槛——申请补助资金的企业的注册资本必须在 1 000 万元以上且该企业秸秆能源化利用符合当地秸秆综合利用规划;同时,企业年消耗秸秆量应在 1 万吨以上且秸秆能源产品已实现销售并拥有稳定的用户。

三、我国可再生能源补贴立法存在的问题

我国有关可再生能源补贴的法律、法规以及其他规范性文件普遍存在笼统而缺乏操作性和具体化的问题。具体而言:

(一) 专门性、系统性规定缺位

目前我国尚没有一部专门的关于可再生能源补贴的规范性文件,其各项制度被分裂、散乱地规定在不同的法律、法规及规范性文件中,且其中的大部分文件法律效力较低。

例如,仅可再生能源电价补贴问题就在《可再生能源法》、《可再生能源发展基金管理暂行办法》、《可再生能源发电价格和费用分摊管理试行办法》、《可再生能源电价附加收入调配暂行办法》、《可再生能源电价补贴和配额交易方案》等多个文件中规定。每个规范性文件对其的规定都不完整,或过于原则,或仅规定制度一隅,我们只有将这些文件相互关联,才能看出我国电价补贴的基本全貌。从法律适用的角度看,这些文件层级不一、政出多门,对电价补贴制度的实际操作有所阻碍。

在非电价补贴领域,也存在上述问题。以风能非电价补贴为例。我国目前风能非电价补贴制度并不尽如人意。截至 2012 年 7 月,我国涉及风能非电价补贴的立法以部门规章和其他规范性文件为主。从 2000 年开始到 2012 年,在政策层面针对风能补贴的规范性文件(包括部门规章和部门规范性文件)主要有 10 个,平均每年一部。但这些文件中对补贴的规定大多比较笼统,只有 2004 年 1 月的《国家发展改革委办公厅关于风电前期工作有关要求的通知》中对风电前期工作费用进行详细规定:由国家和地方共同筹措,国家对风电前期工作费用实行定额补助。利用联合国开展计划署(UNDP)赠款项目,补助 25 万元,其余项目补助 45 万元。这反映了在补贴立法方面的粗疏。

相比之下，可再生能源发展基金制度算是目前规定最为系统的可再生能源补贴制度。它在法律中被原则性规定，又专门有部门规章对其进行详细、全面的规定。但它也有不尽如人意的地方。一则，它不能涵盖可再生能源补贴的所有情况；二则，它没有就可再生能源补贴作完整的程序性规定。

（二）可再生能源补贴类型混乱

由于我国并没有有关可再生能源补贴的统一明确的立法，因此，我们不能清晰地了解可再生能源补贴的类型——我国可再生能源补贴是仅指给付型补贴，还是也包括减免型补贴；是仅指政府财政给予的资助，还是也包括政府通过其他渠道对企业、个人和其他组织进行的资助补贴？

在全球大力发展可再生能源、占领市场的今天，可再生能源补贴不清的弊端逐渐显露出来。在国内，由于含义界定不清，导致补贴不能制度化、规范化，进而缺乏规划性和科学性。补贴是一个中性词汇，如果利用不好，将对市场和经济带来负面影响；如果利用得当，将会最大限度地推动可再生能源产业的形成和发展，并使可再生能源市场更加有效运行。是否能够发挥补贴的正面作用就要看补贴是否制度化、规范化。而其制度化、规范化的首要因素就是明确补贴的概念。在国外，美国等国家出于政治和经济原因对我国可再生能源产品提起反补贴调查，而我国在可再生能源补贴含义界定上的漏洞恰好成了这些国家提起反补贴的理由。

（三）资金来源界定模糊且渠道相对单一

根据财政学对补贴的定义，可再生能源补贴的要素之一便是资金来源。总体来看，我国可再生能源资金来源规定较为模糊且渠道狭窄。

除电价补贴的资金来源规定十分明确外，可再生能源非电价补贴的基金来源界定尚待进一步明确。例如，我国在风电技术设备补贴制度和风电前期工作补贴制度中对补贴的资金来源规定均不够详细。前者规定为"专项资金"。然而，"专项资金"与"可再生能源发展基金"中的"专项资金"是否为统一概念？笔者认为，它们应该是一概念，却由于语义表述不清而给人以资金来源混乱的印象。由于在法律条文中没有能确切表述"专项资金"与"可再生能源发展基金"的关系，因此我国对风电技术设备的"补贴"就很容易被贴上"专向性"的标签。其实，除风电技术设备补贴制度外，太阳能光电补贴制度、生物能源和生物化工原料基地补助制度、秸秆能源化利用补贴制度等都存在资金来源"模糊"的问题。在我国《可再生能源法》和《可再生能源发展基金征收使用管理暂行办法》等法律规定出台后，我国用于可再生能源补贴的财政资金已经逐渐被纳入法律调整范围。因此实质上的"模糊"问题已经逐渐减少,而"模糊"的原因主要缘于法律条文的文字表述不清。因此,在明确资金来源时应注重在立法中的文义表达。

资金来源中的另一个问题是筹资渠道相对单一。现实中,我国《可再生能源法》所规定的"可再生能源发展基金"需要大量资金。单靠国家财政拨付十分有限,因此应该考虑扩大资金筹措渠道。2009 年修订之前的《可再生能源法》规定国家财政设立可再生能源发展专项资金。[①] 这里的"可再生能源发展专项资金",它的来源是单一的国家财政。但 2009 修订后的《可再生能源法》将"可再生能源发展专项资金"改为了"可再生能源发展基金",资金来源也随之扩大——包括国家财政年度安排的专项资金和依法征收的可再生能源电价附加收入等。但这仅仅是可再生能源资金来源的一个方面。由于资金来源渠道狭窄导致可再生能源补贴资金短缺。只有有充足的可再生能源补贴资金才能够吸引足够的资源投入到可再生能源行业,从而使其产业化。筹资渠道相对狭窄的问题不利于可再生能源补贴制度的长效性和稳定性。

(四) 补贴范围狭窄

我国在可再生能源补贴范围上主要存在两个问题:第一个问题是补贴范围狭窄,没有将一些可再生能源开发利用方式涵盖在其补贴范围之内,导致了可再生能源内部的发展不平衡。我国对可再生能源补贴范围狭窄主要表现在太阳能和生物质能领域。

从现行规定来看,太阳能热发电刚刚起步。我国将太阳能领域补贴集中在太阳能光伏发电的开发利用上(见表 20-1)。令人遗憾的是,我国目前没有针对太阳能热水器行业的补贴政策。与电热水器和燃气热水器相比,太阳能热水器不仅没有任何优惠,甚至在广告宣传费用的成本核算上规定还更为严格。[②] 根据我国的现行规定,太阳能热水器企业的广告宣传费用能纳入税前成本的额度仅占销售(营业)收入的 2%,而家电企业(包括电热水器企业和燃气热水器企业则是 8%)。

---

① 2005 年《可再生能源法》第二十四条规定,国家财政设立可再生能源发展专项资金,用于支持以下活动:(1)可再生能源开发利用的科学技术研究、标准制定和示范工程;(2)农村、牧区生活用能的可再生能源利用项目;(3)偏远地区和海岛可再生能源独立电力系统建设;(4)可再生能源的资源勘查、评价和相关信息系统建设;(5)促进可再生能源开发利用设备的本地化生产。

② 李俊峰、胡润青:《全球太阳能热利用激励政策及对我国的启示》,载于《中国建材报》2007 年 7 月 17 日第 002 版。

表 20-1　　　　　　　　　我国太阳能补贴范围

补贴类型	补贴范围
太阳能屋顶计划	根据 2009 年 3 月《关于加快推进太阳能光电建筑应用的实施意见》：对符合条件的光电建筑应用示范工程予以补助（优先支持技术先进、产品效率高、建筑一体化程度高、落实上网电价分摊政策的示范项目，出台相关财税扶持政策的地区将优先获得中央财政支持）。 根据 2009 年 3 月《太阳能光电建筑应用财政补助资金管理暂行办法》：①城市光电建筑一体化应用，农村及偏远地区建筑光电利用等给予定额补助。②太阳能光电产品建筑安装技术标准规程的编制。③太阳能光电建筑应用共性关键技术的集成与推广。 根据 2009 年 4 月《关于印发太阳能光电建筑应用示范项目申报指南的通知》：财政部、建设部对太阳能光电建筑安装使用进行补贴。 根据 2011 年 12 月《财政部办公厅、住房和城乡建设部办公厅关于组织实施 2012 年度太阳能光电建筑应用示范的通知》：向绿色生态城区倾斜，向一体化程度高的项目倾斜：①太阳能光电建筑应用集中示范区。②太阳能光电建筑一体化应用示范项目。
金太阳示范工程	根据 2009 年 7 月《实施金太阳示范工程的通知》：①利用大型工矿、商业企业以及公益性事业单位现有条件建设的用户侧并网光伏发电示范项目。②提高偏远地区供电能力和解决无电人口用电问题的光伏、风光互补、水光互补发电示范项目。③在太阳能资源丰富地区建设的大型并网光伏发电示范项目。④光伏发电关键技术产业化示范项目，包括硅材料提纯、控制逆变器、并网运行等关键技术产业化。⑤光伏发电基础能力建设，包括太阳能资源评价、光伏发电产品及并网技术标准、规范制定和检测认证体系建设等。⑥太阳能光电建筑应用示范推广按照《太阳能光电建筑应用财政补助资金管理暂行办法》执行，享受该项财政补贴的项目不在支持范围，但要纳入金太阳示范工程实施方案汇总上报。⑦已享受国家可再生能源电价分摊政策支持的光伏发电应用项目不纳入本办法支持范围。 根据 2011 年 6 月《加强金太阳示范工程和太阳能光电建筑应用示范工程建设管理的通知》：①在可利用建筑面积充裕、电网接入条件较好、电力负荷较大的经济技术开发区、高新技术开发区、工业园区、产业园区集中连片建设的用户侧光伏发电项目，装机容量原则上不低于 10 兆瓦。②利用工矿、商业企业以及公益性事业单位既有建筑等条件建设的用户侧光伏发电项目，装机容量不低于 300 千瓦。③利用智能电网和微电网技术建设的用户侧光伏发电项目。④在偏远无电地区建设的独立光伏发电项目。

补贴范围狭窄直接导致太阳能产业内部发展不平衡，因此我国太阳能国内市场非常有限，而对国外市场依存度反而很高。同时，由于直接用于太阳能技术研

发的投资不足,导致技术支撑能力不强,进而形成太阳能发展领域的恶性循环。

在生物质能补贴方面,除电价补贴之外的其他生物质能补贴较为凌乱,真正制定专项资金管理办法的是生物能源和生物化工原料基地、秸秆能源化利用和农村沼气项目建设三个方面(见表20-2)。相较于生物质能链条的复杂与烦琐,目前对我国生物质能补贴的对象却过于单一。当下我国生物质能开发利用已经逐渐成为可再生能源发展的主力军,扩大对其的补贴范围对其发展具有重要的意义。

表20-2　　　　　　　　我国生物质能补贴范围

补贴类型	补贴标准
综合	根据2007年《国家发展改革委办公厅、财政部办公厅关于请组织申报2007年生物质能综合利用示范项目的通知》:农林废弃生物质能综合利用示范项目,包括:生物质成型燃料;畜禽养殖场沼气发电;生物质气化(炭化)发电。
农林	根据2007年9月《财政部关于印发生物能源和生物化工原料基地补助资金管理暂行办法的通知》:原料基地:种子(苗)繁育、种植、抚育管护、土地平整等与原料基地相关的生产性支出;技术指导、工程验收、监督检查、方案审批等与原料基地相关的管理费用支出;财政部批准的与生物能源和生物化工相关的其他支出。 根据2008年10月《财政部关于印发〈秸秆能源化利用补助资金管理暂行办法〉的通知》: 从事秸秆成型燃料、秸秆气化、秸秆干馏等秸秆能源化生产的企业。但对企业秸秆能源化利用项目中属于并网发电的部分,按国家发展改革委《可再生能源发电价格和费用分摊管理试行办法》(发改价格[2006]7号)规定享受扶持政策,不再给予专项补助。 根据2010年7月《国家发展改革委关于完善农林生物质发电价格政策的通知》:对农林生物质发电项目进行补贴。
沼气	根据2007年4月《农业部办公厅、国家发展改革委办公厅关于印发全国农村沼气服务体系建设方案的通知》:对以项目村为依托建立的乡村沼气服务网点进行补贴。 根据2007年9月《财政部、农业部关于印发农村沼气项目建设资金管理办法的通知》:对适用于使用中央预算内固定资产投资的农村沼气项目进行补贴,包括农村户用沼气项目、大中型沼气工程建设项目和其他类型的沼气工程建设项目。
秸秆	根据2008年10月《财政部关于印发〈秸秆能源化利用补助资金管理暂行办法〉的通知》:对从事秸秆成型燃料、秸秆气化、秸秆干馏等秸秆能源化生产的企业予以补贴。

比起太阳能和风能，笔者认为我国对风能补贴的范围相对合理。其补贴范围主要包括风电特许权项目前期工作经费、风电前期工作费用、风电装备制造技术、风力发电装备产业、海上风电项目前期工作等方面。

现行可再生能源补贴制度在补贴范围上表现出来的第二个问题是对可再生能源补贴对象的条件要求过于严格，致使符合接受补贴的对象被固定在一定的范围之内，从而涉嫌 ASCM 意义上的"专向性"。例如，在《风力发电设备产业化专项资金管理暂行办法》中规定补贴主要是针对企业新开发并实现产业化的首 50 台兆瓦级风电机组整机及配套零部件给予补助，补助金额按装机容量和规定的标准确定。这样的规定不符合 WTO 关于国民待遇和补贴规则的规定，从而导致别国对我国提起反补贴调查。

（五）补贴环节单一

从现行立法来看，除电价补贴外，我国无论是太阳能补贴、风能补贴还是生物质能补贴，补贴类型均已投资补贴为主。由于对消费者补贴的缺乏，导致可再生能源国内市场发展不足。同时由于补贴过于集中在投资环节，项目完工后又缺乏必要的评估体制，导致一些企业为了获得补贴而"浑水摸鱼"，落后产能盲目扩张。在风能领域，我国对风能项目的投资环节给予财政补贴，虽然能够带动投资者的积极性，但并不能直接对风电技术，包括风电上网等科学技术产生刺激。因此，政府应该考虑进一步扩大风电补贴的环节，加大资助力度。在生物质能领域，目前已有的补贴类型仍然集中在投资环节。生物质能的多样性、多元性决定了生物质能补贴应该分布在经济活动的各个环节。因此笔者建议也生物质能开发利用的消费环节增加补贴。太阳能领域，除电价补贴外，金太阳和太阳能屋顶计划是两大补贴项目，补贴环节也集中在生产环节，而在一定程度上忽视了流通和消费环节。

（六）缺乏对补贴当事人权利义务和法律责任的规定

在现行可再生能源补贴立法中，缺乏对当事人权利义务专门、全面的规定。立法中虽然有关于补贴主体、补贴对象（企业）以及监督机构的义务规定，但对于补贴对象的权利、义务规定较少。已有的规定除《可再生能源法》外，其余规定的法律层级较低，不能起到法律应有的规范和预防作用。由于立法对补贴关系的当事人范围规定不明确，因此相关当事人的一般性权利义务也缺乏全面规定，法律责任就更无从谈起。可再生能源补贴是政府的公权力行为，制定补贴政策的行为是抽象行政行为，而实施补贴政策行为则是具体行政行为。在行使补贴职责中补贴主体、相对人的权利义务关系应该在我国可再生能源补贴立法中有所体现。只有对可再生能源补贴当事人权利义务及法律责任作出明确规定,才能有效实施补贴政策。

(七) 缺乏程序上的完整性

1. 可再生能源补贴程序不统一

现行立法中,对补贴的程序并没有统一规定。相关规章或者规范性文件、虽然大多都对申请资金的条件、资金的申报和下达以及监督管理有所规定,但规定不详细;更谈不上从行政主体做出行政行为的源头开始规范。然而如果将可再生能源补贴作为长效机制加以运行的话,就必定需要当事人遵循法定程序进行补贴的发放、接受、使用和管理。

2. 缺乏事后评估

政府对可再生能源的补贴目的明确,即通过政府扶持,引导其向产业化发展。鉴于补贴的"双刃剑"性质,补贴只能是一种短期性的经济干预手段。一项补贴是否起到了其积极促进产业发展的作用,何时可以削弱补贴或停止补贴?这些疑问都需要由科学的评估机制来完成。而我国目前缺乏补贴事后评估的长效机制。

3. 缺乏救济机制

在《可再生能源法》以及其他相关规范中,普遍规定了可再生能源补贴接受者的义务,但却没有就其接受补贴的权利受到侵害后如何进行法律救济做出规定。换言之,补贴当事人在履行义务的同时也享有权利,但权利受到侵害时如何救济,则无法在现行立法中找到答案。

第二节 国外可再生能源补贴立法现状考察

为了确保可再生能源发展目标的实现,许多国家为可再生能源发展提供了强有力的资金支持。他们向技术研发、项目建设、产品销售和终端用户提供补贴并制定了支持可再生能源发展的法规和政策。德国、法国等国采取固定电价收购可再生能源发电量;英国、澳大利亚、日本等国实行可再生能源的强制性市场配额制;美国联邦政府、巴西等对可再生能源实行投资补贴和税收优惠等措施。当然,由于各国自然资源分布不同,各国在发展利用可再生能源方面是有侧重点的。这在一定程度上决定了各国在可再生能源补贴政策上的差异 (见表 20-3)。

表20-3　　　　　　　　　国外可再生能源补贴形式

国家	加大研发力度与资金投入	价格激励	投资补贴	产出补贴	消费者补贴	税收优惠	信贷优惠	鼓励出口
美国	√	√	√	√		√	√	√
英国	√	√		√		√		
德国	√				√			√
日本	√				√			√
印度			√	√				
巴西							√	
法国		√	√			√		
丹麦	√		√	√				
西班牙	√	√	√		√	√		√

一、美国可再生能源补贴制度及其经验

美国十分重视可再生能源在本国能源供应体系中的作用，很早便开始大力发展可再生能源。目前美国在风能、太阳能以及垃圾沼气领域发展很快；在光伏发电技术开发和制造领域居世界领先地位。美国有1/2强的可再生能源用来发电。发电量占全美总电量的10%。2010年，美国可再生能源的消费总额达到8万亿英热单位。今后美国还将大量利用可再生能源（生物质能）生产热量和和蒸汽用于工业用途。除此之外，美国还将开发乙醇和生物柴油用于交通。[①]

虽然美国已有百年节能立法的历史，但直到20世纪70年代发生能源危机时，美国国会才开始考虑使用替代能源。目前美国积极扶持可再生能源和新能源建设，在联邦和州政府层面都对可再生能源给予补贴。主要涉及的法律包括：《1978公用事业管制政策法》（Public Utility Regulatory Policies Act，PURPA）、《1978能源税法》（The Energy Tax Act of 1978）、《1992能源政策法》（1992 National Energy Policy Act）、《2005联邦能源政策法》（The federal Energy Policy Act of 2005）、《2008年能源改善和扩建法》、《2009美国复苏和再投资法》（American Recovery and Reinvestment Act of 2009，ARRA）、《美国联邦电力法》（Federal

---

① 当然，由于开发成本、资源分布特点、资源利用技术等原因，虽然可再生能源利用会持续增长，但美国在未来的30年将仍然依靠不可再生的燃料，以满足对能源的需求。

Power Act, FPA)。①

经过多年的发展和调整,目前美国联邦政府在可再生能源补贴方面的制度主要包括:企业扣除(Corporate Deduction)、企业折旧(Corporate Depreciation)、纳税信用企业(Corporate Tax Credit)、联邦赠款计划(Federal Grant Program)、联邦贷款计划(Federal Loan Program)、行业招聘和支持(Industry Recruitment/Support)、个人免税额和个人信用(Personal Tax Credit)等。② 此外,可再生能源开发的主要州级推动政策包括州级 RPS 计划和各种州级现金激励计划。

根据《1992 能源政策法案》及其修正案,联邦政府为部分可再生能源发电项目提供了通胀调整生产退税(PTC)和投资退税。生产退税措施覆盖风能、生物质能、地热、垃圾填埋气、城市固体垃圾、符合条件的水力发电,以及海洋和流体动力发电等领域。实践证明,生产退税对于可再生能源发电,尤其是风力发电行业具有积极的推动作用。除上述接受生产退税的领域外,联邦政府为其他可再生能源项目提供了投资退税(ITC)。其措施覆盖太阳能、燃料电池和小型风电项目。根据《2009 美国复苏和再投资法》,有资格获得联邦生产退税的可再生能源项目也可以(临时)选择投资退税。除上述两项可再生能源经济激励措施外,《2009 美国复苏和再投资法》第 1603 条还规定了使用现金补贴替代投资税收减免政策③,由联邦政府为可再生能源提供财政补贴。补贴对象为符合条件的可再生能源项目,但必须在 2011 年 12 月 31 日前开工。补贴的范围是:太阳能热水器热,太阳能空间热,太阳能热电,太阳能光热工艺热,光伏,垃圾填埋气,风能,生物质能,水力发电,地热电力,燃料电池,地热热泵,城市固体废弃物,卫生防护中心/热电联产,太阳能混合照明,可再生发电,潮汐能,波浪能,海洋热能,使用可再生燃料的燃料电池及微型燃气轮机。补贴适用的行业包括商业、工业、农业。补贴金额分情况而论——对于符合条件的设备、燃料电池项目、太阳能项目或者小型风电项目,补贴金额是项目总资产的 30%;其他项目的补贴金额是总资产的 10%。补贴标准为每 0.5 千瓦合格的燃料电池发电量最高可获得 1 500 美元的资助,每千瓦微型燃气轮机发电最高可获得 200 美元

---

① 除上述法律之外,还有一部法案涉及了可再生能源补贴,即《2009 美国清洁能源与安全法案》。2009 年 6 月,美国联邦众议院以 219 票对 212 票涉险通过了《2009 美国清洁能源与安全法案》(American Clean Energy and Security Act of 2009)。该法案主张发展清洁能源、为清洁能源消费者提供援助,减少对非可再生能源的补贴。但遗憾的是,该法案迄今尚未获得美国联邦参议院的通过,即该法案还未成为法律。

② 参见美国国家激励可再生能源和能效数据库,http://dsireusa.org/(最后访问日期:2012 年 3 月 1 日)。

③ Sec. 1603.: Grants For Specified Energy Property In Lieu Of Tax Credits.

的资助。补贴对象包括美国本土公司和非美国公司，但获得补贴的项目必须在美国国内，换言之，即使在国外的发电项目最终的受益者是美国，该项目也不能获得补贴。

美国州级政府关于可再生能源补贴措施的种类也较为丰富。其中，可再生能源配额制（RPS）是过去 10 年美国州级可再生能源技术应用中最常采用的配套政策形式。[①] 美国各州规定，截至 2030 年，零售电力销售中合格的可再生能源比例应达到 15%～25%。可再生能源配额制的核心是要求电力零售供应商逐渐增多对可再生能源的购买量。在实行配额制的各州中，大部分地区允许可再生能源许可证交易，以便于电力零售商能够以较低成本完成配额。除配额制之外，美国许多州还为本州区域内的可再生能源开发利用项目提供资金支持。最常见的激励类型是为户用/分布式太阳能发电设施提供预付折扣或基于发电量的补贴方式。例如，美国最大的太阳能市场加利福尼亚州，就实施了户用/分布式光伏激励计划。其目标是通过基于发电量的激励措施和预付折扣，在 2016 年之前部署 3 000 兆瓦户用/分布式太阳能光伏。

值得一提的是，《2009 美国清洁能源与安全法案》首次提出了美国应对全球气候变化的一揽子方案，使全社会更加关注可再生能源的发展。近年来由于石油和天然气价格不断增高，美国可再生能源的开发和利用迅速增长。为了鼓励可再生能源的开发利用，美国政府和一些州政府纷纷出台激励机制。但遗憾的是，该项法案至今没有得到联邦参议员通过，也为产生法律效力。

综观美国在可再生能源补贴措施，无论是联邦还是地方补贴种类齐全，内容丰富，法律授权明确。在法律制度建设方面，除了联邦层面的立法外，各州又根据其自身的具体情况而有自己的立法。就联邦层面而言，美国的可再生能源补贴制度是通过各种计划开展的。各种计划都有相应的法律依据。在每一种补贴中，立法都详细规定了其对象、适用行业、程序、补贴金额、补贴调准、最大限额，起止时间等。这些详细的规定使可再生能源补贴制度具有很强的操作性；而且由于几乎所有的补贴都是用法律的形式严格加以规定的，因此补贴具有非专向性的特点。另外，美国对可再生能源发展的激励措施是多种多样的，除了现金支持外，还大量地运用了税收减免、资产折旧、担保贷款等方法，使得可再生能源激励措施形成了一个立体、多维的政策体系。这样的政策安排显示了政府对市场的尊重和对政府干预经济的各项手段的熟练运用。

[①] Ryan H，Wiser，"美国可再生能源财税优惠政策简介"，国务院发展研究中心信息网：http://edu.drcnet.com.cn/eDRCnet.common.web/DocSummary.aspx? docid = 2509453&chnid = 4145&leafid = 16123（最后访问日期：2012 年 7 月 1 日）。

二、欧盟可再生能源补贴制度及其经验

为了应对气候变化、实现能源安全，达到可持续发展的目标，欧盟很早就已经意识到开发和利用可再生能源的重要性，积极制定政策，鼓励开发和利用可再生能源，其中就包括对可再生能源补贴的规定。

欧盟理事会在 2001 年 3 月制定了《欧洲共同体关于使用可再生能源发电指令的共同立场》。[①] 该指令规定，各成员国不应当承认在其他成员国取得生产地保证书或者购买电力是对国家责任份额的遵守。然而，为了方便交换使用可再生能源生产的电力，以及为了增加消费者在可再生能源电力和非可再生能源电力这两者之间选择的透明度，这类电能产地保证书是必需的。产地保证书的相关规章制度本质上不会引起享有各成员国规定的国家补助的权利。指令指出，在制定指令的当时制定补助规章的共同体框架为时过早。不过各国都有自己不同的可再生能源补助机制。指令要求各国保证其所采取的绿色证书、投资补贴、税务补偿或者直接价格补助等机制正常运行，直至共同体的整体框架得以实施，以保证投资者的信心。在充分的过渡结束后，在必要时将制定一份关于使用可再生能源发电的补助制度的共同体框架提案。指令规定，在不违反欧盟条约相关规定的前提下，欧洲联盟委员会有义务对成员国补助机制的实施情况作出评估。按照补助机制，电力生产商在一国政府颁布的管理规定之基础上应该享有直接或者间接的补贴，这可能会导致限制交易的情况，所以各国应该考虑到这些机制应有利于完成条约第 6 条和第 174 条规定的目标。指令要求欧盟委员会在 2005 年 10 月之前递交一份关于各种补助机制实施和共存中取得经验的总结报告。

欧洲议会和欧盟理事会在 2009 年 4 月 23 日发布了欧盟《可再生能源指令》（2009/28/EC）。[②] 该指令是能源和气候变化立法框架中的一个部分。它的出台还旨在修订和废除指令 2001/77/EC 和 2003/30/EC。该指令在可再生能源激励方面引入各成员国之间的可选合作机制（Optional Cooperation Mechanisms Between Member States），即成员国之间就一国在另一国境内生产能源进行协商，并就可

---

① 该指令被称为：Common Position (EC) No 18/2001 of 23 March 2001 adopted by the Council, acting in accordance with the procedure referred to in Article 251 of the Treaty establishing the European Community, with a view to adopting a Directive of the European Parliament and of the Council on the promotion of electricity produced from renewable energy sources in the internal electricity market.

② 该指令被称为：Directive 2009/28/EC of the European Parliament and of the Council of 23 April 2009 on the promotion of the use of energy from renewable sources and amending and subsequently repealing Directives 2001/77/EC and 2003/30/EC Text with EEA relevance.

再生能源发电数是计入自己国家还是对方国家的发展目标要达成一致。① 指令中还规定，安装计划或者相关计划在进行培训时应就生物质能和太阳能做全面培训，包括生态方面，技术方面以及相关补贴等内容②。

形式上，欧盟可再生能源立法采用"指令"（Directive）。相对于欧盟立法的其他两种渊源而言，指令是最为合适的一种形式——它是有利于促进可再生能源的利用和开发的法律工具。一方面"指令"通过设立具体明确的目标，并且向各成员国施加法律上的义务促使它们达到目标；另一方面"指令"同时留给各成员国足够的空间和灵活性来进行具体实施。③ 内容上，欧盟在对待可再生能源补贴问题上，到目前为止虽然没有一个整体框架，但它认可各国的可再生能源补贴机制，具体补贴事宜交由各国自行决定。④ 而欧盟立法则主要是在协调各国之间的补贴机制和总结各国补贴经验方面下功夫。当然，在得益于欧盟及成员国政策扶持的同时，不少欧洲的风能和生物质能企业也遭受到了世界同行的质疑——被认为接受了大量的补贴，而妨碍了市场竞争，存在违反世界贸易组织规则的嫌疑。

三、英国可再生能源补贴制度及其经验

英国是世界上最早提出低碳经济的国家，在应对气候变化、发展可再生能源问题上态度积极。英国的风能发电历史悠久、技术居世界领先地位；英国还是欧盟最大的沼气生产国。英国政府设立可再生能源专门机构、制定相关法律、实施强制政策，加大可再生能源研发力度与资金投入。政府通过价格激励、投资补贴、消费者补贴、税收优惠、信贷优惠等形式资助可再生能源发展。在英国，与可再生能源补贴相关的立法包括：1990 年的《非化石燃料义务法令》（Non-Fossil Fuel Obligation，NFFO）、2002 年的《可再生能源义务法令》（Renewables Obiligation Order 2002）和 2002 年的《可再生能源（苏格兰）法令》（Renewables (Scotland) Order 2002）等。除此之外，2010 年英国政府还出台了"清洁能源现金返还计划"和"可再生能源供暖补贴"，对可再生能源利用提供补贴。

英国的可再生能源补贴制度主要包括可再生能源配额制、清洁能源现金返还政策以及可再生能源供暖补贴政策等。

---

① 2009/28/EC（25）.
② 2009/28/EC, annex 4（6）（b），（d）.
③ 王昊楠：《欧盟可再生能源立法发展及其对我国的启示》，华东政法大学 2011 年硕士学位论文。
④ 欧洲委员会能源专员欧廷格曾在 2010 年作出表示：欧盟有必要制定可再生能源补贴框架，来帮助协调各国规定并降低消费者需支付的补贴成本。武颖：《欧盟能源专员称有必要制定可再生能源补贴框架》，世华财讯网：http://newenergy.in-en.com/html/newenergy-1050105079793506.html（最后访问时间：2012 年 7 月 1 日）。

根据 NFFO 的规定，英国最初在可再生能源发电方面实施的是招投标制。政府通过招投标方式选择可再生能源项目开发者，竞标成功的企业与当地的电力公司签订购电合同。其购电价格即为中标价格。通常情况下可再生能源发电所消耗的成本要高于常规能源发电成本。为了弥补地区电力公司所承担的购买可再生能源中标电价高于英国平均电力交易市场价格的差额，政府用征收"化石燃料税"所得的收入予以弥补。在该制度下，可再生能源电力生产厂商被推向了竞争的环境中。在补贴时限方面，可再生能源发电企业或项目在前 5 年可享受到政府补贴，后 15 年电力公司以固定价格收购其电力，当市场价格低于固定价格时，其差额由政府补贴。英国上网电价补贴制度受到了居民的热烈欢迎，它在节省能源开销的同时又能帮人们摆脱对六大能源企业的过度依赖。然而该项制度在《可再生能源义务法令》出台后被可再生能源配额制所取代。招投标制实际上是英国政府对可再生能源发电施加的价格补贴。笔者认为，该项制度从设计和理念上说是合理的，但由于政府过分追求可再生能源成本的降低，加之缺乏部门协调，政府目标也不甚明确，致使该项制度在英国并没有取得完美的效果。[①]

1999 年 7 月，英国制定并通过了《可再生能源义务令》，2002 年 4 月开始实施。自此政府确立了可再生能源义务制度。根据法律，供电商必须完成由政府规定的一定比例的可再生能源电力。配合可再生能源义务制度，法律规定了可再生能源电力交易制度。根据规定，每 1 兆瓦可再生能源电力是一个计量单位。可再生能源发电企业生产合格的可再生能源电量，由其他供电企业购买，并获得可再生能源义务证书（ROC）。供电企业如果完不成法律规定的可再生能源电量任务，则会被处以最高达营业额 10% 的罚款。可再生能源义务制度配合可再生能源电力交易制度构成了可再生能源配额制。该制度保证了可再生能源发电企业的"销路"，实际是对可再生能源发电企业的变相资助。从广义上来讲也是可再生能源补贴的内容。

除了可再生能源配额制，英国在 2008 年进一步提出了可再生能源电价补贴制度（Feed-in Tariffs，FITs），并于 2010 年开始实施。英国能源与气候变化部（DECC）希望通过使用 FITS 制度鼓励额外的小规模低碳发电，尤其是鼓励那些以前没有搞过发电的组织、企业、社区和个人——对小于 5 兆瓦的可再生能源发电项目给予资助。接受补贴的时期为 20 年或者 25 年。为了确保补助资金能够用于发展小型可再生能源发电项目，政府预定在 2012 年对该补贴制度的额度进行重新审查。该项计划所涉及的补贴标准和补贴额度不是固定的。随着审查，补贴

---

① 孙振清、刘滨、杨春兰：《英国实施化石燃料公约教训对我国的启示》，载于《可再生能源》2008 年第 4 期。

金额会逐渐减少。

2010年2月1日，英国出台"清洁能源现金返还方案"（Clean Energy Cash Back Scheme）。该方案自2010年4月起实施。凡是安装太阳能板和微型风车的家庭和小型商户均可领到相应的补贴。补贴年限10~25年不等。普通家庭安装太阳能光伏装置一年可收到900英镑的现金返还，等于节省了140英镑的电费。值得一提的是，"清洁能源现金返还方案"已经将可再生能源发电补贴扩展到了非上网领域。① 然而，政府于2011年12月12日起实行的光伏补贴减半的做法，将迫使太阳能行业陷入停滞甚至倒退的局面。因此美国地球之友和其他两家太阳能企业向英国最高法院提起审查诉讼。

另外，2010年2月，英国还通过了"可再生能源供暖补贴"（Renewable Heat Incentive，RHI）。该方案在2011年4月正式实施。它是全球首例以类似补贴电价的形式鼓励可再生能源采暖的措施。方案规定，自2009年7月之后安装可再生能源采暖设备的用户可以得到12%的投资返还，即平均每户1 000英镑的补贴。

四、德国可再生能源补贴制度及其经验

德国是一个国内资源相对贫乏的国家。为了摆脱对传统能源的依赖，德国大力发展可再生能源。德国在发展可再生能源过程中建立了较为完善的可再生能源补贴体制，包括1990年9月制定的"千户光伏屋顶计划"，1990年12月通过的《上网电价法》，1999年实施的"十万屋顶计划"（到2003年"十万屋顶计划"完成），2000年颁布的《可再生能源法》（后经2004年、2009年、2012年三次修订）以及2009年3月通过的《新取暖法》。

在可再生能源补贴制度中，德国在可再生能源发电方面的立法体系成熟，制度严谨。1990年《上网电价法》首次规定了可再生能源发电可免费接入电网，并且政府将为之提供补贴。最初的补贴额度是按照终端用户购电价格的百分比来确定的。太阳能、风能、生物燃料发电以及水力发电最高可获得的补贴分别是零售电价的90%、90%、65%和80%。2000年德国颁布《可再生能源法》，规定了上网固定电价制度。根据法律规定，国家按照技术条件、生产成本和地区差异，对各类可再生能源发电制定不同价格，实行分类电价制度。电网企业必须无条件接受风能、太阳能、水能、生物质能等各类可再生能源发电设备的电力。德国上网固定电价政策极大地推动了德国的新能源产业发展。其先进经验也得到了

---

① 目前全球已有40余个国家实施清洁能源补贴电价机制，除英国外均仅针对上网电力。

多个国家的效仿,其中不乏法国、西班牙等欧盟成员国。固定电价制度也逐渐成为欧盟各国发展可再生能源所效法的重要经济手段。就连欧盟委员会也认为上网固定电价制度是"最有效"和"最经济"的发展可再生能源电力的方法。此外根据《可再生能源法》的规定,德国政府还实行投资直接补贴、低息贷款等政策,从法律上保证可再生能源发电经营者可以获利。

除固定电价制度外,德国 2000 年的《可再生能源法》及其他相关法规还设立了一种发展可再生能源的模式,即补贴式新能源发展模式。德国可再生能源规划目标是 2050 年新能源将占全国能源消费总量的 80% 以上。为了实现该目标,德国制定了相应的可再生能源补贴制度。根据法律规定,可再生能源电量可以可无条件入网,推出促进太阳能的"十万屋顶计划"。在税收方面,政府对传统能源和新能源采取"非对等税收"。

近些年德国除了注重对可再生能源上游产业的补贴外,也开始关注可再生能源对下游产业的资金支持。例如,2009 年,德国通过《新取暖法》。该法规定德国政府提供 5 亿欧元来补贴利用可再生能源取暖的家庭。目前德国对用户安装太阳能热水器提供 40% 的补贴。再如,在 2009 年德国出台"500 亿欧元的经济刺激计划",准备到 2020 年生产 100 万辆电动汽车。为此,政府将经济刺激计划中的一大部分资金用于了电动汽车和车用电池研发。

随着可再生能源产业化的逐渐形成,加之政府财政状况走弱,德国开始降低可再生能源相关补贴标准。2010 年德国通过《光伏补贴修正案》,自当年 7 月 1 日起对屋顶光伏系统和移除耕地农场设施的补贴额减少 13%,对转换地区补贴额将减少 8%,其他地区减少 12%。同时,法案增加"自有消费奖励",鼓励那些拥有小于 500 千瓦的屋顶光伏发电系统的房屋主自用光伏发电。

五、国外可再生能源补贴制度经验总结

通过对几个典型国家的可再生能源补贴制度进行考察,可以看出这些国家在可再生能源补贴制度上的共同之处,这对我国完善可再生能源补贴制度有借鉴意义。

(一)可再生能源补贴以立法形式出现

无论是首先提出低碳经济的英国,还是努力应对气候变化的德国,抑或是在京都议定书问题上反复无常的美国,各国在本国发展可再生能源的问题上出奇地一致——他们都倡导可再生能源的开发和利用,并且都对其实施了财政资助。各国不仅愿意为可再生能源施加补贴,而且还纷纷用法律的形式加以规定。当然,

各国出于各种原因,在可再生能源补贴的法律表现形式上有所差异。

关于可再生能源补贴的法律表现形式主要有三类模式,第一类是专门型模式,即有专门针对可再生能源补贴的法律。由于补贴的灵活性和政策性,采取此种方式的国家并不多见。第二类是主导型模式,即在一部法律中设专门条款甚至章节对可再生能源补贴进行全面性规定,并有其他相关法律制度作为细化和补充。德国的可再生能源补贴制度就是主导型模式。虽然没有专门性规定,但德国在《可再生能源法》中详细规定了上网固定电价制度和可再生能源补贴的程序、时限、标准等问题。对于其他未能涵盖之情形,则辅之以其他相关法律。第三类是分散型模式。美国的可再生能源补贴制度就是"分散型"。由于政体和法律体系的原因,美国对可再生能源补贴的法律规定散见于各处,联邦和州政府分别对可再生能源制订补贴计划。各个州之间的可再生能源补贴制度也有很大差异。就联邦政府而言,虽然各种可再生能源补贴计划具有很强的灵活性和暂时性,但他们都有明确的法律依据。主要法律依据来源于《2005年联邦能源政策法》、《美国联邦电力法案》、《2008年食品、节能、能源法》和《2009年美国复苏与再投资法案》。

另外,值得注意的是,各国的可再生能源补贴措施既有国家层面的激励制度,也有地方层面的激励制度。两种制度相辅相成。

(二)可再生能源补贴制度内容详尽

发达国家都有较为完备的可再生能源补贴制度。这体现在他们建立可再生能源补贴制度的严谨性上。以德国为例,从1990年的《上网电价法》到2000年《可再生能源法》,再到2004年、2009年、2012年的《可再生能源法》,法律对可再生能源补贴制度规定越来越详细、准确。法律对可再生能源电价补贴的规定涉及补贴对象、补贴范围、补贴时限和补贴标准等内容。

第一,在补贴范围上。补贴面向所有潜在的可再生能源补贴接受者,不体现法律上的"专项性"。英国在法律中就什么是合格的可再生能源电量作出详细规定,并指出补贴范围覆盖所有合格的可再生能源电量。美国的可再生能源补贴政策也覆盖美国境内所有项目,而不区分开发主体是国内企业还是国外企业。

第二,在补贴类型上。各国的可再生能源能源补贴类型多样。补贴除了面向企业和项目之外,还面向可再生能源用户。补贴遍及可再生能源的投资环节、生产环节和消费环节。美国州及政府面向太阳能户用可再生能源的补贴对地方发展可再生能源起到了重要作用。英国不仅对上网可再生能源进行补贴,对未上网的太阳能发电也施加补贴。

第三,在补贴标准上。可再生能源补贴标准规定详尽,而且是动态的。例如英国"清洁能源现金返还方案",不仅规定了可再生能源补贴的标准,还将该标准设为动态可调整的——为了鼓励用户尽早使用太阳能,法律还作出规定:先申请者获得补贴。

　　第四,在补贴程序上。国外可再生能源补贴立法的完备不仅体现在补贴内容的明确上,还体现在程序的完整上。这其中尤为突出的是各国均有完善的关于可再生能源补贴信息的公开措施,而且宣传到位。以美国为例,联邦政府对每项可再生能源补贴计划都规定了详细的申领程序。只要符合条件,申请人便可获得政府或者公共机构提供的可再生能源补贴。美国和欧洲很多国家政府都为可再生能源补贴方案设立专门网站。潜在的可再生能源补贴接受者可以通过网站直接申请,申请程序规范但手续便捷。

　　相比较而言,我国在法律层面对可再生能源制度规定过于笼统。行政法规几乎对可再生能源补贴没有立法。对可再生能源补贴的细化规定多体现在部门规章及其他规范性文件当中。在内容上,这些部门规章内容粗疏。有的缺少对补贴范围、补贴对象、资金来源、补贴的当事人权利义务的规定;有的虽然有上述规定,但规定不全,或者规定过于苛刻。而在程序上,我国几乎没有法律意义上的规定。通过与国外可再生能源补贴制度的比较,我们得到的启示是:完善可再生能源补贴制度不仅要健全可再生能源补贴制度的内容,也要建立规范的程序。只有制度健全,才有可能使可再生能源补贴产生实效。

第二十一章

可再生能源补贴与反补贴

世界范围内,发展可再生能源的各国政府均对可再生能源进行补贴,但这些补贴却处在引发国际贸易争端的危险中。是可再生能源补贴出了问题,还是 WTO 框架下的补贴规则出了问题?虽然对可再生能源直接施以出口补贴的情况十分罕见,更多的是以电价补贴、消费补贴等方式出现的,但由于各国发展可再生能源更多是出于能源安全或者农业政策方面的考虑,因此,他们在设计具体激励措施时,往往难以使其具有最低限度的贸易或生产扭曲性,这就导致此类措施具有引发潜在争端的高度可能性。[1] 为了避免贸易争端的发生,需要认真研究 WTO 的补贴规则,从而将其他成员国对我国提起可再生能源反补贴救济的可能性降到最低。对可再生能源"反补贴"的追问实则是对 WTO 框架下可再生能源补贴规则的研究,是运用 WTO 框架下"补贴"规则来认定我国可再生能源补贴的性质,分析国外对我国可再生能源补贴提起救济措施的原因,进而通过这样的"追问"来反思我国可再生能源补贴制度。

---

[1] 朱工宇:《WTO 框架下可再生能源补贴纪律》,华东政法大学 2011 年硕士学位论文。

第一节 WTO可再生能源补贴规则

一、WTO关于"补贴"的含义

(一)《补贴与反补贴措施协定》中"补贴"的定义

WTO补贴规则主要存在于四类文件中:一是《补贴与反补贴措施协定》(Agreement on Subsidies and Countervailing Measures,ASCM);二是《农业协定》(Agreement on Agriculture,AoA);三是《关税及贸易总协定》(General Agreement on Tariffs and Trade,GATT[①]);四是《服务贸易总协定》(General Agreement on Trade in Service,GATS)。其中,ASCM是专门针对补贴和反补贴的规定。而其他三类文件则是有部分条文涉及补贴与反补贴的规定。

ASCM从补贴主体、形式、效果三个方面对"补贴"进行了明确的规定。概言之,"补贴"是出口国(地区)政府或者其任何公共机构提供的并为接受者带来利益的财政资助以及任何形式的收入或者价格支持。[②] ASCM意义上的"补贴"需要满足下列三个条件:第一,是某一成员方境内的政府或任何政府机构提供的财政资助;第二,属于GATT第16条意义上的任何形式的收入支持或价格支持;第三,由此而被给予了某种优惠。

ASCM中对"补贴"的界定看似是完整的,但在适用中却出现了很多问题。这些问题多是因为WTO补贴规则对"补贴"的定义规定不够详细导致的。实践中,人们通过"反补贴"案例对"补贴"的含义逐渐澄清。无论何种形式,构成ASCM中所指的"补贴",只需满足以下几个要件:"补贴的提供者"、"财政

[①] 如没有特殊说明,此处的GATT是指GATT1994。
[②] ASCM第1条规定:1. 就本协议而言,以下情况应被认为有补贴存在:(1)某一成员方境内的政府或任何政府机构(在本协议中称"政府")提供的财政资助即:①政府行为涉及直接资金转移(如赠与、贷款、投股),潜在的资金或债务直接转移(如贷款担保);②本应征收的政府收入被豁免或不予征收(如税额抵免之类的财政鼓励);③政府提供不属于一般基础设施的商品或服务,或购买商品;④政府向基金机构支付款项,或委托或指导私人行使上述①~③项所列举的一种或多种通常是赋予政府的职权,以及与通常由政府从事的行为没有实质差别的行为;(2)GATT1994第16条意义上的任何形式的收入支持或价格支持;(3)由此而给予的某种优惠。2. 上述第1款所定义的补贴应遵守第二部分的规定,或只有在根据第2条的规定该项补贴是专向性的时候,才应遵守第三部分或第五部分的规定。

资助"、"授予一项利益"。

(二) "补贴"提供者

根据 ASCM 的规定,"补贴的提供者"包括 WTO 成员方境内的政府、公共机构、筹资机构或者私营机构。可以说,ASCM 将一切可能的情况全部涵盖在主体当中。其中政府或者公共机构可包括各种公共实体。筹资机构或者私营机构可以是非营利性的企业或者其他组织。

ASCM 中所指的"政府"既包括中央政府,又包括地方政府。而对于"公共机构"、"筹资机构"以及"私营机构",ASCM 都没有给出明确的定义。根据实践,学界对上述三个概念有学理解释。所谓"公共机构"是指非"政府"机构,通常是指那些行使部分或全部政府职权的机构。这些公共机构虽然单纯从名称和注册信息上无法辨认其隶属和性质,但他们往往有法定职责或被授权行使了某项公权力,因此被 ASCM 列为补贴提供者。"筹资机构"或"私营机构"的范围十分广泛,它可以是非营利性的民间机构组织,也可以是营利性的企业或者其他组织。无论是政府还是其他非政府机构都有可能被认为是补贴提供者。判断是否为补贴提供者的方法就是看案件涉及的机构所作出的行为的性质——如果该行为是政府行为或者属于行使"补贴提供者"职能的行为,则无论做出补贴的主体是政府还是非政府机构都属于 ASCM 所指的"补贴提供者"。换言之,在资助事件中只要有政府参与,就有可能被认为是"补贴"。在 1997 年美国诉加拿大牛奶补贴案[①]中,一个焦点问题就是对"补贴提供者"的认定。由于加拿大奶制品委员会等机构在对出口奶制品的生产者得到资助的问题上都有不同程度的参与,因此最终被认为存在"政府补贴"行为。

(三) 财政资助

ASCM 将"财政资助"规定为补贴的构成要件之一。在乌拉圭回合谈判前,很多 GATT 的缔约方都不赞成将几乎所有的政府资助行为均纳入"补贴"范畴的说法。实践证明,并不是所有的授予利益的政府措施都应被视为补贴。由此 ASCM 将"财政资助"加入"补贴"的构成要件。

依照 ASCM 的规定,以下四种情况属于"财政资助":第一,政府进行的、直接或潜在的资金转移或者债务转移;第二,政府放弃征收或者不征收在其他情况下应当征收的税收;第三,政府提供除一般基础设施外的货物或服务,或购买货物;第四,政府向筹资机构支付,或委托或指示私营机构履行前三种行为中的

---

① 参见 WT/DS 103/R,WT/DS 113R (1998)。

一种。在上述情况中，政府转移资金或者债务、放弃或不征收应当征收的税收以及提供货物或服务的行为均是从内容上对"财政资助"予以认定；而第四种情况则是从财政资助的行为主体的性质和与政府的关系来对"财政资助"加以确认。需要进一步说明的是，第一种情况中的"直接的资金转移或债务转移"，是指赠款、贷款、资本注入或政府给予的款项减免退还等情况；而"潜在的资金转移或债务转移"，则是指无论是否发生支付行为，只要被审查的行为产生了利益，并因此授予了一项补贴，就可被认定为存在"资金转移"。第二种情况是指，原本应当征收，然而却"放弃或未征收的政府收入"，包括税收抵免、社会保障缴款份额的减免或者税收豁免等。衡量是否属于"原本应该征收"而"未征收"的情形的方法是比较成员方在通常情况下的税收体制与其在特定情况下的税收体制。① 第三种情况"政府提供除一般基础设施外的货物或服务，或购买货物"中的货物不仅指那些属于关税列表上的产品，而且也广泛地指代那些除了货币之外的所有有形、可移动的个人财产。② 政府提供货物和服务，必须在企业获得利益的情况下，才有可能构成需要被规制的"补贴"。而在政府提供"一般基础设施"的时候，即使企业因此获得了利益也不被认为是构成了 ASCM 意义上的"补贴"。因为政府提供一般基础设施是为了实现所有社会成员的共同利益，它是政府公共管理职能之所在。即使企业由此获得利益或者对生产成本有一定影响，也被视为是正常影响因素，不会扭曲市场机制。③

另外，根据 GATT 规定，任何形式的收入或价格支持，以直接或者间接增加自领土出口的任何产品或减少向领土进口的任何产品的方式实施。概言之，收入或者价格支持也有可能被认为是补贴。

（四）授予一项利益

如果说"财政资助"是对政府行为性质的判断，那么"授予一项利益"则是对政府行为所产生的结果的判断。ASCM 没有对"利益"作具体定义。在加拿大影响民用飞机出口措施案④中，上诉机构对"利益"的含义进行了解释：按照字面意思，"利益"是指某些好处。某一方受有利益，并不必须要求施与资助的一方必须有所支出。之所以这样解释，是因为财政补贴虽然能够促进区域或行业经济发展的行政管理性措施，但其存在必然会使处于市场竞争环境中的部分市场

---

① 段爱群：《法律较量与政策权衡》，经济科学出版社 2005 年版，第 13 页。
② 除了提供货物或者服务，政府向企业购买货物，也可构成财政资助。
③ 毛骁骁：《WTO 框架下的中国国企补贴法律问题研究》，复旦大学 2007 年博士学位论文。
④ 参见 WT/DS70/AN/R (1999)。

主体获得额外利益。这种额外"利益"将破坏市场竞争秩序。[①] 依照 ASCM 的立法目的,"反补贴"是为了约束那些扭曲国际贸易或存在扭曲国际贸易风险的政府干预措施,而不是为了约束"政府净成本"。[②] 换言之,在认定"补贴"时,接受资助者是否被授予利益是关键因素,而政府或其他授予者是否因此有所有支出并不是认定"补贴"时的考虑因素。

二、WTO 框架下的"可再生能源补贴"规则辨析

(一) 涉及可再生能源补贴的相关 WTO 规则

WTO 框架下没有关于"可再生能源补贴"的专门性规定。涉及可再生能源补贴的相关规则散见于各类文件乃至已有判例当中。这些已有的规定对于我国在 WTO 框架下设立和实施可再生能源补贴制度均具有重要意义。

1. ASCM 中的研发和环境设备更新补贴

ASCM 订立之初引入了过渡性条款——ASCM 第 8 条关于不可诉补贴的确认条款。该条第 2 款 (a) 和 (c) 项涉及可再生能源补贴问题。[③]

对于第 8 条第 2 款 (a) 项,并没有专门提及为可再生能源研发补贴,但也没有对可再生能源补贴作出例外规定,因此应当认为这里的"研发补贴"包含可再生能源技术研发补贴在内。[④] 对第 8 条第 2 款 (c) 项,有专家认为该项规定的是环境补贴[⑤],但实际上该项仅能属于环境补贴当中的一部分——环保设备更新补贴。[⑥]

上述在 ASCM 中的规定有力地支持了可再生能源补贴的存在,这无疑是令人

---

① 竺效:《欧盟竞争法可适用除外的国家援助的类型研究》,载于《南京大学法律评论》2006 年秋季号。
② 段爱群:《法律较量与政策权衡》,经济科学出版社 2005 年版,第 18 页。
③ ASCM 第 8 条第 2 款 (a) 项规定,对公司进行研究活动的援助,或对高等教育机构或研究机构与公司签约进行研究活动的援助,即使具有专项性,但依然是不可诉补贴。第 2 款 (c) 项规定,为促进现有设施适应法律和/或法规实行的新的环境要求而提供的援助,即使具有专项性,也能被确认为是不可诉补贴。
④ 根据 ASCM 第 8 条规定,只要对可再生能源相关行业援助涵盖不超过工业研究成本的 75% 或竞争前开发活动成本的 50%,且此种援助仅限于相关成本即可构成不可诉补贴。
⑤ 李本:《WTO 环境补贴政策发展与 PPP 原则关系索隐》,载于《国际经贸探索》2008 年第 6 期。
⑥ 魏敏燕:《新能源补贴与 WTO 规则的关系研究》,复旦大学 2011 年硕士学位论文。

兴奋的,但遗憾的是,根据 ASCM 第 31 条的规定,第 8 条已经于 1999 年年底失效。①

2. GATT 中的一般例外条款

ASCM 第 8 条的失效使得可再生能源补贴在国际贸易中的合法性地位受到质疑。但这并没有将可再生能源补贴推向末路。我们在 GATT 第 20 条中可以发现支持可再生能源补贴存在的相关规定。ASCM 与 GATT 是特别法与一般法的关系,ASCM 是对 GATT 第 6 条和第 16 条的进一步规定。因此在特别法没有相关规定,或者相关规定失效的情况下作为一般法的 GATT,其基本原则和相关规定也适用于可再生能源补贴。GATT 第 20 条规定了"一般例外"条款②,允许各成员方出于特定目的或原因,采取偏离 GATT 的措施。③ 其中(b)项和(g)项与可再生能源补贴有一定相关性。

该条(b)项规定成员方采取的措施应同时满足两个条件就可以构成"一般例外",从而被允许实施:一是措施的政策目标是为"保护人类、动物或植物的生命或健康";二是措施是为实现此目标所"必需的"。该项中"保护人类、动物或植物的生命或健康"的提法反映了该条的立法初衷——WTO 在追求贸易自由的同时也支持成员方实现环境保护、公共健康等公共管理目标。由于工业革命以来的气候变化主要是由人类的产业活动所引起的,已对生态环境和人类健康产生严重危害④,因此以应对气候变化为目的的可再生能源补贴措施属于 GATT 第 20 条(b)项所言的"保护人类、动物或植物的生命或健康"的措施。

该条(g)项规定成员方采取的措施应同时满足三个条件即可构成"一般例外",从而被允许实施:一是措施要保护的是"可用竭的自然资源";二是措施是和实现此目标"有关的";三是措施"与限制国内生产或消费一同生效"。该项中"可用竭的自然资源",是指不可更新的非生物资源,如石油、煤炭、气体等。在美国汽油标准案中,专家组认定"清洁空气"是一种可用竭的自然资源。在巴西轮胎案中,上诉机构认为"为减轻全球变暖和气候变化所采取的措施"有可能属于 GATT 第 20 条的范畴。由此,依据 GATT 第 20 条(g)项,为清洁

---

① 主流观点认为关于 ASCM 第 8 条已经失效。但也有学者联系《世界贸易组织多哈第四次部长级会议部长宣言及决定》的相关内容和实践坚持该条仍然具有效力,并且有可能在今后的多边谈判中得到改进和补充。李本:《WTO 环境补贴政策发展与 PPP 原则关系索隐》,载于《国际经贸探索》2008 年第 6 期。

② 为平衡成员方实现除自由贸易之外的其他社会目标的权利,WTO 规则设计很多"例外",比如 GATT1994 第 20 条规定的"一般例外"、GATT1994 第 21 条规定的"安全例外"、GATT1994 第 19 条规定的"经济紧急例外"等。

③ 曹建明、贺小勇:《世界贸易组织》,法律出版社 2004 年版,第 182 页。

④ 曹明德:《气候变化的法律应对》,载于《政法论坛》2009 年第 4 期。

大气[①]、应对气候变化、保护有限的传统能源而发展可再生能源，进而对可再生能源施以补贴是具有合法性的。

3. GATS 中的补贴条款

GATS 是 WTO 协议附件 1B"服务贸易多边协议"项下的总协议。ASCM 作为 WTO 协议附件 1A"货物贸易多边协议"项下的子协议，是适用于货物贸易领域而非服务贸易领域的补贴规则。原则上，ASCM 与 GATS 在补贴与反补贴规则的适用上不会出现交叉。与可再生能源相关的领域众多，其中涉及"服务"的则应使用 GATS。

目前 GATS 仅在其第 15 条规定了"补贴条款"，但没有关于可再生能源补贴的相关规定。该条规定各成员进行多边谈判以制定必要的多边规则；如果一方成员的补贴措施给他方造成损害时，双方可就此进行磋商。相比较 ASCM 关于货物补贴的规定，GATS 就服务补贴与反补贴的规定十分宽松。加之 GATT 和 GATS 均未对"货物"和"服务"进行界定，因此有学者主张对于可再生能源相关领域中性质较为模糊的补贴，如成员方对其境内电力生产、分配、传输和供应所进行的补贴，归入"服务补贴"就有可能避免国际贸易争端。[②] 但并不是在所有情况下将"电力"归为"服务"都是合适的。随着全球电力贸易的发展，电力贸易竞争逐渐加剧，将"电力"归入"服务"，在与其他将"电力"归为"货物"的成员方竞争时必然处于劣势。

4. AOA 中"研究计划"条款和"环境计划下的支付"条款

AOA 为农业国内支持和出口补贴专门制定的、在 WTO 一般补贴规则之外的特殊补贴规则。由于 AOA 对农产品的补贴规则有特别规定，被 ASCM 所禁止的补贴并不必然被 AOA 所禁止，因此在考察 ASCM 和 GATT 关于可再生能源补贴规定的同时也有必要对 AOA 进行考察，看其中是否有与可再生能源补贴相关的规定。

根据 AOA 附件 2 的规定，成员方所制定的国内支持措施，如果满足相关要求则可以被免除削减承诺。该国内支持措施首先必须没有贸易扭曲作用，或此类作用非常小，而且该计划所涉支持应通过公共基金供资的政府计划提供（包括放弃的政府税收），而不涉及来自消费者的转让，且所涉支持不得具有对生产者提供价格支持的作用。

附件 2 中所列的"国内支持措施"中，有两类与可再生能源补贴相关。一是附件 2 第 2 段所规定的政府服务计划之研究计划。此处所谓"研究"包括三

---

① 在美国汽油标准案中，专家组认定"清洁空气"是一种可用竭的自然资源。
② Rudolf Adlung, *Negotiations on Safeguards and Subsidies in Services: A Never-Ending Story?*, 10 Journal of International Economic Law, 2007, pp. 235–265.

类：一般研究、与环境计划有关的研究以及与特定产品有关的研究。此规定可为那些属于农产品的可再生能源的研发补贴提供正当性支持。二是附件 2 第 12 段所列的符合相关要求的获得环境计划下的支付。此规定可为那些为发展可再生能源付出环境成本而施加的补贴正名。虽然上述规定比 ASCM 第 8 条规定的不可诉补贴更为严格，但凡是符合该条规定的补贴即可被视为是进入"绿箱"的补贴。

那么在 WTO 框架下，哪些可再生能源可以被算作农产品，进而进入 AOA 的绿箱补贴呢？与农产品有交叉的可再生能源主要是生物质能中的生物燃料。目前对于生物燃料还没有统一的属性界定——是因其"生物性"而归入农产品范畴，还是因其"燃料"归入工业品类别，抑或因其"环境效应"而直接成为多哈谈判议程中的"环境产品"，迄今没有定论。[①] 实践中不同种类的生物燃料的海关编码不同，因此受不同的关税规则、补贴规则和国内规定的调整。例如，燃料乙醇属于"农产品"，而生物柴油则是"非农产品"。

在法律适用上，AOA 和 ASCM 两者的具体适用关系没有明确规定。在"和平条款"的终止适用后，WTO 农业补贴规则与一般补贴规则出现了融合的趋势。[②]

（二）对 WTO 框架下可再生能源补贴规则的评述

虽然学界和实践界都意识到 WOT 框架下的补贴规则已经无法适应世界能源贸易的需求[③]，同时也都在积极主张达成国际能源贸易新体系[④][⑤]，然而要想达成一个完整的、体现分配正义和矫正正义的贸易谈判结果却十分困难。作为应对气候变化和维护能源安全的利器，可再生能源已经在世界贸易中逐渐扩大。然而各国扶持可再生能源发展的经济激励政策却或多或少受到来自"国际贸易自由化"的阻碍。这似乎是各国都已经意识到的，但又十分无奈的事实。

将可再生能源补贴在国际贸易中的尴尬境地做进一步挖掘，其本质就是贸易与气候变化的问题。贸易和应对气候变化对人类来说都是至关重要的，因此全世界都希望看到二者的双赢。人们在努力设法找到一种既能应对气候变化又能不断

---

① ④　余敏友、唐旗：《论 WTO 构建能源贸易规则及其对我国能源安全的影响》，载于《世界贸易组织动态与研究》2010 年第 2 期。

②　李晓玲：《WTO 框架下的农业补贴规则》，华东政法大学 2007 年博士学位论文。

③　2011 年，日本以《补贴与反补贴协议》及其他协议为依据就加拿大可再生能源回购电价计划向 WTO 提起争端解决程序，这被称为是"气候变化"第一案。日本与加拿大的分歧反映了可再生能源政府财政支持和 WTO 补贴规则之间的关系是一个值得探讨的新问题。

⑤　朱工宇：《WTO 框架下可再生能源补贴纪律》，华东政法大学 2011 年硕士学位论文。

减少贸易障碍的方式。① 最简单可行的办法莫过于制定包含贸易规则在内的气候变化全球性公约。一些经济学家和法学家甚至对如何在贸易和应对气候变化之间建立联系提出了具体方案：第一种是可以在充分考虑气候变化和其他环境因素的基础上，通过重新制定长期的 WTO 规则，实现关贸总协定和 WTO 相关协议的"绿色化"；第二种是 WTO 成员可以针对某些具体处理气候变化威胁的措施，豁免 WTO 相关义务；第三种是当世界各国共同致力于达成全球性的气候变化公约时，WTO 成员也可在 WTO 条约中规定"和平条款"，阻止利用 WTO 争端解决机制对某些国家应对气候变化采取的行动提出指控。② 但出于各国不同的利益诉求，在应对气候变化和贸易自由化之间达成双赢仍是十分困难的事情。③

探讨 WTO 框架下可再生能源补贴规则，根本目的并不在于对 WTO 补贴规则提出修订主张，而是想通过关注 WTO 框架下补贴规则的现状和发展趋势来对我国国内可再生能源补贴立法的建设提出建议。众所周知，各国合作性的贸易保护比非合作的贸易保护更加有效。但在各国间就可再生能源补贴达成共识还有待时日。当一国对自己国内的可再生能源相关产业提供补贴的时候就很难避免进口国实施反补贴救济手段。既然国际贸易争端难以避免，那么我国就需要认真分析被提起反补贴调查或诉讼的原因，梳理本国国内可再生能源补贴立法，建立法制体系，尽量减少被提起可再生能源反补贴调查的风险。

除了在支持可再生能源发展和贸易自由化之间存在脱节，WTO 补贴规则本身在表述中也存在很多含糊之处，④ 因此存在很大的辩解空间。在认定一项补贴是否为应受到制裁的措施时，各利益集团往往由于对 WTO 规则中一个词语的理解不一致而存在巨大差别。对此，需要苦练内功——建立健全我国的可再生能源补贴制度，符合 WTO 框架下补贴规则的要求。

---

① James Bacchus, *Questions in Search of Answers: Trade, Climate Change, and the Rule of Law*, WTO Conference, Geneva, Switzerland, June 16, 2010.

② Gary Clyde Hufbauer, Steve Charnovitz, Jisun Kim, *Global Warming and the World Trading System*, Publisher Peterson Institute for International Economics, 2009, pp. 103–109.

③ 类似的案例逐年增加。欧盟的生物燃料生产有高额补贴，每年的补贴额高达 40 亿欧元。通过设置高额关税，抬高技术门槛，对生物燃料的生产过程规定严格的环保标准，将他国生物燃料及生产原料拒之门外，欧盟实质上是在推行"绿色保护主义"。在生物燃料问题上，欧盟还与美国产生了贸易摩擦。2009 年 7 月欧盟决定对美国出口到欧盟的生物柴油征收为期五年的反倾销和反补贴关税。围绕新能源产业发展，各大经济体间的争夺正趋于激烈。

④ 龚柏华：《可再生能源产业鼓励措施与 WTO 补贴合规性研究——以免费碳排放配额及交易措施为视角》，载于《世界贸易组织动态与研究》2010 年第 6 期。

第二节 可再生能源"补贴"合规性认定

一、ASCM 中对"补贴"认定的逻辑方法

(一)"补贴"的认定

可再生能源补贴是否构成 ASCM 中所规定的可能引起国际贸易争端的"补贴",需要满足一定的条件。关于 ASCM "补贴"的构成,有三要件说和二要件说。三要件说认为"补贴"需满足三个要件才能成立:一是补贴是由公共机构提供的;二是补贴是财政资助、收入或价格支持;三是补贴使相关主体获得利益。[①] 二要件说认为补贴的构成仅需要满足财政资助和补贴利益两个要件即可。[②] 笔者认为二要件说和三要件说没有本质的区别。两种学说主要的区别在于有没有将"补贴提供者"作为要件之一。在 ASCM 中补贴提供者的外延十分广泛,甚至包括了私营机构。是否构成"补贴",并不取决于提供补贴机构的性质,而是要看补贴提供者行为的性质。因此"补贴提供者"的要件是否存在并不影响对"补贴"的认定。笔者选择按照三要件说对可再生能源补贴进行分析。之所以这样做,出于两个原因:第一,ASCM 协定 1.1(a)(1)中明确提到"补贴"是"在一成员(本协定中称'政府')领土内,存在由政府或任何公共机构提供"的资助。而"政府"和"公共机构"的外延则是在之后的案例实践中逐渐形成的。例如,在外国销售公司案中阐述了"私营机构"的含义;在加拿大奶制品案中阐述了"政府参与程度"才是确定其是否提供补贴的关键。ASCM 的法律解释是否遵循了当初的立法目的,将是一个不断修正的过程,而立法原文将永远是我们研究的根本。第二,研究的目的在于构建我国可再生能源补贴制度,在国内制度的构建中,对 WTO 立法的研究应该本着严谨的态度,完全尊重 WTO 立法的原文表述。因此在认定"补贴"时本专题采取三要件说,即提供补贴的机构、财政资助和授予一项利益。

[①] 单一著:《WTO 框架下补贴与反补贴法律制度与实务》,法律出版社 2009 年版,第 14 页。
[②] 林惠玲、卢蓉蓉:《WTO 新一轮谈判中美国在补贴与反补贴规则修改上的立场和建议》,载于《国际商务研究》2010 年第 2 期。

第一个要件为：提供补贴的机构是政府或者其他行使职能的机构。如果某项可再生能源是没有公权力支持的补贴，则不能被称为是 ASCM 中所指的补贴。这种资助虽然被冠以"补贴"的名义，但并不会对贸易产生扭曲作用，因此在任何情况下都没有必要被制止。第二个要件为：财政资助或者收入或价格支持。如果该项资助不涉及转移资金、税收减免、提供货物或者服务，则不属于财政资助，进而不构成补贴。第三个要件为：授予利益。如果在接受资助后，接受自助者比起接受资助前没有在市场环境下处于有利形势，则不构成可再生能源补贴。如果一项可再生能源补贴不能满足上述三个要件中的任一一个，就不是 ASCM 所谓的"补贴"。

从理论上讲，即使满足三个构成要件并被认定是 ASCM 所指的"补贴"，也并不一定是被约束的补贴——ASCM 第 1 条所言的"补贴"包含了禁止性补贴、可诉补贴和不可诉补贴三类。如果被认定为"不可诉补贴"，则是被允许的。只有在被认定为是"禁止性补贴"或"可诉补贴"时，该项措施才有可能被提起反补贴调查或者诉讼。令人遗憾的是，1999 年后，ASCM 关于不可诉补贴的条款已经失效。被认定为"补贴"的财政资助，除非符合 WTO 框架下其他文件的规定而有可能不受其调整外[①]，一般情况下都会被认定为禁止性补贴或者可诉补贴。

（二）关于补贴的"专向性"

1. "专向性"在认定补贴性质中的地位

"专向性"在认定"补贴"的逻辑路径中占有十分重要且特殊的地位。从 ASCM1.2 条的条文来分析，"专向性"不是"补贴"的构成要件之一（它被专门规定在 ASCM 的第 2 条中）。但它与补贴类别的认定具有十分重要的关系。因为"专项性"是判断一项资助行为是否具有扭曲国际市场和资源配置效果的副作用的重要标准。从经济学角度理解，一种普遍性的补贴对正常经济秩序和国际贸易的扭曲作用很小，专门针对特定企业、部门或行业的补贴则会干扰资源配置的合理分配，严重扭曲竞争和市场导向以及正常的经济秩序，造成国际贸易中不公平贸易。[②]

笔者认为，"专向性"在认定"补贴"的逻辑路径中，随着 ASCM 第 8 条的失效而发生了微妙的变化。在 1999 年之前，ASCM 第 8 条具有法律效力。一项资助行为如果是政府或者公共机构提供的财政资助、收入或价格支持，且授予了

---

① 上文笔者探讨了 GATT 的一般例外条款、GATS 的补贴条款以及 AOA 中的研究计划条款和环境计划下的支付条款，如果可再生能源补贴符合上述三个条款的规定，则有可能被豁免或者被允许实施。

② 单一：《WTO 框架下补贴与反补贴法律制度研究》，华东政法大学 2007 年博士学位论文。

某项利益，则可以被认为是 ASCM 意义上的"补贴"。如果该项补贴不具有专项性，则适用 ASCM 第 8.1（a）项；如果具有专向性，则根据其他要件被列为禁止性补贴、可诉补贴或者具有专向性的不可诉补贴。[①] 然而在 1999 年之后，第 8 条失效，ASCM 中缺少了对不具有"专向性"不可诉补贴的规定。因此出现了"所有 ASCM 意义上的'补贴'均具有'专向性'的现象"。如果按照这个逻辑演绎下去，那么只要符合认定补贴的三个要件即可，无须再进行"专向性"的考察。这显然是不符合协定订立初衷的。对于那些没有扭曲市场、降低全球福利的补贴，应当予以支持。例如，以减缓气候变化为目的的可再生能源补贴政策就是应当被允许的。综上所述，在 ASCM 第 8 条失效后，"专向性"考察的主要任务就是将那些对市场不具有扭曲副作用的补贴筛选出来，排除在 ASCM 的规制之外。我们可以将这种补贴也称为"不可诉补贴"，但它已经不是 ASCM 中的不可诉补贴。

根据 ASCM 第 2.3 条的规定，任何属第 3 条规定范围内的补贴都应被视为专向性补贴。换言之，所有的出口补贴和进口替代性补贴都被视为具有"专向性"。第 2.3 条中使用了"被视为"一词，该词具有"推定"的意思，即只要构成禁止性补贴，就推定该补贴具有专项性。根据对该条的理解，在实践中人们在认定禁止性补贴时无须证明禁止性补贴存在"专向性"。同样，根据 ASCM 第 1.2 条，可诉补贴也必须具有"专向性"。

2. "专向性"的认定

补贴的"专向性"，是指补贴授予机关有差别地或者有选择地对其管辖范围内的某些企业提供补贴。此处的"某些企业"要做广义理解，包括企业或产业或一组企业或产业。

在认定一项补贴是否具有"专向性"时，首先是查看该项补贴是否具有"法律上的专向性"——如果成员方在其法律、法规或者其他规范性文件中明确规定某项补贴仅能由"某些企业"获得，那么该项措施就具有了"法律上的专向性"。相反，如果在一成员方在其补贴立法中规定补贴标准和适用范围都是依据客观标准或中立的条件而确定的，而且潜在的补贴接受者获得补贴的资格是根据上述客观标准和条件自动获得的，那么该项补贴措施就不具有法律上的专向性。这里需要注意的是，不仅在立法中规定了客观标准和中立条件，而且在实践中严格按照此类标准和条件执行，才能够被认为是有效的。虽然成员方在其法律上并没有明确规定特定的补贴目的，表面看补贴措施也是面向多个部门提供利益

[①] 具有专向性的不可诉补贴是指 ASCM8.1（b）项所规定的"虽然具有专向性，但符合第 8 条第 2 款（a）项、（b）项或（c）项规定的所有条件的"补贴。

的，但并不能就此认定其补贴措施一定不具有"专向性"。随着对 WTO 框架下补贴规则的熟悉，各成员方采用的补贴的隐蔽性逐渐加强，在法律上具有专向性的补贴措施越来越少，取而代之的是"事实专向性"。如果在法律上不具有专向性，则进入第二步——查看是否存在事实上的专向性。根据 ASCM 第 2.1（c）的规定，判断"事实上的专向性"大致需要考虑以下几点因素：第一，只有有限数量的"某些企业"根据补贴措施获得了补贴；第二，该项补贴措施由"某些企业"主要适用；第三，一项补贴措施给予了"某些企业"不成比例的大量资助。[1] 由于事实专向性的认定十分复杂，因此仅依据法律规定是缺乏操作性的。专家组和上诉机构在具体案件的裁决中发展了对"事实专向性"的理解。在美国动态随机存取存储器半导体反补贴税案[2]中，专家组从政府的意思、补贴实施的方式和补贴实施的结果三个方面来判定一项补贴是否具备专向性。第一，政府的意思表示。尽管缺乏明确的法律依据，事实上只针对某一个企业所实施的补贴似乎也没有必要立法，但是还是要通过政府的意思表示来确定是否具有"专向性"的主观条件。第二，补贴实施的方式。如果政府所实施的补贴行为在行为方式上明显表明其只适用于特定企业，这也是表明构成补贴专向性的重要因素。第三，补贴实施的结果：专向性补贴要求补贴的实施局限于特定企业，而非可以广泛取得，那么从补贴实施的结果来看，享受补贴的企业也应为特定的。

被认定为具有专向性的补贴均是有可能被采取反补贴措施的补贴，包括禁止性补贴和可诉补贴。根据 ASCM 2.3 条的规定，所有符合 ASCM 意义上的禁止性补贴均被推定具有"专向性"。同时"专向性"是可诉补贴的构成要件之一。

（三）禁止性补贴的认定

根据 ASCM 第三条的规定，除《农业协定》的规定外，在法律或事实上视出口实绩为唯一条件或多种其他条件之一而给予的补贴和视使用国产货物而非进口货物的情况为唯一条件或多种其他条件之一而给予的补贴均是被禁止的。[3] 换言之，依据 ASCM，禁止性补贴包括出口补贴和进口替代补贴。

1. 出口补贴

出口补贴，是指一国政府为了降低出口商品的价格，增加其在国际市场的竞争力，在出口某商品时给予出口商的现金补贴或财政上的优惠。出口补贴可分为

---

[1] 王永杰：《论补贴的专向性与我国的补贴政策调整》，载于《江苏商论》2007 年第 6 期。
[2] WT/DS296/AB/R。
[3] 第 3.1 条规定：除《农业协定》的规定外，下列属第 1 条范围内的补贴应予禁止：(a) 法律或事实上视出口实绩为唯一条件或多种其他条件之一而给予的补贴，包括附件 1 列举的补贴；(b) 视使用国产货物而非进口货物的情况为唯一条件或多种其他条件之一而给予的补贴。

法律上的和事实上的出口补贴。一国在其法律、法规或其他规范性文件中明确或隐含性地规定了以出口实绩为要件，则可以构成禁止性的可再生能源补贴。"事实上"是指补贴与实际或预期的出口绩效紧密关联。实际上，要认定法律上和事实上的以出口实绩为条件的禁止性补贴，必须通观两者，而事实上的补贴则较为复杂，难以认定，因此，在一些案件中，专家组和上诉机构试图阐述事实上的禁止性补贴内涵。

2. 进口替代补贴

进口替代补贴是指政府给予以国产产品替代进口产品的国内使用者或替代产品的生产者的补贴。将进口替代补贴列为禁止性补贴的原因是，进口替代补贴的存在使得进口产品在与受补贴的国内产品进行市场竞争时处于劣势，从而达到遏制进口产品进口的目的。对于进口替代型禁止性补贴，虽然 SCM 第 3.1（b）条并没有区分法律上和事实上的类型，但加拿大汽车案中上诉机构认为该条也包括"法律上"和"事实上"两项要素。不论从"法律上"还是"事实上"考察，关键在于某项措施是否以使用国产货代替进口货为条件提供补贴。①

（四）可诉补贴的认定

ASCM 第三部分规定了可诉补贴。认定一项可再生能源补贴为可诉补贴，必须满足三个要件：一是属于 ASCM 所谓的补贴；二是具有专向性；三是在补贴效果上存在不利影响。由于前两个要件是已经被证明的，因此认定可再生能源可诉补贴的关键就在于对不利影响的判断。

根据 ASCM 第 5 条规定，任何成员方不得通过使用补贴而对其他成员的利益造成不利影响。此处的"不利影响"有三种情况。一是一成员的补贴措施损害另一成员的国内产业。二是 GATT 项下，一成员的补贴措施使得其他成员丧失或减损其直接或间接获得的利益。三是一成员的补贴措施严重侵害了另一成员的利益。对第一种情况而言，一成员方证明补贴损害另一成员的国内产业是较为容易的。该情况也正是我国可再生能源出口中常被指责的重要原因。因此我国在制定可再生能源补贴制度时对该种"损害"要特别注意。对第二种情况而言，根据 ASCM 脚注 12 的规定，"丧失或减损"的措辞与 GATT 相关条款使用的意义相同。至于是否存在此类"丧失或减损"，则要根据实施这些条款的惯例加以确定。在实践中能够证明"利益或者减损"的可能性并不大，只要能够说明可再

---

① 尹德永：《WTO 补贴反补贴实体规则研究》，中国政法大学 2004 年博士学位论文。

生能源补贴是出于应对气候变化的目的而实施的，则有可能被允许。[①] 对第三种情况而言，根据 ASCM 第 6 条的规定，当一项补贴对其他成员方在同类产品出口、产品价格、市场份额方面存在影响时则可被认为存在"严重侵害"。[②]

综上所述，对可再生能源补贴合规性的认定需要遵循一定的逻辑路径。首先确认一项财政资助行为是否属于 ASCM 所谓的"补贴"，如果是，则进一步证明其"专向性"的存在。如果该补贴不存在专向性，则该补贴是具有正当性的补贴，否则即是对贸易产生限制、扭曲市场的补贴。对于具有专向性的补贴可进行进一步考察：如果该补贴是将出口实绩作为唯一条件或多种其他条件之一或者将使用国产货物而非进口货物的情况作为唯一条件或多种其他条件之一，则该补贴是禁止性补贴。除了禁止性补贴外，另外一些专向性补贴，如果具有不利后果存在则属于可诉补贴。

二、我国可再生能源补贴合规性分析

（一）可再生能源电价补贴的合规性分析

我国可再生能源电价补贴是由政府对相关企业进行的财政资助。根据《可再生能源法》的规定，目前我国对可再生能源电价补贴的资金来源于我国电价附加收入。虽然电价附加收入来源于终端用户，但根据《可再生能源发展基金征收使用管理暂行办法》的规定，可再生能源电价附加由财政部驻各省、自治区、直辖市财政监察专员办事处（以下简称专员办）按月向电网企业征收，实行直接缴库，收入全额上缴中央国库，并填列政府收支分类科目。由上述规定，不难判断我国对可再生能源电价补贴的资金来源于国家财政收入，并无偿地转移支付于相关实体。由此，我国太阳能光伏电价补贴满足了 ASCM 中关于"补贴"的前两个要件。

那么我国可再生能源电价补贴是否存在第三个要件，即"授予一项利益"呢？有学者认为由于电网公司依照《可再生能源法》的规定，按照固定电价或

[①] 参见宋俊荣：《应对气候变化的贸易措施与 WTO 规则：冲突与协调》，华东政法大学 2010 年博士学位论文。

[②] 根据 ASCM 第 6 条的规定，当影响存在于以下方面时，补贴措施被认为具有"严重侵害"：第一，取代或阻碍另一成员同类产品进入提供补贴成员的市场；第二，在第三国市场中取代或阻碍另一成员同类产品的出口；第三，与同一市场中另一成员同类产品的价格相比，补贴产品造成大幅价格削低，或在同一市场中造成大幅价格抑制、价格压低或销售损失；第四，与以往 3 年期间的平均市场份额相比，提供补贴成员的一特定补贴初级产品或商品的世界市场份额增加，且在给予补贴期间呈一贯的趋势。

者招标价格收购可再生能源电量，相对收购常规能源电量有所亏损，而电价补贴正是对该种亏损的弥补，因此没有构成"利益"。由于"授予利益"这一要件的缺失，因此太阳能光伏电价补贴不是 ASCM 意义上的"补贴"。① 该主张基于"利益"的内涵，站在接受补贴者是亏损承担者的角度，认为我国可再生能源电价补贴中不存在"利益"。笔者认同该主张的结论，但在分析中，我们并不能仅因为可再生能源电价补贴是对收购可再生能源电量亏损的补贴，就认为一定没有"授予一项利益"。判断是否存在"利益"还应该依照补贴标准来衡量——对补贴接受者在接受补贴前和接受补贴后进行对比，看其是否得到了"好处"。因此考察可再生能源电价是否存在"授予一项利益"还应当考察该项补贴的补贴标准。

根据《可再生能源法》的规定和目前我国实际情况，我国的可再生能源电价补贴标准有赖于固定电价水平。对于接受补贴的相关企业而言，按照固定电价收购可再生能源电量，所发生的收购费用高于常规能源发电平均上网电价计算所发生费用的差额部分，由政府予以补贴。只有固定电价确定合理，电价补贴才能既有效弥补各项亏损（包括弥补电网企业依照确定的上网电价收购可再生能源电量所发生的费用高于常规能源发电平均上网电价计算所发生费用之间的差额、国家投资或者补贴建设的公共可再生能源独立电力系统超出销售电价的合理运行和管理费用）又不会产生"结余"——如果电价补贴标准过高则有可能会导致电网公司在弥补亏损的同时还因此获得利益。

就太阳能光伏发电而言，我国实行固定电价。目前除西藏仍执行每千瓦时 1.15 元的上网电价外，其余省（区、市）上网电价均按每千瓦时 1 元执行。这是按照社会平均投资和运营成本，参考太阳能光伏电站招标价格，以及我国太阳能资源状况而制定的，具有合理性，不存在超高的情况。② 因此我国目前的光伏固定电价既不会导致电网公司因此获利，也不会形成利益转移。就风能发电而言，我国实行招标电价加固定电价模式。除去采取招标电价的风电开发项目外，其余均采取固定电价。固定电价按照不同的风能资源区域有所不同：Ⅰ类地区为 0.51 元/千瓦时，Ⅱ类地区为 0.54 元/千瓦时，Ⅲ类地区为 0.58 元/千瓦时，Ⅳ类地区为 0.61 元/千瓦时。风能招标电价的优点是将固定电价引入了市场竞争。招标电价机制所形成的电价是相对符合市场规律的。再则，风能固定电价是根据我国目前的风能发展水平，依据不同风能资源区域的发电特点制定的。相较于我国目前 0.4~0.5 元/千瓦时的火电成本而言，风力发电的固定电价没有超出合理

---

① 徐文文：《绿色电力发展的法律机制》，华东政法大学 2011 年博士学位论文。

② 郝轶钢、李海毅、张家正：《上网电价力促光伏产业——专访中国可再生能源行业协会执行会长、秘书长张平》，载于《中国科技财富》2011 年第 17 期。

范围。所以在风电补贴领域也不存在接受补贴的主体可以获得"利益"的情况。就生物质能而言,生物质发电实行固定电价或者招标电价。在固定电价中,电价标准由各省(区、市)2005 年脱硫燃煤机组标杆上网电价加补贴电价组成。补贴电价标准为每千瓦时 0.25 元。在招标电价中,通过招标确定投资人的生物质发电项目,上网电价按中标价格执行,但不得高于所在地区的生物质能标杆电价。现实中,对于这个价格,不仅不能盈余,而且都不能完全弥补亏损,因此业界一直在呼吁进一步提高补贴标准。有人就认为目前的补贴水平难以维持整个生物质能源发电行业的发展,建议将生物质能源的电价补贴提高到 8 毛钱。[①] 以此看来,生物质能固定电价补贴也不存在"授予利益问题"。

生物质能中有比较特殊的一点就是垃圾焚烧发电。在生物质能发电项目中,以生活垃圾为原料的垃圾焚烧发电执行每千瓦时 0.65 元(含税)的全国统一标杆电价;其余上网电量执行当地同类燃煤发电机组上网电价。垃圾焚烧发电上网电价高出当地脱硫燃煤机组标杆上网电价的部分实行两级分摊。其中,当地省级电网负担每千瓦时 0.1 元,电网企业由此增加的购电成本通过销售电价予以疏导;其余部分纳入全国征收的可再生能源电价附加解决。2012 年之前,各省(区、市)生物质发电(垃圾发电)标杆上网电价水平介于每千瓦时 0.485～0.689 元之间。[②] 2012 年执行全国统一价,每千瓦时 0.65 元的价格可以说是取了较高的点。但从总体看仍在合理范围内。按照新的价格标准,我国东南部地区通过垃圾焚烧发电,企业会有一定的利润,但在我国煤炭资源丰富的中西部地区,煤价和燃煤机组标杆电价较低,垃圾发电价格水平也较低,这在一定程度上影响了投资者在当地的投资热情。按照每千瓦时 0.65 元的价格标准执行只能说是为了平衡中西部地区的亏损,从而促进垃圾焚烧发电行业的发展。因此垃圾焚烧发电也不能被认为是存在"授予利益"。

综上所述,由于欠缺"授予利益"的要件,目前我国可再生能源电价补贴不构成 ASCM 意义上的"补贴"。但需要注意是,我国在制定可再生能源固定电价或补贴标准时要注意"限度",以避免使受补贴的实体享有"利益",从而成为"反补贴"的对象。

(二) 可再生能源非电价补贴的合规性分析

1. 可再生能源建筑应用示范补贴合规性分析

可再生能源建筑应用示范补贴措施集中体现在《可再生能源建筑应用专项

---

① 钱炜:《生物质能发电期待国家补贴》,载于《科技日报》2010 年 3 月 12 日第 001 版。
② 李洋:《当前垃圾发电价格政策存在问题及政策建议》,载于《价格理论与实践》2011 年第 9 期。

资金管理暂行办法》中。

根据《可再生能源建筑应用专项资金管理暂行办法》的规定，国家利用可再生能源建筑应用专项资金对用太阳能、浅层地能、污水余热、风能、生物质能等对建筑进行采暖制冷、热水供应、供电照明和炊事用能的情况进行补贴。由此可知，该项补贴是国家向可再生能源建筑应用进行的无偿转移支付。而通过接受补贴，相关主体因此受有利益。因此，可再生能源建筑应用补贴是 ASCM 意义上的补贴。

该补贴措施的目的是促进可再生能源在建筑领域中的应用，提高建筑能效，保护生态环境，节约化石类能源消耗。从立法目的分析，该补贴是为了应对气候变化、保护有限的传统能源而发展可再生能源。因此该部应属于 GATT 中的一般例外条款——即使偏离了 GATT 的要求，依然可以被认为是合法的。

2. "太阳能屋顶计划"补贴合规性分析

"太阳能屋顶计划"补贴措施集中体现在《关于加快推进太阳能光电建筑应用的实施意见》和《太阳能光电建筑应用财政补助资金管理暂行办法》中。其中，《太阳能光电建筑应用财政补助资金管理暂行办法》对太阳能屋顶计划补贴的范围、条件、标准等内容作了规定。

根据《关于加快推进太阳能光电建筑应用的实施意见》的规定，中央财政安排专门资金，对符合条件的光电建筑应用示范工程予以补助，以部分弥补光电应用的初始投入。由此可知我国"太阳能屋顶计划"补贴是由政府向太阳能光电建筑应用示范工程给予的无偿地转移支付。该补助针对光电建筑发展初期的示范工程给予的资助，可被认为是投资补贴。接受补贴的实体可以因补贴而授有"利益"。因此我国"太阳能屋顶计划"补贴可以被认为是 ASCM 意义上的补贴。

它由中央财政从可再生能源专项资金中安排部分资金支持太阳能光电在城乡建筑领域应用的示范推广。从立法目的分析，该补贴制度是为了加快全国光电商业化发展，在该领域形成政府引导、市场推进的机制和模式。从法律规定来看，《太阳能光电建筑应用财政补助资金管理暂行办法》对补助资金使用范围、补助资金支持项目的条件所作的规定不是针对某个企业、某个地区进行的补贴，不具有专向性。从实践来看，"太阳能屋计划"覆盖多个省（市、自治区），支持了多个示范项目，因此不存在"事实上的专向性"。

3. "金太阳示范工程"补贴合规性分析

"金太阳示范工程"补贴措施集中体现在 2009 年由财政部、科技部、国家能源局联合发布的《关于实施金太阳示范工程的通知》中。该通知附件为《金太阳示范工程财政补助资金管理暂行办法》（以下简称《暂行办法》）。该《暂行办法》详细规定了对金太阳示范工程补贴的范围、条件、标准、资金申报和下达、监督管理等内容。根据《暂行办法》的规定，中央财政从可再生能源专项资金中安排部分资金支持实施金太阳示范工程。从该条款很容易判断我国金太阳工程是政府对太阳能光伏发电产业发展的财政资助行为。根据该《暂行办法》第四条的规定，此项财政资助主要支持太阳能光伏发电的示范项目的开展，属于投资补贴。接受补贴的实体因接受补贴而"受有利益"。因此，金太阳工程所涉补贴符合 ASCM 意义上的"补贴"。

从条文规定来看，《暂行办法》仅对金太阳示范工程财政资助的支持范围和补助标准进行了规定。只要符合所列支持条件的实体均可申请财政补助。因此金太阳示范工程补贴制度不存在法律上的专向性。金太阳示范工程补贴制度的出台扩大了我国在太阳能领域的补贴范围。自金太阳示范工程出台后除居民屋顶小规模发电系统外，补贴范围已经基本涵盖了太阳能光伏的三大主要应用领域。从实践操作来看，截至 2011 年年底的 3 期工程补贴规模分别为 642 兆瓦、272 兆瓦、600 兆瓦，入围项目分布在全国多个省（市、自治区），设计多个太阳能项目。因此金太阳示范工程补贴制度不存在事实上的专向性。

4. 生物能源和生物化工原料基地补贴合规性分析

2007 年财政部颁布《关于印发〈生物能源和生物化工原料基地补助资金管理暂行办法〉的通知》。该通知规定了对生物能源和生物化工原料基地的补贴措施。该通知的附件，《生物能源和生物化工原料基地补助资金管理暂行办法》规定，对符合条件的原料基地，由省级财政部门商本级林业（或农业）、国土资源部门向财政部申请原料基地补助资金。财政部根据主管部门的审核意见审核批复原料基地补助资金。从该规定可以判断我国对生物能源和生物化工原料基地的补贴属于国家财政的无偿转移支付行为。按照《暂行办法》的规定，对生物能源和生物化工原料基地进行补贴是为了保障发展生物能源和生物化工原料供应，切实做到发展生物能源和生物化工不与粮争地。这反映了原料基地补助资金的补贴接受者为基地建设企业。笔者认为该补贴也是在基地建设时所发放的补贴，属于投资性补贴。当补贴经过省级财政部门管控，适时拨付给企业时，企业因此被授予了一项"利益"。因此，我国对生物能源和生物化工原料基地的补贴属于 ASCM 意义上的补贴。

该《暂行办法》在补贴范围上的专向性并不明显。根据规定，只要符合条件的基地建设企业便可申请，由省级相关部门分别根据基地用地情况和基地投入、经济效益等情况进行审核并向财政部申请补助资金。

5. 秸秆能源化利用补贴合规性分析

2009 年财政部颁布《关于印发〈秸秆能源化利用补助资金管理暂行办法〉的通知》（以下简称《通知》）。《通知》附件为《秸秆能源化利用补助资金管理暂行办法》（以下简称《暂行办法》），专门对秸秆能源化利用补贴进行了规定。《通知》规定，中央财政将安排资金支持秸秆产业化发展；同时根据《秸秆能源化利用补助资金管理暂行办法》第七条的规定，中央财政按一定标准对符合支持条件的企业给予综合性补助。① 由此可见，该补贴措施是政府对符合条件的企业给予无偿财政资助。根据该《暂行办法》规定，补贴是为了支持秸秆产业化发展，主要支持企业收集秸秆、生产秸秆能源产品并向市场推广，以此可以看出该补贴为投资补贴。该措施的补贴范围是从事秸秆成型燃料、秸秆气化、秸秆干馏等秸秆能源化生产的企业。上述企业在接受补贴后受有利益。根据上述判断，该补贴措施是 ASCM 意义上的补贴。

根据《暂行办法》，企业需要满足企业注册资本金、经营状况等规定条件方有资格申请该补贴。② 这种在补贴申请条件上设置限制的做法无疑会使补贴资金流向少数符合条件的大型企业。对于该领域内的其他企业是一种竞争损害。因此笔者认为，该项补贴措施有"反补贴"的风险。

6. 关于美国对中国风力发电设备补贴调查的分析

美国政府于 2010 年 12 月就中国风电设备向 WTO 提出的磋商请求中重点"指责"的内容便是中国财政部 2008 年出台的《关于印发〈风力发电设备产业化专项资金管理暂行办法〉的通知》及其附件《风力发电设备产业化专项资金管理暂行办法》（以下简称《暂行办法》）。

根据《风力发电设备产业化专项资金管理暂行办法》的规定，中央财政安排专项资金支持风力发电设备产业化。由此可以判断，我国对风力发电设备产业化的补贴是国家财政资助。该项补贴是为了引导企业研究和开发适应市场需求的产品，主要对产业化研发成果得到市场认可的企业进行补助。接受补贴的接受者在接受补贴后享有了一定的"好处"。因此，风力发电设备产业化补贴是 ASCM 意义上的"补贴"。

《风力发电设备产业化专项资金管理暂行办法》规定，具有产业化资金主要是对企业新开发并实现产业化的首 50 台兆瓦级风电机组整机及配套零部件给予补助，补助金额按装机容量和规定的标准确定。该条规定将补贴对象限定在特定的范围之内，因此在具有"法律上的专向性"之嫌疑。而该《暂行办法》第四条更是明确指出补贴仅授予"中资及中资控股企业"，这样的规定很容易被认为

---

① 《秸秆能源化利用补助资金管理暂行办法》第七条规定：对符合支持条件的企业，根据企业每年实际销售秸秆能源产品的种类、数量折算消耗的秸秆种类和数量，中央财政按一定标准给予综合性补助。

② 《秸秆能源化利用补助资金管理暂行办法》第六条规定：申请补助资金的企业应满足以下条件：（一）企业注册资本金在 1 000 万元以上。（二）企业秸秆能源化利用符合本地区秸秆综合利用规划。（三）企业年消耗秸秆量在 1 万吨以上（含 1 万吨）。（四）企业秸秆能源产品已实现销售并拥有稳定的用户。

是违反了 WTO 国民待遇原则,具有进口替代补贴的嫌疑。[①]

《暂行办法》第六条规定了申请产业化资金的风力发电设备制造企业所必须符合的条件,其中包括"风电机组配套的叶片、齿轮箱、发电机由中资或中资控股企业制造,鼓励采用中资或中资控股企业制造的变流器和轴承"以及"风电机组在国内完成生产、安装、调试,无故障运行 240 小时以上,并通过业主验收"。该条款所规定的补贴条件很容易被 WTO 专家组或上诉机构解释为"风力发电设备产业化专项资金是对国内使用者或替代产品生产者提供的、替代风能进口设备的补贴",即进口替代补贴。为此,财政部取消了对风力发电设备产业化补贴,《风力发电设备产业化专项资金管理暂行办法》已经被清理。[②]

第三节 可再生能源反补贴调查的应对

一、中美可再生能源贸易摩擦及其原因

2010 年 9 月,美国钢铁工人联合会(The United Steelworkers union)根据 1974 年《美国贸易法案》第 301 节的规定向美国贸易代表办公室提交了请愿书,指责中国政府违反了加入 WTO 时承诺要遵守的规定,向绿色科技生产商及出口商提供数千亿美元的不正当补贴。请愿书涵盖了中国在绿色技术领域违反世贸组织的五大领域,包括:对获取关键原材料的限制,禁止性补贴出口业绩或国内含量队伍,对进口商品和外国企业的歧视,对外国投资者的技术转让要求以及扭曲贸易的国内补贴。他们要求美国政府对此展开调查,并将此案提交给世界贸易组织。2010 年 10 月 15 日,美国贸易代表办公室宣布应美国钢铁工人联合会的申请,美方正式按照《美国贸易法》第 301 条款针对中国政府的清洁能源政策和措施展开调查。2010 年 12 月底,美国指责中国为风电设备制造商非法提供补贴,向 WTO 申请磋商解决,为发起贸易诉讼迈出了第一步。2011 年 11 月初,美国商务部正式对中国输美太阳能电池(板)发起反倾销和反补贴调查,这是

---

① 《风力发电设备产业化专项资金管理暂行办法》第四条规定,产业化资金支持对象为中国境内从事风力发电设备(包括整机和叶片、齿轮箱、发电机、变流器及轴承等零部件)生产制造的中资及中资控股企业。

② 见财政部 2011 年 2 月 21 日《关于公布废止和失效的财政规章和规范性文件目录(第十一批)的决定》"四、失效的财政规范性文件目录"第 343 项。

美方首次针对中国清洁能源产品发起"双反"调查。它被指有可能导致美国对进口自中国的太阳能电池板施加高税,以帮助困境中的美国生产商。2011年12月,美国风电塔联盟(Wind Tower Trade Coalition)向美国商务部及美国际贸易委员会提出申请,要求对出口自中国及越南的应用级风电塔产品发起反倾销和反补贴合并调查。2012年3月,美国商务部作出初步裁决,以中国太阳能电池板的生产商或供应商接受了中国政府所谓不公平补贴为由,决定对这些产品征收2.9%~4.73%的反补贴税。

2011年12月25日,我国对美国的诸种做法作出回应。我国商务部发布公告,依据《中华人民共和国对外贸易法》和商务部《对外贸易壁垒调查规则》规定,对美国可再生能源扶持政策及补贴措施启动贸易壁垒调查,调查对象包括对美国华盛顿州"可再生能源生产鼓励项目"、马萨诸塞州"州立太阳能返款项目Ⅱ"、新泽西州"可再生能源鼓励项目"、新泽西州"可再生能源制造鼓励项目"、加利福尼亚州"自发电鼓励项目"六个项目。①

就此,中美围绕可再生能源补贴问题的贸易摩擦展开并且逐渐升级。那么,美国为何对我国可再生能源补贴提起反补贴调查?是我国可再生能源补贴本身存在问题,还是美国无端挑衅?笔者认为,美国将中国作为可再生能源贸易战争的对手,是由各种原因促成的。从法律角度分析,既有我国国内法自身的原因,也有美国出于国内政治经济需要而为之的原因。

(一) 我国可再生能源补贴制度自身的问题

我国在可再生能源补贴方面的立法缺乏规范性和合规性是导致美国挑起贸易争端的诱因之一。美国正是看到了我国可再生能源补贴国内立法的缺点,才对我国可再生能源补贴大肆指责。我国在可再生能源补贴问题上的立法缺乏规范性和系统性,这让某些欲阻碍我国可再生能源发展的国家钻了空子。由于我们没有系统规定补贴的定义、补贴的对象、补贴的范围乃至补贴的种类和期限,使得美国等国家在解读我们的政策时认为我国用于可再生能源的补贴是可诉补贴、甚至是禁止性补贴。

我国于2001年制定、2004年修订的《反补贴条例》的不完善是我国被提起可再生能源反补贴调查的另一原因。《反补贴条例》虽然对防范他国补贴措施有着重要作用。但作为出口国,如何避免他国向我国提起"反补贴"调查或诉讼

---

① 《对美国可再生能源产业的扶持政策及补贴措施进行贸易壁垒立案调查》(中华人民共和国商务部公告2011年第69号)。

则缺乏制度保障？换言之，该法仅具有防范功能，却削弱了攻击功能。①

除了我国在可再生能源补贴立法上的漏洞，我国在执法和法律宣传上也存在一定的漏洞。一些法律制度已经废止，但可再生能源相关企业却不知情，国内相关主体在向国外做信息传递时也出现了差错。由于信息不对称，国外对我国法律存废情况也不甚明了，以致将已经失效的法律仍然作为提起反补贴调查的法律依据。例如，2005 年，国家发展改革委下发了《关于风电建设管理有关要求的通知》，要求"风电设备国产化率要达到 70% 以上，不满足设备国产化率要求的风电场不允许建设"。2009 年年底，这一规定被取消，尽管当时下发了通知，但至今仍有部分国内企业表示，一直没有看到正式的文件。②

（二）中美可再生能源贸易之战是美国国内政治经济的需要

如果说我国在可再生能源补贴立法上存在与 WTO 补贴规则不符的情况是美国对我国可再生能源提起反补贴调查的内因的话，那么美国自身的政治和经济原因则是促使其与我国产生可再生能源贸易摩擦的外因。

2012 年 1 月，美国总统奥巴马发表国情咨文演讲，表示到 2035 年以前通过清洁能源资源来提供 80% 的电力（The Daily Energy Report，2012）。从中看出了奥巴马政府在发展清洁能源上的决心。但美国却在发展自身可再生能源的同时，对从中国进口的可再生能源产品进行反补贴调查。这反映了美国抢占可再生能源市场份额的野心。另外，2012 年美国大选的临近，挑起中美可再生能源贸易摩擦也是美国政治家们赢取政治资本的手段。

在可再生能源贸易摩擦中，WTO 贸易自由化成为美国抑制其他国家可再生能源发展的冠冕堂皇的理由。美国的这种做法是不顾国际低碳发展的大势、缺乏大国责任感的做法，带有强烈的霸权主义色彩。

更进一步讲，中美可再生能源贸易摩擦是新贸易保护主义的一种表现。新贸易保护主义（New Rrade Protectionism）是 20 世纪 80 年代初兴起的，以绿色壁垒、技术壁垒、反倾销和知识产权保护等非关税壁垒措施为主要表现形式的贸易保护主义。其目的是规避多边贸易制度的约束，通过贸易保护，达到保护本国就业，维持国际分工和国际交换中的支配地位。不难想象，新能源补贴问题很可能成为发达国家遏制我国新能源产业发展的新策略，这将加大中国新能源产品开拓国际市场的难度。我们需引起足够的重视并着力加以防范。

---

① 沈亚岚：《WTO 补贴和禁止性补贴定义之法律问题及对策》，载于《山西省政法管理干部学院学报》2005 年第 3 期。

② 刘伟勋："反对美国 301 调查，但也要自我反思"，经济观察网：http://www.gesep.com/News/Show_179_256317.html （最后访问日期：2012 年 7 月 25 日）。

二、美国可再生能源补贴立法与 WTO 反补贴规制

世界各国发展可再生能源都离不开对可再生能源的补贴。但目前真正诉诸 WTO 进行贸易争端解决的相关案例并不多。这一方面是因为可再生能源贸易战才刚刚拉开帷幕,另一方面是因为各国,尤其是发达国家在制定可再生能源补贴政策时注意与 WTO 补贴规则的衔接。这一点在中美可再生能源贸易摩擦中有所显现。美国在众多的国家中,仅选择了中国作为可再生能源"双反"的对象,除了因为中国是太阳能和风能设备出口大国之外,还因为中国在可再生能源补贴制度上的缺陷。与我国不同,美国和欧洲国家在可再生能源补贴方面的立法更加有助于该国符合 WTO 补贴规则,摆脱贸易争端。

第一,尽量避免"专向性"。美国在可再生能源补贴政策上,尽量避免"专向性"。最典型的做法是采取"竞争性补贴政策"。无论在联邦还是州政府,美国可再生能源补贴政策面向所有合规企业,只要符合条件均可申请补贴。为了避免被认为是向"特定企业或者行业"发放补贴,美国立法规定提出补贴申请的企业必须通过竞争性程序才能获得被授予补贴的资格。在授予能源领域该补贴的过程中采取这一措施最大限度地规避了 ASCM 第 2 条中对于"专向性"的规定。例如,在由联邦政府实施的"部落能源项目补贴"(Tribal Energy Program Grant)中,规定补贴是由联邦政府对部落可利用再生能源提供的财政资助,由国会年度拨款。获得资金必须通过竞争程序。每个资助机会公告都必须说明补贴如何申请、申请内容和选择标准。再如,依据《美国恢复和再投资法案》(ARRA)设立的马萨诸塞州太阳能款项目Ⅱ。对设备要求和安装要求均没有特殊指定。

第二,尽量避免出口补贴和进口替代补贴的规定。虽然美国也对可再生能源提供了大量补贴,但很少或者没有采用进口替代补贴,也不用担心相关判决产生的"先例"效果对自己产生不利影响。[①] 美国在可再生能源方面的补贴基本上都是针对美国境内所有合规企业进行的补贴,不存在对美国企业和非美国企业的区别对待。因此在法律条文上几乎不存在构成出口补贴和进口替代补贴等禁止性补贴的规定。[②]

第三,尽量吻合不可诉补贴。美国在可再生能源方面的补贴尽量吻合不可诉

---

① 黄志雄、罗嫣:《中美可再生能源贸易争端的法律问题——兼论 WTO 绿色补贴规则的完善》,载于《法商研究》2011 年第 5 期。

② 当然,这并不排除美国所采取的补贴政策可能构成可诉性补贴的情况。按照 ASCM 第 3 部分的规定,如果可以证明美国所采取的补贴措施对其他成员的利益造成不利影响且造成严重侵害,那么其他成员就可以提起反补贴调查并采取相应措施。

补贴的要件，以减少被调查的概率。例如，美国注重对研发补贴的投入。2010财政年度，美国用于可再生能源 R&D 的资金达到 14.09 亿美元，位列各项能源 R&D 资助之首，占联邦政府对所有能源的 32.3%。[①] 在美国 2013 财政年度预算中，用于清洁能源研究的资金额度进一步提高，比 2012 财年提高了近 30%。美国对可再生能源研发进行大量补贴，恰好吻合 ASCM 第 8 条研发补贴作为不可诉补贴的规定。虽然 ASCM 第 8 条已经失效，但实践来看，对该部分补贴提起反补贴调查或者诉讼的案例几乎没有，因此对可再生能源采用研发补贴是相对安全的做法。

三、我国可再生能源补贴立法与 WTO 反补贴规制

我国主要的可再生能源补贴制度具有 WTO 框架下补贴规则的合规性。但由于 WTO 规则在很多方面是含混不清且需要法律解释的，因此我国的可再生能源补贴制度也极有可能被其他成员国或者 WTO 争端解决机构做出相反的解释。例如，我们认为我国"金太阳示范工程"补贴制度不具有专向性，但在 USW 向美国贸易代表办公室递交的请愿书中却认为该项补贴具有"专向性"。因此在今后的制度建设中，我们还应该做好与 WTO 补贴规则的衔接。主要从以下几个方面入手：

第一，在立法目的上更加注重应对气候变化型补贴的设立。按照补贴目的，可将可再生能源补贴分为气候变化型补贴和贸易壁垒型补贴。虽然 ASCM 对于可再生能源补贴没有例外性规定，但在 GATT 中可以找到对气候型可再生能源补贴豁免的依据。另外，各国在 1994 年之后大量使用应对气候变化型补贴。但该类补贴的依据则都是 1992 年的《联合国气候变化框架公约》，并且各国在 1997 年达成了《京都议定书》。因此，应对气候变化补贴在 WTO 框架内应当被认为是正当的。鉴于上述原因，我国在立法中应明确可再生能源补贴的目的为应对气候变化，以此避免引发国际贸易争端。

第二，在制定补贴政策时引入竞争性程序。为了避免被认定具有"专向性"，我国在可再生能源补贴立法中应制定相应的竞争性程序，即只有申请实体经过竞争方可获得接受补贴的资格。

一方面，法律法规或其他规范性文件并没有明确规定可再生能源补贴措施的适用范围。只要这样，补贴措施就不会构成法律上的"专向性"。另一方面，实

---

① EIA, "What Role Does Renewable Energy Play in the United States?", *available at* http://www.eia.gov/energyexplained/index.cfm?page=renewable_home（last visit Mar 15, 2012）.

践中补贴也没有集中流向"某些企业",即补贴资金没有大量或全部给予某些企业。这样就排除了事实上的转向性。有学者认为,通过招标方式,公开竞争,行政机关与中标方签订行政合同,从而确定补贴当事人和权利义务关系。这种方式可以更加彰显公益性。[①] 笔者赞成此种主张。建议在可再生能源补贴中,也引入招投标方式,用以确定补贴对象。可再生能源补贴主体与接受补贴者签订可再生能源补贴合同。通过招投标方式确定补贴对象可以有效避免"专向性"的认定,体现我国可再生能源补贴的制度的公平、公正。

第三,丰富补贴类型。为避免禁止性补贴,建议丰富补贴类型,加大在可再生能源研究开发领域的补贴。首先,应当增加补贴类型,可以使财政资金分散在可再生能源产业的各个领域和环节,降低在某些环节补贴的比率,从而符合WTO补贴规则中的相关要求。其次,使用"研发补贴"。"研发补贴"是ASCM所规定的不可诉补贴。在实践中对其提起调查和诉讼的可能性较小。从法律条文上看也不存在构成出口补贴和进口替代补贴等禁止性补贴的情况。

---

① 温晋锋、杭仁春:《WTO视野下我国行政补贴制度化的探索》,载于《行政法学研究》2005年第1期。

第二十二章

我国可再生能源补贴制度的完善

可再生能源补贴虽然在实践中发挥了巨大的引导和扶持功能,促进了可再生能源的发展。但令人遗憾的是,众多的可再生能源补贴措施在法律上却表现得杂乱无章。为了使可再生能源补贴发挥积极作用、避免与 WTO 框架下补贴规则的冲突,我国应进一步完善的可再生能源补贴制度。

我国不可谓没有可再生能源补贴制度,但也并不能认为该制度已经尽善尽美。为了使我国可再生能源补贴制度在国内最大化地发挥其积极作用,在国际上尽量避免产生贸易争端,我们需要尽快完善可再生能源补贴法律制度,确立正确的制度理念、修改不妥之处并补充漏洞——从内容和程序两个方面出发完善我国可再生能源补贴制度。

第一节 可再生能源补贴立法完善的必要性与思路

一、完善我国可再生能源补贴法律制度的必要性

在财政法上,目前我国没有专门的转移支付法,就更谈不上有专门的"补贴法"。[1] 在可再生能源法上,我国目前仅在《可再生能源法》中提到了经济激

---

[1] 刘剑文、熊伟:《财政税收法》,法律出版社 2009 年版,第 102 页。

励制度，其中包含补贴制度。这样的立法现状对于可再生能源而言，无论是国内发展，还是国际立足都十分不利。我国完善可再生能源补贴法律制度，在国内法意义上是财政民主和财政法定的要求；在国际贸易法意义上应对可再生能源反补贴、减少国际贸易争端的需要。

（一）可再生能源产业发展的需要

目前我国可再生能源补贴尚处在研发阶段和示范阶段。[①] 而根据《可再生能源中长期发展规划》的要求，我国要在 2010～2020 年期间建立起完备的可再生能源产业体系，大幅降低可再生能源开发利用成本，为大规模开发利用打好基础。为了促成可再生能源产业化的形成，我国对可再生能源进行财政补贴，以促使其规模化发展。但在补贴时应当注意补贴的适当性、合理性，否则补贴将沦为扰乱市场秩序、阻碍竞争的"罪魁祸首"。法律是保证可再生能源补贴适当、合理的重要手段。

在程序上，从可再生能源补贴的决定到可再生能源补贴的发放、监督和救济均需要法律制度加以规范。如果没有对程序的法律规定，可再生能源补贴制度将缺乏程序正义，从而无法实现公平和秩序的法律价值。由于缺乏监督和救济手段，在一定程度上打击了可再生能源行业的从业者。而补贴资金则有可能流向少量企业或行业，这极有可能被贴上"专向性"的标签。在实体上，从可再生能源补贴的资金来源到可再生能源补贴的当事人及其权利义务关系，从可再生能源补贴的范围到可再生能源补贴的标准和退出时限均需要法律规范加以明确。如果没有对内容作全面的规定，可再生能源补贴就缺乏实体正义，从而无法体现"补贴"的经济价值。由于内容上的不确定性，将导致可再生能源领域缺乏正确的鼓励和指引，由此导致部分可再生能源无法发展，而另一部分可再生能源则产能过剩，以致无法实现可再生能源产业化。

综上所述，可再生能源产业化的实现必须以可再生能源补贴法制化为前提。

（二）财政民主和财政法制的需要

1. 财政民主要求可再生能源补贴制度化

"财政"在法学上体现为符合宪政精神，具有财政民主性。所谓财政民主，

[①] 根据我国学者的分析，可再生能源产业化需要满足六个方面：第一，生产的连续性；第二，生产物的标准化；第三，生产过程各阶段的集成化；第四，工程高度组织化；第五，尽可能用机械代替人的手工劳动；第六，生产与组织一体化的研究与实验。而目前我国可再生能源行业还无法完全满足以上六个要件。参见胡丽霞、孙文生：《中国可再生能源产业化发展的成长过程分析》，载于《中国经济评论》2007年第11期。

就是政府依法按照民众意愿，通过民主程序，运用民主方式来理政府之财。[①] 财政民主对于构建和谐社会、实现民主政治和公平正义具有极其重要的作用。财政民主不仅可以实现政府行为的法制化，还是保障公民享有社会权利的重要基础。

为了使可再生能源补贴符合当代财政学所主张的"满足公共服务均等化"，我们必须对可再生能源补贴进行法制建设。也只有可再生能源补贴法制化，才有可能体现"民主性"。在"公共服务均等化"的实现上，财政民主要求政府将财政真正划拨到可再生能源需要的地方，做到"均等化"，而不是将财政补贴过分集中于投资领域和规模较大的工程项目或企业，而这就需要可再生能源补贴制度化、法制化。从已有我国可再生能源补贴制度看，由于缺乏系统的规划，政府授予可再生能源补贴存在一定的随意性。甚至在 2011 年 7 月之前我国太阳能电价补贴还在采取一事一议的做法。

2. 财政法定要求可再生能源补贴制度化

同财政民主不同，财政法定主张遵循"国家的主体性与为国家职能服务相结合"的法治原则。法律制度是可再生能补贴存在和良性运转的保障。制度的建设体现了程序正义和实体正义。它有利于促使可再生能源补贴有效性和正当性的发挥，从而对可再生能源产业的健康发展起到推动作用。

可再生能源补贴本身是国家运用财政收入实现其经济职能的过程。政府在运用财政资金对可再生能源进行补贴时必须严格遵守财政职权法定、收支法定、收支主体法定、收支形式法定和财政责任法定的原则，体现法律的秩序价值。

从经济学角度看，补贴是公共经济政策的一个重要组成部分，对于扶持一个国家特定行业或者产业的发展，振兴经济，可以发挥十分重要的作用。因此，各国政府广泛采用这一政策，以促进本国经济发展。但是另一方面，从国际自由贸易的角度来看，一个国家的补贴措施如果使用不当也会导致国际贸易上的不公平竞争，对进口方或第三方的相关产业或其他合法利益造成损害，造成贸易扭曲，影响资源的合理配置和产业效率。面对补贴的利与弊，只有法律制度才能从根本上规范"补贴"，使其在具有正当性的同时避免扭曲市场价格的副作用出现。

（三）应对国际贸易争端的需要

我国目前还没有专门的可再生能源补贴法律规范。大量的补贴政策通过部委规章或者部门规范性文件表现出来。可再生能源补贴领域的"规范性文件"一般表现为部门层面的产业政策和专项资金使用管理办法。有些可再生能源补贴制度，连专门的资金管理办法都没有，其方案实施完全凭借政策命令。可再生能源

[①] 刘剑文：《宪政与中国财政民主》，载于《法治论坛》2008 年第 3 期。

补贴制度的不完善很容易造成可再生能源补贴具有"专项性"的假象。国外政府对我国提起可再生能源反补贴调查也正是"钻了这个空子"。

因此,笔者建议完善我国可再生能源补贴法律制度,制定科学、合理的规范。从补贴的对象、范围、标准、程序、救济手段等多个方面入手,健全现有可再生能源补贴制度,做到与WTO补贴规则一致,尽量避免法律上和事实上的"专项性"。

总之,出于财政民主和财政法定的基本原则,更出于发挥可再生能源补贴正当性、避免负面作用的原因,我国应该对可再生能源补贴进行法制建设。目前我国可再生能源补贴制度已经有一定的基础。笔者建议对已有制度进行合理调整,并制定专门的可再生能源补贴法律规范,对已有制度起到协调和补充的作用。

二、完善可再生能源补贴制度的原则

在建设可再生能源补贴法律制度时,结合我国目前的立法现状和特点,应遵循以下基本思路。

(一) 遵守WTO反补贴规则

完善可再生能源补贴制度的首要思路是使我国可再生能源补贴制度与WTO反补贴规则相协调。本专题第四章对我国现行主要的可再生能源补贴制度进行了WTO合规性分析。

其中,风电设备补贴具有明显的"出口替代补贴"的特征。虽然我国在立法本意上并非为了排斥别国风电设备向我国进口,但从法律表述上,我们很难找到有利于我国政府的依据。在今后的制度建设中,笔者建议删除风电设备补贴中涉嫌"歧视"性的内容。

我国在太阳能和生物质能补贴上,虽然法律规范中没有"国产化"的限制,但由于对补贴对象的要求过于苛刻,使得补贴资金最终可能流向极少数的大型可再生能源企业,由此形成"事实上的专向性"。因此笔者建议在我国可再生能源补贴制度中引入"竞争"——补贴面向广泛的对象,只要符合基本条件,通过平等竞争就可以获得补贴。

(二) 本着因地制宜的原则

在完善可再生能源补贴制度时,应当遵循因地制宜的原则。在可再生能源补贴中,地方的作用是不可忽视的。从自然条件来看,各地的地理环境不同,可再生能源的分布情况也大不相同，在资源丰富的地区和在资源贫乏的地区发展可再生能源所需要的激励机制一定是有所区别的。从经济条件来看，各地经济水平不同，东部与西部、沿海与内陆在经济条件和用电需求上的差异巨大；而由于各地的地价、消费水平等因素的差异，导致开发和利用可再生能源的经济收益也相去甚远。在有些地区通过减免税收、提供直接补贴等途径发展可再生能源，既有利于可再生能源企业，又能带动当地就业。但在有的地区则未必能够如此。例如在甘肃，上千万千瓦的风电基地投产、并网发电后，除去税收优惠，地方政府几乎一无所获；风电工程对当地的就业拉动效果也相当有限；当地没有装备制造业，增值税退税亦无法惠及本地企业。① 从电网分布来看，全国六大电网，分属不同电网公司②，各区域间电网的装机容量不同，能够消纳的可再生能源电量也有所不同，因此各地发展可再生能源也应有所侧重，进而对可再生能源的补贴也应体现"地方特色"。

从另一个角度看，行政管理的理论证明，掌握信息越全面，在具体事务的管理上越有优势。在可再生能源的微观和中观层面上，地方政府无疑比上级政府信息完整。由地方政府负责实施，补贴措施的正面作用也会发挥得更充分。即使在中央政府出于战略考虑制定补贴措施，也不宜直接指定到接受补贴的具体项目。中央政府可以切块下达专项转移支付，仅指定专门用途而不指定具体项目。具体可再生能源补贴项目交由地方政府根据补贴效益最大化原则加以确定。

综上所述，在建设可再生能源补贴制度时，"因地制宜"相当重要。在遵守国家普遍性补贴制度的同时，注重地方特色，制定符合当地情况且行之有效的补贴制度十分必要。

我国可再生能源补贴制度中一直比较重视地方的作用。例如，《太阳能光电建筑应用财政补助资金管理暂行办法》中就规定，鼓励地方出台与落实有关支持光电发展的扶持政策。同时规定，财政部将项目补贴总额预算的70%下达到省级财政部门。省级财政部门在收到补助资金后，会同建设部门及时将资金落实到具体项目。从条文来看，财政部给了地方政府一定的决定权，但留给地方的财政补贴权限还不够具体，范围也不够大。在大部分补贴政策中，国家层面对可再生能源补贴规定过细，地方政府忙于应付国家层面的各项补贴规定，而无暇在权限范围内出台并实施补贴措施。有些省份，国家对其当地的可再生能源财政补贴力度虽大，但仍然无法让当地政府受有利益。因此在国家层面规定可再生能源补

---

① 李俊峰：《2010年风电：装机预增1 500万千瓦》，载刘建东、程洪瑾主编：《中国经济形势与能源发展报告2010》，中国电力出版社2010年版，第204页。

② 全国共有东北电网、华北电网、华中电网、华东电网、西北电网和南方电网六大电网。其中前五大电网属国家电网公司，南方电网属南方电网公司管理。

贴制度时，应该给地方更多的事权。同时出台一些鼓励措施，引导地方政府结合本地情况，主动补贴可再生能源。

在鼓励地方政府补贴可再生能源的问题上，我们可以学习国外发达国家的经验，如欧盟。虽然我国是一个完整主权的国家，和欧盟的政治体制不同，但也有值得我们借鉴的地方——欧盟用指令的形式规定可再生能源补贴问题，要求各成员国将"指令"的规定转化成国内法予以贯彻，如果不执行，则会有相应的不利后果。我国也可以在国家层面规定一定的可再生能源发展目标和补贴目标，并将其划分给各个省（自治区或直辖市），并由各地政府自行来制定符合当地特点的制度。

（三）注重制度稳定性

在可再生能源补贴制度建设中，应当遵循制度稳定性的原则。补贴本身具有灵活性和政策性，但并不意味着补贴法律制度就一定要朝令夕改。制定稳定性强的可再生能源补贴法律制度对我国可再生能源发展以及应对别国反补贴调查和诉讼都极其有益。

法律的稳定性是法律制度建设的基本原则之一。政策虽然相对法律而言更加灵活多变，但依然需要在一定时期内保持相对稳定性。而要做到稳定就必须在确立一项制度之前进行充分的调研和规划，在制定规范时做到科学、全面、合理。我国在可再生能源补贴制度的制定上正缺乏这种相对的稳定性和科学性。科学性和稳定性是相辅相成的。在尊重立法技术、遵循财政补贴规律的前提下，制度建设一定是具有相对稳定性和科学性的。

以太阳能光伏发电补贴为例，2009~2011年，在太阳能光电补贴方面，共有8个文件出台，其中4个是部委规章。上述文件的根本目的是落实《可再生能源法》。我们可以将上述文件的立法目的与《可再生能源法》的立法目的视为是一致的。《可再生能源法》的立法目的是促进可再生能源的开发利用，增加能源供应，改善能源结构，保障能源安全，保护环境，实现经济社会的可持续发展。而关于光伏发电补贴的上述8个文件的直接目的是为了落实国务院节能减排战略部署，加强政策扶持，加快推进太阳能光电技术在城乡建筑领域的应用。在目的一致的情况下，为什么就一个问题在短短的3年时间中出台了4个部委规章和4个部门规范性文件？这反映了目前可再生能源补贴制度建设中的一个普遍性现象——立法缺乏规划性和全面性。

究其原因，我国没有财政补贴方面的专门性规范，行政部门在制定规范时没有参照，或者说无章可循。许多部门在制定可再生能源补贴制度时往往就事论事，缺乏规划，更谈不上立法技术和与其他法律的衔接问题。

消除这种现象的方法就是在立法前充分做好调研工作,对可再生能源补贴的依据、主体和对象予以通盘考虑,并按照法律要素,确立可再生能源补贴制度的主体、客体和权利义务关系。

还是以太阳能光电补贴制度为例,在 2009 年,结合我国太阳能产业国内外的发展状况,财政部、住房和城乡建设部共同制定了《加快推进太阳能光电建筑应用的实施意见》,同时财政部制定了《太阳能光电建筑应用财政补助资金管理暂行办法》。上述两个规范性文件的法律依据均为《可再生能源法》。其中《太阳能光电建筑应用财政补助资金管理暂行办法》就光电补贴事项给予了较为全面的规定——规定包括补贴范围、资金来源、补助资金的管理、补贴申报主体、补贴标准、地方政府补贴事项、补贴程序、补贴受理部门的义务等内容。但在补贴受益者、补贴法律责任、补贴监管等方面没有加以规定。2010 年 9 月,财政部、科技部、住房和城乡建设部和国家能源局出台了《关于加强金太阳示范工程和太阳能光电建筑应用示范工程建设管理的通知》,对于之前的两个规章中部分内容进行调整,并对受有补贴的项目监管作了规定。2011 年 12 月财政部与住房和城乡建设部出台了《关于加强太阳能光电建筑应用示范后续工作管理的通知》对太阳能光电建筑补贴项目在建设过程中和结束时的补助资金清算与收回作了规定。上述四个部门规章和另外四个部门性规范文件加在一起才总算对我国太阳能光电补贴问题有了一个"相对"全面的规范。如果在制定政策之前能够充分考虑到补贴作为一种分配形式所具有的三个构成要素——补贴主体、补贴依据和补贴对象,[①] 从制定补贴政策的伊始便全盘规划,那么就可以在一定程度上避免"屡出新规"、"屡做补充"的现象。

正如波斯纳所言,如果每个人都遵从同一种策略,那么他们就总是清楚应该怎样做,因此就会实现为人所欲的结果。[②] 鉴于稳定的可再生能源法律制度对于企业投资决策、市场价格形成都具有重要意义,笔者建议在制定可再生能源补贴制度时注意制度的稳定性。

三、完善可再生能源补贴制度的具体做法

完善可再生能源补贴制度的具体做法是制定一部《可再生能源补贴管理办法》,建议有关部门根据该《管理办法》对现行可再生能源补贴制度进行修正和补

---

① 邓子基:《财政学》(第二版),中国人民大学出版社 2010 年版,第 120 页。
② [美] 埃里克·A. 波斯纳著,沈明译:《法律与社会规范》,中国政法大学出版社 2001 年版,第 271 页。

充，并在今后制定新的同等效力的可再生能源补贴制度时参照该《管理办法》。

（一）制定可再生能源补贴专门性规范的原因

我国的可再生能源补贴制度缺乏条理。虽然《可再生能源法》等相关法律、法规以及其他规范性文件对可再生能源电价补贴均有所规定，但内容粗疏。在现有的制度中，《可再生能源发展基金征收使用管理暂行办法》虽然是专门规定可再生能源发展基金的规范性文件，但从内容上讲主要是规范可再生能源补贴资金来源和资金使用的法律制度；从效力上讲，该管理暂行办法由财政部制定，属于典型的行政规章。在该法律的名称中带有"暂行"二字。这从一个角度说明其不稳定性。

我国目前最缺乏的是对可再生能源补贴制度在内容和程序上的完整性规定，也缺乏与WTO反补贴规则的衔接。因此针对我国目前的立法状况，笔者建议制定一部专门性的可再生能源补贴法律规范。对现行可再生能源补贴制度中没有规定的地方予以补充规定。例如，我国现行可再生能源补贴规范均注重内容的规定，轻程序的规定。拟制定的专门性规定即对原有规定中程序规范的缺位予以补充。新的专门性规范不仅可以作为有关部门修订现有补贴制度的参照物，也可以作为各部门在日后制定和实施新的可再生能源补贴规定时的重要参考依据。

（二）制定《可再生能源补贴管理办法》

由于我国可再生能源补贴制度散见于各处，而且其内容十分不完善，这使我国可再生能源补贴制度没有发挥其应有的效用。因此笔者建议拟制定《可再生能源补贴管理办法》。该办法应当具有相对的稳定性，主要从可再生能源补贴的立法目的、申领程序、救济手段等方面进行规定。从内容上讲，该办法应当包括实体法和程序法的双重内容——除明确规定补贴的目的、补贴的范围、补贴的适用条件、补贴的类型、补贴的时限等内容外，还应规定补贴的法定阶段，补贴当事人在各补贴阶段所应遵循的程序以及补贴当事人的救济途径等。

拟制定的《可再生能源补贴管理办法》主要用于修正、补充已有可再生能源补贴规范，但并不具有统领性。笔者建议由国务院财政主管部门会同国家发改委、农业部、住房和城乡建设部等部门制定较为合适。该规范在性质上属于部门行政规章。

该规章的作用是对现行制度的修正、协调和补充，而不是统领。如果新制度对其他已有制度具有统领性，那么它与其他现有制度之间便存在法律位阶的差异，进而在法律表现形式上属于"专门型"模式。然而，笔者并不主张建立专门型模式。如果新制定的规范要统领已有规范的话，那么新规范在法律效力上一定要高于其他已有规范。然而从实际出发，我国目前连专门的"转移支付法"都不存在，更谈不上就"补贴"专门立法，而为可再生能源补贴专门立法的希望就更加渺茫。再则，我国立法资源稀缺，无论在法律层面还是行政法规层面，为可再生能源补贴制度专门立法的可能性都微乎其微。因此，笔者建议在部门层面设置《可再生能源补贴管理办法》。在效力上，该《管理办法》与大部分已有可再生能源补贴制度同级别，在内容上起到对已有制度的修正、协调和补充。所谓"修正"，即如果在现行可再生能源补贴相关的行政规章、地方法规、地方行政规章以及其他部门规范性文件中有与《可再生能源补贴管理办法》之规定相冲突的地方，则以《可再生能源补贴管理办法》为准。所谓"协调"，即如果现行可再生能源补贴相关的行政规章、地方法规、地方行政规章以及其他部门规范性文件之间相互冲突的，则以《可再生能源补贴管理办法》之规定为准。所谓"补充"，即如果现行可再生能源补贴相关规范文件在补贴程序方面有未尽事宜的，依照《可再生能源补贴管理办法》执行。

第二节 可再生能源补贴制度完善的具体内容

一、可再生能源补贴的目的

（一）确立我国可再生能源补贴立法目的的意义

建立健全可再生能源补贴法律制度的首要任务是明确可再生能源补贴制度的立法目的。立法目的，是指立法者根据统治阶级的利益与需要，事先设定立法所要实现的目标，自觉地按此目标设计立法方略，确定调整的对象与方法，做出有关政策的决策，选择最优的立法方略与技术。确立可再生能源补贴制度的立法目的正是要确定可再生能源补贴立法所要实现的目标，并以此立法目的为立场，制定具体制度。换言之，不同的立法目的会衍生出性质迥异的可再生能源补贴制度。在国际贸易法上，不同的可再生能源补贴立法目的决定了可再生能源补贴是否属于禁止补贴、可诉补贴抑或是不可诉补贴。在国内法上，不同的可再生能源补贴立法目的决定了可再生能源补贴的立法、执法以及法律适用。

笔者对我国主要的可再生能源补贴制度进行考察，将我国现行可再生能源补贴制度的立法目的分为两类，一类是综合型立法目的，另一类是经济导向型立法目的。所谓综合型立法目的，是指一项补贴制度的立法目的既包含经济目标，也包含环境目标。① 所谓经济导向性立法目的，是指仅以经济利益、产业发展作为立法追求的目标。

我国太阳能补贴的立法目的是综合型立法目的。"光电建筑示范工程"的立法目的是："为贯彻实施《可再生能源法》，落实国务院节能减排战略部署，加强政策扶持，加快推进太阳能光电技术在城乡建筑领域的应用"。"金太阳示范工程"的立法目的是："为促进光伏发电产业技术进步和规模化发展，培育战略性新兴产业"。除了"产业发展"的导向，在两项制度的立法目的中也显示了"环境导向"。在光电建筑示范工程制度的立法目的中明确提出"节能减排"。同时，两项制度都将《可再生能源法》作为其上位法。这里我们将两项制度的立法目的理解为第二层次立法目的，其上位法立法目的即为第一层次立法目的——为了促进可再生能源的开发利用，增加能源供应，改善能源结构，保障能源安全，保护环境，实现经济社会的可持续发展。

我国风力发电技术设备补贴制度的立法目的是较为典型的经济导向型立法目的。财政部《关于印发〈风力发电设备产业化专项资金管理暂行办法〉的通知》的立法目的是："为加快我国风电装备制造业技术进步，促进风电发展。"国家经贸委《关于加快风力发电技术装备国产化的指导意见》的立法目的是："为了加快风力发电技术装备国产化进程，提高风力发电设备的质量，推动我国风力发电事业快速、健康发展。"除此之外，农村沼气项目补贴制度、生物能源和生物化工原料基地补贴制度、秸秆能源化利用补贴制度也都是以产业发展作为法律目标的。

我国目前没有一项可再生能源补贴制度明确立法目的为"应对气候变化"、"实现可持续发展"。这不利于我国可再生能源补贴制度在国际贸易法上被认为是"合规"，也不利于我国可再生能源补贴制度在国内的发展和实行。因此建立健全可再生能源补贴制度的首要任务是确立科学的立法目的。

（二）确立我国可再生能源补贴制度的立法目的

立法目的可以根据形式及所体现的范围分为三个层次。② 第一层的立法目的属于法律的一般性目的，体现了人们在法律上的总体追求，是立法者带有根本性的法律意向。第二层次的立法目的是较第一层次立法目的具体的立法目的，是人

---

① 此处的环境应做广义理解。除防治污染、节能减排外，其内涵也包含减少 CO_2 排放、应对气候变化，可持续发展。

② 黎建飞：《论立法目的》，载于《中国社会科学院研究生院学报》1992 年第 1 期。

们将对法律调整社会关系的总需要与特定的法律形式相结合而生成的立法目的。这种立法目的经常以条文形式出现在具体的法律规范中。例如,《电力法》第五条第二款规定国家鼓励和支持利用可再生能源和清洁能源发电。究其立法目的,除了《电力法》第一条"保障和促进电力事业发展,维护相关利益主体合法权益,保障电力安全运行"的第一层次立法目的外,还有第二层次立法目的——即从该条第1款的规定可以推断出该制度第二层次的立法目的是保护环境,防治污染。第三层次的立法目的是特殊性的立法目的,它在更具体的、更小的范围内有着自己特定的内容,一般只贯穿于所属部分的法律条文中。以上三个层次的立法目的可以被认为是立法目的在法律宏观、中观和微观层面的体现,它们相互联系,下一层次的立法目的体现并服务于上一层次的立法目的。

首先,第一层次立法目的。正如本专题第一章中所论述的,我国对可再生能源施以补贴的终极原因在于应对气候变化、实现可持续发展。因此第一层次的立法目的便可以表述为"为了应对气候变化、节约能源、维护能源安全、实现社会可持续发展……"。其次,第二层次立法目的。在应对气候变化中,为了实现能源结构调整、减排CO_2,我们大力发展可再生能源。因此,第二层次的立法目的可以是"促进可再生能源产业发展"。这个目的貌似是经济目标,但它是服务于第一层次立法目的的。换言之,是为了应对气候变化、节约能源、维护能源安全、实现社会可持续发展而推动可再生能源产业发展的。最后,第三层立法目的。从具体情况来看,国家对可再生能源进行财政补贴,是一个财政资金管理和使用的过程。因此第三层次的立法目的可以是:"为了更好地实现对补贴资金的管理,做好申领和补贴发放和资金使用工作。"

以上三个层次的立法目的服务于不同层级的可再生能源补贴法律制度。第一层次立法目的的出现在《可再生能源法》及拟制定的《可再生能源补贴管理办法》中;第二层次的立法目的出现在风能、太阳能、生物质能的各项补贴制度中;第三层次的立法目的出现在因管理补助资金而出台的资金管理制度中。

二、可再生能源补贴当事人

(一) 补贴主体

1. 补贴主体内涵的界定

为了与国际接轨,更好地利用补贴制度发展可再生能源,建议在界定补贴主体时与WTO的规定相一致。如本书第四章所言,ASCM所规定的"补贴"的主体包括政府、公共机构和政府委托或指示的私营机构。因此,我国可再生能源补贴主体除政府外还包括公共机构和其他机构。政府的资助行为一定属于"补贴"。至于公共机构和其他机构的资助行为是否构成"补贴",要看该资助行为的性质——有无政府参与或者授权。

可再生能源补贴主体中的"政府"不仅指中央政府也指地方政府。按照WTO的规定,一成员地方政府的立法规范如违反了WTO的相关规定,应由其国家承担相应责任。可再生能源补贴主体中的"公共机构"以非营利性为特征。当公共机构执行国家可再生能源补贴政策时,其行为被视为国家的行为。目前国内以公共机构作为补贴的提供者较为罕见。即使存在也是接受了政府的委托或者由政府参与。建议在今后的立法中将公共机构也明确规定为补贴的主体。换言之,可再生能源补贴主体中的"政府委托或指示的私营盈利机构"在政府的委托或者指示下对可再生能源予以资助,其行为也属于"补贴"行为。这样的规定的原因:一来是为与WTO补贴规则接轨;二来为扩充可再生能源补贴的筹资渠道打下基础。

2. 补贴主体外延的界定

根据财政学理论,财政支出行为必须与各级政府的事权、财权相统一。按照中央和地方各级政府的事权划分来确定财权大小。作为财政支出中转移支付的一种类型,补贴也必须遵循此原则。可再生能源补贴的主体分为中央和地方政府。我国目前可再生能源补贴的主体有中央政府和地方政府,并以中央政府为主。根据可再生能源的特点,我们应当鼓励地方政府利用自己的力量扶持可再生能源的发展。

(二) 补贴接受者

可再生能源补贴接受者包括所有接受补贴主体资助的实体和个人。此处的实体既可能是企业,也可能是产业甚至地区。根据接受补贴的方式,补贴的接受者可以分为直接的补贴接受者和间接的补贴接受者。补贴的直接接受者是指那些直接接受补贴主体所给予的资助的实体或者个人。补贴的间接接受者是指那些没有直接接受补贴,但基于某种原因而间接享受到补贴利益的实体或者个人。由于补贴的间接接受者不易确定,因此笔者建议在可再生能源补贴立法中主要关注可再生能源补贴的直接接受者。

笔者建议在实践中拓宽风能、太阳能和生物质能领域的补贴接受者。以生物质能为例,目前已有政策所针对的补贴对象都是有一定规模,具有一定资金实力的企业或者实体。这样补贴容易使补贴资金流向少数大型企业,产生不公平,从而很难全面带动生物质能的开发利用。建议政府在今后安排一部分资金用于小型生物质发电项目。

(三) 当事人的权利义务关系

可再生能源在作出补贴行为时应当遵循《预算法》、《可再生能源法》以及相关法律、法规的规定。涉及政府补贴问题，我国《可再生能源法》对于中央和地方政府规定了国家安排资金支持可再生能源开发利用的科学技术研究、应用示范和产业化发展的义务，县级以上人民政府对农村地区的可再生能源利用项目提供财政支持的义务，国家安排财政设立可再生能源发展基金的义务；对于企业规定了电网企业申请可再生能源发展基金补助的权利，电力企业记载和保存有关资料，并接受检查监督的义务；对于电力监督机构规定了依照规定的程序检查和保密义务。同时，法律还规定了行政主体在行政不作为和违法行政时的行政责任乃至刑事责任。在《可再生能源发展专项资金管理暂行办法》中，规定了各级财政部门依法及时、足额划拨专项资金的义务，接受补贴的企业按照资金用途使用资金的义务，不得随意放弃研发或生产的义务以及享受优惠条件后应达到的经济和技术目标的义务等。

建议在以上规定的基础上进一步规定补贴直接接受者的补贴申请权和救济权。所谓补贴申请权，是指任何符合相关规定的个人、企业以及其他实体有权利向相关主管部门申请领取补贴。所谓救济权，是指任何与补贴申领有关的当事人，其补贴申领权和补贴资金正常使用权受到侵犯时均有提起行政复议或者行政诉讼的权利。

三、可再生能源补贴资金来源

(一) 补贴资金筹集渠道

我国现行可再生能源补贴资金的来源主要有三个渠道，一是中央财政专项资金；二是电价附加收入；三是地方财政资金。其中占主导地位的是中央财政专项资金和电价附加收入，地方财政补贴基本作为补充。但由于我国是个发展中国家，财政收入有限，需要补贴支援的事业甚多，因而依靠国家财政的支持并非长久之计。在2012年之前，我国电价附加为每千瓦时0.4分。其所形成的电价附加收入被用于可再生能源发电电价高于当地脱硫燃煤标杆电价的部分。但资金缺口很大，被称为"寅吃卯粮"。因此在可再生能源发展基金管理暂行办法中被规定为每千瓦时 0.8 分钱。可再生能源发电补贴基金因此增加百亿资金。[①] 但无论是中央财政还是电价附加收入的征收都是有限的，因此利用金融市场，扩大可再生能源补贴资金来源渠道十分必要。

扩充可再生能源补贴资金来源渠道的法律依据在于我国《可再生能源法》第二十四条。[②] 根据该条的规定，除了"国家财政年度安排的专项资金"和"依法征收的可再生能源电价附加收入"之外"可再生能源发展基金"的来源还有"等"。此处的"等"字意味着除了国家的财政补贴外，国家鼓励开拓其他资金来源。

根据美国和西欧国家的经验，可再生能源补贴资金来源主要有：一是通过系统效益收费筹集；二是征收化石燃料税，并将其纳入可再生能源发展基金。在我国是否也利用征收系统收益费或者化石燃料税的方法来扩充可再生能源补贴的资金来源是值得探讨的话题。

（二）可再生能源发展基金的使用和管理

可再生能源财政资金的利用现状是：资金使用流向多但缺乏协调，资金的使用效益较低。为了提高资金使用效率，规范补贴行为，笔者建议在使用可再生能源发展基金时应当做好规划，做到专款专用。对于违反相关规定的行为，严格依照《财政违法行为处罚处分条例》等有关法律、法规处理。具体而言：

首先，对于电价附加征收的资金。该资金应当首先用于电价补贴。当附加征收资金有余量时，可在基金支持范围内调剂到其他用途。当征收资金不足时以支持电价补贴时，由基金中其他渠道获得的资金补足。当然，目前的状况是可再生能源电价附加收入远远不够电价补贴，因此实践中，我们可以制定一定的措施，在基金范围内调配资金使用。其次，对于资金使用规划。我们应当根据发电项目规划和年度计划管理制定电价补贴资金的使用规划，以期提高对资金使用的可控性和有效性。可再生能源基金的规模和使用方式应当与可再生能源规划相一致。以规划作为基金安排和使用的基本依据，按照规划期测算基金需求并按年度实施计划测算基金使用。最后，对于资金使用。在现有资金使用渠道不变的情况下，各部门在基金的使用上应当加强协调。各部门在使用资金时应当通过征求意见、抄送等方式，告知国家能源主管部门，以便国家能源主管部门做好资金使用协调工作。

---

① 李丽辉：《可再生能源发电补贴增加百亿资金》，载于《人民日报》2011 年 12 月 21 日第 016 版。
② 《可再生能源法》第二十四条规定：国家财政设立可再生能源发展基金，资金来源包括国家财政年度安排的专项资金和依法征收的可再生能源电价附加收入等。

四、可再生能源补贴标准

根据法律规定，我国对可再生能源上网电价的补贴等于可再生能源发电项目上网电价高于当地脱硫燃煤机组标杆上网电价的部分。具体而言，根据可再生能源的种类不同，对其的补贴标准有所不同。

原则上我国生物质能发电的补贴标准是法律明确规定的。这种做法一直被业界所称道。其优点就在于明确规定了补贴标准、补贴事项以及补贴年限。投资者以及相关市场主体可以根据稳定的补贴政策对生物质能加以开发利用。但是明确规定补贴标准的做法也不是完全可取。由于生物质发电补贴政策制定较早，因此其补贴标准在今天看来似乎有不合适的地方，导致国家发改委又对生物质能中的垃圾焚烧发电项目作了新的规定。笔者建议我国电价补贴标准问题上，应当根据实际情况，出台规范性文件适时调整补贴标准；或者规定计算标准的方法，而不是直接规定具体期间。

五、可再生能源补贴范围

我国可再生能源补贴包括电价补贴和非电价补贴两大类。在电价补贴方面，根据《可再生能源法》规定，我国可再生能源发展基金用于补贴的范围包括：第一，补偿电网企业依照国家确定的上网电价收购可再生能源电量所发生的费用，高于按照常规能源发电平均上网电价计算所发生费用之间的差额；第二，国家投资或者补贴建设的公共可再生能源独立电力系统合理的运行和管理费用超出销售电价的部分；第三，其他事项，包括可再生能源开发利用的科学技术研究，标准制定和示范工程农村、牧区的可再生能源利用项目，偏远地区和海岛可再生能源独立电力系统建设，可再生能源的资源勘查、评价和相关信息系统建设，促进可再生能源开发利用设备的本地化生产。除电价补贴外，其他可再生能源补贴因可再生能源种类不同，其补贴范围有所差异。就目前立法情况看，太阳能所规范的事项最多，风能所规范的最为整齐，生物质能尚待补贴的品种甚多。笔者认为目前我国可再生能源补贴范围过于狭窄。解决补贴范围狭窄主要从两方面入手。

第一，从类型上扩大可再生能源补贴范围。建议在太阳能领域，将太阳能热水器加入补贴范围，以扩大人们对太阳能的利用。这一方面可以替代人们对传统能源的使用，另一方面也可以扩大国内太阳能市场，解决太阳能设备国内市场份额的低而又过分依赖国际市场的问题。

第二，从内容上降低"准入"门槛。建议对我国已有可再生能源补贴制度中规定的申领补贴条件进行修订，降低获取补贴的门槛。以太阳能光电建筑补贴制度为例。《太阳能光电建筑应用财政补助资金管理暂行办法》规定的申领补贴的条件如下：①申报条件是单项工程应用太阳能光电产品装机容量应不小于50kWp（太阳能峰值功率）；②应用的太阳能光电产品发电效率应达到先进水平，其中单晶硅光电产品效率应超过16%，多晶硅光电产品效率应超过14%，非晶硅光电产品效率应超过6%……如此苛刻的条件势必将大批装机容量小、单晶硅产品效率低的企业排除在外，最终使资金流向了少数大型单位，甚至造成更大的垄断，无形中构成了 ASCM 意中的"专向性"。

可再生能源补贴范围需要符合 WTO 补贴规则在立法中，笔者主张设定可再生能源补贴范围应具有合理性，避免对国外企业的歧视。这里有两个案例可以说明此问题。一个是日本诉加拿大可再生能源产业措施案，一个是美国 301 调查案。加拿大在安大略省"可再生能源回购电价计划"中要求电厂购买安大略省本土可再生能源发电设备，风电产业国内设备比例 2009～2011 年不低于 25%，2012 年以后则不低于 50%，光伏产业的最低国内比例在 2009～2010 年为 50%，2011 年后为 60%。日本认为加拿大的 FIT 项目构成了 ASCM 禁止性补贴下的进口替代补贴。2010 年，美国 USW 请求就中国可再生能源补贴提起反补贴调查，指出我国《风力发电设备产业化专项资金管理暂行办法》所规定的补贴范围仅限于中国境内从事风力发电设备生产制造的中资及中资控股企业，已经构成了 ASCM 下的进口替代补贴。这两个案例都是由于将补贴范围仅限于"本地企业"而受到了质疑。因此在可再生能源补贴范围的确定上，一方面要尽可能扩大范围，另一方面又要注意合理性，避免贸易保护主义。

六、可再生能源补贴的类型

现行可再生能源补贴类型单一导致我国可再生能源国内市场需求不足，大部分可再生能源设备销往国外，对国外市场依赖性过强。在太阳能领域，我国虽然对太阳能光电示范工程实施补贴，但由于补贴类型单一，我国可再生能源补贴效果欠佳。我国可再生能源补贴以投资补贴为主，被认定为"可诉补贴"和"禁止性补贴"的概率加大。

按照可再生能源运行环节，可再生能源补贴可以分为投资补贴、产品补贴和消费补贴。笔者建议加大在太阳能和生物质能领域的消费补贴力度。与太阳能和生物质能不同，笔者认为我国风能补贴的类型较为合理。风能是以上网风力发电为主，没有太阳能利用方面的随意性和便捷性，也不可能做到"全员参与"，因此在风能补贴类型上以投资补贴和产品补贴为主是合理的。许多国家在可再生能源补贴领域均采取产品补贴和用户补助方式，这样可以扩大可再生能源市场，引导社会资金投向可再生能源，有力地推动可再生能源的规模化发展。以太阳能为例，它是"全民参与"性可再生能源，因此加大消费补贴可以增加消费者的购买意愿，从而促进太阳能企业的生产和研发积极性。日本就是依靠太阳能领域的"全民参与"而获得了太阳能产业辉煌。我国地域广阔，太阳能开发利用潜力大，如果能够采取消费环节补贴，那将有利于国内可再生能源市场的扩大和成熟。

笔者还建议加大在可再生能源产品环节的补贴力度。投资补贴固然可以直接促进企业的可再生能源项目建设动力，但也会导致补贴对象为争取补贴而盲目建设。如果能够加大对可再生能源产品补贴力度，则对可再生能源企业的补贴不是以"装机容量"而是以"发电量"为衡量尺度。可再生能源产品补贴更有利于激发企业生产的积极性，促使企业增强研发能力、提高效率从而获取更多的利润。

虽然目前世界范围内都没有关于可再生能源补贴类型的统一划分，但人们承认可再生能源补贴形式是多样的，除给付型补贴外还包括减免型补贴。美国在可再生能源补贴中采用的形式最丰富，包括加大研发力度和资金投入、价格激励、投资补贴、税收优惠、信贷优惠以及鼓励出口等（参见《国外可再生能源补贴形式列表》）。经验告诉人们，丰富的可再生能源补贴形式还可以有效避免别国的反补贴调查或者诉讼。

笔者建议除直接资金支持和价格支持外，还应该包括税收减免、贷款优惠等多种形式。只有形式多样化，可再生能源补贴才会形成一个多元的财政资助体系，也才会更好地契合市场需求。补贴、税收减免、贷款优惠等资助形式都是经济激励的方法，它们相辅相成。

总之，建议我国的可再生能源补贴类型涵盖投资、生产、消费等多个环节，包括直接财政转移支付、税收优惠、直接提供服务、能源部门的政策支持等多种形式，以形成一个多元、立体的可再生能源财政资助体系。

七、可再生能源补贴退出机制

经济学认为补贴是暂时性的政府干预市场的手段。从发达国家的实践来看，当可再生能源发展达到一定的水平时，补贴也将退出可再生能源发展的大舞台。

理论上，退出机制的设立是符合经济规律的做法。在可再生能源产业发展到一定阶段，为了促使其进一步的发展壮大，有效配置资源，有必要使可再生能源相关企业回归完全的市场竞争。国家发展和改革委员会能源研究所所主持完成的

《中国风电发展路线图 2050》预计 2020 年后，国内风电价格将低于煤电的价格，国内现行的风力发电补贴政策将逐步取消、退出。[①] 实践中，退出机制的设立一方面可以给可再生能源相关企业一个明确的信号，有助于投资、生产等计划的制订和实施；另一方面也有利于中国在全球可再生能源领域的声誉和地位。

发达国家，尤其是欧洲国家近些时间开始减少在可再生能源领域的补贴，甚至有的已经有明确的补贴退出时间表。2011 年德国开始减少在可再生能源补贴。在美国，虽然目前还十分重视对可再生能源施加补贴，但从长远来说还是可以看出补贴减少的趋势。有学者截取了美国历史上的 35 年，运用每千瓦时补贴成本的分析方法对在这一时期的可再生能源补贴进行分析（见表 22 - 1）。结果表明，1947~1999 年，美国对可再生能源的补贴成本是呈现下降趋势的。[②] 而可再生能源在补贴的基础上大力发展，给美国带来了巨大的电力回报。

表 22 - 1　　　美国可再生能源每千瓦时的补贴成本

种类	年份/单位	太阳能	风能
15 年补贴	年份	1975~1989 年	1975~1989 年
	累计补贴（亿，1999 年美元）	34	9
	累计发电（亿千瓦时）	5	19
	每千瓦时补贴（1999 年美元）	7.19	0.46
25 年补贴	年份	1975~1999 年	1975~1999 年
	累计补贴（亿，1999 年美元）	44	12
	累计发电（亿千瓦时）	86	329
	每千瓦时补贴（1999 年美元）	0.51	0.04
53 年补贴	年份	1947~1999 年	1947~1999 年
	累计补贴（亿，1999 年美元）	44	12
	累计发电（亿千瓦时）	116 795	86
	每千瓦时补贴（1999 年美元）	0.012	0.51

在我国，立法仅对生物质发电补贴规定了退出机制。根据《可再生能源发电价格和费用分摊管理试行办法试行办法》第七条的规定，生物质发电项目上

---

① 参见王仲颖、时璟丽、赵勇强：《中国风电发展路线图 2050》（非公开出版物），2011 年，第 68 页。

② 每千瓦时的补贴成本的计算，使用了累计补贴成本和累计发电的方法。进行了三个层面的分析——第一个分析层面着眼于头 15 年的每千瓦时补贴成本；第二个层面分析的是头 25 年的每千瓦时补贴；第三个层面分析对几种发电技术在 53 年内的每千瓦时获得的平均补贴作了一个比较。

网电价补贴电价标准为每千瓦时 0.25 元。发电项目自投产之日起 15 年内享受补贴电价；运行满 15 年后，取消补贴电价。实践中，该生物质发电项目上网补贴退出机制得到了多方好评。明确的退出时间表有利于可再生能源相关企业预测市场并做出经济决策。

在太阳能领域，我国目前的"金太阳示范工程"和"太阳能屋顶计划"都是相对短期的补贴计划。而光伏发电是需要通过 15~20 年发电来获得经济和社会效益的产业，对它的发展培育必须从长计议。值得高兴的是，2011 年政府出台了《关于完善太阳能光伏发电上网电价政策的通知》，确定太阳能上网电价及分摊方法。这对于稳定太阳能市场，用价格和补贴的手段共同促进太阳能发展非常有益。

在风能领域，我国风能的补贴时限主要体现在国家特许招标项目上。根据规定，国家特许招标项目风电场补贴在项目特许经营期内（25 年）执行两段制电价政策，第一段执行中标人在投标书中要求的电价，第二段电价执行当时电力市场中的平均上网电价。

笔者建议，对所有可再生能源补贴制度都应当规定退出时限。时限的规定方法可以是确切的期日，也可以规定一个"条件"——在满足该条件后，补贴自动取消。

八、可再生能源补贴程序规范

（一）可再生能源补贴程序规范的意义

在国际贸易法上，规范的补贴程序可以帮助我们明了补贴的性质——是气候变化型补贴抑或是贸易保护主义型补贴，从而应对国际贸易摩擦。补贴程序的制定意味着可再生能源补贴是面向普遍实体的，不存在"专向性"。所有潜在的补贴接受者均可按照法定程序进行申请，符合规定的即可以获得补贴。相反，如果补贴是向特定对象发放的资助，那么就没有必要制定和执行补贴程序。因此，规范可再生能源补贴程序是我国向 WTO 成员方证明该补贴具有合规性的方式，也是减少国际贸易纠纷的方法。在国内法上，规范的程序可以更好地实现补贴制度的分配正义和矫正正义——对于政府而言，规范的程序可以帮助其提高行政效率、实现补贴的目的、方便监督管理、体现公平公正；对于补贴的接受者和其他当事人而言，规范的程序可以帮其实现权利，甚至寻求救济途径。

(二) 可再生能源补贴程序分类

按照补贴制度执行的过程，政府补贴可以被分为四个阶段，即政府补贴的准备阶段、决定阶段、实施阶段和监管与终结阶段。[①] 其中，准备阶段是政府在决定进行补贴、确定补贴对象和补贴规模之前，所进行的补贴的立项行为、调查行为以及各种形式的听取意见行为。决定阶段是补贴主体针对是否进行补贴、对谁进行补贴、以什么方式进行补贴以及补贴数额、次数、期限等做出相应的行政决定的行为。监管与终结阶段是补贴实施之后，政府按照相关协定或规定对受补贴主体进行的持续、有效监管的行为。以上四个阶段都包含有政府的行政行为，其他当事人的申请行为和按照法律或者约定的履行行为，因此应当被法律全面规定下来，作为政府补贴的行为依据。

(三) 可再生能源补贴准备阶段程序主要内容

可再生能源补贴的准备阶段程序是针对可再生能源补贴政策的制定机关所规定的调查、决定程序。该阶段主要是可再生能源补贴制度的制定机关的抽象行政行为。

政府利用"补贴"这个经济手段鼓励和引导可再生能源产业发展。在制定可再生能源补贴措施之前，明确政策目的，并为实现目的而进行前期调查的做法十分重要。否则，没有经过调查就盲目进行补贴项目不仅不会实现政策目的，而且还可能会扭曲市场，浪费资源。前期调查工作对可再生能源补贴制度的制定还具有十分重要的指导意义。笔者建议在制定可再生能源补贴措施之前应当启动对拟补贴的领域或事项的调查程序：设定圈定调查对象和范围，开展调查，分析调查得到的相关数据，综合考虑相关因素，预期补贴可能引起的不利后果，并作出是否进行补贴的决定。调查由调查人员完成。调查人员在调查中应当按照法定程序开展工作。法律应当对调查人数、调查手段和方法、调查数据和信息处理方法作出规定。一般来说，调查的内容包括：第一，拟接受可再生能源补贴的主体对接受补贴是否具有现实必要性；第二，可再生能源补贴所能够达到的正面预期效果；第三，可再生能源补贴可能带来的负面预期效果。

(四) 可再生能源补贴决定阶段程序主要内容

在可再生能源补贴决定阶段，当事人申报可再生能源补贴，有关机关根据申

[①] 乔宁宁：《我国政府补贴若干问题研究》，苏州大学 2007 年硕士学位论文。

请决定补贴接受者和相关事宜。该阶段最重要的是信息公开,即在政府决定对某实体进行可再生能源补贴时,向全社会公示。可再生能源补贴公示是行政公开原则的要求和体现。

任何一项政府补贴都不是补贴主体(政府)与补贴接受者之间的简单的一元关系,而是关系各个社会领域、各个社会利益群体的多元关系。因此,政府向社会公开其补贴决定十分必要。我国在生物质能补贴中有关于公示的规定。[①]但这只是个别的做法,也不够规范。建议在拟制定的《可再生能源补贴管理办法》中对可再生能源补贴决定公示作出规定。

对于所公开的信息,在公开内容上要做到"多",要能够充分、准确地向社会披露补贴的相关情况,要能够最大限度地将与可再生能源补贴相关的信息透明化。在公开时间上,要做到"快",要求尽可能早地让公众得知此项可再生能源补贴决定,以便给予补贴利益相关者充裕的准备时间。在公布范围上,要做到"大",力求与补贴有利害关系的所有社会主体都能够得到相关的信息,尽量不留有死角和空白。

(五)可再生能源补贴实施阶段程序主要内容

在可再生能源补贴实施过程中,补贴接受者要按照规定使用补贴资金。审计机关有权对可再生能源补贴资金的使用同步进行审计,及时发现问题予以纠正。受补贴主体应该积极配合审计机关的工作,不得隐瞒、欺骗,不得以任何形式阻碍审计的开展。

我国在《生物能源和生物化工原料基地补助资金管理暂行办法》中规定:在原料基地建设实施过程中,各级林业、农业、国土、财政部门要切实做好监督检查,确保按批准的方案实施。对核查发现的问题,按《财政违法行为处罚处分条例》等有关法律、法规处理、处罚。目前我国仅有个别可再生能源补贴制度在立法上规定了补贴资金使用的审查监管条款。因此笔者建议在拟定的《可再生能源补贴管理办法》中对可再生能源补贴资金使用的审查监管制度予以

---

① 2006年,财政部、建设部出台《可再生能源建筑应用专项资金管理暂行办法》。该办法规定:"财政部、建设部根据年度专项资金预算,从项目库中选取一定比例的项目,组织专家评审示范项目,对确定的示范项目的申请资金进行核准,经财政部、建设部确定后在网站上进行公示,公示期十日。公示期间对示范项目署名提出异议的,经调查情况属实,取消示范项目资格。"2007年农业部、国家发展和改革委员会颁布《关于进一步加强农村沼气建设管理的意见》(农计发[2007]29号),提出加强沼气项目建设管理。要求项目建设单位要将建设内容、建设条件、补助标准等在拟建项目村公示。按照《政府信息公开条例》的规定,政府信息公开的主体应为行政机关。而此处的公示主体是"项目建设单位"。从法律条文判断,笔者认为这是农业部和国家发改委委托"项目建设单位"对补贴信息进行公开的做法。换言之,该《意见》中的"补贴公示"行为应当属于政府信息公开。

规定。

(六) 可再生能源补贴终结阶段程序主要内容

在可再生能源补贴终结阶段，最重要的是可再生能源补贴救济程序。可再生能源政府补贴中的监督管理是从上而下的一种行政行为，其主体为行政主体。建议在可再生能源政府补贴的专门规定中设定行政主体的监管职责以及接受补贴一方违反规定或约定时所应承担的法律责任。与监督行为相对，政府补贴中的救济行为则是自下而上的一种维权行为，其主体为申请可再生能源政府补贴者和接受政府补贴者等相关利益群体。

笔者建议引入行政复议和行政诉讼两种救济方式——当事人可以就行政主体的不作为、违法行政等提起复议或诉讼，以保护其相关合法权利不受侵犯。在特许项目招投标中，如一方投标单位受到其他投标单位侵害时，除可以对行政主体提起行政复议或行政诉讼外，也可以相关法律对损害其利益的其他投标方提起私法上的诉讼，以维护权益，弥补损失。

另外，笔者建议在拟制定的《可再生能源补贴管理办法》中规定事后评估制度，规定评估程序的启动、评估主体、评估对象以及费用承担等内容。

参考文献

【中文著作】

[1] 左然、施明恒、王希麟主编：《可再生能源概论》，机械工业出版社2007年版。

[2] 王革华等编著：《能源与可持续发展》，化学工业出版社2005年版。

[3] 毛宗强：《氢能——21世纪的绿色能源》，化学工业出版社2005年版。

[4] 罗运俊、何梓年、王长贵编著：《太阳能利用技术》，化学工业出版社2008年版。

[5] 刘时彬编著：《地热资源及其开发利用和保护》，化学工业出版社2005年版。

[6] 林伯强：《中国能源发展报告2008》，中国财政经济出版社2008年版。

[7] 张超：《水电能资源开发利用》，化学工业出版社2005年版。

[8] 叶舟：《技术与制度：水能资源开发的机理研究》，中国水利水电出版社2007年版。

[9] 褚同金：《海洋能资源开发利用》，化学工业出版社2005年版。

[10] 钱伯章：《新能源——后石油时代的必然选择》，化学工业出版社2007年版。

[11] 中国水力发电工程学会：《中国水力发电年鉴》，中国电力出版社2007年版。

[12] 马光文、王黎：《水电竞价上网优化运行》，四川科技出版社2003年版。

[13]《中国21世纪议程——中国21世纪人口、环境与发展白皮书》，中国环境科学出版社1994年版。

[14] 国家经贸委可再生能源发展经济激励政策研究组：《中国可再生能源发展经济激励政策研究》，中国环境科学出版社1998年版。

[15] 经济合作与发展组织编，陈伟译：《OECD国家的监管政策：从干预

主义到监管治理》，法律出版社 2006 年版。

[16] 王仲颖、任东明、高虎等编著：《可再生能源规模化战略与支持政策研究》，中国经济出版社 2012 年版。

[17] 王仲颖、任东明、高虎等编著：《中国可再生能源产业发展报告 2009》，化学工业出版社 2010 年版。

[18] 李春田：《标准化概论》，中国人民大学出版社 1982 年版。

[19] 张公绪：《现代质量管理学》，中国财政经济出版社 1998 年版。

[20] 张文显：《法哲学范畴研究》，中国政法大学出版社 2001 年版。

[21] 崔建远：《准物权研究》，法律出版社 2003 年版。

[22] 李进之等：《美国财产法》，法律出版社 1999 年版。

[23] 王利明：《物权法研究》，中国人民大学出版社 2007 年版。

[24] 崔建远：《合同法》（第四版），法律出版社 2007 年版。

[25] 王泽鉴：《民法总则》（增订版），中国政法大学出版社 2002 年版。

[26] 冯桂：《美国财产法——经典判例与理论探讨》，人民法院出版社 2010 年版。

[27] 余劲松：《国际投资法》，法律出版社 2003 年版。

[28] 单一：《WTO 框架下补贴与反补贴法律制度与实务》，法律出版社 2009 年版。

[29] 沈四宝、王秉乾：《中国对外贸易法》，法律出版社 2006 年版。

[30] 段爱群：《法律较量与政策权衡》，经济科学出版社 2005 年版。

[31] 马寅初：《财政学与中国财政》，商务印书馆 2001 年版。

[32] 曹建明、贺小勇：《世界贸易组织》，法律出版社 2004 年版。

[33] 余凌云：《行政契约论》，中国人民大学出版社 2000 年版。

[34] 吴庚：《行政法之理论与实用》（增订七版），三民书局 2001 年版。

[35] 罗豪才等：《软法与公共治理》，北京大学出版社 2006 年版。

[36] 施建辉、步兵：《政府合同研究》，人民出版社 2008 年版。

[37] 史际春主编：《经济法》，中国人民大学出版社 2005 年版。

[38] 徐强胜：《经济法和经济秩序的建构》，北京大学出版社 2008 年版。

[39] 刘剑文、熊伟：《财政税收法》，法律出版社 2009 年版。

[40] 肖竹：《竞争政策和政府规制——关系、协调及竞争法的制度构建》，中国法制出版社 2009 年版。

[41] 中国能源研究会：《中国能源政策研究报告》，中国能源研究会 1982 年版。

[42] 叶荣泗、吴钟湖主编：《中国能源法律体系研究》，中国电力出版社

2006年版。

[43] 李俊峰、王仲颖主编：《中华人民共和国可再生能源法解读》，化学工业出版社2005年版。

[44] 时璟丽：《可再生能源电力价格形成机制研究》，化学工业出版社2008年版。

[45] 高虎、樊京春：《中国可再生能源发电经济性和经济总量》，中国环境科学出版社2010年版。

[46] 何建坤主编：《国外可再生能源法律译编》，人民法院出版社2004年版。

[47] 杨泽伟主编：《发达国家新能源法律与政策研究》，武汉大学出版社2011年版。

[48] 吕江：《英国新能源法律与政策研究》，武汉大学出版社2012年版。

[49] 温慧卿：《中国可再生能源补贴制度研究》，中国法制出版社2012年版。

【中文译著】

[1]［英］F. A. 哈耶克著，贾湛等译：《个人主义与经济秩序》，北京经济学院出版社1989年版。

[2]［美］马西莫·莫塔著，沈国华译：《竞争政策：理论与实践》，上海财经大学出版社2006年版。

[3]［德］哈贝马斯著，曹卫东译：《公共领域的结构转型》，学林出版社1999年版。

[4]［英］安东尼·奥斯格著，骆梅英译：《规制：法律形式与经济学理论》，中国人民大学出版社2008年版。

[5]［美］埃里克·A. 波斯纳著，沈明译：《法律与社会规范》，中国政法大学出版社2001年版。

[6]［美］约翰·G. 斯普兰克林著，钟书峰译：《美国财产法精解》（第二版），北京大学出版社2009年版。

[7]［美］文森特·R. 约翰逊著，赵秀文等译：《美国侵权法》，中国人民大学出版社2004年版。

[8]［日］丹宗昭信、厚谷襄儿著，谢次昌译：《现代经济法入门》，群众出版社1985年版。

[9]［日］金泽良雄著，满达人译：《经济法概论》，中国法制出版社2005年版。

[10]［韩］权五乘著，崔吉子译：《韩国经济法》，北京大学出版社2009年版。

[11] [美] 约瑟夫·P. 托梅因、理查德·D. 卡达希著, 万少廷译：《美国能源法》, 法律出版社 2008 年版。

【中文论文】

[1] 江泽民：《对中国能源问题的思考》, 载于《上海交通大学学报》2008 年第 3 期。

[2] 倪正茂：《法的强制性新探》, 载于《法学》1995 年第 12 期。

[3] 胡建淼、金伟峰等：《中国现行法律法规规章所设行政强制措施之现状及实证分析》, 载于《法学论坛》2000 年第 6 期。

[4] 肖金明：《论强制规则》, 载于《法学》2000 年第 11 期。

[5] 任东明、张正敏：《我国可再生能源发展面临的问题及新机制的建立》, 载于《中国能源》2003 年第 10 期。

[6] 金彭年、吴德昌：《以强制性和禁止性规范为视角透视法律规避制度》, 载于《法学家》2006 年第 3 期。

[7] 刘满平、朱霖：《我国产业结构调整与能源供给、消费的协调发展研究》, 载于《中国能源》2006 年第 1 期。

[8] Aleksandr Kalinin & Aleksand Sheindlin：《新能源技术：发展与安全》, 载于《科学对社会的影响》1990 年第 3 期。

[9] 张梓太：《我国〈节约能源法〉修订的新思维——在理念与制度层面的生成与展开》, 载于《法学》2007 年第 2 期。

[10] 马宏权、龙惟定、马素贞：《美国〈2005 能源政策法案〉简介》, 载于《暖通空调》2006 年第 9 期。

[11] 张友国：《韩日经济—能源—环境政策协调机制及启示》, 载于《当代亚太》2007 年第 11 期。

[12] 李俊峰、时璟丽、王仲颖：《欧盟可再生能源发展的新政策及对我国的启示》, 载于《可再生能源》2007 年第 3 期。

[13] 登奎、沈满洪：《水能资源产权租金的必然分解形式：开发权出让金和水资源费》, 载于《云南社会科学》2010 年第 1 期。

[14] [美] Nancy J. Knauer：《私人妨害原则与相邻权、地役权》, 载于《清华大学学报（哲学社会科学版）》2003 年第 1 期。

[15] 侯京民：《水能资源管理存在的问题和政策建议》, 载于《水利经济》2008 年第 3 期。

[16] 崔建远：《水工程与水权》, 载于《法律科学（西北政法学院学报）》2003 年第 1 期。

[17] 李雪凤、仝允桓、谈毅：《技术路线图——一种新型技术管理工具》,

载于《科学学研究》2004年第1期。

[18] 刘海波、李平:《技术路线图的产生和作用》,载于《科技潮》2004年第9期。

[19] 国家技术前瞻研究组:《关于编制国家技术路线图 推进〈规划纲要〉实施的建议》,载于《中国科技论坛》2008年第5期。

[20] 史际春、邓峰:《合同的异化和异化的合同——关于经济合同的重新定位》,载于《法学研究》1997年第3期。

[21] 任东明:《我国可再生能源市场需要有序化》,载于《中国科技投资》2007年第11期。

[22] 封延会、贾晓燕:《论我国市场准入制度的构建》,载于《山东社会科学》2006年第12期。

[23] 史际春、邓峰:《合同的异化和异化的合同——关于经济合同的重新定位》,载于《法学研究》1997年第3期。

[24] 叶姗:《促进稳定发展的法律类型之比较研究》,载于《现代法学》2009年第2期。

[25] 史际春、邓峰:《经济(政府商事)合同研究——以政府采购合同为中心》,载于《河南大学学报》(社会科学版)2000年第4期。

[26] 王全兴、管斌:《市场化政府经济行为的法律规制》,载于《中国法学》2004年第1期。

[27] 王先林:《试论竞争政策与贸易政策的关系》,载于《河北法学》2006年第1期。

[28] 杜群、廖建凯:《德国与英国可再生能源法之比较及对我国的启示》,载于《法学评论》2011年第6期。

[29] 王田等:《英国可再生能源义务政策最新进展及对我国的启示》,载于《中国能源》2012年第6期。

[30] 时璟丽、李俊峰:《英国可再生能源义务法令介绍及实施效果分析》,载于《中国能源》2004年第11期。

[31] 王白羽:《可再生能源配额制(RPS)在中国应用探讨》,载于《中国能源》2004年第4期。

[32] 任东明:《关于引入可再生能源配额制若干问题的讨论》,载于《中国能源》2007年第11期。

[33] 曹明德:《气候变化的法律应对》,载于《政法论坛》2009年第4期。

[34] 余敏友、唐旗:《论WTO构建能源贸易规则及其对我国能源安全的影响》,载于《世界贸易组织动态与研究》2010年第2期。

[35] 林惠玲、卢蓉蓉：《WTO新一轮谈判中美国在补贴与反补贴规则修改上的立场和建议》，载于《国际商务研究》2010年第2期。

[36] 温晋锋、杭仁春：《WTO视野下我国行政补贴制度化的探索》，载于《行政法学研究》2005年第1期。

[37] 鲁篱：《标准化与反垄断问题研究》，载于《中国法学》2003年第1期。

【外文著作】

[1] Black, Henry Campbell, Garner, Bryan A. ed., *Black's Law Dictionary* (9*th* edtion), West Group, 2009.

[2] Michael Grubb, *Renewable Energy Strategies For Europe* (Volume 1), Earthscan Publications Ltd, 1995.

[3] Dianne Rahm, *Sustainable Energy and the States*: *Essays on Politics, Markets and Leadership*, McFarland & Company, Inc., 2006.

[4] European Renewable Energy Council (EREC), *Renewable Energy in Europe*: *Building Markets and Capacity*, Earthscan Publications Ltd. 2004.

[5] Gary Clyde Hufbauer, Steve Charnovitz, *Jisun Kim*, *Global Warming and the World Trading System*, Publisher Peterson Institute for International Economics, 2009.

[6] Michael B. Gerrard, *The Law of Clean Energy*: *Efficiency and Renewables*, American Bar Association, 2011.

[7] Renewable Energy Policy Network For The 21st Century, *Renewables 2014 Global Status Report*.

[8] John Randolph & Gilbert M. Masters, *Energy for Sustainability*, Island Press, 2008.

【外文论文】

[1] Scott Barrett, *Climate Treaties and the Imperative of Enforcement*, 24 *Oxford Review of Economic Policy*, 2008.

[2] Joseph P. Tomain, *Smart Energy Path*: *How will Nelson Save the Planet*, 36 *Columbia Law Review*, 2006.

[3] Sanya Carleyolsen, *Tangle in the Wires*: *an Assessment of the Existing U. S. Renewable Energy Strategy Legal Work*, 46 *Nat. Resources J.*, 2006.

[4] Comment, *The Allocation of Sunlight*: *Solar Rights and the Prior Appropriation Doctrine*, 47 *University of Colorado Law Review*, 1976.

[5] Barry G. Rabe, *Race to the Top*: *the Expanding Role of U. S. State Renewable Standards*, 7 Sustainable Development Law&Law&Policy, 2006.

[6] Janice Yeary, *Enregy: Encouraging the Use of Solar Energy—A Needs Assessment For Oklahoma*, 36 Oklahoma Law Review, 1983.

[7] Sara C. Bronin, *Solar Rights*, 89 Boston University Law Review, 2009.

[8] Alexandra B. Klass, *Property Rights on the New Frontier: Climate Change, Natural Resource Development, and Renewable Energy*, 38 Ecology Law Quarterly, 2011.

[9] John Gergacz, Douglas Houston, *Legal Aspects of Solar Energy; Limitations on the Zoning Alternative from a Legal Economic Perspective*, 3 Temple Environment Law and Technology Journal, 1984.

[10] Adrian J. Bradbrook, *Future Directions in Solar Access Protection*, 19 Environmental Law, 1988.

[11] Michael G. Mcquillen, *Prah v. Maretti: Solar Rights and Private Nuisance Law*, 16 John Marshall Law Review, 1983.

[12] Scott F. Stromberg, *Has the Sun Set on Solar Rights? Examining the Practicality of the Solar Rights Acts*, 50 Natural Resources Journal, 2010.

[13] Troy A. Rule, *Shadows on the Cathedral: Solar Access Laws in a Different Light*, University of Illinois Law Review, 2010.

后 记

近些年，随着年龄的增加和杂事增多，感觉自己得了严重的拖延症。我也厌恶这个恶习，但是摆脱这个习惯好像很难。每天海量信息洪水般侵袭着自己，东看看西看看，一天的日子瞬间就不见了。而要从日常教学工作中拿出整块时间琢磨课题真是太难了。"新能源与可再生能源政策与立法研究"这个课题本来早该完成，但是由于自己的拖延症，一直到今天。不过，总算还没有烂尾。

这个项目从申请、中标到开展实质性的研究、结项，得益于许多专家教授的鼎力支持。在此，要特别感谢时任中国人民大学法学院副院长的刘明祥老师的支持和鼓励，感谢时任中国人民大学科研处副处长的胡锦光教授给予的中肯的建议；感谢李俊峰研究员、王仲颖研究员、史际春教授、徐孟洲教授、周珂教授、赵秀文教授等在项目申请过程中给予的帮助，史际春教授、徐孟洲教授还主持了其中两个子课题的研究，并对课题的研究给予了建议性意见和建议。

我也要感谢本书的所有作者。他们为课题花了大量心血，进行了长期研究，在某种意义上，他们的研究也是一种奉献。

南京晓庄学院的李昌庚教授、中国人民大学法学院胡林林博士、中国社会科学院法学研究所《环球法律评论》姚佳博士、山西财经大学法学院秦建芝博士等参与了课题的调研和研究报告的撰写，但最终因篇幅限制，他们的成果未能进入书稿，也感谢他们对课题的实质性贡献。

还要感谢我的学生葛少华博士。他在项目的申请时做了大量事务性的工作，但由于课题启动时，他已经进入博士论文的写作阶段，没有能参与课题的实质研究，也未能从课题取酬，我一直心存愧疚。

此外，还要感谢国家能源局新能源司的梁志鹏博士和全国人大环资委的王凤春博士。在课题进行过程中，两位博士从政策和立法方面给予了许多建议和支持。

最后，还要特别感谢人大科研处的大力支持和法学院负责科研工作的老师们。法学院已经退休的侯俊芳老师对课题的申请也给了很多帮助，她执着的精神和严谨负责的工作态度永远值得我学习。

　　虽然课题组为课题的完成竭尽全力，但是由于该项研究的交叉性、跨学科性特征，以及我们的能力、水平和知识所限，该项成果肯定会有不少错误甚至谬误之处，还望读者不吝批评指正。

李艳芳

2015 年 3 月

教育部哲学社会科学研究重大课题攻关项目成果出版列表

书名	首席专家
《马克思主义基础理论若干重大问题研究》	陈先达
《马克思主义理论学科体系建构与建设研究》	张雷声
《马克思主义整体性研究》	逄锦聚
《改革开放以来马克思主义在中国的发展》	顾钰民
《新时期 新探索 新征程——当代资本主义国家共产党的理论与实践研究》	聂运麟
《坚持马克思主义在意识形态领域指导地位研究》	陈先达
《当代中国人精神生活研究》	童世骏
《弘扬与培育民族精神研究》	杨叔子
《当代科学哲学的发展趋势》	郭贵春
《服务型政府建设规律研究》	朱光磊
《地方政府改革与深化行政管理体制改革研究》	沈荣华
《面向知识表示与推理的自然语言逻辑》	鞠实儿
《当代宗教冲突与对话研究》	张志刚
《马克思主义文艺理论中国化研究》	朱立元
《历史题材文学创作重大问题研究》	童庆炳
《现代中西高校公共艺术教育比较研究》	曾繁仁
《西方文论中国化与中国文论建设》	王一川
《中华民族音乐文化的国际传播与推广》	王耀华
《楚地出土戰國簡冊〔十四種〕》	陳偉
《近代中国的知识与制度转型》	桑兵
《中国抗战在世界反法西斯战争中的历史地位》	胡德坤
《近代以来日本对华认识及其行动选择研究》	杨栋梁
《京津冀都市圈的崛起与中国经济发展》	周立群
《金融市场全球化下的中国监管体系研究》	曹凤岐
《中国市场经济发展研究》	刘伟
《全球经济调整中的中国经济增长与宏观调控体系研究》	黄达
《中国特大都市圈与世界制造业中心研究》	李廉水
《中国产业竞争力研究》	赵彦云

书　名	首席专家
《东北老工业基地资源型城市发展可持续产业问题研究》	宋冬林
《转型时期消费需求升级与产业发展研究》	臧旭恒
《中国金融国际化中的风险防范与金融安全研究》	刘锡良
《全球新型金融危机与中国的外汇储备战略》	陈雨露
《中国民营经济制度创新与发展》	李维安
《中国现代服务经济理论与发展战略研究》	陈　宪
《中国转型期的社会风险及公共危机管理研究》	丁烈云
《人文社会科学研究成果评价体系研究》	刘大椿
《中国工业化、城镇化进程中的农村土地问题研究》	曲福田
《东北老工业基地改造与振兴研究》	程　伟
《全面建设小康社会进程中的我国就业发展战略研究》	曾湘泉
《自主创新战略与国际竞争力研究》	吴贵生
《转轨经济中的反行政性垄断与促进竞争政策研究》	于良春
《面向公共服务的电子政务管理体系研究》	孙宝文
《产权理论比较与中国产权制度变革》	黄少安
《中国企业集团成长与重组研究》	蓝海林
《我国资源、环境、人口与经济承载能力研究》	邱　东
《"病有所医"——目标、路径与战略选择》	高建民
《税收对国民收入分配调控作用研究》	郭庆旺
《多党合作与中国共产党执政能力建设研究》	周淑真
《规范收入分配秩序研究》	杨灿明
《中国加入区域经济一体化研究》	黄卫平
《金融体制改革和货币问题研究》	王广谦
《人民币均衡汇率问题研究》	姜波克
《我国土地制度与社会经济协调发展研究》	黄祖辉
《南水北调工程与中部地区经济社会可持续发展研究》	杨云彦
《产业集聚与区域经济协调发展研究》	王　珺
《我国货币政策体系与传导机制研究》	刘　伟
《我国民法典体系问题研究》	王利明
《中国司法制度的基础理论问题研究》	陈光中
《多元化纠纷解决机制与和谐社会的构建》	范　愉
《中国和平发展的重大前沿国际法律问题研究》	曾令良
《中国法制现代化的理论与实践》	徐显明
《农村土地问题立法研究》	陈小君

书　名	首席专家
《知识产权制度变革与发展研究》	吴汉东
《中国能源安全若干法律与政策问题研究》	黄　进
《城乡统筹视角下我国城乡双向商贸流通体系研究》	任保平
《产权强度、土地流转与农民权益保护》	罗必良
《矿产资源有偿使用制度与生态补偿机制》	李国平
《巨灾风险管理制度创新研究》	卓　志
《国有资产法律保护机制研究》	李曙光
《中国与全球油气资源重点区域合作研究》	王　震
《可持续发展的中国新型农村社会养老保险制度研究》	邓大松
《农民工权益保护理论与实践研究》	刘林平
《大学生就业创业教育研究》	杨晓慧
《新能源与可再生能源法律与政策研究》	李艳芳
《生活质量的指标构建与现状评价》	周长城
《中国公民人文素质研究》	石亚军
《城市化进程中的重大社会问题及其对策研究》	李　强
《中国农村与农民问题前沿研究》	徐　勇
《西部开发中的人口流动与族际交往研究》	马　戎
《现代农业发展战略研究》	周应恒
《综合交通运输体系研究——认知与建构》	荣朝和
《中国独生子女问题研究》	风笑天
《我国粮食安全保障体系研究》	胡小平
《城市新移民问题及其对策研究》	周大鸣
《新农村建设与城镇化推进中农村教育布局调整研究》	史宁中
《农村公共产品供给与农村和谐社会建设》	王国华
《中国大城市户籍制度改革研究》	彭希哲
《中国边疆治理研究》	周　平
《边疆多民族地区构建社会主义和谐社会研究》	张先亮
《新疆民族文化、民族心理与社会长治久安》	高静文
《中国大众媒介的传播效果与公信力研究》	喻国明
《媒介素养：理念、认知、参与》	陆　晔
《创新型国家的知识信息服务体系研究》	胡昌平
《数字信息资源规划、管理与利用研究》	马费成
《新闻传媒发展与建构和谐社会关系研究》	罗以澄
《数字传播技术与媒体产业发展研究》	黄升民

书　名	首席专家
《互联网等新媒体对社会舆论影响与利用研究》	谢新洲
《网络舆论监测与安全研究》	黄永林
《中国文化产业发展战略论》	胡惠林
《教育投入、资源配置与人力资本收益》	闵维方
《创新人才与教育创新研究》	林崇德
《中国农村教育发展指标体系研究》	袁桂林
《高校思想政治理论课程建设研究》	顾海良
《网络思想政治教育研究》	张再兴
《高校招生考试制度改革研究》	刘海峰
《基础教育改革与中国教育学理论重建研究》	叶　澜
《公共财政框架下公共教育财政制度研究》	王善迈
《农民工子女问题研究》	袁振国
《当代大学生诚信制度建设及加强大学生思想政治工作研究》	黄蓉生
《从失衡走向平衡：素质教育课程评价体系研究》	钟启泉　崔允漷
《构建城乡一体化的教育体制机制研究》	李　玲
《高校思想政治理论课教育教学质量监测体系研究》	张耀灿
《处境不利儿童的心理发展现状与教育对策研究》	申继亮
《学习过程与机制研究》	莫　雷
《青少年心理健康素质调查研究》	沈德立
《灾后中小学生心理疏导研究》	林崇德
《民族地区教育优先发展研究》	张诗亚
《WTO主要成员贸易政策体系与对策研究》	张汉林
《中国和平发展的国际环境分析》	叶自成
《冷战时期美国重大外交政策案例研究》	沈志华
《我国的地缘政治及其战略研究》	倪世雄
*《中国政治文明与宪法建设》	谢庆奎
*《非传统安全合作与中俄关系》	冯绍雷
*《中国的中亚区域经济与能源合作战略研究》	安尼瓦尔·阿木提
……	

*为即将出版图书